고범석 경제학
경제논술 편

─ 본교재 대비시험 ─
코트라,무역협회,aT
금융공기업 논술
코트라 직무능력논술

☑ 경제논술 필수 경제이론, 경제모형, 시사주제 정리

☑ 코트라, 무역협회 기출문제(2020년 기출문제까지 수록)

☑ 코트라 직무능력논술 기출문제 및 모의논술 연습문제

코트라, 무역협회, aT, 금융공기업, 일반공기업논술, 은행권직무논술

동영상
강의

경제학
학습질문

고범석 경제학아카데미
www.koeconomics.com

고범석

이력

· 고려대학교 경제학과 및 동대학원 졸업
· (현)고범석경제학아카데미 대표강사
  공기업 경제이론, 경제논술, 경제학통합/단일전공, 경제자격증(세무사,회계사,감평사), 공무원경제학
· (현)이화여대 공기업 취업 특강 강사
· (현)유비온 TESAT 경제 전임강사
· (전)종로국가정보학원 경제학 전임강사
· (전)공기업단기 경제 전임강사
· (전)금융단기 매경테스트 및 한경테셋 전임강사
· (전)우리경영아카데미 공인회계사 및 세무사 강의 경제 전임강사

저서

· 고범석경제학 통합전공(거시경제학) (2021.05)
· 고범석경제학 통합전공(미시경제학) (2021.04)
· 고범석경제학 경제논술편 (개정 7판) (2021.04)
· 고범석경제학 심화경제학 미시경제편 (심화경제학 개정2판) (2021.01)
· 고범석경제학 경제학 기초입문편 (초판) (2020.11)
· 고범석의 코트라,무역협회aT 경제논술 제6판 (2017)
· 고범석의 심화경제학 (2017)
· 고범석의 테마경제학
· 고범석의 공기업통합경제학
· 고범석의 이것이기출이다.

지 은 이	고범석	
발 행 일	개정 7판 1쇄 발행 2021년 4월 12일	
발 행 처	오스틴북스	
발 행 인	김은영	

기 획	양범석	
편 집 디 자 인	김하나	
주 소	경기도 고양시 일산동구 백석동 1351번지	
대 표 전 화	070-4123-5716	

동 영 상 강 의	www.koeconomics.com	
교 재 관 련 문 의	070-4123-5716	
I S B N	979-11-88426-24-9	
도 서 정 가	39,000원	

저 작 권 자   오스틴북스

이 책의 모든 내용, 이미지, 디자인, 편집형태는 저작권법에 의해 보호받고 있습니다. 저자와 출판사의 허락 없이 내용의 일부 혹은 전부를 인용, 발췌하거나 복제, 배포할 수 없습니다.

개정7판

고범석경제학
경제논술편

경제논술시험이 중요한 이유?

경제논술, 직무역량평가(상황판단) 논술점수의 중요성

1 NCS에 치우치는 공기업시험 구조의 맹점

전형별 컷 탈락 예상 점수

약 1,200~1,600명 정도가 지원하여 서류 탈락 없이 경제논술시험을 치르는 **KOTRA(대한무역투자진흥공사)** 시험, 서류전형 통과 후 약 500여 명이 경제논술과 영작문 시험을 치르는 **KITA(무역협회)**, 역시 서류전형 통과 후 상식, 경제논술(주로 농업경제), NCS 시험을 필기시험으로 치르는 **aT(한국농수산식품유통공사)** 3개 기업 모두 모집공고를 면밀히 분석하고 전형절차를 분석하면 경제논술시험이 포함된 전공필기점수가 최종 합격에 미치는 영향은 배점과 상관없이 90% 정도 기여한다. 그 이유는 합격생을 기준으로 경제논술 이외의 과목에서는 점수 편차가 크지 않거나 적·부 판정으로 점수 합산에는 포함되지 않기 때문이다. 즉, NCS는 최종 합격에 영향이 적다. 점수편차가 큰 경제논술, 직무역량논술 과목에서 점수 차이가 벌어진 경우 면접이나 다른 과목에서는 벌어진 점수 차를 만회하기는 어렵기 때문이다. 반대로 1차 필기점수 합산 점수가 90점 이상일 경우 면접에서 약간의 실수가 있더라도 총점에서 충분히 합격권에 있기 때문에 필기시험 점수를 충분히 확보해야만 한다.

전형절차	입사지원	1차 필기시험	2차 필기시험	영어면접 + 실무(역량)면접	임원면접	최종합격
단계별 합격안정 점수	서류전형	공인영어점수 경제논술 직무역량논술	NCS 직무적성평가 다면인성평가	영어회화면접 직무역량면접 (토론,발표 등)	임원면접	일반 28명 비수도권 10명 어문 12명
1배수 (총점 870이상)						50
2배수 (합산 850이상)				150	100	1차 필기 평균 89~90점 상위 1배수
3배수 (합산 800이상)		300	200		1차 필기 평균 80점 이상 통과	
4배수 (필기 750이상)	1,200 ~ 1,600			1차 필기 평균 80점 이상 통과		
6배수 (필기 700이상)			1차 필기 평균 75점 이상 통과			
		1차 필기 평균 70점 이상 통과	1차 필기 점수 하위 2배수 탈락 *NCS-하위(30점미만) 인적성 FAIL시 필기점수와 상관없이탈락 *MMPI(다면인성검사시) FAIL 탈락이 다수	1차 필기 점수 + 영어, 실무면접 점수 합산 하위 1배수 탈락 한국사능력검정시험 가산점 가산(0.5~1%) *합격자기준 0.4~0.89점 정도 가산됨	1차 필기 점수 + 영어,실무면접 점수 + 임원면접 점수 합산 80~83점 이상 통과	최종합격자 총점 기준 최저: 83점 ~최고: 87점
	지원자(단위: 명) 1,200~1,600					

필기시험 점수가 끝까지 간다.

최종 합격생들이 말하는 합격 비법은 1차 필기시험에서부터 임원면접 전 단계까지 1차 필기시험 점수를 기반으로 하위권 인원을 탈락시키는 전형 단계이기 때문에 1차 필기시험에서 평균 90점 이상의 점수를 획득하면 안전하게 합격할 수 있다고 말하고있다. 그래서 최종 합격을 위해서 면접에서 실수가 조금 있더라도 경제논술 과목에 집중하라는 것입니다.

■ 합격생을 기준으로 최종면접까지 도달하여 합격하기 위한 필기시험 요구점수는 다음과 같다.

▶ 1차 필기시험 통과 요구 점수 [6배수 내 등수 최소 가능 점수]

				최종 합격 요구점수

공인영어점수	900 이상 (88점이상)	경제논술	75점 이상	직무능력논술	75점 이상

▶ 2차 다면인성검사, NCS

다면인성검사 (MMPI)	PASS	NCS	평균 40점 이상

• 다면인성검사가 FAIL일 경우 1차 필기시험과 상관없이 불합격

▶ 3차 영어, 실무면접 통과 요구 점수 [4배수 내 등수 최소 가능 점수]

공인영어점수	900 이상 (91점이상)	경제논술	80점 이상	직무능력논술	80점 이상	필기+영어+직무 면접합산점수	83점 이상

▶ 4차 임원면접, 최종 합격까지 요구 점수 [2배수 내 등수 최소 가능 점수]

공인영어점수	930 이상 (94점이상)	경제논술	85점 이상	직무능력논술	85점 이상	필기+영어+직무+임원 면접합산점수	87점 이상

각 단계별 전형을 통과해서 면접 단계에서 불합격한 경우 본인의 필기점수가 부족한 것이 원인인 것을 알면 다음 시험에서 더욱 필기시험을 준비해야 한다. 응시자에 따라 필기점수와 면접 점수가 상이하나 1차 필기시험 평균 점수를 안전하게 90점 이상 취득해둘 경우 면접에서는 산정 점수가 영어면접(10%), 실무면접(20%), 임원면접(20%)로 계산되어 영어면접 점수가 낮아도 배점이 50%로 산정되기 때문에 (예를 들어 필기 평균 92점에 영어면접 65점, 실무면접 80점 정도면 최종 임원면접까지 가능하고 임원면접에서 86점 이상이면 총점 85.7 정도로 합격 가능함 - 최종 합격 범위 총점 83점~87점) 면접에서 약간의 실수가 있더라도 최종 합격을 기대할 수 있다.

Q 경제논술시험 궁금증?

Q. 비전공자도 전공자와 경쟁하여 경제논술시험을 준비하여 합격할 수 있나요?

네, 비전공자도 합격할 수 있습니다. 비전공자 최단기간 합격은 3개월, 일반적으로 6~10개월(개인 편차가 있음) 준비하면 일반, 어문계열 모두 합격할 수 있습니다. 그러기 위해서는 철저한 공부 전략을 토대로 최소한의 공부 범위와 제대로 된 공부방향을 설정하고 시작해야 합니다.

Q. 비전공자의 합격률은 어느 정도 되나요?

본 저자의 수강생들 중 최다 합격자는 43명 채용에 28명의 최종 합격자를 배출한 해도 있었습니다. 1차 필기시험의 경우 수강생 전원 합격한 해도 있었습니다. 개개인의 노력에 따라 매년 합격률은 달라집니다. 최소 8개월 이상 꾸준히 준비한다면 다른 어떤 공기업 시험 보다 쉬운 시험이 경제논술 시험입니다.

공기업 경제논술의 유일한 수험서

"공기업 취업 준비의 시행착오를 줄이는 방법 知彼知己 百戰不殆"

취업 준비생이 공기업 경제논술의 출제경향과 출제의도를 알았다면 취업 준비 기간과 시행착오를 줄일 수 있었을 것이다. 가장 효과적인 방법은 취업대상 기업의 모집요강을 분석하여 정확한 공부 전략을 계획한 후에 공부를 시작하는 것입니다. 출제되었던 기출문제를 반복적으로 학습하여 목표와 방향에 맞는 이론 공부 방법을 채택하고, 시사 및 실제 경제 상황을 스크랩하여 이론과 접목시켜 집중적 학습을 통해 경제 상황에 대한 분석과 해결책을 만들어 나갈 수 있는 능력을 키운다면 경제논술시험을 준비하는 범위 내에서는 시행착오를 최소화할 수 있습니다. 이는 결국 선택과 집중에 있어서 그 범위와 방향을 올바르게 결정하여 최적화된 취업경제학을 준비하는 방법이 됩니다.

이 책으로 경제학을 공부하고 경제논술을 공부하는 분들은 대학에서 학문으로 공부하는 것과 다르다는 것을 인지해야 합니다. '공기업 취업'이라는 목표를 가지고 공부하는 취업 준비생이라면 보다 효율적인 공부를 위해 경제논술시험의 출제 유형을 알아야 합니다. 또한 기업의 모집요강을 분석하여 서류전형부터, 전공필기, NCS, 공인영어점수, 가산점, 면접까지 어떤 비율로 어떻게 어떤 시기에 준비해야 하는지를 파악해야만 시행착오를 줄일 수 있습니다.

서류 전형에서 어떠한 가산점에 적용되는지 또 기업에 따라 가산점이 서류전형 이외에 다른 단계에서 적용되는지 그 비중이 시간을 할애할 정도인지를 판단해야 합니다. 기술 직종의 경우 가산점의 비중이 높은 편이지만 행정직(사무직)의 경우 가산점의 비중이 크지 않기 때문에 가산점의 취득 여부도 취업 준비 기간과 본인의 준비 상태에 따라 가산점 취득 여부를 결정해야 합니다. 가산점에 매달리다 전공필기를 소홀히 하는 것은 어리석은 전략입니다.

필기시험에서 코트라, 무역협회 경제논술시험의 경우 최신 국제무역 관련 주제가 70%, 이론, 모형 등 경제 지식 문제가 20~30% 빈도로 출제됩니다. aT의 경우 경제이론문제와 aT 실무분야 문제로 2문제가 출제되고 이중 1문제를 고르는 형식으로 출제됩니다.

필기시험이 합격에 차지하는 비중은 상당히 높습니다. 많은 취업준비생분들이 NCS에 매달리는 경우가 많은데 실제로 합격생, 공기업 인사담당자들은 필기시험의 점수가 최종까지 매우 중요한 합격의 당락을 결정하는 요인이 된다고 조언합니다. 코트라의 경우 논술시험과 직무역량평가시험을 전공필기시험으로 하는데 이 2과목이 합격에 미치는 영향은 90%입니다. 그 이유는 다른 과목에서는 합격생을 기준으로 점수 편차가 거의 없기 때문입니다. 무역협회는 영작문 시험을 포함하여 논술시험과 함께 비중이 크며, aT의 경우 상식시험을 포함하여 논술시험의 배점은 50%이지만 합격 기여도는 70% 이상으로 판단해야 합니다.

면접시험에서는 서류, 필기시험의 점수를 50% 정도 수준으로 다시 산정한 후 면접 점수를 50% 가산하여 100점 만점으로 최종 점수를 결정하게 됩니다. 면접시험의 경우 영어면접, 실무(직무) 면접, 임원면접 등으로 구성됩니다. 만약 여러분이 면접에서 떨어진 경우 필기시험 점수부터 다시 산정해 보아야 합니다. 그 이유는 면접 점수가 아닌 필기점수가 면접 경쟁자보다 부족해서 떨어진 경우가 더 많기 때문입니다. 여기서 탈락 이유를 잘못 파악하면 다음 도전에 필기보다 면접을 더 중요한 비중으로 준비하게 되는데 이 잘못된 분석이 장수생이 되는 원인이 됩니다.

NCS 시험은 많은 수험생들이 어려워하고 제대로 된 교재나 강의가 없어 준비하기 어려운 시험으로 생각하고 있습니다. NCS 시험은 순발력과 문제의 해결 원칙(Logic)을 빨리 찾아내는 것이 관건입니다. 1문제에 30~40초 내에 풀어야 하기 때문입니다. NCS 시험은 점수로 산정하기보다는 주로 과락을 면하는 정도로만 준비하면 됩니다. 다만 aT의 경우 NCS가 필기시험에서 50% 배점을 차지하고 시험 유형이 다른 공기업과 조금 다르게 실무가 가미된 상황 판단이나 문제 해결 위주로 출제되기 때문에 그에 상응하는 준비가 필요하긴 합니다. aT를 준비하는 게 아니라면 공기업 시험 전형에 따라 필기시험 이후 또는 시험 전 1개월 정도 남은 기간에 공부해도 충분하다고 조언할 수 있겠습니다.

승리는 노력과 사랑에 의해서만 얻어진다.
승리는 가장 끈기 있게 노력하는 사람에게 간다.
어떤 고난의 한가운데 있더라도
노력으로 정복해야 한다.
그것뿐이다.
이것이 진정한 승리의 길이다.

-나폴레옹-

콘트라 및 무역협회 경제논술 6판을 내놓은 지 만 3년 만에 7판을 출간하게 되었다.. 2020년까지 매년 콘트라 및 무역협회 합격 대비 강의를 하면서 작년까지 꾸준히 많은 합격생이 배출되었고 올해 문의의 적중률은 매년 높아져 완벽한 문제 적중이 실현하여 수강생 전원 필기합격의 쾌거를 이룬 해도 있었다. 이제는 경제 수험서분야에서 본 수험서가 수험생에게 많이 알려지면서 더 좋은 교재, 수험에 적합한 교재로 완성하고자 큰 부담감으로 다가서고 있다.

7판의 경우 2020년 하반기 시험까지의 콘트라, 무역협회, aT(한국농수산식품유통공사)에 대한 분석과 기출문제 및 합격생 수기를 새롭게 수록하였다. 또한 국가별, 주제별 이슈를 따로 정리하고 기출문제와 연계하여 응용력을 키울 수 있는 교재 편집을 구성하면서 이전보다 더 정리하기 쉽게 내용을 구성하였다. 이 책은 무엇보다 단기간 경제논술시험에서 최고의 효과를 목적으로 하는 수험생들을 위해 마련되었다. 더불어 꼭 알아야 할 영역별 이론과 시사주제 등을 최적화하여 구성하였다.

고지를 점령하는 데는 정도가 없다. 매일 매일 훈련하고, 하루를 충실히 살라. 연습만이 당신을 최고의 자리에 있게 만든다. 앞으로도 본 교재를 통해 많은 합격생들이 배출되기를 바란다.

코트라 모집요강 분석

채용인원

■ 채용인원 [2020년 기준]

구분	주요내용			비고					
통상직 [5급]	일반 계열	수도권	28명	수도권 인재					
		비수도권	10명	비수도권 인재					
	어문 계열	12명		외국어	중국어	러시아어	스페인어	프랑스어	독일어
				인원	4명	3명	3명	1명	1명

응시자격

구분	주요내용
공통	○ 학력, 연령, 성별, 경력 등에 관계없이 지원 가능 ○ 남자의 경우 병역 필 또는 면제자[병역 기피사실이 없는 자] - 원서접수 마감일[8.6.] 이후 6개월 이내 전역 가능한 자 포함 ○ 국가공무원법 제33조 각 호 및 공사 인사규정에 명시된 임용 결격사유에 해당되지 않는 자 ○ 해외여행에 결격 사유가 없는 자
외국어	○ TOEIC 850점[또는 TEPS 695점, New-TEPS 382점, TOEFL-IBT98점] 및 TOEIC Speaking 160점[또는 OPIc IH] 이상 득점자 - 단, 장애인의 경우 TOEIC 700점[TEPS 555점, TOEFL-IBT 79점] - TOEIC 및 TOEIC Speaking 점수 모두 보유해야 지원가능 - 필기시험일 기준 유효성적[2년 이내 취득한 성적]에 한하며 조회불가 성적, 특별시험 성적 등은 불인정 * 어학성적은 지원서접수 마감일까지 보유한 성적에 한함 [응시원서 접수 후 변경 불가] * 단, 지원서 접수 마감일 이전 만료된 성적 중 우리 공사의 '어학성적 사전등록 안내'에 따라 사전등록을 신청하여 진위여부 검증이 완료된 성적에 한해 인정

※ 통상직은 해외 순환근무가 필수인 바, 영어를 통한 업무 교류가 필수 업무로 일상 회화가 가능한 수준의 영어 구사능력이 요구되어 어학성적을 요구하고 있음.

※ 개인정보 보호 및 입사지원자 편의를 위하여 어학성적증명서를 제출하지 않고, 입사지원 시 작성한 어학정보로 진위여부를 확인하여 지원 자격을 부여함. 이에 따라 시험일·성적·수험번호 오기 등 지원자가 기재한 정보의 오류로 진위여부 확인이 불가한 경우에는 필기시험 자격이 부여되지 않을 수 있으므로 지원서 작성 시 유의하여 작성하시기 바람.

※ 지원서 접수 시 기재착오 등으로 발생된 불이익에 대한 책임은 지원자 본인에게 있음.

시험절차 및 채용단계

01 시험공고	>	02 원서접수 및 예비소집	>	03 **6배수** 필기시험	>	04 **4배수** 인적성 및 NCS 시험	>
05 영어면접	>	06 실무[직무역량] 면접	>	07 임원면접	>	08 **1배수** 최종합격자 발표	

전형일정 및 방법

■ 전형일정 및 장소 (2020년 기준)

원서접수 (예비소집)	1차 필기시험	1차 합격자발표	2차 인성검사·NCS 직업기초능력 평가 및 신체검사	3차 영어회화테스트 및 역량면접	4차 임원면접	최종합격자 발표
7.30-8.6 (8.21-8.23)	9.12 (장소추후공지)	10.20	10.26	11월 초	11월 중순	11월 말

※ 사정에 따라 전형절차와 일정 등은 변경될 수 있으며, 변경 시 KOTRA 홈페이지에 공고

시험과목 및 배점

■ 1차 필기시험(필수 2과목 및 선택 1과목)

필수과목 (2과목/전 계열공통)		○ 영어 (제출한 공인 영어시험 성적으로 대체) ○ 경제 논술
선택과목 (택 1)	일반 계열	직무역량평가 (문제해결 논술시험)
	어문 계열	쓰기 능력 평가 (중어, 러시아어, 스페인어, 프랑스어, 독일어 중 택 1)

※ 계열선택은 지원자의 전공과 상관없이 선택 가능

※ 지원서 작성 시, 기재착오 등으로 인하여 따른 불이익은 지원자 본인에게 있으며, 선택한 계열은 추후 변경 불가

■ 1차 필기시험 과목별 배점 (필기시험 기준 100점 만점 기준)

필수과목 (2과목/전 계열공통)		○ 영어 (제출한 공인 영어시험 성적으로 대체) ○ 경제 논술	30%
선택과목 (택 1)	일반 계열	직무역량평가 (문제해결 논술시험)	30%
	어문 계열	쓰기 능력 평가 (중어, 러시아어, 스페인어, 프랑스어, 독일어 중 택 1)	40%

■ 3~4차 면접시험 과목별 배점 (면접시험 기준 100점 만점 기준)

3차 영어회화 테스트 및 역량면접	영어회화 테스트	20%
	역량면접 (PT, 토론 등)	40%
4차 임원면접	인성, 직무적성, 직업관, 가치관, 개인역량 평가 등	40%

※ 최종 합산점수는 1차 필기시험과 3~4차 면접시험 점수를 합산 100점으로 환산한 점수를 기준으로 함.

코트라 채용설명회 FAQ

코트라 카카오톡 오픈 채팅방을 통한 채용설명회 내용정리 사항입니다.

■ 공통 질의응답

Q. 원서접수기간은?
매년 7월 말에서 8월 초에 모집공고가 발표되어 온라인 접수를 한다. 매년 상황에 따라 약간의 일정 변동이 있을 수 있으니 코트라 홈페이지에서 수시로 확인하는 것이 좋다. 온라인 접수 시 마감 당일은 지원자 폭주로 접속이 어려울 수 있으니 충분히 여유를 가지고 지원하는 것이 좋다.

Q. 지원 계열 구분은?
일반계열과 어문계열로 나뉘며, 일반계열은 수도권/비수도권 전형이 나뉘어져 있다. 어문계열은 매년 언어 계열별로 채용인원이 다르므로 모집공고를 확인하여 해당 언어 계열의 채용인원을 확인하여 지원해야 한다.

Q. 일반계열 합격 시 근무지가 비수도권으로 배정되는지?
일반계열(통상직) 직원은 모두 서울 양재동 코트라 본사에서 근무하는게 원칙이지만, 내부 인력 수급 상황에 따라 지방 근무를 하게 될 수도 있다. 물론 순환 근무가 원칙이기에 본사나 해외근무 없이 지방에서만 근무할 수는 없다.

Q. 어문계열은 해당 언어를 전공하지 않아도 지원할 수 있나?
전공과 관계없이 모두 지원할 수 있다. 해당 언어 자격증 등을 별도로 요구하지도 않는다.

Q. 서류전형은 없나?
서류전형은 별도로 시행하지 않는다. 지원자격을 충족하면 예비소집 참석 후 모두 필기시험을 볼 수 있다. 대신 서류 작성 내용은 면접 시 참고 자료로 활용된다.

Q. 토익과 토익 스피킹 모두 보유해야 지원할 수 있나?
그렇다. 토익(혹은 토플/텝스)과 토익 스피킹(혹은 오픽) 성적이 모두 있어야 한다.

Q. 예비소집은 왜 하는가?
원서접수 시 선택한 지역에서 지정 장소에 방문해, 신분증 확인 후 접수증에 코트라 확인 도장을 날인하는 과정이다. 해당 접수증과 신분증이 있어야 필기시험에 응시할 수 있다. 한편, 예비소집 참석 후 필기시험에 미응시 하면 차기 공채에 제한이 있을 수 있다.

Q. 경제논술은 어떤 시험인가요?
국내외 경제/통상 이슈 및 주제에 관해, 기초적 경제 지식과 논리 능력 등을 평가하는 시험이다. 제한 시간은 60분이다.

Q. 경제논술 문항 수는?
시험에 관한 세부 문항 수 등 정보는 제공할 수 없다.

Q. 직무역량평가는 어떤 시험인가요?
직무기술서 상의 직무수행 내용 등을 기반으로 서술하는 논술시험이다. 공사 직무에 관련된 비즈니스 이슈나 케이스에 관한 문제해결능력을 바탕으로 분석 및 해결방안 제시 등을 요구할 수 있다. 제한 시간은 90분이다.

Q. 어문계열의 직무역량평가는 어떤 시험인가요?
해당 어문계열에 지원한 응시자의 어학 구사능력을 평가하는 시험으로 ▲한국어를 해당 언어로 번역하는 유형 ▲해당 언어를 한국어로 번역하는 유형 ▲특정 문제에 대한 답변을 해당 언어로 서술하는 유형 등이 출제된 바 있다. 제한 시간은 90분이다.

Q. 신입사원 중 무역실무 관련 지식을 사전에 쌓고 들어오는 사람이 얼마나 되나?
사전에 국제무역사 등을 공부해오는 경우도 있고, 학과 수업으로 기본적 지식을 파악하는 경우도 있으나 구체적 비율은 파악한 바가 없다. 입사 후 무역 실무 교육은 따로 진행하고 있다.

Q. NCS 출제영역은?
의사소통, 상황판단, 문제해결, 자원관리, 조직이해, 정보관리 6과목으로 각 과목당 20문제씩 출제되고 제한시간은 과목당 12분(2020년 기준) 적부판정이며 최종 평가 합산점수에는 포함되지 않는다.

Q. 영어회화 테스트는?
원어민과 대화하는 방식으로, 영어 구사능력을 평가한다

Q. 역량면접은?
구조화된 면접 도구를 이용해 다대다 혹은 다대일 형식으로 진행한다. 토론, 발표, 팀 작업 등 다양한 형태의 면접과 상황 판단 문제가 제시될 때도 있다.

Q. 임원면접은?
내규에 따라 공사 임원이 정신자세, 전문지식과 그 응용능력, 의사 발표의 정확성과 논리성 등을 토대로 평가한다.

Q. 최종 합격자 선정 시 전형별 반영비율은?
제출한 영어성적 15%, 경제논술 15%, 직무역량평가/쓰기 능력 평가 20%, 영어회화 테스트 10%, 역량면접 20%, 임원면접 20%가 반영된다.

**코트라
개별
질의응답**

■ 개별 질의응답

Q. 코트라 본사의 지방 이전 계획이 있나?
아직 정해진 게 없다. 정부 방침에 따라 진행될 것이다.

Q. 입사지원서에서 경험과 경력의 차이는?
경력에는 급여를 받고 진행했던 사항, 경험 사항은 급여를 받지 않고 진행했던 사항을 입력해 주면 된다.

Q. 졸업한 지 꽤 됐는데, 학부 시절 경험을 자소서나 면접에서 어필할 수 있나?
직무와 연관된 경험이라면 가능하다.

Q. 고졸 채용은 예정된 바가 없나?
통상직 고졸 제한경쟁채용은 별도 예정 사항이 없다. 단, 공무직(무기계약직)의 경우 일부 직무에 대해 제한경쟁채용을 실시할 예정이다.

Q. 어문이 아닌 일반계열로 지원하더라도, 해당 언어 문화권에 이해도가 높다면 해외 발령 시 해당 문화권으로 갈 수 있나?
해당 어학 능력과 문화 이해도가 높다면, 발령 시 해당 사항을 고려해 근무지를 배정할 수 있다.

Q. 기술직은 안 뽑나?
통상직 전문직으로는 채용하지 않으며, 공무직에서 시설관리 전기, 기계 분야 등 인력을 뽑고 있다.

Q. 경력은 가점 사항이 되나?
신입 채용이기 때문에 경력 가점은 없다.

Q. 영어회화 테스트는 어문계열 지원자라도 무조건 영어로 치르나?
어문계열은 필기시험에서 해당 언어 능력을 테스트할 뿐, 영어회화 테스트는 똑같이 영어로 진행한다.

Q. 코트라 인턴을 경력사항에 기재할 수 있나?
급여성 경력에 해당하므로 가능하다. 회사명 기입은 블라인드 채용 위반 사항이 아니다.

Q. 초봉과 평균 합격 나이는?
초봉은 알리오 공시 내용을 참고하면 된다(2020년 예산 기준 3,410만 원). 작년 평균 합격 나이는 20대 후반 수준이었다.. 물론 평균이며, 나이 제한은 따로 없다.

Q. 아르바이트 사항도 경력에 서술하면 되나?
4대 보험이 적용된 근무 경력이라면 가능하다.

Q. 1차 필기에서 개인 펜과 자 사용할 수 있나?
개인 펜과 자를 사용할 수 있다. 펜은 유성펜만 가능하다 색 볼펜, 샤프, 연필은 사용 불가하다.

Q. 코로나19로 인해 일정이 연기될 수 있나?
코로나19 상황이 현재보다 심각해질 경우 일정이 조정될 수 있다.

Q. 자소서에 군 경험을 기재할 때 성별이 드러나지 않도록 해야 하나?
그렇다. 군 경험을 기재할 수는 있으나, 사병 직급 등 성별을 유추할 수 있는 사항은 작성을 자제해 달라.

Q. 코트라는 영어성적이 좋아야 한다는 인식이 있는데, 기준 점수만 넘겨도 무방한가?
1차 필기 통과시 30%, 최종 합격자 결정 시 15%가 반영된다는 점을 유의하면 된다.

Q. 해외인턴 경험도 경력사항에 포함되나?
기재할 수 있으나, 추후 증빙서류 제출을 요구할 수도 있다.

Q. 이전 경력이 호봉 산정에 반영되나?
신입 채용이기 때문에 반영되지 않는다.

Q. 무역회사 창업해서 수출하고 수익을 낸 적이 있는데, 경력으로 작성할 수 있나?
가능하다. 추후 경력증빙자료를 요구할 수 있다.

Q. 특정 학교(10개 미만)만 참가할 수 있는 동아리명 기재할 수 있나?
특정 학교가 유추될 수 있다면 기재를 자제해 달라. 동아리에서 수행했던 업무 위주로 작성 부탁드린다.

Q. 지방 근무 시 사택이 제공되나?
수도권과 거리가 있는 지방에서 근무할 경우 주택 임차 비용을 지원하고 있다.

Q. 1차 시험 시 수정테이프 사용이 가능한가?
불가능하며, 두 줄 긋고 수정하도록 안내하고 있다.

Q. 개인사업자가 있으나 현재 운영하지는 않고 있다. 경력사항 입력이 가능한가?
입력해도 무방하다.

Q. 외국 대학 졸업자는 일반계열 수도권에 해당하나?
외국 대학 졸업자는 일반계열 수도권으로 지원하면 된다.

Q. 역량면접 세부 유형은?
발표, 토론, 상황, 경험 면접이다.

Q. 입사 후 해외근무지 발령 기준은?
공사 내부 인력수급 상황과 직원의 해당 언어 구사능력 등을 종합적으로 고려해 파견한다.

Q. NCS는 어떻게 반영되나?
합격인원 배수에 포함되면 합격 처리된다. 최종 합격자 결정에는 반영되지 않는다.

Q. 경험 사항은 증빙자료 요구하지 않나?
경험 사항에는 증빙자료를 요구하지 않는다.

Q. 육아휴직은 얼마나?
최대 2년이며, 1년은 자동 실시하나 2년 차 휴직은 내부 심의를 거쳐 승인이 떨어져야 쓸 수 있다.

Q. 제2외국어 성적을 제출할 수 있나?
자기소개서 작성 시 성적 취득 현황을 작성할 수 있다.

Q. 영어성적 점수는 어떻게 환산되나?
100점 만점으로 환산된다. 990점 만점인 토익의 경우, (취득 점수)/990*100으로 계산한다.

Q. 면접 때 마스크 착용하나?
면접 세부 진행 방안은 코로나9 방역대책을 고려해 짤 것이다. 현재 정부 방침에 따라 마스크 착용으로 계획하고 있다.

Q. 전형별 점수나 등수를 공개해 주나?
합격자가 최종 확정되면 본인 성적만 공개한다. 등수나 타인 성적, 평균 점수 등은 공개되지 않는다.

Q. 순환근무 주기는?
최초 입사 후 국내 3년 근무하고, 해외근무로 넘어간다. 단 어문계열은 언어 수급 상황에 따라 시기가 단축될 수 있다.

Q. 비자 문제가 있는 격한 오지에 파견될 경우 배우자 동행이 가능한가?
특수지 무역관으로 파견되면 배우자나 가족 등을 동반해 파견하고 있다. 개인 상황에 따라 다를 수 있다.

Q. 어문계열 언어 이외의 언어에 가점사항이 있나?
면접에서 제2외국어 구사에 대한 가점은 없다.

Q. 필기 분량 제한(하한 혹은 상한)이 있나?
분량 제한은 없다.

Q. 토익과 토익 스피킹이 모두 영어점수로 환산되나?
토익(토플, 텝스 등) 점수만 환산된다.

Q. 최종 불 합격자에게 예비순위를 알려주나?
별도로 공지하지 않는다.

Q. 필기시험 시험지 크기가 어떻게 되나?
A3로 제공된 바 있다.

Q. 국제무역사나 무역영어자격증이 서류나 면접에서 도움이 되나?
서류전형은 별도로 없으며, 면접에서 관련 지식이 요구되는 질문이 있다면 유리하겠으나 해당 내용을 필수적으로 요구하지는 않는다.

Q. 합격 후 부서 배치 기준은 랜덤인가?
1~5지망 작성 후, 어학 등 관련 사항이 있을 경우 연관 부서에 배치한다.

Q. 해외무역관 현장실습 경험을 자소서에 적을 때, 어느 무역관이었는지 적어도 되나?
무방하다. 단 해당 기간과 무역관 이름으로 본인을 특정할 수 있을 경우, 블라인드 채용 위반 소지가 있으니 유의 바란다.

Q. 인성검사에서 가장 중요한 요소는?
신뢰성이 가장 중요하므로 솔직하게 답변 부탁드린다.

Q. 단국대 천안 캠퍼스는 비수도권 지방인재에 해당하나?
해당 캠퍼스는 특정 시기에 분교에서 캠퍼스 통합이 이뤄진 거로 알고 있다. 그 시기를 기준으로 지역 인재 여부를 판단할 수 있으며, 캠퍼스 통합 이후는 분교가 아니므로 비수도권에 포함되지 않는다.

기출문제 분석

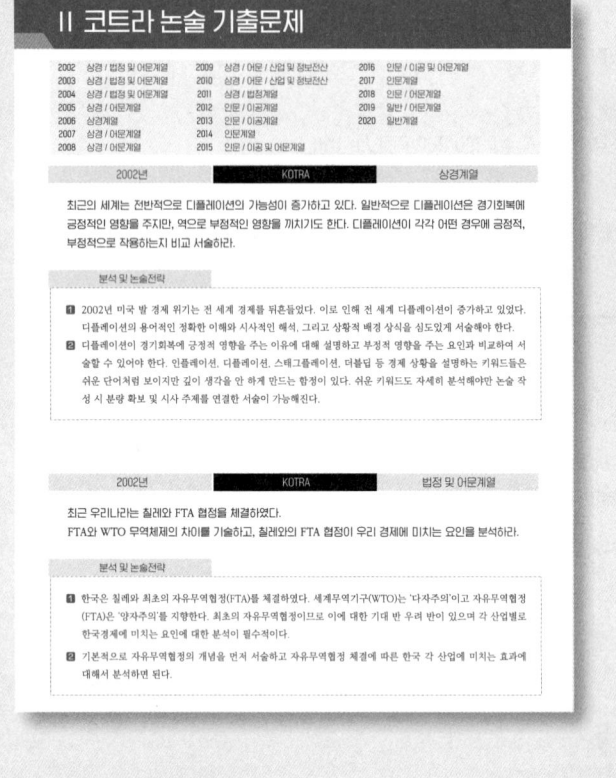

II 코트라 논술 기출문제

2002	상경 / 법정 및 어문계열	2009	상경 / 어문 / 산업 및 정보전산	2016	인문 / 이공 및 어문계열
2003	상경 / 법정 및 어문계열	2010	상경 / 어문 / 산업 및 정보전산	2017	인문계열
2004	상경 / 법정 및 어문계열	2011	상경 / 법정계열	2018	인문 / 어문계열
2005	상경 / 어문계열	2012	인문 / 어문계열	2019	일반 / 어문계열
2006	상경계열	2013	인문 / 이공계열	2020	일반계열
2007	상경 / 어문계열	2014	인문계열		
2008	상경 / 어문계열	2015	인문 / 이공 및 어문계열		

2002년   KOTRA   상경계열

최근의 세계는 전반적으로 디플레이션의 가능성이 증가하고 있다. 일반적으로 디플레이션은 경기회복에 긍정적인 영향을 주지만, 역으로 부정적인 영향을 끼치기도 한다. 디플레이션이 각각 어떤 경우에 긍정적, 부정적으로 작용하는지 비교 서술하라.

분석 및 논술전략

1 2002년 미국 발 경제 위기는 전 세계의 경제를 뒤흔들었다. 이로 인해 전 세계 디플레이션이 증가하고 있있다. 디플레이션의 용어적인 정확한 이해와 시사적인 해석, 그리고 상황적 배경 상식을 심도있게 서술해야 한다.
2 디플레이션이 경기회복에 긍정적 영향을 주는 이유에 대해 설명하고 부정적 영향을 주는 요인과 비교하여 서술할 수 있어야 한다. 인플레이션, 디플레이션, 스태그플레이션, 더블딥 등 경제 상황을 설명하는 키워드들은 쉬운 단어처럼 보이지만 깊이 생각을 안 하게 되는 함정이 있다. 쉬운 키워드로 자세히 분석해야만 논술 작성 시 분량 확보 및 시사 주제를 연결한 서술이 가능해진다.

2002년   KOTRA   법정 및 어문계열

최근 우리나라는 칠레와 FTA 협정을 체결하였다.
FTA와 WTO 무역체제의 차이를 기술하고, 칠레와의 FTA 협정이 우리 경제에 미치는 요인을 분석하라.

분석 및 논술전략

1 한국은 칠레와 최초의 자유무역협정(FTA)를 체결하였다. 세계무역기구(WTO)는 '다자주의'이고 자유무역협정(FTA)은 '양자주의'를 지향한다. 최초의 자유무역협정이므로 이에 대한 기대 반 우려 반이 있으며 각 산업별로 한국경제에 미치는 요인에 대한 분석이 필수적이다.
2 기본적으로 자유무역협정의 개념을 먼저 서술하고 자유무역협정 체결에 따른 한국 각 산업에 미치는 효과에 대해서 분석하면 된다.

■ 철저한 기출문제 분석

공부의 방향을 잡는 기준!

기출문제를 정확히 분석하는 것은 공부 방향을 잡는데 방향키가 된다. 문제의 난이도 출제 유형을 분석하여 불필요한 공부 범위와 분량을 최소화할 수 있도록 하였다.

이론|시사영역

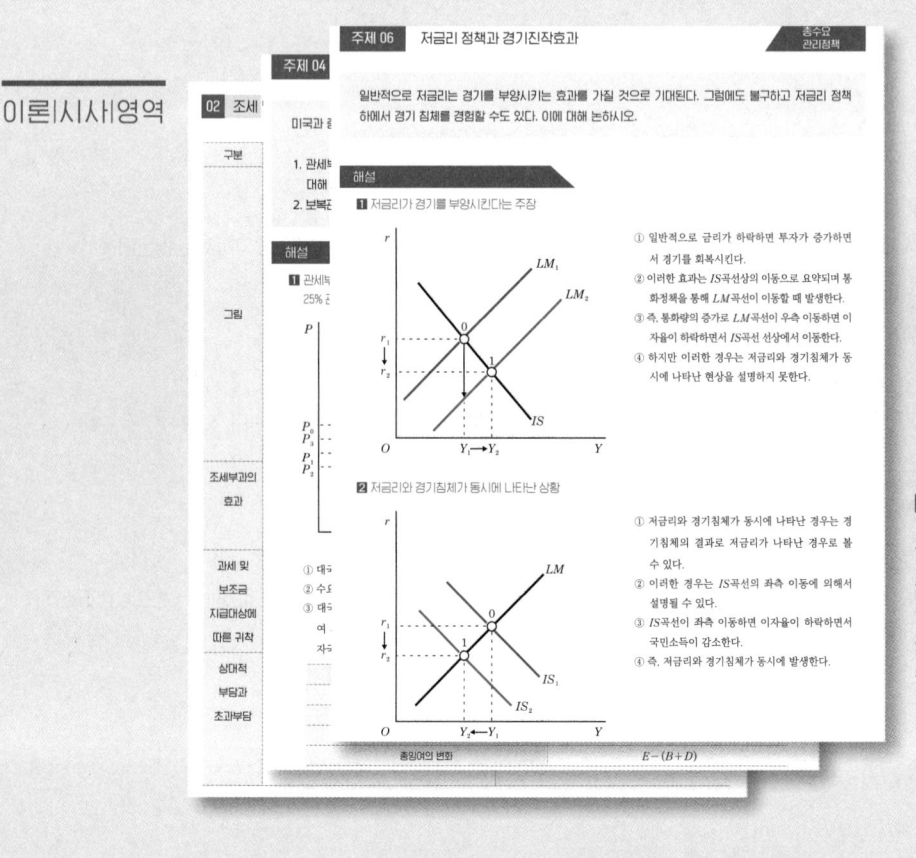

주제 06   저금리 정책과 경기진작효과   총수요 관리정책

일반적으로 저금리는 경기를 부양시키는 효과를 가질 것으로 기대된다. 그럼에도 불구하고 저금리 정책 하에서 경기 침체를 경험할 수도 있다. 이에 대해 논하시오.

해설

1 저금리가 경기를 부양시킨다는 주장

① 일반적으로 금리가 하락하면 투자가 증가하면서 경기를 회복시킨다.
② 이러한 효과는 IS곡선상의 이동으로 요약되며 통화정책을 통해 LM곡선이 이동할 때 발생한다.
③ 즉, 통화량의 증가로 LM곡선이 우측 이동하면 이자율이 하락하면서 IS곡선 선상에서 이동한다.
④ 하지만 이러한 경우는 저금리와 경기침체가 동시에 나타난 현상을 설명하지 못한다.

2 저금리와 경기침체가 동시에 나타난 상황

① 저금리와 경기침체가 동시에 나타난 경우는 경기침체의 결과로 저금리가 나타난 경우로 볼 수 있다.
② 이러한 경우는 IS곡선의 좌측 이동에 의해서 설명될 수 있다.
③ IS곡선이 좌측 이동하면 이자율이 하락하면서 국민소득이 감소한다.
④ 즉, 저금리와 경기침체가 동시에 발생한다.

■ 경제이론, 시사주제, 경제영역 점검

논술 빈출 필수 이론, 주제, 분야를 정리요약!

출제가능성이 높은 이론, 시사주제, 경제분야별로 학습할 수 있도록 하였다. 최신 출제경향을 반영해 짧은 기간에도 논술을 충분히 준비할 수 있도록 구성하였다.

Ⅰ 경제이론형

주제 01 양적완화   경제이론형

유동성 함정과 먼델-토빈 효과를 이용하여 양적완화의 효과를 설명하라.

아래 빈칸에 목차와 간략한 개요를 작성해본 후 해설를 참고하세요.

■ 빈출 이론, 시사, 경제영역 적용 문제

예상치 못한 논술주제를 대응할 수 있는 연습!

이론이나 시사주제를 점검하여도 실제 시험에서는 어떤 방법으로 내용을 접목시켜야 할지 난감해한다. 이론과 시사, 경제영역별 내용을 실제시험에서 응용할 수 있도록 연습문제를 구성하였다.

Ⅰ 코트라 직무역량평가 시험 소개 및 분석

01 코트라 직무역량평가 시험의 개요

① 시간

직무(문제)해결능력평가는 90분의 시간이 주어진다. 답안 작성은 보통 6페이지 내로 작성하라는 조건이 주어진다. (예 시험마다 약간 다른 기준이 적용될 수 있으며 시험 전 감독관이 자세한 내용을 설명한다.)

② 직무역량평가 논술 시험문제의 문제 구성의 변화

1. 2012년 : 직무능력 논술시험 최초 시행

국내 의료기기 산업의 특징(국내 의료기기 시장의 특징과 산업 규모, 현황, 영업적 특징(리베이트문제 등))을 세세하게 7페이지 정도 분량의 제시문으로 주고 이메일에 대한 답변과 시장분석 보고서를 작성하는 문제.

> 문1. 독일의 의료기기 회사가 국내에 진출하려고 한다는 비즈니 스레터가 왔다. 코트라맨으로써 제시문의 내용을 파악한 후 이메일에 답하시오.

> 문2. 코트라맨인 당신은 상사로부터 국내 의료기기 시장에 대한 분석 보고서를 작성하라는 지시를 받았다. 제시문의 내용이 사실이라고 가정하고(현실 상황을 개입하지 말고 제시문의 상황만으로) 국내 의료기기 시장분석 보고서를 제출하시오.

2. 2013년 기준

① 총 세 가지 문제로 구성되어 있다.
② 첫 번째 문제는 주어진 자료를 분석하고 가장 적합한 방안을 도출하는 과제이다.
③ 두 번째 문제는 주어진 조사 보고서 자료를 읽고 논리적 오류를 분석하는 과제이다.
④ 세 번째 문제는 주어진 자료를 바탕으로 특정 제품의 수출 적합성 여부를 판단하는 보고서를 작성하는 과제이다.

3. 2014년 기준

경제신문기사를 보여주고 해당 내용을 요약하고 정리하는 것으로 경제논술의 축약형으로 출제되었다.

4. 2015년, 2016년, 2017 기준

• 제시문 3개를 주고 제시문을 통해 묻는 내용에 서술하는 형식이다.
• 주로 신문기사의 내용과 당시 이슈가 되는 기술적, 마케팅적 상황(웨어러블 기기와 스마트워치를 결합한 상품을 SNS 등을 통해 마케팅하는 방법 등) 제시된다.
• 이공계열은 합리적인 업무 선택 방법(포니자동차를 재조립하는 공정을 제시문으로 주고 공정을 정리하는 내용 등)이 출제되었다.

■ 직무역량(상황판단)논술 점검

기초직무 관련 내용을 논술형태로 테스트!

직무역량평가논술은 실제 직무내용을 기반으로 하여 상황을 해결하거나 주어진 상황을 분석하여 전략을 기획할 수 있게 하는 기본정보를 분석하는 문제들이다. 기출문제가 거의 없어 어려워하는 분야이다. 직무역량논술 기출문제와 연습문제를 통해 유형을 파악하고 준비할 수 있도록 하였다.

경제논술시험 고득점 전략

01 모집공고를 면밀히 분석하고, 최신 출제경향을 완벽하게 반영한 교재로 대비한다.

경제논술에서 고득점을 하기 위해서는 공부량에 대한 분배가 필요하다. 시험 1개월 직전까지는 전체 공부량에 90%를 경제논술 준비에 할애하고 나머지 10%는 개인의 상황에 따라 영어점수 향상, 가산점, 인턴, 스펙을 준비하는데 할애할 수 있으나 응시하고자 하는 기업의 모집요강을 철저히 분석하여 필기시험 이외의 준비 항목들이 얼마나 시험에 빈도를 차지하고 있는지 분석한 후에 준비하여야 한다. 그렇지 않으면 적은 점수에 많은 시간을 할애하는 실수를 하게 된다.

중요한 것은 필기시험에서의 점수가 합격에 가장 큰 영향을 주며, 이는 면접 이후 최종 점수에까지 가지고 가는 점수이기 때문에 이 필기시험 점수는 당신이 가고자 하는 기업의 응시인원 중 모집인원 이내의 등수를 확보한 상태에서 시험을 치르는 것이 최종 합격의 가장 큰 비결이라고 할 수 있다.

그러기 위해서는 어떤 과목에 시간을 가장 크게 할애할지, 포기(점수 빈도가 낮아 굳이 불필요한) 해야 할 항목을 명확히 판단한 후에 공부를 시작하는 것이 좋다. 대부분의 시험에서 결국 필기시험 점수가 가장 큰 합격포인트이기 때문에 서류전형 등에서 가산점 비율이 5% 이상이거나 인턴 근무 경험자 우대점수가 아주 높거나 별도 채용인원으로 구분된(예를 들어 aT의 경우 일반직 중 인턴 근무 경험자 모집인원이 별도로 책정된 경우) 경우를 제외하고는 필기시험에 집중하는 것을 적극 권장한다. 코트라의 경우 대부분의 가산점이 최종에서 적용되고 그 범위가 최종 점수의 0.5~1% 범위 내로 아주 적은 점수이기 때문에 필기시험 직전까지는 경제논술시험공부에 모든 시간을 투자해도 무방하다고 할 수 있다.

02 경제논술에 반드시 필요한 경제이론, 모형은 완벽히 숙지하고 익힌다.

2018년 이후의 경제논술시험의 합격기준은 이전과 많이 달라졌다. 이전까지는 이론만 완벽해도 고득점을 받을 수 있었고 이는 최종 합격으로 이어졌다. 그러나 점차적으로 주어진 문제에 대응 방안에 대한 아이디어와 구체화 정도에 따라 점수 배점이 많이 갈리는 것으로 분석되었다. 이러한 상황을 대처하기 위해서는 경제이론, 경제모형을 마음대로 가지고 활용할 수 있어야 한다. 책에서 주어진 이론만 외워서는 안 된다. 실제 상황을 경제모형에 대입하여 해석할 수 있는 능력이 필요하며 이에 대한 해결 방법을 이론, 아이디어를 가미하여 구체적이고 실질적인 답변을 제시하여야 한다. 예를 들어 저출산을 극복하는 방법으로 '출산장려정책을 시행해야 한다'고 답변한다면 당신은 단 1점도 받지 못할 것이다. 포괄적인 답변으로 끝나서는 절대 안 되며 포괄적 주제 안에서 구체적인 내용을 2~3개 이상은 전개해야만 좋은 점수를 받아낼 수 있을 것입니다.

본 교재에서는 경제시사논술 시험에 출제되는 주요 경제이론과, 시사 주제, 경제모형 만을 정리하여 콤팩트한 시험 준비를 할 수 있도록 구성하였습니다. 최소한 본 교재에 있는 내용들만이라도 숙지하여 준비한다면 좋은 결과를 기대해볼 수 있을 것입니다.

03 경제시사주제를 꾸준히 정리하고 상황, 대응방안 등을 심도있게 분석한다.

코트라, 무역협회, aT의 경우 실제 발생하고 있는 경제 상황을 주제로 한 문제가 출제되는 경우가 많다. 이것은 전공 논술과 구별되는 시사논술 시험의 특징이다. 그렇기 때문에 시사 주제를 꾸준히 정리해야 한다. 경제신문, 경제 관련 뉴스 등을 주제별로 정리해두어야 하며 이런 신문기사와 뉴스는 항상 그 뒤에 이어지는 기사와 뉴스로 대응 방안 등을 경제전문가의 자문을 통해 보도하는 특징을 가지고 있다. 이에 본인이 관련 문제에 대한 해결방안에 있어서 다양한 조사와 본인만의 아이디어를 준비해두어야 하며, 이 아이디어는 실무자라고 가정하고 실제로 시행했을 때의 효과나 부작용 실행가능성을 염두에 두고 준비해야 한다.

주로 출제되는 시사 주제는 장기간 지속된 경제 주제나 큰 이슈가 되거나 우리나라 경제 상황에 큰 영향을 주는 내용으로, 경제대국의 주요 이슈나 수출입 관련 무역정책에 영향을 주는 이슈사항이 될 수 있다. 주로 환율, 유가, 보호무역, 저출산 고령화, 주요 경제대국(미국, 중국, 일본, 유럽 등)의 경제정책 등으로 본 교재의 기출문제 파트의 주제별 대표 기출 유형을 참고하면 된다.

이러한 논술 준비는 경제논술 필기시험에서는 물론 실무진 면접이나 임원면접에서 경제 상황에 대해 얼마나 심도있게 분석하였는지에 대한 질문에 대한 대응답변으로 활용되기도 한다. 구체적이지 못한 논술시험이나 면접에서의 답변은 아주 큰 감점 요인이기도 하다.

04 NCS, 인적성, 면접시험은 경제논술시험에 방해되지 않는 범위 내에서 준비해야한다.

NCS 평가는 코트라에서 시행되는 2차 필기시험으로 최종 합격 점수에는 가산되지 않고 2차 통과 시험만으로 존재한다. 직업적성검사와 다면인성평가(MMPI) 시험과 함께 치러진다. 이 시험의 특징은 점수에 가산되는 것이 아니라 적부 판정만 하는 것이다. 1차 필기시험에서 6배수 정도를 합격시키고 2차 필기시험에서 4배수를 합격시키는데 하위 2배수에 해당하는 인원은 1~4배수 내 합격자 중 NCS 과락, MMPI 점수에서 문제가 있을 경우 빠지는 인원에 대한 임시 합격자이다. 2차에서 탈락한 경우 NCS 때문에 탈락한 것이라고 판단하면 안 된다. 1~4배수 합격자 중 인적성과 NCS에 문제가 없을 경우 1차 필기시험 점수를 기준으로 하위 2배수를 탈락시키기 때문이다. - 여기서 논술시험의 중요성이 다시 한번 부각된다.

코트라의 경우 1차 필기시험 이후부터 2차 필기시험까지 약 1개월에서 1.5개월의 시간 공백이 생기게 된다. NCS 시험은 이때 준비해야 한다. 1차 필기시험도 아직 통과하지 못했는데 2-3차 시험을 미리 준비하는 것은 어리석은 행동이다. 본서의 각 기업 모집요강 분석을 활용하여 어떤 과목을 어떤 시기에 준비해야 하는지를 정확히 알고 그에 대한 신뢰를 가지고 공부 전략을 계획하여야 한다. 그렇지 못하면 엉뚱한 시기에 엉뚱한 준비를 하게 된다. 10년 동안 약 2천여 명의 수험생을 상담하고 지도하면서 이런 오류를 범하는 수험생이 상당히 많았다. NCS뿐 아니라 면접도 필기시험을 좋은 점수로 통화했을 때 실효가 있는 단계의 과목이다. 최소한 이 책으로 공부하는 수험생이라면 시기별 공부 과목 전략분야를 선택하는데 착오가 없기를 바란다.

05 가장 먼저 기출문제를 분석하여 경제공부의 방향과 범위를 설정한다.

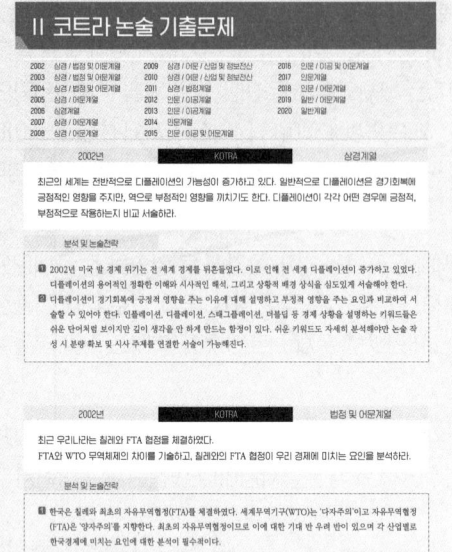

최근 3~5년간의 기출문제를 분석하여 경제이론, 모형, 시사 주제를 본 기본서와 관련 기사를 검색하여 정리한다.

기출문제를 분석하면 문제의 출제의도, 출제경향을 분석할 수 있으며 이를 통해 경제이론(미시+거시+국제경제)을 배워 가는 데 있어서 공부의 범위와 방향을 결정할 수 있다.

여기서 공부의 방향과 범위는 경제학 공부를 시작하는 데 있어서 아주 중요하다. 그 방향과 범위가 잘못 설정되면 불필요하게 많은 분량의 공부량이 발생하거나 잘못된 공부 방향(만약 경제논술이 아닌 객관식 공부 방법으로 공부 방향을 잡는다면)으로 시간과 비용을 낭비하고 노력한 만큼 결과가 나오지 않게 되어 취업을 준비하는데 많은 시간을 필요로 하게 된다.

기출문제 분석을 통해 정확한 공부 범위와 방향을 정하도록 하자.

기출문제 분석은 이론 강의 시작 전에 하는 것이 좋다. 해당 학과 전공자일 경우라도 기출문제를 분석하여 출제 유형을 파악한 후 공부하는 것이 좋다.

06 논술작성의 기반이 되는 시사주제, 경제이론, 경제모형, 학파별 주장을 암기한다.

논술시험에 있어서 정해진 시간 내에 만족할 만한 분량을 써내는 것은 쉽지 않다. 그러기 위해서는 기본적인 이론, 모형 등은 암기한 상태에서 주어진 주제에 맞게 적용할 수 있어야 한다. 본 교재에서는 10년 이상의 경제논술시험에서 출제된 주제에 대한 기본적인 이론, 모형, 시사 주제를 정리하였다. 최소한 본 교재에 있는 시사 주제와 경제이론은 반드시 정리하고 암기해두어야 한다.

기출문제를 살펴보면 시사 주제는 반복 출제되기도 하고 연속 출제되기도 한다. 경제 관련 주제는 이슈가 되는 기간이 길어질수록 중요한 주제일 수 있다. 경제 불황이 지속되거나, 저출산이 더욱 심각해지거나, 미-중 무역전쟁이 끝나지 않고 계속되어 우리나라에 미치는 영향이 지속되고 더욱 커진다면 이러한 주제들은 이미 출제되었더라도 다시 한번 점검해야 한다. 또한 그런 시사 주제와 관련된 이론, 모형, 해결방안을 구체적으로 점검하고 암기해두어야만 정해진 시간 내에 풍부한 논술 내용을 작성할 수 있다.

특히, 최근 시사 주제(문제점)에 대한 해결방안(대응책)에 대한 기재 부분은 배점이 점점 높아지고 있는 부분이다. 이 부분에서 아주 구체적이고 참신한 아이디어가 기재된다면 고득점을 바라볼 수 있다. 절대로 포괄적이고 심도 낮은 답변은 그 답변의 방향이 맞더라도 좋은 점수를 배점 받을 수 없다. 본인 생각으로 논술시험을 잘 본 것 같은데 결과가 좋지 못하다면 이 대응책 부분을 시사주제별로 구체적으로 공부해두어야 할 필요가 있다.

07 경제논술 연습문제를 반드시 직접 써보고 나만의 모범답안을 작성한다.

경제논술에서 고득점을 하기 위해서는 논리적인 전개와 기승전결이 명확하여 논술을 읽는 채점자에게 논술에 대한 의사전달이 명확하게 이루어져야 한다.

본인이 작성한 논술 내용을 여러 번 반복해서 읽어보고 문제에서 주어진 요구 답안 항목을 빼먹은 것은 없는지 요구하는 해결방안에 있어서 구체적이고 참신한 아이디어가 가미되었는지 그래서 결론을 명확하게 제시하였는지를 확인하고 부족한 부분은 보완한 후 반드시 다시 작성해보아야 한다.

수험생의 논술 답안을 검토하면 대부분 시작과 끝이 다른 경우, 논리적인 비약으로 원인과 결과의 연결 관계없이 바로 결론 내는 경우, 문제에서 요구하는 요구 답안 항목을 빼먹는 경우 등 실수가 아주 많다. 실제 시험에서는 정해진 시간 내에 논술을 작성하려다 보면 당황하여 아는 것을 논리적으로 전개해 나아가지 못하고 중구난방으로 기재하는 경우가 많기 때문이다. 이러한 실수들을 하지 않고 명확하게 논리적으로 전개하려면 목차를 먼저 작성해야 한다.

시험장에서 목차를 작성하는데 5분 정도의 시간을 할애하는 수험생은 별로 없다. 그러나 이 목차는 논술 전체의 구성과 전개 방식 등을 미리 점검하여 논술 작성 순서와 필요 요소들을 빠짐없이 점검할 수 있는 설계도와 설계계획서이다. 이런 계획서 없이 논술을 작성하다 보면 전개 방식이 잘못되어 내용을 지우거나, 다시 작성하는 경우가 많은데 이렇게 한번 작성을 번복하게 되면 시간이 부족하고 논술 전개가 허술하게 되기 때문이다. 목차를 먼저 작성하고 각 항목에 필요한 필수 키워드를 정리해둔 상태에서 논술 작성을 시작하면 작성 시간도 줄어들고 번복하는 실수를 없앨 수 있기 때문에 논술 고득점에 꼭 필요한 것이며 이렇게 작성한 논술 내용을 스스로 첨삭하면서 2~3번 써보게 되면 해당 주제를 전개하는 노하우가 축적될 수 있다.

08 온라인 학습질문, 인강을 충분히 활용한다.   www.koeconomics.com

동영상 강의를 학습하다 보면 항상 문제가 되는 것이 모르는 부분을 물어볼 곳이 없다는 것이다. 이 부분을 해결하기 위해 경제학 아카데미에서는 2019년도부터 학습질문에 대한 동영상 답변을 진행하고 있다. 단순 답변은 텍스트 답변으로 되며, 그림 등이 들어가야 하는 답변은 동영상으로 답변하여 1:1 과외를 받는 것과 같은 학습 지원 서비스를 진행하고 있다. 공부하다가 모르는 부분은 학습질문 게시판을 이용하여 해결할 수 있다.

고범석 경제학 아카데미 > 커뮤니티 > 경제학 학습질문

'경제학학습질문' 게시판을 이용하여 질문할 수 있다.

학습질문 게시판에서 또 한 가지 중요한 것은 다른 사람의 질문을 검색하여 확인하는 것이다. 키워드 검색을 통해 다른 사람은 어떤 질문을 하는지 또는 내가 하는 질문과 동일한 질문을 다른 사람은 어떻게 궁금해하는지, 어떻게 이해를 못 하고 있는지를 확인하여 벤치마킹하는 것은 학습에 아주 큰 도움을 줄 수 있다.

Contents

이 책의 차례

PART 01 공기업 소개 및 분석

제1장 경제논술 시험 대상 공기업 소개

제5장 경제논술 시험을 위한 경제이론

제7장 경제영역별 주제점검

PART

01

PART GUIDE

PART 01에서는 경제논술 시험 대상 공기업의 기업 소개와 모집요강 분석, 논술 작성요령을 소개한다. 본격적인 논술 연습에 앞서 경제논술 과목이 합격에 차지하는 비중을 이해하고 전략적인 공부 방법을 선택하는 데 있어서 정보가 되는 파트이다. 최종에는 면접에 있어서 기업의 기본적인 정보를 이해하고 습득해야 한다. 지원하는 기업의 인재상과 업무분야에 대해서 기본적인 정보를 알게 되면 논술의 방향성을 전개하는 데 도움이 될 것이다.

논술 작성요령은 문제에서 물어보고자 하는 취지와 내용을 파악하여 질문 항목을 빠짐없이 기재하는 스킬을 제시한다. 많은 수험생들이 경제논술 시험에서 문제에서 물어보는 항목을 파악하지 못하고 누락된 논술을 펼치는 경우가 많아 배점이 낮은 경우가 많다. 어디부터 어디까지 답변해야 할지를 논술 작성요령을 통해 연습한다면 논술에서 고득점을 받을 수 있습니다.

모집요강을 기반으로 한 공부전략 수립

전형별 전략과목, 전형별 중요과목 설정

과목별 요구점수에 따른 공부범위와 방향 설정

경제논술 시험 대상 공기업 소개

한국무역투자진흥공사(KOTRA), 무역협회(KITA), 한국농수산식품유통공사(aT)

기업의 인재상, 경영목표, 조직의 구성 등 기업을 이해하는 것은 면접에서뿐만 아니라 논술을 전개해 나아가는데도 그 방향성을 제시할 수 있는 정보가 되기도 한다. 같은 문제라도 기업에 따라 대응방향은 다를 수 있다. 공사의 업무 특성에 맞는 논술을 작성하기 위해서는 해당 기업을 잘 아는 것이 중요하다. 경제논술 시험을 준비하는 수험생으로 기본적으로 알아야 할 기업의 정보에 대해서 자세하게 기재 하였다.

경제논술 시험 대상 공기업 소개

시험을 응시하는 공기업의 개요에 대해서 기본적으로 알지 못하고 시험에 응시할 수는 없다. 면접에서든 나와 맞는 기업인지를 판단하는 기준에서든 기업을 정확하게 알고 분석하는 것은 꼭 필요한 과정이다. 직업을 선택하는 데 있어서 연봉이나 근무조건만을 본다면 합격하는데도 큰 도움이 되지 못한다. 어떤 인재상을 원하는지 그게 나랑 맞는 지가 가장 중요하다. 평생직장을 선택하는 기준이 잘 맞지 않게 되면 합격 이후에도 이직을 고민하게 되고 일정 나이 이상이 되면 후회해도 이직하기 어려운 나이가 되어버린다. 또한 내가 가고 싶은 기업, 갈 수 있는 기업을 선별하는 것도 나의 꿈과 목표를 설정하고 수정하는 데 도움이 되고 무작정 도전하는 것이 아니라 승산 있는 도전에서 성공을 만들어 내는 것이 더 중요하기 때문이다.

본 교재에서는 경제논술 시험을 치르는 주요 공기업 중 KOTRA(대한무역투자진흥공사), KITA(한국무역협회), aT(한국농수산식품유통공사)를 위주로 한 경제논술시험을 필기시험으로 치르는 공기업 취업을 목표로 하는 수험생을 위한 공부 전략을 구성하였다. 위 3개 기업을 주로 한 이유는 3개 기업의 시험 일정이 겹치지 않고 모두 다르고 8-9월, 11월, 12월로 순차적으로 치러진다. 즉, 경제논술을 핵심 필기시험 과목으로 준비하여 비슷한 공부 범위에서 치를 수 있는 기업들이기 때문이다.

목표 기업을 잘못 선정할 경우 공부 범위도 넓어지고 공부량도 그만큼 많아지게 된다. 공부량은 수험 기간과 연결되기 때문에 경제적 상황이나 시간을 그만큼 더 투자해야 한다는 의미이다. 대상 공기업에 대한 분석 모집공고에 대한 분석을 통해 시행착오와 오류, 공부 범위와 분량까지 최소화한다면 선택한 3개 기업에 대한 취업을 목표로 집중할 수 있는 수험 기간을 가질 수 있게 될 것이다.

경제논술 시험 대상 공기업 전형 일정

기업명	KOTRA(대한무역투자진흥공사)	KITA(한국무역협회)	aT(한국농수산식품유통공사)
모집시기	7월 말 ~ 8월 초	8월 말 ~ 9월 초	10월 중순 ~ 11월 초
모집시기	8월 말 ~ 9월 초	9월 말 ~ 10월 초	11월 중하순
시험과목	경제논술, 직무역량	경제논술, 영작문	경제논술, NSC, 상식

1 코트라 공사 소개

미션	글로벌 비즈니스 지원으로 국민경제 발전에 이바지

비전	중소 · 중견기업의 해외시장 진출과 글로벌 일자리창출을 선도하는 일류 무역투자진흥기관

핵심가치	글로벌	고객 · 현장	공헌 · 책임	혁신 · 개방

글로벌 비즈니스를 같이 하는 든든한 동반자 PARTNER

P Proactive innovation
우리는 능동적이고 끊임없는 혁신을 통해 글로벌 시장을 선도합니다.

A Accessibility & openness
우리는 적극적인 대내외 협업과 개방으로 공공성을 추구합니다.

R Recognizing customer needs
우리는 고객의 입장에서 생각하고, 고객을 위한 성과를 창출합니다.

T Taking on-site action
우리는 현장에서의 소통과 실행으로 변화하는 환경에 적극 대응합니다.

N Notable contribution
우리는 상생과 협력의 자세로 국민과 기업을 위해 공헌합니다.

E Excellent sense of responsibility
우리는 국민의 안전과 국가의 무역투자진흥을 위해 끝까지 책임을 다합니다.

R Reliable global expert
우리는 신뢰받는 글로벌 전문가로서 고객 가치 창출에 앞장섭니다.

중기경영목표	중소 · 중견기업 수출액 3천억 달러 달성, 수출중소기업 12만개 육성, 일자리 12만개 창출 견인

전략목표	무역·투자활력 제고	글로벌 성장 기반 강화	사회적 가치 확산	공공기관 혁신 선도

4대 핵심정책과제	글로벌
·중소 · 중견기업의 해외시장 진출지원 ·글로벌 일자리 창출 ·수출시장과 품목 다변화 ·다각적 경제협력 기회 발굴	·고객과 현장 중심의 조직운영 ·성과와 내실 중심의 사업추진 ·개방과 공유, 협업 중심의 조직문화 정착 ·역량과 실적 중심의 인사관리

전략과제			
1. 중소·중견기업 중심으로 수출구조 개선 2. 새로운 수출시장 개척 3. 사업방식 개선을 통한 수출 성과 확대 4. 경제 체질 강화에 기여하는 투자유치	5. 신성장산업 글로벌 역량 강화 6. 중소·중견기업의 해외 진출 활성화 7. 경제·통상 협력 지원 확대 8. 맞춤형 해외 정보 제공 강화	9. 일자리 창출 지원 강화 10. 서비스 공공성 강화 11. 사회적 가치 생태계 운영 12. 국민·근로자의 안전과 환경보호 강화	13. 지속 가능한 혁신 체계 구축 14. 국민 참여 거버넌스 확대 15. 공정하고 청렴한 조직 구현 16. 글로벌 전문 역량 강화

2 주요 사업 소개

1. 지원 사업

(1) 해외시장 개척 지원 사업

① 글로벌 역량진단 사업

기업의 수출 및 해외 마케팅 부분별 세부 역량을 확인하여 맞춤형 서비스를 제공하기 위한 프로그램.

② 이동 코트라

KOTRA가 지방에 소재한 내수·수출초보기업의 수출 시작과 수출을 늘리기 위해 찾아가는 현장 컨설팅 서비스.

③ Export Gateway(수출 첫걸음 사업)

수출 규모 50만 달러 미만의 수출 초기 기업과 내수기업 중 글로벌 역량진단을 거쳐 선정된 기업에 대해 1년간에 걸쳐 일대일 밀착 지원을 통해 수출 50만 달러 이상 '수출유망 기업'으로 육성하는 사업.

④ 지사화 사업

지사화 사업은 해외무역관이 수출 기업의 해외지사와 같은 역할을 수행하며 시장조사, 수출 거래선 발굴에서 거래 성사 단계에 이르기까지 해외 판로 개척활동을 1:1로 밀착 지원하는 사업.

⑤ 해외물류 네트워크 사업

KOTRA 무역관과 해외 전문 물류서비스 기업과의 긴밀한 공조 하에 국내 수출 기업이 저렴하게 물류서비스를 이용하도록 지원하고 있습니다. 현지 물류비용을 일부 지원하며, 해외 마케팅 등 다양한 부가서비스 제공을 통해 국내 수출 기업의 해외시장 진출 확대를 지원하는 사업.

⑥ 수출인큐베이터 사업

독자적 능력 배양을 위해 현지 주요 교역 거점에 진출을 원하는 중소기업을 지원하기 위하여 미국, 유럽, 중국 등 해외 주요 교역중심지에 수출인큐베이터를 설치하고, 현지 마케팅 전문가, 법률/회계 고문의 자문, 사무공간 및 공동회의실을 제공함으로 중소기업이 해외 진출 비용을 경감하고 조기 정착할 수 있도록 지원하는 사업.

⑦ 해외시장조사 사업

KOTRA 전 세계 해외무역관(82개국 120개 무역관)을 통해 해외 바이어 찾기, 시장조사 등을 지원하는 서비스.

⑧ 해외 비즈니스 출장 지원 사업

KOTRA 전 세계 해외무역관(82개국 120개소)을 통해 해외 바이어 상담 주선 등 출장 업무를 지원.

⑨ 무역사절단 사업

KOTRA에서 지방자치단체나 유관기관과 협력하여 해외시장 진출을 희망하는 관내 중·소·벤처기업을 대상으로 해외 세일즈단을 구성하여 파견하고, KOTRA 해외무역관에서 현지 바이어와의 수출 상담을 지원함으로써 국내 업체의 수출진흥을 지원.

⑩ 수출상담회

한국 상품의 수입을 희망하는 구매단 또는 개별 바이어의 방한을 유치하여 국내 업계와의 수출 상담 기회를 제공함으로써 국내 업체들이 바이어와 수출상담을 통해 수출 증대 기회를 가질 수 있는 사업.

⑪ 온라인 수출마케팅 사업(buyKOREA.org)

buyKOREA.org는 전 세계 바이어와 한국 공급업체를 연결해 주는 글로벌 B2B e-마켓플레이스입니다. buyKOREA.org는 국내 B2B e-마켓플레이스 가운데 유일하게 한국 상품 해외 홍보, 해외 구매정보 중개는 물론 거래대금 결제(KOPS), EMS 국제 배송 등 거래 프로세스를 모두 지원.

⑫ 열린 무역관 사업

KOTRA 해외무역관 중 지원 가능 무역관을 대상으로 무료로 업무공간 및 기초컨설팅 등을 제공함으로써 출장 업무를 지원.

⑬ 전시 사업

• 해외 전시 : KOTRA가 세계 유명 전시회에 유관단체와 공동으로 한국관을 구성하여 국내 기업의 해외 마케팅을 지원.
• 국내 전시 : KOTRA는 전시산업의 경쟁력을 강화하고 국내 전시회의 활성화를 위해 전시주최 사업자에게 필요한 경비를 지원.

⑭ 해외 IT 지원센터 사업

IT 수출의 3대 핵심지역에 설치된 KOTRA IT 지원센터는 한국 IT 산업의 세계화를 추진하는 전략기지로서 해외 IT 전문가 및 기관, 유망 IT기업들과의 긴밀한 협력관계를 구축하여 현지 진출 국내 기업들에 맞춤형 현지화 지원을 통해 해외 진출을 돕고 있습니다. 현재 미국(실리콘밸리), 중국(베이징), 일본(도쿄) 3개 지역에서 입주지원을 위한 독립형 사무실을 제공.

⑮ 해외시장 설명회

정확하고 시의적절한 해외시장 정보를 필요로 하는 국내 기업들에 세계 각국의 시장 동향, 상품 및 마케팅 정보, 투자환경 및 투자절차 등의 무역 및 투자 정보를 제공하여 국내 업계의 수출증진 및 해외 투자진출을 지원하는 사업입니다. 설명회를 통해 세계 각지에 있는 KOTRA 해외무역관에서 수집한 현지 유력 바이어의 구매정책 및 유통 업체 정보, 각국의 무역 및 투자 정책에 관한 생생한 정보를 얻을 수 있을 것입니다. 특히, KOTRA의 설명회 사업은 해외 시장 정보가 부족한 국내 중소기업에는 매우 유용한 기회가 될 것입니다.

⑯ 해외시장 컨설팅 사업

해외시장 컨설팅 서비스는 갈수록 세분화, 전문화되고 있는 우리 기업의 해외 진출 전략 수립 및 전략에 따른 마케팅 활동을 지원하는 서비스입니다. 박사급 전문 인력이 조사항목 설계에서 최종 보고서 납품, 맞춤형 프리미엄 마케팅 수행 및 성과관리에 이르는 전 과정에 주도적으로 참여하여 서비스의 품질을 보장합니다. KOTRA의 광범위한 해외 조직망뿐만 아니라 국내외 컨설팅 기관과의 업무공조를 통해 컨설팅 서비스 영역을 한층 확대하여 고객의 다양하고 전문화된 서비스 수요에 대응합니다.

⑰ 글로벌 브랜드 사업

KOTRA 글로벌 브랜드 사업은 품질, 기술, 마케팅 능력 등 해외시장에서의 수출경쟁력은 갖췄으나 브랜드 인지도가 낮아 어려움을 겪는 국내 중소기업이 KOTRA의 해외 인지도를 활용하여 수출 성장을 이룰 수 있도록 하는 우수기업 추천 사업입니다. 해외 바이어가 구매 의사결정 시 중요하게 생각하는 요소, 즉 우수한 품질 및 기술경쟁력, 해외 비즈니스 역량을 갖춘 기업을 선정하여 KOTRA 글로벌 브랜드를 부여합니다.

⑱ 월드챔프(World Champ)

'트랙스타'를 비롯한 95개 기업을 월드챔프로 선정한 KOTRA는 해외 법인 설립 및 광고홍보사업, 기업 단독 해외 로드쇼, 영업망 구축 등 해외 마케팅을 맞춤형으로 지원해 경쟁력 있는 중소기업을 세계 선두 주자로 육성하고 있습니다.

⑲ ICT-SW 중소기업 수출지원 센터

해외 ICT 시장 진출에 애로를 겪고 있는 중소기업을 원스톱으로 서비스하는 사업입니다.

(2) 해외투자진출 지원 사업

① 해외 진출 프리미엄 서비스

KOTRA에서는 해외 진출을 준비 중인 우리 기업의 다양한 수요에 맞게 맞춤형 지원(유료)을 제공합니다. OPS에는 ⅰ 해외 현지법인(공장) 설립 지원, ⅱ 해외 프로젝트 수주 지원이 있습니다.

② 해외 프로젝트 수주 지원 사업

KOTRA 해외무역관과 플랜트 수주 지원센터(두바이, 상파울루, 모스크바)가 발굴한 자원 개발 및 건설·플랜트 유망 프로젝트의 수주를 지원합니다.

③ 기 진출 한국 기업 지원 사업

이미 해외 각지에 투자진출을 실시한 우리 기업들의 성공적인 정착 및 투자 확대를 위하여 한국 투자기업 지원센터와 해외 지식 재산센터(IP-DESK)를 통해 다양한 지원을 제공하고 있습니다.

④ 해외 진출 협력 강화 사업

공기업과 중소기업의 성공적 해외 진출을 지원하기 위해 해외 진출 지원 기관과의 협력을 강화하여, 애로사항을 해소하고 불합리한 제도를 개선함으로써 해외 진출 기업의 경쟁력을 높일 수 있는 종합적인 지원체계를 구축하고자 합니다.

(3) 외국인 투자유치 지원 사업

① 투자유치활동

해외 유력 투자가 및 주요 프로젝트를 발굴(단독, 합작, 구주 인수 등)하여 무역관-본사 PM 연계 1:1 맞춤형 지원, 관련 지자체 및 국내 기업과 연계한 국내외 투자유치 설명회/상담회 개최(투자유치 TFT

파견, 방한 투자가 초청)서비스를 합니다.

② 제조업 투자유치

해외 유력 투자가 및 주요 프로젝트를 발굴(단독, 합작, 구주 인수 등)하여 무역관-본사 PM 연계 1:1 맞춤형 지원, 관련 지자체 및 국내 기업과 연계한 국내외 투자유치 설명회/상담회 개최(투자유치 TFT 파견, 방한 투자가 초청)서비스를 합니다.

③ 서비스 금융산업 투자유치

고용 창출 효과가 큰 서비스산업의 분야별 전략적 투자유치 추진
• 중점분야 : 물류 · 유통, 지역개발, 관광 · 레저, 문화콘텐츠, 교육 · 의료, 국책사업 등
• 사업내용 : 투자환경 설명회(IR) 및 TFT 파견, 투자가 발굴 및 1:1 상담 등

④ 전략지역 투자유치

일본, 중국, 신흥국(중동, 브라질, 러시아, 인도 등) 투자유치를 위한 유망 잠재 투자 기업을 발굴하여 국가 경제발전으로 이어질 수 있도록 지원하고 있습니다.

(4) 중소기업 글로벌화 지원 사업

① 글로벌 인재 발굴 사업

KOTRA 해외무역관을 활용해 중소기업에 필요한 기술, R&D 인력 등 글로벌 인재 발굴부터 인터뷰 주선, 이력 검증, 비자 추천, 채용 및 정착 지원까지 One-Stop 서비스를 지원합니다.

② 글로벌 인재 발굴 맞춤형 사업

글로벌 인재의 발굴부터 고용계약 체결까지의 전 과정을, KOTRA 해외무역관을 통해 맞춤형으로 지원합니다.

③ 골드 카드 사업

글로벌 인재를 고용하고자 하는 기관에 KOTRA 사장 명의의 고용 추천서(골드 카드)를 발급함으로써 최종 E-7 비자 발급을 지원하여 출입국상 특혜를 부여하는 서비스입니다.

④ 글로벌 M&A 지원 사업

M&A를 활용한 중소 · 중견 기업의 해외 판로 개척과 글로벌화를 지원합니다.

2. 일자리 창출

(1) 해외 취업

1) KOTRA 해외취업지원사업

우리 정부가 추진하는 K-Move 사업의 일환으로 KOTRA의 해외무역관을 활용하여 해외일자리를 발굴하고 한국 청년들의 해외취업을 지원합니다. (고용노동부, 산업인력공단 협업)

KOTRA 글로벌일자리 사업

해외구인수요 발굴	해외취업기회 제공	최신정보 전파	역량강화 지원	사후관리
무역관을 통한 양질의 해외구인처 발굴	글로벌일자리대전 핀포인트 채용상담회 현지채용상담회 개최	글로벌취업환경설명회 및 네이버카페를 통한 현지 취업정보 제공	취업스쿨 및 기타 교육생사 개최	헬프데스크 및 현지 멘토단 운영을 통한 상담서비스 제공

2) 해외 구인수요 발굴 및 전파

K-Move센터 및 해외취업 거점 및 지원 무역관을 통해 해외 구인 수요를 발굴합니다.

3) 해외취업 상담회 개최(해외취업 기회제공)

① 글로벌 일자리대전(Global Job Fair) 개최

양질의 해외기업을 초청하여 국내 구직자와의 1:1 면접기회를 제공해드립니다.

② 핀포인트 채용상담회 개최

해외구인처를 초청하여 국내 구직자와 1:1 면접 및 필기시험, 채용설명회를 개최 지원합니다.

③ 현지 채용박람회 개최

한국인재 채용을 희망하는 현지기업을 대상으로 현지 한국인재(유학생, 해외교포)에게는 1:1 면접 기회를, 국내 구직자에게는 화상 면접을 지원해드립니다.

4) 해외취업 최신정보 전파

글로벌 취업환경설명회를 개최 및 해외취업 네이버카페를 통해 구직자에게 생생한 현지 취업정보를 제공해드립니다.

5) 해외취업 역량강화 지원

취업스쿨 개최 및 현지 취업교육을 통해 구직자의 역량을 강화해드립니다.

6) 해외취업자 사후관리

네이버카페 헬프데스크 및 멘토단 운영을 통해 취업자의 현지 정착지원 및 애로사항 해소를 도와드립니다.

(2) 국내 일자리

① GLOBAL LINK to TALENT

외국인투자기업의 국내 인지도 제고와 우수 인재 채용을 지원하고, 구직자에게 외국인투자기업 취업 기회를 제공하여 글로벌 인재로 발돋움 할 수 있도록 KOTRA가 함께합니다.

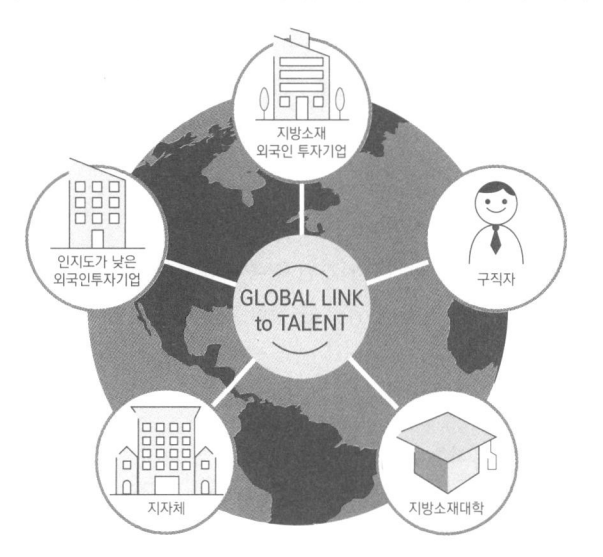

② 외국인투자기업의 채용지원방법

KOTRA는 외국인투자기업 채용시장 활성화를 위해 외투기업-구직자간 만남의 場을 마련하고 있습니다.

3. 포용적 상생협력

(1) 대중소 협력 해외진출사업

KOTRA는 미션과 비전, 핵심가치를 반영해 중장기 경영목표의 전략목표 중 하나로 "사회적가치 확산" 을 설정하고, "사회적가치 생태계 운영" 을 위해 노력하고 있습니다.

(2) 협력업체 성장지원

KOTRA는 매년/격년마다 협력사 모집·선정하며 협력사의 경쟁력 강화를 통한 매출확대 및 좋은 일자리 창출에 기여하고자 합니다.

분야	지원내용
지원내용	• 동반성장 파트너쉽 인증, 사내·외 홍보코너 조성 등 • 공사기능·사업과 연계가능한 상품·서비스 기획 지원 등
교육/소통	• 수주능력 향상을 위한 국가계약법 등 기본역량 교육
제도개선	• 적정 노무비 적용강화 및 신속한 대가지급

4. 사회적 경제 활성화

(1) 사회적경제기업 지원

1) 사회적경제기업 해외진출 지원사업

사업목적 : 사회적경제기업 대상 KOTRA 해외진출 지원 강화
- 맞춤형 해외진출 지원 서비스를 통한 사회적경제기업 해외진출 고도화
- 개별선택형 서비스 제공을 통한 해외진출 지원 : 수출상담회, 해외전자상거래 플랫폼 입점지원, 아트콜라보 매칭지원 등

2) MRO 구매를 통한 사회적 약자기업 지원

공사 MRO 구매시스템 內 사회적 약자기업 제품 구매지원
- 사회적기업·사회적협동조합 및 장애인기업 구매 카테고리 세분화
- 사회적 약자기업 제품 지속 발굴 및 추가를 통한 지원가능성 확대

(2) 문화예술인 지원

아트콜라보 제품의 국내외 전시를 통한 예술인의 해외진출 지원
- KOTRA 본사 1층 전시관에서의 기획전시를 통한 디렉토리북 제작, 작품과 상품을 전시
- 해외박람회, 전시회 아트콜라보관을 구성해 홍보 및 수출마케팅 지원

(3) 다문화무역인력양성

다문화무역인 무역실무교육 및 해외마케팅 인재 추천
- 적정학력과 한국어 능력을 보유한 다문화무역인을 선발하여, 무역실무교육을 제공하고 우리기업에게는 현지언어와 문화에 능통한 해외마케팅 인력을 제공하고 있습니다

KOTRA 다문화무역인 양성 사업

    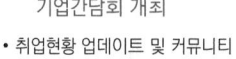

선발 및 교육
- 다문화 무역인 선발
- 무역실무교육 실시

교육이수자 관리기반 구축
- 다문화무역인 DB등록 (KOTRA 개발협력실)
- 창업교육 및 서비스 지원 DB등록(SBA)

취업활동 기회제공
- KOTRA 주관 채용박람회 및 타 기관채용박람회 참가기회
- KOTRA 주관 행사 (전시회/상담회)통역활동 기회 제공

교육생 사후관리 기업간담회 개최
- 취업현황 업데이트 및 커뮤니티 (네이버 카페, 페이스북) 운영
- 간담회 개최를 통한 애로사항 청취 및 반영

무역관련 취업/창업 지원
- 국내중소·중견기업/외투기업/유턴기업 등 면접알선
- 국내/모국 창업지원

II 무역협회

1 한국무역협회 안내

1. 한국무역협회 연혁

한국무역협회는 1946년 창립 이래 무역진흥과 민간 통상협력 활동 및 무역인프라 구축을 통해 무역인의 신뢰받는 동반자로서 한국무역의 새로운 도약을 선도하는 무역진흥 서비스 기관입니다.

현재 ~ 2011

연도	월	내용
2018	03월	UAE지부 개소
2016	07월	한국무역협회 창립 70주년
		미래무역비전 및 협회 2030비전 선포
	03월	K-Move센터(해외취업 지원센터) 개소
	01월	중국 성도지부 신설
2015	06월	인도네시아자카르타지부 개소
	03월	무역아카데미 창립 50주년
2014	06월	Kmall24(www.kmall24.com) 개설
	01월	뉴델리지부 개소
2012	09월	대전 무역회관 개관
	03월	대구 무역회관 개관
	02월	민관합동 FTA 무역종합지원센터 설치
2011	09월	호치민지부 개소

2010 ~ 1946

기간	연도	내용
2010 ~ 2001	2010. 11	G20 서울 정상회의 개최
	2009. 04	COEX Artium 개관
	2006. 02	싱가포르지부 개소
	02	워싱턴지부 개소
	2005. 02	전자무역추진센터 사무국 설치
	02	국제물류지원단 발족
	2004. 08	전략물자무역정보센터 설립
	2002. 06	전략물자무역정보센터 설립
2000 ~ 1946	2000. 10	ASEM 정상회의 개최
	05	ASEM 컨벤션센터 개
	1995. 10	광주 무역회관 개관
	04	경남 무역회관 개관
	1992. 08	북경지부 설치
	1991. 12	KTNET 설립
	1988. 09	한국종합무역센터 완공
	1986. 06	부산 무역회관 개관
	1984. 05	브뤼셀지부 설치
	02	무역아카데미 개원
	1978. 08	COEX 설립
	1974. 08	뉴욕 Han Kook Center(U.S.A) Inc. 설립
	1972. 01	WTCA(세계무역센터협회) 가입
	1967. 01	뉴욕지부 설치
	1948. 04	도쿄지부 설치
	1946. 07	한국무역협회 창립

2. 조직소개

(1) 6본부 3부설기구 4직속·독립기구
- 6개 본부(경영관리본부, 회원지원본부, 혁신성장본부, 국제사업본부, 글로벌마케팅본부, MICE추진본부)
- 3개 부설기구(국제무역통상연구원, 무역아카데미, FTA종합지원센터)
- 4개 직속 · 독립기구 : 비서실(회장), 감사실(상임감사), 홍보실(부회장), 통상지원센터

(2) 실 조직
- 32개실, 1지원단

(3) 지부 조직
- 국내지역본부 : 13개 지역본부
- 해외지부 : 11개 지부

3. All that KITA

(1) KITA History

무역협회는 기적을 이룬 한국 무역과 함께 달려왔습니다.

70년간 이어져온 한국무역협회의 역사는 무역규모 1조 달러를 달성해낸 한국무역 신화의 기록,
그 자체라 할 수 있습니다.

1940~50년대 무역여명기
한국무역의 새벽을 밝히다
- 한국무역협회 창립
- 무역통신 무역연감 발감
- 무역사절단 파견
- 무역정책 · 제도 방향제시

1060~70년대 무역입국 진흥기
수출 드라이브에 앞장서다
- 홍콩 · 뉴욕 코리아센터 설치로 해외 수출거점 제공
- 고려무역 설립
- COEX전시기반 조성
- 해외기업협의체 구성
- 민간경제협력 활동 전개

1980년대 수출고도화기
인프라 구축으로 경쟁력을 높이다
- 무역아카데미 설치
- 통상활동 수입규제 대응
- 삼성동 무역센터 건립
- COEX선립
- CALT(도심공항) 설립
- KOTIS(무역정보) 구축

1990년대 무역개방기
중소 · 중견기업 수출을 선도하다
- 전자무역인프라 구축(KTNET 설립)
- 북방교역 개척 및 시장다변화
- 남북교역 활동
- 무역규제 해소
- MF 대책팀 가동
- 복합무역 전략 제시

2000년대 글로벌 경쟁기
위기를 넘어 재도약을 이루다
- FTA 확대
- 청년무역인력 양성
- 전시회육성
- TRADE SOS 설치
- 무역기금 확충
- 전문무역상사제도 도입
- 주요국 한국상품전 개최

2010년대 글로벌 선도기
무역 1조 달러 시대를 열다
- 상해 EXPO 기업관 운영
- 신규 수출기업화 지원
- FTA종합지원센터 설치
- tradeKorea 구축
- TradeNAVI 구축
- Kmall24 구축
- 서비스수출 정책 개발

(2) KITA 개관

"한국무역협회는 무역진흥을 위해 꼭 필요한 일을 하는 경제단체입니다."

1. 무역진흥에 주력하는 무역업계의 구심체입니다.

무역진흥을 통한 **국민경제 기여**	무역협회는 1946년 105인의 선각자에 의해 창립되어 다양한 무역진흥 사업을 통해 국민 경제 발전에 기여하고 있습니다.
수출 환경개선을 통한 **무역업계 지원**	무역협회는 기업의 해외진출과 수출경쟁력 강화를 위한 무역환경 개선에 앞장서고 있습니다.

2 유익한 서비스 제공으로 기업들이 선택하는 경제단체입니다.

수출입 지원에 특화	무역협회가 추진하는 제반 사업들은 수출입 지원에 집중되어 있습니다.
임의 가입 경제단체	민법 제 32조에 의한 비영리사단법인이며 회원 가입이 기업의 자율적인 판단에 맡겨져 있습니다.
대 · 중기 포괄 지원	기업규모를 구분하지 않고 수출입 및 투자관련 활동을 지원합니다.

Q 무역협회는 다른 경제단체와 비교하면 무엇이 특별한가요?

A 대한상공회의소는 전 상공인을 대상으로 하는 법정단체이고, 전경련과 중기중앙회는 각각 대기업과 중소기업이 회원인 반면 무역협회는 수출입을 하는 무역업체들이 주 회원입니다. 타 경제단체들도 수출입과 관련된 지원사업을 일부 수행하고 있으나 고유목적 달성을 위한 부가적 사업이라 할 수 있으며, 무역협회는 무역진흥을 주 업무로 삼고 이에 전력하는 무역특화 민간 경제단체입니다.

"무역업체 대다수가 무역협회 회원에 가입하여 무역 지원 서비스를 이용하고 있습니다."

1. 7만여 회원사를 대표합니다.

   무역협회 회원은 창립 당시 105개에서 꾸준히 증가하여, 2019년 1월 현재 7만4,000여개에 달하고 있습니다.

2. 무역진흥사업은 회원사 중심으로 이루어집니다.

   • 무역협회 주요 의사결정과 사업 추진은 회원사에 의해 이뤄지고 있습니다.
   • 무역협회는 무역센터운영 수입을 기반으로 무역진흥 사업을 추진하며 회원사 회비부담을 최소화하고 있습니다.

Q 무역협회는 KOTRA와 무엇이 다른가요?

A 한국무역협회(1946년 7월 설립)는 순수 민간단체(사단법인)인 반면 KOTRA(1962년 6월 설립)는 특별법에 의해 설립된 정부투자기관입니다. 무역협회는 회원의 권익을 옹호하고 수출확대 · 무역진흥에 필요한 민간 사업을 수행하는 반면, KOTRA는 정보의 통상정책을 구현하고 해외투자 유치 지원이 주된 업무입니다. 무역협회는 수출진흥 사업 추진과정에서 정부는 물론 KOTRA와 긴밀히 협력하고 있습니다.

> **"무역업계의 권익을 대변하고, 해외시장 개척을 위한 민간 경제외교의 중심 역할을 하고 있습니다."**

1. 무역진흥을 위한 제도 건의, 규제 개선에 앞장서고 있습니다.

   지역 기업협의회(정례), 통상 현안 대응 간담회(수시) 등을 개최하여 무역업계의 의견을 정부에 지속적으로 전달합니다.

2. 수출로 일궈낸 '한국경제의 기적'과 무역의 중요성을 대내외에 전파합니다.

   무역의 날 개최, 한국을 빛낸 무역인 시상, 무역인력 양성 등 수출 저변 확대와 무역 관련 이슈 확산에 기여합니다.

3. 해외시장 개척을 위한 민간외교에 앞장섭니다.

   경제사절단 파견, 민간 통상 네트워크 구축 등 다각적 활동에 매진합니다.

(3) KITA 핵심사업

1. 수출기업의 해외시장 개척을 다각적으로 지원하고 있습니다.

   무역협회는 해외시장 개척 지원을 통해 연 21억 달러 규모의 바이어-셀러 매칭 수출상담을 주선하고 있습니다.

해외 바이어 초청 상담회

19회   해외바이어 **720** 개사   국내기업 **2,500** 개사

해외 전시회 참가

96회   국내기업 **897** 개사

해외 바이어 초청 상담회

19회   국내기업 **395** 개사

〈2018년 실적 기준〉

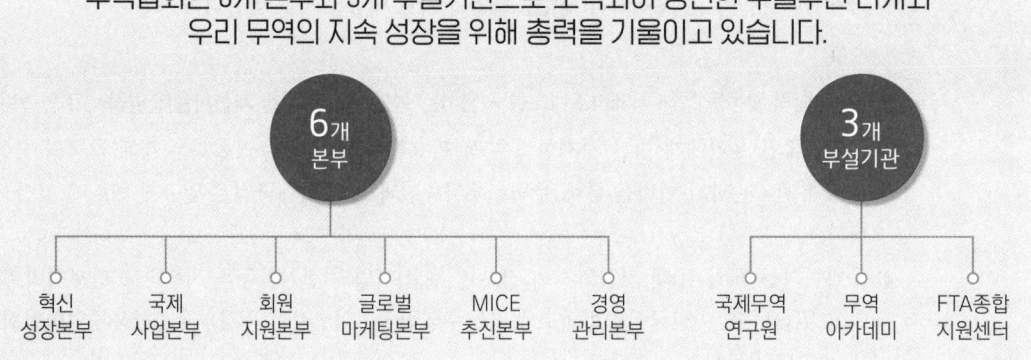

무역협회는 6개 본부와 3개 부설기관으로 조직되어 당면한 수출부진 타개와
우리 무역의 지속 성장을 위해 총력을 기울이고 있습니다.

6개 본부

혁신 성장본부 / 국제 사업본부 / 회원 지원본부 / 글로벌 마케팅본부 / MICE 추진본부 / 경영 관리본부

3개 부설기관

국제무역 연구원 / 무역 아카데미 / FTA종합 지원센터

2. 지방 소재 중소·중견기업을 현장에서 지원하고 있습니다.

① 무역협회는 중소·중견기업의 수출애로를 타개하는 한편 해외시장 개척, 무역실무, FTA활용 등을 비롯하여 다양한 전문가 상담과 컨설팅을 제공하고 있습니다.

무역애로 건의	무역실무 상담	무역현장 자문서비스	통번역 지원서비스	FTA 컨설팅	해외인증 상담센터
무역·산업, 금융·세제 등 무역애로 해소와 정책 건의	수출입 실무, 국제특허, 해외인증 등 전문가 상담	바이어 발굴 등 해외 시장 진출 관련 전문가 컨설팅	무역 거래에 필요한 문서의 번역 및 바이어 상담 통역	중소기업의 FTA활용 지원을 위한 심층 컨설팅	수출대상국의 규격·인증 취득에 필요한 정보 제공, 전문가 상담

② 지방소재 기업을 지원하기 위해 서울사무소와 전국 13개 지역본부를 두고 현장에서 지원하고 있습니다.

지역본부는 지자체와 협력하여 지역 산업의 육성과 중소기업의 해외마케팅 지원을 뒷받침하고 있습니다.

01. 서울사무소	06. 광주전남지역본부	11. 경남지역본부
02. 경기북부지역본부(일산)	07. 강원지역본부	12. 울산지역본부
03. 인천지역본부	08. 충북지역본부	13. 부산지역본부
04. 경기남부지역본부(수원)	09. 대구경북지역본부	14. 제주지부
05. 대전세종충남지역본부	10. 전북지역본부	

③ FTA종합지원센터를 운영하여 전국 수출기업의 FTA활용을 다각적으로 지원합니다.

3. 비즈니스 기회창출과 수출경쟁력 강화에 필요한 인프라를 제공해왔습니다.

① 세계적인 수준의 복합시설을 갖춘 삼성동 무역센터는 국내기업의 해외 진출, 외국기업의 한국 진출을 위한 게이트웨이(Gateway) 역할을 하고 있으며, 국내외 방문객에게는 한류·쇼핑·문화의 대표적 명소입니다.

② COEX는 대규모 시설과 편리한 접근성을 기반으로 매년 200회 이상의 전시회와 2,500회 이상의 국제이벤트를 수용, 우리나라 MICE 산업의 서브 역할을 하고 있습니다.

4. 민간 통상협력 활동을 통해 국제비즈니스를 지원하는 한편, 수출여건을 개선하는데 앞장서고 있습니다.

① 무역강국인 우리에게 민간 경제협력은 꼭 필요한 일입니다. 무역협회는 세계 각국의 상공회의소, 무역 유관기관과의 협력을 통해 무역ㆍ투자증진과 교역 상대국의 수입규제 해소에 앞장서고 있습니다.

② 무역협회는 해외 10개 거점조시에 지부를 두고 기업의 현지활동을 지원하고 경제협력 활동을 벌이고 있습니다. 미한국상공회의소(뉴욕), 주일한국기업연합회(동경), 유럽한국기업연합회(브뤼셀)의 운영도 주도하고 있습니다.

01. 도쿄지부	05. 상하이지부	09. 뉴델리지부
02. 뉴욕지부	06. 청도지부	10. 브뤼셀지부
03. 워싱턴지부	07. 자카르타지부	11. UAE지부
04. 베이징지부	08. 호치민지부	

Q 해외에도 무역협회와 같거나 유사한 기관이 있나요?

A 역사 속에서 무역업체의 단체결성은 중세 유럽의 길드(Guild)가 유명하나 현재 한국무역협회처럼 전국 대부분의 수출입업체가 참여하는 사례는 세계적으로 찾아보기 힘듭니다. 인근 국가에서 무역과 투자를 지원하는 기관으로 HKTDC(홍콩), JETRO(일본), TAITRA(대만) 등이 있지만 정부의 지원을 받아 활동하는 기관이며 순수 민간 경제단체로서 대규모 회원을 가진 것은 무역협회가 전 세계적으로 유일합니다.

5. 생생한 무역정보, 온라인 비즈니스 플랫폼을 제공하고 있습니다.

① 국내 유일 무역정보 포털인 KITA.net을 통해 수출활동에 필요한 맞춤형 정보를 제공하고 세계 59개국의 무역통계를 체계적으로 제공합니다. 또, 국가 통합무역 정보 서비스망인 tradeNAVI(트레이드 내비)를 통해 국내 71개 수출입 유관기관의 정보를 한 눈에 찾아볼 수 있도록 해줍니다.

② B2B, B2C 온라인 비즈니스 플랫폼을 동시에 운영하여 전자상거래 수출을 지원하고 있습니다.

tradeKorea	해외 바이어들에게 수출상품을 홍보하고 수출거래를 성사시켜주는 e-마켓 플레이스
Kmall24	해외 소비자들에게 상품을 직접 판매하는 크로스 보더(Cross-boarder) 쇼핑몰이며 영어, 중국어, 일본어 3개 언어로 운영

③ 협회가 100% 출자한 KTNET은 세계적으로 앞선 전자무역 인프라, 유트레이드 허브(U-tradeHub) 등을 구축, 연간 6조 원의 수출입 부대비를 절감해주고 있습니다.

무역ㆍ해외시장 정보 ▶ e마케팅 ▶ 바이어-셀러 매칭 ▶ 계약 ▶ 배송 선적 ▶ 대금결제

6. 비즈니스맨의 역량을 강화하고, 차세대 무역전문 인력을 양성하여 현장에 진출시키고 있습니다.

① 무역아카데미는 1964년 설립된 수출학교를 모태로 하고 있습니다. 지난 50여년간 37만명 이상의 무역인력을 배출하였으며, 이들은 무역 현장의 주역역할을 해왔습니다.

② 무역인의 역량 강화로 수출을 뒷받침합니다. CEO 최고경영자 과정인 GLMP, 기업단위의 위탁연수, 임직원 역량 강화과정 등 다양한 과정을 운영하고 있습니다.

· 무역실무	· 외환금융	· FTA 실무	· 해외시장진출
· 마케팅	· 비즈니스 일본어	· 비즈니스 중국어	· 공인외국어 시험대비
· SMART Cloud IT 마스터	· 무역마스터	· 패션 · 의류 · 섬유 전문가	· 전자무역물류 마스터
· 국제무역사 1급	· 국제무역사 2급	· 외환관리사	· 맞춤형 위탁교육
· 글로벌무역인턴십	· 글로벌물류 최고경영자 과정	· 대학생 무역 홍보대사	· 무역아카데미 체험학습

7. 한국무역의 미래를 여는 싱크탱크(Think Tank) 역할을 하고 있습니다.

① 무역협회는 무역동향과 정책, 기업경쟁력, 전략시장, FTA 및 통상 분야의 깊이 있는 연구를 수행하여 우리 무역의 미래 진로를 제시하고 해외시장 개척에 유익한 정보를 제공합니다.

② 무역현안에 대한 깊이 있는 분석을 담은 트레이드 포커스, 국제 무역의 최신 이슈를 한 눈에 확인해 주는 트레이드 브리프, 신흥시장 진출을 위한 입체적인 정보인 이머징마켓 인사이드, 해외시장 개척의 기회를 찾아주는 '열린 시장, 뜨는 품목' 등의 연구보고서는 무역업계의 큰 호응을 얻고 있습니다.

③ 무역협회는 수출산업의 스마트화, ICT/IoT 기반의 신산업 육성, 서비스 산업의 수출산업화를 촉진하기 위한 전략과 정책을 제시하는 등 신성장 산업육성을 위한 지원활동을 펼치고 있습니다.

④ 무역협회는 통상현안과 관련, 통상지원단을 신설하고 보호무역주의에 대응하여 해외 주요국 정부 인사 및 언론기관을 대상으로 통상 이웃리치 활동을 전개하여 업계 이익대변 및 민간 가교역할을 강화하였습니다.

8. 더불어 사는 사회, 나아가 국가경쟁력 제고를 위해 노력합니다.

① 세계무역 9위의 한국무역 위상에 걸맞은 전시컨벤션 인프라를 확충하고자 합니다.
잠실 MICE(올림픽 트레이드파크) 개발참여를 통해 국제교류복합지구를 조성하고, 국가경쟁력 제고에 노력합니다.

② 국내 최초 옥외광고물 자유표시구역으로 지정된 무역센터는 앞으로 국제적 명소로 거듭나게 될것입니다.

③ 무역협회는 사회공헌활동(CSR)을 적극 실천합니다.

1. 무역 · 통상환경 전망

(1) 경제전망

 세계경제

2020년 세계경제는 3.3%의 완만한 성장세가 전망되나 미중 무역분쟁,
신종 코로나바이러스 등 불안요인 상존 (자료 : IMF)

2.9% 2019   3.3% 2020 전망

국내경제

수출입의 점진적 증가와 정부의 경제 활성화 조치 등이 내수 회복에 기여 (자료 : 한국은행)

2.0% 2019   2.3% 2020 전망

수출입

2020년 수출은 3.3% 증가, 수입은 3.2% 증가할 전망 (자료 : 국제무역통상연구원)

수출   2019   3.3% 2020 전망   수입   2019   3.2% 2020 전망
-10.3%   -6.0%

(2) 국제유가(평균유가)

2020년 국제유가는 배럴당 60달러 내외를 기록할 전망
- OPEC 감산 및 중동 정정 불안, 미국의 대이란 제재 등에도 불구하고 미국 셰일오일 증산 등이 상승
  폭을 제한

WTI	Dubai	Brent
$54.4/bbl	$60.8/bbl	$59.9/bbl

(자료 : EIA(2019. 10), Bloomberg, 한국석유공사)

(3) 환율

원/달러 환율은 강세 · 약세 요인이 교차하면서 불확실성 확대
- 강세요인 : 주요국 통화완화 정책, 미국의 원화 절상 압박
- 약세요인 : 미 · 중 무역분쟁, 브렉시트, 신흥국 금융불안 가능성 등

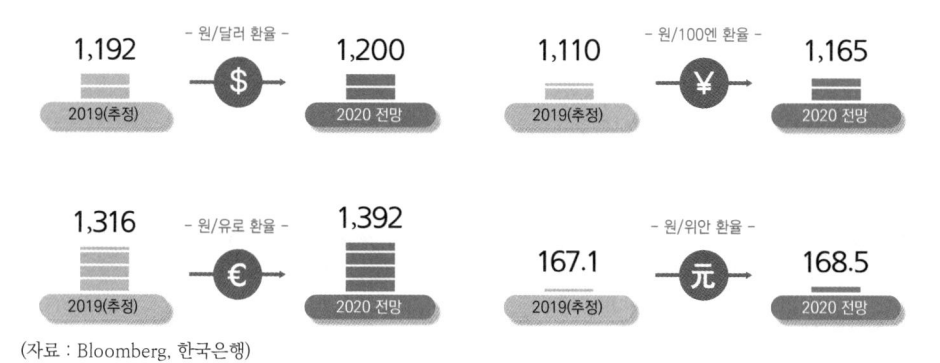

| 1,192 | - 원/달러 환율 - | 1,200 | 1,110 | - 원/100엔 환율 - | 1,165 |
| 2019(추정) | $ | 2020 전망 | 2019(추정) | ¥ | 2020 전망 |

| 1,316 | - 원/유로 환율 - | 1,392 | 167.1 | - 원/위안 환율 - | 168.5 |
| 2019(추정) | € | 2020 전망 | 2019(추정) | 元 | 2020 전망 |

(자료 : Bloomberg, 한국은행)

(4) 통상환경

- 신남방, 신북방 정책의 일환으로 신규 FTA 체결을 통해 미중에 의존적인 교역구조를 개선하고 신규 시장에 대한 접근성을 높여갈 예정
- 인도네시아 CEPA, RCEP 발효 추진과 함께 필리핀 · 말레이시아 · 러시아와 FTA 협상 및 기체결 FTA 협정(칠레, 아세안, 인도 등) 추가 개선 예정

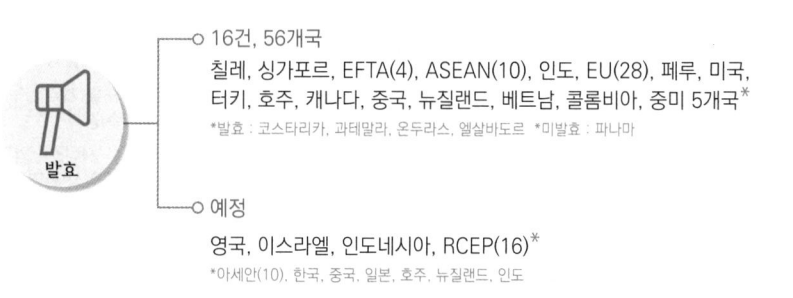

발효
- 16건, 56개국
  칠레, 싱가포르, EFTA(4), ASEAN(10), 인도, EU(28), 페루, 미국, 터키, 호주, 캐나다, 중국, 뉴질랜드, 베트남, 콜롬비아, 중미 5개국*
  *발효 : 코스타리카, 과테말라, 온두라스, 엘살바도르   *미발효 : 파나마
- 예정
  영국, 이스라엘, 인도네시아, RCEP(16)*
  *아세안(10), 한국, 중국, 일본, 호주, 뉴질랜드, 인도

협상
- 신규 · 재개
  한중일, 에콰도르, 이스라엘, 메르코수르(5), 필리핀, 말레이시아, 러시아
- 개선
  칠레, 아세안, 인도, 중국
- 예정
  멕시코, GCC(6), EAEU*
  *러시아, 카자흐스탄, 벨라루스, 키르키즈스탄, 아르메니아

2. 6대 플래그쉽 사업

무역구조 혁신과 선진화로 수출의 역동성 강화

무역강국의 위상을 기반으로 우리나라가 다시 한 번 도약할 수 있도록 미래 무역의 길을 밝히겠습니다. 국내 외 무역환경의 급속한 변화와 세분화되는 고객의 니즈를 꿰뚫어 보고 능동적이고 유연하게 글로벌 비즈니스 를 창출하여 무역의 미래를 선도하는 스마트 브릿지(Smart BRIDGE)가 될 것입니다.

BRIDGE는 한국무역의 구심점이자, 인프라, 교두보를 의미하며 무역협회가 미래무역을 위해 우선적으로 추진할 전략목표입니다.

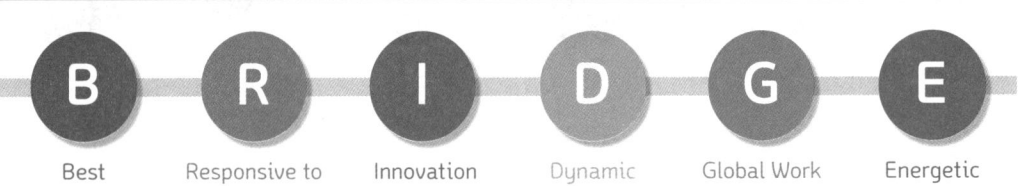

2020년 6대 추진 전략 및 23대 세부 실천 과제

B Best Partner
R Responsive to New Business
I Innovation Education
D Dynamic Leader
G Global Work Place
E Energetic Economy

Best partner
회원사 수출지원 강화로
수출활력 회복 기여

01 빅데이터 기반 맞춤형
    스마트 정보 제공
02 본 · 지부 협업 확대를 통한
    지방 무역업계 활성화
03 중소 · 중견 내수기업
    수출기업화 원스톱 지원
04 현장중심 애로해소 및
    종합컨설팅 강화

Responsive to New Business
스타트업/신산업의
스케일업 · 글로벌화

05 대 · 중소기업 연계 개방형
    상생혁신 · 동반성장 촉진
06 민간주도 스타트업
    혁신생태계 기반 확충
07 스타트업의 수출기업화 지원
08 서비스 · 신성장산업
    수출산업화 지원

Innovation Education
실전형 무역인력 양성 및
일자리 미스매치 해소

09 현장 수요 맞춤형 인력 공급
10 위탁연수 및 해외 공무원
    초청연수 강화
11 4차산업 · 서비스산업 대응
    무역인력 양성 확대
12 국내외 취업 연계 교육과정
    활성화 및 일자리 지원 확대

Dynamic Leader
무역 · 통상 환경변화에
선제적 대응

13 보호무역주의 대응 등
    민간통상지원 허브화
14 무역 · 산업구조 변화
    대응전략 연구 강화
15 전략적 민간통상활동 및
    경제협력 확대
16 신남북 경협 지원 네트워킹 및
    연구 · 조사

Global Work Place
미래 무역인프라 확충 및
공익가치 제고

17 잠실 MICE인프라 건립사업
    구체화
18 영동대로 복합개발 추진 및
    무역센터 명소화
19 CSR 확대를 통한 무역센터
    공익가치 제고

Energetic Economy
수출시장 · 수출방식
다변화를 통한 수출성과 제고

20 온 · 오프라인 통합마케팅 지원
    및 온라인수출 활성화
21 해외마케팅의
    전문화 · 대형화 · 차별화
22 신남방 · 신북방정책 연계
    시장개척 강화
23 정상외교 · FTA 활용 전략시장
    비즈니스확대

3. 사업계획 기본방향

무역구조 혁신과 선진화로 수출의 역동성 강화

(1) 회원사 수출지원 강화로 수출활력 회복 기여

B

세부 실천 과제

① 빅데이터 기반 맞춤형 스마트 정보 제공

② 본·지부 협업 확대를 통한 지방 무역업계 활성화

③ 중소·중견 내수기업 수출기업화 원스톱 지원

④ 현장중심 애로해소 및 종합컨설팅 강화

(2) 스타트업/신산업의 스케일업글로벌화

R

세부 실천 과제

⑤ 대·중소기업 연계 개방형 상행혁신동반성장 촉진

⑥ 민간주도 스타트업 혁신생태계 기반 확충

⑦ 스타트업의 수출기업화 지원

⑧ 서비스·신성장산업 수출산업화 지원

(3) 실전형 무역인력 양성 및 일자리 미스매치 해소

I

세부 실천 과제

⑨ 현장 수요 맞춤형 인력 공급

⑩ 위탁연수 및 해외 공무원 초청연수 강화

⑪ 4차산업·서비스산업 대응 무역인력 양성 확대

⑫ 국내외 취업 연계 교육 과정 활성화 및 일자리 지원 확대

(4) 무역·통상 환경변화에 선제적 대응

D

세부 실천 과제

⑬ 보호·무역주의 대응 등 민간통상지원 허브화

⑭ 무역산업구조 변화 대응전략 연구 강화

⑮ 전략적 민간통상활동 및 경제협력 확대

⑯ 신남북 경협 지원 네트워킹 및 연구·조사

(5) 미래 무역인프라 확충 및 공익가치 제고

G

세부 실천 과제

⑰ 잠실 MICE인프라 건립사업 구체화

⑱ 영동대로 복합개발 추진 및 무역센터 명소화

⑲ CSR 확대를 통한 무역센터 공익가치 제고

(6) 수출시장 · 수출방식 다변화를 통한 수출성과 제고

E

세부 실천 과제

⑳ 온 · 오프라인 통합마케팅 지원 및 온라인수출 활성화

㉑ 해외마케팅의 전문화 · 대형화 · 차별화

㉒ 신남방 · 신북방정책 연계 시장개철 강화

㉓ 정상외교 · FTA 활용 전략시장 비즈니스 확대

III aT(한국농수산식품유통공사)

1 한국농수산식품유통공사(aT) 안내

1. 한국농수산식품유통공사(aT) 소개

수출과 유통을 통해 미래 농식품 산업을 주도하는
일류 공기업 한국농수산식품유통공사

한국농수산식품유통공사는 농공(農工) 간의 격차완화를 위해 1967년 농어촌개발공사로 발족하였습니다. 1986년 농수산물유통공사로 확대개편한 이후 도매시장육성, 유통교육 및 정보 등 유통조성사업을 강화하고 수출진흥사업과 농수산식품소비촉진사업으로 사업영역을 확장하여 농어민의 소득증진과 국민경제의 균형있는 발전에 기여해 왔습니다. 2012년 한국농수산식품유통공사로 사명을 변경하고 '국민에게 신뢰받는 글로벌 농수산식품 산업육성 전문 공기업'으로 새로운 비전을 수립, 우리 농업의 성장동력이 될 농수산식품산업 지원 기능을 대폭 강화하는 등 차별화·전문화된 사업구조와 기능으로 개편하는데 주력했습니다. 앞으로 한국농수산식품유통공사는 농수산식품산업 진흥 전문기관으로서 우리 농업의 새로운 가치를 창출하고, 기업의 사회적 책임을 성실히 이행하여 고객의 신뢰와 사랑을 받는 공사로 거듭나겠습니다.

2. 한국농수산식품유통공사(aT) 연혁

1967 ~ 1969		
우리 민족의 농수산업, 근대화 선도	1967. 12	농어촌개발공사 설립
	1968. 05	투자회사 설립
	1969. 12	대통령 표창 수상

1970 ~ 1979		
농어촌에 희망을 싣고, 농어민의 꿈을 키우다	1972. 12	직영사업소 설치
	1973. 01	식품연구소 설립
	1974. 06	외국 차관도입
	1978. 12	농수산물 가격안정사업단 발족

1980 ~ 1985		
농수산물 유통의 새로운 역사를 쓰다	1980. 04	식품연구소 신축 준공
	1982.12	농수산물판매사업장 준공
	1983. 05	농수산물유통정보 전산실 개통
	1984. 11	농수산물종합직판장 개장
	1985. 08	유통교육원 개원

1986 ~ 1996

세계인의 식탁을 우리의
농수산물로 채우는 날까지

1986. 12	농수산물유통공사로 명칭 변경
1988. 01	과실봉지공장 준공
1991. 11	화훼공판장 개장
1992. 03	해외에 한국유통분배센터(KTDC) 설치
1994. 09	중계동 물류센터 개장
1995. 12	KATI 서비스 개시

1997 ~ 2001

21세기,
드넓은 세계를 향해

1999. 01	고려인삼, 김치 등 캐릭터 개발
1999. 03	농림축산물 수출 200억불 달성 총력 지원
2000. 08	홍콩 식품박람회 참가

2002 ~ 2008

aT센터, 세계로
새로운 비전으로

2002. 11	aT센터(Agro-Trade & Exhibition Center) 개장
2002. 05	화훼촉진 행사 '코리아 꽃차 퍼레이드' 개최
2005. 04	뉴비전 선포
2006. 04	aT경남지사 개소
2007. 11	Postharvest 국제 심포지엄 개최
2007. 12	농식품산업진흥 전문기관으로서 New Vision 수립
2008. 01	식품산업 육성 및 한식세계화 참여 확대

2009 ~ 2012

유통개선과
수출진흥의 날개를 달다

2009. 10	사이버거래소 개장 (www.eat.co.kr)
2011. 01	국가 곡물조달사업 추진
2011. 07	농식품기업지원센터 개소
2012. 01	한국농수산식품유통공사로 명칭 변경
2012. 01	뉴비전 선포 및 공사 CI 개편

2013 ~ 2016		
나주 이전을 더 큰 도약의 기회로 삼다	2014. 10	본사 나주혁신도시 이전
	2015. 05	하노이 지사 개소
	2015. 08	칭다오 물류센터 개소
	2015. 10	2015 대한민국 나눔국민대상 대통령 표창 수상
	2016. 01	2015 국가 기록관리 대통령 표창 수상

2017 ~		
50년 aT, 대한민국 농수산식품산업 100년을 그리다	2017. 12	aT 창립 50주년
	2018. 05	신경영비전 선포
	2019. 07	블라디보스토크지사 개소
	2019. 12	농산물 안전성 검사 기관 지정

2 일반현황

1. 연혁

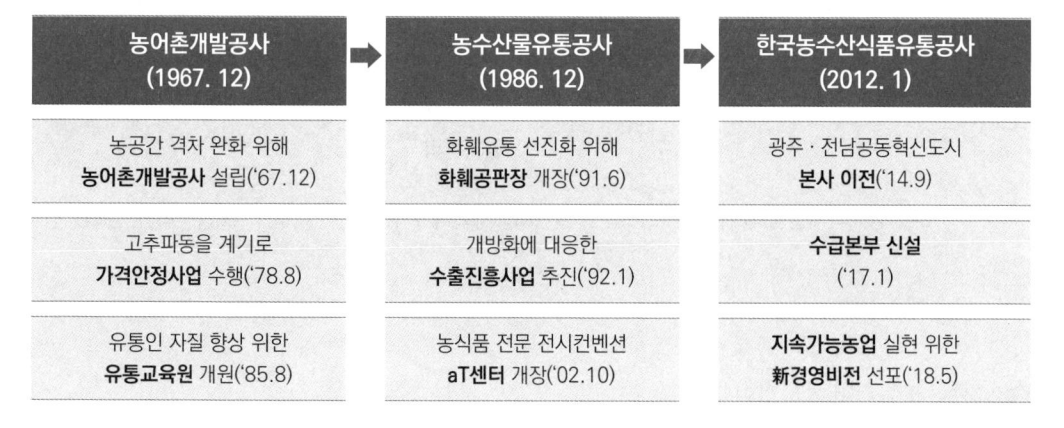

농어촌개발공사 (1967. 12)	농수산물유통공사 (1986. 12)	한국농수산식품유통공사 (2012. 1)
농공간 격차 완화 위해 **농어촌개발공사** 설립('67.12)	화훼유통 선진화 위해 **화훼공판장** 개장('91.6)	광주 · 전남공동혁신도시 **본사 이전**('14.9)
고추파동을 계기로 **가격안정사업** 수행('78.8)	개방화에 대응한 **수출진흥사업** 추진('92.1)	**수급본부 신설** ('17.1)
유통인 자질 향상 위한 **유통교육원** 개원('85.8)	농식품 전문 전시컨벤션 **aT센터** 개장('02.10)	**지속가능농업** 실현 위한 **新경영비전** 선포('18.5)

2. 임무 및 주요사업

(1) 임무

농어업인의 소득증진과 국민경제의 균형있는 발전에 이바지(공사법 제1조)

(2) 주요사업

- 수급안정 : 비축 농산물 수매 · 수입 · 판매 등을 통한 수급안정 도모
- 유통개선 : 직거래 활성화, 산지조직 · 도매시장 평가 · 지원, 유통정보 등
- 수출진흥 : 수출기반조성, 해외시장개척, 자금지원 및 정보제공 등
- 식품산업육성 :식품 · 외식업체 인프라 구축, 전통식품 육성 등

3 2020년 추진 방향

목표   걱정없이 농사짓고, 안심하고 소비하는 나라

방향   핵심사업의 공익적 기능 강화를 통한 지속가능 농어업 실현

수급안정	유통개선
·수매비축 등 수급 관리 체계화 ·농산물 수급 · 유통 정보조사 강화 ·비축농산물 안전성 등 관리강화	·로컬푸드, 푸드플랜 확산 ·공공급식 및 온라인 유통 활성화 ·산지조직육성, 자율수급조절 기능 제고

수출진흥	식품산업육성
·신선 농산물 수출확대 기반 강화 ·新남방 · 新북방 등 수출시장 다변화 ·비관세 장벽 대응, 맞춤형 기업지원	·식품외식산업과 농업 간 연계 강화 ·농공상기업 등 식품외식기업 성장지원 ·인재육성 등 식품 인프라강화

경영관리

정책과제실행체계강화   일자리등사회적가치창출   소통 · 혁신, 윤리경영

4 2020년 주요사업 추진계획

1. 농산물 수급안정

- 농산물 수급관리 체계화 : 수매비축 → 소비촉진 → 사후관리
- 국내외 농산물에 대한 수급 · 유통 정보조사 강화
- TRQ 운영 효율화 및 비축농산물 안전관리 강화

(1) 국내산 농산물 수매로 산지가격 지지 및 농가소득 제고

  1) (수매비축) 선제적 수급대응 및 농가소득 지지를 위한 수매비축

    ① (채소류) 수급상황에 따른 수매비축 · 방출로 가격 및 수급안정 도모

      · (배추 · 무) 수급불안 대비 작형별 수매비축 및 탄력적 방출 운영

        *('19수매비축) 배추 1만 2천 톤,무 8천 톤 → ('20 계획) 배추 1만 1천 톤, 무 9천 톤

      · (마늘 · 양파 등) 품목별 주 수확시기(6~9월) 수매비축을 통한 산지가격 지지

        *('19) 건고추 3천 톤, 마늘 1만 6천 톤, 양파 1만 2천 톤 → ('20 계획) 건고추 5천 톤, 마늘 2천 톤, 양파 9천 톤

    ② (콩) 국산콩 수급안정을 위한 적정물량의 안정적 수매비축 추진

      *('19 약정물량) 43천 톤 (수매시기 : '19.12~'20.3월)/('20 계획) 논콩 전량수매

    ③ (밀) 지속 가능한 우리밀 산업 육성 및 수급 안정을 위한 수매비축

      *('19) 1만 톤 → ('20계획) 3천 톤

  2) (소비촉진) 新수요처 발굴 및 판매전략 수립으로 소비 활성화

    ① (콩) 국산콩 소비촉진을 위한 직배공급 및 실수요처(학교급식) 발굴 확대

    ② (밀) 국산 밀 우수제품 개발(10억 예산) 및 대량 新수요처 발굴

  3) (사후관리) 콩 · 팥 등 두류품목 부정유통 방지를 위한 사후관리 강화

    ① 실수요업체에 대한 공정한 배분과 사후관리 강화 등을 위해 두류수급관리시스템 구축을 위한 중장기 발전방안(ISP) 수립

      *식품가공용 두류관리효율성제고방안 마련(연구용역)

    ② 농관원과 부정유통 합동 조사 및 정례 간담회를 통한 공조체계 강화

(2) 국내외 농산물의 유통 · 수급 정보조사 강화

  1) WTO 개도국 지위변경에 대비 수입정보조사 강화 등 관리 철저

    ① 중국 수입정보 부류별 전문화 및 해외지사 수출입정보 수입기능 병행

      *다롄지사(곡물류/랴오닝성 · 지린성 · 헤이룽장성), 칭다오사무소(채소특작류/동북 3성 이외지역)

    ② 관세청 사전세액심사 품목 확대로 민간의 무분별한 저가 수입방지

      · 반가공 농산물(절임배추 등) 수입현황 파악을 위한 HS코드 세분화 검토

        *사전세액심사조사 : (기존) 86개 규격 → (확대)124개 규격

  2) 빅데이터 기반 수급관리를 위한 농산물유통 종합정보시스템 고도화

    ① 수집된 수급정보를 활용하여 데이터분석 플랫폼으로 기능 확장

      · PC기반의 기존 시스템의 모바일 최적화로 시스템 활용도 제고

      · 기관별로 상이하게 제공되는 데이터의 표준화를 통한 데이터 신뢰성 강화

    ② 인공지능 알고리즘 강화를 통한 예측모형 지속 개선

      · 최신 기술을 활용한 예측모형(농산물 가격 · 생산단수) 지속 개발

    ③ 인공지능 기반의 원시데이터(가격, 물량, 기상 등) 이상패턴 감지 · 분석 등 빅데이터 검증체계 구축

3) 최근 소비트렌드 변화를 반영한 농산물 유통정보조사 개선

　① 1인 가구 · 맞벌이 증가, 간편화 추구, 온라인몰 구매 증가 등 소비 트렌드 변화에 대응한 소비자가격 조사품목 및 조사처 확대

　　*조사품목 : (현행) 쌀, 배추, 콩 등 → (확대) 즉석밥, 김치, 두부 등 가공품

　　*조사처 : (현행) 대형마트, 전통시장 → (확대) SSM, 중 · 소형 슈퍼마켓

　② 수입농산물 유통 증가 추세에 대응한 수입농산물 실태조사 확대

　　*수입농산물 유통 실태 조사 : (현행) 수입과일 등 → (확대) 수입김치, 냉동고추 등 유사대체품

　③ 친환경농산물 소매가격 연중조사 및 KAMIS 사이트 내 친환경 정보 코너 개설

(3) 국내외 여건을 반영한 TRQ 운영 효율화 및 비축농산물 안전관리 강화

　1) 국내 수급과 품목별 특성을 고려하여 도입물량 탄력적 운영

　　① 도입물량(국영무역) : ('19) 26만 2천톤 → ('20년 계획) 26만 8천톤

　　　*도입현황('19) : 콩 18만 톤, 참깨 3만 8천 톤, 콩나물콩 1만 8천 톤, 팥 · 녹두 2만 1천 톤 등

　　　*'20년 계획은 농산물격안정기금 예산 기준

　　　· (양념류) 국내 생산 및 가격 동향에 따라 탄력적으로 도입 · 방출

　　　· (특작류 · 두류) 참깨, 콩 등 수요가 많은 품목은 연중 안정적 도입 · 공급

　2) PLS 등 환경 변화에 대응 비축농산물 자체 안전성 관리 역량 강화

　　① 품목별 주 수입국 및 시장다변화 국가를 대상으로 잔류농약 등 모니터링 실시

　　② 국내 수매 농산물 전 품목 잔류농약 검사 후 합격품에 한하여 시장 방출

(4) 쌀 관세화 검증협상 종료에 따른 TRQ쌀 운영 강화

　① 검증협상(관세율 513%) 결과 도입되는 국별쿼터*의 효율적인 관리

　　*408,700톤 중 中 157,195, 美 132,304, 베트남 55,112, 태국 28,494, 호주 15,595, 글로벌쿼터 20,000

　　· 해외조직망(미국, 베트남 등)을 활용한 현지정보로 적정 국제가격 응찰 유도

　② 가공용 쌀에 대형 포장재(컨테이너에 넣는 톤백) 도입으로 물류기반 개선

　　*가공용 쌀의 톤백 포장재 도입 규모 : ('19) 25만 → ('20 계획) 36.9만(전량)

(5) 식량원조 사업의 차질 없는 이행

　1) 국내산 쌀의 대규모 해외원조 체계 구축 및 지원업무 강화

　　① 중동 · 아프리카 난민, 아세안 이재민 등에 대한 인도적 지원(51천 톤)

　　　*국제기구(WFP · APTERR) 통한 지원, 아세안은 재해대비용 1천 톤(필요시 긴급구호, '18년 12천 톤)

　　② 국제기구와의 협력채널 적극 활용, 수원국 분배 모니터링, 국내외 홍보

2. 농산물 유통개선

- 먹거리 선순환을 위한 로컬푸드 확산 및 푸드플랜 정착 지원
- 공공급식시스템 확산 및 산지 온라인경매 활성화
- 산지유통시설·조직의 역량 강화 및 자율 수급조절 기능 제고
- 화훼산업 육성을 위한 소비 문화 조성 및 유통전문인력 육성

(1) 좋은 먹거리의 새로운 기준 로컬푸드 확산

1) 지자체는 로컬푸드 지수, 공공부문은 우수기업 시상제로 확산 가속화

① 전국 159개 기초지자체 대상 로컬푸드 지수 첫 평가, 지역별 등급 공개

② 로컬푸드 소비 확대를 통한 지역상생·협력 모범 공공기관 선정 지원

2) 새로운 기반 시설 확충을 통해 도시민의 로컬푸드 소비생활 지원

① 로컬푸드가 도시민들의 삶 속에 정착되도록 도심지 내 구매·체험·문화 활동이 동시에 가능한 로컬푸드복합커뮤니티센터 설치 지원(매년 5개소 이상)

② 수도권과 지방 직매장의 연계를 통해 도시민의 먹거리 선택권 확대

*(사례)김포농협직매장 : 고창·서산 홍보관 별도 설치, 지역 방문·체험활동 정기적 진행

3) 임산부, 취약계층 대상 농산물 공급 시범사업 실시

① 지자체 등 협업 통한 임산부 대상 친환경농산물 꾸러미 지원사업 추진

*(지자체)지원대상 임산부 선정(45천명), (aT) 통합쇼핑몰개설(8월~), 교육·홍보

② 취약계층 대상 농식품 바우처 시범사업 실시

4) 로컬푸드 국제 세미나 개최로 최신트렌드 공유 및 대외 연대 강화

① 해외 선진사례 공유를 통해 정책발전 방향 모색 및 성과 제고

② '20년 로컬푸드 지수 시상식 개최시 소규모 개최하고 '21년부터 정례화

(2) 지역 먹거리 정책의 제도화 및 선도모델 확산

1) 푸드플랜의 체계적 확산을 위한 제도적 기반 마련

① 16개 사업 패키지 지원과 병행하여 성과제고를 위한 전담 자문관 운영

② 푸드플랜 지자체간 정보공유 협의체 구성 및 모니터링 정례화로 정책 환류

2) 사회적경제 모델·공공기관 급식 등 푸드플랜 선도모델 확산

① 공공기관 로컬푸드 공급체계 구축 모델을 전국적으로 확대

*나주('18)·전주·완주('19) → ('20) 김천, 진주, 원주 → ('21) 부산, 제주, 음성 → ('22) 대구, 울산

② 민간의 다양한 로컬푸드 모델·단체를 발굴하고 대국민 홍보 등 지원

③ 시민사회와 함께 지역 내 먹거리 문제를 주도할 시민전문가 양성

(3) 공공급식 및 산지 경매 등 온라인 유통 경로 확대

  1) 온라인 연계 공공급식사업 본격 추진으로 로컬푸드 유통 활성화 도모

    ① 사회복지시설·유치원·어린이집 공공급식 시범 거래 완료 및 정규 거래 실시

      *부산(24개소), 대전·제주(30개소) 공공급식거래시스템 보급(eaT 활용)

    ② 공공급식플랫폼 구축 추진 및 사업 발굴 등 중장기 로드맵 마련

      • 공공급식 조직 및 법 체계 정비, 플랫폼 구축 등에 대한 계획 수립 및 이행

      *정부예산협의·ISP심의('19. 12월) → 예산안 요구('20. 3월) → 플랫폼 구축('21년)

  2) 빅데이터 분석 시스템 구축으로 학교급식 공정거래 지원

    ① 통계분석 시스템 구축 완료('19.7~12월)에 따른 데이터 분석 서비스 구현

      *식재료 납품·기초가격·소비패턴 정보 제공, 거래데이터 통합 분석 및 회원사 간 매칭, 공급사 응찰 이력 머신러닝 통한 입찰 담합 방지 등

    ② 학교급식 식재료 표준코드 적용으로 이용자(학교, 공급업체) 편의성 도모

  3) B2B 산지 온라인경매 실시로 유통단계 축소 및 유통 효율화 도모

    ① 모바일 시스템, 산지 현장중계 등 사용자 실시간 경매 참여 및 편의성 증대

    ② 주별, 월별 경매품목 지정 등 B2B 경매시스템 표준화 정착 유도

(4) 산지시설 첨단화 및 유통조직의 자율적 수급조절기능 제고

  1) 소비 트랜드 변화에 부응하는 산지유통시설(APC)의 첨단화 도모

    ① 포장설비 자동화 및 고성능전처리시설 지원을 통한 신선편의식품 공급 확대

      *전처리(세척, 절단, 건조 등),선별(비파괴당도, 내부갈변 측정), 첨단 저온(IQF 급속냉동) 설비

    ② 4차 산업혁명 대비와 상품정보 축적을 위한 IoT 및 RFID 설치 지원

      *(IoT)센서부착, 실시간 데이터 전송, (RFID)전자태그, 상품정보 저장, 무선으로 데이터 전송

  2) 자조금 활성화 및 품목별 전문조직 육성하여 자율적 수급조절기능 제고

    ① 의무 자조금 전환 지원 등을 통해 자조금 운영 활성화 유도

      *지원센터예산('20) : 10억 원(50% 매칭 → 100% 보조)/자조금단체수 : 26개(의무12, 임의14)

    ② 품목별 전문조직(PO) 육성으로 자율적 수급조절기능 강화

(5) 화훼산업 육성 및 도매유통 맞춤정보 제공

  1) 화훼경매 활성화 및 꽃 소비문화 조성을 통한 화훼산업 육성

    ① 화훼산업법 제정('19.8)에 따라 화훼문화진흥, 화훼 유통(종합관리시스템 구축·운영 등) 역할과 기능 강화 추진

    ② 꽃 큐레이션 계절꽃 선정 및 문화예술분야 융복합형 홍보로 꽃의 가치 전파

  2) 도매유통정보 연계로 유통종사자에게 맞춤정보 종합지원 체계 마련

    *('20) 전국 공영도매시장 DB연계 → ('21) 출하자DB 및 실시간 정보 연계

→ ('22) 도매 유통정보 빅데이터를 활용한 생산자, 유통인 소비자에게 맞춤 정보 제공

(6) 정책변화 및 현장 수요에 맞춘 유통전문교육 강화

　　1) 전문 교육과정 및 교육생 확대 운영(63과정 7,550명 목표)

　　　　· 유통환경 변화 및 교육생 니즈를 반영한 교육과정 신설 및 확대

　　　　　*(신설) 도매시장 신규 임원 역량 강화, 직거래장터 활성화 전략 등 7과정

　　2) 유통연구 기능 강화 및 지속가능 농업 정책 확산 선도

　　　　· 교육생 기업에서 현업 적용이 가능한 성과 창출형 연구기능 수행

3. 농수산식품 수출진흥

· 신선 농수산물 수출확대를 위한 기반 강화

· 시장다변화 사업 추진을 통한 안정적인 수출구조 마련

· 신보호무역주의 확산에 따라 비관세 장벽 대응 강화

· 업체별 맞춤 지원으로 수출기업의 경쟁력 제고

(1) 신선 농수산물 수출확대를 위한 기반 강화

　　1) 수급 민감 품목 수출활성화를 통해 국내 가격안정 기여

　　　　① 양파 수출모델(수출-수급 연계) 확산 등을 위한 전담조직(수출환경대응TF) 신설

　　　　② 노지채소 수출활성화를 위해 수출전문단지 육성* 및 안전관리 체계 마련**

　　　　　*노지채소류 단지지정계획 : ('19) 3단지(양파 2, 마늘 1) → ('20) 6단지(양파 4, 배추 1, 마늘 1)

　　　　　**대만 배추, 일본 ID 제도 등 기존 지침 참고하여 노지채소 특화 안전성 관리 방안 개발추진

　　2) 고품질 신선 농수산물 수출 인프라 구축을 위해 수출전문조직 육성

　　　　① 신선농산물 품질개선 등 수출경쟁력 강화를 위한 통합조직 확대* 및 운영활성화**

　　　　　*('19년) 파프리카 · 버섯 · 딸기 · 포도 · 절화류 구성 → ('20년) 배 · 토마토 등 추가

　　　　　**신규 조직 초기 안정화 인센티브 지원, 공동 품질개선, 해외마케팅 및 R&D 강화 등

　　　　② 농집*을 활용하여 품질 · 안전성 강화 및 전문단지 행정 효율화 추진**

　　　　　*생산부터소비까지 전 과정의수출정보 집적화 및 이력 관리하는 플랫폼

　　　　　**생산단계 비료살포 이력 관리 기능 추가, 단지 평가 시스템과 농집 연계하여 평가 프로세스 간소화

　　　　③ 수산물 수출 규모화·효율화를 위해 전략품목 중심으로 조직화* 유도

　　　　　*선도조직 예산확대(1.8억 → 2.5), 통합법인 조직화 유도(전복 → 어묵, 굴 추가)

　　3) 신선농수산물 수출거점 확대를 위해 전문판매점 및 물류지원 확대

　　　　① 신남방 · 신북방 등 신규시장에 대한 신선농수산물 전문판매점 확대*

　　　　　*아세안, 중국 중남부 2선도시(광동성 · 사천성 등), 신북방지역에 신규 설치

② 냉장냉동 물류지원(중국 · 아세안) 및 신북방지역 등 해외공동물류센터* 설치 확대

*수출농식품의 품질 · 가격 경쟁력 제고를 위해 해외물류(보관)지원

(2) 시장다변화를 통한 안정적 수출 구조 마련

1) 시장개척요원 · 청년해외개척단 확대로 시장다변화 선도기업 지원 강화

① 미개척시장에 대한 시장개척요원(파일럿)* · 청년해외개척단** 파견 규모 확대*** 및 시장다변화 선도기업과 매칭

*신규시장의 시장 조사, 바이어 발굴, 현지 마케팅 등을 위해 파견된 aT 시장개척 전담직원

**수출시장다변화 추진 수출업체의 인력난과 청년일자리 문제 해소를 위해 선발 · 파견된 청년

***파일럿 : ('19) 6개국 → ('20) 7개국(말련 · 캄보디아 · 미얀마 · 모스크바 · 몽골 · 카자흐 · 브라질)

청년개척단 파견 : ('19) 100명 → ('20) 120명, 다변화 선도기업 : ('19) 70개사 → ('20) 80개사

② 선도기업에 대해서는 제품개선부터 매장 입점까지 시장개척 전반 지원하고, 신북방 등 미개척시장에 대해서는 지원한도 등 확대

2) 신남방지역은 물류 · 유통 인프라 확충 및 통관애로 지원 강화

① 베트남 등 주요국은 냉장냉동 물류지원 본격 추진 및 한국농수산물 전문판매점* 확대, 편의점 · 대형마트 판촉 · 입점 지원 강화

*시즌릴레이 판촉전, Pop-up Zone 운영, 신규품목 추가개발 등 K-Fresh 수출로드로 활용

② 미얀마 · 캄보디아 등 기타국가는 시장개척요원 · 청년해외개척단 등을 활용하여 바이어 발굴 및 마켓테스트를 지원하고, 현지 전문가 활용 통관애로 지원 강화

3) 신북방지역은 물류 인프라 조성 및 한국농식품 인지도 제고를 위한 홍보 집중

① 극동 · 중앙아시아 등 권역별 공동운송시스템* 시범 도입 및 거점 지역별 공동물류센터 구축 등으로 물류 애로 해소

*(중앙아 · 몽골) 공동물류추진단(수출업체 · 물류업체) 공동 물류운송 플랫폼 구축 (극동)신선품목 수출을 위한 정기선박 냉장운송채널(부산 ↔ 블라디)구축

② 한 · 러 수교 30주년 계기 유라시아 K-Food 대장정 프로젝트*, 온라인 채널 활용 기획 홍보 등을 통해 우리 농식품 인지도 제고

*K-Food 홍보원정대가 시베리아철도(TSR)를 이용, 유라시아 주요도시 방문 · 홍보

(3) 新보호무역주의 확산에 따라 비관세장벽 대응 강화

1) 현지전문가 자문을 통한 수출업체의 비관세장벽 대응력 제고

① 현지화사업* 내실화**를 통해 신시장 진출시 발생할 수 있는 문제를 사전에 해결

*해외 분야별 자문기관 Pool 구성하여 수출업체 통관애로 해소와 비관세장벽 대응 지원

**자문기관 서비스 평가제 도입, 신규시장(브라질, 캄보디아 등) 자문기관 확충 등

② 초보 수출기업 시장개척 지원을 위한 One-Stop 사업* 주요 시장으로 확대 검토

*수출 준비부터 수입국 현지 통관 및 바이어 발굴까지 일괄 지원

2) 비관세장벽 정보 공유 강화 및 수출업체 적기 전파

① 기관별 협업*을 통한 비관세장벽 정보 공유 강화** 및 국가별 교역 조건, 라벨링 등 비관세장벽 조사

국가 확대(10개국 → 14개국)

　　*aT(해외지사)-관세청(해외통관지원센터) 협업으로 수출현장 비관세장벽 애로 해소

　　**산업부비관세장벽 DB를 농식품수출정보(KATI)에 연동

② 모바일 알림톡 · 메일링 서비스 활성화 등으로 비관세장벽 정보 적기 전파

　　• 마케팅정보 등 다양하게 구성된 현재 KATI 알림톡을 비관세장벽 위주로 개편

(4) 업체별 맞춤 지원으로 수출기업 경쟁력 제고

　1) 유망 내수기업 수출기업화 사업 신설 및 업체별 맞춤지원 고도화

　　① 내수식품기업을 수출기업으로 육성하는 '내수기업 바우처 제도'신설

　　　*중소(80%) · 중견(70%)기업 지원비율 차등으로 중소기업 지원 강화

　　② 'Dr. C-aT(씨앗)*'시스템 활용 업체별 역량진단 기반 맞춤 지원** 고도화

　　　*수출기업의 수출지원사업 성과분석및 업체별맞춤형 1:1 통합리포터제공

　　　**업체별 수출성과 지수개발, 수출역량별 중요도 분석 등을 통해 업체별 맞춤지원

　2) 해외 비즈니스 지원과 수출성과 도출을 위한 맞춤정보 제공 강화

　　① 수출계약 체결에 도움이 되는 수출업체별 맞춤형 정보조사 추진

　　② 업계의 정보수요를 반영한 조사항목 및 조사범위* 확대

　　　*소비자 설문조사, 바이어 반응, 현지매장 방문조사, 인기제품 리뷰 분석 등

4. 식품산업 육성

　• 농업과 식품산업 연계를 통한 국산 농산물 소비 확대

　• 식품외식기업 컨설팅 · 판로개척 등을 통한 식품기업 성장지원

　• 식품외식정보 제공 · 외식창업 교육 등 식품외식산업 인프라 강화

(1) 국산 농산물 소비 확대

　1) 전통발효식품 산업활성화를 통한 국산농산물 사용 확대

　　① 우수전통식품 발굴 육성 및 장류의 안전성 · 기능적 우수성 확산

　　　*식품명인 및 전통식품 · 지역 우수 양조장 지원, 전통장류 안전성 모니터링 등

　　② 전통주 품질 고급화 지원, 김치자조금 · 품평회 등 국산 김치 활성화

　2) 전통식품에 대한 소비자 인식전환으로 소비 확대

　　① 한국전통식품문화관 「이음」 명인체험 및 전통주 시음 프로그램 활성화

　　　*인스타 · 유튜브 등 SNS 활용 젊은층 홍보 강화, 지역연계 협업 프로그램 추진

　　② 혼술 · 홈술 등 주류소비 트렌드 변화에 따른 유통업체 마케팅 지원

　　　*시음 · 판촉행사, 매장 담당자 대상 전통주 교육 · 홍보, 온라인 쇼핑몰 이벤트 등

　　③ 김치 페스티벌, 재외공관 연계 홍보 등 전통식품 세계화

　3) 반가공 농식품 연계 농축산물 구매활성화 지원

① 반가공 농식품과 식품기업 연계를 통해 국산 농산물 사용 확대

② 국산 농산물을 많이 구매하고 식품기업에 납품하는 중소식품업체를 대상으로 상품개발 · 판촉 · 홍보 등에 필요한 경비 지원

4) 농산물 대량소비처인 식품제조업 '원료소비실태조사(국가승인통계)' 분석 강화

① 조사대상 기업 수 확대(3.5 → 6천개社) 및 빅데이터 전문인력 신규 확보를 통해 식품기업의 원료소비 현황에 대한 분석 강화 및 시사점 도출

(2) 식품외식산업 활성화

1) 농공상 전용판매장 '찬들마루' 온라인 확대운영으로 식품기업 경영 개선

① 새벽배송 물류 플랫폼 활용으로 중소식품기업 유통비용 절감효과 창출

*(기존) 생산자발송 → (개선) 쇼핑몰 발송 : 생산자의 주문관리 · 포장 · 재고비용 축소

*새벽배송 : 소비자 온라인 주문시 익일 오전까지 배송되는 새로운 물류체계로 쇼핑몰의 사전 물량매입 필수

② 주요 온라인 식품유통 플랫폼에 전용판매관 '찬들마루' 추가 개설 검토

*찬들마루 현황('19) : 온라인2(새벽배송 오아시스마켓, 우체국쇼핑몰), 오프라인1(용산역)

2) 중소식품기업 제조시설 안전성 확보를 위한 품질 · 위생 컨설팅 강화

① '20년 HACCP인증 의무화에 따른 중소식품기업 최우선 애로사항 대응

· 조속한 인증 취득을 위한 품질·위생 분야 컨설팅 비중 확대

*디자인 · 마케팅축소, 안전 비중확대('18년 55% → '19년 75% → '20년 80%)

3) 현장 중심의 지원 강화로 외식산업 활성화 도모

① 푸드페스타 및 외식업 선도지구 경진대회 등을 통해 외식업 활력 제고

② 중 · 소 외식기업 해외진출 지원을 통해 글로벌 경쟁력 강화

· 국제 프랜차이즈 박람회 참가 및 개별기업 단계별 맞춤형 지원

③ 식재료 공동구매 조직화 지원을 통한 외식업소 경영비 절감 유도

(3) 식품 · 외식산업 인프라 강화

1) 농식품 청년 스토리텔링 디자인단 운영 등 식품외식산업 인재 육성

① 실무형 인재양성을 위해 청년과 기업을 잇는 마케팅 · 디자인 프로젝트 추진

*중소 농 · 식품기업의 홍보(스토리텔링), 디자인 등 당면문제에 대해 디자인 · 마케팅 · 식품 전공대학생의 아이디어를 활용한 프로젝트를 통해해결

② 식품기업과 네트워크 강화 통한 채용연계형 인턴십 확대(100명 → 200명)

③ 청년키움식당을 통해 외식창업 희망자 매장운영 실전기회 제공(5개소 → 7개소)

*청년키움식당 연계 외식창업 공동체 공간조성 및 창업지원으로 일자리 창출 성과 제고

2) 미래 유망식품 및 최신 트렌드에 부합하는 수요자 중심 식품·외식정보 제공

① 업계 및 정책적 수요를 반영한 미래 유망식품 시장 트렌드 조사 및 전파

*성장 가능성이 높은 맞춤형 · 특수식품 "메디푸드", "대체식품" 등

5 aT비전 2024

1. 미션

농수산식품산업 진흥을 통해 국민의 안정적인 먹거리 확보와 삶의 질 향상에 기여

2. 비전

대한민국 농수산식품산업을 이끄는 힘, aT

구분	대한민국	농수산식품 산업을	이끄는 힘
사업적 가치	국가 유일의 농식품 육성 공공기관임을 명시	수급·유통·수출·S식품의 공사 주요사업 수행을 포괄	유사·유관기관과 차별화를 통한 주도적인 역할 강조
사회적 가치	**생산자·소비자를 아우르는 사람 중심 가치 지향**	**국민 먹거리 기본권**에 대한 공적 책임 강조	국민이 두루 혜택을 누리는 **포용적 상생협력** 추구

3. 핵심가치

농업가치 (Worthy)　혁신주도 (Innovation)　국민참여 (Together)　사람중심 (Human)

믿을 수 있는 농업, 국민 신뢰받는 aT(agriculture comes with Trust)

핵심가치	주요의미
농업가치	• 사회적 · 공익적 가치 기반의 기속가능 농업 실현
혁신주도	• 고유의 역할 · 기능 강화를 토대로 공공 혁신 주도
국민참여	• 국민 단 한 사람도 차별받지 않는 포용 가치 실현
사람중심	• 사람의 생명과 안전을 경영의 최우선 가치로 삼음
국민신뢰	• 사회적 가치 창출을 통한 국민 신뢰 제고

4. 전략가치

사회적가치
경영혁신
구현

수급안정
국산농산물
자립기반 확보

유통개선
우리농산물 안정
공급체계 구축

수출진흥
농어업인
소득제고

식품산업 육성
국산원료
사용증대

5. 전략과제

①	④	⑦	⑩	⑬
공익적 가치창출을 위한 경영혁신 기반 구축	선제적 수급관리 기능 강화	뉴노멀 시대의 농식품 신유통 선도	신규 수출시장 및 유통채널 개척	식품기업 국산원료 소비 활성화
②	⑤	⑧	⑪	⑭
고객 및 국민의 안전을 최우선하는 경영 추구	국산 농산물 자급환경 조성	유통주체 경쟁력 · 안정성 제고	국산원료 사용 수출품목 경쟁력 강화	식품 · 외식기업 경영개선 및 판로개척
③	⑥	⑨	⑫	⑮
지속가능 경영 위한 환경 조성	농산물 안전관리 강화	국민을 위한 안전먹거리 제공	농가 · 중소수출업체 경쟁력 강화	식품산업 인프라 강화

6 aT사업

1. 수급안정

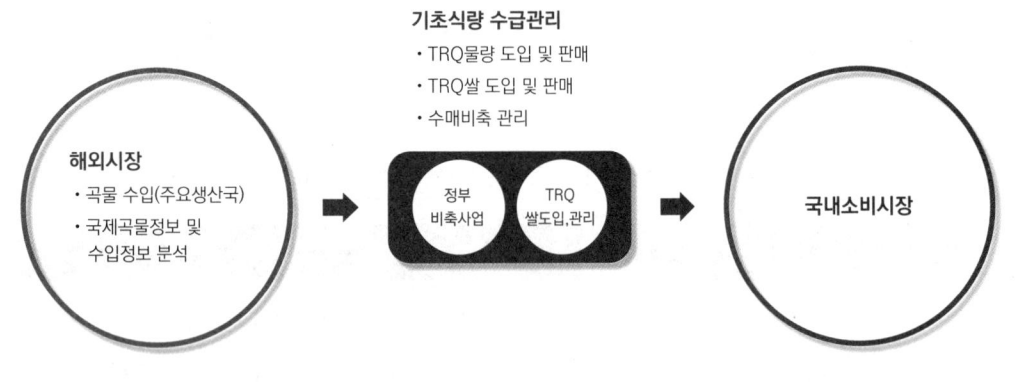

기초식량 수급관리
· TRQ물량 도입 및 판매
· TRQ쌀 도입 및 판매
· 수매비축 관리

해외시장
· 곡물 수입(주요생산국)
· 국제곡물정보 및 수입정보 분석

정부 비축사업 TRQ 쌀도입,관리

국내소비시장

Principle 안정적인 식량확보를 위해 노력합니다

최근 기상이변 등 기후변화에 의한 애그플레이션이 전 세계적으로 나타나는 등 국제 곡물가격이 급등하고 있습니다. 보다 안정적인 먹거리를 확보하고, 기초 생활의 기준이 되는 식재료 물가를 안정시키는 일은 점차 더 중요해지고 있습니다. aT는 급변하는 해외 농산물 시장의 충격을 완화하고 발생하는 위험으로부터 국내시장을 보호하는 방파제 역할을 할 것입니다.

Our Approach 수급관리와 전략적 비축

aT는 국민 식생활의 기초 품목을 안정적으로 확보하여 가격 안정을 도모할 수 있도록 하기 위해 수매, 수입 비축을 통해 식량 수급을 관리합니다. TRQ 물량을 관리하여 농산물을 비축 공급하는 한편, 해외 식량자원을 조달하기 위한 수입 정보망을 확보하고자 노력하고 있습니다.

(1) TRQ(저율관세수입물량) 도입 및 판매 관리

WTO 협정에 의한 주요품목의 의무 수입 물량을 국내 시장 동향을 감안한 적기, 적량 도입을 통해 국내 농산물의 가격 안정을 도모하고 있습니다.

(2) TRQ(저율관세수입물량) 쌀 도입 및 판매 관리

쌀 관세화('15년부터시행) 이후에도 의무수입물량 408,700톤(총량쿼터)은 5% 관세율로 수입되고 있습니다. 공사는 의무수입물량을 전담관리하고 있으며, 국내 쌀 시장영향의 최소화와 경쟁력 강화를 위해 노력하고 있습니다.

(3) 수매비축 관리

저장성이 있는 8개 농산물을 성출하기에 수매 비축하여 가격이 상승하는 시기에 방출함으로써 생산자 수익을 보전하고, 소비자 가격 안정을 도모하고 있습니다.

(4) 국제곡물정보 분석

기상이변, 곡물메이저의 영향력 확대 등으로 수급 불안이 심화된 국제 곡물 시장에 대응하기 위해 국제 곡물 모니터링 체계를 운영하여 비축사업 등 정책 수립에 활용하고 있습니다.

(5) 해외 농산물 수입정보 분석

TRQ관리 품목 등 국내 자급률이 낮은 품목에 대한 현지 시장 상시 모니터링을 통해 비축사업의 효율화를 도모하고, 세액심사 기준가격 제공을 통해 저가 수입신고 등 민간의 불법, 편법 수입 단속을 지원하고 있습니다.

2. 수출진흥

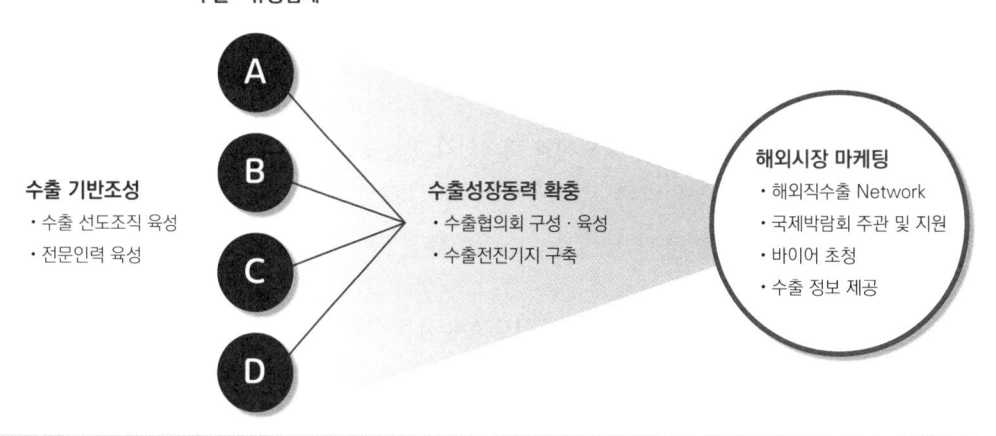

수출·유통업체

A
B
C
D

수출 기반조성
• 수출 선도조직 육성
• 전문인력 육성

수출성장동력 확충
• 수출협의회 구성·육성
• 수출전진기지 구축

해외시장 마케팅
• 해외직수출 Network
• 국제박람회 주관 및 지원
• 바이어 초청
• 수출 정보 제공

Principle 우리 농식품의 세계진출을 지원합니다

아직 국내 농수산식품 수출은 해외시장에서 걸음마 단계에 있습니다. 해외시장은 무한한 가능성이며, 광활한 신시장입니다. aT는 우수한 우리 농수산식품이 국내 분만 아니라 세계 무대에서 인정받을 수 있도록 열성을 다해 지원을 펼칠 것입니다.

Our Approach 수출인프라 확충 및 해외시장개척 지원

생산단계, 수출단계에서 수출경영체의 규모화, 조직화를 유도하여 고품질 안전 농수산식품의 지속 공급 시스템을 구축함으로써 우리 농수산식품의 수출경쟁력을 확보하고 다양한 해외 네트워크를 활용한 해외 현지 시장에 대한 공세적인 마케팅을 통해 수출확대를 도모하고 있습니다.

(1) 수출선도조직 육성

생산부터 수출까지 일관하는 수출선도조직을 육성하여 농수산식품 수출을 주도토록 하고 있습니다. 장기적으로는 동일품목/부류의 수출조직을 통합하여 제스프리(Zespri), 선키스트(Sunkist)와 같은 대표적인 농식품 수출선도조직으로 육성하고자 합니다.

(2) 전문인력 양성

수출 선도농가를 대상으로 선진 농업기관현장교육, 해외전문가 초청컨설팅, 수출업체 전문교육 실시를 통해 수출전문업체를 육성하고 있습니다.

(3) 수출협의회 구성 · 육성

수출업체간 자율협력기구를 구성 지원하여 수출품의 안전 · 품질관리, 공동마케팅, 수출질서 확립을 위해 노력하고 있습니다.

(4) 해외수출 Network

해외 대형유통업체와의 MOU 및 홍보판촉행사 추진을 통해 글로벌 수출 네트워크를 구축하여 주류시장을 대상으로 우리 농수산식품의 대량 수출 기반 조성을 위해 노력하고 있습니다.

(5) 국제박람회 참가 지원

주요 국제박람회 국가관 참가 주관을 통해 우리 농수산식품의 우수성을 홍보하고 바이어와의 수출상담 기회를 제공함으로써 우리 농수산식품의 수출확대를 도모하고 있습니다.

(6) 바이어 초청

해외 우수 바이어를 초청하여 수출업체와 바이어간 1:1 수출상담을 추진하고 있으며, 'Buy Korean Food'와 같은 대형 우수 바이어 초청행사를 개최하고 있습니다.

(7) 수출정보 제공

농수산물 수출과 관련한 정보를 인터넷 사이트 농수산물무역정보(kati.net)에서 제공하고 있으며, 농수산물 인터넷 무역거래 알선 시스템(Agro Trade)을 통해 수출상품 해외홍보 및 해외 거래선 발굴을 지원하고 있습니다.

(8) 수출업체 운영자금 융자지원

　　농식품 수출업체에 수출에 필요한 자금을 적기에 지원하여 농식품의 수출을 촉진함으로써 농식품의 가격안정과 농가 소득증진을 도모하고 있습니다. 자세한 사항은 www.at.or.kr 〉 고객지원 〉 자금지원 을 참고하시기 바랍니다.

3. 식품산업 육성

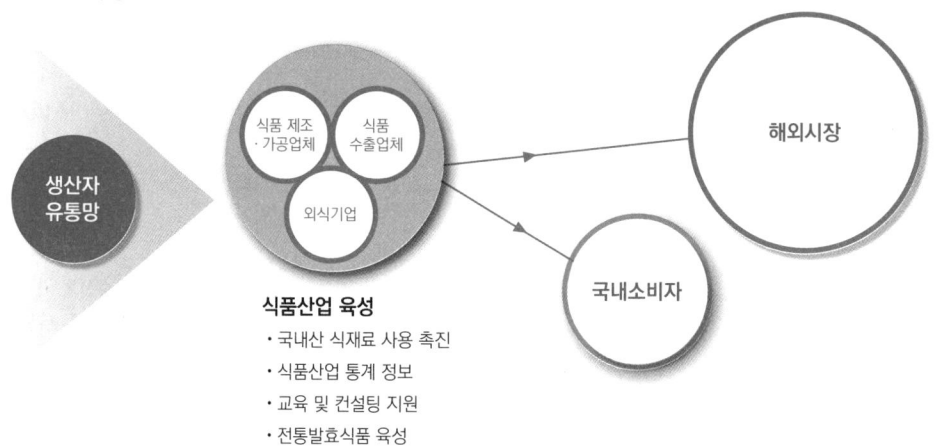

식품산업 육성
· 국내산 식재료 사용 촉진
· 식품산업 통계 정보
· 교육 및 컨설팅 지원
· 전통발효식품 육성

Principle 식품산업 선진화를 이끌어갑니다

고부가 가치를 지닌 농수산식품산업은 미래 농수산업의 신성장동력입니다. 특히 한식과 전통음식은 해외시장에서도 새로이 각광받으며 대한민국의 맛을 세계의 식탁에 더하고 있습니다. 저장, 가공에서부터 외식산업에 이르기까지, 식품산업은 우리 농수산업이 세계와 경쟁할 새로운 힘입니다.

Our Approach 식품산업 육성

aT는 규제 중심이었던 식품산업을 육성 대상 산업으로 새롭게 정의하고 다각도의 식품산업 지원 노력을 해왔습니다. 2009년부터 농수산식품 산업육성 전문기관으로 진화하기 위해 식품산업을 선도하는 농수산식품기업을 육성하고 식품산업 진흥기반을 확충하고 있습니다.

(1) 국내산 식재료 사용 촉진

　　산지와 외식업체간 식재료 직거래 활성화를 통해, 국산 농식품 소비확대 및 외식산업의 경쟁력 제고하고, 외식산업과 농업의 동반성장을 추진하고 있습니다.

(2) 식품외식산업 통계 정보

　　식품 식품외식산업 통계 · 정보를 가공 · 분석하여 식품외식산업 육성을 위한 기초자료 활용 및 식품기업 등에 제공하고 있습니다.

(3) 교육 및 컨설팅 지원

　　중소 식품제조 가공업체 및 외식업체의 경영 및 기술 애로사항 해소를 위한 컨설팅을 지원하여 경쟁력 향상을 추진하고 있습니다.

(4) 전통발효식품 육성

경쟁력있는 전통발효식품 산업육성을 위해, 찾아가는 양조장, 명인육성, 지역 전통식품 강화 등을 추진하고 있습니다.

4. 유통개선

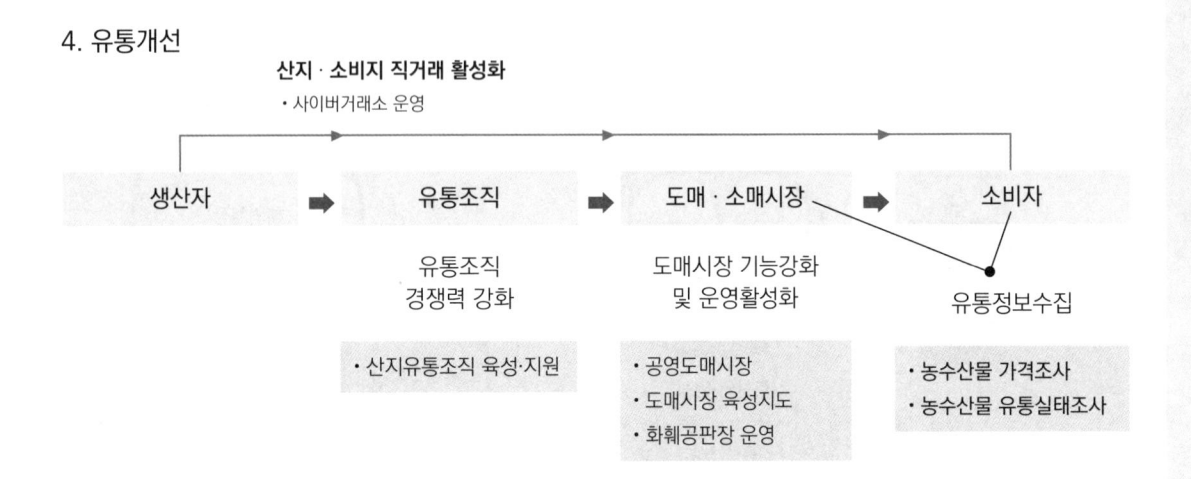

산지·소비지 직거래 활성화
· 사이버거래소 운영

생산자 ➡ 유통조직 ➡ 도매·소매시장 ➡ 소비자

유통조직
경쟁력 강화

도매시장 기능강화
및 운영활성화

유통정보수집

· 산지유통조직 육성·지원

· 공영도매시장
· 도매시장 육성지도
· 화훼공판장 운영

· 농수산물 가격조사
· 농수산물 유통실태조사

Principle 流通如水, 최적화된 농산물 유통체계를 구축합니다

농식품 유통은 국민의 먹을거리를 전국 각지로 실어 나르는 국가의 순환계 입니다. 생산자의 수확물은 유통의 물줄기를 타고 소비자에게 전달됩니다. aT는 생산자와 소비자가 모두 행복할 수 있도록, 수로를 곧게 하고 댐을 정비하듯 농식품 유통의 틀을 개선해 나가겠습니다.

Our Approach 공정거래 정착

산지와 소비지 공정거래 정착 지원 등을 통해 선진화된 유통시스템을 구축하는 한편, 유통조직을 활성화하고 농식품을 고부가 가치화하는데 앞장서고 있습니다. 2009년에는 사이버거래소를 신설하여 농식품 전자상 거래의 새로운 장을 열어가고 있습니다.

(1) 사이버거래소 운영

다단계의 비효율적인 농수산물 유통구조의 개혁을 위해 국내 최초의 농수산물 온라인 B2B 거래 시스템인 '농수산물사이버거래소(eaT)'를 개장('09.10)하여 직거래 활성화를 선도하고 있습니다.

(2) 산지유통조직 육성

산지유통사업의 경쟁력 제고를 위해 산지유통조직의 운영실태 평가를 통한 산지유통조직의 운영활성화를 지원하고 있습니다.

(3) 도매시장 육성 지도

도매시장 활성화를 위한 출하촉진 자금을 지원하고 전국 공영도매시장을 대상으로 평가를 실시하여 농수산물 유통의 중축인 도매시장의 경쟁력 제고를 도모하고 있습니다.

(4) 화훼공판장 운영

'91년 개장된 화훼공판장 운영을 통해 화훼 유통의 선진화와 관련 산업의 발전을 선도하고 있습니다.

(5) 농수산물 가격조사

전국 농수산물의 도소매 가격 자료를 제공하고 있으며, 농수산물 정책 수립의 기초 자료로 활용하고 있습니다.

(6) 농수산물 유통실태 조사

주요 농산물의 유통경로와 비용에 대한 광범위한 조사를 통해 매년 자료집을 발간하고 있으며, 공사의 농산물유통정보사이트(www.kamis.or.kr)에서 자료 활용이 가능하십니다.

(7) 바로정보 안내

농수산물 직거래에 관한 정보를 종합적으로 제공하는 바로정보(www.baroinfo.com)를 통해 생산자 (농업인 단체) 등에는 직거래 정책과 지원제도, 농산물 직거래 출하정보를 제공하고, 소비자에게는 우수 농산물을 직거래하는 판매장 정보를 알려 농수산물 직거래 활성화를 지원합니다.

7 사회적 가치 추진체계

1. 2020 전략체계

사회적 가치 미션	사회적 가치 창출을 통한 지속가능 농어업 실현			
사회적 가치 비전	농식품 산업과 국민 행복을 연결하는 코디네이터			
사회적 가치	일자리 창출, 안전, 건강 · 복지, 상생협력, 책임윤리, 참여, 사회통합, 환경보전, 지역경제 · 활성화, 인권, 노동권			
4대전략& 12대 전략과제	농식품 분야 양질의 일자리 창출 및 사회통합 실현 · 고용 · 근로의 질 개선 · 고유사업 일자리 창출 · 혁신적 일자리 창출	국민 · 먹거리 안전 생태계 조성 및 지속가능 환경보전 · 재난 및 안전관리 · 국민 먹거리 안전 · 친환경 농어업 확산	국민 · 농업 · 기업 · 지역의 협력을 통한 상생 발전 · 중소기업 동반성장 · 지역참여 · 경제 활성화 · 사회적 경제기업 지원	사람중심, 실천중심, 공감하는 바로 善 aT 실현 · 윤리경영체제 고도화 · 인권경영 체제 정착 · 국민참여 · 소통 강화

2. 공사 업무와 사회적 가치 연계성 분석

(1) 공사 업무

수급안정 정부지정 농산물 수매·수입, 비축·판매 전담관리 등	**유통개선** 직거래 활성화, 산지·도매 지원, 유통정보 등

수출진흥 수출기반조성, 해외시장개척, 자금지원, 정보 등	**식품산업육성** 식품·외식업체, 인프라 구축, 전통식품 육성 등	**기획·경영** 기획·예산, 인사·경영관리, 자금지원 등

(2) 사회적 가치

인권	인권경영 이행(강제노동 금지, 고객 인권보호, 환경권, 책임있는 공급망 관리 등)				인권경영
안전	비축농산물 안전	유통·급식안전	수출농식품 안전	외식·식품안전	국민·시설 안전총괄
건강·복지	내부직원, 지역주민, 고객의 건강복지 고려 사업 추진				사회공헌(복지)
노동권	협력업체, 지원업체의 노동권 및 근로조건 향상 지원				노동권, 근로조건 향상
사회통합	사회적 약자 기회 제공 및 지원 고려 사업 추진				사회형평 채용, 약자지원
상생협력	수매·보관·판매 협력	직거래·산지 지원·협력	수출 지원·협력	식품기업 지원·협력	상생결제, 동반성장
일자리	해외원조, 검정·보관 등	화훼창업, 급식관리단 등	청년개척단, 홍보관 등	기업인턴십, 외식창업 등	정규직전환, 채용, 사내벤처
지역경제	지역농산물 수매	푸드플랜, 로컬푸드 급식	지역농산물 수출지원	산지페어, 레스마켓	지역생산품 구매, 협력
지역 활성화	비축기지 시설개방	산지 조직화·규모화	수출단지 조직화	찾아가는 양조장	시설개방, 사회공헌
책임윤리	공정거래, 사업 추진의 투명성 제고, 사회적 책임 이행				반부패·윤리경영
환경보전	농식품 유통환경 개선(온실가스 감축), 친환경농어업 확산 지원(정보, 유통, 소비촉진)				환경경영, 에너지절감
시민참여	국민 참여를 통한 사업 추진 및 개선				국민참여 체계 구축

CHAPTER 02

채용공고
분석 및 합격수기

공부전략계획수립

공기업 취업을 목적으로 상담을 하면 거의 대부분의 학생들은 본인이 가고자 하는 기업의 모집요강조차 읽어보지 않고 오는 경우가 대부분이다. 모집요강은 해당 기업의 취업을 위한 공부 전략을 세우는데 아주 중요한 이정표가 된다. 나에게 유리한 조건, 가산점, 시기별 공부 전략을 세울 수 있다. 그런데 대부분은 상담을 와서 알려달라고 하거나 직접 찾기보다는 인터넷카페 등을 이용하여 손쉽게 얻으려고 한다. 손쉽게 얻는 것은 나무랄 것은 아니다. 다만 모집 기간, 필기시험일자, 가산점 정도만 본다는 것이 문제이다. 전형 방법을 심도 있게 파악하여야 한다. 그 안에 공부 전략이 들어있기 때문이다. 각 기업의 모집요강을 세밀히 분석하여 시기별, 분야별 공부 전략을 세울 수 있도록 분석하였고 각 계열별 합격수기를 통해 나에게 맞는 공부전략을 세우는데 기초가될 수 있는 내용을 구성하였다.

채용공고 분석 및 합격수기

채용공고는 시험 준비의 시작이자 합격의 지름길이다. 채용공고에서 대부분의 수험생들은 시험과목과 가산점, 필기시험일정 정도만을 보는 것이 대부분이다. 최근 NCS라는 직업기초능력 평가시험이 도입되면서 수험생들은 많은 혼란에 빠지고 있다. 어떤 과목이 중요한지 보다 학원들이 제공하는 콘텐츠에 집중하는 경우가 많다. 이는 수험 기간을 장기화 시키는 원인을 제공하고 있다. 어떤 과목에 어느 정도의 시간을 투입할지, 어떤 시기에 어떻게 투입할지를 결정하고 취업 준비를 시작해야 한다. 시작에서 그런 계획이 잘못된다면 비용과 시간을 투입하고도 좋은 결과물을 만들지 못하게 된다. 카페나 인터넷상의 정보를 맹신하지 말고 그런 정보를 기반으로 스스로 분석하여 살을 붙여 나가야 한다. 공공기관에서 제공하는 모든 문서는 텍스트 하나하나 의미를 담고 있다. 이런 의미를 빠짐없이 분석하여 서류, 필기, NCS, 가산점, 스펙, 면접 등 어떤 분야에 어떤 준비를 해야 할지 언제부터 준비해야 할지를 최소 1년 전부터 계획하고 준비한다면 원하는 기업에 취업할 수 있는 가능성은 아주 높아지기 때문이다.

I 코트라

■1 코트라 모집요강 분석

KOTRA 신입사원 채용안내(공통모집사항)

1. 채용분야 및 인원(2020년 기준)

직종	인원		담당업무
통상직 (5급)	일반계열	수도권 28명	국내기업을 위한 해외시장개척, 해외투자진출 지원 및 시장 정보 조사, 외국인투자 유치, 내부 경영관리 업무 (해외순환근무 필수)
		비수도권 10명	
	어문계열	12명	

• 담당업무 세부사항은 국가직무능력표준(NCS) 기반 직무기술서 참조

※ 일반계열은 수도권/비수도권 중 1가지만 응시 가능하며, 각각 기준에 맞지 않는 것으로 판별될 경우 불합격 처리예정

※ 어문계열은 수도권/비수도권 관계없이 지원 가능(어문계열 채용관련 언어분야와 인원은 매년 달라짐).

• 채용인원은 매년 채용계획에 따라 달라짐.

• 2019년도부터 이공계열 지원이 없어짐.

• 2019년도부터 비수도권 채용 가산점(인원공지 없이 가산점만 있었음)이 없어지고 비수도권 채용경쟁을 별도로 신설하여 인원을 책정함.

2. 응시자격 및 우대사항

(1) 응시자격

- 통상직은 해외 순환근무가 필수인 바, 영어를 통한 업무 교류가 필수 업무로 일상 회화가 가능한 수준의 영어 구사능력이 요구되어 어학성적을 요구하고 있음.
- 개인정보 보호 및 입사지원자 편의를 위하여 어학성적증명서를 제출하지 않고, 입사지원 시 작성한 어학정보로 진위여부를 확인하여 지원 자격을 부여함. 이에 따라 시험일·성적·수험번호 오기 등 지원자가 기재한 정보의 오류로 진위여부 확인이 불가한 경우에는 필기시험 자격이 부여되지 않을 수 있으므로 지원서 작성 시 유의하여 작성하시기 바람.

※ 지원서 접수 시 기재착오 등으로 발생된 불이익에 대한 책임은 지원자 본인에게 있음.

구분	주요내용
공통	• 학력, 연령, 성별, 경력 등에 관계없이 지원 가능 • 남자의 경우 병역필 또는 면제자(병역 기피사실이 없는 자) - 원서접수 마감일(8.6.) 이후 6개월 이내 전역 가능한 자 포함 • 국가공무원법 제33조 각 호 및 공사 인사규정에 명시된 임용 결격사유에 해당되지 않는 자 • 해외여행에 결격 사유가 없는 자

외국어	• TOEIC 850점(또는 TEPS 695점, New-TEPS 382점, TOEFL-IBT98점) 및 TOEIC Speaking 160점(또는 OPIc IH) 이상 득점자
	  - 단, 장애인의 경우 TOEIC 700점(TEPS 555점, TOEFL-IBT 79점)
	  - TOEIC 및 TOEIC Speaking 점수 모두 보유해야 지원가능
	  - 필기시험일 기준 유효성적(2018.9.12.일 이후 취득한 성적)에 한하며 조회불가 성적, 특별시험 성적 등은 불인정
	• 어학성적은 지원서접수 마감일까지 보유한 성적에 한함 (응시원서 접수 후 변경 불가)
	• 단, 지원서접수 마감일 이전 만료된 성적 중 우리 공사의 '어학성적 사전등록 안내'에 따라 사전등록을 신청하여 진위여부 검증이 완료된 성적에 한해 인정

(2) 가점부여 및 우대사항

- [공통] 장애인 : 10%
- [공통] 취업지원대상자(국가보훈) : 5~10% (*실무면접에서 적용)
- [공통] 한국사능력검정시험(국사편찬위원회 시행) 성적 보유자 : 0.5~1%
- [어문계열] 비수도권 지방인재 : 5% * 일반계열은 비수도권전형을 별도 채용

※ 비수도권 지방인재 해당여부 확인 책임은 응시자 본인에게 있음을 유의하여 붙임 기준에 따라 확인 요망

- **비수도권 지역인재의 정의**

  (비수도권 지역인재) 대학까지의 최종학력(대학원 이상 제외)을 기준으로 서울 · 경기 · 인천지역을 제외한 비수도권 지방학교(지방대학)를 졸업(예정) · 중퇴한 자 또는 재학 · 휴학 중인 자

가. 지방대학에 포함되는 대학

① 「고등교육법」제2조 각 호에 따른 학교로서 본교가 서울 · 경기 · 인천을 제외한 지역에 소재하는 '대학, 산업대학, 교육대학, 전문대학, 원격대학(사이버대학은 제외), 기술대학, 각종학교'

② 고등교육법 제24조 상의 분교로서 서울 · 경기 · 인천을 제외한 지역에 소재하는 대학

  - 분교 이외의 학교는 해당 안됨(분교 해당 여부 수험생이 확인 필요)
  - (예시) 고려대 세종캠퍼스, 동국대 경주캠퍼스, 연세대 원주캠퍼스 등

  (예시)
  - 연세대학교 원주캠퍼스: 지방대학에 해당함
    - 연세대학교 원주캠퍼스는 고등교육법 제24조 상의 분교
  - 성균관대학교 수원캠퍼스 : 지방대학에 해당하지 않음
    - 성균관대학교 수원캠퍼스는 고등교육법 제 24조상의 분교가 아님

---

③ 한국방송통신대학교의 지역대학 중 서울 · 경기 · 인천 이외의 지역에 소재한 지역대학

④ 한국과학기술원법 제14조 제3항에 의해 설치된 과학기술대학

나. 지방대학에 포함되지 않는 대학

① 본교가 서울 · 경기 · 인천에 소재하는 대학 및 한국방송통신대학교, 서울 · 경기 · 인천지역대학

② 경찰대학 및 각종 사관학교

③ 사이버대학, 디지털 대학 등 「평생교육법」상의 평생교육시설

④ 외국대학 및 외국대학의 국내분교

다. 그 외의 지방인재에 해당하는 경우

① 최종학력이 고졸이하인 경우에는 최종학교 소재지가 비수도권인 경우

② 경찰대학 및 각종 사관학교 중퇴자로서 경찰대학·사관학교를 제외한 최종 출신학교가 비수도권 지역인 경우

③ 대학원 및 사이버 · 디지털 대학 등의 평생교육시설을 제외한 최종 출신학교가 비수도권 지역인 경우 또는 독학사, 학점인정에 의한 학위 취득자, 검정고시 합격자로서 당해 학력을 제외한 최종 출신학교가 비수도권 지역인 경우

라. 학교 소재지가 변경된 경우

① 서울 · 경기 · 인천 소재 학교가 지방으로 이전한 경우, 이전하는 시점 이전 졸업자는 서울 · 경기 · 인천 소재 학교를 졸업한 것으로 보아 지방인재에서 제외

② 지방소재 학교가 서울 · 경기 · 인천으로 이전한 경우, 이전하는 시점 이후 입학자는 서울 · 경기 · 인천 소재 학교를 졸업(예정) · 중퇴하거나 재학 · 휴학 중인 것으로 보아 지방인재에서 제외

(예시)

1. 서울소재대학과 지방대학을 모두 졸업한 경우
   • 지방대학 졸업 후 다시 서울소재대학 졸업 : 해당
   • 서울소재대학 졸업 후 다시 지방대학 졸업(예정) : 해당

2. 대학졸업 후 다른 대학에 재학 중인 경우
   • 지방대학 졸업 후 다시 서울소재대학에 편 · 입학하여 재학 중 : 해당
   • 서울소재대학 졸업 후 다시 지방대학에 편 · 입학하여 재학 중 : 비해당

3. 한국방송통신대학교의 수강지역 대학을 변경한 경우
   • 서울지역대학에서 수강하다가 지방지역대학으로 수강지역 변경 : 비해당
   • 지방지역대학에서 수강하다가 서울지역대학으로 수강지역 변경 : 비해당

4. 대학중퇴 후 다른 대학에 재학 중인 경우
   • 지방대학 중퇴 후 다시 서울소재대학에 편 · 입학하여 재학 중 : 비해당
   • 서울소재대학 중퇴 후 다시 지방대학에 편 · 입학하여 재학 중 : 비해당
     ※단, 지방대학 졸업 후에는 지방인재에 해당

5. 경찰대학사관학교를 중퇴한 경우
   • 지방소재 고등학교 졸업 후 경찰대학 · 사관학교 중퇴자의 경우 : 해당
   • 서울소재 고등학교 졸업 후 경찰대학 · 사관학교 중퇴자의 경우 : 비해당

6. 대학 졸업 후 대학원을 재학 또는 졸업한 경우
   • 지방대학 졸업 후 서울소재 대학원 재학 또는 졸업 : 해당
   • 서울소재대학 졸업 후 지방대학원 재학 또는 졸업 : 비해당

3. 전형일정 및 방법

(1) 전형일정 및 장소(2020년 기준)

원서접수 (예비소집)	1차 필기시험	1차 합격자발표	2차 인성검사 · NCS 직업기초능력평가 및 신체검사	3차 영어회화테스트 및 역량면접	4차 임원면접	최종 합격자발표
모집배수	6배수		4배수	3배수	2배수	1배수
7.30-8.6 (8.21-8.23)	9.12 (장소추후공지)	10.20	10.26	11월 초	11월 중순	11월 말

※ 사정에 따라 전형절차와 일정 등은 변경될 수 있으며, 변경 시 KOTRA 홈페이지에 공고

(2) 응시원서 접수

- 접수기간 : 2020.7.30.(목) 09:00 ~ 8.6.(목) 18:00 (시간 엄수)
- 접수방법 : 온라인 접수(채용 홈페이지에 직접 입력 후 접수증 출력)
- 유의사항 : 원서접수 후 접수결과를 확인하여 누락되지 않도록 유의

(3) 예비소집

- 소집기간 : 2020.8.21.(금) ~ 8.23.(일) 10:00~17:00 (시간엄수)
- 소집방법 : 응시원서 접수 시 선택한 소집장소를 방문하여 본인 확인
  *예비소집일 및 장소 : KOTRA 채용 홈페이지 별도 공고
- 수험표 교부 : 예비소집일 지원자 본인 신분 확인* 후 현장 교부
  *지원자 본인 신분증(주민등록증, 운전면허증, 여권에 한함), 접수증 지참
  *신분증 분실 시 거주지 관할 주민센터에서 발급받은 '주민등록증 발급신청 확인서'를 제출

(4) 1차 필기시험(필수 2과목 및 선택 1과목)

필수과목 (2과목/전 계열공통)		• 영어 (제출한 공인 영어시험 성적으로 대체) • 경제 논술
선택과목 (택 1)	일반 계열	• 직무역량평가 (문제해결 논술시험)
	어문 계열	• 쓰기 능력 평가 (중어, 러시아어, 스페인어, 프랑스어, 독일어 중 택 1)

*계열선택은 지원자의 전공과 상관없이 선택 가능
*지원서 작성 시, 기재착오 등으로 인하여 따른 불이익은 지원자 본인에게 있으며, 선택한 계열은 추후 변경 불가

1) 1차 필기시험 과목별 배점 (필기시험 기준 100점 만점 기준)

필수과목 (2과목/전 계열공통)		• 영어 (제출한 공인 영어시험 성적으로 대체) • 경제 논술	30%
선택과목 (택 1)	일반 계열	• 직무역량평가 (문제해결 논술시험)	30%
	어문 계열	• 쓰기 능력 평가 (중어, 러시아어, 스페인어, 프랑스어, 독일어 중 택 1)	30%

공부 Key Point

- 경제논술보다 선택과목 직무역량평가나 어문계열 쓰기 능력 평가 점수 배점이 더 높게 책정되어있어 논술보다 선택과목에 더 많은 공부시간을 할애하는 경우가 대부분이다. 그러나 선택과목은 배점은 높으나 합격자들을 기준으로 할 때 점수 편차가 커서는 안 되기 때문에 기본적으로 1-2점 이내로 상위권 점수를 유지하는 것을 합격의 기준으로 삼아야 한다.
- 공인영어 점수는 시험 12개월~8개월 이전에 취득해두는 것이 좋다. 경제논술에 많은 시간을 할애해야 하기 때문이다.
- 일반계열 직무역량평가 논술시험은 시험 전 1개월 정도 준비 기간으로도 고득점이 충분하다. 논술의 연장선이기 때문에 논술시험의 대비를 충분히 마친 후 직무역량 기출문제를 기반으로 연습해두면 충분하다.

- 어문계열 쓰기 능력 평가의 경우 점수 편차가 거의 없는 과목이다. 대부분 해당 언어 전공자이거나 해당 국가에서 유학 또는 거주한 경력의 수험생이 대부분이기 때문이다.
- 즉, 경제논술에 90% 정도의 시간을 할애하여 공부 전략을 계획해야 한다. 결국 점수 차가 벌어지는 과목은 경제논술이기 때문이다. 경제논술은 1문제를 틀릴 경우 1차 필기시험기준 적게는 4점에서 많게는 12점까지 감점되고 최종 면접 점수를 합산 환산할 경우에도 2점~6점까지 감점되는 과목이다. 다른 어떤 과목 또는 가산점으로도 이 점수를 뒤집을 수는 없기 때문이다.

2) 2차 NCS, 직무적성평가, 다면인성평가는 점수에는 반영되지 않음.

3) 3~4차 면접시험 과목별 배점 (면접시험 기준 100점 만점 기준)

3차 영어회화테스트 및 역량면접	• 영어회화 테스트	20%
	• 역량면접(PT, 토론 등)	40%
4차 임원면접	• 인성, 직무적성, 직업관, 가치관, 개인역량 평가 등	40%

4) 최종 합산점수는 1차 필기시험과 3~4차 면접시험 점수를 합산 100점으로 환산한 점수를 기준으로 함.

4. 유의사항

- 응시원서의 기재사항이 사실과 다르거나, 증빙서 위변조, 부정행위자는 합격취소 및 5년간 응시를 제한
- 지원서 접수 시 입력착오, 구비서류 미제출 등으로 인한 불합격이나 손해에 대한 책임은 지원자 본인에게 있으며 제출 서류는 요청시 별도 지정기간에 반환 예정
- 최종합격자라도 공사 규정 상 결격사유에 해당할 경우 합격을 취소할 수 있음.
- 예비소집일 수험번호 부여 후 미 응시한 경우(원서접수 후 필기시험에 미 응시한 경우) 차년도 공채 응시 제한
- 사정에 따라 전형절차와 일정 등은 변경될 수 있으며, 변경 시 KOTRA 홈페이지등을 통해 안내
- 필기시험 이후 세부 일정은 추후 공지 예정
- 전형결과 적격자가 없는 분야는 채용하지 않을 수 있음.
- 최종 합격이 확정된 이후 재학 및 재직여부와 관계없이 즉시 정상출근이 가능하여야 함.

5. 기타 문의처

- KOTRA 홈페이지 (http://www.kotra.or.kr) 이용
  KOTRA 소개(메뉴 바 상단) → 채용정보 → 채용상담(좌측메뉴)
- KOTRA 인재경영실 : 전화 02-3460-7040 / 팩스 02-3460-7906

"2020년 코트라 일반계열 합격수기"

저는 경제 필기 공부를 5월부터 시작했습니다. "국제경제론" 책을 4번 정도 읽었습니다. 코트라 경제논술에서 나오는 경제 이론은 대부분 이 책에서 벗어나지 않기 때문에 추천드립니다. 물론, 고범석 교수님께서 이 책의 모든 내용을 커버해 주시기 때문에 안 읽어도 크게 문제 되지는 않습니다. 다만 이 책을 자주 읽다 보면 책에서 사용된 표현을 자신도 모르게 경제논술에 쓰게 되므로 도움이 되었습니다. 책을 다 읽은 후, 저는 교수님 수업을 시작했습니다. 책 내용을 이해한다고 해서 자신의 것이 되지 않습니다. 막상 문제를 풀려고 하면, 경제 이론이 생각나지 않을 때가 많기 때문입니다.

학원에서는 매주 모의고사가 있었는데 큰 도움이 됐던 것 같습니다. 또한 학원에서는 경제 이론을 어떻게 최근 시사뉴스(코로나19, 부동산 규제, 재난지원금)에 접목시키는지 가르쳐 줍니다. 학원에서 자료를 굉장히 많이 주는데 이걸 복습하는 것이 중요합니다. 저는 제공되는 프린트 자료를 7번 정도 반복해서 읽었던 것 같습니다. 또한 집에서 스스로 시간 재서 문제 푸는 연습도 중요합니다. 코트라 시험 문제는 대부분 국제경제에서 나옵니다. 다만 몇 년 전, 미시경제에서 나온 적이 있기 때문에 미시경제에서 중요한 개념 정도는 알고 들어가야 합니다. 올해 고시에서 '기후 변화에 국제 사회 공조가 어려운 이유?'가 나왔다고 해서 저는 올해 만약을 대비해서 기후변화에 대해서(공유지의 비극, 죄수의 딜레마, 무임승차 현상, 파립협약) 공부하고 들어갔습니다.

20202년 올해 경제논술 질문들이 평이하게 나왔다고 생각하실 수 있지만, 저는 다소 어려웠습니다. 첫 질문의 경우에는 "어떤 경로"라는 표현이 신경 쓰여서 계속 고민했습니다. 저는 환율 경로 등 이런 식으로 답변했습니다. 제가 아는 지원자는 문제가 쉬웠다고 했는데 "경로"에 대한 답을 하지 않았고 결국 합격하지 못했습니다(그것 때문이 아닐 수도 있습니다). 제일 중요한 것은 질문에 물어보는 대로 답하라는 것입니다. 선생님 강의와 학원 대표님의 논술 작성 연습 수업에서 항상 하시는 말씀은 물어보는 대로 빠짐없이 답하라는 것입니다. 3번째 문제의 경우에도 '소득에 미치는 영향', '생산에 미치는 영향' 이렇게 나누어서 답했고, 4번도 '수출에 미치는 영향', '수입에 미치는 영향'을 구분 지어서 답했습니다. 모든 질문 다 학원에서 다루었던 내용이고 연습했던 내용이기 때문에 저는 문제에서 물어보는 질문에 "맞게" 답했기 때문에 합격할 수 있었던 것 같습니다.

직무역량논술은 학원에서 제공하는 과거 기출문제를 풀면서 연습했습니다. 답안 작성 요령은 코트라 해외시장 뉴스를 참고했습니다. 또한, 매주 한국무역협회, 한국은행, 한국경제연구원의 연구보고서 2개를 요약해서 정리했습니다. 고범석 교수님께서도 보고서 내용을 정리해 주시는데 읽어보고 좋은 구절은 따로 메모해서 '소제목'으로 쓰기도 했습니다.

코트라 준비하면서 흔히들 경제 논술이 제일 중요하다고 말합니다. 경제 논술 정말 중요합니다. 하지만, 합격자들 점수가 그렇게 차이 나지는 않는 것으로 알고 있습니다. 따라서 경제 논술뿐만 아니라 직무역량, 영어면접, 역량면접, 임원면접 모두 정말 중요합니다. 다만 시기적으로 어떤 시기에 어떤 준비를 해야 할지를 잘 계획해서 시기별 중요 학습과목, 준비 과목을 정해서 빠짐없이 준비해야 합니다. 1년 전 부터 미리 준비한다면 모든 부분에서 합격할 수 있는 준비를 할 수 있을 겁니다. 수험 기간 동안 긴장 놓지 말고 끝까지 최선 다하시길 바랍니다. 이와 더불어, 체력관리, TOEIC 점수, 한국사 1급 자격증도 잘 준비하시길 바랍니다. TOEIC 점수는 높을수록 당연히 유리하고, 한국사 1급 자격증도 있는 게 훨씬 유리합니다. 합격자들 대부분 다 한국사 1급 자격증을 가지고 있습니다. 1점 차이로 몇 명이 왔다 갔다 하기 때문에 준비할 수 있는 것들은 준비하는 게 유리합니다. 저는 작년에 학원에 다니면서 경제논술 도움을 많이 받아서 최종까지 갔었고 올해는 최종합격까지 할 수 있었습니다. 작년에는 제가 체력 관리를 제대로 하지 않아 감기를 심하게 앓았고 면접에 큰 영향을 미쳤습니다. 저와 같은 실수 하지 않길 바랍니다. 꼭 건강 챙기면서 공부하세요! 파이팅입니다^^

"2018년 짧은 기간의 준비 그리고 2019년을 대비한 철저한 준비"

먼저 합격하는데 도움을 주신 아카데미 대표님(원장님)과 고범석 선생님께 감사드립니다.

여기저기 학원을 알아보다 설명회공지를 보고 참석 하게 된 설명회에서 4시간 넘게 열변을 토해주신 원장님 덕분에.. 공부의 방향을 잡을 수 있었습니다. 그전까지 공기업을 막연하게 준비해오고 있었고 여기저기 학원에 문의 해봐도 일단 등록하면 된다. 무조건 할 수 있다. 학원 커리큘럼에 대한 답변 뿐 이었는데.. 설명회를 통해서 어떻게 공기업을 선택하고 내가 도전하고 합격 가능한 기업을 선택해야하며 그 공기업에 취업을 위해 어떻게 노력해야하는지를 알게 되었습니다. 학원 커리큘럼은 설명도 없으시고 오로지 공부방법 그리고 스스로 학원이나 강사선택, 독학여부에 대한 변별력을 가질 수 있게 해주셨습니다. 또한 첨삭강의에서 다양한 방법으로 과제를 내주시고 불필요한 스터디나 불필요한 공부(순서에 따라 나중에 해도 되는 것, 포기해야 하는 것)파트를 정리해주신 덕분에 오로지 합격하는데 필요한 공부만 할 수 있습니다.

아카데미에서 처음 상담 받았을 때 준비기간이 짧은 저에게 모질게 안 될 거라는 상담을 해주셨을 때 "날 무시하는 건가?" 하는 살짝 거부감이 들었지만 자세히 듣다보니 내 경쟁자들이 어떻게 준비해왔는지를 알게 되니 오히려 내가 이 시험에 대해 그리고 경쟁자들에 대해 무지하고 무시한 것이라는 생각을 하게 되었습니다. 처음 계획은 2018년도 시험은 떨어질 수도 있는데 그 결과에 대해 무리 없이 받아들일 수 있는 마음에 준비를 하고 도전하되 2019년도 시험을 대비하여 체계적인 공부를 할 수 있는 발판이 될 수 있도록 공부하라는 것 이었습니다. 일반 학원의 경우 단기특강이다 단기합격이다 라는 슬로건을 내 걸로 강의 수강생을 모집하는데 오히려 그런 것들에 현혹되면 경제적 부담으로나 시간적으로나 손해인 것이었습니다.

2018년도에 도전했지만 면접에서 떨어졌습니다. 그런데 이게 면접에서 떨어진 게 아니라고 원장님께서 말씀해주셨습니다.(그 이유는 모집요강에 다 나와 있는데 자세히 보지 않아서 그런 거라고 상담을 받고나서 그 이유를 알게 되고 시험 1달전까지는 오로지 논술에만 집중하게 되었습니다.) 준비기간이 짧을 때는(특히 비전공자일 경우) 이 시험에서 떨어질 수 있다는 가정과 마음에 준비 그리고 2019년 다음 시험을 준비하더라도 전년도에 면접에서 떨어졌다 하더라도 면접을 보완할게 아니라 필기점수를 더 높여서 도전하리라는 계획이 있었기에 마음에 부담 없이 재도전 할 수 있었습니다. 그 사이 토익점수도 올려두었구요.
그 결과 2019년.. 최종 합격하게 되었습니다. 타 학원에서 2달 정도 다녀보기도 하고 상담도 받아봤지만 감도 잡히지 않고 상담도 오히려 시험 경험이 있는 저보다도 모르는 학원들 뿐이었습니다.

경제학아카데미는 그런 저에게 스스로 분석하고 기획할 수 있도록 해주신 것이 코트라의 합격뿐만 아니라 코트라에서 일하는 동안에도 많은 도움이 되고 있습니다. 한 번의 실패가 있었지만 이렇게 합격수기를 보내드릴 수 있게 되어서 너무 감사하고 기쁩니다. 제 뒤를 이어서 이 아카데미에서 수강하시는 분들에게도 도움이 되고자 합격수기를 보내드립니다. 원장님이 독한 말을 많이 하십니다. 안 되는 사람은 안 된다고 딱 잘라 말해주시고 1년 후를 내다보고 차근차근 준비하라고 하고, 가능성이 있으신 분들에게는 정말 열정적으로 지원을 아끼지 않고 공부할 수 있도록 해주십니다. 가만히 앉아서 방관하면서 공부하지 말고 많이 물어보고 상담받고 해보세요.. 합격의 지름길임을 제가 장담할 수 있습니다.

"2019년 코트라 어문계열 합격수기"

1. 스펙

토익 990 / 토스 180 레벨 7 / 한국사 1급 / 한자능력검정시험 2급

토익과 토스는 일정 점수, 레벨 이상이면 되지만 높을수록 좋다는 생각이 들었습니다. 영어회화면접이 있기 때문입니다. 자신의 의견을 영어로 자연스럽게 이야기해야 하기 때문에 영어 실력은 높을수록 좋습니다. 한국사는 가산점이기 때문에 채용인원이 적은 계열 지원자들의 경우 필수입니다.

2. 필기시험

2-1. 경제논술 대비

경제논술은 미시경제학, 거시경제학, 국제경제학을 필수로 수강해야 합니다. 저는 미시경제학과 거시경제학을 학교에서 교양, 전공수업을 통해 많이 들었기 때문에 따로 인강을 듣지는 않았습니다. 그러나 필기시험 전까지 2회독을 하고 맨큐의 경제학과 이준구 교수님의 경제원론 연습문제를 모두 풀었습니다.

국제경제학의 경우에는 배운 적이 없기 때문에 고범석 교수님의 강의를 수강했습니다. 회사를 다녔기 때문에 퇴근 후 적어도 한 개는 듣겠다는 각오로 들었습니다. 국제경제학은 3회독을 했습니다. 고범석 교수님의 강의를 들을 때 한 번, 정독하고 필기정리하면서 한 번, 마지막으로 연습문제를 풀면서 교수님의 강의정리본과 제 필기 정리본을 합해서 다시 정리할 때 한 번 총 3회독이었습니다.

시사상식의 경우 직장인이라 시간이 없어 매일 지하철 안에서 네이버 메인만 봤습니다. 그 대신 인강과 교재 안에 있는 주제는 최대한 많이 읽어보려고 노력했습니다.

최종적으로 고범석 교수님의 실전대비 첨삭반 인강을 들었습니다. 실제로 첨삭해주신 것이 큰 도움이 되었습니다. 시간을 재고 써서 채점을 받은 다음, 첨삭받은 것을 보완해서 수정하고 마지막으로 시간을 10분 정도 단축해서 쓰는 연습을 했습니다.

2-2. 제2외국어 논술 대비

제2외국어의 경우 총 3파트로 이루어졌습니다.

첫 번째 파트는 비즈니스 편지 쓰기였습니다. 이 편지를 쓰는 형식, 특유의 인사말, 경어체가 있기 때문에 반드시 연습이 필요한 부분입니다. 저는 유학을 갔을 당시 비즈니스 편지를 쓰는 수업이 있었기 때문에 상대적으로 수월히 썼다고 생각합니다. 하지만 한 번도 쓰지 않았었다면, 구글에서 검색해본 후 양식에 맞춰 써보시면 될 것 같습니다.

두 번째 파트는 외국어 글을 읽고 자신의 의견을 외국어로 쓰는 문제였습니다. 대학교에서 외국어 쓰기, 외국어 논술 수업이 있다면 반드시 수강하는 것을 추천합니다. 만약 쓰기 수업을 들을 기회가 없다면, 외국어 신문을 꾸준히 읽으시는 것도 좋은 방법입니다. 읽은 후 맘에 드는 문장을 한 번씩 써보시면 쓰는 실력이 크게 늘 것입니다(제가 대학생 당시 쓰기 실력을 늘리기 위해 했던 방법입니다.)

세 번째 파트는 외국의 신문기사를 한글로 번역하는 문제였습니다. 앞의 두 문제가 시간이 상당히 걸립니다. 그래서 이 파트에서 시간을 많이 줄이셔야 합니다. 외국어 문장을 보자마자 한글로 받아적는 정도의 속도가 필요합니다. 신문을 읽으시면서 꾸준히 연습하시는 것이 좋습니다.

2-3. 팁

팁을 알려드리자면, 두 번째 문제와 세 번째 문제에서 외국어가 나옵니다. 그 곳에서 유용한 표현들이 몇 가지 나옵니다. 그것들을 이용해서 답을 작성하시면 훨씬 수월하실 것입니다. 첫 번째 문제에서 생각이 안나서 시간이 많이 걸릴 것 같다 생각하시면 두 번째, 세 번째 문제로 빨리빨리 넘어가시기 바랍니다.

3. 영어면접

영어면접의 경우 영어로 몇 가지 질문에 대답하는 방식입니다. 일상적인 대화는 아니고, "쇼핑을 주로 어디서 하십니까?" "외국친구에서 쇼핑 장소로 어디를 추천하실 것입니까?" "그럼 명동과 동대문의 차이점은 무엇이죠?" "한류가 얼마나 지속될 것이라고 생각하세요?" 등등 간단한 대답에서부터 자신의 의견과 그 이유를 설명해야 하는 질문까지 나옵니다. 지원자마다 질문의 주제가 다르기 때문에, 기본적으로 영어회화능력을 키우는 것이 중요합니다. 저는 토플 준비를 하면서 영어 실력을 많이 키웠습니다.

4. 역량면접

역량면접이 올해 형식이 크게 바뀌었습니다. PT면접, 토론면접, 상황면접 세 가지였습니다. 주제는 회사와 직, 간접적으로 관련이 있습니다.

PT면접의 경우 5분이 주어집니다(발표 3분, 질의응답 5분). 발표 전에 자료를 읽고 요약 정리를 할 수 있는 시간을 줍니다. 펜과 종이는 제공됩니다. 질의응답 시간에는 응용질문이 나올 수 있습니다.

[주어진 문제 : 해외에 진출하려는 기업의 정보와 해외시장의 정보를 제공, 어떤 진출전략을 세워야 하는가에 대한 문제]

토론면접의 경우도 준비시간이 주어집니다. 20분간 토론을 합니다. 자신이 속한 파트 혹은 부서가 이익을 얻으면서 원활하게 토론을 이어가는 것이 중요하다고 생각했습니다. 제가 토론면접을 할 때 사회자와 같은 역할이 되었는데, 그것이 좋은 이미지를 준 것 같습니다.

[주어진 문제 : 각자 다른 국가의 무역관에서 일하는데, 이번에 신설하는 교육기관을 어떻게 유치해야 서로에게 좋은 결과를 도출할 수 있는가]

상황면접도 준비시간이 주어지고, 그에 맞는 해결책을 찾아야 합니다. 질문에 맞는 해결책과 그 이유를 제시하는 것이 중요합니다. 답이 주어진 것은 없습니다. 자신의 가치관을 반영한 정당한 이유가 있다면 고개를 끄덕여주는 분위기입니다. 이 때 자신의 경험이나 자소서에 관한 질문도 물어볼 수 있기 때문에 자소서도 한번 읽고 가시기 바랍니다.

[주어진 문제 : 극장에서 일하는 것을 가정, 무대 조명에 문제가 생긴 이례사항의 경우 어떻게 처리할 것인가, 고객에게 주어지는 사은품의 조달에 문제가 생긴 경우 어떻게 대처할 것인가]

5. 임원면접

임원면접은 8명이 함께 들어갔습니다. 주어진 시간은 40분입니다. 그러니 한 명당 5분밖에 주어지지 않는다고 보시면 됩니다. 실제로도 엄청 빠르게 진행됩니다. 대답을 도중에 끊었다고 걱정하시거나 낙담하실 필요 없습니다. 시간 부족해서 그러는 겁니다. 목소리는 크게 하시기 바랍니다. 대답은 짧고 간결하게 하시면 좋을 것 같습니다. 두괄식으로 대답해달라고 임원진들이 처음에 이야기 해주십니다. 그러니 두괄식으로 하시면 됩니다.

질문은 자소서와는 크게 관련이 없는 질문입니다. 경험과 관련된 질문을 많이 물어봅니다. 영어 질문도 나옵니다.

정말 큰 도움이 되었습니다. 특히 설명회랑 첨삭수업이 크게 도움이 되었습니다.

"2015년 상반기 합격수기-인문계"

그 동안 실패만 거듭해왔던 터라 이렇게 합격수기를 쓰게 되어 감개가 무량합니다. 취업난이 계속 되면서 저 역시 꽤 오랜 시간을 방황하고 불안에 떨며 지내왔는데, 합격하는 그 순간 모든 것이 보상되고 앞으로 나아갈 힘이 생기기 때문에 이 글을 읽는 코트라 준비생들뿐만 아니라 모든 취준생 여러분들에게도 도전을 멈추지 마라는 메시지를 전하고 싶습니다. 제가 이 글에서 소개하는 바는 지난 3-4개월간 코트라 시험을 준비하며 제가 거친 과정과 느낀 점들입니다. 반드시 이렇게 해야 합격한다기보다는 참조만 하시라는 것이니 가볍게 읽어주시기 바랍니다.

저는 5월 달부터 주말을 제외하고 하루 12시간 정도를 코트라 준비에만 투자했는데 그 중 가장 많은 시간을 할애 한 것은 "그냥 써보기" 입니다. 경제논술을 준비하는 가장 좋은 방법은 단연코 "무작정 써보기" 라고 저는 생각했습니다. 그래서 학원 논술 반 이전부터 저 나름대로 주제를 정해보고 무작정 써서 시험 때까지 최대한 많은 답안지를 확보해놓으려고 했습니다. 주제선정은 신문을 참조하거나 코트라나 여타 기업의 경제논술시험 기출을 참고 하였습니다. 처음엔 당연히 아는 것이 없었기 때문에 엄청난 시간을 들이게 되는데, 조급하게 마음먹지 않으려고 노력하였고, 데드라인 없는 대학과제라고 생각하고 나름대로 리서치를 해가며 작성하였습니다. 자연스럽게 신문기사와 globalwindow를 많이 참고 하였는데, 글로벌 윈도우에 있는 코트라 보고서는 조심스럽지만 반드시 따로 프린트를 해서 최대한 꼼꼼하게 그리고 많이 읽으라고 권해드리고 싶습니다. (양이 많아 보이지만 한 장에 6장씩 보이게 프린트해서 보면 웬만한 보고서는 30분 이내에 다 읽을 수 있습니다.) 경제논술에 정말 써먹을 것이 많을뿐더러 직무역량평가와 면접에서도 정말 큰 힘을 발휘합니다. (제가 이 글에서 가장 강조하고 싶은 부분입니다.) 이렇게 저만의 데이터베이스를 만들어 놓았기 때문에 시험 전 마지막 한 달에 정말 중요한 시간조절하기와 목차잡기 그리고 외우기에 시간 투자를 할 수 있었습니다. 특히 주요 이슈들은 머리 말고 손만 움직여서 쓸 수 있도록 하는 것이 목표였고 시험 전까지 여러 번 써 보았습니다. (그 중 하나가 출제된 것은 행운이었습니다.) 시간 조절과 목차잡기는 아무리 강조해도 부족한 부분이며, 저 같은 경우는 시험을 2주 남기고는 50여 개 주제에 대한 목차들을 미리 만들어 놓고 조그만 노트북에 적어 다니며 외우려고 노력했습니다. 올해의 시험 같은 경우 아는 문제에서 아예 외워둔 걸 미리 써놓고 잘 모르는 문제에 대한 고민을 남들보다 조금 더 할 수 있었던 것이 합격으로 이어지지 않았나 생각합니다.

이론공부는 고범석 선생님 강의를 잘 따라가시기만 한다면 논술 대비에 큰 문제는 없을 것으로 생각됩니다. 고범석 선생님이 진도를 꽤 빠르게 나갈뿐더러 경제학 특성상 한번 이해를 놓치면 그 이후에는 눈두덩이처럼 이해 안가는 부분이 늘어나기 때문에, 저 같은 경우는 예습은 하지 않고 복습에 많이 치중하였는데 하루에 2시간 정도를 투자해 서브노트를 만들었습니다. 7월 공고가 갑작스럽게 뜨는 바람에 중간에 멈추었지만 이해를 돕는데 도움이 되지 않을까 생각합니다. 사견이지만, 기출문제들을 보았을 때 앞으로 시사보다는 이론의 출제비중이 높아지지 않을까 조심스럽게 예상해보는 바이며, 제가 만약 다음 시험을 준비한다면 이론을 조금 더 꼼꼼하게 보지 않을까 생각합니다.

다른 합격 수기에 신문스크랩을 하고 그 옆에 자신의 의견을 적고 한다고 써있길래, 솔직히 그 말들을 다 믿지는 않았으나, 속는 셈치고 저도 매일 저녁에 학원에서 돌아와 자기 전 1시간 정도를 투자해 신문 스크랩을 하였습니다. (3개월간) 솔직히 말씀드리자면 저는 그렇게 큰 효과를 보지 못하였습니다. 물론 신문을 매일 꼼꼼히 읽는 것은 must라고 생각되나, 스크랩까지 해서 옆에 없는 지식을 짜내어 사견까지 적어놓는 것보다는 이론 복습하는 것이 나았을 거 같다는 생각을 하긴 합니다. 물론 방 옆에 쌓여있는 스케치북들을 보면 나중에 뿌듯하긴 합니다.

고범석 경제학아카데미

직무역량평가는 별다른 준비는 하지 않았고 학원에서 몇 번 써보는 것이 전부였습니다. 가장 중요한 것은 보고서 형식 유지하기와 시간 조절 이라고 생각합니다. 글로벌 윈도우의 보고서를 많이 읽고 그 양식을 모방하려고 했던게 많이 도움이 된 것 같습니다. 많은 이들이 직무역량평가는 변별력이 떨어지는 부분이라고 얘기하며 저도 그렇게 생각하였으나, 합격자의 입장에서 돌이켜 생각해보면 동의 할 수 없는 것 같습니다. 코트라의 업무 특성상 깔끔한 보고서를 작성할 수 있는 능력을 많이 봅니다. 직무역량평가도 경제논술만큼 중요하다고 생각됩니다. 내용의 깊이보다는 보고서의 가독성과 핵심파악능력, 목차 구성이 중요합니다. 이후 면접전형에서도 한번 더 비슷한 시험을 보게 되며, 절대 무시할 부분이 아니라고 생각되므로 스터디에서도 한번씩 연습해 보며 서로 평가를 하는 것도 나쁘지 않다고 생각됩니다.

글을 마치면서 마지막으로 여러 번 찾아가 귀찮게 질문해도 언제나 친절하게 책임감있는 모습으로 답변해주신 고범석 선생님께 감사하다는 말씀을 전합니다. 이렇게 쓰면 교수님 일이 늘어날 수도 있겠으나, 이 글을 읽으시는 준비생 분들도 고범석 선생님을 최대한 활용하시길 바랍니다.

"2011년 러시아어 전공"

저는 대학에서 러시아어 전공자였고, 경제학에 문외한이었기에 시험 준비에 막막했었습니다. 당시 경제학원론조차 완벽한 수준이 아니었기에, 논술까지 풀어내기에 걱정이 많았었습니다. 이번 2011년 11월 코트라 시험 준비만을 위해 다른 금융권공사나 다른 사기업 지원은 하지 않고, 그 해 3월부터 경제학과 러시아어 공부를 꾸준히 공부했었습니다. 아울러 2010년 말 코트라 인턴 생활이 시험 준비와 면접 준비까지 많은 도움이 되었기에 코트라를 준비하시는 분이시라면 코트라 인턴 경험이 많은 도움이 되실 거라 말씀드리고 싶습니다.

말씀드렸다시피 경제학이 문외한인 상태에서 새롭게 준비하는 상황이었기에 경제학원론부터 완벽히 하고자했습니다. 원론책은 맨큐의 경제학과 현대경제학 두 권만 가지고 공부했습니다. 먼저 쉽게 다가갈 수 있는 맨큐의 경제학을 3회 정독했습니다. 정독하면서 이론과 그래프만 따로 노트정리를 했고, 이후에 틈틈이 쉽게 볼 수 있도록 들고 다니면서 보았습니다. 맨큐의 경제학을 보고 현대경제학이라는 원론 책과 동영상 강의를 들으면서 좀 더 깊이 있게 공부하고자 하였습니다. 다른 분들과 마찬가지로 경제신문을 보면서 경제 감각을 키우고자 하였습니다. 저는 매일같이 경제 신문을 두 번 보았는데, 한번 볼 때는 정독해서 보고, 두 번째는 스크랩을 하기 위해서 시험에 나올만한 것이 무엇인가를 생각하면서 중요한 기사는 한번 더 보았습니다. 스크랩을 할 때에는 기사를 붙이고 옆에 기사내용, 관련 경제이론, 내 생각 이렇게 따로 정리하였습니다.

매일 아침마다 "박경철의 경제포커스"(현재는 김광진의 경제포커스) 라는 라디오 방송을 들었습니다. 이 방송은 그 날의 경제 이슈를 전문가의 관점으로 평가하기도 하고, 경제흐름을 파악할 수 있어서 매일 주의 깊게 청취하였습니다.

고범석 선생님의 강의를 들으면서 시험보기 약 세 달 전부터 집중 논술 준비를 하였습니다. 나름 지금까지 준비를 많이 했다고 생각했음에도 다른 분들 논술 실력과 미처 모르는 부분의 강의내용들에 많이 위축되어서 걱정도 많이 했었습니다. 하지만 중요한 경제기사에 이론과 그래프를 접목하여 강의해주셔서 많이 도움이 되었고, 논술스킬도 알려주셔서 시험 준비에 많은 도움이 되었습니다.

러시아어를 전공으로 공부하시고, 러시아에서 연수경험도 있으신 분이시라면 크게 걱정하지 않으셔도 될 것 같습니다. 저는 학교를 다니는 중이었고, 전공 회화수업도 듣고 있었기에 자연스럽게 준비가 되었습니다. 하지만, 시험 보기 전에는 예상 질문들을 30여개 뽑아서 그에 맞는 답변들을 준비했습니다. 보통 질문내용들이 신상관련 질문들과 현재 러시아 경제이슈 등 대중없이 무거운 질문들도 나오기에 준비를 철저히 해야 할 듯 싶습니다. 러시아어 시험인 토르플이나 플렉스시험을 준비하신다고 생각하시면 될 것 같습니다. 여타 시험들과 마찬가지로 듣기문제와 문법, 텍스트문제가 나오는데 저는 토르플 문제집과 플렉스 문제집을 집중적으로 풀면서 대비하였습니다.

보통 면접관들이 본인이 쓴 자기소개서에서 질문들을 추출하여 질문하기에 지원시 작성했던 자기소개서를 다시 복기하면서 문제도 유출해보고, 스스로 자문하기도 했습니다. 저는 코트라 인턴을 했었기에 회사에 대해 어느 정도 파악하고 있었고 이 부분이 많은 도움이 되었습니다. 회사 홈페이지를 계속 보면서 회사의 비젼, 사업내용 등 세세한 부분들까지 외우고 답변연습을 계속 했습니다. 위에 내용들과 중첩되는 부분이지만, 더하여 지금까지 면접 때 나온 질문들을 취합하고, 또 새로이 만들고 답변했습니다. 또한 진부하지 않게, 새로운 답이 될 수 있도록 답변하는 것에 치중해서 준비했습니다.

경제논술 문제가 예상보다 쉽게 출제되어 운 좋게 합격한 것 같습니다. 시험 전 합격 수기들을 보면서 굉장히 부러워했는데 이렇게 글을 쓰고 있는 저 자신을 보니 신기할 따름이네요. 고범석 선생님 덕분입니다. 감사합니다.

"2011년 중국어 전공"

안녕하세요 선생님! 늦었지만 새해 복 많이 받으시구요. 거두절미하고 제가 지난 1년간 공부했던 방식을 말씀드릴게요. 아시다시피 저는 직장생활을 하면서 준비를 했던 터라 상대적으로 시간이 부족했습니다. 다만, 재작년에 코트라 준비를 하면서 경제학 원론이나 거시쪽은 한 번 봤었기 때문에 그나마 도움이 된 듯합니다. 본격적인 공부는 5월 즈음부터 시작했구요, 다시금 경제원론과 거시경제를 훑었습니다. 경제원론의 경우, 개론서보다는 인강으로 전 과정을 봤구요, 2번 정도 본 것 같습니다. 거시경제학의 경우, 정병렬 선생님의 거시 경제학을 위주로 노트를 만들어 정리를 했고, 계속해서 반복해서 봤습니다. 8월부터는 신문스크랩을 시작했고, 스크랩을 한 기사들은 일부러 따라 써봤습니다. 간접적으로 논술 준비를 한 셈이죠.

9월부터는 하루에 항상 30분 잡고 한 편씩 논술을 써봤습니다. 퇴근하고 나서 2시간 동안 매일 했는데요, 처음에는 시간이 부족하더니 나중에는 오히려 한 5분씩 남더라구요. 그리고 많이 쓰다보니 어떤 주제에도 적용할 수 있는 저만의 틀을 만들 수 있었던 것 같습니다. 특히 선생님 강의 들으면서, 산업별, 국가별 분류를 더 첨가하려고 노력했고, 다른 분들의 논술을 보면서 벤치마킹 했던 것이 주효했던 것 같습니다.

개인적인 생각으로는 경제원론과 거시경제를 볼 시간이 없다면 차라리 논술을 한 편이라도 더 써보는게 유리하지 않을까 생각합니다. 아무리 많은 지식을 알고 있더라도, 그것이 글로 안 나오면 아무 소용이 없다는 것을 뼈저리게 경험한 사람으로서 시간 정해서 '쓰는 연습'이 가장 중요한 것 같습니다. 신문 스크랩의 경우, 주요 국가, 이를테면 미국, 일본, 중국, 프랑스, 그리스 등 이슈가 되는 나라들의 GDP나 잠재성장률 그리고 실업률 정도는 나올 때마다 항상 외웠구요, 우리나라의 대외의존도나 수출 비중 그리고 중소기업들의 수출비중 등 관련 수치는 무조건 외웠습니다. 앞서 말했거니와 가장 중요한 것은 이 수치들을 논술 작성시 집어넣는 연습도 필요하다는 것이죠. 이번의 경우, 전공시험이 다들 어려웠다고 합니다. 경제논술이 가장 중요하겠지만, 전공시험 준비도 어느 정도는 해야될 것 같습니다. 저 같은 경우에는 어문계열이라서 FLEX 교재를 두 권 사서 문제 유형에 당황하지 않기위해 공부했습니다. 실제로 어문 계열 시험은 FLEX를 약간 간소화한 시험으로 보는데, 꽤 난이도가 있었습니다. 다만 문제 유형은 똑같아서 당황하지 않았습니다.

경제논술 볼 때는 문제가 너무 뻔한 주제가 나와서 전 오히려 약간 당황을 했는데요, 선생님께서 가르쳐주신대로 자신만의 특색을 가미하려고 노력했고, 구체적인 수치를 많이 언급한 것이 합격의 원인이었던 것 같습니다. 총 5장 썼고, 그래프는 하나만 그렸습니다. 학원에서 그리고 개인적으로 쓰는 연습을 많이 해서 5장 썼는데도 5분이 남았습니다. 다만 문제가 쉽게 나와서 합불 여부가 잘 판단이 되지 않아서, 당시 매일매일 긴장 속에서 살았던 것 같습니다.

저 같은 경우에는 면접을 너무 못 본 케이스였습니다. 면접 전날, 회사 송년회가 있어서 과음을 한 관계로 컨디션도 별로 좋지 않았구요. 처음에 임원면접부터 했는데요, 기억나는 질문은 오늘 면접보러 올 때 어떤 기분이냐, 왜 지금 그 회사에서 나오려고 하는가! 현재 경제상황과 코트라의 역할을 사자성어로 말해봐라, 기억에 남는 영화나 책이 무엇인가? 등등 이구요. 실무진 면접이 힘들었습니다.. 일단 저랑 같이 들어가신 분들이 다들 외국에서 몇 년간 살다오신 분이고 스펙이 빵빵하시더라구요. 자기소개서만 가지고 질문하시는데, 자기소개서 작성하실 때도 정말 신중을 기해야 될 것 같습니다..저같은 경우에는 대충 썼다가 낭패를.... 일단, 저한테 거의 질문이 들어오지 않는데다 옆분한테 하는 질문도 정말 어려웠고 약간의 압박을 가하셨습니다. 답변하면 항상 '뭔가 좀 크리에이티브한 거 없나?'이러시면서 약간 당황하게 만드시더라구요.

PT면접은 진짜 그야말로 최악이었습니다.ㅜㅜ PT 장소에서 도망가고 싶더라구요. 질문 하시는데 제가 답변을 하면서도 스스로 느낀게.. '정말 말 못한다'라는 거거든요. 그래서 전 또 이렇게 코트라와 빠이빠이 하는구나, 인연이 없구나라는 걸 알고 면접 끝난 후에 곧바로 회사로 출근했더랬죠. 하지만 이렇게 합격한 것이 정말 운도 좋은 것도 있었지만 필기시험을 잘봐서 그런 것 같습니다.

선생님께 이 점에 대해서는 정말 감사드립니다. 합격자 분들 중에 선생님 강의 들으신 분 몇몇 있는데 같이 찾아뵙겠습니다. 두서없이 장황하게 말씀드린 점 양해부탁드리구요. 아무쪼록 코트라를 도전하시는 분들께 조금이나마 도움이 되었으면 좋겠습니다. 감사합니다. 선생님~

"2010년 정보전산학"

코트라 정보전산학 직렬 합격수기를 올립니다.

컴퓨터 공학 전공자로써 경제논술 자체가 부담으로 다가왔습니다. 일단 경제학을 잘 모르기 때문에 어렵고 걱정을 많이 했었으나, 고범석 선생님의 경제논술 수업을 들으면서 몰랐던 경제이론을 쉽게 이해하고 배울 수 있었습니다.
수업만 집중적으로 열심히 들었고, 선생님이 해주시는 꼼꼼한 첨삭이 제일 좋았습니다.^^ 그리고 선생님께서 성심성의껏 수업을 해주시며, 잘 모르는 경제이론 부분은 그때그때 쉽게 설명해 주셔서 경제논술을 잘 쓸 수 있는 큰 도움이 되었습니다. 어려운 경제이론과 논술은 선생님 수업만 열심히 집중해서 듣기만 해도 충분한 것 같습니다.^^

전공시험은 전부 주관식으로 나오게 됩니다. 저는 컴퓨터공학 전공자이기에, 주요 과목인 5개 전공 책을 다시 꼼꼼히 봤습니다.
① OS
② 데이터베이스
③ 컴퓨터구조
④ 알고리즘
⑤ 네트워크

중요한 부분들을 집중적으로 공부했고, 최신 IT 이슈들도 챙겨봤습니다. 다시 한 번 선생님께 감사드립니다 선생님, 정말 정말 감사드려요~ 다 선생님 덕분입니다.

"2009년 스페인어 전공"

코트라 채용은 1차(토익점수, 경제논술, 전공필기), 2차 면접(실무진 블라인드 면접, 임원진면접, 외국어회화면접, 역량 프리젠테이션 면접)으로 구성되어 있습니다.

자기소개서는 1-코트라 지원동기, 2-자신의 장·단점, 3-입사 후 포부와 비전 란으로 되어 있습니다. 자기소개서가 차지하는 비중이 큰 것 같지는 않지만, 임원진 면접 질문에 반영이 될 수 있으니까 심사숙고해서 작성하시는 것이 좋을 것 같습니다. 특히 사회봉사경험, 해외어학연수 및 동아리활동 같은 것들을 작성하는 란이 따로 있지 않으니까 그런 것들을 녹여서 자신의 장점을 잘 어필하는 것이 좋을 것 같습니다. 또한 단점은 지나치게 단점으로 돋보이는 것은 지양하고 장점이 될 수 있는 것으로 하되, 말장난이 되지 않도록 조심하고요.

토익점수는 830점 이상(2009년 당시 기준, 현재는 850이상)이 지원 자격이지만, 실제로 합격한 사람들의 점수는 평균 950점 정도 됩니다. 하지만 영어점수의 변별력은 크지 않기 때문에 토익에 집착하기 보다는 회화실력을 키우고, 경제논술을 준비하는 것이 더 나을 것이라고 생각합니다.

경제논술이 가장 변별력이 큰 부분입니다. 저는 어문계열이고 따로 경제를 부전공으로 하지도 않아서 정말 처음부터 준비를 해야 했습니다. 그래서 고범석 선생님 강의를 수강하면서 경제학원론과 국제경제학을 배웠고, 경제신문을 매일 꾸준히 읽으면서 시험한달 전에 나올만한 주제를 뽑아서 직접 쓰고 첨삭을 받았습니다. 이때 목차를 잘 구성해서 쓰는 것이 중요하고, 특히 시사적인 상식과 경제학 이론을 잘 접목하는 것이 필요합니다. 그래프를 반드시 그려서 넣어야 좋은 점수를 받을 수 있다고 해서, 저도 4개의 그래프를 포함해서 앞뒤로 2장 작성했습니다. 50분정도 안에 2개의 문제에 대한 논술을 작성해야 하기 때문에 가서 생각해서 쓰기 보다는 시험지를 받자마자 목차를 구성하고 바로 써내려 가야합니다. 그래서 실제로 직접 써보는 것이 아주 중요합니다.

인성검사는 자기소개서를 작성하고 나면 온라인으로 1회 실시하고 필기합격자를 대상으로 오프라인에서 1회 실시합니다. 가장 중요한 것은 성심성의껏 솔직하게 작성해서 이 두번의 검사 결과가 일치해야 합니다. 따라서 너무 잘 보이려고 하다가 일관성 없이 대답하기보다 는 실제 자신의 인성대로 솔직하게 작성하는 것이 가장 중요합니다.

회화면접은 거의 원어민 수준의 면접관과 1:1로 진행되고 뒤에서 코트라직원이 감독하는 형태입니다. 10분 동안 신상과 관련된 기본적인 질문부터 시사적인 질문까지 다양한 주제에 대해서 이야기하는 형식입니다. 항상 자신감 있는 태도가 중요합니다.

<면접질문>

1) 최근 몇 년 간(혹은 최근 몇일간) 무슨 일을 했나?

2) 취미생활은?

3) 어디에서 해당 외국어를 공부했나?

4) 최근 감명깊게 읽은 책과 영화는? 그 이유는?

5) 어느 나라에 가장 먼저 가보고 싶은가, 그 이유는?

6) 세계기후변화와 관련하여 관심이 있는가? 자신의 견해 피력.

8명 정도의 임원과 다대다로 진행되었습니다. 간결하게 자신의 의견을 표현하는 것이 중요하고, 밝은 표정과 재치 있는 대답을 좋아하시는 것 같았습니다.

    1) 자신의 인생에서 라이벌은 누구이고, 그 라이벌을 통해 어떤 점이 변화하였는가?

    2) 해외체류기간은?

    3) 전 직장 경험이 있는 경우, 무슨 일을 하였고 왜 사직하였나?

    4) 해당 언어권의 국가 중 어느 국가에 가서 무슨 일을 하고 싶나?

    5) 성장과정 중 해외경험이 있는 경우에는 특별한 사유가 있는지.

3명 정도의 실무진과 다대다로 진행되었습니다. 긴장하지 말고, 준비해 온 답을 하는 것은 지양해야 하고, 간결하게 답을 하는 것이 필요. 일부러 압박하시는 질문은 안 하시지만, 심리적으로 가장 부담이 큰 면접이었습니다.

    1) 해외체류 기간과 동기

    2) 전 직장의 업무와 사직 이유

    3) 옆에 있는 지원자들에 비해 자신의 강점과 약점은?

    4) 30초간 각 개념을 설명하시오(세계화, 출구전략, 현지화)

    5) 인생에서 기억에 남는 거짓말은?

    6) 이번 입사에서 탈락한다면 그 이유는 무엇이라고 생각하며, 다시 지원할 것인가?

    7) 직장생활이나 인턴경험이 없는 지원자의 경우, 그런 경험이 있는 지원자와 비교하여 어떤 장점과 단점을 가지고 있는가?

반영입실하기 전에 30분정도 준비할 시간이 주어지며, 일대다로 진행됩니다. 화이트보드를 사용할 수 있으며, 발표시간은 5분, 질의응답시간 5분입니다. PT가 끝나고 발표내용과 관련한 질문을 몇개 하시고 개인 신변과 관련된 질문도 몇개 하십니다.

    문제: 프로골퍼 양용은이 이번 PGA에 KOTRA의 모자를 쓰고 출전하게 되는데, 스포츠 스타와 한류스타를 이용한 수출지원방안은?

*기타: 밝고 자신감 있는 태도와 예의바른 자세가 필요합니다. 경우에 따라 재치 있고 유머 있는 대답을 좋아하시고, 뻔한 답은 안하시는 것이 좋을 것 같습니다. 다른 조의 경우에는 가상의 상황을 주고 해결안을 제시하라는 질문이 많았다고 합니다. 그리고 이번에 영어질문은 없었습니다. 코트라의 다양한 홈페이지를 통해서 코트라에 대해서 가능한 구체적으로 알고자 노력했고, 코트라에서 출판한 책들을 몇 권 사서 읽어보았습니다. 또한 제 입사 후 포부와 관련된 내용을 더욱 구체화하기 위해서 코트라에서 제가 기여할 수 있는 방안에 대해서 고민하는 시간을 많이 가졌는데, 이런 시간들이 PT면접에서 큰 도움이 되었습니다. 개인적으로 이렇게 공부 하는데 가장 많은 시간을 할애했고, 지금 생각해도 잘한 결정인 것 같습니다. 이런 과정을 통해서 과거와 현재의 코트라를 아는 것은 물론, 앞으로 나아가야 할 방향과 자신이 코트라에서 기여할 부분을 명확히 하는데도 도움이 되기 때문입니다. 그 뒤, 면접종류별로 기출 문제를 포함한 출제 예상 질문들을 뽑아서 말하는 연습을 하였습니다. 그리고 가장 중요한 것은 실제 면접장에서 정말 많이 긴장하게 되지만 밝은 표정과 예의 바른 자세, 열정과 자신감 있는 모습이 정말 중요하다는 것입니다. 이 점을 잊지 않는다면 좋은 결과를 얻을 수 있을 것입니다.

"2008년 중국어 전공"

무언가를 간절히 원할 때 온 우주는 그 소망이 실현되도록 도와준다.

- '연금술사' 중에서 -

위의 말을 실감하며 이제 산을 하나 넘었습니다. 원하는 바를 이루어 기쁘지만 앞으로 코트라 인으로서 넘어야 할 산들을 생각하며 설렘과 책임감을 동시에 느낍니다. 제 경험이 앞으로 코트라에 도전하는 분들께 많은 도움이 되기를 바랍니다.

저는 중국에서 대학을 나와 직장 생활을 하다가 개인적인 사정으로 퇴사 후 목표를 찾다가 코트라를 알게 되었습니다. 코트라를 알게 된 후 뒤통수를 맞은 기분이랄까? 하고 싶은 일이 무엇이며 어떻게 살 것인가에 대한 답을 얻게 되었습니다. 개인적인 사정으로 본격적인 준비는 2007년 7월 말부터 시작하게 되었습니다. 11월 초가 시험이었던 것을 감안하면 4개월 이란 시간은 토익 성적조차 없는 제게는 불가능하게 여겨졌습니다. 적어도 10월까지는 토익 성적을 받아놓아야 했기에…

- 지원 자격 : 토익 830 이상[현재는 850이상]
- 1차 필기시험 : 전공시험[중국어], 경제 논술 2편
- 2차 면접 : 언어면접[전공어], 실무진면접, 임원면접

　　　　1차 필기시험 50%[토익: 30%, 중국어: 40%, 경제 논술: 30%]

　　　　2차 언어면접 10%, 실무진면접 + 임원면접 40%

3월에 HSK 11급을 받아 놓은 상태로 중국어는 어느 정도 자신이 있었기 때문에 일단 손대지 않았습니다. [입사에 HSK 성적은 필요하지 않습니다.] 그러나 9월 말부터 인터넷으로 중국중앙방송 CCTV를 꾸준히 시청하였습니다. 주소는 http://www.cctv.com/news/index.shtml 입니다. 자주 시청한 채널은 '焦点访谈', '新闻调查', '新闻周刊', '今日关注' 입니다. 들으면서 동시에 입으로 중얼거리며 따라 말합니다. 개인적으로 추천하자면 '今日关注'를 추천해 주고 싶습니다. 경제를 포함한 국제적 이슈를 전문가가 집어주기 때문에 특히 언어 면접에 유리하게 작용합니다. 다른 채널은 중국 내부의 소식과 사정을 파악하는데 도움이 됩니다. 보도 내용을 인쇄하여 볼 수 있어 공부하는데 더욱 편리하고 재밌습니다. 코트라 언어시험은 어느 기관을 통해서 보는데 시험명이 지금 생각이 안 나지만 개인적으로 신청해서 볼 수 있다고 하네요. 시험 유형 파악을 위해 시간이 되신다면 한번 보는 것도 많은 도움이 될 듯합니다.

- 언어 면접 질문 :

　1] 자기소개

　2] 중국 대학 생활 어렵지 않았나?

　3] 중국기업문화에 대해 아는가?

　4] 자신 있는 분야가 뭔가? 경제 분야라고 대답

　5] 올림픽 후 중국 경제를 어떻게 전망하는가?

　6] 왜 중국의 경제 발전이 한국에 도움이 되는가?

　7] 고공행진을 하는 유가의 원인과 결과가 무엇이라 생각하는가? 등등

7월 말부터 정말 미친 듯이 공부하여 10월에 받은 토익 성적으로 지원하였습니다. (11월 지원서 작성 시 받을 예정인 토익 성적이 아닌 이미 받은 점수로 지원해야 합니다.) 다른 수기를 읽으신 분들은 이미 아시겠지만 800점대는 일단 불리하다고 합니다. 토익 점수는 높으면 높을수록 좋습니다. 들은 바로는 (본인 점수/990)*30으로 환산된다고 하는데 확실한 것인지는 저도 잘 모르겠습니다.

대학 전공이 경영과 관련 있어서 대학 때 미시경제는 영어 원문으로 보고 거시경제는 중국어로 배운 상태로 경제적 개념은 잡혀 있었고 신문을 꾸준하게 읽었기 때문에 경제 현황을 포함한 사회 전반적 상황에도 밝은 편이었습니다. 때문에 토익의 급한 불을 끄고 난 10월부터 경제 논술에 매진하였습니다. 경제 논술과 관련하여 고범석선생님 강의를 등록하여 논술을 연습 하였고 강의 이외에 추가로 '맨큐의 경제학'을 5번 정도 보고 연습문제도 3번 정도 풀고 또 따로 A4용지에 원론을 요약 정리(그래프 포함)하고 연습문제도 A4용지에 제 방식대로 기술하여 다시 풀었습니다. 스터디 하고 싶은 마음이 간절했지만 시간적 여유도 없고 스터디 팀 모집도 쉽지 않아 실천하지는 못했습니다.

경제 논술 문제 : 첫 번째 문제는 잘 기억이 나지 않지만 자동차 10부제 운행과 관련한 경제적 후생 문제였던 것 같고 자동차 운행을 줄일 수 있는 효과적 방법을 기술하는 문제로 기억합니다. 저는 자동차 운행의 강제적 제한으로 인한 경제적 순손실과 관련한 그래프를 그리고 교통 혼잡 및 공해와 관련한 외부효과도 언급하였으며 운행을 줄일 수 있는 방안으로 교통이 혼잡한 시간대의 해당 지역에 통행세를 부과하는 점 등을 들었습니다. 관련 세금으로 도로 확충 등에 투자하여 효익을 최대화 한다는 내용으로 끝을 맺은 것 같습니다. 두 번째 문제는 무역수지 적자가 나쁘지만은 않은 경우 2가지와 무역수지 흑자가 좋지만은 않은 경우 2가지를 기술하는 문제였습니다. 마샬-러너 조건 언급하고 환율 관련해서 J-curve도 엮어서 기술하고 아는 경제 원리 연결해서 서술하고 중국의 예를 들어 길게 논술하고 정치적인 면까지 기술해버렸습니다. --;;;

심리적인 압박이 강할 뿐 더 이상 제가 시도 할 수 있는 효과적인 학습에 어느 정도 제한이 있었기 때문에 공부양은 많지 않았고 언어 면접 대비로 가볍게 중국중앙방송을 시청하는 정도였습니다. 기타 면접과 관련해서는 면접 족보를 인터넷으로 검색하여 문제를 뽑아 나름대로 대답을 기술해 보았습니다. 물론 매일 신문을 읽는 것도 잊지 말아야 합니다. (특히 경제 관련 기사) 개인적으로 목소리가 작은 것이 컴플렉스 인지라 산에 들어가 발성 연습을 해볼까 까지 고민했었습니다. 심각하게... --;;; 그 대신 혼자 모의 면접을 하며 목소리를 녹음해 들어보았습니다. 누가 보면 딱 미친 사람입니다. 어쨌든 개그맨 박명수 식의 복식 호흡이 도움이 많이 되었습니다. 배에 딱 힘을 주고 복식 호흡을 하며 대답했을 때 녹음 된 제 목소리는 또렷이 크고 힘 있고 자신감 있게 들렸습니다. 그리고 습관적으로, 말할 때 '음~음~'하는 버릇도 고칠 수 있었습니다. 중요한 것은 자신이 기술한 면접 대답을 외우는 것이 아닙니다. 면접 현장에서도 안내해주시는 코트라 선배님들이 외워서 대답하지 말라고 주의를 주십니다. 외울 경우 외운 것에 너무 의존한 나머지 긴장했을 때 까먹게 되면 당황하게 됩니다. 그리고 꼭 족보에서 면접 문제가 나오는 것이 아니고 항상 의외의 물음을 해올 수 있기 때문에 자신감 있고 당당하며 적극적인 자세가 중요합니다. 판에 박힌 말보다는 자신의 경험 또는 창의적인 발상을 추가한다면 좋은 인상을 남길 수 있을 것입니다.

면접은 필기시험과 마찬가지로 중요합니다. 코트라의 인재상을 잘 파악하고 자신이 원하는 것이 코트라에 있는지, 자신이 코트라가 바라는 인재상과 부합하는지 심각히 고민하고 확신을 가졌다면 면접관을 감동시킬 수 있는 대답을 할 수 있을 것입니다. 사람은 누구나 부족한 점이 있습니다. 하지만 코트라에 대해 확신하고 코트라에서의 자신에 대해 확신한다면 부족한 점을 보완하십시오. 그리고 항상 긍정적인 마인드로 도전하세요. ^^

- 실무 면접 :

  1) 중국에 얼마나 있었나?

  2) 시간이 주어진다면 하고 싶은 것이 무엇인가?

  3) 근무 경험이 있는가?

  4) 짧은 신문 보도 내용을 읽고 보지 않고 내용을 요약하여 말한다.

  5) 중국에 우리나라의 어떠한 기업이나 산업이 진출해 있는지 아는가?

  6) 내년 한국의 대중국 수출에 대해 어떻게 전망하는가?

  7) 가장 잘하는 것이 무엇인가?

  8) 중국과 한국을 각각 한마디로 표현 한다면?

- 임원 면접 :

  1) 가장 좋아하는 중국의 시대 또는 나라와 그 이유

  2) 대학 생활을 어떻게 보냈나?

  3) 중국에는 무슨 뜻이 있어 유학을 가게 된 건가?, 여행을 좋아 한다는 말에

  4) 어디어디를 여행 다녔는가?

  5) 경제성과 영리성은 같은 말인가? 다르다면 어떻게 다른가?

  6) 입사 후 하고 싶은 일이 무엇인가?

  7) 실제 있었던 일인데 중국 인력으로 뽑은 인재가 개인적인 사정으로 미국 발령을 요청했다. 요청 이유는 부인이 미국에 있고 자신의 전공이 전산과 관련이 있기 때문. 회사의 경영진으로써 어떤 결정을 내리겠는가? 지원자 3명 모두 미국으로 발령 보낸다고 했는데 질문하신 임원께서는 마지막에 결국 중국으로 발령 보냈다고 말씀하셨음. ^^;;; 임원 면접은 살짝 압박도 들어옵니다.

대체적으로 볼 때 워낙 토익 고수와 전공시험 고수들이 지원하다 보니까 경제 논술에서 당락이 많이 좌우되는 듯합니다. 꼭 그런 것은 아니겠지만 어쨌든 대부분의 사람들이 전공시험이 아주 어렵지는 않다고 하고 쉽다는 사람도 다수 있습니다. 개인적으로는 중국어 시험 유형이 익숙하지 않아 당황했습니다. 개인적으로 가장 공을 들인 부분은 토익이고 그 다음이 경제논술이며 중국어는 유지 정도였습니다. 면접은 물론 중요합니다. 입장을 바꿔 생각해 보세요. 같이 일할 사람을 뽑는데 함께 해서 좋을 만한 사람에게 점수를 더 높게 주는 것은 예상할 수 있는 바입니다.

코트라를 준비한지 2달 만에 너무 앉아만 있어서 그런지, 자세가 좋지 않아 그런지 허리에 무리가 왔고 병원에 갈 시간도 없고 앉아있기도 불편해 서서 공부했습니다. 서서하는 공부도 나름 재밌습니다. 진부하게 들릴 지도 모르겠지만 느낀 점이 있는데 바르게 앉는 자세의 중요성입니다. 너무 한 가지에 치중하고 다른 부분을 지나치게 소홀히 하면 노력의 효과가 감소하기 마련인가 봅니다. 항상 건강 유의하시고 힘내세요. ^^

1 무역협회 모집요강 분석

1. 채용절차(2020년 기준)

원서접수	원서접수 합격자발표	필기시험	실무면접	최종합격자 발표	예비직원
8.25-9.9	9.23	9.28	10.26	11.11	약 3개월

2. 채용분야

분야	인원(명)	담당 업무
일반직	00	회원지원/해외마케팅/교육운영/경영지원/국제물류/자산관리 등
연구직	0	경제·무역 동향/통상/해외시장 연구 등
정보통신직	0	빅데이터 활용/IT시스템 개발·운영 등

3. 지원자격

채용인원	구분	지원 기준
일반직 (00명) 연구직 (0명) 정보통신직 (0명)	기본사항	• 학력, 전공, 성별 및 연령제한 없음 • 졸업자 또는 시험일 다음연도 2. 28 이전 졸업예정자 • 어학성적(영어, 일어, 중국어) 중 하나가 아래 점수 이상인 자 　-TOEIC 850(TOEFL iBT 86, TEPS 700, NEW TEPS 386) 　-JPT 740점(JLPT N1 100) 이상 　-신HSK 5급 210점 이상 　※최근(원서접수 마감일기준) 2년 이내 국내에서 응시한 정기시험만 인정 • 협회 인사규정 채용결격사유 미 해당자(남자는 군필자/면제자)
	우대사항	• 국가보훈대상자, 장애인은 관련법에 의거 우대 • 국제무역사, 외환관리사 자격증 소지자 우대 • 연구직의 경우, 상경계열 석사 이상 학위자, 협회주관 대학(원)생 무역논문대회 대상 수상자, 연구분야 경력자 우대 • 정보통신직의 경우, 정보처리기사/정보보안기사/전자계산기조직 응용기사 자격증 소유자, 정보통신분야 경력자 우대

※입사지원서 허위사실 기재확인 시 최종합격 이후에도 불합격처리

• 원서접수방법 : 인터넷으로만 접수(www.kita.net)
• 전형방법 : 서류전형 ⇒ 필기시험(논술, 영어) ⇒ 1, 2차 면접
• 채용방식 : 예비직원과정(약 3개월) 평가 후 정규직원으로 전환되며 성과연봉제 적용

"2010년 합격수기"

연수 다녀오느라 합격수기가 많이 늦었습니다만 최대한 기억 살려서 써보도록 하겠습니다.

　무역협회는 코트라와 달리 서류에서 많은 인원을 걸러내는 걸로 알고 있습니다. 학점, 영어 성적 등 다른 기업들과 같이 여러 요소를 고려하지만 무엇보다 중요한 것은 자소서입니다. 자기소개서 항목은 ① 인생의 3가지 가치, ② 협회입사가 본인에게 어떤 의미인지 였습니다. 채용설명회 관련 자료와 합격수기를 참고한 결과 서류전형에서 자소서가 정말 중요하단걸 알았고, 자소서 작성에 많은 공을 들였습니다. 자소서 항목에 대해 진지하게 고민해보시고 여러 번 검토하여 최대한 논리적으로 작성하는 것이 좋습니다.

　필기전형은 경제논술, 영어번역, 한자시험으로 나눠집니다. 이번에는 필기전형에서 그리 많은 인원을 걸러내지 않았던 것 같습니다. 오히려 1차 면접에서 엄청난 경쟁이 있습니다.

　먼저 경제논술은 평소에 경제신문 꾸준히 읽으시고 SERI 보고서나 국제무역연구원 보고서 읽으시면 충분히 쓰실 수 있으실 겁니다. 저 같은 경우는 고범석 선생님 코트라 대비반 강의 들어서 한달 정도 만에 이슈별 정리를 다 해놓은 상태였습니다. 올해 주제는 글로벌 불균형에 관련해서 나왔고 1번 문제가 글로벌 불균형의 정의, 2번 글로벌 불균형문제의 해결 가능성과, 가능하다면 그 근거를 제시하기, 3번은 환율조정 대신 다른 대안제시하기 였습니다. 코트라 경제논술은 경제이론에 대한 이해가 어느 정도 필요하지만, 기타 경제논술은 경제이론보다는 주제에 대해 얼마나 논리적으로 잘 풀어내느냐가 더 중요하기 때문에, 경제신문이나 경제 보고서만으로도 충분히 대비 가능한 것 같습니다.

　영어시험의 경우 번역으로 7문제 출제 됩니다. 이 중 4개는 영한번역, 3개는 한영번역입니다. G20 선언문과 같은 시사적인 내용과 경제, 무역 관련 내용이 많이 나옵니다. 평소 영자신문 읽으셨다면 많은 도움 되시겠지만, 문제가 비교적 어렵게 출제됐고 주변 필기 합격자 들을 보면 실력이 비슷비슷하여 별로 걱정하시지 않으셔도 될 것 같습니다. 저도 개인적으로 영어 번역시험 때문에 필기에서 떨어지지 않을까 걱정했었지만, 당락에 큰 영향을 미치지 않는 것 같습니다.

　한자시험의 경우 한자능력시험 3급 이상만 되면 시험이 면제되기 때문에 별도로 시험을 치르지는 않았습니다. 한자시험은 가산점 처리되기 때문에 한자를 다 못 쓰고 나오셔도 합격하셨던 분이 꽤 되었던 걸로 기억합니다.

　무역협회 입사의 가장 높은 관문은 바로 1차 면접인 것 같습니다. 1차 면접 대상자는 1800여명 정도였고, 2차 면접(CEO면접)대상자가 40명으로 좁혀졌으니 4.5:1의 경쟁률로 다른 전형 중 가장 경쟁률이 높았던 것 같습니다. 올해는 작년 전형과 많이 달라져서 조금 당황하였지만, 스터디 구성원들과 서로 정보교환 할 수 있었던 것이 관건이었던 것 같습니다. 스터디에서 면접 준비하실 때 먼저, 무역협회에 대해 공부 많이 하셔야 합니다. 협회가 현재 어떤 사업을 진행 중에 있고, 조직도를 보고 자신이 어느 자리에서 협회에 어떤 기여를 할 수 있을지에 대한 고민을 철저하게 하셔야 합니다.

면접은 오전팀, 오후1팀, 오후2팀으로 나뉘어졌습니다. 5명씩 한 조가 되어 토론, PT, 인성 면접을 함께 보게 됩니다. 예전에는 pt 면접과 토론면접이 개별적으로 진행된 것으로 알고 있으나, 올해는 한 주제에 대해 pt 면접과 토론면접이 함께 진행되었습니다. 면접장에 들어가기 10분 전 주제가 주어집니다. 제가 받았던 주제는 해외마케팅 사업본부의 신입직원이라고 가정하고 협회가 회원사들을 도울 수 있는 새로운 사업방안을 구상해보라는 주제였습니다. 주어진 10분을 잘 활용해야 합니다. 저는 5분 동안 사업방안을 생각해 내고, 나머지 5분 동안 작은 종이에 적어가며 최대한 암기하도록 했습니다. 그리고 협회에 대한 공부를 많이 해 놓았다면 협회가 현재 진행 중인 사업들에 조금 살을 붙여서 내용을 정리하시면 될 것 같습니다. 들어가게 되면 먼저 위의 주제에 대해 다섯 명이 토론을 진행합니다. 여기서 중요한 것은 자신이 준비한 내용을 혼자서 독백 형식으로 말하는 것이 아니라, 다른 지원자들의 얘기를 경청하고 함께 '토론'하는 것입니다. 또한 주제에 대해 구체적으로 얘기할수록 좋습니다. 토론이 끝나면, 준비한 대로 한 명씩 프리젠테이션을 진행합니다. 논리적으로, 그리고 자신감 있게 큰 목소리로 말하는 것이 가장 중요한 것 같습니다. 긴장하여 일시적으로 기억이 나지 않을 때를 대비하여 아까 적어놓은 메모지를 조금씩 참고했습니다. 프리젠테이션을 마치면 지원자에게 개별적으로 질문을 하십니다.

저 같은 경우

- '전공이 무역과 전혀 관련 없는데, 그럼 무역협회에 들어오기 위해 어떤걸 준비했나?'
- '아까 기업체들의 공동브랜드화를 제안했는데, 구체적으로 어떤 산업에 시행하면 좋을까?'
- '학교 다닐 때 공부만 한 것 같은데, 다른 대외활동은 하지 않았는지'
- '회원사들에게 무역아카데미의 온라인 강의를 무료로 제공한다고 했는데, 무역협회가 어떤 곳인지, 어떻게 수익이 나는지 알고 있나? 등의 질문을 받았습니다.

최대한 긴장하지 않고, 답변을 길게하는 것 보다 면접관이 묻는 질문의 핵심을 두괄식으로 잘 대답하는 것이 중요합니다. 최종 면접 대상자는 40명으로 무역센터 51층에서 면접을 진행합니다. 외국어 면접 [영어 및 제2외국어] 을 먼저 진행하고, 6명이 한 조가 되어 부회장님 및 임원 분들과 면접을 진행 합니다. 최근 경제이슈 및 무역관련 통계수치를 잘 숙지하고 계시면 좋고 인성관련 질문은 최대한 솔직하게 그리고 재치 있게 대답하는 것이 좋습니다.

제가 받았던 질문은 다음과 같습니다.

- '한중FTA와 한일 FTA 중 어떤 것을 먼저 체결해야 하나?'
- '우리나라 수출 10대국과, 5대 품목은 무엇인가?'
- '앞으로의 꿈은 무엇인가?'
- '주말에 뭐 하나?'
- '와서 어떤 일 하고 싶나?'
- '중국이 한국 전체 교역에서 차지하는 비중은 얼마인가?'
- '마지막 하고 싶은 말 있으면 해봐라'[지원자 모두 했습니다.]
- 위의 질문 외에도 다른 지원자에게는 kotra와 kita의 차이점은? Post-G20을 어떻게 활용해야 할까? 졸업한지 좀 됐는데, 졸업하고 뭐 했나? 왜 무역협회 아니면 안 되나? 등등을 물어봤습니다.

끝으로 경제학아카데미 고범석 선생님께 감사하다는 말씀드리고 싶습니다. 선생님 수업이 경제 논술뿐만 아니라 면접전형에서도 큰 도움이 되었습니다. 태어나서 처음 써 보는 합격 수기라 ^^; 많이 부족하지만 내년 지원하시는 모든 분들께 도움이 되었으면 합니다.

"2009년 합격수기"

선생님 안녕하세요. 요즘 계속 연수 받느라 정신이 없어서 답장이 늦었어요.

2009년 한국무역협회 채용프로세스가 많이 변해서 기존 면접후기가 큰 도움이 안됐던 것 같아요. 이번에는 원서-필기-1차 면접-2차 면접으로 진행이 됩니다. 중요한 것은 채용설명회가 월드트레이드 센터에서 원서접수 1달 전쯤에 있으니 꼭 참가해서 변화된 채용프로세스를 미리 파악하는 것도 중요합니다.

다른 대기업들도 마찬가지겠지만 성실하게 차근차근 시간을 두고 쓰는 것이 중요합니다. 분량이 많지 않기 때문에 깊이 자신의 생각을 잘 표현해야 합니다. 마지막 문항이 "큰 것을 생각하라"라는 에세이 형식이었습니다. 다른 기업 자소서 항목과 차별되어있기 때문에 붙여 쓰기를 하기보다는 최대한 자신의 생각을 논리 있게 쓰는 것이 좋은 점수를 받는다고 생각합니다. 그리고 자소서는 면접 질문으로 활용될 수 있으므로 거짓말 없이 자신이 원하는 질문을 유도하는 도구로 사용하는 것이 좋습니다.

필기는 총 3단계로 나뉘어져 있습니다.
- 경제논술
- 번역/영작
- 한자

코트라 경제 논술을 준비하신 분이라면 전혀 걱정할 것이 없다고 생각합니다. 경제신문을 꾸준히 읽고 평소에 자신의 생각을 글로 정리하는 분이라면 전혀 걱정할 것이 없습니다. 목차를 구성해서 논리있게 문제를 접근하시는 게 중요합니다. 참고로 저 때는 "무역은 대한민국의 행복이다"라는 주제가 나와서 많이 당황했었습니다.

번역과 영작은 7개 단락으로 구성되어 있습니다. 그 중 4개는 영 → 한, 3개는 한 → 영입니다. 번역과 영작은 노하우가 없는 것 같습니다. 평소에 많이 영자신문을 읽으신 분은 유리할 수 있습니다. 하지만 그렇게 난이도 있는 문제가 아니기 때문에 어느 정도 영어실력이 있으신 분들은 무난히 통과하실 거라고 생각합니다.

마지막 시간은 한자시간입니다. 전 예전에 한자 자격증을 따놓아서 따로 시험을 보지는 않았습니다. 듣기로는 그다지 어려운 문제는 없었다고 합니다. 그래도 평소에 꾸준히 공부해서 국가공인 한자 자격증 2급이나 3급을 취득해 놓는 것이 다른 기업입사 시험 볼 때도 유리할 것입니다.

2차 면접은 말 그대로 인성면접입니다. 평소 신문을 보면서 자신의 생각을 잘 정리해 놓는 것이 중요합니다. 또 무역협회라면 어떻게 생각하겠다는 것도 미리 알아두셔야 합니다. 면접 전에 협회장님이나 부협회장님이 어떤 기사에 나왔는지 혹은 어떤 발언을 하셨는지 파악하면 많은 도움이 됩니다. 그리고 면접에 임할 때는 항상 자신감 있는 모습을 유지하세요.

너무 주저리주저리 썼네요. 마지막으로 선생님께 감사하다는 말씀 꼭 전하고 싶어요. 선생님께서 논술 정리 해주셨던 것이 면접 때까지도 정말 많이 도움 됐어요. 나중에 선생님 찾아가면 반갑게 맞아 주실거죠? ㅋㅋ 꼭 한번 찾아뵙겠습니다. 다시 한 번 감사합니다. 그리고 새해 복 많이 받으세요~

1 aT[한국농수산식품유통공사] 모집요강 분석[2020년 기준]

1. 모집분야 및 인원

분야		인원(명)	직급	근무예정지
행정	일반	22	5급 (주임)	나주(본사)
	'20년 aT 청년인턴 수료자	7		
	장애	1		
	유공	2		
어학	포르투갈어	1		
	베트남어	1		
	러시아어	1		
공조냉동		2		수도권(비축기지 등)

※근무예정지는 여건에 따라 조정될 수 있으며, 공사 순환근무 원칙으로 근무지역은 추후 변동될 수 있습니다.
　(본사는 전남 나주시 소재)

2. 지원자격

가. 공통사항

- 학력 및 연령제한 없으며, 채용예정일('20. 12. 31) 기준 근무 가능자

　*군복무자의 경우, 채용예정일 기준 근무가능한 전역예정자

나. 신입

구분		지원 기준		
5급	행정 (일반·인턴)	• 공인 외국어시험 성적 소지자로 아래 기준이상에 해당하는 자 ※단, '20년 공사 청년인턴 수료자는 공인 외국어시험 성적 불필요		
		언어명	공인 외국어 시험 성적 요건	
		영어	TOEIC 850점(TEPS 700점, New TEPS 386점, TOEFL-IBT 99점) 이상	
		일어	JPT 850점 이상	
		중국어	新HSK 5급 255점 이상	
	행정 (유공)	• (보훈특별채용) 국가보훈처 취업정보시스템에 등록된 자로 국가보훈처에서 심사 후, 추천한 자에 한해 접수 가능 ※아래 어학기준 적용		
		언어명	공인 외국어 시험 성적 요건	
		영어	TOEIC 600점(TEPS 482점, New TEPS 258점, TOEFL-IBT 68점) 이상	
		일어	JPT 600점 이상	
		중국어	新HSK 4급 210점 이상	

구분		지원 기준
5급	행정 (장애)	• 장애인으로 이를 증빙할 수 있는 서류 제출이 가능한 자　　　※아래 어학기준 적용 <table><tr><td>언어명</td><td>공인 외국어 시험 성적 요건</td></tr><tr><td>영어</td><td>TOEIC 600점(TEPS 482점, New TEPS 258점, TOEFL-IBT 68점) 이상</td></tr><tr><td>일어</td><td>JPT 600점 이상</td></tr><tr><td>중국어</td><td>新HSK 4급 210점 이상</td></tr></table>
	어학	• 채용분야 공인 외국어시험 성적 소지자로 아래 기준이상에 해당하는 자 ※아래 어학기준 적용 <table><tr><td>언어명</td><td>공인 외국어 시험 성적 요건</td></tr><tr><td>포르투갈어</td><td>Celpe-Bras Intermediario 이상</td></tr><tr><td>베트남어</td><td>OPI(베트남어) IM이상</td></tr><tr><td>러시아어</td><td>TORFL 1단계 또는 FLEX 701점 이상</td></tr></table>
	공조냉동	• 공조냉동기계산업기사(기사, 기술사 포함) 자격증 소지자 • 공인 외국어시험 성적 소지자로 아래 기준 이상에 해당하는 자 <table><tr><td>언어명</td><td>공인 외국어 시험 성적 요건</td></tr><tr><td>영어</td><td>TOEIC 700점(TEPS 557점, New TEPS 301점, TOEFL-IBT 80점) 이상</td></tr><tr><td>일어</td><td>JPT 700점 이상</td></tr><tr><td>중국어</td><td>新HSK 5급 180점 이상</td></tr></table>

※공인어학성적 기준 : '18. 10. 19 이후 응시하고 지원서 접수 마감일까지 발표한 성적에 한하며, 국외응시, 조회불가 성적, 특별시험 성적 등은 불인정

※어학능력은 수출, 해외지사, 비축 · 수급안정 등 공사 주요업무 수행에 필요

3. 분야별 전형절차

분야	1차	2차			3차	4차
	서류전형	직업성격검사	직업기초 능력평가	직무능력평가	직무능력면접	경영진면접
행정(일반), 어학	외국어(20%) 자격증(10%)	적. 부판정	50%	상식(25%) +논술(25%)	역량(70%) +회화(30%)	인성면접
공조냉동	직무교육(10%) 자기소개서 등 입사지원서 평가(60%)			전공(50%)	역량면접	
행정 (장애, 유공)	적. 부판정	적. 부판정	70%	상식(30%)		
행정(인턴)	면제	면제	면제	상식(50%) +논술(50%)	역량(70%) +회화(30%)	

4. 세부전형일정 및 내용

가. 응시원서 접수

○ 접수기간 : 10월 중하순경 발표

○ 접수방법 : 공사 채용홈페이지에서 응시원서 작성 및 제출

• 접수 시에는 별도의 증빙서류 제출 없이 입사지원서 작성 · 제출

• 자격요건 등 기재사항에 대한 증빙서류는 면접전형에서 별도 제출

*기재사항 및 증빙서류가 허위 또는 위조임이 판명되면 불합격 또는 합격 취소

나. 서류전형

1 평가방법

○ 공통사항 : 입사지원서 적격여부, 자격요건 미달여부 판단

• 입사지원서 적격여부 : 작성 불량 시, 부적격(불합격) 처리

*특수기호 반복사용, 타사명 기재, 동일내용 반복, 자기소개서 항목 1가지 이상 미기재

• 자격요건 미달여부 : 어학점수 미달, 자격증 미소지, 경력 분야 및 기간 미충족 등 지원자 자격요건 미달 시, 부적격(불합격) 처리

○ 신입(5급) : 행정 일반, 어학, 공조냉동

• 평가항목 : 공인외국어 성적(20%), 자격증(10%), 직무교육(10%), 자기소개서 등 입사지원서 평가(60%) 등 4가지 항목으로 평가

○ 서류평가 참고사항

• 공인외국어 시험 인정 범위

‣ 신입 행정 일반 / 공조냉동 : 아래 어학시험 성적 중 높은 점수를 적용

(TOEIC, TEPS, NEW TEPS, TOEFL-IBT, JPT, 新HSK)

‣ 신입 어학 : 지원 분야 언어에 해당하는 어학시험 점수만 인정

(포르투갈어-Celpe Bras, 베트남어-OPI, 러시아어-TORFL 또는 FLEX)

• 직무교육 인정 범위 : 서류전형 평가에서 인정하는 직무교육 과목은 지원 분야 직무기술서에 명시된 세분류 사항을 기준으로 평가

○ 자격증 인정 범위

구분	인정 자격증
가급	정보처리기사, 컴퓨터활용능력 1급, 워드프로세서(구1급), 사무자동화산업기사, 식품산업기사 이상, 유통관리사 2급 이상, 물류관리사, 농산물품질관리사, 회계관리 1급
나급	정보처리산업기사, 컴퓨터활용능력 2급, 워드프로세서 2급, 인터넷정보관리사(1, 2급, 전문가), 세무회계, 전산세무, 전산회계, 회계관리 2급, 국제무역사

*동일한 자격증에 대해서는 상위 자격증 1가지만 인정

*최종적으로 취득한 자격증에 한하여 인정(1차 필기시험만 취득한 경우 등은 불인정)

2 합격자 발표 : 채용사이트를 통해 추후 공고   *11월 중순경 발표예정

*서류전형 합격자 대상 사진등록 진행 예정(필기고사 당일 신분확인용으로 사용)

다. 필기전형(직업기초능력평가 및 직무능력평가)

○ 일자(예정) : 2020. 11월 하순경 일요일 예정

○ 장소(예정) : 서울 지역

　*필기전형 고사장은 확정 후, 별도 안내

○ 응시대상 : 서류전형 합격자

○ 평가방법

• 채용분야별 평가방법

*직업성격검사는 적 · 부판정 실시

구분	채용분야	직업성격검사	직업기초능력평가	직무능력평가	비고
신입	행정(일반)	적 · 부판정	50%	상식(25%)	3배수 선발
	어학			논술(25%)	5배수 선발
	공조냉동			전공(50%)	5배수 선발
	행정(인턴)	면제	면제	상식(50%) 논술(50%)	3배수 선발
	행정 (장애 · 유공)	적 · 부판정	70%	상식(30%)	5배수 선발

• 과목별 평가내용

▸ 직업기초능력평가 : 의사소통, 문제해결, 자원관리, 조직이해

▸ 직무능력평가 : 상식, 논술 및 전공

　◦ 상식 : 농업 및 행정법, 계약법을 포함한 대졸수준 일반상식

　◦ 논술 : 경제 및 농식품 관련 상식을 주제로 작성(2개 주제 중 택1)

　◦ 전공(신입/공조냉동) : 해당 분야 대졸수준으로 출제

　◦ 공조냉동분야 전공 출제범위 : 공기조화, 냉동공학, 배관일반, 전기제어공학

• 불합격 처리 : 필기전형 평가과목(직업기초능력평가, 직무능력평가 중 상식, 논술, 전공) 점수가

40% 미만인 과목이 1개 이상인 경우

○ 합격자 발표 : 채용사이트를 통해 추후 공고　　*11월 말 발표 예정

라. 직무능력면접

○ 일시 및 장소(예정) : 12월 초경 / aT 본사(나주)

○ 대상 : 필기시험(직업기초능력평가 및 직무능력평가) 합격자

○ 평가방법 : 채용분야별 역량 및 외국어 회화능력 평가

• 신입 중 행정(일반/인턴), 어학분야 : 역량면접(70%) 및 회화면접(30%)

▸ 회화면접 대상 외국어는 입사지원 시, 선택한 외국어로 진행

◦ (행정 일반/인턴) 영어, 중국어, 일본어 중 택 1, (어학) 채용분야 언어

• 신입 행정(장애 · 유공), 공조냉동 : 역량면접만 실시
   ‣ 불합격 처리 : 직무능력면접 결과 평균 60점 미만 득점자
○ 합격자 발표 : 채용사이트를 통해 추후 공고   *12월 중순경 발표예정

마. 경영진 면접

○ 일시 및 장소(예정) : 12월 중하순경 / aT 본사(나주)
○ 대상 : 직무능력면접 합격자
○ 평가방법 : 인재상, 조직적합성, 인성 등 종합적 면접평가로 진행
○ 합격자 발표 : 채용사이트를 통해 추후 공고
   • 불합격 처리 : 경영진 면접 결과 평균 60점 미만 득점자(예비후보에서 제외)
   *12월 하순경 발표예정
○ 인사발령(예정) : 12월 말 / 합격자별 근무지 추후 통보

5. 우대사항

구분		대상자	내용	비고
신입	기타	취업보호대상자(국가유공자 등)	절차별 5%, 10%	자격가점과는 별도로 추가가점 적용
		장애인, 의사상자	서류전형 및 필기전형 10%	
	공통 자격	공인회계사, 세무사, 감정평가사, 공인노무사, 법무사, 변호사, 관세사	서류전형 및 필기전형 10%	-
		AICPA	서류전형 및 필기전형 5%	-
		농어업인 자녀 및 저소득층(본인/자녀)	서류전형 5%	-
		북한이탈주민(본인/자녀) 및 다문화가족 자녀		-
		한국사능력검정시험(2급 이상)		-
		국어능력인증시험, 한국실용글쓰기(2급 이상), KBS한국어능력(2+급 이상)		-
		2개 외국어 우수자(토익기준 900 이상)	서류전형 10%	영어, 일어, 중국어
		공사 청년해외개척단(AFLO) 우수자		우수자 선발 시
		본사 이전지역 인재	서류전형 5%	-

*절차별 가점적용은 유리한 것 하나만 적용, 취업보호대상자, 장애인, 의사상자 가점은 별도 적용
*취업보호대상자 가점에 의한 선발은 채용예정인원의 30% 초과불가

6. 증빙서류 제출   *입사지원 시에는 제출하지 않음

○ 제출기간 : 필기전형 합격자를 대상으로 추후 안내
○ 제출방법 : 별도 안내되는 온라인 사이트를 통해 스캔본 업로드
○ 제출 유의사항
   아래 증빙서류 중 해당하는 모든 서류를 제출기간 내 온라인으로 제출해야 하며, 기한 내 미제출하거나 제출한 내용이 지원서에 기입한 사항과 다른 경우 선발에서 제외
   *증빙서류는 입사지원서와의 일치 여부를 확인하기 위함이며, 별도의 평가에 활용되거나 면접위원에게 제공되지 않음

구분	증빙서류
신입 (필수)	• 주민등록초본(남성은 병역사항 기재분) 1부 • 공인 어학성적표 원본 1부 *행정(인턴) 분야 제외 - 국내 응시 성적표 및 접수마감일 기준 2년 이내 성적에 한함 • 최종대학(대학원 이상인 경우 학사) 졸업증명서 원본 1부 • 지원분야별 자격요건 관련 증명서류 각 1부

해당자	• 취업지원대상자 증명서(제출처 : 한국농수산식품유통공사) 원본 1부
	• 장애인증명서 및 의사상자증명서 원본 1부
	• 군 전역예정자는 확인서 1부
	• 농ㆍ어업인자녀 증빙서류('20. 10. 19 이후 발행)
	  - 가족관계증명서 1부 및 아래 서류 중 1가지
	  - 농ㆍ축ㆍ수협ㆍ산림조합원 확인서(각 조합)
	  - 농업인확인서 또는 농업경영체등록확인서(국립농산물품질관리원)
	  - 농지원부(시ㆍ군ㆍ구청)
	• 저소득층 증빙서류
	  가족관계증명서(본인인 경우 제외) 및 국민기초생활수급자 증명서 각 1부
	• 북한이탈주민 확인서 사본 1부 및 가족관계증명서 1부
	• 다문화가족 자녀 증빙서류
	  - 다문화가족 중 국적취득자 기본증명서 1부
	  *국적미취득자의 경우 혼인관계증명서 1부 및 외국인등록증 1부
	  - 가족관계증명서 1부(자녀관계 확인용)
	• 가점자격증 취득사항 확인서 및 자격증 사본 각 1부

PART

02

PART GUIDE

PART02에서는 경제논술 시험에 필요한 다양한 접근 방식으로 기출문제를 시작으로 하여 주요 국가별, 주요 이슈별, 주요 주제별, 주요 이론별, 주요 영역별 내용을 압축 정리할 수 있는 단원으로 이론에서 배웠던 내용을 실전에 응용하는 응용 파트이다. 경제논술 시험에 출제되어 꼭 필요로 하는 내용만 정리한 파트이므로 빠짐없이 공부하고, 이해한 후 암기해야 한다. 실전에서는 이해해서 논술할 수 있는 시간이 주어지지 않는다. 주어진 내용을 바로바로 답변할 수 있는 능력이 필요로 하기 때문에 본 파트의 내용은 4~5회독 이상 반복해서 읽고 외워야 한다.

경제논술 시험에서 본 파트의 내용을 벗어나는 시험문제는 거의 없었다. 주요 국가별, 주요 이슈별, 경제 영역별 핵심 내용을 암기하고 있다면 어떠한 형태로 문제가 주어지더라도 어렵지 않게 전개할 수 있는 능력을 가질 수 있다.

경제이론, 시사주제, 주요 국가별, 주요이슈별 경제논술

주제를 요약하여 기출 된 문제의 핵심만 정리할 수 있는 단원

CHAPTER 03

논술 작성 요령

논술 작성 기법

논술을 작성하는 데는 다양한 기법이 있다. 서술적 표현, 개괄적 표현, 도식적 표현, 기하학적 표현 등으로 구분된다. 경제논술에 있어서는 이러한 기법을 잘 혼용하여 설명하여야 하며, 논술의 시작에서부터 끝까지 주장하는 바가 잘 전달될 수 있는 전개를 해야만 한다. 논술을 작성한 후 어떤 의도인지 파악이 잘 안되거나 내용을 제외하고 목차만을 정리해서 보았을 때 내용의 흐름을 이해할 수 없다면 잘못된 논술이다. 잘 된 논술은 목차만 보고 내용을 읽지 않아도 논술자가 주장하는 바가 어떤 것인지 알 수 있어야 한다. 그러기 위해서는 주어진 논술 제시문의 내용을 잘 파악하여 제시문의 내용을 그대로 목차로 구성하고 주제의 배경지식(개요)과 서론, 본론, 결론의 순서로 목차를 구성해야 한다. 목차의 제목은 수식어+키워드 형태이어야 하며 수식어는 내용을 가늠할 수 있는 내용이어야 한다. 본 단원에서는 논술 고득점을 위한 논술 기본 작성요령을 시작으로 하여 합격생들의 답안까지 살펴보고, 논술자가 직접 작성한 논술 내용을 채점자의 입장에서 객관적으로 살펴볼 수 있는 시각을 가지고 스스로의 논술을 첨삭 보완하여 본인만의 모범답안을 만들 수 있는 실력을 키워보도록 하자.

논술작성요령

Ⅰ 논술일반

1 논술일반

1. 논술이란?

논술이란 논리적 서술 즉, 어떤 주제나 논제에 대해 여러 가지 논거 또는 근거를 제시하며 자신의 주장을 합리적이고 논리적으로 펼치는 서술방식을 의미한다. 이러한 서술능력을 갖기 위해서는 논리력, 사고력, 창의력, 응용력, 문제해결력 등 고등사고능력이 필요하다. 이러한 점에서 유능한 인재를 선발하거나 승진시키기 위해서 공사·공단에서는 논술을 많이 활용하고 있다. 논술 시험에서는 보통 시간과 분량이 제한되어 있고, 시사적 이슈나 기업과 관련된 주제가 문제로 출제되는 경우가 많다.

2. 논술 대비하기

(1) 실전과 같은 훈련

김연아 선수가 동계올림픽에서 금메달을 따고 한 얘기는 훈련을 실전처럼 준비하였기 때문에 할 수 있다는 자신을 가지고 있었다는 것이었다. 그것은 바로 실전을 훈련처럼 해 낼 수 있는 바탕이 되는 것이다. 논술능력은 하루아침에 길러지지 않으므로 꾸준히 화제가 되는 논제에 대해 분석하고 토론하여 자신의 견해나 주장을 설정해보고 타당한 논거를 찾는 훈련을 하는 것이 바람직하다.

많은 문제를 써 보겠다는 욕심보다는 하나의 논제에 대해서 주제를 정립하고 개요에 맞추어 끝까지 완성하는 방법론의 숙지에 치중하기를 권한다. 최종적으로 준비하는 기간에는 매일 실제 시험장의 조건과 똑같이 정해진 시간 안에 정해진 분량을 직접 완성하는 훈련이 절대적으로 필요하다.

(2) 어휘·어법의 확실히 정리

어휘·어법은 확실히 정리해야 한다. 많은 준비생들이 예상 외로 어휘능력 분야에 취약함을 보인다. 논술의 서술에서 가장 기본인 한글 맞춤법 규정안 및 표준어 사정 원칙 등의 어문규정, 올바른 단어의 사용 및 올바른 문장의 여러 유형, 한자어 및 성어(成語)의 이해(理解), 전문용어의 정리 등은 약간의 시간과 노력을 투자하면 어렵지 않게 좋은 결과를 얻을 수 있다. 논술은 주어진 조건에서 자신이 지닌 모든 지식을 동원하여 써야 한다. 표현의 근간인 어휘·어법에서 감점을 받을 수는 없지 않은가!

(3) 주제에 따른 효율적 배경지식 습득

논술 문제의 주제는 시사성과 관계가 깊은 경우가 많기 때문에 관련 내용에 대한 깊이 있는 이해가 필요하다. 이슈와 관련한 칼럼이나 사설 등을 스크랩하여 자신의 의견에 대비하여 분석·평가하는 습관을 갖는 것이 좋다. 사회 전반에 걸쳐 관심사를 넓히고 관련 도서를 읽어 준비하도록 한다. 물론 많은 독서를 통해 지적 교양을 쌓아가는 것이 필요하지만 현실적으로는 신문기사, 사설, 잡지, 인터넷 등 다양한 읽기 자료를 활용하는 것으로도 얼마든지 대비할 수 있으리라 본다.

(4) 독창적 견해

논술의 평가는 타당한 논거에 따른 내용의 합리성과 독창성에 의해 고득점을 획득할 수 있다. 독단적인 주장이나 누구나 제시하는 천편일률적인 견해보다는, 타당한 논거를 뒷받침하여 아이디어가 돋보이는 독창적인 답안을 내는 것이 중요하다. 그러므로 많은 문제를 써 보겠다는 욕심보다는, 하나의 논제에 대하여 자신의 주장을 정립하고, 설득력을 갖춘 다양한 논거를 최대한 준비하기를 권한다. '논술'은 전공에 대한 지식의 평가가 아니라 논제에 대한 자신의 견해를 논리적으로 전개하고 판단하는 능력을 평가하는 것이다. 그러므로 고득점을 획득하는 바탕은 자신의 독창적인 주장을 원칙에 의거하여 표현하는 능력인 것이다.

(5) 효과적인 학습 방법

개인적 주장이 가능한 시사적 이슈와 경영학적 판단이 필요한 논제에 대해 자신의 가치관의 정립과 그를 위한 근거를 확보하는 것이 필요하다. 자신의 주장을 펼치는 논술에서, 근거자료는 생명체의 핵심인 DNA이다. 아무리 훌륭한 주장을 해도 이를 뒷받침하는 논거가 부족하거나 타당성이 없으면 글이 무의미해지기 때문이다. 타당성을 지니는 논거를 찾는 훈련은 바로 논술을 대비하는 근간이라 할 수 있다.

3. 논술시험 대비

(1) 기업의 홈페이지 활용

해당 기업과 관련된 논제가 제시되는 경우가 많으므로 사전에 홈페이지에서 기업소개나 사업 현황, 기업과 관련된 뉴스 기사, 기업 관련 사업 분야의 동향 등도 알아두어야 한다. 당연히 오너의 경영 철학 및 이념과 조직 관계 등 지원 기업에 대한 모든 정보를 숙지하는 것은 중요하다.

(2) 시사적 이슈나 기업과 관련된 경영학적 문제 출제

시사적 이슈와 관계되는 문제는 일반적으로 시험 일자가 가까워 질 때, 특히 정치·경제, 사회·문화적 이슈에 유의하여 확실히 자신의 의견을 정리하여 예시 답안을 작성해 두는 것이 필요하다. 또 기업과 관련된 경영학적 문제는 지원 기업의 특성과 사업 분야의 동향 등 시험 시점에 그 기업이 관심을 가질만한 경영학적 이론을 염두에 두고 미리 준비해 두는 것이 핵심이다.

(3) 논제(출제의도) 분석과 문제점의 명확한 이해

출제자 의도를 명확히 이해하고 파악했다면 논술의 절반은 성공했다고 볼 수 있다. 사실 논술은 주제와 문제점을 정확하게 파악하면 글을 논리적으로 전개시켜 나가는 것은 아주 쉬워진다. 먼저 제시된 문제를 분석해 핵심 논점과 논리 전개 방향을 찾는 활동이 중요하다. 출제의도를 정확하게 파악해야 좋은 글을 작성할 수 있으며, 이런 과정 없이 무턱대고 글을 쓰기 시작하면 일관성이 떨어져 좋은 글을 기대할 수 없다. 그리고 주어진 논제를 다양한 시각으로 살펴보는 자세가 필요하다. 무엇을 써야 할지 막연할 때는 다른 각도에서 생각하면 오히려 출제의도를 포착할 수 있다. 익숙하게 알고 있는 내용이라 하여 성급하게 획일적으로 생각하면 출제의도뿐 아니라 더 좋은 글을 쓸 수 있는 기회를 놓칠 수 있으므로 주의한다.

고범석 경제학아카데미

(4) 개요작성을 위한 충분한 시간 할애

제대로 된 개요 작성이 좋은 글을 쓸 수 있는 바탕이다. 논점의 일관성을 유지하기 위해서는 반드시 개요 작성을 거치면서 충분히 사고한 후 글을 써나가야 한다. 서론에서는 문제제기의 방향에 대해서, 본론에서는 주장에 대한 타당한 논거를 배치하고, 상대방이 반박할 허점은 없는지, 주장과 관계없는 내용을 불필요하게 삽입하지는 않았는지, 주장만 있고 논거를 빠뜨리지는 않았는지 확인한다. 결론에서는 전망이나 제언은 제대로 됐는지를 살핀다. 주어진 논제에 따라 여러 유형의 개요 작성 방법이 있지만, 자신만의 기본적인 개요의 형식을 갖추고 그 틀에 맞추어 정리해 나가는 방법이 실전적이라 할 수 있을 것이다.

(5) 적절하고 타당한 논거 제시

논술은 결국 논제에 대한 자신의 의견이나 주장을 펴는 것이다. 독창적인 답안을 만드는 것이 고득점을 올리는 지름길인데, 이를 위해서는 적절하고 타당한 객관적인 논거를 제시해야 한다. 폭 넓은 독서를 통해 배경지식을 넓힐 수 있도록 하는 것이 중요하다. 다양하고 창의적인 논거 제시를 위해서는 스터디 그룹을 구성해 토론을 갖는 것도 논거 활용 및 차별화된 견해 등 독창적 사고를 키울 수 있는 좋은 방법이 될 것이다.

(6) 전문용어 활용

정확한 한자나 전문용어를 사용하면 가산점을 주는 경우가 많으므로 미리 사용할 만한 주요 용어를 준비해 활용하는 것이 좋다. 기업에서 많이 사용 하는 어휘나 용어를 발췌하여 대비하는 슬기가 필요하다. 자신 없는 한자나 전문용어는 사용하지 않아야 한다. 분명히 안다면 전문용어는 원어를 쓰는 것이 자신을 드러내 보이는 데 유리하다.

(7) 간결하고 정확하게 표현

일반적으로 한 문장에는 하나의 사실과 의견이 들어가는 것이 좋고, 정확하고 간결해야 한다. 문체는 개성에 따라 간결체나 만연체가 있지만 논술에서는 간결체의 문장을 사용할 것을 권한다. 문장이 길어지면 수식 관계 및 주어와 술어 간에 중의성이나 비문법적인 글이 될 가능성이 높아지기 때문이다.

(8) 어문규정에 따른 글쓰기

내용적으로 아무리 뛰어난 글이라 할지라도 어법이나 맞춤법, 띄어쓰기 등 어문규정에 어긋나면 감점과 더불어 결론에 대한 신뢰성에도 치명적인 약점을 초래한다. 때문에 평소에 글을 써보면서 혼동이 되는 단어나 문장 구조에 대한 어문규정을 꾸준히 익혀두어야 한다. 자주 틀리기 쉬운 유형을 정리한 것을 활용하도록 한다.

(9) 깨끗하고 바른 글씨

오·탈자, 지저분하게 고친 것, 무성의한 글씨체는 감점요인이 된다. 깨끗하고 바른 글씨는 얼굴을 모르는 채점위원에게 좋은 인상을 심어 준다. 이는 명필이 되라는 것이 아니라 또박또박 정성을 다해 쓰는 모습을 보이라는 것이다. 자신도 읽기 어려운 흘림체나 깨알 같은 글씨는 평상시 교정하는 것이 바람직하다.

(10) 분량과 시간 고려

논술은 직접 쓰는 것 이상 좋은 방법은 없다. 아무리 많은 이론을 알아도 실제로 쓰는 훈련을 하지 않으면 좋은 글을 쓸 수 없다. 글은 쓰면 쓸수록 논리적으로 전개하는 힘이 늘기 때문이다. 또 논술시험은 분량과 시간의 제약을 받으므로 이를 효율적으로 고려하여 답안을 작성해야 한다. 그러기위해서는 실전처럼 원고지에 직접 써보면서 시간 배분을 하는 연습을 해야만 한다.

4. 답안 작성

(1) 답안 작성의 원칙에 따라야 한다.

문제지 상단에 있는 유의 사항을 읽고 반드시 그대로 따라야 한다. 정해진 필기구를 사용하고, 낙서를 하거나 답안 이외의 표시를 하지 않는다. 자신을 알릴 수 있는 표시나 흔적은 경우에 따라 부정행위로 간주되어 불이익을 받게 되므로 반드시 기본 지침대로 행하여야 한다.

(2) 답안지는 깨끗하게 관리해야 한다.

채점자가 읽기 쉽게 글씨는 또박또박 정자체로 써야 한다. 흘림체나 깨알 같은 글자는 좋은 인상을 받기 어렵다. 어떤 준비생은 자신의 개성적인 글씨체라 고치기 어렵다고 항변하지만 준비생은 구직의 주체이지 구인의 주체가 아니라는 사실을 인식할 필요가 있다. 합격을 위해서라면 얼마든지 훈련을 하는 동안 교정을 할 수 있으리라 본다. 또 가능하면 글을 고치거나 지우는 일이 없도록 하고, 고쳐야 할 경우에는 깔끔하게 정리하여 채점자가 쉽게 알아볼 수 있도록 한다. 당연히 교정부호의 사용도 최소화 하는 것이 필요하다.

(3) 개요작성에 충분한 시간을 할애한다.

충분한 생각을 한 다음 개요와 답안을 구상하고, 글의 전체 구조를 미리 그려보아야 한다. 실제로 논술시험에서 성패의 90% 이상이 개요작성에서 결정이 난다고 해도 과언이 아니다. 그러므로 심혈을 기울여 개요를 짠 다음에는 이에 준하여 진술하여 나가면 된다. 주의해야 할 점은 글을 전개하는 동안에 개요를 짤 때 떠오르지 않았던 생각이 떠오르더라도 절대 처음 정했던 방향에서 벗어나지 말라는 것이다. 끝까지 완성한 다음 퇴고를 할 때 다시 확인하면 된다. 그렇지 않으면 시간부족으로 완성하지 못하는 어리석음을 범하기 쉽다. 실제로 현장에서 이런 수험생들이 많이 나타나고 있으니 절대로 주의를 해야 한다.

(4) 논술에 적합한 어휘와 문장을 사용한다.

논술은 철저히 문어체 문장으로 써야 한다. 일상생활에서 사용하는 투의 구어체 어휘나 문장을 절대로 쓰지 않도록 해야 한다. 또 간결체 문장을 쓰라고 권하고 싶다. 만연체는 비문법적이 되기 쉬우므로 가능하면 간결하면서도 의미를 분명히 할 수 있는 문장을 쓰는 것이 좋다. 현장에서 보면 평상시 자기가 하고 싶은 말을 한 문장에 모두 표현하는 준비생들이 아주 많다는 것을 알 수 있다. 이는 의미의 중의성이나 의사의 왜곡된 전달이 되기 쉬우므로 배제해야 할 글쓰기의 자세이다. 이러한 글쓰기를 습관처럼 하는 수험생들은 훈련 중에 반드시 교정을 해야 할 것이다.

(5) 적절한 단락의 구분은 필수적이다.

논술은 논설문이 아니다. 내용상으로 하나의 단위가 끝날 때 단락을 나누도록 하는 것이 좋다. 단락의 구분은 합리적이고 분명하게 한다. 길이가 길다고 아무 데서나 글을 자르지 않도록 한다. 단락을 너무 세밀하게 나누는 것은 오히려 글의 충실성에 문제가 발생한다. 물론 실전에서는 글자의 수와 시간이 한정되어 있으므로 개요를 짤 때 염두에 두는 것이 유용하다. 일반적으로 서론과 결론은 한 단락으로, 본론의 2~3개의 각 단락은 비슷한 분량으로 배치하는 것이 좋다.

2 논술집필

1. 개요

논술의 주제가 설정되고 개요가 작성되면 실제 논술에 들어가게 된다. 실제 논술에서는 무엇보다도 중요한 것은 글의 서론과 결론 쓰기로 서론은 그 글에 대한 독자의 관심의 정도를 결정하고 결론은 글의 전체적인 인상을 좌우하기 때문이다.

서론과 결론이 액자의 구실을 하는 것이라면 본론은 그 액자 속에 들어가는 그림이라고 할 수 있다. 액자가 아무리 훌륭해도 그림이 걸맞지 않으면 우스운 꼴이 되고 마는 것처럼 논술에서는 서론, 본론, 결론이 조화(調和)를 이루어야 한다.

2. 서론 쓰기

"문장의 도(道)는 근본적으로는 발단(發端)의 예술이다."라는 말처럼 서론 쓰기가 글의 성패를 좌우한다. 단추가 여럿 달린 옷을 입을 때 첫 단추는 잘못 끼우면 그 모습이 우스꽝스럽게 되는 것처럼, 글에서도 서론이 잘못 잡히면 전체 글이 이상하게 된다. 특히, 서론이 전개될 글의 방향과 성질을 결정하는 구실을 하는 것이므로, 필자 쪽에서는 서론을 잘 풀어야 본론 쓰기가 쉽고, 독자 쪽에서는 서론이 흥미롭고 인상적이어야 그 뒤를 계속해서 읽게 된다.

• 구체적인 서론 쓰기에 들어가기 전에 서론 구성의 특징을 확인해보자.
....

서론 구성의 특징

　① 서론의 내용 : 문제제기[주제 설정]

　② 서론 구성 방법

　　• 독자의 주의를 끌게 화제를 설정한다.

　　• 글 쓴 동기와 의도를 분명히 밝힌다.

　　• 독자가 흥미를 갖도록 문제를 제기한다.

　　• 문제의 현황을 알린다.
....

(1) 바람직한 서론

좋은 글을 쓰기 위하여 고심을 했다면, 서론을 무엇으로 시작할지를 생각하느라 많은 시간을 사용했을 것이다. 이럴 경우 글의 주제를 생각하고 단정적인 자세로 임하면 의외로 쉽게 풀린다.

서론 쓰기 전략1

① 정의로 시작

② 글 전체의 주제를 제시

③ 결론을 미리 제시

④ 현재의 심경[心境]이나 일상생활의 체험 서술로 시작

서론에는 글의 주제도 암시되어야 하고, 독자의 주의도 끌어야 한다. 독자로 하여금 읽고 싶어 하는 마음을 갖게 해야 한다. 많은 독자의 이목을 끌 수 있는 최근의 화제, 혹은 동서고금의 명언, 명구, 일화 등을 끌어 들이면 실마리도 쉽게 풀리고 독자의 호기심도 불러일으킬 수 있다.

서론 쓰기 전략2

① 동서고금[東西古今]의 명문구나 격언, 유머인의 말이나 일화, 작품 등을 인용

② 최근 발생한 사건이나 이목을 끄는 화제로 시작 .

③ 역사적 사건이나 고사[古事]

• 서론 쓰기 전략1을 생각하며 다음 예문을 살펴보자.

우리 고미술(古美術)의 특색이라고 제목이 되어 있지만, 나의 의무는 한국인이 과거에 행한 모든 미술 활동이 유형, 무형으로 어떤 것을 남기고 있으며, 그 역사상의 가치는 어떤 것인가를 살펴보는 데 있다고 생각된다. 그리고 이것을 위하여 한국 고대 미술을 그것만으로 고립·분립시키지 말고, 인접 국가들의 그것과 관련시켜 고찰하여야 한다고 생각된다.

이 글은 제목이 주어진 경우의 서론 쓰기 본보기이다. 서론에서 필자의 관점을 직설적으로 제시하면 글의 방향이 분명해지고, 그 이후의 글도 쉽게 풀린다. 필자는 위의 예문에서 주제를 단도직입적으로 제시했다. 왜, 무엇을, 어떻게 할 것인가를 글의 서론으로 삼은 것이다.

• 서론 쓰기 전략2를 생각하며 다음 예문을 살펴보자.

괴테의 시 가운데 '앉은뱅이 꽃의 노래'라는 시가 있다. 어느 날 들에 핀 한 떨기의 조그만 앉은뱅이 꽃이 양의 젖을 짜는 순진무구한 시골 처녀의 발에 짓밟혀서 시들어 버리고 만다. 그러나 앉은뱅이 꽃은 조금도 그것을 서러워하지 않는다. 추잡하고 못된 사내 녀석의 손에 무참히 꺾이지 않고, 맑고 깨끗한 처녀에게 밟혔기 때문에 꽃으로 태어났던 보람이 있었다는 것이다.

첫 문장이 없을 경우를 생각해 보자. 얼마나 밋밋하겠는가? 이 글은 행복이 마음가지기에 달렸음을 이야기하기 위해 괴테의 시를 인용하여 글의 서론으로 삼은 경우로 인용이 극히 참신하여 독자에게 강한 인상을 주는데 성공하였다. 위에 열거한 글을 시작하는 방법 중 전략2에 해당하는 서론 작성이다.

(2) 바람직하지 못한 서론

- 주제와 관련이 있다 하더라도 다음과 같은 서론은 독자의 주의를 끌지 못한다.

금번 1920년대 소설 중 한 편을 읽고 독후감을 써오라고 하셨지만 적당한 소설이 없어서 이것저것 뒤지는 동안 그만 제출 마감일이 박두하여 하는 수 없이 중학교 때 읽었던 김동인의 '붉은 산'에 관한 독후감을 쓰게 되었다.(학생 작품)

이 서론에서는 집필 동기나 과정이 제시되어 있으나 독자의 흥미를 유발시키는 데는 실패하고 있다. 사사로운 변명을 늘어놓음으로써 독자의 눈을 돌리게 하고 있다.

- 글의 서론이 다음과 같아서는 안 된다.

글의 첫머리에서 다루어서는 안될 말

① 상식에 불과한 진부한 인생론 등을 꺼내는 일

② 주어진 문제에 대한 불평하는 일

③ 개인적 변명과 짜증을 늘어놓는 일

④ 사전이나 권위자의 말에만 매달리는 듯한 인상을 주는 일

⑤ 호언장담하거나 허풍을 떠는 일

---

3. 본론 쓰기

- 중간부는 글쓴이가 쓰고 싶은 생각의 대부분을 진술하는 부분이다. 서론에서 제시한 주제를 전개하되, 논거를 밝히고 예화를 삽입하여 자신이 주장하는 내용으로 끌고 들어가는 부분이다. 구체적인 본론 쓰기에 들어가기 전에 본론 구성의 특징을 확인하자.

본론 구성의 특징

① 본문의 내용 : 문제 해결의 방안 제시[주제의 전개]

② 본문 구성의 방법

- 사실을 제시하고, 그것에 대한 견해를 진술
- 논거 제시를 통해 자기 견해의 정당성을 입증[   ]
- 자신의 견해를 뒷받침해 줄 사실이나 예화를 첨가
- 자신과 다른 견해나 주장을 열거하고, 자신과의 차이를 제시

- 본론 쓰기에서 특히 중요한 것은 접속어와 지시어이다.
  ① 접속어 : 문장과 문장, 문단과 문단과의 관계에서 병렬(竝列), 역설(逆說), 해설(解說), 결과(結果), 이유부여, 원인과 결과, 가설(假說)과 증명(證明) 등의 유형에 따라 접속어가 중요한 구실을 한다. 접속어를 통해 사고의 경위가 글 속에 명확하게 드러나기 때문이다.

② 지시어 : 견해를 전개하는 과정에서 선행(先行)하는 문장의 어느 어구를 가리켜 '이것', '저것' 등으로 이어받는 경우를 말하는데, 선행 문단 전체를 가리키는 수도 있으므로, 자료 제시형의 문제에서 특히 그 용법의 철저한 이해가 요구된다.

(1) 본론 쓰기에서 유의해야 할 사항

본론 쓰기에서는 다음 사항에 유의해야 한다.

- 본론은 서론에서 제시한 목표나 문제점, 그리고 다루기로 한 범위들을 좇아서 전개해야 한다. 그래야 글의 통일성을 유지할 수 있다.
- 줄거리를 미리 만들고 쓰는 것이 바람직하다. 이를 위해서는 무엇보다도 집필 직전에 개요를 치밀하게 작성해야 함은 물론이고, 본론을 쉽게 풀려면 개요 작성시 항목들을 가능하면 더 세분해야 하고 항목마다 독자를 마주하고 이야기하듯이 조목조목 쓰면 훨씬 부담을 줄일 수 있다.
- 본론에서 사용하는 제제들은 글의 내용을 적절하고도 충분히 뒷받침하는 것이어야 한다. 그리고 본론을 쓸 때에는 정확한 어휘의 사용과 개성 있는 문체의 확립에도 유의해야 한다.

(2) 본론을 좀 더 쉽게 진행시키는 요령

본론을 건실하게 이끌어 나가기 위해서는 글의 개요를 무엇보다도 빈틈없이 짜야 하고, 여의치 않을 때에는 '첫째로…', '둘째로…'와 같이 그 이유나, 의의나, 방법 따위를 차례차례 제시하는 방법으로 진술할 수도 있다.

4. 결론 쓰기

일상생활에서 유종(有終)의 미(美)가 자주 강조되었듯이 논술에 있어서도 결론의 중요성은 새삼 강조할 필요가 없다. 아무리 내용이 좋더라도 끝맺음이 좋지 않으면 용두사미(龍頭蛇尾)격이 되고 만다. 반대로 끝맺음이 좋으면 다소 빈약하더라도 그럴 듯한 인상을 주게 된다. 이 같은 점을 살펴보더라도 결말은 가능한 한 박력 있고 인상적으로 마무리 지어야 한다. 구체적인 결론 쓰기에 들어가기 전에 결론 구성의 특징을 확인하자.

결론 구성의 특징

① 결론의 내용 : 주제의 요약
② 결론 구성의 방법

- 본론을 요약하고 정리
- 독자의 결심을 촉구하려고 행동으로 유도
- 앞으로의 전망 제시
- 새로운 과제를 제시

(1) 결론이 갖추어야 할 요건

- 적당한 곳에서 결론이 시작되어야 한다. 본론의 내용이 마무리되기 전에 결론을 맺는다는가, 말할 것을 다 말해 놓고도 중언부언(重言復言)하면서 마무리를 늦춘다든지 해서는 안 된다.
- 앞서 말한 내용과 일관성이 있어야 한다. 본론의 내용과 관계없거나 상반되는 이야기는 주제를 흐리게 한다.

(2) 결론의 유형

- 본론의 내용을 요약, 정리하고 앞으로의 전망에 대한 기대를 덧붙인다. 이 유형이 논술문에서 가장 많이 등장하게 되는 결론의 유형이다.
- 앞에서 구체적인 이야기를 통하여 암시했던 주제를 일반적이고 추상적인 진술로 다시 밝힌다. 즉, 음성적으로 이미 드러난 주제를 다시 양성적으로 진술하는 것이다.

이 밖에도 자신의 감상이나 의견을 제시한다든지, 제안이나 요구, 반성이나 결의, 감탄이나 질문, 그리고 해석이나 판단으로 끝을 맺을 수 있는데, 이런 방법이 논술문에서 흔히 사용되는 결론 쓰기의 요령이다. 기교를 부린다면 속담이나 격언, 명문구를 사용하여 끝맺을 수 있다.

❸ 채점자의 입장에서 본 논술 고득점 전략

한국수력원자력 논술 출제위원장

1. 글머리에

논술 채점을 수행하면서 상당수의 수험생들이 논술 작성법을 몰라 그들이 알고 있는 내용을 요령있게 전달하지 못하는 안타까운 경우가 있어 이 글을 쓰게 되었다. 다만, 아래의 내용들은 금년도 논술채점에 한해 나의 입장에서 본 것으로 다른 채점위원들은 달리 볼 수도 있다는 점을 이해하여 주기 바란다.

2. 논술시험의 유용성

수험생들에게 논술시험을 실시하는 이유는 첫째로 수험자 개인의 지적능력(주어진 논제에 대한 지식의 폭과 깊이)을 측정코자 함이며, 둘째로 그 지식에 기초한 이해력과 적응력 및 분석력·종합적 평가력을 측정하며, 셋째로 문제의 본질과 상호관계를 파악하여 문서화하는 능력 및 그 해결책을 쉽게 도식화하는 능력 등을 파악하고, 마지막으로 개개인의 정신자세와 태도(문제에 대한 인식, 능동적·적극적 반응 여부) 등을 파악하여 미래의 유능한 인재를 선발코자 함이다.

3. 논술채점 절차

올해 논술채점 매수는 약 1,000매로서 "공개고시"와 "제한고시"를 나누어 각각 5명의 채점위원이 평가를 하였다. 채점절차를 간략히 기술하면 먼저, 채점 위원간 출제자의 의도 및 채점 기준 토의하여 논술 채점기준 작성하고, 20매 정도의 답안지를 가채점하여 채점의 공평성 및 일관성 유지토록 위원간 점수를 조정한 후, 모든 답안지에 대한 채점을 실시한다.

채점후에는 이를 별도의 집계표에 이기한 후 위원간 점수 차이(최고와 최저)가 큰 답안에 대해서는 위원들간의 토의을 통해 점수를 조정하여 채점의 타당성을 확보토록 하고있다. 이러한 점수조정까지 끝나면 5명 채점위원의 최종점수를 각각 답안지에 이기하며, 이중 최고와 최저점수를 제외한 3명의 점수를 평균하여 논술성적을 산정하게 된다. 아울러 채점중의 답안지는 인적사항이 적힌 부분이 묶여져 있어 수험생을 알 수 없으며 모든 채점과정이 완료된 후 관리지원처에서 묶인 부분을 개봉한다.

4. 논술채점 기준

논술에 대한 채점기준은 매년 유사한 데 금년도에는 대략 다음과 같은 기준으로 평가를 시행하였다. 우선 논술으로서의 구성체제를 갖추고 있느냐이다(10점). 논술이 서론, 본론, 결론(또는 기,승,전,결) 등의 형태를 갖추지 못하고 수필식으로 전개하면서 어디가 서론이고 어디가 본론인지 구분하기 힘든 답안은 감점하였다. 분량을 지키지 못한 논술 또한 감점 대상이다. 작성 분량이 1,250자 내외로 주어졌는데 이는 보통의 글씨크기로 작성한다면 답안지 뒷면의 ⅔정도까지는 채워야 한다. 따라서 앞장만 대충 채운 답안은 그 내용도 내용이지만 주어진 제목에 대해 기본적으로 작성량이 적다고 판단하였다.

둘째로 가장 기본적이며 중요한 것으로 논술의 내용이다(60점). 금번 시험의 논술제목은 한수원의 사회적 책임에 대하여 논술하는 것인 데 출제교수가 제시한 채점기준을 근거로 채점위원들간의 토론으로 별도의 채점기준을 작성하였으며, 서론(10점), 본론(40점), 결론(10점)으로 배점하였다.

셋째로 논리의 전개이다(15점). 주제를 정확히 파악하고 있으며, 주제에 대해 일관성 및 정연성을 가지고 논리를 전개하고 있는 가이다. 서론 부분에서 기업의 사회적 책임의 의의와 사회적 책임이 제기되는 회사 내외부적인 환경을 간단히 기술하고, 본론 부분에는 출제자가 요구하는 내용들을 구체적으로 기술한 후, 결론 부분에는 공기업으로서의 한수원의 특수성이라든가 논술주제의 실천을 위해 간부로서의 자세를 언급한다면 비교적 합리적인 논리의 전개라 할 수 있다.

마지막으로 문장력을 들 수 있다(15점). 어휘의 사용이 적정하고, 필요시 전문용어를 사용하며, 주요한 어휘는 한자를 사용하고 있는 가를 평가한다.

5. 논술 고득점 요령

위에서 언급한 논술의 채점기준을 보면 논술 고득점 방법은 쉽게 도출할 수 있다. 우선 출제자가 요구하는 내용을 쓰는 것이다. 금년도 논술채점 결과 윤리강령에 대해 미리 준비하여 아주 잘 쓴 답안이 많았다. 그러나 윤리강령의 제정 또는 윤리경영은 사회적 책임을 다하기 위한 하나의 방법 또는 한 부분이지 그것이 모든 것은 아니므로 좋은 점수를 줄 수가 없었다. 오히려 조금은 엉성하더라도 주어진 시간내에 주제에 대하여 성심껏 작성하려고 노력한 흔적이 보이는 수험자에게는 수험자 평균 이상의 점수를 주었다. 윤리경영에 대해 쓴 수험생은 그래도 나은 편이었다. 논술 주제와 동떨어진 ERP추진방안, 기업문화, 사장경영방침 구현방안, 최우수전력회사 창출방안등에 대해 적은 수험생들도 여러 명 있었는데 대부분 최저점수를 주었다. 출제자가 요구하지 않는 내용을 장황히 써 내려간 논술은 사전에 준비한 내용을 그대로 베껴 쓴 것으로 보고 수험생의 성실성을 의심하게 된다.

둘째로는 논술의 체계를 갖추는 것이다. 간혹 주제에 대해 아주 좋은 내용을 담고 있으면서도 좋은 점수를 받지 못하는 경우가 있다. 이 경우는 주로 수필식 전개의 경우이다. 수필식으로 논술을 쓰는 경우에는 채점위원이 스스로 서론, 본론, 결론 부분을 구분해야 하며, 본론에 들어있는 내용들도 하나하나 세밀히 살펴야 한다. 그러다 보면 채점이 피곤해지고 내용 평가가 그렇지 않은 것보다 어렵게 된다. 따라서 서론, 본론, 결론을 구분하여 작성하고, 본론 부분은 2~4개의 큰 項目으로 나누어 기술하며, 큰 항목내에서도 적절히 소제목을 달은 개조식 전개가 득점에 유리하다.

셋째로는 논술 작성 분량을 준수하는 것이다. 보통크기의 글씨로 뒷장의 ⅔ 정도 작성하는 것이 좋다. 분량이 부족한 논술(앞장만 쓴 논술)은 내용의 부실로 인식되고, 반면 지면을 넘겨 쓴 논술은 내용을 요령있게 정리하지 못한 것으로 인식한다. 또한 각 파트별 중요도에 맞는 분량으로 작성하는 것이 필요하다. 서론, 본론 결론이 각 배점에 합당한 분량으로 작성되어야 하며 결론을 맺지 못한 논술은 결론부분의 점수만큼 감점될 수 있다. 따라서 논술 작성전에 미리 부분별 작성내용 및 분량에 대한 구도를 그리는 것이 필요하다.

넷째로는 한자를 충분히 활용하는 것이다. 구체적으로 논술 제목 및 소제목 정도는 한자로 쓰고, 중요어 및 강조어는 가능한 한자로 쓰는 것이 좋다. 한자의 충분한 활용은 1~2점의 가점 요인이다. 작성요령에 한자를 혼용토록 하고 있으며, 대부분의 채점위원들이 한자세대이기 때문에 한자는 한글보다 쉽게 눈에 띄고, 표의문자의 특성상 내용을 쉽게 이해하게 하는 면이 있다. 다만 주의할 것은 틀린 한자는 쓰지 말라는 것이다. 管理를 官理로, 共同을 公同으로 쓰는 경우야 그렇다 치더라도, 公企業이나 發電같은 쉬운 한자를 工企業, 發展으로 두 번 이상 반복하여 틀릴 경우 수험생의 기본실력을 의심하여 1~2점 감점될 수 있기 때문이다.

다섯째로, 글씨를 깨끗하게 정자로 쓰는 것이다. 명필(특히 한자)의 경우에는 가점 요인이 될 수 있다. 채점자가 보기 편하므로 동일한 내용이라도 호의적이 될 수 있기 때문이다. 그렇다고 악필이라고 감점되는 것은 아니며, 또박또박 깨끗이만 쓰면 되는 것이다. 이것은 최고득점을 한 수험자의 글씨가 반드시 명필은 아니라는 것을 보면 알 수 있다.

마지막으로 가장 중요한 것은 최선을 다해 쓰는 것이다. 예상외의 문제가 나와도 당황하지 말고 시험시작 약 5~10분 정도 알고있는 내용을 나열하고 이를 정리하여 최선을 다해 답안을 작성하면 오히려 의외로 독창적인 논술이 되어 고득점도 가능하다. 채점답안 중 하나는 한수원의 사회적 책임을 경제적 책임, 법적 책임, 윤리적 책임, 도덕적 책임으로 나누어(이 구분내용은 이미 삼성경제연구소에서 작성한 "윤리경영의 선진사례와 도입방안'에 있는 것이지만), 짜임새있게 작성한 논술이 있었는데, 내용도 내용이지만 독창적이라서 높은 점수를 준 기억이 있다.

6. 글을 맺으며

논술의 평가는 주관적 평가를 객관화하는 작업이라고 생각한다. 즉, 논술 평가위원들이 각자의 주관으로 논술을 평가하되 이를 신뢰성있게 수행하는 것이다. 논술 평가위원은 논술의 전문가는 아니며 또한 해당 주제에 대한 전문가도 아니다. 그러나 답안지를 채점하다보면 내용 파악도 되고, 수험생들 사이에서의 상대적 위치도 파악할 수 있게 된다. 참고로 5명 논술채점 결과를 보면 평가대상의 약 90%는 최고와 최저점수의 차가 5점 이내에 있다. 이는 논술 평가가 상당히 객관적이라는 것을 보여주는 것이다.

논술만큼 개인의 총체적인 지식과 논리전개 능력 및 문장력을 보여주는 과목은 별로 없는 것 같다. 다만 이러한 논술시험을 여러 번 시행하거나 또는 여러 가지의 주제를 주고 평가를 한다면, 1개의 주제로 1회 평가로 끝나는 현재의 방법보다 훨씬 신뢰도와 타당도를 높일 수 있을 것 같다.

1. 모르는 주제가 나와도 당황하지 말자.

내가 아는 주제가 나오면 물론 이보다 좋을 순 없지만 내가 모르는 주제가 나와도 당황하지 말자. 왜냐하면 내가 모르는 주제이면 남도 모를 가능성이 크기 때문이다. 그러므로 논리 위주로 논술을 작성하면 좋은 점수를 얻을 수 있다.

2. 장황한 논술은 금물

보통 수험생들은 논술을 얼마나 길게 써야 하는 지에 대해 관심을 갖는다. 이는 논술은 길게 써야 한다는 압박관념 이나 통념 때문일 것이다. 그러나 논술의 가장 중요한 점은 자신의 주장을 채점자에게 명확히 전달하는 것이며 뼈대 70%~80%와 살이 20%~30%을 유지하는 것이 가장 중요하다. 논술이 길어질수록 자신의 주장의 초점이 흐려질 수 있다는 점을 유의하자. 그러므로 많은 주장이나 내용을 담기 보다는 자신의 주장을 정확히 전달하는 데 주력해야 한다. 특히 취업시험에 있어서 논술은 결론(마무리-전달하고자 하는 방향과 내용까지 정확히 기재하는 것)까지 작성해야만 한다. 결론지어지지 않은 논술은 부분점수도 받기 어렵기 때문이다.

3. 통계자료 제시 및 영문표기는 매우 유용(+α얻기)

논술에서 제시한 자신의 주장을 뒷받침할 수 있는 가장 좋은 근거는 통계이다. 그러므로 지금부터라도 올해(또는 현재) 경제성장률, 콜금리 수준, 물가상승률, 인구성장률 등 주요 통계수치에 관심을 갖고 암기하는 것이 중요 하다. 각종 통계자료는 통계청, 한국은행, 경제연구소 홈페이지를 통해 쉽게 구할 수 있다. 또한 2002년, 또는 2000년 수치도 같이 알아두자. '2000년 몇 %에서 2006년 현재 몇%로 증가(감소)하였다'라는 자료를 제시하면 확실한 플러스 요인이 된다.

또한 경제이론이나 경제용어 등을 영문표기로 병기하면 좋다. 예를 들어 '우리나라의 자연성장률은 5%이다'라는 서술에 자연성장률(natural growth rate)라고 표기하든가 '통화정책 운용 시 정책의 일관성이 중요하다'에서 정책의 일관성(consistent policy) 등으로 표기하면 채점자에게 공부를 대강하지 않았구나. 라는 인상을 주게 되어 +α를 얻을 수 있다.

4. 예쁜 글씨는 중요하지 않다.

모르긴 해도 채점자 중에 글씨를 잘 쓰는 사람은 흔하지 않을 것이다. 만약 자신의 글씨에 익숙한 채점자라면 여러분의 잘 못쓴 글씨에도 익숙할 것이다. 그러므로 글씨를 예쁘게 쓰기 보다는 잘 알아볼 수 있도록 글씨는 약간 크게 쓰는 것이 중요하다. 글씨체보다 더 중요한 것은 문장의 체계를 일목요연하게 보여주는 구성이다. 들여쓰기, 목차의 구성, 목차의 제목 등이 잘 구분되어 내용을 보는데 불편함이 없도록 해야한다.

5. 그래프나 표는 꼭 들어가야 하는가?

말로 설명이 되는 부분은 말로 설명하는 것이 바람직하다. 어차피 그래프나 표도 자신의 주장을 뒷받침하는데 사용될 것인데 그래프나 표를 사용하면 논술 전체에 일부분에 해당해야 하는 부분을 집중적으로 많은 지면을 할애하여 설명하게 되어 전체 흐름을 망가트릴 수 있기 때문이다. 또한 정확하지 못한 그래프는 감점 요인이 된다.

6. 서론, 본론, 결론을 알아볼 수 있도록 구분하자.

전체적인 논술의 구성이 잘 보이게 해야 한다. 서론-본론-결론 분량을 보면 10%-60%-30% 정도 또는 문제의 특성에 따라 결론이나 해결책이 중요한 경우 10%-50%-40% 정도의 분량 배분을 하는 것이 좋다. 분량 배분을 잘못하여 서론에 30~40% 분량이 채워지면 본론이나 결론에 쓸게 없게 되고 배점 상 불리한 구성이 될 것이다.

논술을 연습할 때 컴퓨터의 한글프로그램으로 작성해보면서 엔터, 들여쓰기, 칸 띄우기, 순번 등을 정해서 작성하는 연습을 하고 이를 논술필기로 직접 써보면서 반영하면 깔끔한 논술 구성을 만들어 낼 수 있다.

부분에서 다음 부분으로 넘어갈 때 한 줄을 띄어준다든가 하는 표시를 해주는 것이 중요하다.

- 단락에서 단락 넘어갈 때 한 줄 띄기
- 부속된 내용은 왼쪽 여백을 조금씩 띄워 제목 안쪽으로 넣기
- 목차의 제목이 내용을 알 수 있는 구체적인 제목으로 목차 만들기
-

7. 채점자가 논술을 채점하는 시간은 얼마?

대학원 조교나 박사과정의 강사인 친구나 선배에게 물어보면 일반적으로 80명 수강생 수업의 답안지를 채점하는 데 하루나 이틀이 꼬박 걸린다고 한다. 그러나 실제 한 사람의 답안지를 채점하는 시간은 보통 1~2분이며 아마 논술 채점하는 게 걸리는 시간은 대략 1분일 것인데 채점자가 본인의 채점 흐름을 방해하는 복잡하고 논점 없는 논술을 높게 평가할 지, 간략하면서도 자신의 논점을 잘 드러내는 논술을 높게 평가할 지 곰곰이 생각해보자. 이를 스스로 평가해볼 수 있는 좋은 방법은 연습한 논술의 내용을 빼고 목차만 정리해보는 것이다. 목차를 보고 문제가 유추되고 논술의 방향이 보인다면 좋은 목차일 것이고 그 내용은 당연히 좋을 것이다. 그러나 목차만 봐서는 문제가 무엇인지? 무슨 내용을 쓰려고 했는지? 주장하는 바가 무엇인지 모른다면 잘못된 논술이다.

8. 기본적인 논술문의 분량

서론에서는 논술문제에서 출제자가 제시하는 한 두 단락의 글이나 문장을 약간 변용 인용하여 문제제시를 한다면 자신이 어떠한 방향(경제적 효과를 분석한다든가, 찬반 입장의 근거를 든다든가, 장단기 효과를 분석한다든가, 원인과 해결책을 제시한다든가)으로 논술을 할 것이라는 것을 적어준다. (전체 논술의 10%~15%)

본론에서는 서론에서 제시한 논술방향에 따라 서술하며 되도록 통계자료 또는 과거 사례, 이론으로 자신의 주장을 뒷받침해야 한다. 또한 자신의 의견과 다른 의견, 자신이 제시할 수 있는 또 다른 주장근거를 본론 말미에 간략히 제시하여 논술의 균형을 잡아줄 수 있다. 또 이는 지면과 시간의 제약만 없다면 더 많은 의견을 서술할 수 있었다는 인상을 줄 수도 있다. (55%~65%)

결론 부분은 본론의 주장을 간략히 요약해주고 본론에서 다룬 주장이나 해결책의 효과가 극대화될 수 있는 전제 또는 고려해야 할 사항에 대해 서술한다. (전체논술의 25%~20%)

1. 논술은 전략과목이다.

수험자를 합격가능성이 80%가 넘는 수험자집합과 그렇지 못한 수험자집합으로 나누자 그리고 합격가능성이 80% 미만인 수험자군은 일단 제치고 80%가 넘는 수험자군을 대상으로 생각해보자. 이들이 시험을 치르는 전공과목과 논술과목의 점수 중 어느 과목의 표준편차가 더 클 56지 생각해보자. 아마, 아니 거의 확실하게 논술일 것이다.

대개 전공과목시험시간은 부족하다. 그러므로 어려운 문제가 나오면 한 문제(비록 그 문제의 배점이 높더라도) 정도 날리는 것은 대세에 지장을 주지 않는다. 왜냐하면 그 문제를 포기하고 다른 문제에 더 많은 시간을 할애하여 정확히 풀면, 어려운 문제를 푸느라 시간낭비하고 쉬운 문제를 대강 푸는 것보다 낫기 때문이다. 또 어려운 문제는 대다수의 수험생들이 풀다가 포기하므로 아예 포기하는 것이 좋을 수 있다. 즉, 시험의 당락은 커트라인을 넘느냐의 문제가 아니라 선발인원 안에 들어가느냐의 문제이기 때문이다.

논술시험을 생각해보자. 논술의 주제 중 황당한 주제는 나오지 않는다. 대개 해당년도 신문지상에 오르내리거나 사회이슈가 된 문제, 우리나라 또는 세계가 직면한 사회문제가 나온다. 또 논술시험의 시간은 상대적으로 부족하지 않다. 또 시간이 부족하다면 논술을 간결하게 쓰면 되는 것이다. 그러나 대부분의 수험자들은 논술을 전공과목보다 비중이 작다고 생각하거나 귀찮기 때문에 논술을 등한시한다. 그러나 한 번쯤 고민해본 주제에 대해 논리적으로 자신의 생각을 드러낼 수 있다면 모범답안을 작성하여 고득점을 할 수 있는 전략과목이다. 자신이 접해보지 못한 문제가 나와도 어느 정도 사고력과 기술만 있으면 글을 전개해 나갈 수 있다. 이러한 준비를 한 사람과 못한 사람의 논술은 판이하게 다르며, 이는 즉 점수의 표준편차가 크다는 것을 의미한다.

2. 논술이 논술로 끝나는가?

경영학이나 경제학을 전공으로 시험에 응시한 경우 주로 논술 주제는 경영 및 경제 분야에서 나온다. 그럼 논술은 전공시험의 연장으로 한마디로 말해서 객관식, 단답형, 계산문제, 약술문제를 뛰어넘는 가장 큰 배점을 가진 전공시험 문제인 것이다. 그리고 논술 문제는 그 특성상 전공지식 뿐 아니라 사고능력을 요구하며 표현력을 요구한다. 그러므로 가장 고난도의 전공시험 문제인 것이다.

또한 논술은 면접시험과도 직결된다. 대개 논술의 주제는 사회이슈에 대한 것이기 때문에 논술시험 준비와 면접시험 준비를 병행하여 하면 효율적이다. 논술을 바꿔 생각하면 글로 쓰는 면접시험이라고 표현할 수 있다.

결론적으로 논술은 입사시험의 발이나 손이 아닌 머리인 동시에 심장인 것이다. 머리와 심장을 갖는다는 것은 곧 합격을 의미한다.

1. 무조건 쓰자.(×) → 꾸준히 쓰자.(○)

논술 공부는 전공공부와 달라 집중 공부, 즉 벼락치기가 통하지 않는다. 마치 영어회화와 같이 꾸준히 연습하고 관심을 갖고 공부하는 것이 중요하다. 논술을 두려워하거나 귀찮아하지 말고 논술에 익숙해져야 한다. 시험 기간이 1년 남은 수험자의 경우 1~2주에 한편 논술연습을 하고 3개월을 남겨두고 그동안 써온 논술을 복습 하거나 개선하면 큰 부담 없이 좋은 성적을 얻을 수 있다. 만약 시험이 1~2개월 남은 수험자의 경우 매일 매일 논술을 쓸 수밖에 없다.

2. 무조건 읽자.(×) → 가려서 읽자.(○)

보통 논술을 잘하려면 글을 많이 읽고 특히 신문 사설을 많이 읽어야 한다고 한다. 그런데 그렇지 않다. 물론 교수나 신문사의 논설집필진이 글을 잘 쓰겠지만 그들의 글과 우리가 쓰는 글은 성격이 틀리다. 그들은 글을 쓰면 돈을 받지만 우리는 채점을 받는다. 또한 그들의 글은 뼈대보다는 살, 또는 정치적 논리에 좌우되지만 우리는 뼈대위주로 우리의 생각을 잘 전달하는 것이 중요하다. 그럼 어떤 글을 읽어야 하나? 신문의 경우 오히려 사설이나 논단보다는 기사가 중요하다. 경제신문이나 내용이 풍부한 신문을 구독하여 주요 이슈나 사회 문제에 대한 글을 읽어 '그들의 주장'보다는 '사실(fact)'를 섭취하도록 하자. 이것이 나중에 실전에서 큰 도움이 될 것이다. 또한 기업의 경제연구소(LG경제연구원, 삼성경제연구소 등), 주요 연구소(금융연구원, KDI 등), 주요기관(한국은행, 금융감독원, 예금보험공사, 코트라, 재정경제부) 등의 웹사이트를 정기적으로 방문하여 업데이트된 자료를 검색하여 볼만한 경제동향, working papers, 보도 자료를 출력하거나 컴퓨터에 저장하여 두어 짬짬이 읽으면 큰 도움이 된다. 물론 이러한 자료 중 수식이 엄청 들어간 자료나 난해한 내용을 이해하려고 하기보다는 핵심 논리나 근거자료 위주로 읽는 것이 도움이 된다.

만약 이것이 귀찮다면 뉴스레터를 받아보자. 주요 기관들은 그 기관이 발표한 각종 자료를 매일 또는 1주일 단위로 이메일로 보내주는 뉴스레터 서비스를 제공한다. 아침 일찍 일어나 각 기관에서 보낸 자료를 읽어보는 걸로 하루를 시작한다면 마치 자신이 임원이 된 듯한 착각을 하며 보람차게 하루를 시작할 수 있지 않을까?

3. 무조건 생각하자.(×) → 분석적으로 생각하자.(○)

주어진 시험 시간 내에 모범 답안에 가까운 답안을 작성하려면 사고를 분석적으로 할 수 있어야 한다. 특히 듣도보지도 생각지도 못한 논술 문제가 튀어나왔을 때 사고를 분석적으로 할 수 있느냐는 합격을 가르는 중요한 능력이 된다. 분석적 사고라 함은 그럼 어떤 것일까라는 의문이 생긴다. 그런데 이런 분석적 사고는 단기간에 기를 수 있는 것이 아니라 논술을 분석적으로 작성하는 방법은 간단하다. 어떤 문제나 이슈에 대해 논할 때 그 문제에 의해 일어나는 긍정적 효과와 부정적 효과는 무엇인지, 또 장기적 효과와 단기적 효과는 무엇인지, 이익을 얻는 자는 누구이며 손해를 보는 자는 누구인지, 1차 효과는 무엇이며 파급효과는 무엇인지 등 문제를 다양한 방법으로 접근해보는 것이다. 그리고 이러한 방법이 안통한다싶으면 이럴 경우 또는 저럴 경우의 가정을 상정하여 주제에 대해 논하는 것이 꽤 괜찮은 방법이다.

사실 논술의 길이는 대학교 답안지 한 페이지면 적당하니 이러한 접근법으로 문제를 접근하면 한 페이지는 넉넉히 채울 수 있을 것이다. 그러니 이제부터 논술 분량에 대한 걱정을 접어두도록 하자. 그리고 분석적 사고력을 기르는 방법 중 마케팅관련 서적을 많이 읽는 것이 좋다고 한다. 그러니 마케팅 관련 서적을 심심풀이로 읽는 것도 나쁘진 않다고 생각한다.

4. 스터디는 필수(×) → 목표달성을 위한 선택사항(○)

보통 논술 등 입사시험을 대비하여 스터디가 유행이다. 과연 스터디는 필수적이고 효과적인가? 스터디는 3~4명이 모여서 공부함으로써 내가 생각 못하는 부분을 남에게서 보완하고 뒤숭숭한 맘이 들고 열공 모드에서 이탈하고 싶을 때 이를 바로 잡아주는 장점이 있다. 그러나 이러한 시너지효과도 제대로 된 구성원이 모였을 때 가능한 일이고 그렇지 못한 대부분의 스터디 구성은 역효과만 내는 것이 일반적이다. 이는 어떤 스터디모임의 경우 합격자를 한 명도 못 내고 어떤 스터디모임은 멤버의 90% 이상이 합격하는 것을 종종 보고 듣는 걸로 입증이 된다. 그러므로 스터디를 굳이 하지 않는다고 너무 조바심 내지 말고 스터디의 실익을 따져서 선택해야 할 것이다.

- 좋은 스터디모임 : 코트라 인턴경험자 몇 명이 스터디를 하는 경우
- 나쁜 스터디모임 : 공기업시험 초보자 전부 또는 경험자 1명에 초보자 여러 명이 스터디 하는 경우

5. 모범답안 무작정 외우기(×) → 논술의 유형 파악하기(○)

가끔 간 큰 친구들 중에 논술 모범답안을 무작정 외우는 사람들이 있다. 물론 본인이 써본 주제 중에 똑같은 혹은 유사한 문제가 시험에 나온다면 이보다 더 좋을 수는 없지만 현실적으로 너무 위험한 방법이다. 논술 공부를 효과적으로 하기 위해서 일단 논술의 유형을 파악하는 것이 중요하다. 논술은 흔히 전공과 관련되는 주제, 시사이슈 문제, 윤리적 문제, 자신의 가치관이나 생각을 바탕으로 한마디로 소설을 쓰는 문제로 크게 나뉠 수 있다. 이중 전공 관련 주제는 어느 정도의 전공지식과 내공이 바탕이 되고 평소 약간의 논술 연습을 하였다면 어느 정도 선방할 수 있는 문제다. 그리고 시사이슈문제도 평소 신문을 틈틈이 보고 가끔 주말에 TV까지 봐준다면 충분히 답안을 작성할 수 있다. 그러나 윤리적 문제나 소설을 쓰는 문제는 난해한 문제로 분석적 사고를 요하는 문제이다. 이러한 문제에 대비하기 위해 분석적 사고가 필요한 것이다. 그러므로 모범답안을 외우기보다는 각 유형에 대비하는 훈련이 필요하다.

II 코트라 및 무역협회 합격생 답안

 격생 답안을 통해 논술의 모범적 작성사례를 파악하여 논술연습을 위한 이론공부 및 논술연습에 참고하여 공부의 방향을 잡아야 한다. 경제학과목은 객관식, 약술, 논술, 시사 논술 형태로 구분되어 시험이 치러지기 때문에 내가 어떤 시험을 준비하는지에 따라 외워야하는 분야와 방법이 달라지게 된다. 논술시험을 준비하면서 객관식형태의 이론공부와 암기가 되어 진다면 투입한 시간과 노력에 비해 안 좋은 결과가 나오게 되는 것이다. 내가 열심히 했는데 결과가 그에 미치지 못한다면 어떤 시험을 치르는지 다시 한번 분석해보고 그에 맞는 공부방법을 채택해야 한다.

1 코트라 합격생 답안

○○년 어문계열 합격생 답안

Q 저금리 정책이 경기 회복에 도움이 되지 않는다는 견해에 대하여 논하시오.

1. 서론

2008년 미국 4대 투자은행이였던 리먼브라더스 파산이후 불거진 미국발 금융위기는 전 세계 금융과 실물 부분에 상당한 악영향을 끼쳤다. 투자는 꺼지고 실업률은 치솟았으며 세계 증시 또한 불황을 맞게 되었다. 30년 대 일어난 대공황이후 최악의 경기 침체에 대한 세계 각국은 경기부양을 위해 경쟁적으로 금리를 인하했다. 미국과 일본은 제로 금리 수준으로 금리 인하를 단행하였고, 한국 또한 5%대의 기준 금리를 단계적으로 인하해 2%의 저금리를 유지하고 있다. 이러한 금리인하 정책은 마치 헬리콥터로 돈을 뿌리는 것과 같은 효과를 내었고, 이로써 세계 경제는 어느 정도 안정세를 취할 수 있었다. 그러나 일각에서는 이러한 저금리 정책이 경기 회복에 도움이 되지 않는다고 주장한다. 이러한 주장의 근거는 무엇일까?

2. 본론

(1) 인플레이션(Inflation)의 우려

금리를 인하한다는 의미는 통화량이 증가한다는 의미와 같다. 중앙정부에서 금리 인하를 결정하면 화폐 시장에서는 마치 헬리콥터에서 돈이 뿌려지듯이 시중에 유동성이 확대된다. 왼쪽의 그래프에서 알 수 있듯이 통화의 공급이 S_1에서 S_2로 증가하면 유동성(Q)은 Q_1에서 Q_2로 확대된다. 여기서 중요한 것은 유동성 확대와 함께 물가도 상승하는 S점이다. 즉 통화의 공급-수요 곡선이 만나는 지점에 $\frac{1}{P_1}$에서 $\frac{1}{P_2}$로 내려가게 되고 이는 곧 물가의 상승을 나타낸다.

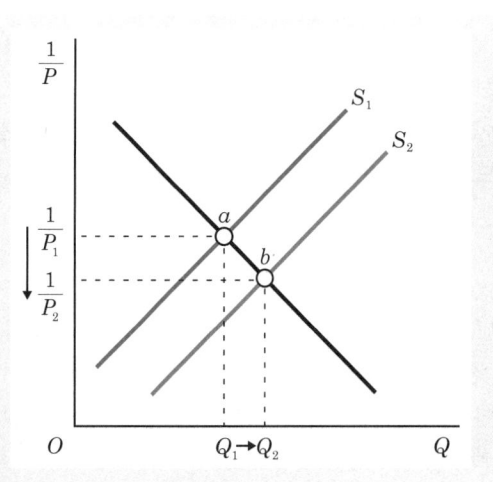

(2) 야성적 충동과 투자의 함정에 대한 우려

1930년 대공황 시기 경제학자 케인즈는 야성적 충동과 투자의 함정이란 경제 이론을 내세우며 금리 인하의 허를 찌른 바 있다. 즉 투자자, 기업가들이 투자를 하고 새로운 사업을 펼치는 데에는 야성적 충동, 즉 직관에 의한 것이라는 것이다. 그리고 극심한 경기 불황일 때에는 아무리 금리를 내려도 이것이 투자로 연결되지 않는다고 주장했는데, 이것이 바로 투자의 함정이다. 예를 들어 미국의 경우 제로 금리 수준의 저금리 정책을 펼치고 있지만 투자가 살아나고 있지 않다. 오히려 금리가 더 높은 곳을 향해 자본이 이동하는 달러캐리트레이드(Dollar carry trade)현상마저 나타나고 있다.

(3) 유동성 함정에 대한 우려

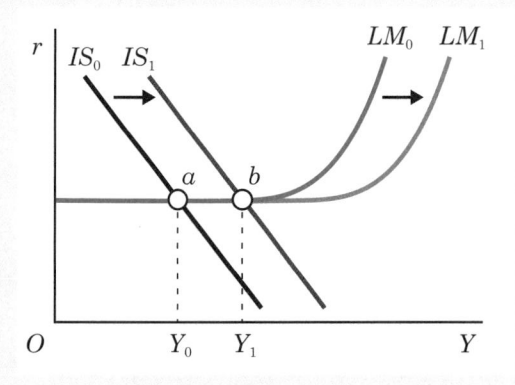

야성적 충동과 투자의 함정 외에도 케인즈는 '유동성함정'이라는 이론으로 금리인하의 무력함을 지적한바 있다. 유동성 함정이란 경기가 극심한 불황일 경우 아무리 유동성을 늘려도 경기가 살아나지 않으므로 공급을 더 늘려야 한다는 이론이다. 오른쪽 그림에서도 알 수 있듯이 금융당국에서 아무리 통화량을 늘린다 하더라도($LM_0 \rightarrow LM_1$) GDP는 변하지 않는다. (이 경우를 유동성 함정에 걸려 있다고 한다.) 이때 IS곡선은 오른쪽으로 이동시키면 GDP가 Y_0에서 Y_1로 늘어난다. 즉, 극심한 불황에서는 확대 금융정책보다는 확대 재정정책을 펼치는 편이 더 효율적이다.

세계 경제사에서도 유동성 함정의 예를 찾을 수 있다. 바로, 일본의 '잃어버린 10년'으로 대표되는 일본의 장기불황이다. 1984년 플라자합의 이후 엔화의 가치는 약 3배가량 절상되고 그로 인한 충격으로 일본 경제는 불황에 빠지게 된다. 이때 일본은 초저금리 정책을 시행했지만 불황을 풀지 못하였다. 오히려 낮은 금리를 이용해 엔케리트레이드 현상마저 나타났다.

3. 결론 : 대책과 전망

(1) 출구전략을 준비해야 한다.

전 세계적인 초저금리의 정책이 언젠가는 인플레이션이라는 부메랑이 될 수 있으므로 지금부터 라도 단계적인 출구전략을 모색해야 한다. 하지만 경기진작이 완전히 이루어지지 않은 상태에서 무리하게 출구전략을 시행한다면 더블딥에 빠질 수 있다는 점이 주목된다.

(2) 공급확대가 필요하다.

유동성 함정 이론에 의거, 극심한 불황에서는 저금리 정책보다는 총공급을 늘리는 방법을 취해야 할 것이다. 즉, 더 장기적인 관점에서 보자면 기술 혁신을 통한 총공급 확대가 바람직할 것이다. 한국이 R&D에 더 치중해야 할 이유도 바로 여기에 있다.

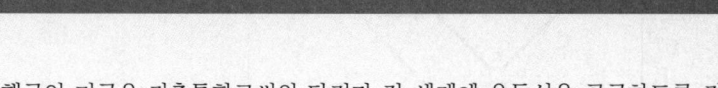

Q 달러 약세가 한국 및 세계경제에 미치는 영향을 논하시오.

달러 발행국인 미국은 기축통화로써의 달러가 전 세계에 유동성을 공급하도록 경상수지 적자를 감수해야 한다. 하지만 2000년대 이후 중국과의 무역 불균형으로 인해 미국의 경상수지 적자는 더욱 심화되었고, 최근 글로벌 금융위기를 해결하기 위해 정부지출을 급격히 늘림으로써 달러가치는 큰 폭으로 절하되었다. 이러한 달러 약세는 현재 한국 및 세계경제에 다양한 영향을 미치고 있으므로, 그 영향에 대해 위협적 측면과 기회적 측면으로 나누어 알아보도록 한다.

1. 한국 및 세계경제에 위협요소로 작용하는 달러 약세

(1) 달러캐리트레이드로 인한 더블딥 발생 우려

달러캐리트레이드란 현재 0%대의 저금리 기조를 유지하고 있는 미국의 달러를 빌려 금리가 비교적 높은 국가의 고수익 자산에 투자해 차익을 실현하는 방식의 거래를 말한다. 이러한 달러캐리트레이드가 문제가 되는 이유는 투자처였던 국가가 금리를 인상하면서 출구전략(Exit Strategy)를 시행할 경우 투자자들이 투자했던 자산을 매각하여 차익을 실현하면서 다시 한 번 경제가 경기침체로 빠지는 '더블딥' 현상이 발생할 수 있기 때문이다. 특히 우리나라 주식시장은 10월 기준 PER이 11.6배로 저평가되어 있고, FTSE선진시장에 편입, 원화강세와 맞물려 달러캐리트레이드 투자처로 인기를 끌고 있다. 따라서 우리나라가 금리를 인상할 경우, 캐리트레이드 청산으로 인한 경제적 충격이 불가피하다.

(2) 원자재(금, 원유) 가격 상승으로 인한 변화

① 외환보유액 통화의 다변화와 금보유 증가로 인한 금값 인상

기축 통화인 달러의 약세가 지속되면서 세계 각국은 달러보유로 인한 가치 하락 및 기회비용을 최소화하고자 외환보유통화를 다변화 하고 있다. 최근 러시아가 달러의 외환 보유액 비중을 50% 이하로 낮추겠다고 발표한 것이 한 예이다. 또한 금과 같이 안전자산에 대한 투자가 급증함에 따라 11월 기준으로 금 1온스가 1100\$에 달하게 되었다. 이러한 금값상승은 외환 보유액이 풍부한 중국과 인도가 IMF로부터 금을 대량 구매함으로써 더욱 심화되었다.

② 생산 비용 증가로 인한 스태그플레이션 발생 우려

달러 약세와 내년도 경제회복기대에 따른 원유수요 증가 기대로 인해 원유가는 서부텍사스산(WTI) 기준 베럴당 80\$까지 치솟았다. 이러한 원유가 상승은 생산비용을 증가시킴으로써 '공급곡선 AS_0을 AS_1'로 좌상향 이동시킨다. 이로 인해 물가는 상승하고, GDP는 감소하는 '스태그플레이션'이 발생할 수 있다.

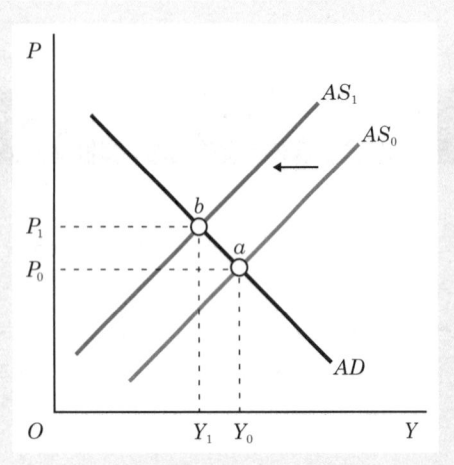

③ 달러대비 자국 통화 강세로 인한 수출경쟁력 악화

달러의 지속적인 약세는 달러대비 자국통화의 강세를 의미한다. 특히 수출에 의한 대외 의존도가 90%에 달하는 우리나라는 원유가 상승으로 인해 교역조건이 악화되고, 수출기업의 채산성이 악화되어 가계소득과 투자설비 투자가 감소된다. 또한 스태그플레이션이 장기화 될 경우, 실업이 심화되어 경기침체는 더욱 심각해 질 것이다.

2. 한국 및 세계 경제에 기회요소로 작용하는 달러 약세

(1) 자국 기업의 체질 개선

달러 약세로 인한 자국 통화 강세는 해외시장 개척 및 기업 현지화에 따른 비용을 절감하는데 도움이 된다. 또한 자국통화 강세를 이용한 M&A를 적극적으로 활용한다면 경기회복 국면에 진입한 후 새로운 수익원을 창출할 원동력이 될 수 있다. 한 예로, 최근 일본 자동차 회사 닛산은 동남아에 대당 2500$의 최저가 자동차를 생산 공급하겠다고 밝히어 해외시장 개척에 나섰다. 또한 삼성, LG, 현대자동차, SK와 같은 우리나라의 대표 기업들도 경기침체 및 달러약세를 기회 삼아 연구 개발에 적극적으로 투자하는 '공격경영'을 시행하겠다고 밝혔다.

(2) 아시아 경제통합의 기회

우리나라를 비롯한 아시아 각국은 이번 글로벌 경기침체 후 원아시아(ONE ASIA)에 대한 필요성을 절감하고 미국발 금융위기에 대한 충격을 방지하고자 아시아 공동통화 ACU(Asia Current Unit)를 마련하는 안을 고려하게 되었다. 이에 대한 기반으로 발리에서 열린 'ASEN + 3개국 재무장관 회의'에서 치앙마이 이니셔티브(CMI) 기금 마련 분담액을 정하고 아시아통화기금(AMF)와 채권 신용보증기구를 설립하는데 합의했다.

(3) 세계 각국의 결제통화 다변화

그동안 세계 각국은 기축 통화인 달러로 교역하면서 환율차에 따른 손실을 감수해왔다. 그러나 달러약세로 인해 결제통화를 다변화 하는 움직임이 나타나고 있으며, 이는 달러결제로 인한 손실을 개선할 것으로 보인다.

예를 들어 중남미 좌파블럭인 '미주를 위한 볼리바르 동맹(ALBA)'이 해당 국간의 교역 시 달러가 아닌 가상 통화 '수크레(Sucre)'를 쓰기로 확정하였으며, 중국이 주도하여 아랍에미리트, 일본, 인도 등의 석유대금 결재통화를 재정립하겠다고 밝혔다.

지금까지 달러화 약세로 인한 위협적 측면에서의 영향과 기회적 측면에서의 영향을 살펴보았다. 한 나라의 통화를 기축통화로 할 경우, 그 국가는 시뇨리지(주조차익)을 실현하면서도 경상수지 적자를 감수할 수밖에 없다는 '트리핀의 딜레마'와 같이 달러 약세는 주기적으로 한국 및 세계경제에 큰 영향을 미칠 것으로 보인다. 따라서 우리나라는 달러 약세 상황에서 기회적인 측면을 잘 활용하여 달러 약세로 인한 부정적 영향을 상쇄 시킬 수 있도록 노력해야 할 것이며, 현재 이슈화되고 있는 아시아 경제통합에서 주도적인 입장을 취함으로써 미래 경제안정의 기틀을 마련해야 할 것이다.

Q 글로벌 경제위기와 한국의 향후 경기 방향

1. 뉴노멀시대 : 장기화된 글로벌 경제위기

EU재정위기악화, 미국의 쌍둥이 적자위기로 대표되는 서방국가의 경제침체와 중국 경제의 경착륙이 확실시 되면서 글로벌 경제위기는 장기화되고 있는 추세이다. 한국의 주요 수출 대상국인 EU, 미국, 중국의 경기침체 는 한국수출시장의 침체를 가져왔다. 더불어 가계부채급증 및 부동산 등의 자산가치 하락으로 내수시장 침체 역시 한국 경제성장의 발목을 잡고 있어 올해 경제성장률은 잠재성장률 추정치인 약 4%에도 미치지 못하는 2%까지 하락할 전망이다.

2. 현황 분석

(1) 글로벌 경기현황과 1929년 대공황 비교분석

현재 전세계의 공통적 현상으로 지목되는 스태그디플레이션(stagdeflation)은 국민소득의 감소와 물가의 하락을 동시에 가져오는 현상이다. 스태그디플레이션은 국민소득의 감소로 인한 경기침체와 물가하락이 동 시에 나타나는 현상이다. 총수요를 구성하는 소비, 투자, 지출, 순수출의 감소는 총수요(AD)곡선을 좌측으 로 이동시킨다. 전 세계적으로 장기화 국면으로 접어들고 있는 경기침체와 불확실성의 확산으로 인한 소비 및 투자의 둔화와 EU, 미국, 한국 등 모두 제정적자로 인한 정부지출의 감소로 내수시장이 침체되었다. 또 한 EU의 제정위기여파로 인한 중국의 유럽수출 감소, 이에 이은 한국의 유럽 및 중국수출 감소, 일본의 무 역 적자 등으로 수출시장 역시 전반적으로 위축된 상황이다. 또한 원유가 상승 및 곡물가격 상승으로 인한 애그리플레이션(agriflation) 인한 기업의 비용 증가로 총공급 곡선 역시 좌측으로 이동한다. 여기서 총수 요의 감소폭이 총공급의 감소폭보다 크기 때문에 GDP와 물가 모두 하락하는 스태그디플레이션이 발생한 다. 1929년의 대공황 은 소비수준이 하락하고 저축이 증가하는 경향에서 비롯되었는데 이에 따라 총수요가 줄어 총공급이 총수요를 역전한 상황에 기인한 것이다.

케인즈는 이를 유동성함정이론으로 설명했는데, 이는 극심한 경기침체시에 금리가 매우 낮은 상황에서 발 생하는 현상이다. 이 대목에서 우리는 1929년의 대공황과 현재 글로벌 경제위기 간의 공통점을 찾아보 수 있다. 현재 경기부양을 위해 세계 각국에서 금리를 인하하는 추세이고 이미 3.25%에서 3.0%로 금리를 내 린 한국도 추가 금리 인하를 고려하고 있다. 이미 금리가 0%에 가깝고 변화가 없는 상태에서 미래에 금리가 상승한 것을 예상한 경제주체는 보유가치가 떨어질 채권보다 화폐에 대한 수요를 늘린다. 화폐수요는 무한 대기 되어 금리를 인하하고 통화량을 증가시킨 금융완화정책을 무력하게 만들기 때문에 케인즈는 확대제정 정책의 효과를 강조한다. IS곡선은 제정정책, LM곡선은 통화정책의 효과를 보여준다.

이미 금리가 내려갈 때로 내려간 상태에서 확대통화정책을 실시해도(LM곡선을 우측 이동) 국민소득(Y)에 는 큰 변화가 없다. 반면 IS곡선을 움직여 확대재정정책을 실시하면 국민소득을 증가시키는 효과를 볼 수 있고 미국이 실시한 양적 완화를 이 예로 볼 수 있다.

(2) 세계 각국의 경제상태

EU의 재정위기에서 시작된 글로벌 경제위기는 수출시장을 기반으로 성장하는 한국 경제에 큰 타격을 가하고 있다. 한국은 대외무역의존도가 113%로 그중에서도 큰 비중을 차지하는 EU(23%), 미국(12%), EU(9%) 의 경기침체로 수출시장이 부진한 상황이다. 또한 불어나는 가계채무 및 부동산을 포함한 자산가치의 하락으로 소비가 감소하고, 기업의 비용증가 대선을 앞둔 경제민주화 공약의 여파로 투자 역시 위축된 상황이다. 조세수입을 능가하는 정부지출로 인한 재정적자 역시 내수시장을 침체시키는 원인이다. 또한 각종 원자재가격 및 유가상승의 압박 등 기업의 비용을 증가시키는 요인까지 가중되는 상황이다. 국내 GDP 15조 2천억 달러의 경제대국 미국도 경상수지적자 및 재정적자의 쌍둥이 적자에 시달리고 있다. 중국을 상대로 한 무역수지가 적자를 보고, 2008년에 발생한 서브프라임모기지론 사태에 대한 대응책으로 실시한 국공채 발행으로 인해 재정적자 역시 눈덩이처럼 불어난 상태이다. 수출대국 중국 역시 그 성장세가 둔화되고 있으며 중국 정부는 경기부양을 위해 지급준비율을 인하하는 등의 정책을 실시하고 있다.

(3) 한국의 향후 경기예측

글로벌 경기침체로 인한 수출경기 부진, 992조 원의 가계채무와 부동산시장침체로 저성장의 늪에서 헤어나오지 못하고 있는 한국은 지난 8월 27일 무디스로부터 역대최고등급인 Aa3로 신용등급을 상향조정 받았다. 세계적 경제위기에도 불구하고 이에 대응할 수 있는 기반을 갖춘 점을 높게 평가 받았으며 세계 7위에 이르는 외환보유액을 바탕으로 급변하는 국제금융시장에 대한 대처능력을 인정받았다. 하지만 한국경제가 주목해야 할 것은 저출산 고령화로 인한 저성장의 인구구조이다. 현재 단기적으로 각종 설비투자 대비 노년층의 저축증가로 경상수지 흑자를 유지하고 있으나 이는 장기적으로 투자부진 및 경제활동 인구의 감소로 인한 경제활력 저하로 이어질 수 있다.

3. 한국 경기 활성화 방안과 KOTRA의 역할에 대한 제언

현재 글로벌 경제위기의 직격타를 맞고 있는 한국은 수출 및 내수시장의 활성화를 위해 노력해야 할 것이다. 상대적으로 작은 내수시장과 높은 대외의존도에 따른 수출 및 대외지향형 국가라는 태생적 한계점에 따라 수출시장침체에 있어서 돌파구를 마련해야 한다. 경직된 수출구도에서 벗어나 수출품목을 다변화하고 기존 미국, 중국, EU에 거의 50%를 의존하는 무역 구조에서 탈피하여 신흥시장을 개척 할 필요가 있다. 2003년 대두된 BRICS에서 확장하여 넥스트11, MIKT, 마빈스에 포함된 국가들을 신흥시장 주요 개척지로서 주목해야한다. 예를 들어 인도네시아와 같이 큰 내수시장을 바탕으로 한 성장잠재력을 지닌 국가나 올림픽, 월드컵 등 주요 국제적 행사를 앞두고 있는 브라질을 수출 시장 위기를 타개할 수 있는 신흥개척지로 생각해 볼 수 있다.

내수 경기 진작을 위해서는 소비, 투자, 정부지출이 늘어나야 하는데, 장기화된 경기침체로 위축된 소비심리 및 투자심리를 북돋우기에는 현실적으로 한계가 있다. 재정건전성을 악화시키지 않는 범위 내에서 소비 및 투자심리를 활성화할 필요가 있는데, 여기서 투자증진을 위한 활로는 해외직접투자에서 찾을 수 있다. 민간 및 정부의 저축률이 낮아 투자재원을 마련하지 못하는 상황을 타개하기 위해 해외저축을 활용하여 국내저축률 위축이 심화되는 것을 방지할 수 있다. 또한 고용창출 효과를 증대시킬 수 있는 서비스업의 생산성을 제고하여 산업구조의 효율성을 근본적으로 높일 수 있다.

KOTRA 는 세계 여러 지역에 구축해 놓은 글로벌 네트워크를 활용하여 수출시장침체의 타격을 받고 있는 중소기업을 적극 지원할 수 있을 것이다. 또한, KOTRA가 시행하고 있는 IT, 지식사업단 등을 통해 최근 부상하고 있는 한류 마케팅을 적극 활용하고 의료, 바이오 및 그린사업 등 신장성 및 고무가치 산업에서 퍼스트무비 (First Movie)로서의 위치를 선정할 수 있도록 새로운 산업 및 시장의 가능성에 주목해야 할 것이다.

Q 환율 전쟁의 폐해 -인근 궁핍화 -

1. 평가 절하 시 경상수지 개선

평가 절하는 정부의 금융정책으로써 환율변동에 개입하여 환율을 높게 유지시키는 것이다. 환율이 높게 유지되면 수출재 가격이 이전보다 낮게 표시되어 국내 기업은 가격경쟁력을 갖추게 되고 이에 따라 순수출이 증가하는 것이다. 순수출의 증가는 경상수지를 개선시키는 결과를 낳는 것이 일반적이다.

2. 평가 절하 시 경상수지가 개선되지 않는 이유

실질적인 수출액$(P_X \cdot Q_X)$이 하락하지 않는 경우 앞서 언급했듯이 고환율 정책에 따라 수출재가격이 하락 한다고 하였다. 그리고 이에 따라 일반적인 경우 수출량이 증가하여 전체 수출액$(P_X \cdot Q_X)$이 증가한다고 전제할 경우 순수출이 증가하여 경상수지가 개선된다고 하는 것이다.

그러나 여기서 핵심은 P_X 하락폭 보다 Q_X 증가폭이 커야 $P_X \cdot Q_X$가 증가한다는 것이다. 그렇지 않고 P_X 하락폭 보다 Q_X 증가폭이 작으면 전체 $P_X \cdot Q_X$가 하락하고 순수출이 감소하여 경상수지가 악화될수 있는 경우가 발생한다. 특히나 현재의 글로벌 침체에서는 Q_X가 상승하는 정도가 약하다고 판단되는 바 이러한 개연성이 농후하다.

3. 평가 절하 시 경기 후퇴 가능성이 높은 이유

(1) 외환 매입을 통한 고환율 정책에 따른 투자의 감소

고환율 정책은 외환매입을 통해서 이루어진다. 이에 대한 설명은 모형을 통해서 살펴보겠다. 자유로운 환율 변동에 따르면 e_0에서 균형 환율이 이루어져야 하는데 고환율 정책으로 정부가 개입하여 환율을 e_1으로 초과 공급분을 외환매입으로 고정시킨다. 이는 결국 시장의 통화량을 증가시키는 결과를 가져오게 되고 물가상승을 유발한다. 물가상승은 실질자산을 하락시키는 결과를 가져오고 이에 따라 국민의 실질소득이 하락하여 소비가 축소된다. 그리고 종국에 투자가 하락하여 경기가 후퇴하게 되는 경우 또한 발생할 수 있는 것이다.

(2) 고환율 정책에 따른 순수출 증가는 인근궁핍화의 초래

상기의 이유는 국내투자가 감소될 수 있는 상황에 대한 설명이었는데 이보다 더 타격이 큰 장기적인 경제 타격은 인근궁핍화이다. 자국의 순수출 증가는 자국 내지 인근국가의 경상수지를 악화시켜 무역불균형을 유발시킬 수 있다. 이로서 자국 또한 이에 대한 대응으로 마찬가지로 고환율정책을 구사하게 될 때 그 여파는 결국 자국에 돌아와 경상수지가 악화되는 악순환이 발생한다.

실제로 미국의 1, 2차 양적 완화는 본래 내수시장 활성화를 통한 자국의 경기활성화를 꾀하는 정책이었다지만 통화량 증가에 따라 달러약세 유발에 따른 순수출 증가로서 경기가 활성화 되는 경우였다. 이에 따라 종국은 평가절하 정책을 고수하게 되었고 일명 '환율전쟁'시대가 도래하여 결국 세계경제가 침체되는 상황이 빚어진 것이다.

4. 평가절하를 대체하는 수출시장의 활성화 방안

고환율 정책에 따른 순수출 증가는 실질적인 수출경쟁국의 재고가 아니라 '눈가리고 아웅'인 격이다. 이와 달리 실질적으로 수출 경쟁력을 제고시켜야 할 것이다.

미디어경제학아카데미

Q 아파트 분양가 상한제의 존폐

목차구성

1. 아파트 분양가 규제의 배경

인플레이션 타케팅을 정책목표로 잡은 것으로 보고 알 수 있듯이 대한민국은 물가 상승 문제에 민감하게 반응하고 있다. 현재 한국의 물가상승률은 2분기 기준 1.4%로 목표차 1%에 많이 근접하였지만 정책의 발효 및 정지에 따라 침체와 과열을 넘을 수 있다는 점을 감안하면 아직 인플레이션에 대한 긴장을 놓치기 힘든 것 같아 보인다. 아파트 분양가 규제는 인플레이션에 의한 물가 상승을 방어하기 위한 하나의 수단일 것이다. 이 정책이 경제에 미치는 효과는 득일까, 실일까?

2. 분양가 상한제의 효과 및 시장에 미치는 영향

(1) 공급-수요 관점에서의 분양가 상한제의 효과

분양가 상한제란 부동산(아파트)의 가격을 일정선 이상 넘지 못하도록 규제함을 의미하며 이로 인한 사회적 총 효용의 감소가 발생할 수 있다. 만약 아래의 그래프와 같이 시장 균형가 P^*보다 규제 상한가 P_1이 낮아 있으면 판매자의 효용은 감소하는 반면 소비자의 효용은 증가한다. 그러나 사회 총효용의 감소로 부동산 시장의 비효율성이 발생한다.

(2) 신규 아파트 시장의 영향

가격이 시장균형점에 이르지 못해 공급자(판매자) 또한 분양 상한가 이상의 신규 아파트 공급을 낮추어 신규 아파트 시장의 침체가 예상된다. 비록 가격의 하락으로 소비자들은 이득을 보았으나 정부의 개입으로 인해 생긴 시장의 비효율성은 판매자의 효용 감소분을 극복하지 못한다.

(3) 기존 아파트 시장의 영향

가격 상한제의 적용범위는 신규 아파트에 한정되어 있어 공급자는 기존 아파트의 거래에 더 공급을 늘릴 것이다. 따라서 기존 아파트 시장의 과열이 예상된다. 신규 아파트 가격 규제로 위 그래프의 상한가 P_1에서 수요는 공급을 초과하며 이 초과 수요는 기존 아파트 시장으로 이전하여 과열되기 때문이다.

3. 분양가 상한제의 존폐

결론적으로 분양가 상한제는 신규 아파트 시장의 침체, 기존 아파트 시장의 과열이라는 양극현상을 초래한다. 이는 당장의 인플레이션을 방어할 수는 있겠으나 첫째로 두 시장의 불균형을 초래하며, 둘째로 상한가에 막힌 부동산 가격은 곧 부동산 보유자의 역자산 효과로 소비 위축이 발생하기 때문이다. 따라서 상한제가 폐지되어야 한다.

4. 인구구조의 변화와 전월세 가격 상승의 관계

현대에 이르러 한국 뿐 아니라 세계적 저출산, 고령화로 인해 핵가족이 가족의 주유형이 되었다. 소규모 가족의 양산으로 목돈이 드는 부동산 보유보다 전월세에 만족하며 교육 및 여가에 관심을 가지는 사람들이 늘어났다. 이러한 트렌드에 따라 전월세 수요 증가 → 자격 상승의 메카니즘이 이루어진 것으로 보인다.

5. 전월세 가격 상승에 따른 상한제 도입여부 논의 및 부작용

위의 신규 부동산(아파트) 가격 상한제의 두 가지 부작용(시장 불균형, 역자산 효과에 따른 소비 위축)이 전월세 시장에서 그대로 발생하는 데쟈뷰가 발생할 것이다. 정부가 가격 상한제를 도입하려는 목적은 물가고정에 따른 물가 상승방어, 높은 전월세로 입주가 힘든 서민에 대한 배려로 보인다. 그러나 무작정적인 가격 규제는 이제 날개를 펼치려고 하는 경제 성장세를 위축시키는 문제를 야기할 수 있다.

6. 각 부처의 대책

(1) 정부의 대책

무조건적인 규제가 정답은 아니다. 규제로 모든 것이 해결된다면 이 세상의 암시장이란 것은 존재하지 않을 것이다. 무조건적으로 막는 것보다는 그리할 수 있도록 하게 유인하는 유인책이 필요하다. 가격 규제를 존속시키고자 한다면 시장 거래가격(균형가격)만큼의 이익을 보장할 수 있게 정부가 부동산 구매보조를 일정부분 보조할 수 있다. 위에 그래프에서 보인 총 사회적 효용의 감소폭을 정부의 보조금으로 채울 수 있다. 만약 정부의 재정적자가 우려된다면 세금혜택 등의 우회정책으로 공급자와 소비자의 효용 손실을 최소화해야 한다.

(2) 시사점

부동산은 그 단일 시장 이상의 의미를 지닌다. 한 개인에 있어 부동산은 자산의 일부로서 이를 규제함은 개개인 소비자의 자산을 규제함과 같다. 전 세계적 디플레이션으로 소비자 위축되는 이 시점에 이를 목 조르는 정책은 지양해야 할 것이다.

Q 엔저

1. 엔저의 원인

1985년 플라자 합의로 인해 엔고시대를 맞은 일본은 '잃어버린 20년'이라 불리는 장기 불황의 늪에 빠졌다. 아베총리 집권 이후 2012년 무제한 양적 완화라 불리는 아베노믹스를 시행하며 엔저시대를 열었다.

2. 엔저 이후 일본 경제

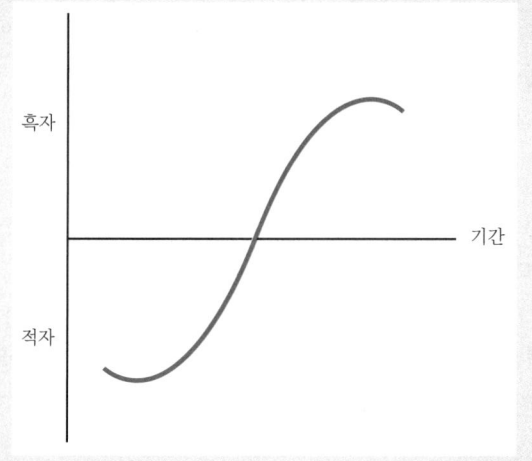

일본 경제는 위의 J-curve 침체 부분과 같이 환율 상승에 따른 가격 하락만큼 수출 증가가 따라오지 못하며 일본 경제는 침체에서 빠져 나오지 못하는 모습을 보였다. 그리고 그 여파로 일본 국채 금리 역시 상승하며 아베노믹스는 실패로 끝나는 것 같아 보였다. 그러나 엔저가 오래 지속되며 마침내 수출에 탄력을 받으며 일본의 수출 경제는 회복되기 시작하였다. 모든 산업에서 정상이익 26%가 예상되며 엔고로 수출에 어려움을 겪던 전자기기 산업의 70%가량의 기업들의 수출이 회복될 예상이다.

3. 한국 경제 영향

(1) 긍정적 영향(1) : 공작기계 등 대 일본 수입 기업들의 비용 절감

국내에서 제작하는 공작기계 전체부품의 30~40%를 일본으로부터 수입해서 사용한다. 따라서 엔화가치가 하락할 경우 국내 공작기계 기업들은 원가가 절감되는 효과를 얻게 될 것이다. 화장품 및 의류산업 등 위와 비슷한 산업들 역시 경영에 큰 도움이 될 것이다.

(2) 긍정적 영향(2) : 일본으로부터 대출 비중 높은 국내 기업 상환 여력 상승

국내 기업들의 대 일본 대출 규모는 매우 크다. 올해 5월 기준으로 포스코 1조 7000억 원, 롯데쇼핑, 삼성전자, 대한항공 등은 1조 원 안팎의 엔화 부채를 가지고 있다. 위 기업들과 같이 엔화로 돈을 빌린 기업들은 환차익 효과를 볼 수 있다.

(3) 긍정적 영향(3) : 대 일본 경상수지 적자 폭 감소 예상

한국은 일본과의 무역에 있어서 만성적인 적자에 빠져있다. 2012년 무역적자는 약 7조 엔에 달하였다. 엔고는 대 일본 수입액 감소와 수출액 증가를 가져와 무역적자폭 감소를 가져올 수 있다.

(4) 부정적 영향(1) : 국제 시장에서 한국 기업의 가격 경쟁력 약화

무역협회에 따르면 일본과 한국은 주요수출 종목 10개 중 9개가 겹치며 이는 양국 모두 전체 수출액의 약 80%를 차지한다. 세계시장에서 대체제 관계를 형성하고 있는 만큼 엔저원고 현상이 지속될 경우 세계시장에서 한국제품의 가격 경쟁력 약화를 초래할 것이며 수출 감소로 이어질 것이다.

(5) 부정적 영향(2) : 엔캐리 트레이드 증가 가능

일본은 양적완화를 위해 제로금리를 유지할 것이다. 양적완화 기간 동안 과잉공급된 유동성은 엔화에 비해 상대적으로 금리가 높은 미국, 유럽 또는 신흥국으로 이자율 차이를 통한 이익 창출을 위해 유입된다. 이때 한국 역시 예외일 수 없을 것이다. 엔저원고가 지속되어 엔캐리 트레이드가 증가한다면 이는 국내 경제에 버블을 형성하고 추후 엔캐리 트레이드가 청산될 때 국내 경제의 안정성에 큰 악영향을 미칠 것이다.

4. 대안

(1) 정부 : 자본시장 안정화 대책마련

기업들의 활동에 있어서 환율은 큰 영향을 미친다. 환율이 큰 폭으로 변화한다면 기업들의 활동은 위축될 수밖에 없다. 따라서 외환규제 3종 세트, 금리정책, 외환 보유고 추가 확충 등 다양한 방법 등을 통해 국내 자본 시장을 안정화 시켜서 국내 기업들의 불확실성 최소화를 위해 노력해야 한다.

(2) 기업 : 기업 체질 개선 위한 노력

이번 기회에 비가격 측면 가격 경쟁력 향상을 위해 노력해야 할 것이다. R&D 투자 확대를 통한 고기술 고부가 가치화 등의 차별화 전략과 집중화 전략에 집중해야 한다. 잃어버린 20년 장기불황을 이겨낸 일본 기업은 국내기업의 장기 전략에 큰 도움이 될 것이다. 국내 기업들은 일본 기업들이 엔고 극복을 위해 사용했던 수직 계열화를 통한 only one 전략을 참고할 수 있을 것이다.

(3) KOTRA : 해외시장 다변화

코트라는 아직 일본이 선점하지 않았거나 일본 기업들의 진출이 더딘 시장 개척을 위해 노력해야할 것이다. 무역관을 통한 현지 고급정보 및 네트워킹 제공을 하여 국내 기업들의 신흥시장 선점에 힘을 실어주어야 한다. 만약 필요하다면 추가 무역관 개설 역시 필요할 것이다.

> **Q**
> 1. 미국의 양적완화를 중단, 또는 출구전략을 실시하는 이유를 논하시오.
> 2. 미국의 출구전략이 신흥국에 미치는 영향을 논하시오.
> 3. 신흥국의 위기가 한국 경제로 전염될지 논하시오.

1. 미국이 양적완화를 중단, 또는 출구전략을 실시하는 이유를 논하시오.

서브프라임모기지 사태 이후 침체된 경기를 부양하기 위해 미국은 양적완화를 단행, 시장에 유동성을 대거 공급하였다. 이후 미국의 환율상승으로 인한 경상수지 개선과 부동산 시장의 안정과 더불어 실업률이 6.4%로 감소하는 등의 실효가 나타나자, 이에 상승한 물가를 안정시키기 위해 내린 조치가 바로 양적완화축소, 즉 출구전략이다. 즉, 출구전략은 그간의 양적완화로 인한 물가상승을 억제하는 정책이라 할 수 있다.

2. 미국의 출구전략이 신흥국에 미치는 영향을 논하시오.

(1) 자본수지 측면

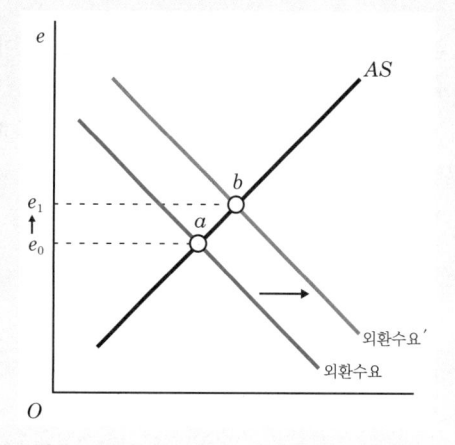

인도, 인도네시아, 브라질 등의 신흥국들은 달러과잉 정책에 따라 적극적으로 달러를 차입하여 경상수지 적자를 상쇄해왔다. 따라서 버냉키의 이번 출구전략은 미국 내의 시중금리 상승을 야기하여 신흥국으로 흘러 들어간 달러를 회수하는 결과가 예측되어 이에 따라 상기 말한 시장(신흥국) 모형에서 알 수 있듯이 신흥국으로부터 대량의 자본이 유출하여 자본수지 적자를 초래한 것으로 전망된다. 이들 신흥국입장에선 자본수지 악화에 따른 국민소득의 감소가 불가피할 것으로 예상된다.

(2) 경상수지 측면

비록 자본의 유출로 인한 환율상승으로 수출 경쟁력이 강화되지만 이들 신흥국들은 주로 내수시장에 대한 의존도가 강하므로 경상수지 흑자폭이 자본수지 적자 폭을 상회하지 못해 경기침체가 예상된다.

(3) 결론

신흥국들의 산업구조가 수출형 체제가 아닌 이유로, 미국의 출구전략은 신흥국의 화폐구매력을 상승시켜서 내수에서의 후생이 감소할 여지와 더불어, 신흥국의 기업 채무부담을 증가시킴과 향후 외환 리스크에 노출시키는 영향을 줄 수 있다.

3. 신흥국의 위기가 한국 경제로 전염될지 논하시오.

(1) 자본수지 측면

신흥국에서 유출된 자본들이 국내로 유입될 경우 우리나라 자본수지의 개선을 예상할 수 있다. 제조업에 종사하는 기업들이 많은 수출형 국가인 우리나라의 산업구조를 상기하면 이는 환율의 하락 압박을 주게 되어 자칫하면 경상수지 위기를 초래할 수 있다. 하지만 3,300억 달러 규모의 외환보유를 하고 있는 현 사정을 고려하면 환율하락 억제를 하더라도 외환위기의 발생 가능성이 낮다고 볼 수 있다.

(2) 경상수지 측면

우리나라 수출액의 약 12%를 차지하는 미국경제의 소생을 고려하면 신흥국의 경기침체에 따른 수출 감소를 대미무역으로 상쇄 상회할 것이라 판단된다. 경상수지 증대와 더불어 자본수지 증대에 따른 IS BP 곡선의 우측이동과 현 환율을 유지시키는 정부의 금융정책의 조합으로 국민소득의 증대, 즉 경기가 부양될 수 있음을 예상할 수 있다. 다시 말해서 미국의 양적완화 축소로 인한 신흥국의 위기가 국내 경기에 전염이 되는 가능성은 작다.

(3) 향후 대응 및 대책

미국의 시리아 공습예견이 되는 점을 보아 유가상승이 전망되고 있다. 이는 신흥국으로 하여금 더 심한 경기침체가 예상되며 자본의 유출은 더욱 가속화 될 것이다. 이에 신흥국으로의 우리나라 수축이 둔해질 것이 자명하다. 따라서 우리나라는 향후 공급측면의 장기적인 계획을 마련하고 수출시장 및 수출 제품의 고부가가치화 다변화를 통해 근본적인 수출 강국의 기반을 다져야 할 것이다. 이에 해외시장 개척 및 국내기업의 수출교두보 역학을 하는 KOTRA의 역할이 어느 때보다 필요한 시점이다.

> 1. 미국의 양적완화를 중단, 또는 출구전략을 실시하는 이유를 논하시오.
> 2. 미국의 출구전략이 신흥국에 미치는 영향을 논하시오.
> 3. 신흥국의 위기가 한국 경제로 전염될지 논하시오.

1. 미국의 양적완화를 중단 또는 출구전략을 실시하는 이유를 논하시오.

(1) 미국의 경기회복에 따른 출구전략 시기의 도래

미국은 2008년 서브프라임모기지론 사태로 인해 촉발된 금융위기로 인해서 경기침체를 겪었고, 이를 타개하기 위해 2008년 11월부터 3차에 걸친 양적완화를 실시하였다. 매달 85억 달러를 시중에 공급하였고 여태까지 공급한 유동성은 총 3조 달러가 넘는 강력한 경기부양책이었다. 그 결과 잠재GDP보다 한참 못 미쳤던 실제 GDP가 AD(총수요)의 증가로 인해 증가하여 경기부양책의 성과가 가시화되었다. 총수요가 증가하여 적정수준선에서 실제GDP가 상승하여야 기조의 양적완화에 목표에 부합되는 것이고, AD곡선이 잠재GDP 수준보다 우측에 위치할 경우 경기과열이 우려되므로 정확한 시점에서 출구전략이 실시되는 것은 매우 중요하다. 하지만 이러한 출구전략은 신흥국들에 경제 충격을 가져다주는 스필오버효과를 발생시키고 있다.

2. 미국의 출구전략이 신흥국에 미치는 영향을 논하시오.

(1) 신흥국으로부터 외국자본의 엑소더스

미국의 양적완화로 인해 공급된 막대한 양의 유동성은 신흥시장의 고수익을 향해서 신흥국으로 흘러들어갔다. 하지만 출구전략시기가 도래됨에 따라 신흥국에 흘러 들어갔던 값싼 유동성은 미국 금리 상승우려로 인해서 대규모로 유출되고 있다. 이러한 외국자본의 엑소더스는 여러 경로로 신흥국들에 충격을 주고 있다.

(2) 환율상승에 따른 재정적자 경상수지적자 심화

대규모로 이탈된 자본으로 인해 신흥시장의 화폐가치는 폭락하고 있는데 이를 겪는 대표적인 국가는 인도, 인도네시아, 브라질, 터키 등이다. 이들 국가는 모두 제조업 기반이 약한 상태에서 값싼 자금유입으로 한동안 경제성장을 누렸지만 자금이탈이 가속화되고 화폐가치가 폭락함에 따라 재정적자, 경상수지적자가 심화되고 있다. 제조업의 부실로 환율상승에 따른 순수출의 증가효과를 볼 수 없고 단기외채비중이 높아서 환율상승이 일어날 경우 부채규모가 커지기 때문이다.

> **Q**
> 1. 미국의 양적완화를 중단, 또는 출구전략을 실시하는 이유를 논하시오.
> 2. 미국의 출구전략이 신흥국에 미치는 영향을 논하시오.
> 3. 신흥국의 위기가 한국 경제로 전염될지 논하시오.

1. 양적완화의 개념과 출구전략 시행의 이유

양적완화는 초저금리상태에서 경기부양을 위해 중앙은행이 시중에 돈을 푸는 정책을 의미하며, 정부의 국채나 여타 금융자산 매입을 통해 유동성을 직접 공급하게 된다. 미국은 글로벌 금융위기 이후 세 차례에 걸쳐 유례없는 양적완화를 실시하여 유동성을 공급하고 있다. 하지만 양적완화가 지속될 경우 과잉 공급된 유동성으로 인해 물가가 상승하여 인플레이션을 유발할 가능성이 있으므로, 언젠가는 공급된 유동성을 다시 회수해야 하는데 이를 출구전략이라 한다. 미국은 이 출구전략의 시점을 물가상승률 2.5%, 실업률 6.5%로 정하였고, 최근 경기회복세가 나타나면서 양적완화 축소와 출구전략 시행 조짐을 보이고 있다.

2. 미국의 출구전략이 신흥국에 미치는 영향

(1) 단기 : 자본시장에 미치는 영향

단기적으로는 외환유출이 증가하면서 신흥국의 주식수요가 감소하고 매각이 증가하면서 주가가 하락할 것이고 국공채 수요가 줄어들면서 국공채 가격 하락과 금리상승이 나타날 것으로 예상된다. 특히 환율시장에서는 급격한 외환유출로 인해 환율이 하락하게 되고, 이로 인해 순수출이 증가할 수 있으나 최근 문제가 되고 있는 인도, 브라질, 인도네시아 등의 신흥국들은 제조업 비중이 낮아 순 수출 증가에 따른 경상수지 흑자는 기대하기 어렵다. 오히려 환율 하락은 유가를 상승시켜, 원유수입 비중이 큰 인도는 막대한 피해를 입을 것으로 예상된다. 게다가 인도의 경우, 만성적인 경상수지 적자를 외자로 빌려 메워 왔을 만큼, 외환유출에 직접적인 피해가 클 것으로 예상된다.

(2) 장기 : 실물 시장에 미치는 영향

외환유출은 시중의 통화량을 감소시키게 되어 물가상승을 유발하므로, 이에 따른 소비와 투자의 감소가 예상된다. 이는 정부 재정적자와 글로벌 경기 침체에 따른 원자재 등 수출 부진과 맞물려 총 수요의 감소를 초래해 경제성장 둔화를 유발할 수 있는 만큼 많은 우려가 따르고 있다.

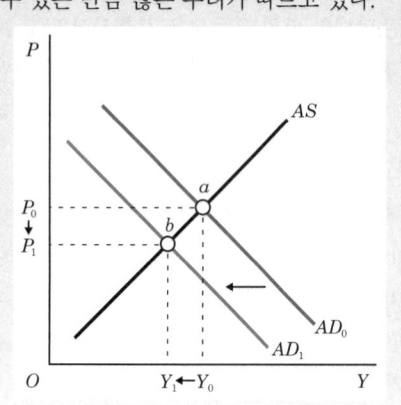

3. 신흥국 위기가 한국에 전이될 가능성

(1) 안전한 외환부유액으로 인한 낮은 전이 가능성

한국의 경우, 97년 외환위기 때만큼 위험하지는 않을 것이다. 첫째 현재 한국은 당시보다 많은 외환보유액을 확보하여 현재 3300억 달러 수준이며, 단기 외채비율도 상대적으로 양호하며, 97년 당시에는 경제 전반에 거품이 형성되었던 것과는 달리 지금은 부동산과 원자재 시장에만 거품이 형성되어 있다. 또한 국가 신임도가 다른 신흥국들보다 양호하여 신흥국들에서 유출된 자금이 오히려 한국 주식시장으로 유입되는 모습마저 보이고 있어 큰 위험은 없을 것으로 보인다.

(2) 아시아 수출 침체에 따른 성장 둔화는 불가피

하지만 아시아 국가 대상의 수출 침체가 예상되는 만큼 한국의 성장 둔화는 다소 우려된다. 아세안 국가 대상 교육 비중은 전체 수출에서 14%를 차지하는 만큼 어느 정도 국내 수출은 타격을 입을 것이다.

(3) 대책

이처럼 경미하지만 수출 침체가 예상되는 만큼 수출전략과 내수 확대를 위한 정책이 필요하다. 특히 금리 인하를 통해 유출되는 만큼의 유동성을 보완한다면 부동산이나 주식시장으로 유입되어 경제 성장을 촉진시킬 수 있다. 둘째 현재 외환보유액이 양호하지만 현재 글로벌 경제 전망이 불확실한 만큼 보유액을 늘리는 노력을 통해 혹시 모를 위험에 대비하는 자세를 갖추어야 하겠다.

Q 달러 캐리트레이드의 발생원인과 한국경제에 미치는 영향에 대하여 논하시오.

1. 서론

최근 달러캐리트레이드가 전세계 경제의 핫이슈로 떠오르고 있다. 달러캐리트레이드(Dollar carry-trade)란 상대적으로 금리가 낮은 미국 달러화를 빌려 다른 나라 통화로 표시되는 주식, 채권 등에 투자함으로써 차익 거래를 추구하는 것을 말한다. 이 글에서는 최근 달러캐리트레이드가 활발해진 원인을 분석하고, 이것이 한국 경제에 미치는 영향을 장/단점으로 나누어 살펴 볼 것이다.

2. 본론

(1) 원인-미국의 저금리와 달러약세 예상

달러캐리트레이드의 첫 번째 원인은 계속되는 미국의 저금리이다. 작년 말 FRB가 금융위기 극복을 위해 정책금리를 2.25%이내의 사실상 '제로금리'로 낮춘 이후 지금까지 그대로 유지하고 있고, 안전자산 선호 현상이 심화되어 미 국채금리가 사상 최저치를 기록하는 등 미국의 저금리 현상은 당분간 지속될 것으로 보인다. 지난 8월 이후로 달러 LIBOR 금리가 엔 리보금리를 하회하기 시작한 후로, 달러화가 엔화를 대체한 국제 캐리트레이드 통화로 떠올랐다. 또 다른 원인은 달러화의 추가 약세 예상이다. 2008년 전 세계 금융 불안 국면에서 달러화는 대표적 안전자산으로서 강세를 보였으나, 2010년 이후로는 미국의 심화된 재정적자와 인플레이션 위험 등으로 인해 약세를 보일 것이라는 전망이 지배적이다. 이러한 시장의 기대도 달러캐리트레이드를 부추기는 원인이 되고 있다.

(2) 장점-외화 자금의 공급으로 경제 활성화에 기여

달러캐리트레이드는 기본적으로 자본의 국가 간 이동으로, 자본이 풍부한 국가에서 필요한 국가로 이동함으로써 생산요소의 효율적 배분을 가능하게 하고, 그 나라의 경제 활성화에 기여하는 이점이 있다. 한국을 비롯하여 외화 유동성의 영향을 크게 받는 개발도상국들이 이번 금융위기로부터 안정을 되찾는데 이 달러캐리트레이드로 인한 외화 자금 유입이 도움이 되고 있다.

(3) 단점-청산시의 금융 불안 위험 그리고 달러약세로 인한 경상수지 악화

달러캐리트레이드는 기본적으로 자산 가치에 대한 투자라기보다 일시적인 금리 차이로 인한 차익거래의 성격이기 때문에 자산 거품을 발생시키는 부작용이 있다. 거품은 터지기 마련이다. 예컨대 미국의 출구전략, 즉 금리인상과 같은 여건 변화로 청산이 일어나면 자산 가격이 폭락하고, 또 다른 금융 불안을 초래 할 우려가 있다. 또 다른 악영향은 환율하락으로 인한 경상수지의 악화이다. 단 이것은 마샬-러너 조건(자국 수입수요의 가격 탄력성＋외국 수입수요의 가격탄력성1)이 성립하는 경우에만 나타나는 현상인데, 2008년 한국은행이 발표한 실증분석 결과에 따르면 한국은 단기적으로는 마샬-러너 조건이 성립하지 않고, 장기적으로는 성립하는 국가에 해당한다고 한다. 즉, 위의 그래프와 같이 J-CURVE 효과가 나타나는 사례에 해당하는 것이다. 따라서 계속되는 달러약세는 한국의 경상수지에 악영향을 미치고 있는 것으로 볼 수 있다.

반대로 달러캐리트레이드의 급격한 청산으로 환율이 상승하는 경우 마찬가지로 역 J-CURVE 효과를 가정하면 장기적으로는 경상수지 호전에 기여하겠지만 단기적으로는 앞서 언급한 금융 불안에 일시적인 경상수지의 급격한 악화 또한 예상해 볼 수 있다.

3. 결론

지금까지 살펴본 것과 같이, 달러캐리트레이드는 외화 유동성의 공급과 자산 가격 회복으로 한국경제에 도움을 주고 있지만, 경상수지에의 악영향 및 향후 청산시의 시장불안위험 등의 문제점도 내포하고 있다. 달러캐리트레이드의 확대 또는 청산 여부는 한국경제의 입장에서는 통재 불가능한 외생변수에 해당한다. 다만 이로인한 자산의 거품형성 등의 부작용을 면밀하게 주시하고 관리하는 한편, 금융시장의 국제공조를 강화하여 향후 있을지 모르는 혼란에 미리 대비하는 노력이 필요할 것이다.

Q 양적 완화정책에 대하여 논하시오.

1. 서론 : 양적 완화 정책과 기준금리 정책 사이의 딜레마

중앙은행이 채권을 매입하여 화폐의 통화량 증가를 통해 경기부양을 하는 양적 완화 정책. 지금까지 기준금리 조정을 통한 경제의 안정을 취해왔던 중앙은행이 글로벌 시장 경제의 불안성과 경기회복의 더딘 속도를 감안 효과가 빠른 양적 완화정책을 고민하고 있다. 양적 완화정책을 한다면 채권매입과정에서 상당한 부채가 발생할 것이고 오랫동안의 저금리 기조 속에서 그 효과가 의문시 되지만 인플레이션 우려에도 환율과 가계부채 증가 문제로 금리를 내리기도 올리기도 애매한 상황에서 그나마 가장 현실적인 방법으로 부상하였다.

2. 본론 1 : 양적 완화 정책이 주는 장점

(1) 가계, 기업

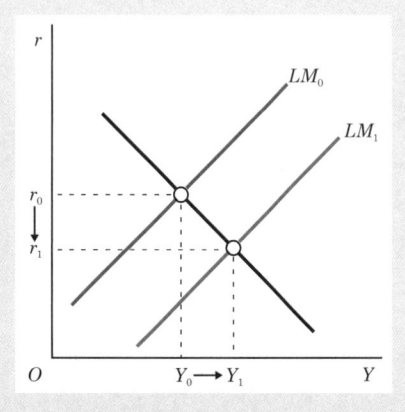

통화량이 증가하여 LM곡선이 LM으로 이동하게 된다. 이로서 국민총소득이 $Y_0 \to Y_1$으로 이동하고 이자율이 $r_0 \to r_1$으로 이동하게 된다. $Y_0 \to Y_1$으로의 이동은 가계입장에서는 소비가 늘어났음을 의미한다. 또한 기업 입장에서는 이자율의 하락($r_0 \to r_1$)으로 투자가 증가하게 된다.

(2) 무역

통화량의 증가로 이자율이 $r_0 \to r_1$으로 떨어지면 외환이 유출되고 환율이 상승하여 NX(순수출)증가의 효과를 가져온다.

3. 본론 2 : 양적 완화 정책이 주는 단점

(1) 인플레이션 우려

현재에도 이미 우려가 큰 인플레이션에 대해 양적 완화 정책시 그 우려가 더 커질 수가 있다. 왜냐하면 통화량이 증가하고 이자율이 하락하여 소비가 늘어나고 이는 인플레이션으로 이어지기 때문이다.

(2) 정부의 재정적자 증가

금융위기 이전 GDP 대비 20%를 나타내던 GDP 대비 정부 부채율이 금년 들어 40%에 육박하고 있다. 이러한 상황에서 양적 완화는 그 효과를 떠난 부채를 더 지게 될 것이다.

(3) 뜨겁게 떠오르는 금융거래세

주식, 채권 외환 등의 금융상품 거래에 세금을 부과하는 금융거래세의 논의가 뜨겁다. 11월에 열릴 G20 회담에서도 금융거래세 도입 추진 목소리가 나오고 있고 이미 브라질 등의 나라들은 시행 중에 있다.

양적 완화 정책은 우리나라만의 문제가 아닌 상황에서 미국, 유럽 등의 선진국이 양적 완화 정책을 실시한다면 대규모 단기성 투기자금이 우리나라와 같은 신흥시장으로 들어와 자산버블, 주식시장의 혼란, 해당국 통화의 강세를 가져온다. 이는 무역, 금융 등 다양한 분야에 영향을 미치므로 얼마 전 브라질은 금융거래세를 4% → 6% 인상키도 하였다. 금융거래세를 도입하는 데에 있어 각 나라마다의 사정이 다르고 우리나라는 이미 많은 세금을 금융기관으로부터 거두어들여 반발이 예상되지만 양적 완화로부터 흘러 들여온 금융회사들의 과도한 돈잔치 억제 기능은 분명히 할 수 있을 거라 본다.

4. 결과 : 죄수의 딜레마를 벗어나자.

양적 완화의 정책 실패 시 국내 경제는 물론 정책의 영향으로 세계 경제가 다시 한번 침체되어 더블딥에 빠지게 될 수 있다. 이미 각국의 재정 적자가 막대한 상황에서, 무리한 양적 완화 정책이 각국의 환율전쟁을 더욱 심화 시킬 수 있는 상황이므로 각국들은 게임의 이론 중 죄수의 딜레마처럼 서로 좋은 것 만 취하다 결과가 안 좋은 상황에 직면하면 안 된다.

Q 한 · 중 · 일 FTA가 우리나라 경제에 미치는 영향

1. FTA 정의와 기대효과

FTA는 관세 및 비관세 무역을 제거하여 배타적 무역특혜를 서로 부여하는 자유무역협정을 말한다. 이에 따라 교역량이 증가하고 비교우위로 인한 사회적 총잉여가 증가한다.

한국은 세계 수출 시장에서 경쟁력을 얻고자 칠레 · EU · 페루 등과 FTA를 체결하였으며, 한 · 중 · 일 FTA 산 관학 공동연구를 올해 마무리하고 내년부터 실질협상을 진행할 예정이다.

2. 한 · 중 · 일 FTA가 우리나라 경제에 미치는 영향

(1) 긍정적 효과

1) 교역량의 증가로 사회적 후생 증가

리카르도의 비교우위론에 따라 무역협정을 체결한 각국은 비교우위사업을 특화하게 되며, 이에 따라 분업의 효과가 발생하여 자원이 효율적으로 배분된다. 실제로 한 · 중 · 일 3국은 상호보완적인 비교우위산업 및 무역구조를 가지고 있으며, 교역량이 증가할 경우 이러한 효과가 극대화될 가능성이 높다. EU와 NAFTA의 경우로 효과의 정도를 찾아볼 수 있다.

2) 규모의 경제 창출하여 외부경제효과 기대

FTA를 체결하는 가장 큰 목적은 개별시장을 통합한 시장효과 때문이다. 이렇게 시장이 확대된다면 판매량이 늘어남에 따라 규모의 경제 발생, 생산 증가로 협력업체에게도 긍정적인 영향을 미쳐서 외부경제효과를 창출할 수 있다. 실제 한 · 중 · 일 FTA가 체결될 경우 동북아 경제권은 EU, NAFTA에 이어 세계 3대 규모의 시장으로 부상하며, 한 · 중 · 일 각국 GDP역시 각각 5.14%, 1.54%, 1.21% 씩 상승한다는 전망이 있다.

3) 비교우위 산업 글로벌 경쟁력 높아져 국민총생산 증가

현재(2011년 1분기) 우리나라의 GDP대비 수출입 비중은 110.1% 수준이다. 이는 우리나라 경제에서 수출입 등 대외무역과 글로벌 경쟁력의 중요성을 나타낸다. 무역강국으로서 한 · 중 · 일 FTA 실행으로, 대만과 중국의 ECFA 등에 대항하며 대만 등 수출경쟁국에 대한 글로벌 경쟁력을 가지게 될 것이다. 한국GDP에서 수출비중이 70% 상회함을 감안하면 더욱 그렇다.

(2) 부정적 효과

1) 농축산업 등 비교열위에 있는 산업은 구조조정 되거나 퇴출

FTA는 기본적으로 모든 관세나 비관세를 철폐하기 때문에 경쟁력을 갖추지 못한 산업이나 기업은 구조조정 내지 시장퇴출이 불가피하다. 한국의 경우, 중국에 비해 높은 생산비를 유지하는 농축업, 중소제조업 등이 이러한 비교열위산업에 해당하며, 일본에 비해 부족한 제조기술업도 구조조정의 대상이다.

이로써 동산업에서 실업이 발생할 위험이 있으며, 특히 경직된 우리나라의 노동시장과 농축산업 등 비교적 전문화된 특성을 고려할 때 단기간 재취업이 어렵다. 따라서 이러한 실업률은 높은 수준으로 유지되며 국민소득도 일정부분 줄어들게 된다.

2) 대외의존도 높아져 글로벌 경제 영향에의 노출심화

한·중·일 FTA는 역내 교역을 증가시킴으로서 외부충격에 취약한 동북아 지역 자체의 경쟁력을 강화시킬 수 있다. 그러나 다른 한편으로, 우리나라의 현 70%의 GDP 대비 수출입 비중이 더 높아진다면 이는 최근의 미국 신용등급 강등, 유로존 재정위기, 동일본대지진 등 국제경제 불안요인에 대한 충격에 더 취약해질 가능성이 높아진다.

3. 한국정부의 정책과 KOTRA의 역할

한·중·일 FTA는 비교우위 산업의 수출경쟁력을 높이는 기회인 한편 비교열위산업이 잠식될 수 있는 위험요소를 함께 가지고 있다. 따라서 정부는 비교열위산업의 피해와 손실을 최소화 하는 생산 및 소비 지원을 강화하는 정책을 구사해야 한다. 또한 외환금융규제 강화를 통해 유동성 위험과 무역 거래 시 환차손을 최소화하여 대외의존위험에 대한 철저한 대비책을 마련해두어야 한다. 이와 더불어 KOTRA는 더욱 생생한 해외시장정보제공과 해외 바이어 네트워크 구축(발굴) 및 발전에 총력을 기울여, 한·중·일 FTA를 도약의 기회로 만들도록 노력해야 한다.

OO년 무역협회 합격생 답안

Q 중국 금리 인상에 대하여 논하시오.

1. 서론

중국은 최근 기준 금리 0.25% 상승을 공식적으로 발표했다. 더블딥에 대한 우려 측에서도 뜻밖의 결정을 한 중국정부에 대해 세계 각국은 다양한 분석을 진행하고 있다. 중국정부의 금리인상 배경과 중국 및 한국 경제에 미치게 될 영향에 대해 논해 보고자 한다.

2. 중국의 금리인상 결정에 대한 배경

(1) 인플레이션에 대한 우려

중국은 최근 10%의 고도 경제 성장률을 기록해오고 있다. 하지만 경제성장과 함께 인플레이션의 우려 또한 급증해왔다. 인플레이션의 경우, 부동산, 주식 시장 등에 자산 버블을 유발해 경기 불안정을 초래 할 수 있다.

(2) 위안화 절상에 대한 국제사회의 압력

미국은 중국이 의도적으로 위안화 평가 절하를 유도하여 경상수지 흑자를 만들고 있다고 주장해왔다. G20을 앞에 두고 위안화 절상 압박을 무모화 시키고, G20에서 영향력을 확대시키기 위해 중국 정부는 금리를 인상했다.

3. 중국의 금리 인상이 중국 및 한국 경제에 미치는 영향

(1) 중국 경제에 미칠 영향

중국의 금리가 인상되면 외환이 중국으로 유입될 것이고 달러 등의 외환의 가치가 하락하고 위안화 가치가 상승하게 되어 환율이 하락한다. 중국의 환율이 감소할 경우 중국 수출 제품이 가격이 상승에 중국 수출에 악영향을 끼칠 것이다. 또한 중국 제품의 교역 규모가 매우 크므로 글로벌 인플레이션 발생 시킬 수 있다. 또한 금리 인상은 중국 국내 소비와 투자를 위축시켜 중국 경제가 침체 될 수가 있다. 13억 인구의 대규모 시장에 수출하는 국가들은 중국경기침체로 수출이 약화 될 가능성이 있다.

(2) 한국경제에 미치는 영향

중국의 금리인상은 자국뿐만 아니라 대중국 최대 교역국가인 한국경제에도 지대한 영향을 미칠 것이다.
먼저, 중국 금리인상을 통한 위안화 가치 절상은 상대적으로 원화의 가치를 하락시키게 된다. 결과적으로 한국의 대 중국 수출이 증가하는 긍정적 효과를 유발한다.
하지만, 원자재의 많은 비중을 중국에서 수입해 오는 한국은 원자재의 가격을 상승시켜 기업의 생산 비용을 증가 시키게 되고, 결국 비용 증가로 인한 인플레이션을 유발하게 된다.

4. 결론

중국은 금리인상 정책을 통해 물가상승을 억제하여 경기과열을 막고 위안화 절상에 대한 국제사회의 압력을 종식시킴으로써 일거양득의 효과를 보았다. 하지만 금리인상으로 중국의 수출이 감소할 가능성과 그에 따른 국내 경기악화, 그리고 중국산 제품의 가격 상승으로 인한 글로벌 인플레이션유발 등 부정적인 측면도 있다. 한국 경제에는 대중국 수출 증가라는 긍정적 측면도 있겠지만, 중국으로부터 수입해오는 원자재 가격 상승과 그에 따른 경기침체 및 비용증가 인플레이션 등 부정적인 영향을 끼치기도 한다. 금리인상을 통한 위안화 절상이 비록 단기적으로는 한국경제에 긍정적 영향을 끼칠지 모르나, 장기적으로는 중국경제의 침체와 글로벌 인플레이션을 유발시킬 수 있다는 점에서 중국정부는 추가적인 금리인상에 신중을 가해야 할 것이다.

CHAPTER 04

경제논술 기출문제

기출문제의 세밀한 분석

어떠한 시험에서든 기출문제를 분석하는 것은 공부의 가장 기본이고 시작이다. 분명히 여기서 '분석'이라는 단어를 사용한 것은 기출문제를 훑어보는 것을 의미하지 않는다. 경제학을 전공했든 하지 않았든 이론서, 경제신문 검색, 웹 서칭 등 다양한 방법을 통해 최소한 최근 5년치의 기출문제를 분석해보는 것은 공부를 시작하는데 있어서 공부의 방향, 범위, 깊이를 정하는데 가장 큰 기준이 된다. 기출문제 분석이 제대로 이루어지지 않는다면 시작부터 공부의 방향이나 범위가 잘못 설정되고 투입한 시간에 비해 좋지 않은 결과를 얻게되는데 이게 공부의 방향과 범위가 잘못되었기 때문이다. 물론 객관적으로 열심히 공부한다는 전제 하에서이다. 경제논술 시험의 주요 공기업의 기출문제를 살펴보고 반드시 해당되는 이론, 용어, 경제시사를 찾아보아야 한다. 그리고 반드시 직접 작성해보고 3~5회 정독하여 기출문제를 분석하도록 하자. 짧은 시간 안에 최대한의 결과를 얻을 수 있는 공부 범위와 방향이 정해진다면 이제는 공부에 투입하는 시간문제이기 때문이다.

| 경제논술 대표기출 유형

코트라 대표기출   환율과 수출

> 중국의 대달러 환율이 다른 통화의 대달러 환율보다 더 크게 절상된다면 한국의 전체 수출에 미치는 영향에 대해 논하시오.

1 한국에 있어서 중국의 중요성

  ① 중국은 우리나라의 최대 수출대상국이자 수입대상국으로 위안화 환율 변화는 우리 대중국 수출과 수입 모두에 직접적으로 영향을 미치고 있다.

  ② 중국은 우리 수출의 약 1/4을 차지하는 최대 수출대상국이자 최대 수입대상국이다.

  ③ 뿐만 아니라 세계시장에서 중국과의 경합도가 높은 제품의 대외수출에도 간접적으로 영향을 미치고 있다.

2 우리의 대외(중국 제외) 수출에 미치는 영향

  ① 위안화 환율 하락(위안화 가치 절상)으로 중국제품의 가격경쟁력이 낮아질 수 있다.

  ② 한·중 간 경합의 정도 및 유형에 따라 품목별로 구체적인 수출 확대 효과는 상이할 수 있다.

  ③ 세계시장에서 한·중 간 경합도가 높은 조선, 무선통신기기, LCD 등 일부품목의 경우 긍정적 영향이 발생할 수 있다.

3 우리의 대중국 수출에 미치는 영향

  ① 위안화 환율 하락(위안화 가치 절상)으로 인한 우리 제품의 가격경쟁력 강화로 대중국 수출은 증가할 전망이다.

  ② 환율변동에 민감한 자동차, 철강, 전자, 석유화학 품목 등의 대중국 수출이 증가하고 대중국 수출기업의 채산성 또한 강화(달러거래 기준)될 수 있다.

4 우리의 대중국 수입에 미치는 영향

  ① 위안화 환율 하락(위안화 가치 절상)으로 대중국 수입은 감소할 것으로 예상된다.

  ② 대중국 수입품과 국내 제품 간 가격 및 품질 격차가 크기 때문에 위안화 환율 하락(위안화 절상)으로 수입가격이 증가하면 한국 상품으로 대체되는 효과는 클 것으로 보인다.

  ③ 철강판, 정밀화학 원료, 석탄, 비금속 광물, 컴퓨터 등 원자재 및 자본재의 경우에는 위안화 환율 하락으로 우리 기업의 원가부담이 증가할 수 있다.

  ④ 또한 수입가격 상승으로 가계지출 부담이 증가하고 물가가 상승할 수 있다.

  ⑤ 특히, 어류, 목재류, 곡물 등 1차 산품과 완구, 가방, 종이제품, 운동기구 등 경공업 소비제품의 수입 가격 상승으로 가계지출 부담이 축소될 수 있다.

글로벌불균형의 개념과 발생원인 및 영향에 대해 논하시오. (2016년)

1 글로벌불균형의 개념과 발생원인에 대해 논하시오.

1. 세계 경제 불균형이란?

미국 등 선진국들은 지속적인 경상수지 적자가 발생하고 중국 및 산유국 등 개발도상국들은 지속적인 경상수지 흑자가 발생하는 경우를 말한다.

2. 최근의 경향

1996년까지 개발도상국들은 경상수지 적자가 발생하였지만 2008년부터 경상수지 흑자가 발생하고 있다.

3. 세계 경제 불균형이 발생하는 이유 - 환율조작

① 중국의 경우 자국의 화폐인 위안화를 의도적으로 평가절하 하고 있다고 각국이 판단하고 있는데 평가절하를 하는 이유는 중국제품의 가격경쟁력을 향상시키기 위함이다.

② 중국 정부가 개입을 하지 않는다면 중국의 경상수지 흑자는 위안화가 평가절상 되어야 한다.

2 글로벌불균형이 가져다주는 영향에 대해 논하시오.

1. 개발도상국으로부터 선진국으로 자금의 유출

① 개발도상국의 경상수지 흑자는 저축이 투자보다 초과하게 되며 선진국의 경상수지 적자는 투자가 저축보다 초과하게 되어 투자자금을 위하여 해외로부터 자금을 차입하여야 한다.

② 미국의 경우 달러의 유입으로 과소비가 가능하게 되었으며 이는 다시금 경상수지 적자를 계속적으로 가져오게 된 이유이기도 하다.

2. 미국 달러화의 절상

개발도상국은 넘쳐나는 자금으로 안전 자산인 미국 국채를 매입하게 되었고 이는 달러화의 절상을 가져와 다시금 미국 경상수지 적자를 가져오게 된다.

3. 미국 이자율 하락

① 미국 국채수요의 증가는 국채 가격 상승을 가져오고 국채 가격 상승은 다시금 이자율 하락을 가져오게 된다.

② 이는 저금리로 신용 불량자의 주택수요를 가져오게 된 계기가 되었다.

4. 서브프라임(sub-prime) 모기지론(mortgage loan) 사태 발생

미국 금융기관의 경우 해외에서 유입되는 자금으로 신용불량자에게 주택담보대출을 하였으며 미국 주택가격의 하락으로 서브프라임 모기지론 사태를 가져오게 된 계기가 되었다.

5. 해결책

① 경상수지 흑자국은 화폐가치를 높이고 적자국은 화폐가치를 낮춰야 한다.

② 그러나 이러지 못한다면 흑자국은 내수확대에 실패하고 적자국은 내수가 감소하므로 전 세계적으로 생산능력 과잉과 총수요 부족상황에 직면하게 될 것이다.

재정정책의 재원조달 방법과 효과에 대하여 논하시오. (2017년)

1 정부의 예산 제약식

정부지출(G) = 조세수입(T) + 국공채발행(ΔB) + 통화발행(ΔM) + 해외차입

2 조세징수로 재원조달을 하는 경우

① 정부지출재원을 조세를 통하여 조달하는 경우 정부지출 승수효과가 조세승수 효과에 의해 일부 상쇄되므로 정부지출의 총수요 확대효과가 약화된다.

② 정부지출 승수는 $\dfrac{1}{1-MPC}$ (MPC : 한계소비성향)이고, 조세승수는 $-\dfrac{MPC}{1-MPC}$이므로, 균형재정승수는 1이 된다.(단, 폐쇄경제이고 정액세인 경우 가정)

3 국공채 발행으로 재원조달을 하는 경우

① 채권시장에서 국공채를 발행함으로써 정부지출의 재원을 충당할 수 있다.

② 정부지출의 재원을 국공채 발행을 통하여 조달하는 경우 민간주체의 소비가 감소하지 않으므로 정부지출 승수효과만 발생하게 된다.

③ 그러나 국공채 발행은 이자율 상승을 유발하기 때문에 소비나 투자가 감소하는 구축효과가 발생할 수 있다.

4 통화발행으로 하는 경우

① 정부지출의 재원을 신규화폐의 발행으로 조달하게 되면 인플레이션을 유발할 수 있다.

② 인플레이션 발생은 민간주체에게 조세를 징수하는 의미를 가지고 있어 이를 인플레이션 조세(inflation tax)라고 한다.

③ 통화발행은 인플레이션을 유발하여 민간주체의 실질구매력의 감소를 가져올 수 있다.

④ 화폐를 발행하는 정부입장에서는 주조차익이 발생한다.

⑤ 통화발행으로 기대인플레이션이 상승한다면 총공급곡선이 좌측으로 이동하여 총수요 증가효과가 반감될 수 있다.

5 해외자본시장에서 재원을 조달하는 경우

해외에서 자본이 유입되므로 환율이 하락하며 마샬-러너 조건이 성립한다면 경상수지가 악화될 수 있다.

II 코트라 논술 기출문제

2002년	KOTRA	상경계열

최근의 세계는 전반적으로 디플레이션의 가능성이 증가하고 있다. 일반적으로 디플레이션은 경기회복에 긍정적인 영향을 주지만, 역으로 부정적인 영향을 끼치기도 한다. 디플레이션이 각각 어떤 경우에 긍정적, 부정적으로 작용하는지 비교 서술하라.

분석 및 논술전략

1 2002년 미국 발 경제 위기는 전 세계 경제를 뒤흔들었다. 이로 인해 전 세계 디플레이션이 증가하고 있었다. 디플레이션의 용어적인 정확한 이해와 시사적인 해석, 그리고 상황적 배경 상식을 심도있게 서술해야 한다.

2 디플레이션이 경기회복에 긍정적 영향을 주는 이유에 대해 설명하고 부정적 영향을 주는 요인과 비교하여 서술할 수 있어야 한다. 인플레이션, 디플레이션, 스태그플레이션, 더블딥 등 경제 상황을 설명하는 키워드들은 쉬운 단어처럼 보이지만 깊이 생각을 안 하게 만드는 함정이 있다. 쉬운 키워드도 자세히 분석해야만 논술 작성 시 분량 확보 및 시사 주제를 연결한 서술이 가능해진다.

2002년	KOTRA	법정 및 어문계열

최근 우리나라는 칠레와 FTA 협정을 체결하였다.
FTA와 WTO 무역체제의 차이를 기술하고, 칠레와의 FTA 협정이 우리 경제에 미치는 요인을 분석하라.

분석 및 논술전략

1 한국은 칠레와 최초의 자유무역협정(FTA)를 체결하였다. 세계무역기구(WTO)는 '다자주의'이고 자유무역협정(FTA)은 '양자주의'를 지향한다. 최초의 자유무역협정이므로 이에 대한 기대 반 우려 반이 있으며 각 산업별로 한국경제에 미치는 요인에 대한 분석이 필수적이다.

2 기본적으로 자유무역협정의 개념을 먼저 서술하고 자유무역협정 체결에 따른 한국 각 산업에 미치는 효과에 대해서 분석하면 된다.

2003년	KOTRA	상경계열

1. 한국은 외환위기 이후, 완전 변동환율제를 채택하고 있다. 이전 고정환율 제도와 비교해서 장·단점은 무엇인가?

2. 한국은행은 경기 부양을 위해 이자율 인하를 실시했다. 그런데, 이 정책이 부동산 가격만 올렸다는 비판이 있다. 이 주장에 비추어, 한국은행의 통화 정책에 대해 평가하시오.

분석 및 논술전략

1 환율 제도를 비교하는 문제로 국제경제학에서 주로 다루는 전통적인 주제이다. 변동환율 제도와 고정환율 제도의 개념을 먼저 서술하고 각 제도별 장점 및 단점을 분석하면 된다.

2 이자율을 인하하면 소비 증가, 투자 증가로 경기 활성화에 도움이 되는 것이 일반적이다. 특수한 상황에서는 이자율 인하가 경기 활성화보다 부동산 가격이나 주식 가격 상승에 더 큰 영향을 미칠 수 있다. 이러한 특수한 상황에 대해 묻는 문제이다.

2003년	KOTRA	법정 및 어문계열

1. WTO 체제하에서는 자유무역주의가 원칙인데 현재 대부분의 국가에서 보호무역주의를 취하고 있다. 세계 각국은 보호무역 조치로써 관세 외에도 비관세 장벽을 만든다. 우리나라도 마찬가지다. 우리나라가 외국 상품에 대해서 이러한 비관세 장벽을 만들 때 이것이 한국경제에 미치는 영향에 대해서 논술하라.

2. 경기순환과정에서 발생하는 "경기침체"의 원인과 해결 방향에 대해서 논하라.

분석 및 논술전략

1 세계무역기구는 자유무역의 기본 원칙을 지향하는 국제기구이다. 각국은 경제 상황에 따라 보호무역을 실시하기도 하며 보호무역의 수단 중 하나가 비관세장벽이다. 비관세장벽의 개념 및 종류, 그리고 교역국의 보호무역조치가 한국경제에 미치는 영향에 대해서 분석한다.

2 일반적으로 총수요가 감소하면 경기 침체가 발생한다. 경기 침체를 해소하기 위해서 총수요 증대 정책인 재정정책과 금융정책을 사용해야 하며 좀 더 현실성 있는 대안을 제시하는 것도 좋다. 현실성 있는 대안은 시사적으로 정부가 실시하고 있는 각종 정책을 말한다.

1. 현재 한국은 내수시장에서 비교적 부진하지만 수출 부분에 있어서 활발한 모습을 보이고 있다. 그러나 몇 가지 품목에 한정된 수출, 원화 고평가, 과도한 외환보유고 등의 문제를 떠안고 있는 실정이다.

   (1) 위 글에 대하여 비판적 시각에서 논하라.

   (2) 위에서 언급한 문제와 관련하여 기업, KOTRA, 코트라맨이 해야 할 일에 대하여 논하라.

2. 미국의 9·11테러 사태를 경제적인 관점에서 논술하고 이 사태가 미국 경제에 미치는 영향(환율, 국민소득, 물가 등)을 쓰고, 마지막으로 그 파장으로 한국경제에 미치는 영향(마찬가지로 거시지표)은 무엇인지 쓰라.

분석 및 논술전략

1 한정된 수출품목, 원화 가치 상승, 외환보유액의 증가에 대해 긍정적인 관점에서 접근하라는 의도이다. 위와 같은 내용이 부정적인 상황일 수도 있으나 긍정적인 측면도 있기 때문이다. 그리고 기업과 코트라, 코트라 직원이 해야 할 역할을 서술해야 하며 이는 면접에서도 질문할 수 있는 내용이기도 하다.

2 미국은 한국의 주요 교역국 중 하나이다. 따라서 미국의 9. 11 테러 사태가 한국경제에 다방면으로 큰 영향을 미칠 수밖에 없다. 금융시장 및 실물시장에 어떤 영향이 있을지 분석하자.

1. 글로벌 경제에서 국가 경쟁력을 결정하는 요소에 대해 논술하라.

2. 금리 인하와 원화 가치의 절상이 경제에 미치는 영향에 대해 논술하라.

분석 및 논술전략

1 국가경쟁력의 개념이 무엇인지 알아야 서술할 수 있다. 국가경쟁력은 한 국가가 국제 경제 환경에서 얼마만큼의 경쟁력을 지녔는지를 나타내는 지표이며 다양한 요소가 존재한다.

2 금리가 인하하면 소비 증가, 투자 증가 등의 영향이 있으며 원화 가치가 상승하면 수출 감소, 수입 증가 등의 효과가 있다. 경제에 미치는 영향에 대해 총수요 측면으로 접근하는 것이 일반적이다.

1. 두 국가가 무역을 하게 되었을 때 생기는 이득을 생산과 소비를 중심으로 논술하라.

2. 자유무역에 반대하는 사람들이 있다 그 이유는 무엇일까?

3. 미국 노동자들 중에 중국의 저임금으로 인해 피해를 보았다고 주장하는 사람들이 있다. 이는 타당한지 근거를 틀어 논술하라.

4. 고정환율제 하에서 재정정책보다 통화정책이 효과적이라는 주장이 타당한지 설명하라.

5. 달러에 대한 원화 절상과 엔화에 대한 원화 절상을 바라보는 시각 중에는, 대미 무역은 흑자이므로 달러에 대한 원화 절상은 인정하나, 엔화에 대해서는 대일 무역이 적자이므로 정부 개입이 필요하다는 주장이 있다. 엔화 대비 원화 절상에 대해 국가가 개입할 시에 나타나는 문제점을 서술하라.

분석 및 논술전략

■1 자유무역을 통해 발생하는 후생변화를 검토하면 된다. 후생변화는 소비자잉여, 생산자잉여, 사회적잉여 중심으로 분석한다.

■2 보호무역의 근거를 제시하면 된다.

■3 헥셔-올린 정리를 통해 양국 간 노동집약적 재화의 무역이 미국에 어떤 영향을 주는지 서술한다.

■4 고정환율 제도에서 재정정책과 통화정책 중 어느 정책이 더 효과적인지 묻고 있다. IS-LM-BP 모형을 사용해서 분석할 수도 있다.

■5 엔화 대비 원화 가치가 상승할 때 외환시장에 개입할 때의 효과를 분석해야 한다. 일반적으로 외환시장에 원화를 매각하고 엔화를 매입하는 식으로 개입하게 된다.

1. 시장경제의 효율성이란 시장 기능이 그 역할을 제대로 하지 못하는 것을 의미하고 효율성의 원인 중에 외부성이 있다. 어떤 행위가 제3자에게 의도하지 않은 혜택이나 손해를 가져다주면서 이에 대한 대가를 받지도 지불하지도 않을 때 외부성이 창출된다.

   (1) 파레토 최적에 대해 설명하라.

   (2) 시장실패의 요인에는 외부성이 있다. 이와 나머지 실패 요인 3개에 대하여 설명하라.

   (3) 코즈는 정부의 개입이 없어도 시장을 통해 개인들이 외부성의 문제를 해결할 수 있다고 하였다. 그의 견해에 대한 설명과 예를 들고 이를 비판하라.

2. 한국과 호주는 무역을 한다. 한국은 전자제품 한 개에 20단위의 노동을, 쇠고기 한 단위에 10단위 노동을 투입하여 생산한다. 호주는 전자제품 한 개에 8단위의 노동을, 쇠고기 한 단위에 1단위의 노동을 투입하여 생산한다.

   (1) 비교우위, 절대우위의 개념을 설명하라.

   (2) 어느 나라가 어디에서 비교우위, 절대우위를 가지는가. 그리고 한국과 호주 간의 무역이 어떻게 이루어질 것인지 설명하라.

분석 및 논술전략

1 후생경제학에서 등장하는 파레토최적과 시장실패 이론에 대해 묻고 있다. 코트라 경제논술의 출제영역은 주로 국제경제나 거시경제이나 2005년 상경직은 미시경제 영역을 출제하였다. 파레토 최적이나 시장실패, 코즈의 정리 등은 기초개념으로 기본적으로 암기가 되어 있어야 한다.

2 국제무역의 기초개념인 절대우위와 비교우위를 출제하였다. 숫자가 주어져 있으므로 표를 만들고 절대우위와 비교우위가 어느 나라에 있는지 찾아내면 된다.

2006년	KOTRA	상경계열

1. 최근 독점에 대해서 일반인들의 비판적인 견해가 많으며 각 나라에서는 반독점법 등을 통해 독점을 엄격히 규제하고 있다. 독점의 원인을 간결하게 서술하고 독점의 경제적 영향을 사회적 비용의 관점에서 서술하라.

2. 미국의 최근 달러 가치 하락 현상에 대해 상대적으로 원화 가치가 상승하고 있다. 따라서 국내 수출이 악화되고 궁극적으로 경제성장이 둔화되고 실업이 증가하게 된다. 국제경제학의 마샬-러너 조건과 역 J-커브곡선의 효과를 간략히 설명하고 이에 따라 원화 가치 상승에 의한 우리나라의 경상수지와 국민소득과 관련하여 긍정적인 효과와 부정적인 효과를 설명하라.

분석 및 논술전략

1 독점의 개념과 발생 원인을 설명하고 완전경쟁시장과 비교해서 사회적 비용 또는 사회적 후생 손실에 대해 서술한다.

2 환율상승 시 경상수지 개선되기 위한 조건을 마샬-러너 조건이라 한다. 원화 가치가 상승할 때 단기적으로 경상수지가 개선되다가 장기적으로 경상수지가 악화되는 것을 역-J 커브라고 한다. 또한 원화 가치 상승에 따른 긍정적인 효과와 부정적인 효과를 설명한다.

2007년	KOTRA	어문계열

1. 교통체증 완화를 위해 차량 10부제를 실시하고자 한다.(일종의 수량 제한)

(1) 차량 10부제 운행의 경제적 효용을 분석하라.

(2) 사회경제 후생을 감소시키지 않고 교통체증을 완화시키는 방안은?

2. 일반적으로 경상수지 적자를 우려하고, 경상수지 흑자를 바람직한 것으로 전하는 뉴스를 많이 접할 수 있다. 그러나 반드시 그렇지마는 않은데, 경상수지 적자의 장점과 경상수지 흑자의 단점을 두 가지 이상 언급하시오.

분석 및 논술전략

1 수량 통제 효과를 묻는 문제이다. 정부가 수량 통제를 실시하면 사회적 후생이 감소한다. 차량 이용 수요가 정부 개입 없이 감소하면 사회 후생을 감소시키지 않으면서 교통체증을 완화시킬 수 있다.

2 경상수지의 적자가 발생하면 환율상승으로 경상수지가 회복될 수 있다. 반면 경상수지의 흑자가 발생하면 환율 하락으로 순수출이 감소할 수 있다. 이처럼 경상수지 적자의 장점과 경상수지 흑자의 단점이 존재할 수 있다.

1. 국제유가 급등에 대하여 정부가 다음과 같은 정책을 시행하려고 한다. 각각의 질문에 대하여 서술하라.
   (1) 유류세를 부과할 경우 소비자와 생산자의 후생에 미치는 효과, 사회 후생의 효과를 그림으로 설명하라.
   (2) 연료 효율 기술혁신 엔진장치 생산에 보조금을 지급하려고 한다. 사회적 후생을 분석하라.
   (3) 유가 급등에 대비하여 현금 보조와 세금 인하를 실시하려고 한다. 두 정책의 후생효과를 비교하라.

2. 달러 가치가 하락하는 경우가 발생하였다. 각각의 문제에 대하여 서술하라.
   (1) 미 채권 시장과 실물경제에 미치는 영향에 대해 논하라.
   (2) 한국의 무역수지는 어떤 영향을 받게 되는지 논하라.
   (3) 금리가 일정 수준 하락하면 금융정책 유효성이 감소하게 되는 과정을 IS-LM을 이용하여 설명하라.

분석 및 논술전략

1 (1) 조세 부과와 보조금 지급의 효과를 비교하는 문제이다.
(2) 현금 보조와 가격 보조의 효과를 비교하는 문제이다.

2 달러 가치가 하락하면 미국 투자 시 환차손이 발생할 수 있고 미국의 경우 대외 수출이 증가할 수 있다. 한국의 경우 원화 가치 상승으로 대외 수출이 감소할 수 있다. LM곡선의 기울기가 완만한 경우에 확대금융정책의 효과가 감소한다.

1. FTA를 체결했음에도 불구하고 수출이 부진하다. 그 이유를 경제학적으로 분석하시오. 또한 직접투자의 장점을 논하시오.
2. 미국 하버드 대학의 서울 분교 유치 허용이 과연 국가 신인도에 얼마나 큰 상승을 가져오는가?
3. KOTRA와 비슷한 업무를 하는 동반자, 경쟁자 기업들이 있다. 이들의 활동에 대하여 좋은지 나쁜지 판단하시오.

분석 및 논술전략

1 자유무역협정의 체결이 일반적으로 자국의 수출 증가를 기대할 수 있으나 여러 이유로 예측과 달리 경상수지 흑자 증가가 크지 않을 수 있다. 해외(대외) 투자 중 외국에서 기업 경영에 자금을 투입하여 경영에 참가하기 위해 행하는 직접투자의 장점을 설명한다.

2 국가신인도의 개념과 외국 대학의 국내 유치가 국가신인도에 어떤 영향을 줄지 분석한다.

3 경제 5단체 중에서 코트라와 비슷한 업무를 하는 무역협회가 있다. 코트라 입장에서 무역협회의 활동이 중복되지 않는지 분석할 필요가 있다.

2008년	KOTRA	어문계열

1. 지역 통합의 단계를 구체적으로 쓰시오.
2. 지역 통합의 경제적 영향에 대해 쓰시오.(무역창출 효과와 무역전화 효과는 반드시 넣을 것)
3. 다자주의와 지역주의의 관계에 대해 쓰시오.

분석 및 논술전략

1 지역 통합의 단계로 자유무역지역, 관세동맹, 공동시장, 경제동맹 등이 있다. 각 단계의 특징을 서술한다.

2 무역전환효과와 무역창출 효과의 개념을 적고 사례를 통해 서술한다.

3 다자주의와 지역주의가 상호 보완관계인지 상충관계인지 서술한다.

1. 자유무역이 세계 후생에 미치는 효과 및 당사자 간의 후생 효과를 설명하고 한국의 입장에 대하여 논하라.

2. 보호무역이 존재하는 이유를 설명하고 한국의 정책을 제시하라.

3. 2008년 금융위기 이후 세계적으로 경기 침체 상태이다.

    (1) 최근의 세계적 경기 침체와 관련하여 대공황 초기의 정책과 지금의 정책을 비교하라.

    (2) $IS-LM$ 곡선을 이용하여 조세 재정 및 금융 정책을 비교하시오.

분석 및 논술전략

1 자유무역을 통해 수출국과 수입국의 사회적 잉여를 분석한다.

2 보호무역의 장점과 단점을 설명하고 한국의 보호무역정책을 서술한다.

3 2008년 미국 금융위기와 1930년대 대공황을 설명하고 경제 안정화 정책을 비교 분석한다. IS-LM 곡선 모형을 이용하여 재정정책 및 금융정책의 효과를 설명한다.

1. FTA가 국민경제에 미치는 영향과, 피해가 예상되는 분야에 대한 대책을 논하라.

2. 1997년 외환위기 때 우리나라는 수출 확대와 해외투자유치로 단기간에 위기를 극복했다. 현재 경제 위기와 1997년 위기의 차이점을 설명하고 대외의존도가 높은 우리나라가 수출 확대를 위해 무엇을 해야 하는지, 외환위기 당시와 현재의 금융위기 상황 하의 수출여건 차이를 비교하고, 수출을 확대할 수 있는 방안을 제시하라.

분석 및 논술전략

1 FTA 즉, 자유무역협정이 국민경제에 미치는 영향과 피해가 예측되는 산업에 대해 설명한다. 그리고 이에 대한 대책을 논한다.

2 2008년 미국 금융위기와 1997년 동아시아 외환위기를 비교하고 현시점에서 한국의 수출 증대 방안을 설명한다. 한국의 수출 증대 방안을 설명하면서 KOTRA의 역할도 강조한다.

1. 경기 견인, 인근 궁핍화 정책에 대하여 논하라.

2. Incompatible trinity와 브레튼우즈 체제와 금본위제도 차이점에 대하여 서술하라.

분석 및 논술전략

❶ 경기 견인 정책과 인근 궁핍화 정책을 설명한다. 경기 견인 정책과 인근 궁핍화 정책이 타국에 어떤 영향을 주는지 분석한다.

❷ 삼원일체의 불가능성 정리를 설명하고 브레튼우즈 체제와 금본위제도 하에서 어떻게 적용되는지 분석한다.

2009년	KOTRA	산업공학 및 정보전산학

요즘의 미국 발 금융위기로 인한 한국의 경제침체를 1997년 IMF 외환위기와 비교하면서 그때처럼 수출과 외화 유치로 곧 극복할 것이라는 단기적 희망적 전망이 나오고 있다. 그러나 요즘의 미국 발 금융위기는 1997년 당시의 그것과는 다른데 그 점에 대해서 논하고 이러한 시점에서 한국의 수출 증대방안을 논하시오.

분석 및 논술전략

2008년 미국 금융위기와 1997년 동아시아 외환위기를 비교하고 현시점에서 한국의 수출 증대 방안을 설명한다. 한국의 수출 증대 방안을 설명하면서 KOTRA의 역할도 강조한다.

현대 사회에서 기업의 사회적 책임이 중시되고 있으나 비판 의견도 있다. 이에 대해 자신의 의견을 논술하시오.

분석 및 논술전략

기업의 사회적 책임이란 복지 사회를 이루기 위하여 기업이 이윤 추구에만 집착하지 않고 사회의 일원으로서 사회적 책임을 자각하고 실천하여야 할 의무를 말한다. 현대 사회에서 기업의 사회적 책임이 강조되고 있다. 기업의 사회적 책임을 강조하다 보면 기업의 이윤이 작아질 수 있다. 이에 대한 자신의 의견을 서술한다.

1. 양적완화를 실시하면 물가가 상승하고, 국민소득이 줄어든다. 이를 $IS-LM$ 모형과 $AS-AD$ 모형을 이용해 설명하고, 이러한 경제이론에도 불구하고 물가가 상승하지 않고 각국에서 디플레이션을 우려하고 있는 이유를 설명하시오.

2. 케인즈는 정부의 재정정책을 옹호했는데 재정정책을 실시하면 적자가 날 수도 있다. 이에 대해 케인즈는 어떠한 이론과 해결책을 제시했는지 쓰시오.

3. 현재 우리나라의 수출에 있어서의 기회, 위협 요인을 쓰라.

분석 및 논술전략

1 양적완화의 개념을 적고 양적완화의 효과를 IS-LM 모형과 AS-AD 모형으로 설명한다.

2 정부가 확대 재정정책을 실시하면 재정적자가 발생할 수 있다. 재정적자를 해결하기 위한 해결책을 제시한다.

3 우리나라의 수출에 있어서의 기회 및 위협요인을 SWOT 분석으로 설명한다.

2010년 10월 우리나라 경상수지 흑자가 사상 최대이다. 우리나라 수출 정책에 대한 특징을 쓰고, 이러한 상황에서 우리나라의 기회와 위기가 동시에 나타나고 있는데, 이에 대해 서술하라.

분석 및 논술전략

한국의 수출정책의 특징을 분석하고 분석에 따른 기회요인과 위기 요인을 서술한다. 기회요인과 위기 요인을 SWOT 분석으로 설명할 수 있다.

1. 해외직접투자는 개별 기업, 산업, 경제 전체에 어떤 영향을 미치는지를 각각 서술하고 해외직접투자가 왜 필요한지, 그리고 해외직접투자 유치 전략을 제안하라.

2. 국내 기업의 해외 진출을 장려하면, 부작용이 우려되는데, 그럼에도 불구하고 코트라가 한국 국내 기업의 해외 진출을 장려해야 하는 한국 경제 및 산업의 특성을 논술하라.

3. 최근 한국 수출입 1조 불 시대를 눈앞에 두고 있다. 한국 수출의 양적 증가뿐 아니라 질적 증가도 생각해야 할 시기이다. 한국 수출의 문제점은 무엇이고, 수출의 질적 성장 방안은 무엇인가?

분석 및 논술전략

■1 해외직접투자란 경영권을 수반하며 공장, 자본재, 토지 등과 같은 실물 자산에 대한 해외투자를 말한다. 투자국과 투자대상국의 입장에서 해외직접투자의 필요성을 설명하고 해외직접투자 유치 전략을 분석한다.

■2 투자국의 부작용을 설명하고 국내 기업의 해외진출을 장려해야 하는 한국적 특수성을 논한다.

■3 한국 무역의 구조적 문제점과 시사점을 설명한다.

1. 2008년부터 시작된 글로벌 경제 위기가 현재 많이 해소되었다는 의견이 있는데 동의하는지, 동의 안하는지 둘 중 하나를 택하고, 그렇게 생각하는 이유를 최소한 3개 이상 설명하라. 그리고 이에 대해 KOTRA에서 해야 할 일을 말하라

2. 한국이 사상 최대의 무역수지 흑자를 내고 있는데 한국의 수출의 특징과 위기와 기회에 대해서 써라.

분석 및 논술전략

■ 2008년 미국 금융위기가 현재 어느 단계까지 왔는지 분석하고 KOTRA의 역할을 설명한다.

② 한국의 수출정책의 특징을 분석하고 분석에 따른 기회요인과 위기 요인을 서술한다. 기회요인과 위기 요인을 SWOT 분석으로 설명할 수 있다.

1. 한미 FTA에 포함된 조항 중에 ISD 조항이 논란이 되고 있다.
   (1) ISD 제도가 FTA에 포함된 배경에 대해서 논하시오.
   (2) ISD 제도에 대해 찬성과 반대 측의 논쟁을 각각 쓰고, 자신은 어떤 견해를 지지하는지 쓰시오.

2. 일본이 적극적으로 TPP 협상에 나서겠다고 선언하였다.
   (1) TPP 협상에 대한 당사국들의 이해관계에 논하시오.
   (2) 한국은 향후 3년간의 FTA 계획에 비추어 보았을 때, TPP 협상에 참여해야 하는지 자신의 견해를 쓰고, 그에 대한 이유에 대해 논하시오.

분석 및 논술전략

■ ISD(Investor-State Dispute)란 해외투자자가 상대국에 의해 피해를 입었을 경우 국제중재를 통해 손해배상을 받도록 하는 제도를 말한다. 투자자-국가 분쟁 해결제도의 장점과 단점을 서술한다.

② 환태평양 경제 동반자 협정(TPP)협상 참가국들의 이득을 분석하고 한국이 이에 가입하는 것이 바람직한지 설명한다.

1. 헥셔-오린 이론과 요소균등화 정리를 수식이나 표를 사용하지 않고 직관적으로 설명하라. 그리고 한·중 FTA가 이루어지면 무역의 방향은 어떻게 되겠는가, 한국의 노조는 FTA에 찬성할 것인지 논하시오. 한중 FTA의 장점 및 단점을 말하고 자신은 찬성과 반대 중 어떤 의견을 가지고 있는지 서술하라

2. 유로 위기의 원인과 한국에 미칠 영향, 동북아의 시사점을 서술하라. 1997년 위기와 유로 위기의 차이점은 무엇이며 이에 대한 IMF의 결정은 왜 다른지 논하시오.

분석 및 논술전략

1 헥셔-오린 정리인 요소부존도의 정리를 설명하고 자유무역으로 발생하는 요소가격 균등화의 정리를 분석한다. 한국과 중국과의 FTA를 헥셔-오린 정리를 바탕으로 분석한다. 또한 한·중 FTA가 한국경제에 미치는 효과를 설명한다.

2 EU의 경제 위기가 한국에 미치는 영향을 분석하고 1997년 외환위기와 비교한다.

1. 해외 직접 투자 기업의 국내 유턴에 대한 이론적 서술과 기업과 정부의 대책에 대하여 서술하시오.

2. 2012년 한·중 수교 20년 주요 쟁점과 한·중 FTA 효과 극대화(유리한 조건의 체결)를 위한 전략과 제에 대하여 서술하시오.

분석 및 논술전략

1 해외로 진출한 기업이 국내로 유턴하는 이유와 이와 관련한 해당 기업과 정부의 대책을 논한다.

2 한국과 중국과의 수교 내용을 설명하고 한국과 중국과의 FTA 체결로 인한 효과를 논한다. 추후 자유무역협정으로 한국의 이득이 크게 될 가능성이 있는지 분석한다.

1. 일본 아베 정부는 엔저 정책을 추진하고 있다. 이 기간 중 달러당 엔화 월평균 환율은 2009년 10월 76엔에서 2013년 9월 99엔으로 높아졌다.

   (1) 그래프상의 무역수지 실적에 대해 논평하시오. 또한 일본의 무역수지 실적을 국제무역 이론을 이용하여 설명하시오.

   (2) 환율상승이 무역수지를 개선할 수 있는 조건에 대해 설명하시오.

2. 아래 표는 한 · 중 · 일 3국의 전 세계 수출에서의 비중을 총액과 부가가치(VA) 기준으로 제시하고 있다.

연도	A국(중국)		B국(일본)		C국(한국)	
	총액기준	VA기준	총액기준	VA기준	총액기준	VA기준
1995	2.9	2.8	8.6	9.6	2.4	2.5
2000	3.9	4.1	7.4	8.4	2.7	2.5
2005	7.3	6.1	5.7	6.6	2.7	2.4
2009	9.6	8.3	4.6	5.1	2.9	2.3

   (1) 한국, 중국, 일본 3국이 A국, B국, C국 중 어디에 해당하는가에 대해 적고, 우리나라의 대중국, 대일본 무역구조 변화추이를 중간재 중심으로 분석하시오.

   (2) 향후 중국과 일본이 각각 내수중시 정책과 엔저 정책을 유지 · 강화해 나갈 때 우리나라에 미치는 영향 및 그 대응 방안을 〈표〉의 수출 총액과 부가가치 변화 추이를 중심으로 설명하시오.

분석 및 논술전략

1 엔화 약세에 따른 J-커브를 묻고 있는 문제이다. 환율상승이 무역수지를 가져다줄 수 있는 가장 기본 조건은 마샬-러너조건이며 이외에 다양한 조건을 설명한다.

2 수출 비중을 총액 기준과 부가가치 기준으로 나누어 분석한다. 중간재 수입액이 클수록 부가가치가 작아지므로 이를 바탕으로 설명한다.

1. 아프리카는 아래와 같이 2000년대 이후 6% 이상의 경제 상승률을 기록하고 있으며 최대 블루오션으로 각광받고 있다.

아프리카 경제성장률(단위: %)

(1) 우리나라가 아프리카에 진출해야 하는 이유를 국가와 기업의 입장에서 각각 3개 이상씩 작성하시오.
(2) 우리나라 기업이 아프리카에 진출하기 위해서 어떤 점을 고려해야 하는지 서술하고 이에 대한 대책을 논하시오.

2. 최근 전 세계는 FTA 추진 및 국제 공조로 서로 유기적인 관계를 가지고 있다. 특히, 2008년 금융위기 이후 선진국(미국, EU, 일본)이 양적완화 정책을 펼치면서 경기부양에 힘쓰고 있다. 이에 우리나라 기업들이 받는 영향과 대책에 대해 논하시오.

분석 및 논술전략

1 신흥시장의 아프리카에 대한 분석을 하는 것이 핵심이다. 해외시장 진출 시 유의사항을 검토한다.

2 양적완화 정책의 개념과 이에 따른 영향과 대책을 서술한다.

1. 한국경제가 침체 상태이다.

    (1) 한국경제의 성장률 하락의 원인과 대책을 경제성장 이론을 활용해 설명하시오.

    (2) 성장률 증진을 위한 코트라의 역할을 서술하시오.

2. 한국은행이 금리를 인하하였다.

    (1) 저금리 정책이 환율, 물가, 국제수지, 국내총생산 등에 미치는 영향을 거시경제 모형을 활용해 쓰시오.

    (2) 저금리에도 국내총생산이 증가하지 않을 가능성이 있는데 왜 그런지 서술하시오.

3. 동태적 비일관성의 원인과 대책을 쓰시오.

분석 및 논술전략

1 대표적인 경제성장 이론은 '솔로우모형'이며 이를 활용해 한국경제성장의 하락 요인과 대책을 분석한다. 또한 성장제고를 위한 코트라의 역할을 설명한다.

2 금리 인하가 각종 경제 변수에 미치는 효과를 설명하고 금리 인하에도 불구하고 경기가 회복되지 않는 이유를 분석한다.

3 동태적 비일관성의 개념과 원인 및 대책을 논한다.

1. A국은 기술노동력이 풍부하고 B국은 단순 노동력이 풍부한 국가이다. 두 국가는 기술노동집약재인 소프트웨어와 단순노동집약재인 컴퓨터를 모두 생산하고 있다.(단, A국은 소국이고, B국은 대국이다.) 이제 두 국가가 자유무역을 한다고 하자.

   (1) B국이 수출보조금을 지급할 때

   (2) A국이 B국의 보조금에 대항하여 관세를 부과할 때에 대하여 각각 A국의 교역조건 변화와 A국 기술노동자와 단순노동자의 소득, 그리고 A국 대표 가계의 후생변화에 대해 추론하여 쓰시오.

2. 세계경제 침체와 중국 성장 둔화가 한국경제에 미치는 영향을 쓰고 그에 대한 대책으로 정부가 금리를 인하할 때 효과를 쓰시오. 또 최근 추경을 했는데 확대 재정정책의 영향에 대해 쓰시오. 마지막으로 한국 정부가 경제정책을 집행할 때 소규모 개방경제로서 고려해야 할 사항을 쓰시오.

분석 및 논술전략

1 수출보조금의 효과를 묻고 있다. 수출보조금에 따른 교역 조건과 소비자잉여의 변화를 분석한다.

2 경기 침체를 해결하기 위해 경기부양 정책을 실시할 수 있다. 금리인하 효과와 확대재정 정책의 효과를 분석한다. 이러한 정책인 소국 개방경제인 한국에 어떤 영향을 줄지 서술한다.

1. 수출 기업이 독점적 경쟁 시장구조를 가진 수출시장에 진출을 고려하고 있다고 한다. 경제이론에 근거하여 예상 판매량을 결정하는 3가지 요인을 적고 간단히 설명하시오.

2. 미 달러 강세가 장기간 유지되어 우리나라에 외국인 투자가 감소하고 또한 수입품 가격 상승으로 인해 물가 상승 압력이 존재하는 상황을 가정하자. 정책당국이 어떻게 외환시장에 개입할지 예상해 보고 이 방안의 영향에 대한 긍정적인 평가와 부정적인 평가를 쓰시오.

3. 이론적으로 자본 이동이 자유로운 경우, 국내 저축과 국내 투자 사이에는 어떤 상관관계도 없어야 한다. 하지만 실제로는 자본 이동이 자유로운 국가의 데이터를 볼 때 두 요인 사이에 정의 관계(+의 관계)가 있다고 한다. 이론적 예측의 근거는 무엇인지, 실제 정(+)의 관계가 존재하는 이유는 무엇일지 쓰시오.

분석 및 논술전략

1 국제무역에서 '독점적경쟁시장 무역모형'을 바탕으로 설명한다.

2 미국 달러 강세는 한국에서 자본유출을 가져온다. 또한 수입재 가격 상승으로 물가상승 압력이 발생할 수 있다. 정책당국이 원화 약세를 방지하기 위하여 어떤 식으로 개입할지 분석한다. 그리고 이에 따른 효과를 설명한다.

3 펠드스타인-호리오카(Feldstein-Horioka)는 자국의 국민저축과 투자가 아무런 상관관계가 없다는 것이 밝혀진다면 이는 자본자유화가 이루어진 증거로 받아들일 수 있다고 판단하였다.

1. 미국 금리 인상 가능성이 꾸준히 제기되고 있다. 한국을 비롯한 신흥국들은 촉각을 곤두세우고 있다. 미국 금리 인상이 한국경제에 미치는 영향을 쓰시오.

2. 1960년대 한국의 대미 환율은 1달러에 200원이었다. 그 이래 대미 환율은 가끔씩 하락한 적도 있으나 추세적으로는 상승해왔으며, 외환위기 이후에는 거의 항상 1달러에 1000원 이상을 유지해 왔다. 한국의 대미 환율이 1960년대 이래 추세적으로 상승해왔던 이유를 논하시오.

3. 수출 부진과 내수경기 악화로 인해 최근 수출 중심 정책에서 내수 확대 정책으로 나아가야 한다는 목소리가 높아지고 있다. 내수 확대 정책이 장기적인 한국의 경제성장률에 어떤 영향을 미치는지 경제이론에 입각하여 설명하시오.

분석 및 논술전략

1 미국금리 인상이 한국의 금융시장과 실물시장에 미치는 효과를 분석한다.

2 한국의 환율이 1960년대 이래로 계속 상승한 이유를 분석한다.

3 내수 확대 정책 즉, 확대재정정책과 확대금융정책이 한국의 경제성장에 미치는 효과를 분석한다.

1. 2015년 온실가스 배출권 거래제가 도입되었다. 온실가스 배출권 거래 제도와 공해세를 비교하시오.

2. 명목 GDP와 실질 GDP, 명목이자율과 실질이자율의 개념을 설명하시오.

분석 및 논술전략

1 시장실패의 해결책인 온실가스 배출권 거래제도와 공해세의 개념을 서술하고 두 제도를 비교한다.

2 명목과 실질의 주요 개념을 설명하는 문제이다.

1. 고령화가 빠른 속도로 진행되고 있다. 고령화가 우리나라 거시경제에 미치는 영향과 우리나라의 선제 대응책을 서술하시오.

2. 채권·유가·주가·부동산 가격 등은 변동하는데 이러한 변동성을 어떻게 측정하는지 설명하시오. 이러한 가격변수의 특징 및 이러한 변동성에 정부·기업·가계가 왜 주목해야 하는지 서술하시오.

분석 및 논술전략

1 고령화의 개념과 발생 원인을 설명하고 한국경제에 미치는 효과를 분석한다. 고령화의 대책을 서술한다.

2 금융자산의 가격변수의 특징과 가격의 변동성이 커질 때 어떤 영향을 미칠지 서술한다.

1. 2008년 금융위기의 원인으로서의 서브프라임 사태를 설명하시오. (30점)

2. 미국이 실시한 양적완화를 설명하시오. (10점)

3. 테이퍼링(tapering)의 뜻을 설명하시오. (10점)

4. 미국이 금리 인상을 고려하는 요인이 무엇인지 설명하시오. (10점)

5. 미국 금리 인상이 우리나라에 미칠 영향을 자본 이동과 수출을 중심으로 설명하시오. (40점)

분석 및 논술전략

1 2008년 서브프라임모기지론 사태로 미국 금융위기가 발생하였다. 이에 대하여 설명한다.

2 경기 침체를 해결하기 위하여 비전통적 방식인 양적완화의 개념과 기대효과를 분석한다.

3 양적완화로 경기과열이 우려되므로 긴축정책인 '테이퍼링'을 실시한다.

4 긴축 금융정책인 금리 인상을 실시하고자 하는 이유를 설명한다.

5 미국이 금리를 인상하면 한국에서 미국으로 자본이 이동하고 환율상승으로 인한 수출 효과가 발생한다.

1. 최근 중국의 미세먼지가 문제시되고 있다. 부정적 외부효과에 대해 논하고 대응 정책을 3가지 이상 쓰시오. 또한 국가 간 외부효과의 대응 방안이 있으면 논하시오. (50점)

2. 중국의 보호무역주의로 한국 수입품 쿼터제가 문제가 되고 있다. 쿼터제 실시로 인한 중국 경제효과를 각 경제주체의 후생의 관점에서 서술하고 관세 부과와 비교하여 장단점을 쓰시오. (50점)

분석 및 논술전략

1 미세먼지는 시장실패 요인 중 외부불경제에 속한다. 이러한 외부불경제에 대해 설명하고 이에 대한 대응책을 서술한다. 또한 중국과 한국 간 대응 방안을 설명한다.

2 보호무역주의 정책수단 중 수입품 쿼터제에 대해 논하고 쿼터제 실시로 인한 중극 경제효과를 분석한다. 또한 수입품 쿼터제와 관세 부과 효과를 비교한다.

1. 한국은 GATT 가입 50주년을 맞이하였다.
   (1) 한국의 다자무역 체제 편입으로 인해 발생하는 효과에 대하여 논하시오.
   (2) 최혜국 대우(Most Favored Nation)에 대하여 설명하시오.
   (3) WTO의 분쟁해결절차에 대하여 설명하시오.

2. 트럼프 정부는 보호무역주의를 실시하고 있다.
   (1) 보호무역주의의 대두 배경에 대하여 정치경제학적으로 설명하시오.
   (2) 헥셔-오린 정리를 통하여 미국과 중국 간 무역 시 발생하는 효과를 논하시오.

분석 및 논술전략

1 2017년은 한국의 GATT 가입 50주년이 되는 해이다. GATT 가입으로 다자주의 체제에 참가하게 되었으며 이로 인한 효과를 설명한다. 또한 GATT의 이념 중 하나인 최혜국 대우를 설명하고 GATT 이후 등장한 WTO의 분쟁해결절차에 대해 논한다.

2 보호무역주의가 등장하게 된 배경에 대해 '정치경제'적으로 분석한다. 헥셔-오린 정리를 먼저 설명하고 노동풍부국인 중국과 자본풍부국인 미국 간 무역 시 어떤 효과가 발생할지 분석한다.

아르헨티나 자본유출로 인한 외환위기에 대하여 논하시오.

1. 미국 금리 인상과 관련하여 아르헨티나 금융위기가 어떤 경로로 발생하였는지 서술하시오. (30점)

2. 아르헨티나 장기국채 이자율 상승 이유와 정부의 대응책 설명과 정책이 적절한가? (20점)

3. 아르헨티나 사태가 해외 신흥국으로 전이 가능성이 있는가? (20점)

4. 해외 금융 불안 속에서 한국의 대응책을 제시하시오. (30점)

분석 및 논술전략

2018년에 아르헨티나 외환위기에 대하여 묻는 문제이다.

1 미국금리 인상은 아르헨티나 외환위기의 발생 원인 중 하나이며 이에 대한 설명을 한다.

2 아르헨티나 정부가 발생하는 국채금리의 상승 이유와 정부의 외환위기에 대한 대응책을 분석한다.

3 아르헨티나 외환위기가 세계시장에 영향을 줄 수 있을지 논한다.

4 세계 금융시장 불안 속에서 한국의 대응책을 분석한다.

1. 미국이 국내 자동차 산업 보호를 위하여 관세 부과를 검토하고 있다.

   (1) 미국이 수입 자동차에 관세 부과 시 미국 국내 자동차 가격 변화에 대해 서술하시오. (15점)

   (2) 관세 부과에 우리나라 정부는 어떻게 대응하겠는가? (20점)

   (3) 완성품에 관세를 부과하는 경우와 부품에 관세를 부과하는 경우를 비교해보자. 미국 자동차 회사들의 경쟁력 변화에 어떤 영향을 주는지 논하시오. (15점)

2. 한국 정부는 외환시장에 개입하고자 한다.

   (1) 외환시장의 개입방법을 서술하시오. (15점)

   (2) 금리 역전에 외환시장 개입 규모는 어떻게 변하는가? 한국이 외환시장 조작국으로 지정되면 예상되는 영향을 금리와 실질 GDP 위주로 설명해라. (20점)

   (3) 외환시장을 통제 안 하는 경우 투기세력이 많아지는 이유는 무엇인가? (15점)

분석 및 논술전략

1 미국이 자국 내 자동차 시장을 보호하기 위하여 관세를 부과할 때 미국의 국내 자동차 가격 변화에 대하여 분석한다. 이에 대해 한국은 어떤 방법으로 대응할지 설명한다. 최종재에 관세를 부과하는 경우와 중간재에 관세를 부과하는 경우 효과가 달라질 수 있다.

2 외환시장 개입방법과 한국이 외환시장 개입으로 외환시장 조작국으로 미국에 의해 지정되면 한국경제에 미치는 효과를 분석한다. 외환시장을 통제하지 않는 경우 환율상승과 환율하락으로 외환투기가 왜 발생하는지 설명한다.

1. 미국의 금리 인상과 한국의 금리 유지에 따른 효과를 논하시오. (25점)

2. 미국금리정책이 한국의 국내 정책과 다른 이유를 논하시오. (25점)

3. 양적완화정책의 시행 배경과 근거를 논하시오. (10점)

4. 변동환율 제도, 소규모 개방경제하에서 재정정책에 대해 설명하시오. (20점)

5. 양적완화정책의 효과를 논하시오. (20점)

분석 및 논술전략

1 미국의 금리 인상이 한국에 미치는 효과를 설명한다.

2 미국이 한국과 다르게 금리를 인상한 이유를 분석한다. 미국 국내 상황과 국제시장 상황에 대한 분석이 중요하다.

3 양적완화정책의 개념과 시행 배경을 논한다.

4 변동환율 제도에서 재정정책의 효과를 설명한다. 일반적으로 확대 재정정책은 변동환율 제도에서 약화되고 확대금융정책이 효과적이다.

5 양적완화정책으로 자국 내 어떤 영향을 줄지 분석한다. 일반적으로 양적완화정책을 실시하면 자국의 화폐가치는 하락한다.

2019년	KOTRA	어문계열

1. 1990년대 이후 글로벌 불균형이 확대된 원인을 미국의 소득-투자 격차, 세계 저축 과잉 측면에서 논술하시오. (40점)

2. 글로벌 금융위기 이후 글로벌 불균형이 축소된 이유를 설명하시오. (30점)

3. 중국의 대달러 환율이 다른 통화의 대달러 환율보다 더 크게 절상된다면 한국의 전체 수출에 미치는 영향을 논하시오. (30점)

분석 및 논술전략

1 글로벌 불균형이란 개도국은 지속적으로 경상수지 흑자가 발생하고 선진국은 지속적으로 적자가 발생하는 것을 말한다. 글로벌 불균형이 발생하는 원인을 국민소득 방정식으로 설명하고, 국제 대부 자금시장을 통해 분석한다.

2 2008년 글로벌 금융위기 이후 글로벌 불균형이 감소한 이유를 분석한다.

3 중국의 위안화가 평가절상되면 중국의 대외 수출이 감소한다. 중국의 위안화 평가절상이 한국의 수출시장에 미치는 효과를 서술한다.

2020년	KOTRA	일반계열

1. 미국과 중국의 무역분쟁과 관련하여 상호관세 부과 시 한국 무역수지에 미치는 영향을 논하시오.

2. 확대통화정책으로 원화 통화량이 이전보다 3배 증가하였다. 베트남 동 통화량 변화 없는 경우 코로나 이후의 환율 변화를 예측하시오.

3. 코로나19로 인한 생산 및 국민소득, 순수출에 미치는 국내 영향을 논하시오.

분석 및 논술전략

1 관세 부과의 일반적 효과를 설명하고 상호 관세 부과 시 무역 위축으로 인한 경기 침체를 서술한다.

2 확대 통화정책으로 원화 통화량은 증가하고 베트남 동 통화량의 변화가 없다면 원화의 가치는 하락하고 상대적으로 베트남 동의 가치는 상승한다.

3 코로나19로 인하여 소비 및 투자가 위축된다. 또한 대외 수출이 감소하면서 순수출도 위축될 수 있다. 이러한 영향이 한국의 국민소득 감소를 가져다준다.

Ⅲ 무역협회 논술 기출문제

1. 신흥국과 선진국 모두 저성장을 겪고 있는 상황에서 불확실성을 더하는 요인은 무엇인지 자신의 견해를 3가지 이상 쓰시오.
2. 저성장 기조가 얼마나 이어질 것인지에 대한 의견을 쓰시오.
3. 글로벌 경기 침체에서 수출업체를 돕기 위한 무역협회의 역할을 쓰시오.

분석 및 논술전략

① 지속적인 저성장을 가져올 수 있는지 분석한다.
② 저성장의 원인을 분석하고 이를 해결하기 위한 최근의 정책 및 세계경제 상황을 논한다.
③ 무역협회의 역할을 통해 수출업체의 수출 증진 효과를 설명한다.

1. 세계무역 증가율이 예전보다 높지 않다.
   (1) 원인이 무엇인지 쓰시오.
   (2) 이러한 현상이 지속될 것인지 아닌지 논술하시오.
   (3) (1), (2)번을 기반으로 해서 한국이 장기적으로 나아가야 할 방향을 서술하시오.

2. 최근 내수 중심의 경제성장을 강조하는 견해가 있다. 이에 동의하는지 반박하는지에 대한 본인의 의견을 서술하시오.

분석 및 논술전략

① 2013년 세계경제를 분석하고 세계무역이 활발하지 않은 원인을 서술한다. 또한 추후 전망을 예측하고 한국의 대책을 설명한다.

② 내수 중심의 경제성장을 강조하는 견해에 대한 비판적 견해를 서술한다.

1. 한국경제가 내수 부진과 수출 부진의 위기에 직면하고 있다.
   (1) 한국경제 위기의 근본 원인을 분석하시오.
   (2) 바람직한 목표 및 방향을 제시하시오.
   (3) 목표 달성 방안을 제시하시오.

2. 무역이득 공유제에 대하여 찬반 견해를 쓰시오.

3. 환태평양 경제협력체(TPP)에 대한 찬반 견해를 쓰시오.

분석 및 논술전략

❶ 한국경제의 위기는 내수 부진과 수출 부진 모두에 의해 발생할 수 있다. 원인과 해결책을 제시한다.

❷ 무역이득 공유제의 개념을 서술하고 이 제도의 장점 및 단점을 설명한다.

❸ 환태평양 경제협력체에 대한 설명과 한국이 가입하는 것이 바람직한지 논한다.

1. 한국이 수출의 일자리 창출을 위해 어떠한 노력을 해왔으며, 앞으로 수출의 일자리 증대를 위한 나아가야 할 방향은 무엇인가?

2. 사드 배치로 인해 한 · 중간 외교적 마찰이 있었고, 중국의 보복으로 인해 롯데 등 한국 기업들이 중국 현지에서 피해를 보고 있다. 이에 대한 우리의 대응 방안은 무엇인지 서술하시오.

분석 및 논술전략

❶ 수출산업으로 한국의 국내 일자리에 얼마나 도움이 되고 있는지 분석하고 추후 대책을 논한다.

❷ 한국 기업들이 중국에 피해를 보고 있는 현 상황을 설명하고 이에 대한 대응 방안을 국가 및 기업 입장에서 서술한다.

1. 미 · 중 무역전쟁과 일본의 수출규제 등 자국의 보호무역이 심화되고 있다. 글로벌 공급사슬 및 한국 무역에 미치는 영향을 논하시오.

2. 일상에서 볼 수 있는 상충관계의 사례를 들고 해결 방법을 서술하시오.

분석 및 논술전략

1 자국의 보호무역이 글로벌 공급망에 어떤 영향을 미치는지 설명한다. 한국이 글로벌 공급망에서 어떤 위치에 있는지 분석하고 한국에 미치는 영향을 서술한다.

2 상충관계의 일반적 사례를 들고 해결 방법을 본인의 경험과 엮어 서술한다.

미국의 미국 – 중국간의 디커플링(Decoupling) 정책과 한국무역에 관하여 논하시오.

분석 및 논술전략

미국의 중국 의존도를 낮추기 위한 정책을 디커플링(De-coupling) 정책이라고 한다. 미국의 지배력이 압도적인 반도체와 금융에 대한 봉쇄정책을 실시할 때 유효할 수 있는데, 대중 의존도가 높은 한국의 경우 미국의 디커플링 정책이 악영향을 줄 수 있다. 또한 글로벌 공급망의 붕괴로 연결되어 한국경제에 부정적인 영향을 줄 수 있다.

IV aT 한국농수산식품 유통공사 논술 기출문제

20013년	aT

공무원연금 적자를 세금으로 보존한다면 어떤 효과가 있는지 서술하시오.

분석 및 논술전략

공무원연금 적자를 세금으로 보전하기 위해서는 이전보다 세율을 인상해야 한다.
세율 인상에 따른 효과를 분석한다.

2014년	aT

1. 영농기술발전으로 인한 생산량 증가로 농산물 가격이 떨어지고 농가 매출액 감소에 농업 종사자들이 점점 줄고 있는데 이러한 현상에 대한 원인을 경제적 이론을 바탕으로 쓰고 이러한 현상의 긍정적 측면과 부정적 측면을 쓰고 국가적 차원에서의 해결방안까지 제시하시오.

2. FTA가 한국경제에 미치는 영향과 그중에서도 한·중 FTA가 한국 농수산업과 농수산물, 유통 등에 미치는 영향, 향후 한국 농수산업의 발전을 위한 방안까지 제시하시오.

분석 및 논술전략

1 농산물 수요와 공급의 비탄력성을 바탕으로 '풍년의 역설'을 설명한다. 그리고 이에 대한 해결책을 제시한다.

2 한국과 중국과의 FTA 체결이 한국 농수산업에 미치는 효과와 발전방안을 서술한다.

1. 농수산물 무역이 자유화된다면 우리나라에 어떤 장단점을 가져올지 경제논리로 설명하고 자유화가 농수산업 및 농수산식품에 어떤 영향을 미칠지 의견을 서술하시오.

2. 자연재해는 국가 경제에 많은 영향을 끼친다. 자연재해로 인한 국가 경제의 영향을 가뭄을 예로 들어 경제논리로 설명하고 자연재해를 방지하기 위한 정부의 정책과 농수산식품 유통 관련 기업의 기여방안을 쓰시오.

분석 및 논술전략

1 무역자유화가 한국의 농수산업과 식품에 미치는 영향을 분석한다.

2 가뭄의 효과를 경제성장 이론을 통해 분석하거나 AS-AD 모형을 통해 설명할 수 있다. 또한 자연재해를 방지하기 위한 정부의 실제적 대책과 aT의 역할을 설명한다.

한국의 총수요가 감소하고 있다. 정부의 총수요 증대 정책에 대해 논하고 가장 효과적인 정책을 설명하시오.

분석 및 논술전략

총수요 증대 정책인 확대재정정책과 확대금융정책을 설명하고 둘 중에 더 효과적인 정책을 현 상황과 비교하여 서술한다.

고범석 경제학아카데미

2017년　　　　　　　　　aT

재정정책의 재원조달 방법과 효과에 대하여 논하시오.

분석 및 논술전략

재정정책의 재원조달 방법으로는 일반적으로 조세와 국채 발행 등이 있다. 다양한 재원조달 방법에 따른 경제적 효과를 분석한다.

2018년　　　　　　　　　aT

선물시장과 농산물 가격 변동에 대하여 논하시오.

분석 및 논술전략

농산물 가격 변동에 따른 농민의 피해가 예상된다. 농가 소득의 안정화를 위해 선물시장이 필요한데 선물시장이 무엇인지 설명하고 선물시장의 존재로 인하여 농가 소득 안정화에 얼마나 도움이 될 수 있는지 분석한다.

1. GMO 식품에 대하여 논하시오.

2. 6차 산업에 대하여 논하시오.

분석 및 논술전략

1 GMO(Genetically Modified Organism)란 어떤 생물의 유전자 중 유용한 유전자, 예를 들면 추위, 병충해, 제초제 등에 강한 성질만을 취한 후, 다른 생물체에 삽입하여 만든 새로운 농축수산물을 말한다. GMO의 장점과 단점을 설명한다.

2 6차 산업이란 1차 산업인 농림 수산업과 2차 산업인 제조업, 여기에 3차 산업인 서비스업을 융합 · 복합화한 산업을 의미한다. 6차 산업의 특징을 설명한다.

환경오염 및 기후변화로 인해 문제가 많고 정부는 이에 대응하고자 한다. 환경오염 부담금을 내라고 하기도 하고 뉴딜정책을 통해 친환경차에 대해 보조금을 지급하기도 한다. 환경오염 부담금을 부정적 외부효과로서 설명하고 보조금을 긍정적인 외부효과로 설명하라.

분석 및 논술전략

뉴딜정책에 대한 개략적 설명화
최근 환경오염과 기후변화에 대한 중요성 설명으로 시작한다.
긍정적 외부성과 부정적 외부성에 대하여 묻고 있다. 긍정적 외부성의 경우 과소거래가 발생하며 정부의 보조금 지급을 통해 해결할 수 있다. 부정적 외부성의 경우 과다거래가 발생하며 정부가 환경오염 부담금을 부과함으로써 해결할 수 있다.

경제논술 시험을 위한
경제논술

주요 경제이론 분석

경제논술시험에 출제되는 시사 주제를 분석하는 경제이론은 그리 많지 않다. 기출문제를 분석해보면 약 500여 개 정도이다. 이론 강의에서 각 이론 파트가 논술에 어떻게 쓰이는지 파악하기 힘들었다면 본 단원에서 이론들이 어떻게 사용되고 기출되었는지를 안다면 이론을 공부하는데 더욱 방향을 잡기 쉬울 것이다. 미시, 거시, 국제경제, 국제금융 파트에 사용되는 경제이론을 다시 한번 정리하여 시사 주제를 검증하는데 막힘이 없도록 연습해보자.

01 최고가격제와 최저가격제

구분	최고가격제	최저가격제
그림	소비자 잉여의 변화: $D-C$ 생산자 잉여의 변화: $-D-E$ 사회적 잉여의 변화: $-(C+E)$ *가격상한은 반드시 균형가격보다 낮아야 함	*가격하한은 반드시 균형가격보다 높아야 함
목적	소비자 보호	생산자 (공급자)보호
사례	임대료 통제, 이자율 규제, 아파트 분양가 상한제 등	최저임금법, 농산물 가격 지지제도 등
효과	① 초과수요 발생 ② 암시장 발생 ③ 사회적 후생손실 발생 ④ 재화의 품질 저하	① 초과공급 발생 → 최저임금법의 경우 비자발적 실업이 발생하나 자발적 실업은 감소 ② 암시장 발생 ③ 사회적 후생손실 발생 ④ 재화의 품질 개선
기타	가격상한제로 인하여 통제가격이 하락할수록 사회적 후생손실은 증가	① 노동수요가 탄력적이면 　노동자의 총노동소득은 감소 ② 노동수요가 비탄력적이면 　노동자의 총노동소득은 증가 ③ 총노동소득은 노동공급의 탄력성과는 무관

구분	조세	보조금
그림		
	소비자 잉여의 변화 : $-B-C$ 생산자 잉여의 변화 : $-D-E$ 정부의 조세수입 : $B+D$ 사회적 잉여의 변화 : $-(C+E)$	소비자 잉여의 변화 : $C+D$ 생산자 잉여의 변화 : $A+B$ 정부의 보조금 지급 : $-(A+B+C+D+E)$ 사회적 잉여의 변화 : $-E$
조세부과의 효과	① 조세를 부과하면 소비자 지불가격은 상승하고 생산자 수취가격은 하락한다. ② 조세부과는 사회적 최적 거래량보다 거래량을 감소시키므로 사회적 후생손실이 발생한다.	① 보조금을 지급하면 소비자 지불가격은 하락하고 생산자 수취가격은 상승한다. ② 보조금 지급은 사회적 최적 거래량보다 거래량을 증가시키므로 사회적 후생손실이 감소한다.
과세 및 보조금 지급대상에 따른 귀착	조세를 누구에게 부과하든지 조세부과의 효과는 동일하다.	보조금을 누구에게 지급하든지 보조금 지급의 효과는 동일하다.
상대적 부담과 초과부담	① 상대적으로 탄력적인 경제주체가 조세부담은 작아진다. $\dfrac{수요의 가격탄력성}{공급의 가격탄력성} = \dfrac{생산자 부담}{소비자 부담}$ ② 수요와 공급의 가격탄력성이 커질수록 초과부담은 커진다.	① 상대적으로 탄력적인 경제주체가 보조금 지급의 이득이 작아진다. $\dfrac{수요의 가격탄력성}{공급의 가격탄력성} = \dfrac{생산자 이득}{소비자 이득}$ ② 수요와 공급의 가격탄력성이 커질수록 초과부담은 커진다.

국제유가 급등에 대하여 정부가 다음과 같은 정책을 시행하려고 한다. 각각의 질문에 대하여 서술하라.

1. 유류세를 부과할 경우 소비자와 생산자의 후생에 미치는 효과, 사회 후생의 효과를 그림으로 설명하라.

2. 연료효율 기술혁신 엔진장치 생산에 보조금을 지급하려고 한다. 사회적 후생을 분석하라.

해설

1 유류세를 부과할 경우 소비자와 생산자의 후생에 미치는 효과, 사회후생의 효과를 그림으로 설명하라.

① 정부가 유류세를 생산자에게 부과한다고 가정하면 공급곡선이 좌측으로 이동한다.$(S_0 \rightarrow S_1)$

② 공급곡선이 좌측으로 이동하면 소비자 지불가격이 P_1으로 상승하고 세후 생산자 수취가격은 P_2로 하락한다.

③ 또한 시장거래량은 Q_0에서 Q_1으로 감소한다.

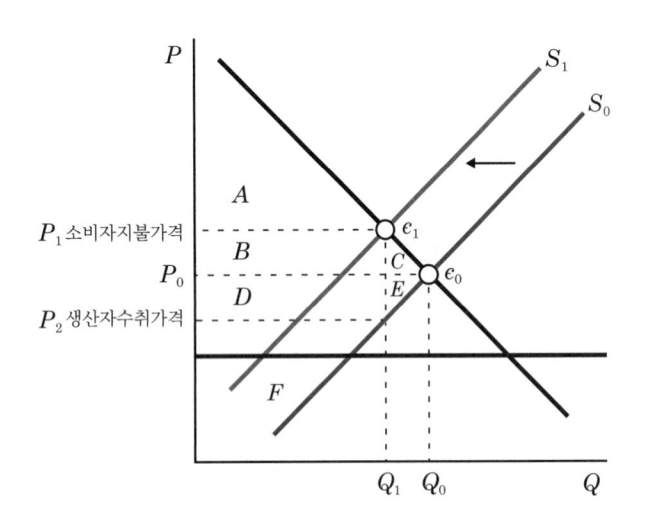

④ 소비자의 경우 소비자 잉여가 $-B-C$만큼 감소하고 생산자의 경우 생산자 잉여가 $-D-E$만큼 감소한다.

⑤ 정부의 조세수입을 $(B+D)$만큼 사회적 잉여에 추가하더라도 사회적 잉여가 감소하는 사회적 후생손실이 발생한다.

⑥ 사회적 후생손실이란 사회적 잉여가 감소하는 경우를 말한다.

	조세부과 전	조세부과 후	변 화
소비자 잉여	$A+B+C$	A	$-B-C$
생산자 잉여	$D+E+F$	F	$-D-E$
정부의 조세수입		$B+D$	$B+D$
사회적 잉여	$A+B+C+D+E+F$	$A+B+D+F$	$-C-E$

2 연료효율 기술혁신 엔진장치 생산에 보조금을 지급하려고 한다. 사회적 후생을 분석하라.

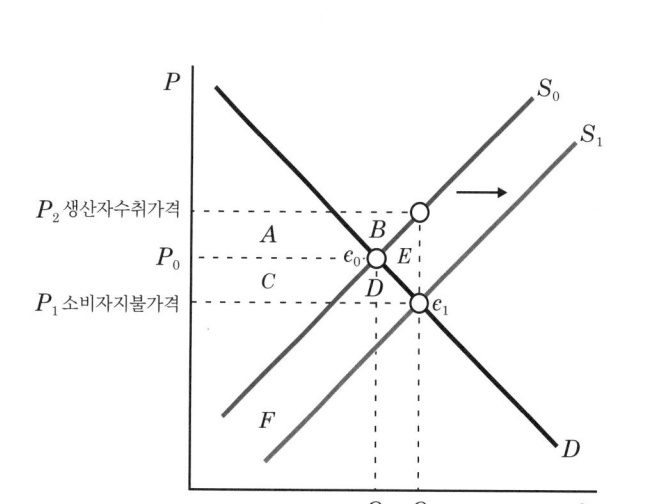

① 생산자에게 보조금을 지급하는 경우 공급곡선이 우측으로 이동한다.

② 공급곡선의 우측이동은 소비자 가격의 하락을 가져오지만 생산자 수취가격은 단위당 보조금만큼 상승한다.

③ 따라서 생산자 수취가격은 P_2가 되고 소비자 가격은 P_1이 된다.

④ 생산자의 경우 생산자 잉여는 $(A+B)$만큼 증가하고 소비자의 경우 소비자 잉여가 $(C+D)$만큼 증가한다.

⑤ 사회적 잉여는 정부의 보조금 지불액인 $(A+B+C+D+E)$을 차감해야 하므로 E만큼 감소한다.

	변 화
소비자 잉여	$C+D$
생산자 잉여	$A+B$
정부의 보조금	$-(A+B+C+D+E)$
사회적 잉여	$-E$

1 개념

① 사거나 팔 수 있는 어떤 재화에 대한 수량의 상한을 말한다.

② 대개 정부는 면허를 발급함으로써 시장에서 수량을 제한한다.

③ 로스쿨 시험이나 각종 자격증 시험에서 선발인원을 제한하는 방식

2 면허(licenses)

소유자에게 물건을 공급할 권리로 면허를 가진 사람들만 합법적으로 물건을 공급할 수 있다.

3 특징

가격통제는 가격상한과 가격하한이 있지만 수량규제는 항상 상한만 존재한다.

4 분석

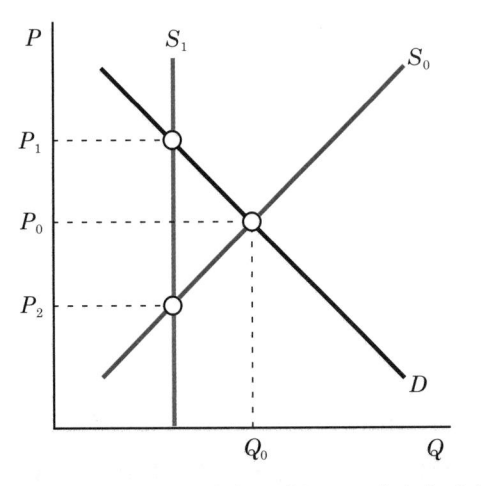

① 면허 소유자들은 직접 물건을 공급하거나 면허를 다른 사람들에게 돈을 받고 대여하기도 한다.

② S_1으로 수량할당을 할 때 수요가격은 P_1이고 공급가격은 P_2이다.

③ 수량규제는 수요가격과 공급가격 사이에 할당지대를 발생시켜 면허 보유자에게 그 이득이 귀속된다.

④ 수요가격 P_1과 공급가격 P_2의 차이가 할당지대이다.

⑤ 면허 보유자는 직접 물건을 공급할 때는 P_1의 가격을 받을 수 있고, 면허를 대여할 때는 할당지대만큼 이득을 얻을 수 있다.

5 문제점

① 균형거래량보다 적게 거래하므로 비효율성이 발생한다.

② 암시장이 형성될 수 있다.

교통체증 완화를 위해 차량 10부제를 실시하고자 한다. (일종의 수량제한)

1. 차량 10부제 운행의 경제적 효용을 분석하라.

2. 사회경제후생을 감소시키지 않고 교통체증을 완화시키는 방안은?

해설

1 가정

　① 차량 10부제 시행 이전 자동차 서비스 거래량을 Q_1이라 하며, 자동차 서비스 가격을 P_1이라 한다.

　② 차량 10부제 실시 후의 자동차 서비스 거래량을 Q_2라 한다.

2 경제적 분석

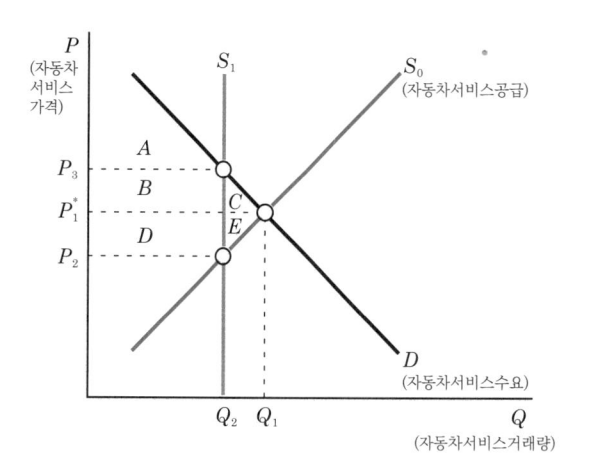

　① 차량 10부제 시행으로 자동차 서비스 거래량이 Q_2로 감소하면 교통체증이 일정부분 완화되고 자동차 운전
　　자의 수취가격이 P_2로 낮아진다.

　② 운전자들의 경제적 잉여는 $(B+D)$로 변화한다.

　③ 인위적 수량제한은 $(C+E)$의 자중손실(deadweight loss)을 유발하며 도로자원과 차량자원이 충분하게
　　효율적으로 활용되지 못한다.

3 후생손실 없는 교통체증 완화방법

① 인위적인 개입보다 홍보 등을 통해 자동차 이용량이 감소하도록 유도하는 것이 바람직하다.

② 이를 위해서 자전거 전용도로를 통해 자전거 이용을 증대시켜 자동차 이용을 감소시키거나 대중교통 서비스를 강화하는 대안을 제시할 수 있다.

1 현금보조와 현물보조

1. 효과가 동일한 경우

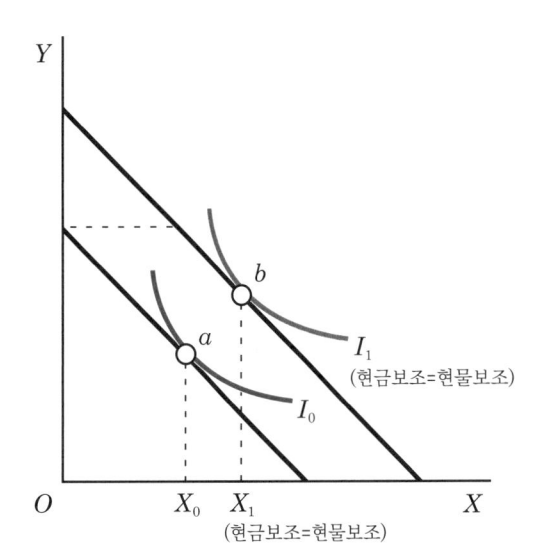

2. 효과가 서로 다른 경우

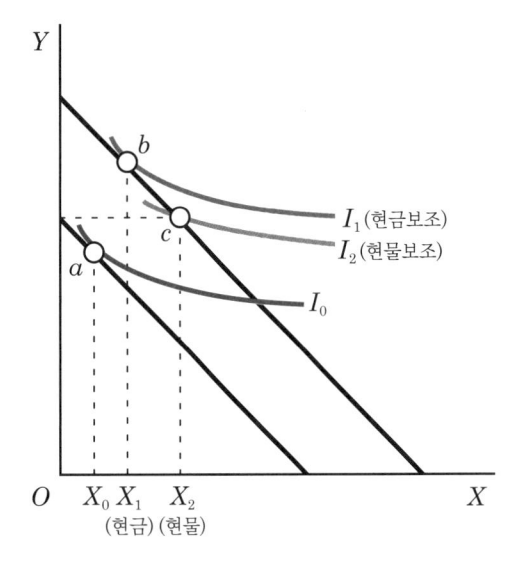

수혜자 측면(효용 측면)	현금보조 ≥ 현물보조
정부 측면(재화소비 측면)	현물보조 ≥ 현금보조

2 현금보조와 가격보조

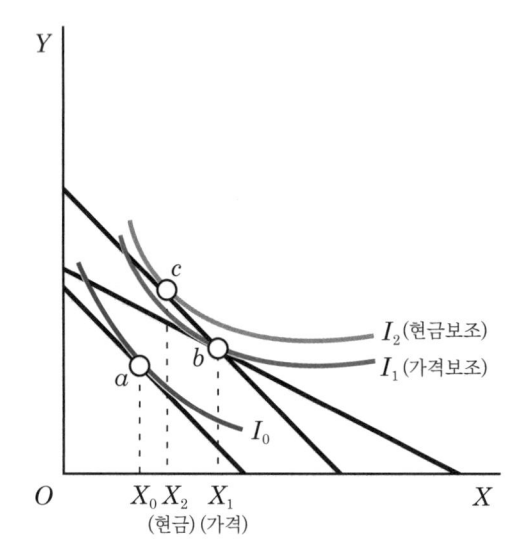

수혜자 측면(효용측면)	현금보조 > 가격보조
정부 측면(재화소비 측면)	가격보조 > 현금보조

3 결론

수혜자 측면(효용측면)	현금보조 ≥ 현물보조 > 가격보조
정부 측면(재화소비 측면)	가격보조 > 현물보조 ≥ 현금보조

국제유가 급등에 대하여 정부가 다음과 같은 정책을 시행하려고 한다. 각각의 질문에 대하여 서술하라.

유가 급등에 대비하여 현금보조와 세금인하를 실시하려고 한다. 두 정책의 후생효과를 비교하라.

해설

1 사회복지정책의 유형

1. 소득보조(현금보조)

① 소득보조란 정부가 저소득층에게 일정액의 보조금을 현금으로 지급하는 방식을 말한다.

② 소득보조의 경우 수혜자의 예산선이 평행이동한다.

2. 현물보조

① 현물보조란 정부가 필수품이나 식료품 등을 구입해서 지급하는 것을 말한다.

② 현물보조의 경우 수혜자의 예산선이 평행이동하지만 소득보조의 경우보다 예산선의 크기가 다르게 된다.

3. 가격보조

① 가격보조란 저소득층이 필수품이나 식료품 등을 구입할 때 구입가격의 일정비율을 보조하는 방식으로 쿠폰제등이 이에 속한다.

② 가격보조의 경우 구입하고자 하는 재화의 가격이 저렴해지는 효과가 있으므로 예산선이 회전이동한다.

2 수혜자의 입장에서 유리한 사회복지정책

① 수혜자는 다양한 재화를 구입할 수 있는 소득보조를 가장 선호한다.

② 소득보조를 받으면 반드시 필수품이나 식료품등을 구입할 필요가 없기 때문에 다양한 재화를 구입할 수 있다.

③ 현금보조는 소비자의 선호를 왜곡하지 않기 때문에 소비자가 선호하며 그 다음으로는 가격보조인 세금인하를 선호한다.

3 정부의 정책 목적 달성 측면에서 유리한 사회복지정책

① 정부는 저소득층이 반드시 필수품이나 식료품등을 구입하기를 원하기 때문에 가격보조인 세금인하를 선호한다. 왜냐하면 쿠폰제의 경우 일정기간 내에 해당상품을 구입해야 하기 때문이다.

② 따라서 정부의 입장에서는 가격보조인 세금인하, 현금보조 순으로 선호하게 된다.

1 독점시장의 특징

1. 개념

① 독점이란 하나의 기업이 어떤 상품의 유일한 생산자이며 판매자인 경우를 말한다.
② 완전경쟁시장의 반대편 극단에 있다.

2. 특징

① 진입금지
② 대체재의 부재
③ 가격설정자로 행동
④ 가격차별

3. 발생원인

① 규모의 경제에 따른 자연독점
   • 자연독점은 평균비용이 계속 하락함과 동시에 최소효율규모가 시장규모보다 클 경우에 발생한다.
   • 최소효율규모란 장기평균총비용이 최저가 되는 최소한의 생산규모를 말한다.
② 정부의 인허가 (특허권, 전매권)
③ 생산요소 장악
④ 시장의 협소성과 유통과정상의 통제
⑤ 면허발급
   질적수준을 일정하게 유지하기 위해 국가기관이 면허를 발급하게 되면 진입장벽이 높게 설정되어 시장 지배력을 가질 수 있다.

4. 독점기업의 수요곡선

① 완전경쟁시장에서는 개별기업이 직면하는 수요곡선은 수평선이나 독점기업은 우하향의 시장수요곡선에 직면한다.
② 독점기업이 우하향의 수요곡선에 직면하고 있다는 것은 가격과 수량 모두 통제가 불가능함을 나타낸다.
③ 따라서 판매량을 늘리기 위해서는 가격을 인하해야 한다.

5. 독점기업의 공급곡선

① 불완전경쟁시장의 경우 공급곡선은 존재하지 않는다. 대신 장·단기 한계 비용곡선이 장·단기 공급곡선의 역할을 대신 수행한다.
④ 또는 가격과 공급량 사이 안정적 정의 관계가 나타나지 않는다. 왜냐하면 독점기업은 가격 설정자(price setter)이기 때문이다.

2 독점시장에 대한 평가

1. 자원배분의 비효율성

① $P > MR = MC$이므로 완전경쟁보다 생산량이 적고 가격은 높게 설정된다.

② 사회적 후생손실(자중손실)이 발생한다.

③ X-비효율성이 존재한다. X-비효율성이란 눈에 보이지 않는 비효율성으로 비용 상승의 원인이 된다. 라이벤스타인에 따르면 독점기업은 경쟁압력이 없기 때문에 X-효율성을 추구할 동기가 없다고 주장한다.

④ 독점의 장기균형에서는 장기평균비용곡선의 최저점에서 생산하지 않으므로 상품이 최소의 평균비용으로 생산되지 못하고 있다.

⑤ 독점시장에서는 진입장벽 때문에 더욱 효율적인 생산이 가능한 기업이 등장할 수 없다.

2. 완전경쟁시장과 비교

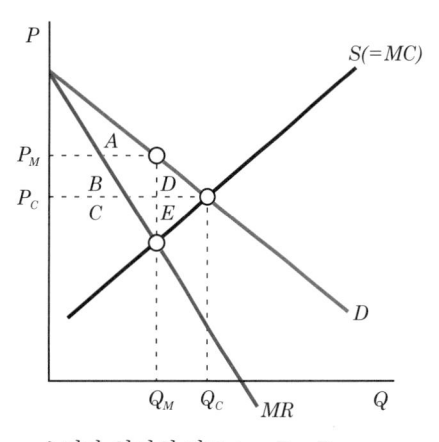

소비자 잉여의 비교 : $-B-D$

생산자 잉여의 비교 : $B-E$

사회적 잉여의 비교 : $-D-E$

3. 소득분배의 측면

① 소비자 잉여를 독점이윤으로 전환시킴에 따라 소득분배의 불평등이 초래되거나 부의 편중을 심화시킬 수 있다.

② 또한 초과이윤의 존재와 경제력 집중으로 인해 소득불평등이 심화될 수 있다.

③ 독점기업은 상품의 가격을 올려 선택의 자유를 제한한다.

4. 기술혁신

① 슘페터(J. Schumpeter)에 따르면 완전경쟁시장에서는 이윤이 없지만 독점에서는 초과이윤이 발생하므로 과감한 연구개발을 할 능력이 있다고 주장한다.

② 반면 독점은 경쟁유인이 없으므로 진입장벽에 안주, 기술개발을 할 동기가 없다고 주장하는 이론도 존재한다.

최근 독점에 대해서 일반인들의 비판적인 견해가 많으며 각 나라에서는 반독점법등을 통해 독점을 엄격히 규제하고 있다. 독점의 원인을 간결하게 서술하고 독점의 경제적 영향을 사회적 비용의 관점에서 서술하라.

해설

▌1 독점의 발생원인

1. 독점시장이란?

유일한 판매자가 가격설정자 역할을 하고 수많은 구매자들이 모두 가격수용자인 시장을 말한다.

2. 발생원인

(1) 규모의 경제에 따른 자연독점

① 규모의 경제란 산출량이 증가할수록 평균비용이 감소하는 것을 의미한다. 규모의 경제가 존재하면 주어진 산출량을 한 기업이 모두 생산하는 것이 적어도 비용측면에서는 효율적이다.

② 규모의 경제가 강하게 존재하는 경우 시장이 자연스럽게 한 기업이 모든 산출량을 생산하는 독점의 시장구조를 가지게 되는 경우가 많은데 이를 자연독점이라고 부른다.

③ 전통적으로 네트워크 산업의 경우 초기 망투자 비용이 매우 크므로 규모의 경제가 크게 존재한다.

④ 통신, 전력, 철도, 수도 등과 같은 네트워크 산업들이 많은 나라에서 국가독점이나 또는 규제를 받는 민간 독점의 시장구조를 가진 이유가 바로 규모의 경제를 활용하기 위해서이다.

(2) 정부의 인허가(특허권, 전매권)

한 기업이 법적으로 보호받을 권리를 정부로부터 얻게 되면 그 기업은 적어도 일정 기간 동안에는 독점적 권리를 보장받는다.

(3) 생산요소 장악

특정재화를 생산하는데 필수부가결한 생산요소에 대한 독점적 지배를 할 수 있으면 그 생산요소를 이용하여 생산하는 재화 또한 독점할 수 있다.

1. 자원배분의 비효율성

① 가격이 한계비용보다 크기 때문에($P > MR = MC$) 완전경쟁보다 생산량이 적고 가격은 높게 설정된다.

또한 사회적 후생손실(자중손실)이 발생한다.

② X - 비효율성이 존재한다.

X - 비효율성이란 눈에 보이지 않는 비효율성으로 비용 상승의 원인이 된다.

2. 완전경쟁시장과 독점시장의 비교

① 완전경쟁시장의 경우 한계비용곡선과 시장수요곡선이 만나는 점에서 균형이 달성된다.

② 즉, Q_C만큼이 P_C의 가격으로 거래됨으로써 총잉여가 극대화된다.

③ 독점기업은 이윤극대화를 위해 공급량은 Q_M으로 줄이고 가격은 P_M으로 인상한다.

④ 그 결과 소비자잉여는 삼각형 A의 면적으로 감소하고 생산자잉여는 사각형 $(B+D)$)의 면적으로 변하게 된다.

⑤ 독점으로 인한 비효율의 크기, 즉 독점의 자중손실을 나타내는 삼각형($C+E$)의 면적을 그 크기를 추정한 경제학자의 이름을 따서 '하버거의 삼각형'이라고도 부른다.

	완전경쟁	독점	변화
소비자 잉여	$A+B+C$	A	$-B-C$
생산자 잉여	$D+E$	$B+D$	$B-E$
사회적 잉여	$A+B+C+D+E$	$A+B+D$	$-C-E$

(3) 소득분배의 측면

① 생산물시장이 완전경쟁에서 독점으로 변하면서 사각형 B 면적만큼의 소비자잉여가 독점기업에게 이전되는 이는 시장거래로부터 발생하는 순편익이 소비자로부터 독점기업에게 재분배된다는 것을 의미한다.

② 소비자 잉여를 독점이윤으로 전환시킴에 따라 소득분배의 불평등이 초래될 수 있는데, 독점기업에 속해 있는 사람들의 소득이 소비자들보다 높다면 독점으로 인해 분배구조의 불공평은 증가할 것이며, 이는 자중손실과 함께 독점의 사회적 비용이라고 할 수 있다.

1 파레토 효율성

1. 개념

① 파레토효율성이란 어느 한 사람의 효용증가를 위해서는 반드시 다른 사람의 효용감소를 유발할 수밖에 없는 상태를 말한다.

② 또는 더 이상의 파레토개선이 없는 상태, 즉 모두에게 이득이 되는 변화를 만들어 낼 수 없는 상태를 말한다.

2. 조건

① 생산의 파레토 효율성 조건 : $MRTS_{LK}^{X} = MRTS_{LK}^{Y}$ → 생산가능곡선 도출

② 소비의 파레토 효율성 조건 : $MRS_{XY}^{A} = MRS_{XY}^{B}$ → 효용가능곡선 도출

③ 종합적 파레토 효율성 조건 : $MRS_{XY} = MRT_{XY}$ → 효용가능경계 도출

3. 특징

① 파레토 효율성은 사회의 후생평가기준으로 자원배분의 효율성을 판단하기 위한 객관적인 기준이다.

② 파레토 효율성을 만족하는 상태는 무수히 많다.

③ 파레토 효율적인 자원배분 간에 파레토 우위를 비교할 수는 없다.

4. 한계

① 파레토 효율성은 가치판단과 무관한 개념으로 사회후생극대화를 위한 필요조건이다.

② 파레토 효율성을 만족하는 자원배분상태는 무수히 많으므로 어떠한 자원배분상태를 선택하느냐에 문제가 있다.

③ 파레토 효율성은 소득분배의 공평성을 만족시키지 못한다.

2 시장실패

1. 개념

① 시장실패란 시장기구가 자원을 효율적으로 배분하는데 실패하게 되는 현상을 말한다.

② 또는 시장실패란 파레토 최적의 자원배분을 달성하지 못하는 상태를 말한다.

③ 넓은 의미의 시장실패란 시장기구가 비효율성과 불공평성을 동시에 갖는 경우를 말한다.

2.원인

① 미시적 실패요인 : 불완전경쟁, 공공재, 외부성, 정보비대칭, 불공평한 소득분배

② 거시적 실패요인 : 물가상승, 실업, 국제수지불균형

3 공공재

1. 개념

생산되는 즉시 그 집단의 모든 성원에 의해 소비의 혜택이 공유될 수 있는 재화 및 서비스

2. 특징

① 비경합성

어떤 개인의 재화나 서비스 소비가 다른 개인의 소비가능성을 감소시키지 않는 것을 말한다. 따라서 한계비용이 0이므로 가격을 설정하는 것이 바람직하지 않다.

② 비배제성

일단 공공재의 공급이 이루어지고 나면 생산비를 부담하지 않는 개인이라고 할지라도 소비에서 배제할 수 없는 특성을 의미한다. 따라서 무임승차자 문제가 발생하고 가격을 설정하는 것이 불가능하다.

4 외부성

1. 개념

어떤 행위가 제 3자에게 의도하지 않은 혜택이나 손해를 가져다주면서 이에 대한 대가를 받지도 지불하지도 않을 때 외부성이 창출된다.

2. 외부경제와 외부불경제

(1) 생산 외부성

1) 외부 경제

생산의 외부경제는 PMC가 SMC보다 커지며($PMC > SMC$), 과소생산이 발생한다. 따라서 보조금을 지급해야 한다.

    예 양봉업과 과수원

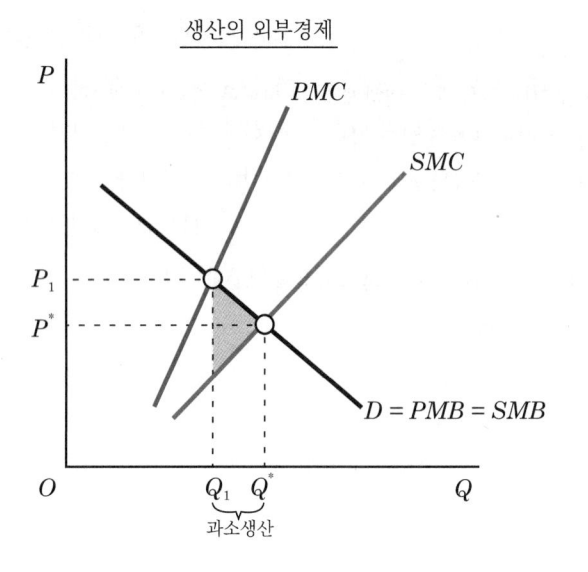

생산의 외부경제

2) 외부 불경제

생산의 외부불경제는 SMC가 PMC 보다 커지며 ($SMC > PMC$), 과다생산이 발생한다. 따라서 조세를 부과해야 한다.

> 예 연탄공장과 세탁소

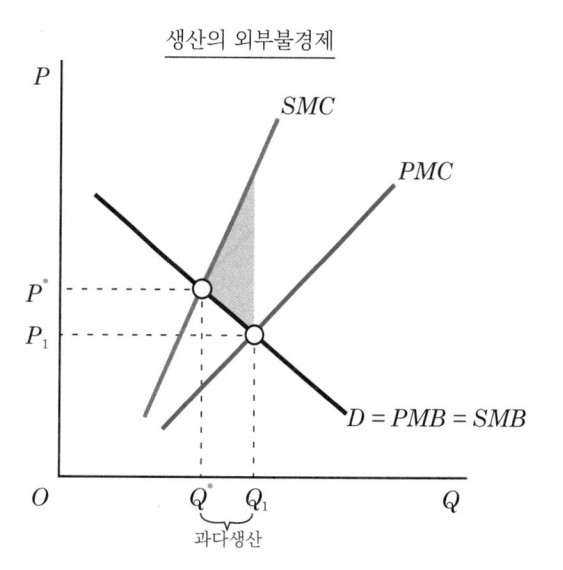

생산의 외부불경제

(2) 소비 외부성

1) 외부 경제

소비외부성은 재화의 소비과정에서 발생하는 외부성을 의미하며 SMB와 PMB의 괴리가 발생한다.($SMB > PMB$) 과소소비가 발생하며 따라서 보조금을 지급해야 한다.

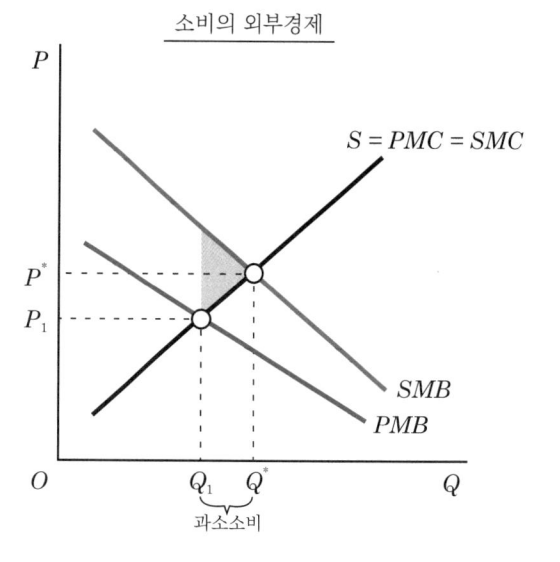

소비의 외부경제

2) 외부 불경제

소비의 외부불경제는 PMB가 SMB보다 커지며($PMB > SMB$), 과다소비가 발생한다. 따라서 과다소비가 발생하며 조세를 부과해야 한다.

소비의 외부불경제

3. 해결

(1) 사적 해결방안

1) 합병

외부성을 유발하는 기업과 외부성으로 인해 피해를 보는 기업을 합병하는 방법을 말한다.

2) 코즈의 정리

• 정부개입이 없어도 소유권의 설정이 이루어질 경우 당사자들의 자발적인 협상에 의해 외부성의 문제가 해결될 수 있음을 보인다.

• 정부의 직접적인 개입보다 재산권설정 등 정부의 최소한의 개입이 사회적 효율성을 증진시킨다.

(2) 공적 해결방안

1) 직접 규제

직접규제란 환경기준을 설정하고 기준량 이상의 오염물질 배출을 규제하는 것을 말한다. 직접규제를 수량통제라고도 한다.

2) 조세 및 보조금

• 외부불경제가 발생하면 피구세를 부과한다. 피구세(pigouvian tax)란 외부비용을 가격체계에 내부화하기 위해 부과하는 조세를 말한다.

• 외부경제가 발생하면 보조금을 지급한다.

3) 오염배출권 거래제

정부가 최적오염배출량을 설정하고 각 기업이 오염을 배출할 때는 오염배출권을 구입하도록 하거나 각 기업들에게 무료로 오염배출권을 배부하고 오염배출권이 시장에서 자유롭게 거래되도록 하는 방법을 말한다.

5 불완전정보

1. 역선택(adverse selection)

(1) 개념

정보를 적게 갖고 있는 측이 바람직하지 못한 상대방과 거래할 가능성이 높아지는 현상을 말한다.

(2) 해결방안
- 신호발송과 선별
- 평판과 표준화
- 신호발송
- 효율성 임금

2. 도덕적해이(moral hazard)

(1) 개념

어떤 계약이 이루어진 이후에 정보를 가진 측이 바람직하지 못한 행동을 하는 현상을 말한다.

(2) 해결방안
- 공동보험
- 기초공제
- 효율성 임금
- 평판

3. 주인-대리인 문제(principal-agent problem)

(1) 개념

주인의 입장에서 볼 때 대리인이 바람직스럽지 못한 행동을 하는 현상을 말한다.

(2) 해결방안

유인설계

시장경제의 효율성이란 시장기능이 그 역할을 제대로 하지 못하는 것을 의미하고 효율성의 원인 중에 외부성이 있다. 어떤 행위가 제3자에게 의도하지 않은 혜택이나 손해를 가져다주면서 이에 대한 대가를 받지도 지불하지도 않을 때 외부성이 창출된다.

1. 파레토 최적에 대해 설명하라.

2. 시장실패의 요인에는 외부성이 있다. 이와 나머지 실패요인 3개에 대하여 설명하라.

3. 코즈는 정부의 개입이 없어도 시장을 통해 개인들이 외부성의 문제를 해결할 수 있다고 하였다. 그의 견해에 대한 설명과 예를 들고 이를 비판하라.

해설

1 파레토 최적에 대해 설명하라.
① 파레토 최적이란 파레토 효율성(pareto efficiency)이라고도 하는데 자원배분의 효율성을 판단하기 위한 가장 객관적인 기준을 말한다.
② 파레토 최적이란 어느 한 사람의 효용이 증가하기 위해서는 반드시 다른 사람의 효용이 감소해야 하는 경우를 말하며 더 이상의 개선이 불가능한 상태이다.

2 시장실패의 요인에는 외부성이 있다. 이와 나머지 실패요인 3개에 대하여 설명하라.
① 시장실패란 시장기구가 자원을 효율적으로 배분하는데 실패하게 되는 현상을 말한다.
② 시장실패의 요인은 다음과 같다.

미시적 실패원인	거시적 실패원인
불완전경쟁 공공재 외부성 정보비대칭 불공평한 소득분배	물가 상승 실업 국제수지 불균형

❸ 코즈는 정부의 개입이 없어도 시장을 통해 개인들이 외부성의 문제를 해결할 수 있다고 하였다. 그의 견해에 대한 설명과 예를 들고 이를 비판하라.

① 코즈정리란 민간경제주체들이 거래하는데 드는 비용이 매우 적다는 가정 하에서 재산권만 설정된다면 당사자들의 자발적인 협상에 의해 외부성으로 인해 초래되는 비효율성을 시장 스스로 해결할 수 있다는 정리를 말한다.

② 정부의 직접적인 개입보다 재산권 설정 등 정부의 최소한의 개입이 사회적 효율성을 증진시킨다. 즉, 정부의 개입방식이 직접적 개입보다 민간주체의 자율성 보장과 시장기능을 강조하는 간접적 방식으로 전환되어야 함을 시사한다.

③ 그러나 거래비용의 과다, 외부성 측정의 어려움, 이해당사자(가해자, 피해자)의 모호성, 협상능력의 차이에 의해 현실적으로 적용이 난이하다.

II 거시경제학

01 저축의 역설

1 개념

모든 개인이 저축을 증대시키려는 행위가 결과적으로 저축은 증대시키지 못하고 국민소득만 감소시키는 것을 말한다.

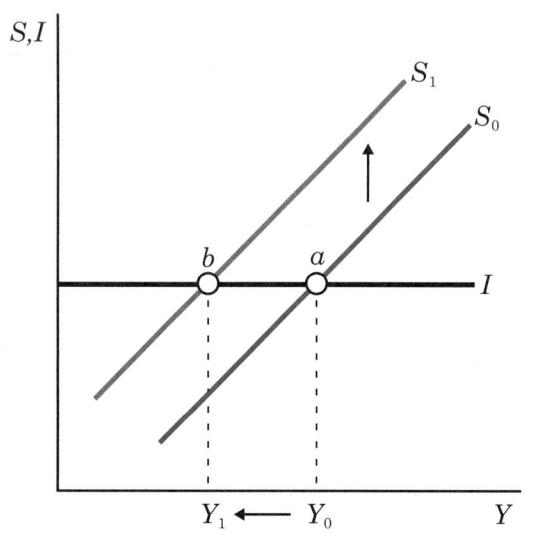

2 의미

① 투자기회가 부족한 선진국의 경우에만 성립

② 단기적으로 성립

③ 구성의 오류에 해당

02 소비함수

1 절대소득가설

1. 가정

① 소비의 독립성 : 개인의 소비는 타인의 소비행위와는 독립적이다.

② 소비의 가역성 : 소비지출이 소득수준에 따라 자유롭게 변화한다.

2. 개념

• 일정기간 동안의 소비는 현재의 가처분소득에 의하여 결정

• $C = a + bYd$ (a : 기초소비, b : 한계소비성향, Yd : 가처분소득)

3. 의미

① 한계소비성향(MPC)은 0과 1사이이며 일정하다.

② 소득이 증가하면 평균소비성향(APC)이 감소한다.

③ 소비함수곡선이 소비축을 통과하므로 항상 평균소비성향이 한계소비성향보다 크다.($APC > MPC$)

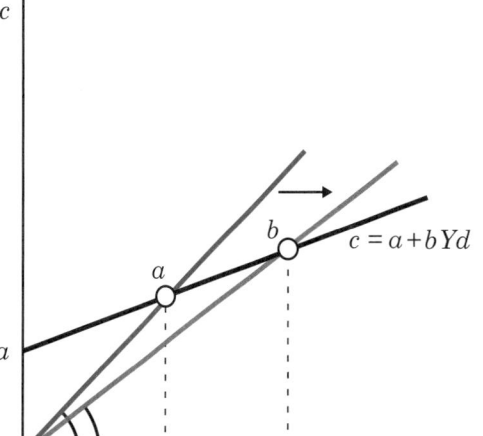

2 다양한 소비함수

1. 상대소득가설(듀젠베리)

① 소비성향은 절대소득 수준뿐만 아니라, 과거의 최고소득에도 의존한다고 주장

② 소비의 비가역성 때문에 톱니효과, 상호의존성 때문에 전시효과가 발생

2. 항상소득가설(프리드만)

소득을 정기적이고 확실한 항상소득과 임시적 소득인 임시소득으로 구분할 때, 항상소득의 일정비율은 소비되며, 임시소득은 저축의 증가로 연결

3. 평생소득가설(MBA이론)

① 사람들은 평생을 염두에 두고 현재의 소비를 결정하며 총소득을 노동소득과 자산 소득으로 나눔

② $C = aA + bW$

(C : 소비수준, W : 여생동안 벌어들일 수 있는 근로소득의 현재가치, A : 자산소득의 현재가치)

4. 랜덤워크가설

① Random walk가설에 따르면 정보가 불확실한 상황에서 소비주체가 합리적인 소비행동을 한다면, 전기소비만이 현재소비를 예측하는데 도움이 된다고 한다.

② 예상하지 못한 충격은 합리적 기대를 이용하더라도 예측이 불가능하며 예상된 정책은 소비의 변화에 아무런 영향을 미칠 수 없다.

1 금리경로

중앙은행이 기준금리를 변경해 시장 금리에 영향을 미치는 것을 말한다.

2 자산가격 경로

통화정책이 주식이나 부동산과 같은 자산의 가치를 변동시켜 실물경제에 영향을 미치는 것을 말한다.

3 환율경로

기준금리의 변경은 환율의 변화를 통해 실물경제에 파급된다.

4 신용경로

통화정책이 은행 대출에 영향을 미쳐 실물경제에 파급된다.

저금리가 경제부양에 효과가 있는 이유는 무엇인지 서술하시오.

해설

1 금리의 개념

돈을 빌린 사람은 일정기간 돈을 빌려 쓴 것에 대한 대가를 지급하는데 이를 이자라 하며, 이자의 원금에 대한 비율을 금리 또는 이자율이라고 한다.

2 금리가 미치는 영향

1. 소비와 저축

대체로 금리가 떨어지면 금융기관에 같은 금액의 돈을 맡기더라도 적은 이자를 받을 수 있기 때문에 사람들은 저축을 줄이고 소비를 늘리게 된다.

2. 기업투자활동

① 금리가 하락하면 기업의 투자에 따른 비용부담이 감소하게 되어 투자가 늘어나게 된다.

② 한편, 금리변동이 너무 심하여도 장래 투자를 위한 자금계획의 수립이나 사업전망이 어려워지므로 기업은 투자하기를 꺼릴 수 있다.

3. 물가

① 금리가 하락하면 기업의 투자활동이 증가하고 개인도 저축보다는 소비를 많이 하는 등 경제 전체적으로 상품을 사고자 하는 수요가 증가하게 되므로 금리하락은 물가를 상승시키는 요인으로 작용한다.

② 그러나 한편으로는 이자가 상품의 생산원가에 포함되기 때문에 금리가 낮아지면 제품가격을 하락시키는 요인이 될 수도 있다.

③ 이와 같이 금리가 물가에 미치는 영향은 서로 상반된 두 가지 요인 중 어느 쪽 영향이 더 큰가에 따라 달라지는데 원가하락 효과보다 수요증가 효과가 더 크기 때문에 물가가 상승한다는 것이 일반적인 견해이다.

4. 국가 간의 자금 흐름

① 환율 등 다른 여건이 같은 경우에 우리나라 금리가 내려가 외국 금리보다 낮아지면, 외국사람은 외국에서 돈을 운용하는 것이 자기나라에서보다 더 많은 이익을 얻을 수 있기 때문에 우리나라에서 자금이 나가게 된다.

② 따라서 환율상승에 따른 순수출 증대효과가 있다.

1 *IS*곡선

1. 개념

*IS*곡선이란 생산물 시장의 균형을 가져다주는 이자율과 국민소득의 조합을 말한다.

2. *IS*곡선 함수식

$$r = -\frac{1-b(1-t)+m}{c}Y + \frac{1}{c}(a - bT_0 + I_0 + G_0 + X_0 - M_0)$$

3. 형태

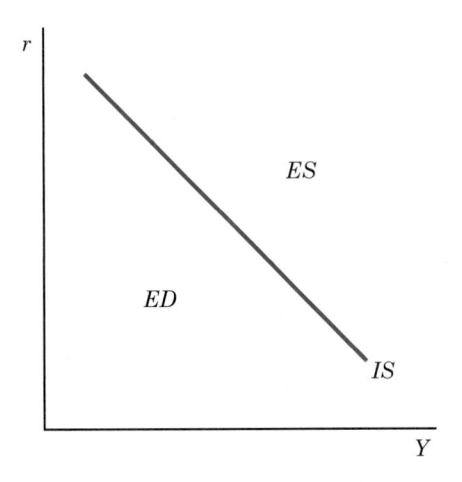

① *IS*곡선은 일반적으로 우하향한다.

② *IS*곡선의 상방은 생산물시장의 초과공급(*ES*), 하방은 생산물시장의 초과수요(*ED*) 상태이다.

4. 기울기

① 한계소비성향이 커질수록 *IS*곡선의 기울기는 완만하다.

② 투자의 이자율탄력성이 커질수록 *IS*곡선의 기울기는 완만하다.

③ 케인즈학파는 투자의 이자율탄력성이 작기 때문에 *IS*곡선의 기울기는 급경사이다.

④ 통화주의 학파는 투자의 이자율탄력성이 크기 때문에 *IS*곡선의 기울기는 완만하다.

5. 이동요인

① *IS*곡선의 이동요인은 소비, 정부지출, 투자, 순수출 등이 있다.

② 소비, 투자, 정부지출, 순수출 등이 증가하면 *IS*곡선은 오른쪽으로 이동한다.

2 LM곡선

1. 개념

LM곡선이란 화폐시장의 균형을 가져다주는 이자율과 국민소득의 조합을 말한다.

2. LM곡선 함수식

- $\dfrac{M^{S}}{P} = L(Y, r)$

- $L = L_t(Y) + L_S(r)$

3. 형태

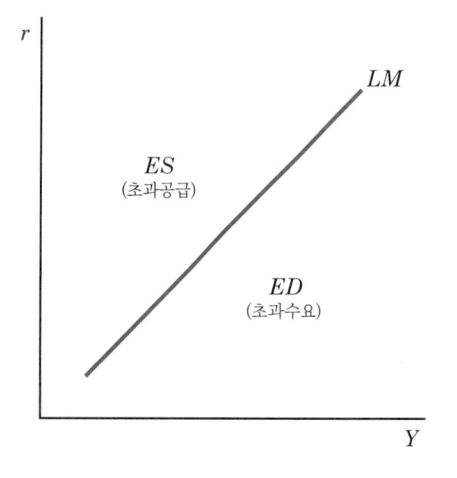

① LM곡선은 일반적으로 우상향한다.
② LM곡선의 상방은 화폐시장의 초과공급(ES), 하방은 화폐시장의 초과수요(ED) 상태이다.

4. 기울기

① 화폐수요의 이자율탄력성이 커질수록 LM곡선의 기울기는 완만하다.
② 화폐수요의 소득탄력성이 작아질수록 LM곡선의 기울기는 완만하다.
③ 케인즈학파는 화폐수요의 이자율탄력성이 크기 때문에 LM곡선의 기울기는 완만하다.
④ 통화주의 학파는 화폐수요의 이자율탄력성이 작기 때문에 LM곡선의 기울기는 크다.

5. 이동요인

① LM곡선의 이동요인은 통화량, 물가, 투자 등이 있다.
② 통화량이 증가하면 LM곡선은 오른쪽으로 이동한다.
③ 물가가 상승하면 LM곡선은 좌측으로 이동한다.

1. 균형

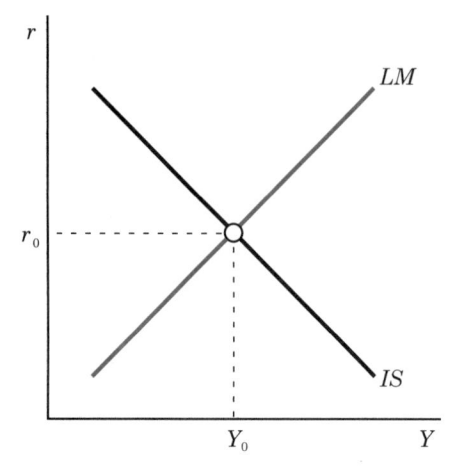

*IS*곡선과 *LM*곡선이 만나는 점에서 균형이자율(r_0)과 균형국민소득(Y_0)이 결정된다.

2. 불균형의 조정

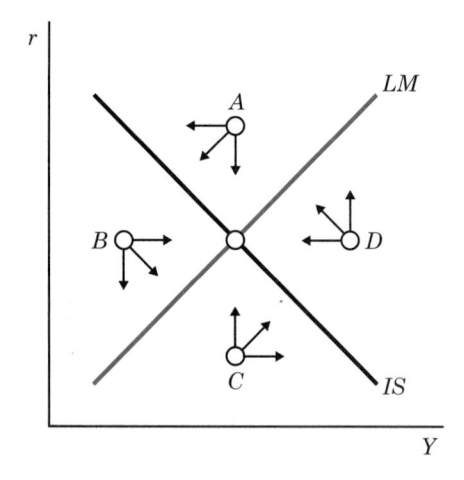

① A영역은 *IS*곡선의 상방과 *LM*곡선의 상방이므로 생산물 시장에서는 초과공급, 화폐시장에서는 초과공급이 발생한다.

② B영역은 *IS*곡선의 하방과 *LM*곡선의 상방이므로 생산물 시장에서는 초과수요, 화폐시장에서는 초과공급이 발생한다.

③ C영역은 *IS*곡선의 하방과 *LM*곡선의 하방이므로 생산물 시장에서는 초과수요, 화폐시장에서는 초과수요가 발생한다.

④ D영역은 *IS*곡선의 상방과 *LM*곡선의 하방이므로 생산물 시장에서는 초과공급, 화폐시장에서는 초과수요가 발생한다.

1 개념

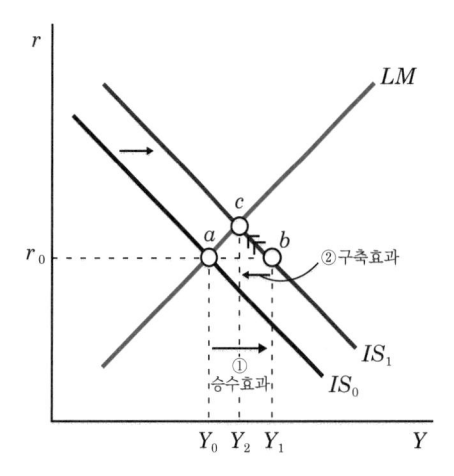

① 구축효과란 정부 지출증가로 인한 총수요증가 효과가 민간투자의 감소로 상쇄되는 효과를 말한다.

② 정부지출이 증가하면 물가상승으로 인한 실질잔고의 감소가 발생하며 이에 따른 민간지출위축현상이 발생한다.

1 개념

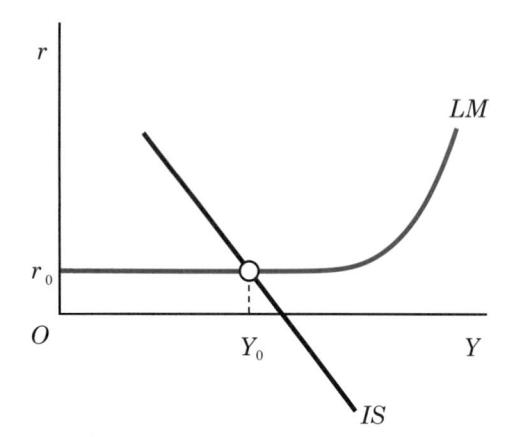

① 투기적 화폐수요가 무한히 증가하여 LM곡선이 수평선이 되는 상황을 말한다.

② 화폐를 많이 공급하여도 공급된 화폐가 모두 시장에서 퇴장해버려 시장에서 유동성이 부족해지는 현상이 발생한다.

2 정책과의 관계

유동성함정에서는 재정정책의 유효성은 커지고 금융정책은 무력하다.

3 양적완화

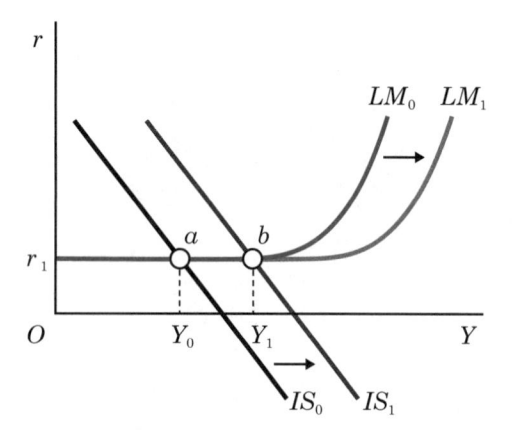

① 정부가 양적완화를 실시하면 소비증가, 투자증가, 순수출 증가 등으로 IS곡선도 우측 이동한다.

② 따라서 국민소득이 Y_0에서 Y_1으로 증가한다.

1 장단기 균형

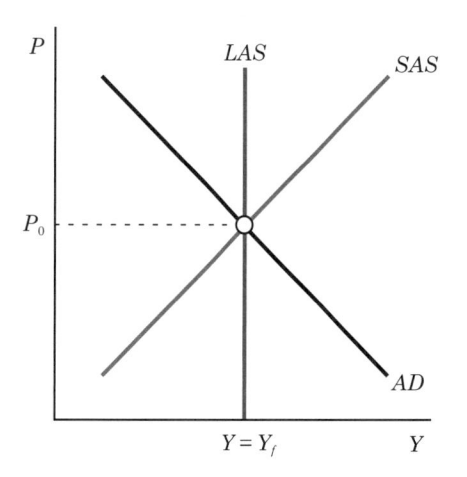

$(P$: 물가, Y : 국민소득, LAS : 장기총공급곡선, SAS : 단기총공급곡선, AD : 총수요곡선,

Y_f : 완전고용국민소득 또는 잠재 $GDP)$

① 장기총공급곡선(LAS), 단기총공급곡선(SAS), 수요곡선(AD)이 모두 만나는 점에서 장단기 균형이 달성 된다.

② 장단기 균형에서 균형물가(P_0), 균형GDP가 달성된다.

③ 장단기 균형에서 잠재$GDP(Y_f)$와 실제$GDP(Y)$가 같아진다.

2 이동요인

① 총수요곡선의 이동요인은 소비지출, 투자지출, 정부지출, 순수출(수출-수입), 통화량이다.

② 단기총공급곡선의 이동요인은 임금, 유가, 수입원자재 가격, 생산요소 부존량 (노동, 자본), 기술 등이다.

③ 장기총공급곡선의 이동요인은 노동, 자본, 기술 등이다.

1 개념

① 정부지출수준이 일정하게 주어져 있을 때 조세를 감면하고 부족재원을 국채발행으로 조달하는 경우 합리적 주체들은 공채가격을 미래추가 조세부담의 현재가치와 동일하게 인식한다.

② 결론적으로 현재소비는 전혀 늘리지 않고, 감세분만큼 조세를 늘린다.

2 설명

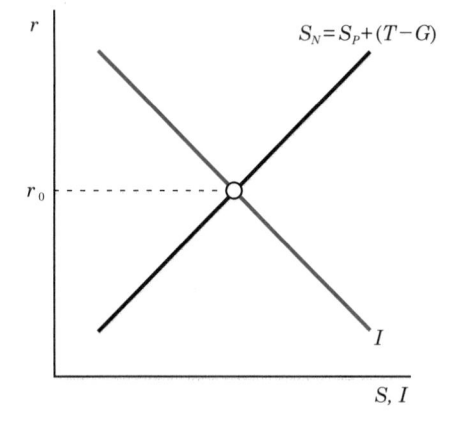

① 정부가 국채를 발행하면 정부저축은 감소하나 민간저축은 증가하여 대부 자금 공급곡선은 이동하지 않으며 이자율은 변하지 않는다.

② 정부의 국채발행을 통한 재정정책은 이자율 수준을 바꾸지 못하므로 총수요에 아무런 영향을 주지 못한다는 것이다.

③ 정부지출의 재원조달 방법의 변화는 중요치 않으며, 어느 부문에 어떤 식으로 지출하는가가 중요하다.

3 문제점

1. 경제활동인구증가율의 변화

① 경제활동 인구증가율이 양(+)의 값을 나타내면 미래의 조세부담의 분담액이 낮아지게 된다.

② 따라서 현재의 조세감면액에 비해 미래조세부담액의 현재가치가 작아지게 되므로 공채 발행액 중 일부를 부(wealth)로 인식하여 소비를 늘릴 수 있다. 즉, 감세정책은 효과를 갖게 된다.

2. 근시안적 의사결정

사람들이 근시안적으로 의사결정을 한다면 국채가 발행되더라도 미래의 조세증가를 인식하지 못할 가능성이 높다.

3. 유동성 제약

① 사람들이 유동성제약에 놓여 있으면 현재의 가처분 소득에 의해 소비가 결정된다.

② 이 경우 국채가 발행됨에 따라 조세감면이 이루어지면 현재의 가처분소득이 증가하여 현재소비와 효용이 증가하게 된다. 이를 과잉민감성이라고 한다.

1 개념

인플레이션(inflation)이란 물가수준이 지속적으로 상승하는 현상을 말한다.

2 수요견인 인플레이션

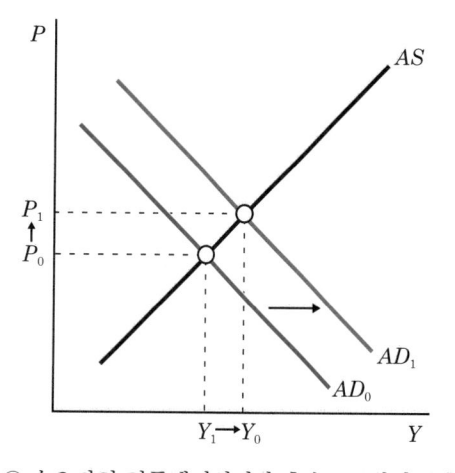

① 수요견인 인플레이션이란 총수요곡선이 우측으로 이동하면서 물가가 상승하는 것을 말한다.
② 통화량 증가 또는 투자지출이나 정부지출의 증가가 수요견인 인플레이션의 원인이다.

3 비용인상 인플레이션

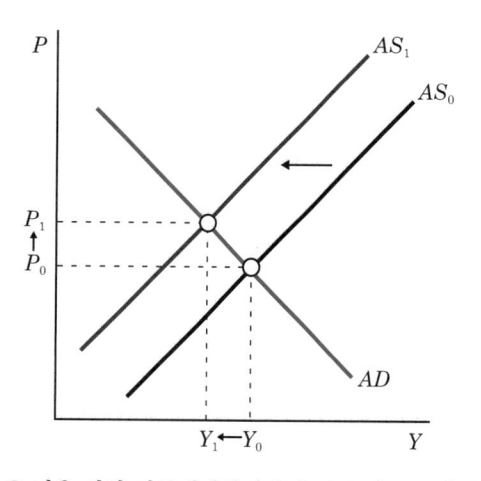

① 비용 인상 인플레이션이란 총공급 감소로 인한 물가가 상승하는 현상을 말한다.
② 임금 인상, 수입원자재 가격 상승, 유가 상승 등이 총공급을 감소시킨다.

1 개념

디플레이션(deflation)이란 물가수준이 지속적으로 하락하는 현상을 말한다.

2 긍정적 효과

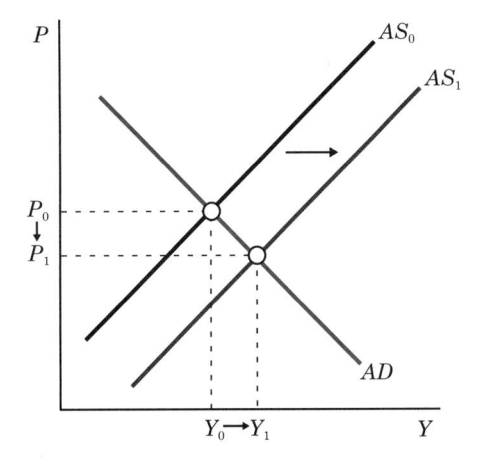

기술진보 등에 의하여 총공급곡선이 우측으로 이동하면 물가 하락과 더불어 국민소득이 증가한다.

3 부정적 효과

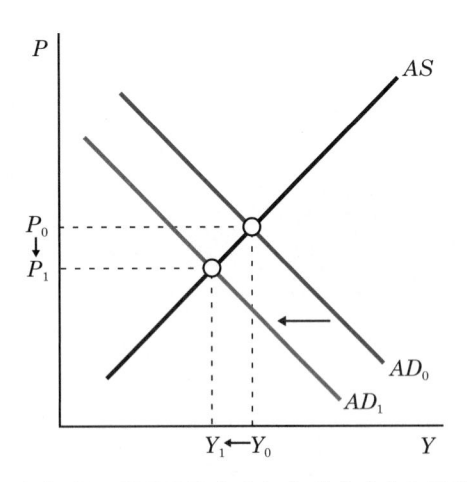

투자 감소, 통화공급의 감소에 의해 총수요곡선이 좌측으로 이동하면 물가 하락과 함께 국민소득이 감소한다.

최근의 세계는 전반적으로 디플레이션의 가능성이 증가하고 있다. 일반적으로 디플레이션은 경기회복에 긍정적인 영향을 주지만, 역으로 부정적인 영향을 끼치기도 한다. 디플레이션이 각각 어떤 경우에 긍정적, 부정적으로 작용하는지 비교 서술하라.

해설

1 개념

디플레이션(deflation)이란 물가수준이 지속적으로 하락하는 현상을 말한다.

2 긍정적 효과

1. 총 공급측면의 디플레이션

기술진보 등에 의하여 총공급곡선이 우측으로 이동하면 물가 하락과 더불어 국민소득이 증가한다.

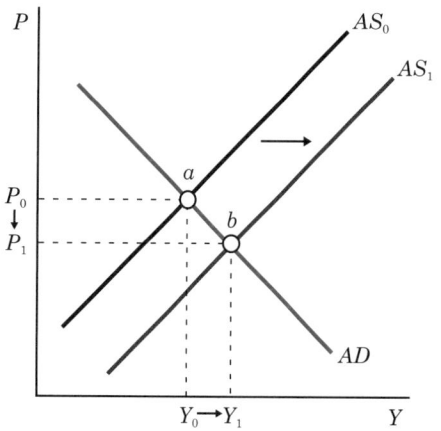

2. 자산효과

물가의 하락은 실질부의 증가를 가져옴으로 소비지출을 증가시킨다.

3. 실질통화량의 증가

물가의 하락은 실질통화량을 증가시켜 이자율을 하락시킨다.

3 부정적 효과

1. 총수요측면의 디플레이션

투자감소, 통화공급의 감소에 의해 총수요곡선이 좌측으로 이동하면 물가하락과 함께 국민소득이 감소한다.

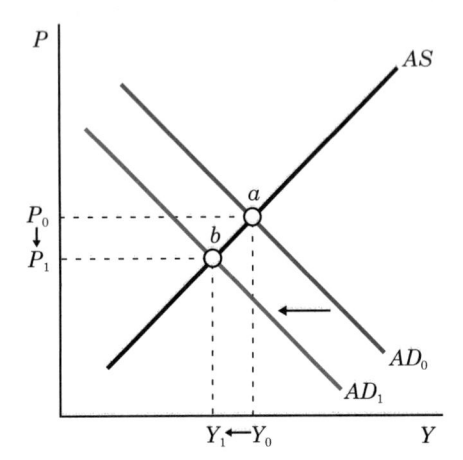

2. 민간의 실질부채 증가에 따른 소비위축

예상치 못한 디플레이션은 채무자의 부담을 증가시키므로 대부분의 가계가 채무를 지고 있음을 감안해 볼 때 경기를 큰 폭으로 악화시킬 수 있다.

3. 투자위축

① 기대인플레이션이 하락하면 기대인플레이션의 변화가 명목이자율 변화로 반영되지 못하여 실질이자율이 상승하게 된다.

② 실질이자율의 상승은 투자를 감소시켜 경제성장 등에 부정적 영향을 미친다.

1 경제활동참가율

- 15세 이상의 인구 중에서 경제활동인구가 차지하는 비율을 말한다.

- 경제활동참가율 $= \dfrac{경제활동인구}{15세이상의인구} \times 100 = \dfrac{경제활동인구}{경제활동인구 + 비경제활동인구} \times 100$

2 실업률

- 경제활동인구 중에서 실업자가 차지하는 비율을 말한다.

- 실업률 $= \dfrac{실업자수}{경제활동인구} \times 100 = \dfrac{실업자수}{실업자수 + 취업자수} \times 100$

3 고용률

- 고용률이란 생산가능인구 중에서 취업자가 차지하는 비율을 말한다.

- 고용률 $= \dfrac{취업자수}{취업가능인구} \times 100 = \dfrac{취업자수}{경제활동인구 + 비경제활동인구} \times 100$

4 취업자

① 취업자는 매월 15일이 속한 1주일 동안에 수입을 목적으로 1시간 이상 일한 사람으로 정의된다.

② 수입을 목적으로 하지 않더라도 자기 집에서 경영하는 농장이나 사업체를 위해 주당 18시간 이상 일한 무급가족종사자도 포함된다.

③ 직장이나 사업체를 갖고 있으나 일시적인 질병 휴가 노동쟁의 등으로 조사대상 기간에 일을 하지 못한 일시휴직자도 포함된다.

5 실업자

① 실업자란 적극적으로 일자리를 구해 봤지만 수입이 있는 일에 전혀 종사하지 못한 사람이다. 일자리만 있으면 즉시 취업이 가능한 사람이다

② OECD 기준에 따르면 최근 4주 동안 한차례라도 구직활동을 했으나 취직하지 못한 사람을 실업자로 분류한다.

1 의의

① 필립스곡선이란 총 수요곡선과 총 공급곡선이 만나는 균형점을 관찰하여 식별(identification)한 것이라고
   할 수 있다.
② 따라서 필립스곡선의 형태는 총 공급곡선의 기울기에 큰 영향을 받는다.
③ 필립스(PC)곡선은 인플레이션율(π)과 실업률(u)간의 역의 관계를 나타낸다.

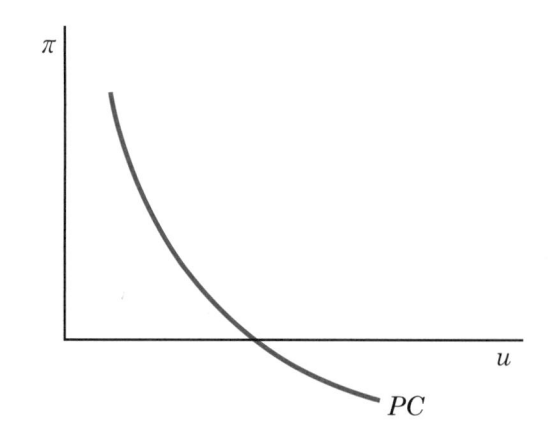

2 총공급곡선과 필립스곡선과의 관계

① 총수요곡선이 이동하면 총공급곡선상에서 물가와 산출량이 변한다.
② 이와 같이 총공급곡선을 따라서 우상방으로 이동하면 필립스곡선을 따라서 좌 상방으로 이동한다.
③ 총공급곡선이 이동하면 필립스곡선도 이동한다. 즉, 총공급곡선이 우측 이동하면 필립스곡선은 좌하방으로
   이동한다.

3 스태그플레이션

스태그플레이션은 경기침체와 물가의 지속적 상승이 동시에 발생하므로 필립스곡선이 우상방으로 이동한다.

■ 자연실업률가설

1. 자연실업률

① 자연실업률(natural rate of unemployment)은 노동시장이 균형을 이루고 있어 취업자와 실업자의 수가 변하지 않는 상태에서의 실업률을 의미한다.

② 노동시장이 균형을 이루는 자연실업률은 다음과 같이 결정된다.

$$u_N = \frac{실직률(s)}{실직률(s) + 구직률(f)}$$

2. 자연실업률 가설

① 장기에는 경제주체들이 물가를 정확히 예상하므로($\pi = \pi^e$), 장기필립스곡선은 자연 실업률(u_N)수준에서 수직선이 된다.

② 화폐공급의 변화가 실물부분에 아무런 영향을 주지 못한다는 화폐의 장기적 중립성(neutrality of money)을 주장한다.

③ 실업률을 낮추기 위하여 재량적인 안정화 정책을 실시하더라도 결국 물가 상승만을 가져온다.

3. 자연실업률을 낮추기 위한 대책

① 장기적으로 실업률은 자연실업률 수준에 수렴하지만, 자연실업률자체가 항상 고정되어 있는 것은 아니기 때문에 자연실업률을 줄이기 위한 대책을 강구할 수 있다.

② 직업훈련과 인력재배치에 대한 지원, 노동시장의 유연성제고, 실업보험제도의 개편 등이 자연실업률을 줄일 수 있다.

■ 이력현상

1. 개념

경제에 총 수요의 위축이라는 불황충격이 발생하고 이것이 상당기간 지속되어 실제실업률이 자연실업률보다 높은 수준에서 오랫동안 유지될 경우 그 경제의 장기 균형실업률인 자연실업률 자체가 증가하게 되는 현상을 말한다.

2. 발생원인

(1) 낙인이론

① 불황이 되어 실업자가 되면 숙련도를 상실하여 노동생산성이 떨어진다.

② 불황이 끝나더라도 우선적 감원대상자라는 사실이 열등 신호가 되기 때문에 재취업하기 어려워진다.

(2) 실망실업자 이론

　① 실업기간이 길어지면 개인들의 근로에 대한 태도가 변하여 구직행위 자체를 포기하게 된다.

(3) 내부자 – 외부자 이론

　① 경기침체로 일부의 실업자가 발생하면 취업자(내부자)의 규모가 축소된다.

　② 축소된 내부자들은 임금협상에서 자신들의 실질임금을 높게 제시한다면 외부자(실업자)들의 취업은 더 어렵게 되고 자연실업률이 높은 수준에서 유지된다.

3. 의미

　① 긴축적인 총 수요관리 정책으로 실업률이 높아지면 장기에 있어서도 실업률은 원래의 자연실업률에 복귀하지 않게 된다.

　② 이는 재정, 금융정책은 장기적으로는 자연실업률에 아무런 영향을 미칠 수 없다는 자연 실업률가설의 내용과는 상반된다.

14 정책무력성 정리와 최적계획의 동태적 불일치

1 정책무력성 정리

개인들이 합리적 기대를 이용하면 평균적으로 물가를 정확히 예상하므로 예상된 안정화 정책은 단기적으로 산출량을 증가시키는데 무력하다.

2 최적계획의 동태적 불일치

　① 특정시점의 제약조건하에 도출된 최적정책(optimal policy)은 그 정책을 실제 시행하게 되는 시점에 가서는 더 이상 최적정책이 아니라는 것이다.

　② 최적정책의 비일관성 문제는 재량보다는 준칙이 낫다는 것을 보여준다.

　③ 정부의 재량정책은 장기적으로 보면 일관성을 유지할 수 없으므로 공개적이고 일관성 있는 정책 실시가 바람직하다.

WWW.KOECONOMICS.COM

234

고범석 경제학아카데미

동태적 비일관성의 원인과 대책을 쓰시오.

해설

1 개념

특정시점의 제약조건하에 도출된 최적정책(optimal policy)은 그 정책을 실제 시행하게 되는 시점에 가서는 더 이상 최적정책이 아니라는 것이다.

2 최적성과 일관성의 불일치

① 인간의 기대가 고정되는 순간 정책당국은 약속으로부터 벗어날 유인이 생기는데 이는 최적성과 일관성의 상충성을 의미하기도 한다.

② 최적성(optimality)이란 민간의 기대물가가 주어진 다음에 t기의 사회후생을 극대화시키는 정책을 말한다.

③ 일관성(consistency)이란 민간의 기대물가가 주어진 다음에 t기에 $t+1$기가 되면 시행할 것이라 공표한 후 실제 $t+1$기가 되었을 때 공표한대로 시행하는 것을 말한다.

3 시사점

① 정부의 재량정책은 장기적으로 보면 일관성을 유지할 수 없으므로 공개적이고 일관성 있는 정책실시가 바람직하다.

② 정책이란 기본적으로 팽창적인 성향을 갖고 있다는 것에 대한 이론적인 근거가 된다.

③ 재량적 시행으로 인한 단기적 편익이 신뢰 감소로 인한 장기적 비용을 능가할 수 없다.

1 가정

가격변수는 신축, 생산함수는 콥-더글라스를 사용한다.

2 균형방정식

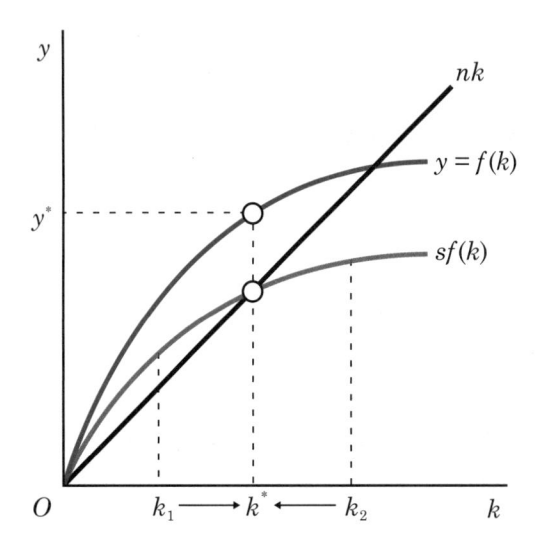

① $sf(k) = (n+d+g)k$

(s : 저축률, $f(k)$: 1인당 생산함수, k : 1인당 자본량, n : 인구증가율, d : 감가상각률, g : 기술진보율)

② 균제상태가 달성되면 경제성장률 = 인구증가율

③ 균제상태가 달성되면 1인당 경제성장률 = 0

한국경제의 성장률 하락의 원인을 설명하고 대책을 경제성장이론으로 설명하시오.

해설

1 균형조건

- $\dfrac{\triangle k}{k} = \dfrac{sAf(k)}{k} = n$

- $\triangle k = sAf(k) = nk$

① 위의 방정식을 충족하는 상태를 균제상태(steady state) 혹은 정상상태라고 한다.

② 균제상태라 함은 모든 경제변수의 변화율이 동일한 상태이고, 정상상태는 균제상태의 부분집합으로 경제의 모든 변수의 변화율이 0인 것을 말한다.

2 성장경로

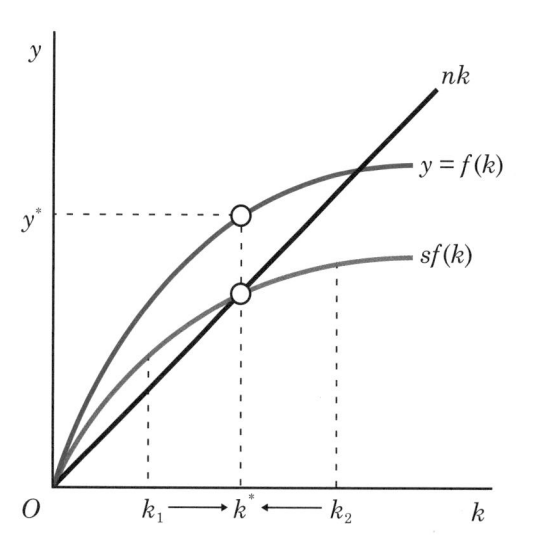

① 균제상태에서는 1인당 생산량은 일정하나 매년 인구가 n의 비율로 증가하므로 경제성장률$\left(\dfrac{\triangle Y}{Y}\right)$은 인구증가율($n$)과 일치한다.$\left(\dfrac{\triangle y}{y} = n\right)$

② 1인당 생산량이 불변이므로 ($\triangle y = 0$) 1인당 경제성장률$\left(\dfrac{\triangle y}{y}\right)$은 0이다.

③ 균제상태로부터 이탈하면 스스로 회복하려는 힘이 경제 내에 존재하므로 이 균제상태는 안정적(stable)이다.

④ $\dfrac{\triangle Y}{Y} = \dfrac{\triangle K}{K} = \dfrac{\triangle L}{L} = n$이므로 솔로우 모형의 균형성장경로에서 완전고용균형성장이 이루어진다.

3 저축률 상승

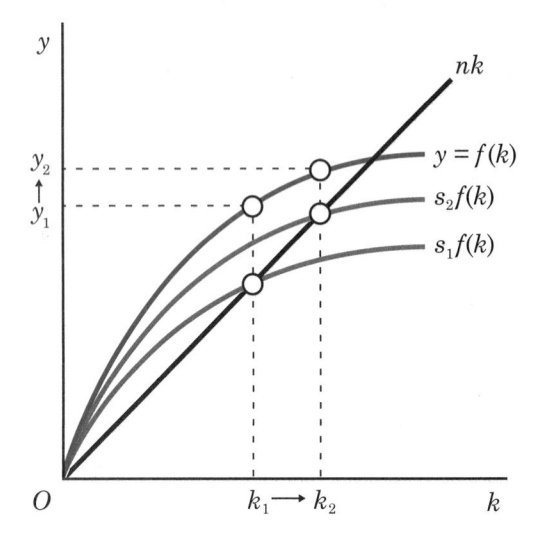

① 경제성장률은 1인당 산출량 증가율이 새로운 균형 성장경로 y_2에 도달할 때까지만 양의 값을 가질 뿐 균형에 이르면 결국 0이 된다. 즉, 장기적으로 경제성장률은 원래수준으로 복귀한다.

② 인구증가율이 변하지 않았기 때문에 경제의 장기성장률은 전과 동일하다.

4 인구증가율 상승

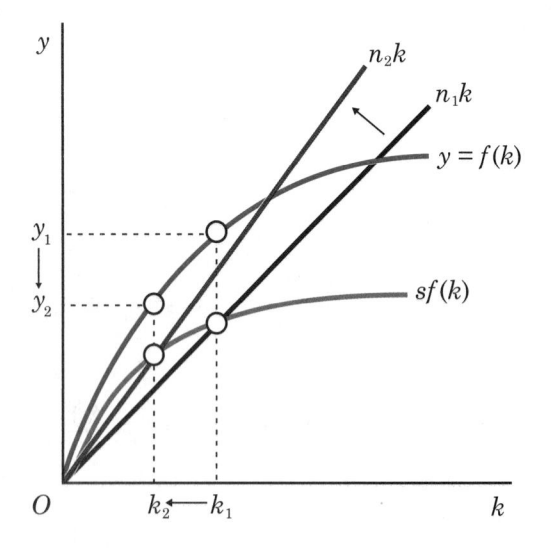

① 인구증가율이 상승하면 자본유지선이 상방 이동한다.($n_1k \rightarrow n_2k$)

② 1인당 자본량과 1인당 산출량은 감소한다.($k_1 \rightarrow k_2$, $y_1 \rightarrow y_2$)

③ 일시적으로 1인당 산출량은 감소하지만 경제의 총산출량(Y)은 새로운 인구증가율 n_2의 성장률로 증가하게 된다.

5 기술진보

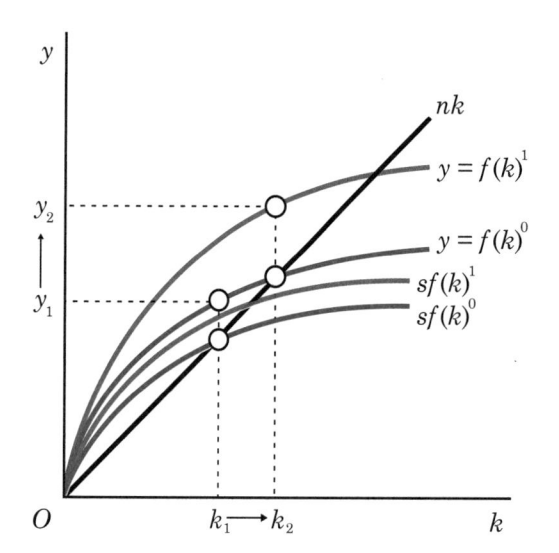

① 기술진보는 1인당 생산함수 $y=f(k)$의 변화를 가져온다.

② 1인당 생산함수가 상방이동하므로 1인당 자본량과 1인당 산출량이 증가한다.

③ 기술진보가 일회적으로 이루어진다면 기술진보에 의한 성장가능성은 회의적이지만, 기술진보는 진보의 한계가 없기 때문에 기술진보가 지속적으로 이루어 질 수 있다.

④ 즉, 지속적인 기술진보로 1인당 생산함수가 지속적으로 상방이동한다면 지속적인 경제 성장을 가져올 수 있다.

6 결론

지속적인 기술진보만이 지속적인 경제성장을 가져올 수 있으므로 한국경제 성장을 위해서 연구&개발 및 기술혁신을 추구해야 한다.

III 국제무역

01 비교우위론

1 개념

한 나라가 두 재화 생산에 있어서 모두 절대우위, 절대열위에 있더라도 상대적으로 생산비가 낮은 재화 생산에 특화하여 무역할 경우 이익을 얻을 수 있다는 이론이다.

2 내용

	X재	Y재
A국	1	4
B국	5	5

1. 무역 이전

① X재 1단위를 만들기 위하여 A국은 노동투입량이 1단위, B국은 노동투입량이 5단위 투입된다.

② Y재 1단위를 만들기 위하여 A국은 노동투입량이 4단위, B국은 노동투입량이 5단위 투입된다.

③ A국은 X재, Y재 모두에 절대 우위를, B국은 두 재화 생산에 있어서 절대 열위를 갖는다.

④ A국과 B국 모두 100명의 노동력을 가지고 있고, 무역 이전 A국은 X재를 80단위, Y재를 5단위 생산·소비하고 있고, B국은 X재를 10단위, Y재를 10단위 생산·소비하고 있다고 하자.

2. 무역 이후

① A국의 국내가격비 $\left(\dfrac{P_X}{P_Y}\right)^A$ 는 $\dfrac{1}{4}$ 이고 B국의 국내가격비 $\left(\dfrac{P_X}{P_Y}\right)^B$ 는 1이므로, A국은 X재를 상대적으로 더 저렴한 비용으로 생산할 수 있다.

② A국은 X재 생산에 비교우위를, B국은 Y재 생산에 비교우위를 갖는다.

③ 따라서 A국은 X재만 생산하여 수출하고, B국은 Y재만 생산하여 수출한다.

④ 또는 기회비용을 통하여 다음과 같이 비교가 가능하다.

	X재 (Y재로 표시)	Y재 (X재로 표시)
A국	$\dfrac{1}{4}$	4
B국	1	1

⑤ A국은 X재 생산의 기회비용이 B국보다 낮고 B국은 Y재 생산의 기회비용이 A국보다 낮으므로, A국은 X재에 비교우위가 있고 B국은 Y재에 비교우위가 있다.

⑥ A국은 *X*재만 100단위 생산하고, B국은 *Y*재만 20단위 생산한다.

⑦ A국은 *X*재, B국은 *Y*재 생산에 특화하여, *X*재 10단위와 *Y*재 5단위를 교환하면 A국은 *X*재 90단위, *Y*재 5단위 그리고 B국은 *X*재 10단위, *Y*재 15단위를 소비하여 무역이전보다 더 많은 재화를 소비할 수 있게 된다.

3 문제점

① 비교우위론에서는 생산요소가 노동 하나밖에 없다고 가정

② 일반적으로는 기회비용이 체증하나 비교우위론에서는 기회비용이 불변이라고 가정

③ 각국은 실제로 불완전특화가 발생하지만 기회비용이 불변이라고 가정함으로써 완전특화의 문제가 발생

한국과 호주는 무역을 한다. 한국은 전자제품 한 개에 20단위의 노동을, 쇠고기 한 단위에 10단위 노동을 투입하여 생산한다. 호주는 전자제품 한 개에 8단위의 노동을, 쇠고기 한 단위에 1단위의 노동을 투입하여 생산한다.

1. 비교우위, 절대우위의 개념을 설명하라.

2. 어느 나라가 어디에서 비교우위, 절대우위를 가지는가. 그리고 한국과 호주 간의 무역이 어떻게 이루어질 것인지 설명하라.

해설

1 비교우위, 절대우위의 개념을 설명하라.

① 절대우위 이론이란 각국이 절대우위에 있는 재화생산에 특화하여 교환함으로써 상호이익을 얻을 수 있다는 이론을 말한다.

② 비교우위 이론이란 한 나라가 두 재화 생산에 있어서 모두 절대우위, 절대열위에 있더라도 상대적으로 생산비가 낮은 재화 생산에 특화하여 무역할 경우 이익을 얻을 수 있다는 이론을 말한다.

2 어느 나라가 어디에서 비교우위, 절대우위를 가지는가. 그리고 한국과 호주 간의 무역이 어떻게 이루어질 것인지 설명하라.

① 한국은 전자제품 1단위를 생산하기 위하여 쇠고기 2단위를 포기해야 하고 호주는 쇠고기 8단위를 포기해야 하므로 한국은 전자제품에 대해 비교우위를 갖고 있다.

② 따라서 한국은 전자제품을 수출하고 쇠고기를 수입해야 이득을 얻는다.

02 헥셔-오린의 정리(Heckscher-Ohlin Theorem)

1 무역발생의 원인

비교생산비 차이가 발생하는 이유를 상대적 요소 부존량과 요소가격의 차이에 있다고 한다.

2 립친스키 정리

① 재화의 상대가격이 일정할 때(소국을 전제조건으로 함), 한 생산요소의 부존량이 증가하면 그 생산요소를 집약적으로 사용하는 재화의 생산량은 증가하고 다른 재화의 생산량이 감소한다는 정리이다.

② X재를 노동집약적 재화라 하고 Y재를 자본집약적 재화라고 하자.

③ 노동부존량이 증가하면 노동집약재인 X재 생산이 증가하고 자본집약재인 Y재 생산은 감소한다.

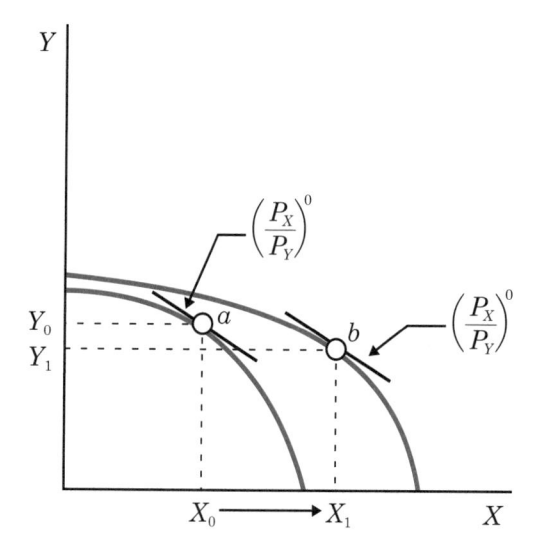

3 요소부존량 정리

각국은 상대적으로 풍부하게 부존된 생산요소를 집약적으로 사용하여 생산한 재화에 비교우위를 갖고, 이 재화를 서로 교역한다는 것을 말한다.

4 요소가격 균등화의 정리

자유무역은 국가 간 생산요소의 이동이 없더라도 생산요소의 상대가격은 물론 절대가격도 국가 간에 같아지도록 한다는 것이다.

5 스톨퍼-사무엘슨의 정리

어떤 재화의 상대가격이 상승하면 그 재화에 집약적으로 사용되는 생산요소 소득은 증가하고 다른 생산요소 소득은 감소한다는 것을 말한다.

6 레온티에프의 역설

레온티에프가 미국 경제를 분석해 본 결과 자본풍부국으로 여겨지는 미국이 헥셔-오린 정리와 반대로 자본집약적인 재화를 수입하고 노동집약적인 재화를 수출한다는 결론

→ 레온티에프는 노동생산성이 높은 미국을 노동량으로 평가하면 노동풍부국으로 볼 수 있다고 주장

미국 노동자들 중에 중국의 저임금으로 인해 피해를 보았다고 주장하는 사람들이 있다. 이는 타당한지 근거를 들어 논술하라.

해설

1. 미국은 자본 풍부국이고 중국은 노동 풍부국이라고 한다면, 미국은 자본집약적인 재화를 수출하고 중국은 노동집약적인 재화를 수출하게 된다.
2. 따라서 미국은 자본집약적인 재화의 가격이 상승하게 되고 상대적으로 노동집약적인 재화의 가격은 하락하게 된다.
3. 이러한 현상은 요소의 가격에도 영향을 미쳐서 자본의 분배 몫을 늘리고 노동의 분배 몫을 상대적으로 줄이게 된다.
4. 따라서 미국의 노동자들은 자유무역으로 인한 소득분배의 결과에 대해 불만을 가지게 된다.

03 　교역조건

1 상품교역조건

$$N = \frac{수출상품가격}{수입상품가격} \times 100$$

2 총교역조건

$$G = \frac{수입수량}{수출수량} \times 100$$

3 소득교역조건

$$I = \frac{(수출상품가격 \times 수출량)}{수입상품가격} \times 100$$

04 　현대무역이론

1 기술격차론(technological gap theory)
　① 각국 간 생산 기술의 격차가 무역 발생의 원인
　② 포스너(D. V. Posner)가 주장

2 연구개발론(R&D; theory of research and development)
　① 기술 진보 및 연구개발활동이 무역발생의 원인
　② 버논(R. Vernon) 등이 주장

3 대표적 수요이론(theory of representative demand)
　① 각국 간의 요소부존 비율이 같지 않더라도 이들 나라간의 수요구조가 유사하면 공산품의 무역이 발생
　② 린더(S. B. Linder)에 의하여 주장

4 제품생애주기이론
　① 제품에도 생애가 있어 제품이 어느 단계에 있느냐에 따라 비교우위가 변한다는 이론으로 버논(R. Vernon)에 의하여 주장되었다.
　② 개발 초기 단계에서는 제품을 개발한 선진국이 비교우위가 있고, 성숙단계에서는 다른 선진국도 해당 제품의 비교우위를 갖게 되고, 표준화 단계에서는 저임금 노동자가 풍부한 후진국이 비교우위를 갖게 된다.

05 산업 간 무역과 산업 내 무역

1 산업 간 무역

① 서로 상이한 상품들이 국가 간에 거래되는 현상을 의미
② 산업 간 무역은 비교우위에 의해 발생

2 산업 내 무역

① 동종, 유사한 상품들이 국가 간에 거래되는 현상을 의미
② 규모의 경제, 제품의 차별화 등이 산업 내 무역을 유발하는 중요한 원인

1 수출국

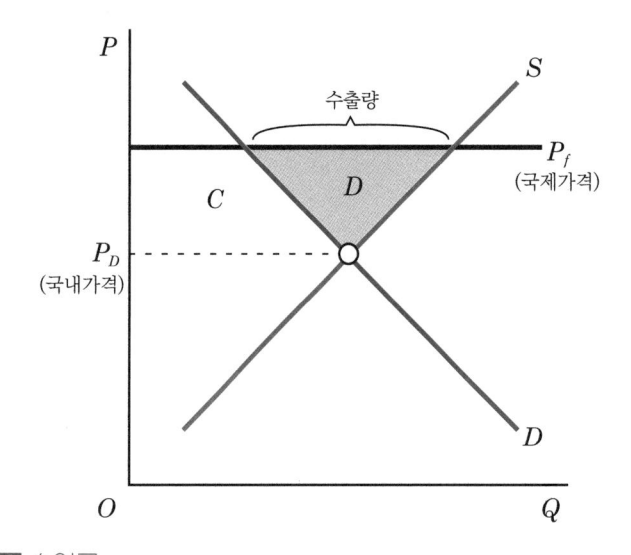

2 수입국

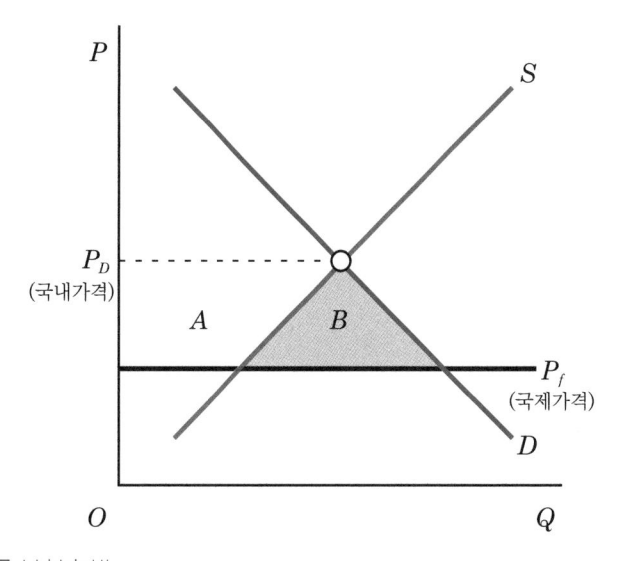

3 사회후생

	수입국	수출국
소비자 잉여의 변화	$A+B$	$-C$
생산자 잉여의 변화	$-A$	$C+D$
총 잉여의 변화	B	D

1. 두 국가가 무역을 하게 되었을 때 생기는 이득을 생산과 소비를 중심으로 논술하라.

2. 자유무역에 반대하는 사람들이 있다 그 이유는 무엇일까?

해설

1 두 국가가 무역을 하게 되었을 때 생기는 이득을 생산과 소비를 중심으로 논술하라.

① 수입국에서는 소비자가 이득을 보고 생산자가 손해를 보나, 소비자의 이득증가분이 생산자의 이득감소분보다 크기 때문에 사회 전체적으로 잉여가 증가한다.

② 수출국에서는 생산자가 이득을 보고 소비자가 손해를 보나, 생산자의 이득증가분이 소비자의 이득감소분보다 크기 때문에 사회 전체적으로 잉여가 증가한다.

2 자유무역에 반대하는 사람들이 있다 그 이유는 무엇일까?

1. 실업 방지

① 자유무역의 수입 산업의 생산량을 감소시켜 국내실업을 증가시키는 원인이 된다는 주장이다.

② 그러나 반대로 수출산업의 경우 고용을 창출할 수 있다.

③ 생산성이 낮은 부문을 축소하고 비교우위가 있는 부문으로 재배분하면 사회 전체적으로 효율성이 증진될 수 있다.

2. 국가 안보

① 자원민족주의가 등장하는 최근에 자유무역으로 특정재화를 타국에 의존해야 한다면 국가안보에 위협이 될 수 있다.

② 특히, 농산물이나 중공업의 경우 전량을 해외 수입에 의존한다면 유사시 위협이 될 수 있다.

③ 그러나 국가 안보의 이유로 비교우위의 원칙을 무시한다면 이에 따른 비효율성도 만만치 않을 것이다.

3. 생산다변화

① 비교우위의 원칙에 따르면 특정 재화에 특화를 하기 때문에 다양한 산업이 균형 있게 발전하기 어렵다.

② 특히 기술진보로 특화되었던 상품이 필요 없게 된다면 그 국가는 예상치 않은 위험에 빠지게 된다.

4. 유치산업 보호

① 국내 산업이 새로 시작한 산업이라면 경쟁력을 갖추기까지 외국의 경쟁으로부터 보호해야 한다는 견해이다.

② 정부의 일시적 보호는 해당 산업이 경쟁력 있는 산업으로 전환될 수 있다는 것이다.

③ 그러나 어느 범위의 산업을 언제까지 보호해야 하느냐의 문제가 발생한다.

5. 외국의 불공정 정책에 대한 대응

① 자유무역은 모든 국가들이 동일한 규칙 하에 움직여야 하는데 외국 정부가 그 나라 기업들에게 여러모로 혜택을 주기 때문에 공정 경쟁을 하기가 불가능하다는 것이다.

② 그러나 외국 정부가 그 나라 기업들에게 지원을 해준다면 그 나라 국민들의 부담은 증가하고 수입국의 소비자는 저렴한 가격으로 수입을 할 수 있기 때문에 이득을 본다.

1 전략적 무역정책

1. 개념

① 일반적 무역정책은 주로 수입을 제한하여 자국의 수입대체산업을 보호하는 소극적 무역정책이나 전략적 무역정책은 세계시장의 전략적 상황을 자국 수출기업에게 유리하도록 구성하여 자국의 후생을 증가시키려는 적극적 무역정책을 말한다.

② 즉, 과점경쟁의 시장에서 자국의 이익을 위해 자국 기업을 지원하는 정책을 말한다.

2. 설명

(A기업 / B기업)	생산	생산 않음
생산	(-5, -5)	(100, 0)
생산 않음	(0, 100)	(0, 0)

① 내쉬균형은 (100, 0), (0, 100)이므로 먼저 시장을 점유한 기업이 독점적 이익을 누리게 된다.

② 자국이 A기업에 25의 보조금을 지급하게 되면 보수행렬을 다음과 같이 변경된다.

(A기업 / B기업)	생산	생산 않음
생산	(20, -5)	(125, 0)
생산 않음	(0, 100)	(0, 0)

③ 내쉬균형은 (125, 0)이 되므로 B기업은 생산을 중단하고 A기업은 시장을 독점함으로 125의 이윤을 얻는다.

④ 자국은 보조금 25를 회수하고 A기업은 보조금을 지급하고도 이윤 100을 얻을 수 있다.

⑤ 이와 같이 정부 보조금의 혜택으로 국제시장에서 전략적 우위를 확보할 수 있다는 점에서 이를 전략적 무역정책이라고 한다.

2 독점적 경쟁시장의 무역 모형

1. 개념

① 독점적 경쟁시장이란 완전경쟁 요소와 독점의 요소가 혼합된 시장형태를 의미한다.

② 시장 내에 완전경쟁보다는 적지만 다수의 기업이 존재한다.

③ 독점적 경쟁기업은 품질이나 디자인 등에서 다른 기업들과는 차별화된 제품을 생산하므로 시장지배력을 갖는다.

2. 설명

① 개별기업의 수요곡선

$$Q = S\left[\frac{1}{n} - b(P - \overline{P})\right]$$

(Q : 개별기업의 판매량, S : 산업전체의 판매량, n : 기업 수, b : 가격에 대한 반응도,

  P : 독점적 경쟁기업의 가격, $\overline{P}$: 경쟁기업의 평균가격)

② 비용함수

$$TC = TFC + cQ,\ c > 0$$

(TC : 총비용, TFC : 총고정비용, c : 한계비용, Q : 산출량)

③ 독점적 경쟁시장의 균형조건

- 무이윤 조건($P = AC$) : P

$$= \frac{TC}{Q}$$

$$\to P = \frac{TFC}{Q} + c$$

$$\to P = \frac{nTFC}{S} + c$$

- 이윤극대화 조건($MR = MC$) : MR

$$= \frac{dTR}{dQ} = \frac{dP(Q)Q}{dQ} = \frac{dP(Q)}{dQ}Q + P = -\frac{1}{bn} + P$$

$$\to MR = MC$$

$$\to -\frac{1}{bn} + P = c$$

$$\to P = \frac{1}{bn} + c$$

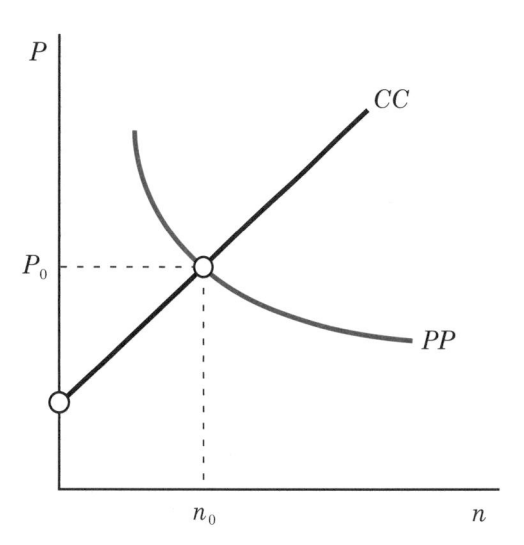

3 외부적 규모의 경제와 국제무역

1. 개념

① 외부적 규모의 경제란 개별기업이 아니라 산업 전체적으로 생산량이 증가할수록 생산단가가 하락하는 경우를 말한다.

② 산업의 생산규모가 그 산업에 속한 기업들의 생산단가에 영향을 미치는 경우이다.

2. 설명

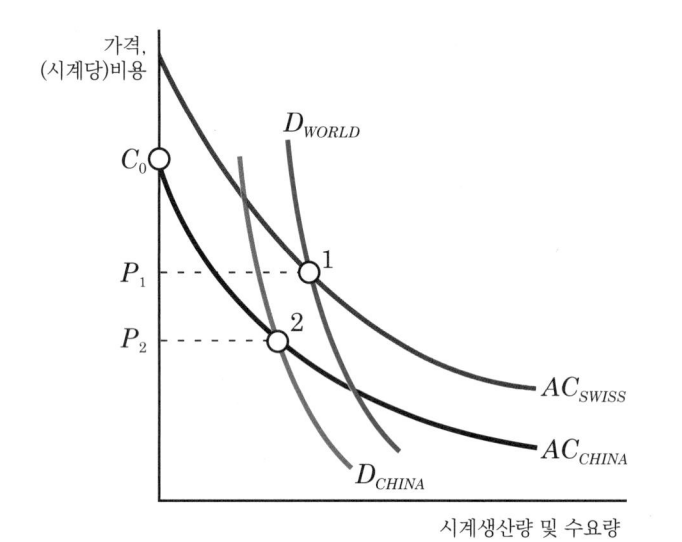

① 이 그래프에서 D_{WORLD}는 세계 전체의 시계에 대한 수요를 의미하며, D_{CHINA}는 중국의 시계에 대한 수요를 의미한다.

② 위 그래프에서 무역이 제한되면 중국의 기업들은 비록 C_0의 높은 비용에 직면하지만 공급을 시작할 것이며, 이 경우의 최종 균형은 2점이 된다.

③ 결국 중국은 무역 개시 이전에 비해 더 낮은 가격 P_2로 더 많은 수량을 소비할 수 있게 된다.

④ 외부적 규모의 경제가 존재하는 경우에는 잠재적인 비교우위와 반대되는 특화유형이 결정될 수 있으며 이러한 경우에는 무역의 제한을 통해 자국의 잠재력 있는 산업에 대한 보호가 유익할 수 있다.

1 개념

경영권을 수반하며 공장, 자본재, 토지 등과 같은 실물 자산에 대한 해외투자를 말한다. 주로 다국적 기업의 설립 형태를 갖고 있다.

2 입지 선정의 문제

임금, 운송비, 무역 장벽, 시장지향, 천연자원 지향형

3 내부화의 문제

① 내부화 요인은 원자재, 중간재, 기술 등을 시장 거래에 의존하지 않고, 기업 내 거래로 통제하기 위해 외국에 자회사를 설립하는 것을 말한다.

② 내부화는 기술의 내부화와 수직통합에 의한 내부화로 나누어진다.

③ 기술의 내부화란 기술을 라이선스(license) 등으로 다른 기업에 이전하지 않고 그 기술을 활용하는 자회사를 다른 국가에 직접 설립하는 것을 말한다.

④ 수직접 통합에 의한 내부화는 원자재나 중간재를 안정적으로 확보하기 위하여 부품기업과 최종재 기업을 하나의 회사로 결합하는 것을 말한다.

⑤ 의도하지 않은 기술이전의 문제 방지, 시장에서의 외부거래보다 기업 내부에서의 이전 거래가 가지는 이점이 있다.

■ 소국

① 관세를 부과하면 국내공급량은 증가하고 국내수요량은 감소한다.

② 초과수요가 감소하므로 수입량은 줄어든다.

③ 정부는 관세수입을 가져가나 총잉여가 감소한다.

④ 소국의 국제교역조건은 변하지 않는다.

	소국
소비자 잉여의 변화	-(A+B+C+D)
생산자 잉여의 변화	A
정부의 관세수입	C
총잉여의 변화	-(B+D)

2 대국

① 대국이 관세를 부과하면 수입량이 감소하므로 세계시장에서 수요가 감소한다.

② 수요의 감소는 수입재의 수입가격을 하락시키므로 대국의 교역조건이 개선된다.

③ 대국의 경우에는 총잉여가 증가할 수도 있고 감소할 수도 있다.

	대국
소비자 잉여의 변화	-(A+B+C+D)
생산자 잉여의 변화	A
정부의 관세수입	C+E
총잉여의 변화	E-(B+D)

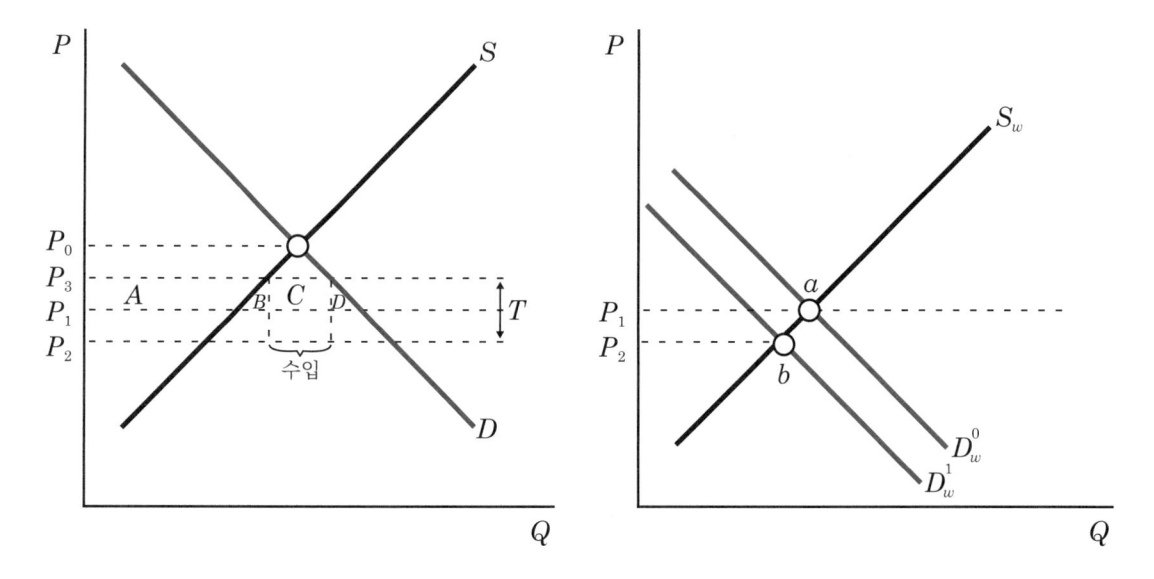

1 수출보조금

1. 소국

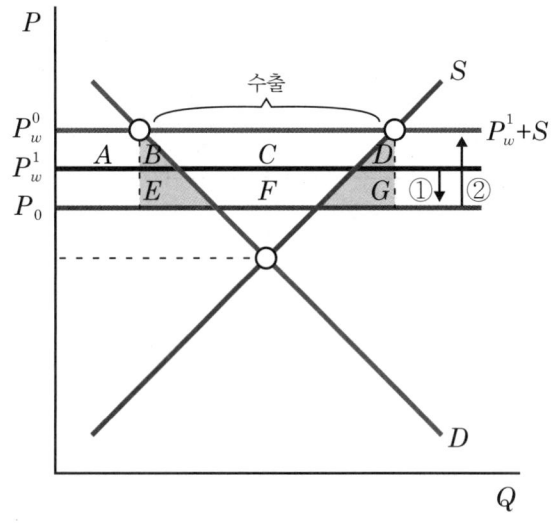

	소국
소비자 잉여의 변화	$-(A+B)$
생산자 잉여의 변화	$A+B+C$
정부의 수출보조금	$-(B+C+D)$
총잉여의 변화	$-(B+D)$

2. 대국

	대국
소비자 잉여의 변화	$-(A+B)$
생산자 잉여의 변화	$A+B+C$
정부의 수출보조금	$-(B+C+D+E+F+G)$
총잉여의 변화	$-(B+D+E+F+G)$

2 수입수량할당제와 수출자율규제

1. 개념

① 수입수량할당제 (import quota system)란 외국으로부터 상품수입은 원칙적으로 허용하지만 이를 수량 또는 금액으로 할당하고 이 할당범위를 초과하는 수입은 허용하지 않는 제한조치를 말한다.

② 수출자율규제(voluntary export restraints)란 수입국이 수입증가로 인한 시장교란 등을 방지하기 위하여 수출국과 쌍무적 또는 다수간 협정을 체결하여 수출국으로 하여금 특정상품의 수출을 자율적으로 제한하도록 하는 무역제한조치를 말한다.

2. 관세정책과의 비교

① 관세정책 : 정부의 관세수입
② 쿼터제 : 수입업자의 이득
③ 수입자율규제 : 수출업자의 이득

관세부과 후 국내가격

5장

경제논술시험을 위한 경제이론

1 경제통합의 유형

통합형태	가맹국	비가맹국
자유무역지역	관세철폐	독자관세
관세동맹	관세철폐	공동관세
공동시장	관세철폐 + 생산요소이동	공동관세
경제동맹	관세철폐 + 생산요소이동 + 정책협조	공동관세
완전경제통합	경제측면에서 한 국가	공동관세

2 경제통합의 후생효과

1. 정태적 효과

① 무역창출효과 : 자국에서 생산하던 제품을 관세동맹 이후 보다 효율적인 가맹국 제품으로 대체하는 현상을 말한다.

② 무역전환효과 : 효율적인 제3국 제품을 관세동맹 이후 비효율적인 가맹국 제품으로 대체하는 현상을 말한다.

2. 동태적 효과

① 시장이 확대되어 생산증가에 따른 규모의 경제가 발생한다.

② 경쟁이 촉진되고 경제성장이 가속화된다.(Cold Shower Effect)

3 무역굴절효과와 무역창출효과, 무역전환효과

1. 개념

① 무역굴절효과란 비가맹국이 관세율이 낮은 국가로 수출한 후 이를 무관세인 다른 역내국가로 재수출하는 경우를 말한다.

② 무역창출효과란 비효율적인 공급원이 효율적인 공급원으로 대체되는 효과를 말한다.

③ 무역전환효과란 효율적인 공급원이 비효율적인 공급원으로 대체되는 효과를 말한다.

2. 내용

① 자유무역지역에서는 무역굴절효과가 발생하기 때문에 우회수출을 규제하기 위해 원산지 규정을 정한다.

② 무역창출효과는 효율성을 제고하여 후생수준을 증가시키지만 무역전환효과는 효율성을 떨어뜨려 후생수준을 감소시킨다.

1. 지역통합의 단계를 구체적으로 쓰시오.

2. 지역통합의 경제적 영향에 대해 쓰시오. (무역창출효과와 무역전환효과는 반드시 넣을 것)

해설

1 지역통합의 단계를 구체적으로 쓰시오.

1. 자유무역지역

가맹국 간에는 관세를 완전히 철폐하고 역외국가에 대해서는 가맹국 개별적으로 관세를 부과하는 형태의 경제통합이다.

예 NAFTA

2. 관세동맹

비가맹국에 대해서 공동관세를 부과하는 단계로 자유무역지역보다 한 단계 더 밀착된 형태이다.

예 MERCOSUR

3. 공동시장

관세동맹에서 발전된 형태로 가맹국간 생산요소의 자유로운 이동을 허용한다.

예 EC유럽공동체

4. 경제동맹

공동시장보다 발전된 형태로 가맹국간 상호협조하에 재정금융정책을 시행한다.

예 EU

2 지역통합의 경제적 영향에 대해 쓰시오.[무역창출 효과와 무역전화 효과는 반드시 넣을 것]

1. 긍정적 효과

(1) 무역창출 효과 – 관세폐지 효과

① 무역창출 효과란 비효율적인 공급원에서 효율적인 공급원으로 대체됨을 의미한다.

② 관세가 폐지되면 사회적 잉여가 증가되는데 그 이유는 국내생산이 수입으로 대체됨에 따른 비용절감으로 인한 생산효과와 가격하락으로 수요증대효과에서 발생한다.

(2) 경쟁촉진과 경제성장의 가속화

    ① 경제통합에 따른 시장의 확대는 기업들 간의 경쟁을 촉진시킨다. 가격경쟁으로 재화 가격의 인하, 각종 서비스 측면에서의 질적 향상, 신제품과 효율적인 생산 기법 등을 개발하려는 기업들 간의 R&D 경쟁, 신기술의 개발, 기술의 축적 및 파급 등의 효과가 있다.

    ② 이러한 일련의 긍정적 효과들은 역내 상품교역과 기술교류 등을 통하여 역내 경제 전반에 걸쳐 파급되고 경제성장의 가속화를 가져온다.

(3) 시장규모 확대에 따른 규모의 경제효과

    ① 규모의 경제에 따라 제품생산의 비용절감을 가져와 가격 경쟁력을 제고할 수 있다.

    ② 또한 시장규모의 확대에 따라 시장점유율을 높이기 위한 기업간 경쟁이 촉진됨으로써 효율적인 자원배분을 요구하는 힘이 역내경제에 동태적으로 작용하게 된다.

(4) 역내 해외직접투자의 활성화 또는 촉진

    ① 역내 무역 장벽의 철폐는 기업의 역내 경제활동 비용을 낮추고 역내 경제활동에 대한 안정성을 제공하여 역외기업들이 역내에 생산거점을 마련하도록 하는 유인을 제공한다.

    ② 역내 기업은 원자재 및 중간재 조달에서 역외기업보다 유리하며, 판매 과정에서 운송·정보비용 절감 및 무관세 혜택 등으로 제반 비용을 절감할 수 있다.

    ③ 따라서 경제통합은 역외기업의 역내로의 직접투자를 증가시키게 된다. 특히, 역외국가에게는 역내에 생산거점을 확보할 경우 지역무역협정에 참여하지 않으면서도 실질적인 역내 무관세 혜택을 누릴 수 있다.

(5) 불확실성의 감소와 역내국의 기술혁신

    ① 경제통합의 노력은 학습효과와 정의 외부경제효과를 발생시킨다.

    ② 즉 관세동맹으로 인한 특정 산업의 발전은 그 제품을 투입물로 사용하는 동맹 지역 내 관련 산업의 생산 비용을 절감하는 긍정적인 외부경제효과를 발생시킨다.

    ③ 또한 역내 개도국의 입장에 볼 때, 선진국의 자본과 기술을 유치할 수 있다면, 이는 긍정적인 기술이전 효과를 동반할 뿐만 아니라 역내 유휴자원의 활용도를 높임으로써 새로운 고용을 창출하고 경제 전반의 효율성을 증대시키는 효과를 갖게 된다.

2. 부정적 효과

(1) 무역전환 효과

    ① 관세동맹에 의해서 효율적인 재화의 공급원이 비효율적인 공급원으로 바뀌는 것을 말한다.

    ② 무역전환 효과로 말미암아 자원의 비효율적인 배분과 소비자 후생의 감소가 초래될 수 있다.

    ③ 역외국에 부과하는 고관세는 역외국 비교우위상품의 역내 수입을 막아 역내국 소비자의 후생을 악화시키는 것으로 작용함으로써 무역자유화의 이익을 일부 상쇄할 수 있다.

(2) 조정비용의 발생

경제 내의 생산요소들의 산업 간의 이동이 순조롭지 못할 경우 경제 내에 대량실업 등 경제구조의 심각한 조정 비용이 발생할 수 있다.

(3) 범세계적 다자체제와의 상충가능성

① 지역무역협정 체결로부터 새로운 수출기회를 얻게 되는 수출업자들이 배타적 무역블록을 옹호하는 세력으로 등장하게 되고 수출기회의 상실을 우려하여 지역주의의 다자주의로의 확대발전을 저해할 수 있다.

② 따라서 지역무역협정은 다자주의를 지향하는 디딤돌이 되기보다는 지역주의를 공고화하고 다자주의를 방해하는 걸림돌이 될 가능성이 크다.

(4) spoke (바퀴살)

경제규모가 작은 소국이 지역무역협정을 맺을 경우 경제적 대국의 spoke의 형태로 남을 가능성이 있다.

1 개념

각국이 독자적으로 무역 관련 정책을 결정할 때에 비해 상호협상에 따라 결정할 때, 자유무역이 용이해진다.

2 설명

(자국 / 타국)	자유무역	보호무역
자유무역	(20, 20)	(5, 25)
보호무역	(25, 5)	(10, 10)

① 내쉬균형은 자국과 타국 모두 보호무역을 하는 경우이다.

② 보호무역에서는 자유무역보다 이익이 더 작음에도 불구하고 각자의 독립적인 최선의 선택은 보호무역이 되며 이를 '국제무역정책의 딜레마'라고 한다.

③ 자국과 타국이 상호 대화와 협력을 하면 자유무역을 통해 두 국가 모두 많은 이익을 얻을 수 있다.

④ 국제협력은 무임승차 자에게도 이익을 주는 공공재적 성격이 있기 때문에 어떤 국가든지 국제협력을 위반함으로써 자국의 이익을 증진시키고자 하는 유인이 존재하며 이를 제재하기 위해 국제기구가 필요하다.

Ⅳ 국제금융

01 환율변동의 효과

구분	효과
환율의 상승 (원화의 평가절하) $1 = 500원 → $1 = 1,000원	• 수출재의 달러표시 가격 하락 → 수출 증가 • 수입재의 원화표시 가격 상승 → 수입 감소 • 수입원자재 가격 상승으로 인한 국내물가 상승 • 외화부채의 부담 증가 • 교역조건의 악화 • 해외여행 감소로 서비스 수지 개선
환율의 하락 (원화의 평가절상) $1 =1,000원 → $1 =500원	• 수출재의 달러표시 가격 상승 → 수입 감소 • 수입재의 원화표시 가격 하락 → 수입 증가 • 수입원자재 가격 하락으로 인한 국내물가 하락 • 외화부채의 부담 감소 • 교역조건의 개선 • 해외여행 증가로 인한 서비스 수지 악화

원화가치의 절상이 경제에 미치는 영향에 대해 논술하라.

해설

1 부정적 효과

① 환율하락은 원화가치 상승으로 이어져 한국의 수출이 감소하고 수입이 증가하여 IS곡선이 좌측 이동한다.

② 환율하락은 경상수지적자를 발생시키고 국민소득이 감소한다.

2 긍정적 효과

1. 역 J-curve

① 수출입 수요의 가격탄력성이 단기적으로는 작지만 장기적으로는 크다.

② 환율 하락이 단기적으로는 경상수지를 개선시키고 장기적으로는 경상수지를 악화시키는 현상을 역 J-커브라고 한다.

③ 따라서 환율하락으로 한국의 경상수지가 개선되므로 IS곡선이 우측 이동하여 국민소득이 증가하게 된다.

2. 원화의 대외구매력 제고와 수입원가절감효과

① 한국은 원유 및 중간재 수입비중이 매우 높다.

② 원화가치 상승은 수입가격을 낮추어 기업들의 생산비를 하락시켜 한국 상품의 경쟁력 제고로 나타날 수 있다.

1 구매력 평가설

1. 절대적 구매력 평가설

① 구매력 평가설에 의해 균형 환율이 결정되면 이 환율수준에서 차익거래의 수익은 0이 된다.

$$P = eP_f \rightarrow e = \frac{P}{P_f}$$

② 절대적 구매력평가는 실질환율이 1이 되어야 함을 의미한다. $\left(\frac{eP_f}{P} = 1\right)$

2. 상대적 구매력 평가설

① 환율을 물가수준 비율의 관계로 나타낸 상대적 구매력 평가설은 환율변화율과 각국 인플레이션율 간의 차이로 나타낼 수 있다.

② 환율변화율 = 국내물가 변화율 - 해외물가 변화율

$$\dot{e} = \dot{P} - \dot{P}_f$$

2 이자율 평가설

1. 유위험 이자율 평가설

① $r = r_f + \frac{e_{t+1}^e - e_t}{e_t}$

② 자본 이동이 완전히 자유로운 상태에서는 양국에서의 투자수익률이 동일해야 하므로 환율은 두 국가 사이의 명목이자율 차이만큼의 비율로 변화하게 된다.

2. 무위험 이자율 평가설

① $r = r_f + \frac{f_t - e_t}{e_t}$

② 1년 후의 현물환율이 어떻게 되느냐에 따라 해외투자로부터의 투자수익은 불확실하게 되므로 투자 초기에 선물계약을 체결함으로 위험을 제거하고자 한다.

3 비교

	공통점	차이점
구매력 평가설	일물일가의 법칙	장기, 경상수지 측면
이자율 평가설		단기, 자본수지 측면

1 고정환율제도

1. 개념

중앙은행이나 정부가 외환시장에 개입하여 환율을 일정하게 유지시키는 제도

2. 장점

① 환위험이 없으므로 국제무역과 국제간 자본거래가 확대

② 환투기를 노린 국제간 단기자본이동이 제거

3. 단점

① 국제수지불균형이 자동적으로 조정되지 않는다.

② 고정환율제도하에서는 충분한 외환보유액이 필요하다.

③ 해외의 교란요인이 국내로 쉽게 전파된다.

④ 금융정책의 자율성이 상실

2 변동환율제도

1. 개념

중앙은행의 개입 없이 외환시장의 수요·공급을 일치시키는 수준에서 환율이 자유롭게 결정되도록 하는 제도

2. 장점

① 국제수지불균형이 환율변동에 의하여 자동적으로 조정

② 국제수지를 고려하지 않고 재정·금융정책의 실시가 가능

③ 외환시장의 수급상황이 국내통화량에 영향을 미치지 않는다.

④ 해외의 교란요인이 국내로 쉽게 전파되지 않는다.

3. 단점

① 환위험 때문에 국제무역과 국제투자가 저해

② 환투기로 인한 단기자본이동이 많으므로 환율이 단기적으로 불안정

한국은 외환위기 이후, 완전 변동환율제를 채택하고 있다. 이전 고정환율제도와 비교해서 장·단점은 무엇인가?

해설

1 고정환율제도 (fixed or pegged exchange rate system)란?

중앙은행이나 정부가 외환시장에 개입하여 환율을 일정하게 유지시키는 제도이다.

2 변동환율제도 (flexible or floating exchange rate system

1. 개념

중앙은행의 개입 없이 외환시장의 수요·공급을 일치시키는 수준에서 환율이 자유롭게 결정되도록 하는 제도를 말한다.

2. 환율의 역할

① 외환의 수요·공급이 일치하면, 즉, 수출과 자본유입의 합이 수입과 자본유출의 합과 일치하면 국제수지 균형이 달성된다.

② 변동환율제도에서 외환시장의 균형이 달성되면 자동적으로 국제수지의 균형을 가져다준다.

③ 결국 변동환율제도에서는 외환시장뿐만 아니라 국제수지가 항상 균형상태에 있게 되므로 환율이 자동안정화장치(built-in-stabilizer)의 역할을 한다.

3. 장점

① 국제수지 불균형이 환율변동에 의하여 자동적으로 조정된다.

② 국제수지를 고려하지 않고 재정·금융정책의 실시가 가능하다.

③ 외환시장의 수급상황이 국내통화량에 영향을 미치지 못한다.

④ 외국의 교란요인은 환율의 변동으로 무역수지가 항상 균형을 유지하여 국내로 파급되지 않는다.(차단효과)

4. 단점

① 환율변동에 따른 환위험 때문에 국제무역과 국제투자가 저해된다.

② 환 투기로 인한 단기자본이동이 많으므로 환율이 단기적으로 불안정해질 수 있다.

③ 경제에 어떤 충격이 가해졌을 때 환율이 장기 균형가격에서 크게 벗어나 급등한 후 시간이 지남에 따라 장기 균형가격 수준으로 회복될 수 있다.(오버슈팅).

1 변동환율제도

① 변동환율제도에서는 환율을 일정 수준으로 유지해야 할 부담이 없기 때문에 독자적인 금융정책이 가능하다.

② 또한 자국의 인플레이션이 외국으로 파급되지 않고 외국의 인플레이션이 수입되지도 않는데, 이는 한 국가의 통화량 증가로 인플레이션이 발생하면 해당 국가의 환율만 상승하기 때문이다.

2 고정환율제도

① 고정환율제도에서는 독자적인 금융정책을 사용하기 어려운데, 통화량 변화 시 환율이 변동하기 때문이다.

② 또한 통화량을 늘린 국가는 물가상승으로 수출재 가격이 상승하게 되고, 상대국의 국제수지를 흑자로 만든다.

③ 그 결과 상대국의 통화량이 증가하여 상대국에서 인플레이션이 발생한다. 즉, 고정환율제도에서는 한 국가의 인플레이션이 다른 국가로 파급된다.

1 개념

① 경제에 어떤 충격이 있을 때 변수가 단기적으로 장기균형수준에서 크게 벗어난 후 시간이 지남에 따라 점차 장기균형수준으로 수렴해 가는 현상을 말한다.

② 즉, 화폐공급이 증가했을 때 균형 환율수준은 e_3에서 e_1로 변화하는데, 충격이 발생한 시점 t_0에서 즉각 환율이 e_2로 변화하는 것이 아니라, e_1수준으로 급격히 초과했다가 균형수준으로 수렴하는 경향을 보인다.

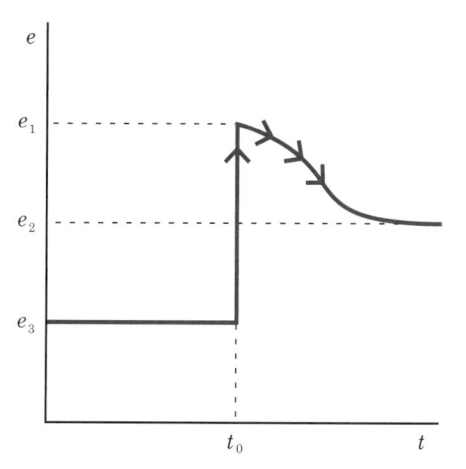

2 발생원인

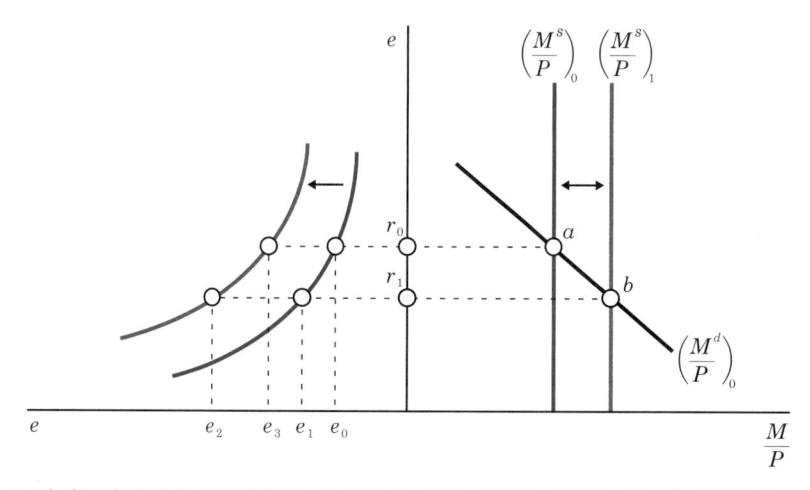

① 확대통화정책이 실시되었을 때 환율에 대한 기대가 변하지 않는다면 환율은 e_1까지만 상승하지만, 예상환율 수준이 상승하는 경우에는 이자율 평가 그래프가 왼쪽으로 이동하고 환율은 e_2까지 상승하게 된다.

② 그런데 통화량 증가로 물가가 서서히 상승하므로 실질통화공급곡선이 서서히 왼쪽으로 이동한다.

③ 그 과정에서 e_2까지 상승하였던 환율은 다시 하락하고, 최종적으로 환율은 애초의 환율 e_0와 최대로 상승하였던 e_2 사이인 e_3에서 형성된다.

1 개념

일국은 환율의 안정성(confidence), 자본의 자유로운 이동(liquidity), 통화정책의 자율성(adjustment)라는
세 가지 목표를 동시에 달성할 수 없다.

2 자본의 자유로운 이동과 통화정책의 자율성을 만족하는 경우

① 완전한 자본이동이 가능한 가운데 환율의 안정성을 포기하게 되면 국내경기 회복을 위한 통화정책을 자유
롭게 사용할 수 있다.

② 중앙은행이 경기부양을 위해 통화량을 늘리면 LM곡선이 우측 이동하며 이자율 하락으로 인한 외환유출이
발생한다.

③ 환율이 상승하면 순수출이 증가하므로 IS곡선은 우측 이동하고 국민소득은 증가하게 된다.

④ 즉, 환율이 상승하므로 '환율의 안정성'이라는 목표를 달성할 수 없다.

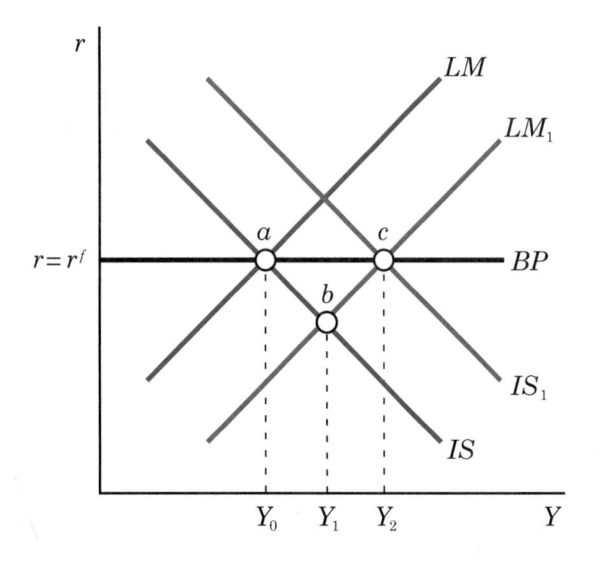

3 자본의 자유로운 이동과 환율의 안정성을 유지하는 경우

① 자본의 이동이 자유로운 가운데 환율의 안정성을 유지하기 위해서는 통화량은 고정돼야 한다.

② 중앙은행이 통화량을 늘리면 LM곡선은 우측 이동하고 이자율 하락으로 환율상승 압력이 발생하게 된다.

③ 환율이 상승하면 환율의 불안정성이 발생하게 되므로 환율의 안정성을 위해 외환당국은 외환을 매각해야 하
며 이는 통화량 감소를 유발하여 다시금 LM곡선을 좌측으로 이동하게 만든다.

④ 따라서 자본시장이 완전개방한 가운데 환율의 안정성을 유지하기 위해서는 금융정책은 더 이상 국내 경기
조절을 위한 정책으로 사용할 수 없다.

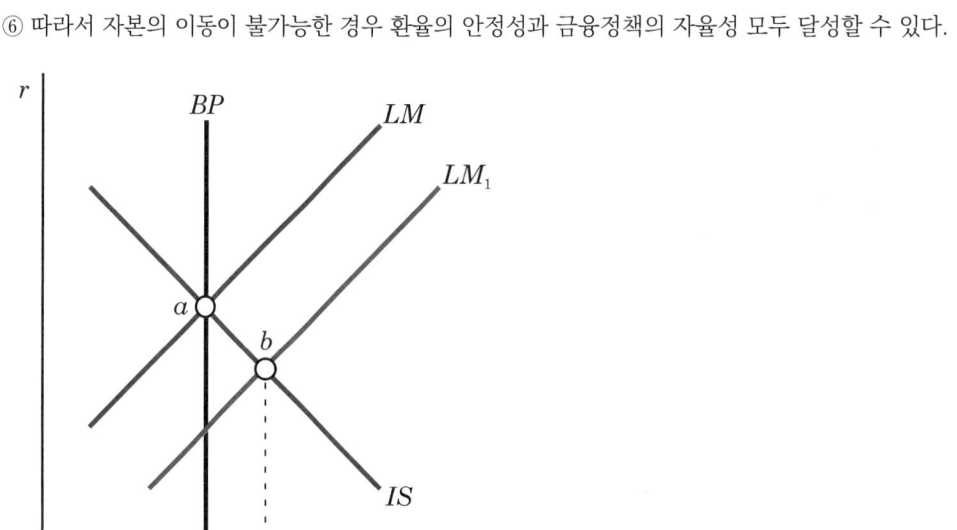

4 환율의 안정성과 통화정책의 자율성이 유지되는 경우

① 자본의 이동이 불가능하다면 환율의 안정성과 금융정책의 자율성을 달성할 수 있다.

② 중앙은행이 통화량을 늘리면 LM곡선은 우측이동하며 국민소득은 증가한다.

③ 국민소득 증가로 경상수지 적자가 발생하며 이는 환율 상승 압력을 유발한다.

④ 외환당국은 환율 상승 압력을 막기 위해 외환을 매각해야 하며 이는 통화량 감소를 가져와 LM곡선을 좌측 이동시킨다.

⑤ 국민소득 증가가 수입의 증가로 연결되고 환율 상승 압력을 유발하는데 오랜 시간이 걸리므로 상당기간 동안 국내경기가 확대효과가 발생한다.

⑥ 따라서 자본의 이동이 불가능한 경우 환율의 안정성과 금융정책의 자율성 모두 달성할 수 있다.

1 실물시장 부정적 교란

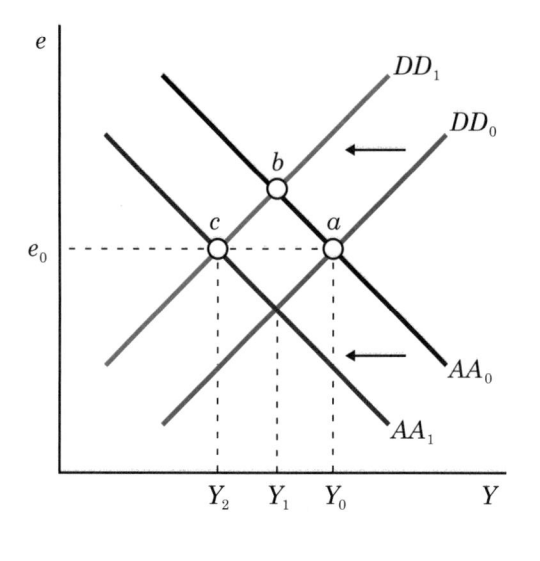

① 변동환율제도에서 해외경기침체로 수출이 감소하면, DD곡선이 좌측이동하여 균형점은 b점이 되고 환율은 상승하고 국민소득은 Y_0에서 Y_1으로 감소한다.

② 고정환율제도에서는 환율을 e_0로 유지하기 위해 외환을 매각하면, 통화량이 감소하고 AA곡선이 좌측 이동하여 균형점은 C점이 된다. 즉, 소득이 Y_2가 된다.

③ 따라서 실물시장에서 부정적 교란이 발생하는 경우 변동환율제도보다 고정환율제도에서 소득감소효과가 더 크게 나타난다.

2 화폐시장 부정적 교란

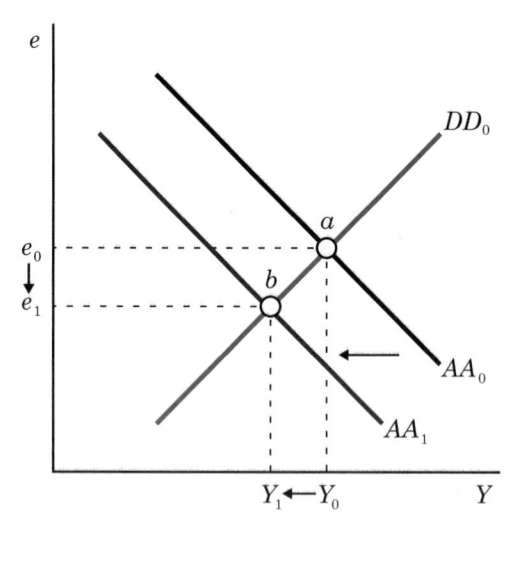

① 자국의 화폐수요가 증가하면 AA곡선이 좌측 이동한다.

② 변동환율제도에서는 AA곡선의 좌측 이동으로 환율이 하락하고 국민소득이 감소한다.

③ 고정환율제도에서는 환율 하락을 방지하기 위해 중앙은행이 외화를 매입하므로 통화량이 늘어서 AA곡선이 다시 우측으로 이동하고, 환율과 생산량 모두 변하지 않는다.

④ 따라서 화폐시장에서 부정적 교란이 발생하는 경우 고정환율보다 변동환율제도에서 소득감소효과가 더 크게 나타난다.

구분		내용
경상수지	상품수지	상품의 수출과 수입
	서비스수지	서비스의 수출과 수입 예 운수, 여행, 보험서비스 등
	본원소득수지	생산요소의 제공으로 발생 예 임금, 배당, 이자
	이전소득수지	아무런 대가없이 무상으로 제공 예 송금, 무상원조 등
자본 · 금융계정	자본수지	기타자산의 매매를 계상 예 자본이전, 특허권 등
	금융계정	대외금융자산 또는 부채의 소유권 변동과 관련된 거래 예 직접투자, 포트폴리오투자, 기타투자 등
오차 및 누락		차변과 대변의 균형을 위해 필요한 항목

1 경상수지와 국내총생산

① $Y - A = X - M$

국내 총생산 - 국내외에서 생산된 재화에 대한 총 지출액 = 경상수지

② 국내 총생산(Y)이 총지출액(A)보다 크면 경상수지가 흑자, 국내 총생산보다 총지출액이 더 크면 경상수지가 적자가 됨을 의미한다.

2 경상수지와 저축 및 투자

1. 국내총저축과 투자와의 관계

① $S_N - I = X - M$

② 국내총저축(S_N)이 투자보다 크면 경상수지가 흑자, 국내총저축보다 투자가 크면 경상수지가 적자가 됨을 의미한다.

2. 민간저축, 정부저축, 투자와의 관계

① $(S_P - I) + (T - G) = (X - M)$

② 경상수지 적자요인으로는 과소비에 따른 민간저축(S_P)감소, 재정적자(정부저축/$T - G$/감소), 투자지출(I)의 증가를 들 수 있다.

3 경상수지와 자본수지

① $(X - M) + F = 0$이므로 경상수지 = $-$자본수지이다.

② 자본수지가 적자라는 것은 해외자산을 매입하였다는 것을 의미한다.

③ 해외자산 증가분을 순해외투자(Net Foreign Investment : NFI)라고 하므로 다음의 관계식이 성립된다.

→ 경상수지 = 순해외투자

1 마샬-러너 조건

① 환율을 상승시킬 때 경상수지가 개선되기 위한 조건

② 자국의 수입수요의 가격탄력성 + 외국의 수입수요의 가격탄력성 > 1

2 *J*-curve 효과

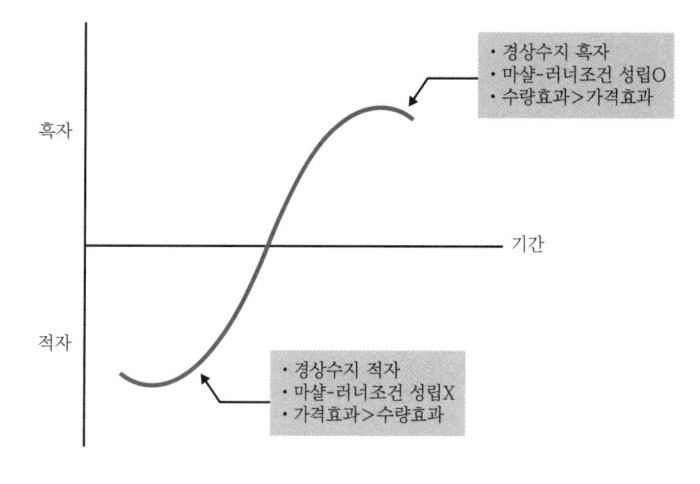

• 경상수지 흑자
• 마샬-러너조건 성립O
• 수량효과>가격효과

흑자

기간

적자

• 경상수지 적자
• 마샬-러너조건 성립X
• 가격효과>수량효과

1. 개념

환율을 인상시키면 일시적으로 경상수지가 악화되었다가 상당기간이 경과하여야 경상수지가 개선되는 효과

2. 발생원인

① 단기적으로 가격효과 > 수량효과,
  장기적으로 수량효과 > 가격효과

② 이는 단기적으로 마샬-러너조건이 성립하지 않음을 의미한다.

3 역 *J*-curve 효과

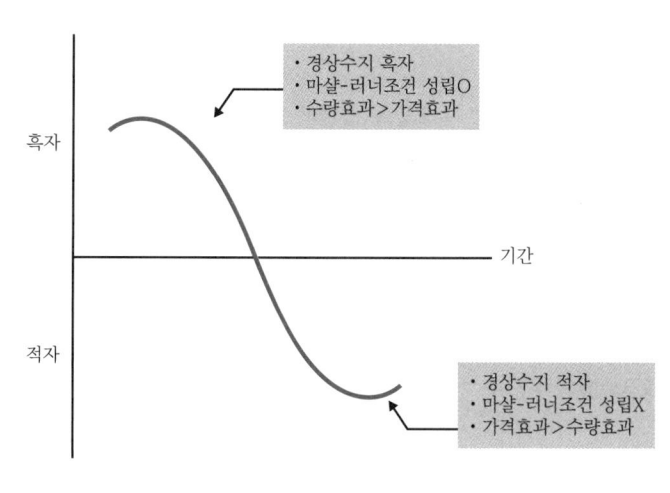

• 경상수지 흑자
• 마샬-러너조건 성립O
• 수량효과>가격효과

흑자

기간

적자

• 경상수지 적자
• 마샬-러너조건 성립X
• 가격효과>수량효과

1. 개념

환율이 하락하면 일시적으로 경상수지가 개선되었다가 상당기간이 경과하여야 경상수지가 악화되는 효과

2. 발생원인

① 단기적으로 가격효과 > 수량효과,
  장기적으로 수량효과 > 가격효과

② 이는 단기적으로 마샬-러너조건이 성립하지 않음을 의미한다.

미국의 최근 달러 가치 하락 현상에 대해 상대적으로 원화가치가 상승하고 있다. 따라서 국내수출이 악화되고 궁극적으로 경제성장이 둔화되고 실업이 증가하게 된다. 국제경제학의 마샬-러너 조건과 역 J-커브곡선의 효과를 간략히 설명하고, 이에 따라 원화가치 상승에 의한 우리나라의 경상수지와 국민소득과 관련하여 긍정적인 효과와 부정적인 효과를 설명하라.

해설

1 마샬-러너 조건

1. 개념

마샬-러너 조건이란 환율이 상승할 때 경상수지가 개선되기 위한 조건을 말한다.

2. 조건

자국의 수입수요의 가격탄력성 + 외국의 수입수요의 가격탄력성 > 1

3. 설명

① 환율이 상승하면 수입재의 원화 표시 가격이 상승하고 수입재의 달러 표시 가격은 불변이다.
② 따라서 수입국의 수입액은 항상 감소한다.
③ 반면 환율이 상승하면 수출재의 달러 표시 가격은 하락하므로 수출물량이 달러 표시 가격보다 더 상승하여야 수출국의 수출액은 증가할 수 있다.
④ 따라서 환율 상승 시 경상수지 개선 조건은 탄력성이 1보다 커야 한다.

2 역 J-curve 효과

1. 개념

환율을 인하시키면 일시적으로 경상수지가 개선되었다가 상당 기간이 경과하여야 경상수지가 악화되는 효과를 말한다.

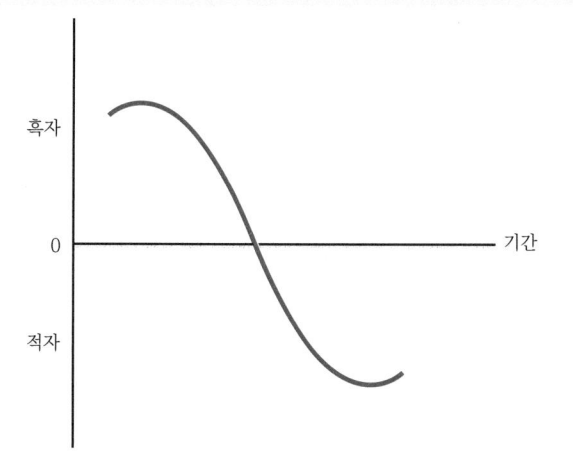

2. 발생원인

① 역 J-커브효과가 발생하는 이유는 단기적으로 가격효과가 수량효과보다 크고(가격효과 > 수량효과), 장기적으로 수량효과가 가격효과보다 크기 때문이다(수량효과 > 가격효과).

② 이는 단기적으로 마샬-러너 조건이 성립되지 않음을 의미한다.

3 원화가치 상승의 부정적 효과와 긍정적 효과

1. 부정적 효과

① 환율하락은 원화가치 상승으로 이어져 한국의 수출이 감소하고 수입이 증가하여 IS곡선이 좌측 이동한다.

② 이에 따라 경상수지와 자본수지 모두 적자를 발생시키고 국민소득이 감소한다.

2. 긍정적 효과

(1) 역 J-curve

① 수출입수요의 가격탄력성이 단기적으로는 작지만 장기적으로는 커서, 환율 하락이 단기적으로는 경상수지를 개선시키고 장기적으로는 경상수지를 악화시키는 현상을 말한다.

② 따라서 환율하락으로 한국의 경상수지가 개선되므로 IS곡선이 우측 이동하여 국민소득이 증가하게 된다.

(2) 원화의 대외구매력 제고와 수입원가절감효과

한국은 원유 및 중간재 수입비중이 매우 높으므로 원화가치상승은 수입가격을 낮추어 기업들의 생산비를 하락시켜 한국 상품의 경쟁력 제고로 나타날 수 있다.

1 *BP*곡선

1. 개념

- 국제수지의 균형을 달성하는 곡선으로 *BP*곡선의 식은 다음과 같다.

- $BP = X(\frac{eP_f}{P}, Y^f) - M(\frac{eP_f}{P}, Y) + CA(r - r^f)$

  (X : 수출, $\frac{eP_f}{P}$: 실질환율, Y^f : 외국소득, M : 수입, Y : 국내소득, CA : 자본수지, r : 국내금리,

  r^f : 외국금리)

2. *BP*곡선의 기울기

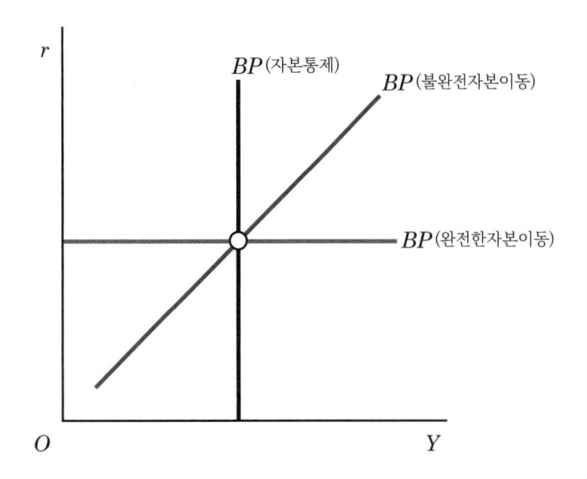

3. *IS－LM－BP* 모형의 이동요인

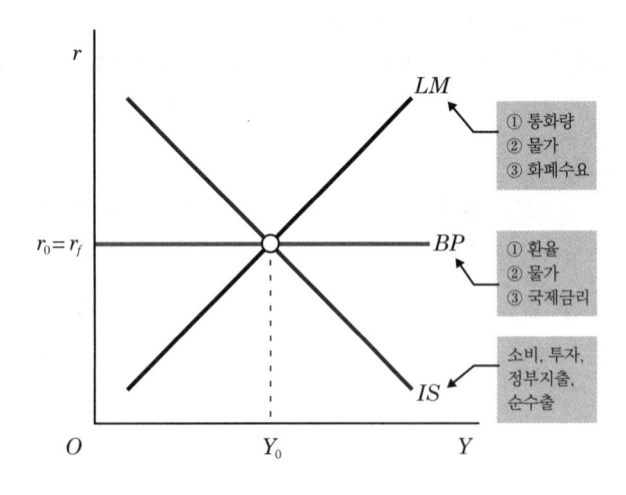

4. BP 모형의 이동요인

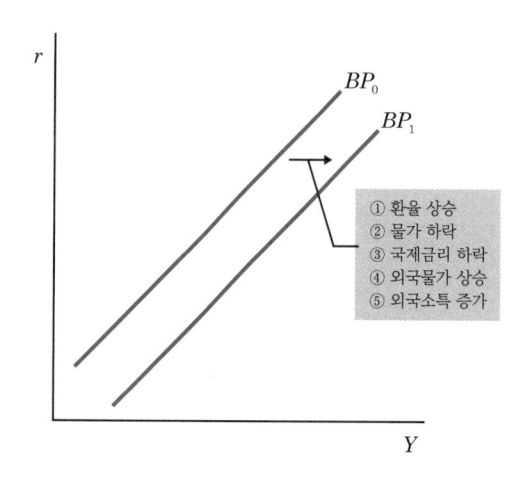

① 환율 상승
② 물가 하락
③ 국제금리 하락
④ 외국물가 상승
⑤ 외국소득 증가

2 환율제도의 효과

1. 고정환율제도

(1) 확대재정정책

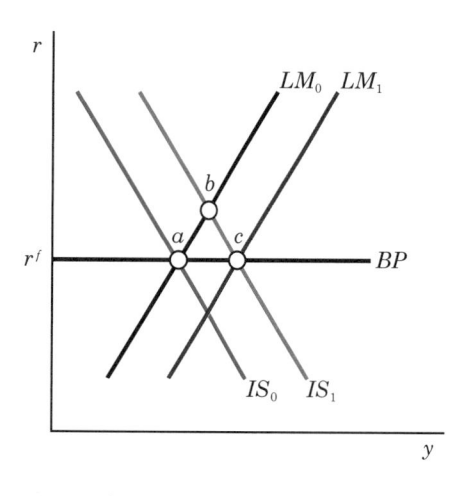

① 정부지출을 증가시키면 IS곡선은 IS_0에서 IS_1으로 우측 이동하고, 대내균형은 점 b에서 이루어진다.

② 이자율 상승으로 자본이 유입되면 외환매입, 통화량 증가로 LM곡선이 우측 이동한다.($LM_0 \rightarrow LM_1$)

③ 최종균형은 점 c에서 결정된다.

(2) 확대금융정책

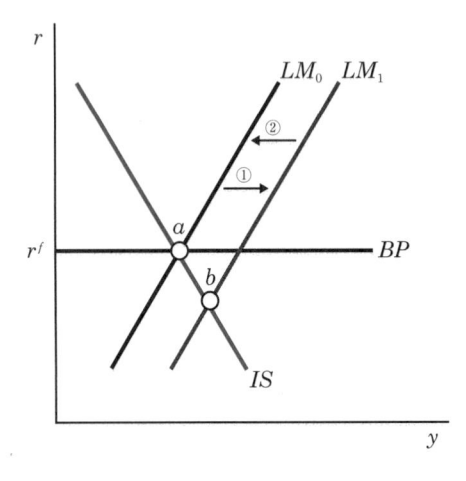

① 확대 금융정책은 LM곡선을 LM_0에서 LM_1으로 우측 이동시키고, 점 b에서 대내균형이 이루어진다.

② 국내이자율이 하락하므로 자본이 유출되고 외환매각, 통화량이 감소하여 LM곡선은 다시 좌측으로 이동한다.($LM_1 \rightarrow LM_0$)

③ 결국 국민소득 이자율 등이 모두 원래의 수준으로 신속하게 복귀한다.

2. 변동환율제도

(1) 확대재정정책

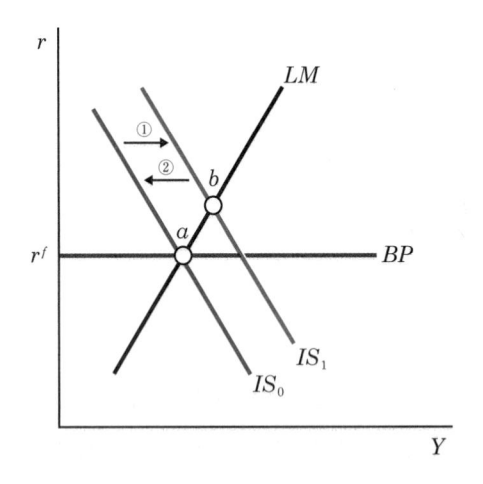

① 정부가 확대재정정책을 실시하면 정부지출 증가로 IS곡선이 우측 이동한다.($IS_0 \rightarrow IS_1$)

② 새로운 대내균형점 b에서 국내이자율이 국제금리보다 높기 때문에 해외로부터 자본이 급속히 유입된다.

③ 외환유입으로 환율이 하락하므로 경상수지가 악화되고 IS곡선을 다시 좌측으로 이동시킨다.

④ 결국 최종균형은 원래의 균형점 a에서 이루어진다.

(2) 확대금융정책

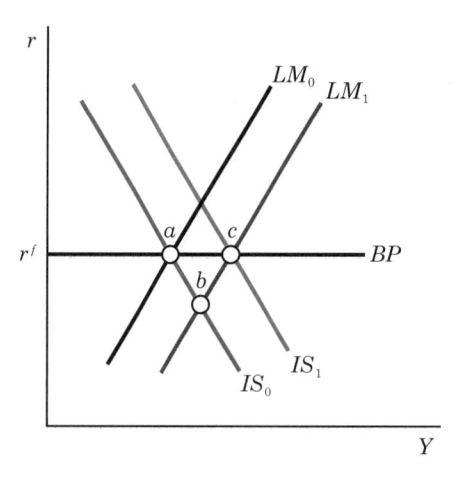

① 중앙은행이 통화량을 증가시키면 LM곡선은 우측 이동한다.($LM_0 \rightarrow LM_1$)

② 새로운 대내균형점 b에서 국내이자율이 국제이자율보다 낮으므로 자본유출이 발생한다.

③ 외환수요 증가는 환율을 상승시키고 경상 수지가 호전되므로 IS곡선이 우측 이동한다.($IS_0 \rightarrow IS_1$)

④ 최종균형은 c에서 이루어지고, 국제수지 균형과 환율 변화는 더 이상 없다.

3. 결론

- 변동환율제도 : 금융정책의 효과는 강력, 재정정책의 효과는 미약
- 고정환율제도 : 재정정책의 효과는 강력, 금융정책의 효과는 미약

1 $AA - DD$ 곡선 모형

1. DD곡선

- 생산물시장의 균형을 나타내는 곡선을 말한다.

$$Y = C + I + G + NX\left(\frac{ep^f}{p}, y\right)$$

2. AA곡선

- 자산시장 즉, 화폐시장과 외환시장의 균형을 나타내는 곡선을 말한다.

$$\frac{M}{P} = L(i, Y), i = i^f + \frac{e^e - e}{e}$$

$$\rightarrow \frac{M^S}{P} = L(Y, i^f + \frac{e^e}{e} - 1)$$

3. 균형

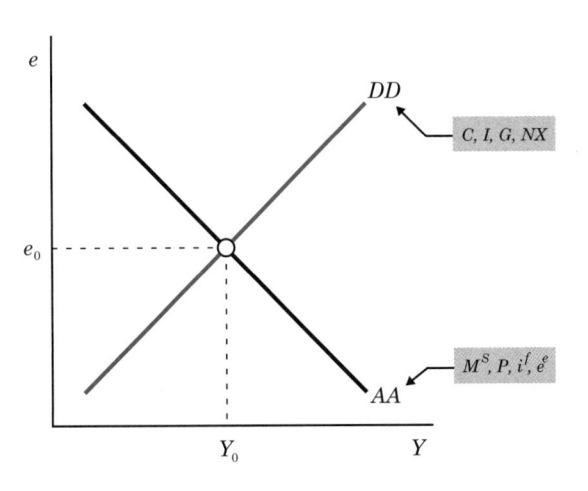

고범석 경제학아카데미

1. 변동환율제도

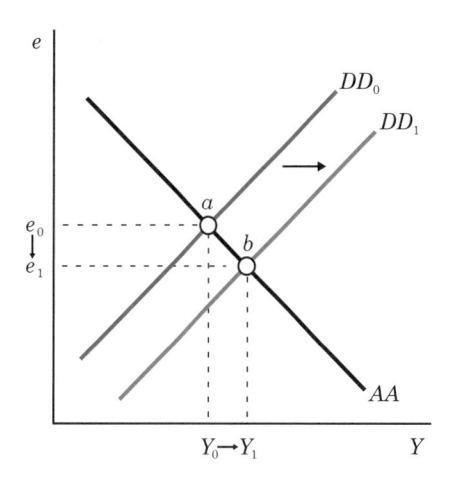

① 정부지출이 증가하면 DD곡선이 우측으로 이동하여 균형점이 a에서 b로 이동한다.

② 따라서 국민소득은 증가하고 환율은 하락한다.

2. 고정환율제도

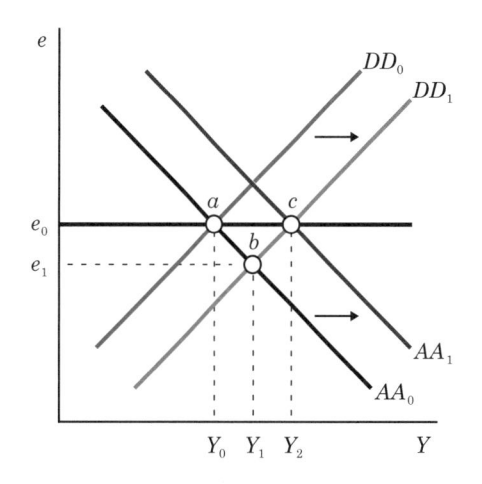

① 정부지출이 증가하면 DD곡선이 우측 이동하여 균형점이 b로 이동하여 환율의 하락압력이 발생한다.

② 중앙은행은 환율 하락을 방지하기 위해 외환시장에서 외환을 매입하고 외환매입으로 통화량이 증가한다.

③ 통화량 증가는 AA곡선을 우측 이동시켜 최종 균형점은 c가 된다.

④ 따라서 환율의 변화는 없지만 생산량은 증가한다.

3 일시적 금융정책

1. 변동환율제도

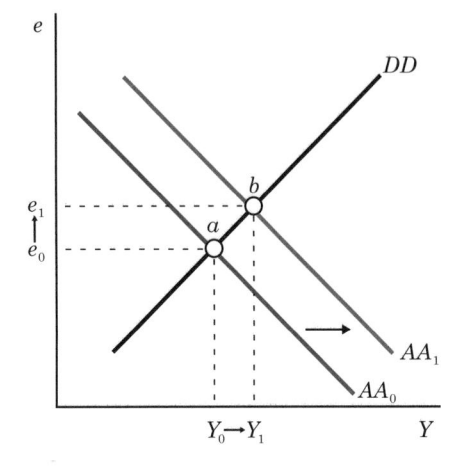

① 통화량이 증가하면 AA곡선이 우측으로 이동하여 균형점이 a에서 b로 이동한다.

② 따라서 국민소득은 증가하고 환율은 상승한다.

2. 고정환율제도

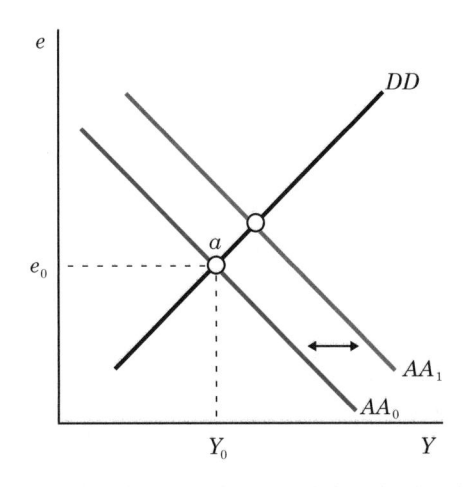

① 통화량이 증가하면 AA곡선이 우측 이동하여 환율의 상승압력이 발생한다.

② 중앙은행은 환율 상승을 방지하기 위해 외환시장에서 외환을 매각하고 외환매각으로 통화량이 감소한다.

③ 통화량 감소는 AA곡선을 좌측 이동시켜 환율은 원래 수준으로 되돌아오고, 국민소득은 변함이 없다.

4 평가절하정책

① 환율을 올리는 것을 평가절하라고 하는데 평가절하 이후 환율을 더 높은 수준으로 유지하기 위해 중앙은행은 외화자산을 매입한다.

② 그 결과 통화량이 증가하여 AA곡선이 우측 이동하고 국민소득은 증가한다.

실물시장과 화폐시장의 부정적 충격

1 실물시장 부정적 교란

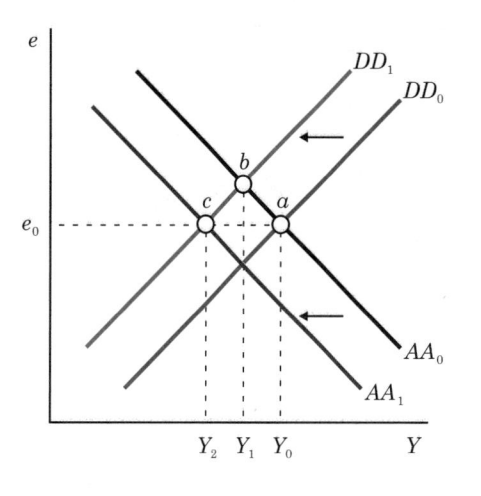

① 변동환율제도에서 해외경기침체로 수출이 감소하면 DD곡선이 좌측 이동하여 균형점은 b점이 되고 환율은 상승하고 국민소득은 Y_0에서 Y_1으로 감소한다.

② 고정환율제도에서는 환율을 e_0로 유지하기 위해 외환을 매각하면 통화량이 감소하고 AA곡선이 좌측 이동하여 균형점은 c점이 된다. 즉, 소득이 Y_2가 된다.

③ 따라서 실물시장에서 부정적 교란이 발생하는 경우 변동환율제도보다 고정환율제도에서 소득감소효과가 더 크게 나타난다.

2 화폐시장 부정적 교란

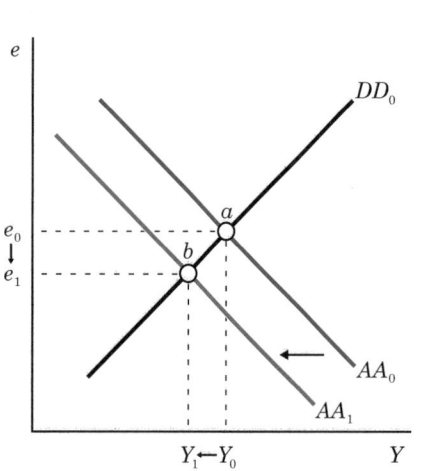

① 자국의 화폐수요가 증가하면 AA곡선이 좌측 이동한다.

② 변동환율제도에서는 AA곡선의 좌측 이동으로 환율이 하락하고 국민소득이 감소한다.

③ 고정환율제도에서는 환율 하락을 방지하기 위해 중앙은행이 외화를 매입하므로 통화량이 늘어서 AA곡선이 다시 우측으로 이동하고 환율과 생산량 모두 변하지 않는다.

④ 따라서 화폐시장에서 부정적 교란이 발생하는 경우 고정환율보다 변동환율제도에서 소득감소효과가 더 크게 나타난다.

CHAPTER 06

경제시사 주제점검

주요 경제시사주제 점검

경제시사 주제는 크게 미국, 중국, 유럽, 일본, 신흥국(신흥시장), 한국, 대외 이슈로 구분된다. 주로는 대국 위주의 국제무역에 관련된 시사 주제가 출제 빈도가 높긴 하지만 신흥국 관련 주제나 국내 경제 (미시) 파트도 무시할 수 없는 파트이다. 시사 주제는 장기간 지속될수록 중요한 주제이다. 어느 시험처럼 해가 바뀌면서 주요 이슈가 마음대로 변경되는 것이 아니라 국제정세, 경제 상황에 따라 지속되는 시사 이슈가 있고 최근에는 코로나 사태처럼 특별한 상황이 발생하기도 한다. 다양한 상황과 이슈에 따른 주제와 그 주제를 어떻게 분석할지를 연습해볼 수 있는 단원이다.

Ⅰ미국

주제 01   미중 무역전쟁

미국과 중국 모두 수입품에 대하여 관세를 25%로 인상하였다.

1. 중국은 미국의 농수산물 위주로 관세를 부과하고 있다. 이에 대한 효과를 논하시오.
2. 미국은 중국의 중간재 위주로 관세를 부과하고 있다. 이에 대한 효과를 논하시오.
3. 미국과 중국의 무역분쟁이 한국경제에 미치는 효과와 대응책을 논하시오.

해설

1 중국은 미국의 농수산물 위주로 관세를 부과하고 있다. 이에 대한 효과를 논하시오.

1. 관세부과의 이유 – 국내생산 증가

① 중국정부가 판단하기에 장기적으로 일정의 식량자급자족이 자유무역을 통해 수입하는 것보다 더 바람직하다고 결론지었을 경우 농수산물의 국내생산을 자유무역상태의 수준보다 증가시키고자 할 것이다.

② 또는 특정 수입재 생산에서의 외부경제효과가 커서 장기적으로 경제성장을 하는 데 수입재의 국내생산을 자유무역시의 생산량보다 더 늘리는 것이 바람직하다고 결론지었다면 이러한 경우에도 생산을 늘리고자 할 것이다.

2. 소국의 경우 관세부과 효과

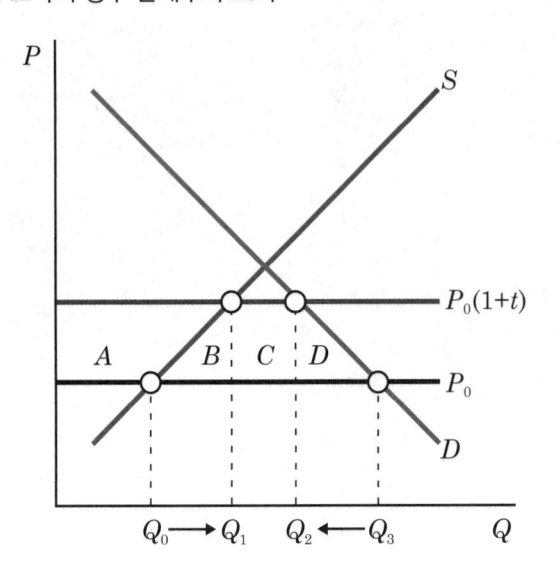

① 소국의 경우 수입재에 대한 관세의 부과는 세계가격에 영향을 주지 않는다.

② 따라서 수입관세가 부과되면 국내에서의 수입재 가격만 상승하게 된다. 결국 수입관세로 인한 조세의 부담은 모두 국내 수입재를 구입하는 소비자에게 귀착된다.

→ 생산목표달성을 위해 관세를 사용하면 생산보조금을 지급할 경우보다 후생수준이 감소하므로 관세는 생산목표달성을 위한 최선책이 아닌 차선책이 될 수 있다. 그 이유는 관세는 생산목표달성을 위한 생산측면의 왜곡 외에 소비측면의 왜곡까지 가져오는 반면, 생산보조금의 경우 소비측면에는 왜곡을 가져오지 않기 때문이다.

2 미국은 중국의 중간재 위주로 관세를 부과하고 있다. 이에 대한 효과를 논하시오.

1. 개요

① 수입재가 최종재라는 가정하에서 관세를 부과하면 그만큼 가격이 영향을 받고 국내생산업자가 보호받을 수 있다.

② 그러나 원자재가 부족한 다수의 공업국들에 있어서는 원자재나 중간재가 수입에서 차지하는 비중이 상당히 큰 것이 일반적이고 따라서 생산자에게 실제로 제공되는 보호효과가 다르게 나타날 수 있다.

2. 부가가치의 변화로 인한 산업보호효과 – 실효보호관세율

① 국내생산자는 자기 산업의 부가가치(value-added), 즉 총수입에서 총비용을 뺀 값이 관세부과 후에 증가되어야만 보호를 받았다고 느낄 것이다.

② 그런데 수입경쟁재부문의 부가가치는 최종재수입에 관세를 부과할 때 증가되고 중간재수입에 관세를 부과할 때 감소된다.

③ 따라서 최종재와 중간재에 동시에 관세가 부고될 때 국내 수입경쟁재부문에 대한 순보호효과를 측정하는 개념이 필요해지는데 이것이 바로 실효보호관세율이다. 즉, 실효보호관세율이란 관세부과에 의한 부가가치의 증가율을 말한다.

→ 실효보호관세율은 $t_E = \dfrac{(V' - V)}{V}$ (V : 자유무역 시 부가가치, V' : 관세부과 후 부가가치)

3 미국과 중국의 무역분쟁이 한국경제에 미치는 효과와 대응책을 논하시오.

1. 한국경제에 미치는 효과

(1) 미국시장에서의 무역전환효과(반사이익)

① 미국의 대중 수입품 가격이 상승함에 따라 미국의 대중 수입 감소분 중 일부는 미국 국내산으로 대체되고 나머지는 중국 이외 수입국으로부터 시장 점유율에 비례하여 반사이익이 발생할 수 있다.

→ 미국의 대중 제재품목의 총수입 중 중국산과 한국산 비중은 각각 16.3%와 3.5%(제재 예정품목까지 포함 시 중국산 23.5%, 한국산 3.1%)

② 품목별로는 대중 무역제재 대상품목 중 자동차, 반도체, 가전, 휴대폰, 플라스틱·고무제품 등을 중심으로 한국산이 반사이익을 얻을 것으로 기대된다.

→ 이들 품목들은 한·중 간 수출 경합도가 상대적으로 높고 한국산 점유율이 높아 중국산 수입품에 대해 미국이 제재를 가할 경우 중국산에서 한국산으로 수입 전환 효과가 나타날 것으로 예상

(2) 중국시장 무역전환효과(반사이익)

① 중국의 대미 수입 감소분 중 일부는 중국 국내산으로 대체되고 나머지는 미국 이외 수입국으로부터 시장 점유율에 비례하여 반사이익이 발생할 수 있다.

→ 중국의 보복관세 부과대상 품목의 대미 수입규모는 2018년 기준 961억 달러로 중국의 대미 총수입의 61.6%를 차지

② 품목별로는 화학제품, 기계류, 전기·전자제품, 화장품 등을 중심으로 한국산이 대중 수출에 반사이익을 얻을 것으로 기대된다.

→ 이들 품목들은 한·미 간 수출 경합도가 상대적으로 높고 한국산 점유율이 높아 미국산 수입품에 대해 중국이 제재를 가할 경우 미국산에서 한국산으로 수입 전환 효과가 나타날 것으로 예상

(3) 세계경제 불확실성 확대로 인한 소비·투자·순수출 위축

① 미·중 무역분쟁이 경제 주체들의 불확실성을 높여 기업투자 및 가계소비 위축을 유발하여 한국의 GDP에 부정적 영향을 미칠 수 있다.

② 미·중 무역분쟁이 지속됨에 따라 관세의 직접적 영향뿐만 아니라 금융시장 긴축, 기업 투자 위축, 실질소비 둔화와 같은 간접적 영향을 감안 시 수출에 대한 부정적 영향은 더 클 것으로 예상된다.

③ 글로벌 공급망 타격 우려로 미국과 중국의 생산 및 투자를 보류하는 움직임이 확산되고 있으며, 반도체는 지난 2년간 호황기에서 글로벌 무역긴장 고조로 인해 작년 말부터 경기둔화가 심화되고 있다.

(4) 미국의 화웨이 제재(기술패권 경쟁)에 따른 영향

화웨이의 성장성이 둔화될 가능성이 높아졌고 한국으로서는 기회 요인이자 미·중 간 선택을 강요받는 상황에 처할 수 있게 된다.

→ 삼성전자는 2018년 4분기와 2019년 1분기 합계 5G 통신장비 시장에서 매출 점유율 37%로 화웨이(28%)를 제치고 1위를 차지

(5) 중국 희토류 수출제한 시 영향

① 중국은 원가 경쟁력과 환경오염(채굴·정제 과정에서 발생)에 대한 낮은 저항을 바탕으로 전세계 희토류 필요량의 2배에 달하는 생산능력을 보유하고 있다.

② 중국이 희토류 수출제한을 걸면 단기간에 미국과 한국의 첨단산업에 다소의 충격이 불가피하다.

→ 2018년 한국의 희토류 수입액은 6,935만 달러로 중국산이 42.2% 차지

2. 대응책

① 수출시장과 품목 측면에서 수출구조 고도화 등 다양한 노력을 통해 수출기회를 극대화할 필요가 있다.

② 미·중에 대한 수출의존 구조를 탈피해 신남방·신북방으로 시장을 다변화해야 한다.

③ 생산네트워크를 조정하도록 (중국 → 아세안·한국 등) 지원 및 국내로의 리쇼어링을 유도해야 한다.

④ 범용성 있는 제품을 첨단 신기술 제품으로 수출품목 고도화를 추구해야 한다.

⑤ 보호무역에 대한 통상외교 강화, 국제기구 등을 통해 자유무역 분위기를 확산시켜야 한다.

신남방정책과 신북방정책

1. 신남방정책

① 문재인 대통령이 2017년 11월 9일(현지시간) 열린 '한-인도네시아 비즈니스포럼' 기조연설을 통해 공식 천명한 정책이다.

② 사람(People) · 평화(Peace) · 상생번영(Prosperity) 공동체 등 이른바 '3P'를 핵심으로 하는 개념으로, 아세안 국가(말레이시아 · 필리핀 · 인도네시아 · 베트남 등)들과의 협력 수준을 높여 미국 · 중국 · 일본 · 러시아 등 주변 4강국 수준으로 끌어올린다는 것이 핵심이다.

→ 2010년까지 아세안과의 교역규모를 2천억 달러 수준으로 확대한다는 방침 즉, 중국과의 교역수준인 2,100억 달러에 버금가는 수준으로 끌어올리겠다는게 구상

③ 여기에는 상품 교역 중심에서 기술, 문화예술, 인적 교류로 그 영역을 확대하는 내용도 포함돼 있는데, 특히 **중국 중심의 교역에서 벗어나 시장을 다변화하는 등 한반도 경제 영역을 확장한다**는 의미도 담고 있다.

④ 문재인 정부는 신남방정책을 통해 아세안 국가와의 협력을 강화하고, 안보 차원에선 북한과 외교관계를 맺고 있는 아세안과의 북핵 대응 공조와 협력을 이끈다는 구상이다.

2. 신북방정책

① 문재인 정부는 러시아 · 몽골 · 카자흐스탄 등 북방 국가들과 농업 분야를 포함한 협력을 강화하는 신북방정책을 추진하고 있다.

② 아직 이 분야에 북한은 포함되지 않았지만 향후 남북 경제협력 부활 시 이 사업과 한반도 신경제지도 방안을 통합 연계한다는 장기 비전을 세우고 있다.

미·중 무역분쟁의 수출 영향

Ⅰ. 미·중 간 상호관세 부과조치 현황

1. 미·중 간 관세 부과 현황

(1) 美 무역대표부는 중국산 수입품 48.2%(2018년 기준 미국의 대중 제재품목의 실제 수입액 2,715억 달러)에 추가 관세 부과

- (1~2차) 2018.7.6일 340억 달러, 8.23일 160억 달러, 총 500억 달러 수입에 25% 관세 부과
- (3차) 2018.9.24일 2,000억 달러 중국산 수입품에 10% 추가 관세 부과
- (4차) **2019.5.10일 2,000억 달러 중국산 수입품에 대한 관세 인상(10%→25%)**

(2) 중국 상무부는 미국산 수입품 61.6%(2018년 기준 중국의 대미 제재품목의 실제 수입액 961억 달러)에 보복관세 부과

- (1~2차) 2018.7.6일 340억 달러, 8.23일 160억 달러, 총 500억 달러 수입에 25% 관세 부과
- (3차) 2018.9.24일 600억 달러 상당 수입에 5~10% 차등 관세 부과
- (4차) **2019.5.13일 600억 달러의 미국산 수입품에 대한 관세를 기존 5~10%에서 5~25%로 인상한다고 발표(6월 1일 실시)**

2. 미국의 대중 제재품목 구성

(1) [미국의 대중 제재 1~4차 품목] 대부분 중간재와 자본재에 집중

- 1 · 2차 제재 품목 구성 : (중간재) 53% (자본재) 42% (수송장비) 4% (소비재) 1%
- 3 · 4차 제재 품목 구성 : (중간재) 50% (자본재) 25% (소비재) 24%
- 미국의 대중국 관세인상 품목 중 기계류, 전기 · 전자제품, 생활용품 등이 제재 품목의 절반(49.0%)을 차지(수입액 기준)
- 미국의 대중 제재품목의 대한국 수입액은 587억 달러로 자동차(32.1%), 기계류(23.1%), 석유제품(5.6%), 반도체(5.2%) 등이 큰 비중 차지

(2) [제재예정 품목] 미국이 대중국 수입제품의 잔여품목에 추가 관세를 부과할 경우 소비재 및 자본재가 대부분 포함될 예정

- 제재예정 잔여품목 구성 : (소비재) 40% (자본재) 44% (중간재) 15%
- 지난 5.13일 미국이 발표한 25%p 관세부과예정 품목(중국산 수입품 3,000억 달러 상당)은 기계류, 휴대폰, 섬유 · 의복 · 가죽제품, 생활용품, 전기 · 전자제품, 신발 · 모자, 가전 등이 제재 품목의 83.7%를 차지
- 미국의 대중 제재예정품목의 대한국 수입액은 125억 달러로 휴대폰(35.1%), 철강제품(22.8%), 전기 · 전자제품(14.5%), 가전(6.6%) 등이 79.0%를 차지

3. 중국의 대미 제재품목 분석

(1) 중국의 대미 제재 품목은 <u>농수산물이 가장 큰 비중을 차지</u>하고 있으며, 그 다음으로 자동차 및 부품, 의료 · 정밀기기, 기계류, 화학제품 순임

- 1 · 2차 제재 품목 구성 : (중간재) 53% (자본재) 42% (수송장비) 4% (소비재) 1%
- 3 · 4차 제재 품목 구성 : (중간재) 50% (자본재) 25% (소비재) 24%
- 중국의 대미 제재품목의 대한국 수입액은 1,064억 달러로 화학제품(17.3%), 기계류(15.6%), 의료 · 정밀기기(13.4%) 등의 비중이 큼

Ⅱ. 미·중 제재품목의 교역 현황

1. G2와 주요국간 교역 현황

- 세계 GDP와 세계 무역에서 G2가 차지하는 비중은 각각 40.0%, 22.6%로 세계 경제에서 G2가 차지하는 경제적 위상은 매우 큼

- 한국의 對G2 수출비중(38.9%)은 대만 다음으로 높아 G2간 무역 분쟁이 확대될 시 피해를 입을 가능성이 큼
- 한국의 對中 수출 비중은 26.8%, 對美 수출비중은 12.1%를 기록
- 대만, 한국, 일본, 독일 등 국가들이 對中 수출에서 중간재 비중이 커 미국의 대중국 무역제재로 수출 피해가 클 것으로 예상됨
- 한국의 對중국 수출에서 중간재 비중은 79.0%

2. 미국의 제재품목 수입 동향

(1) 미국의 對中 관세 부과의 영향으로 미국의 對中 제재품목의 수입은 1~4개월의 시차를 두고 뚜렷한 감소세를 보임
  - 1차 제재품목('18.7월)과 2차 제재품목('18.8월)에 대한 미국의 대중국 수입은 1개월 이후 두 자릿수의 감소세를 보였으며, 3차 제재품목 ('18.9월)은 금년 1월부터 크게 감소
(2) 미국의 對中 관세 부과의 영향으로 금년 1분기 미국의 대중국 제재품목 수입은 24.7% 감소한 반면 대한국 수입은 20.5% 증가
  - 중국의 대미 수출부진으로 우리나라의 대미 수출 반사이익이 일부 작용한 것으로 추정
  - 중국의 대미 수출 증가율(%, '19.1분기) : (중간재) -13.1 (자본재) 8.4 (소비재) -5.7
  - 자동차, 기계류, 플라스틱 · 고무제품, 전기 · 전자제품, 석유제품 등을 중심으로 미국의 대중국 수입은 감소한 반면 대한국 수입은 증가
(3) 미국 제재품목 수입시장에서 금년 1분기 중국의 점유율이 크게 하락한 가운데 한국은 상승세
  - 미국 제재품목 수입시장에서 중국산 점유율은 작년 상반기 16.1%에서 금년 1분기 12.5%로 3.6%p 하락했으나 같은 기간 한국산 점유율은 3.4%에서 4.1%로 0.7%p 상승
  - 미국 제재품목 수입시장에서 한 · 중 점유율 추이('17 →'18 → '19.1Q, %) :
    (중국) 16.21 → 16.28 → 12.53
    (한국) 3.63 → 3.52 → 4.06
  - 품목별로는 가전, 섬유, 플라스틱 · 고무제품, 반도체, 기계류, 자동차 등에서 중국의 점유율 하락, 한국의 점유율 상승이 뚜렷
(4) 국가별로는 금년 1분기 중 미국의 한국, 대만 등으로부터의 제재품목 수입이 비제재품목보다 높은 증가율을 보여 반사이익이 일부 작용

3. 중국의 제재품목 수입 동향

(1) 중국의 對美 관세 부과의 영향으로 중국의 對美 제재품목의 수입은 1개월의 시차를 두고 뚜렷한 감소세를 보임
  - 1차 제재품목('18.7월), 2차 제재품목('18.8월), 3차 제재품목('18.9월)에 대한 중국의 대미국 수입은 추가 관세부과 1개월 이후 감소세로 전환
(2) 중국의 對美 관세부과의 영향으로 금년 1분기 중국의 대미국 제재품목 수입은 두 자릿수(-36.9%) 감소
  - 중국의 대한국 수입은 반사이익보다는 중국의 수입 감소 효과가 더 크게 작용하여 금년 1분기에 5.9% 감소

- 석유제품, 전기·전자제품, 의료·정밀기기 등에서 중국의 대미국·대한국 수입이 모두 감소

(3) 중국 제재품목 수입시장에서 지난해 하반기부터 미국의 점유율이 크게 하락한 가운데 한국은 상대적으로 소폭 하락

- 중국 제재품목 수입시장에서 미국산과 한국산 점유율은 각각 작년 상반기 9.2%, 8.5%에서 금년 1분기 6.2%(-3.0%p), 8.2%(-0.3%p)로 하락
- 중국 제재품목 수입시장에서 한·중 점유율 추이('17→'18→'19.1Q, %) :

  (미국) 9.39 → 7.68 → 6.15

  (한국) 9.15 → 8.50 → 8.21
- 품목별로는 유리·도자제품, 철강제품, 의료기기, 화학제품, 생활용품, 기계류 등에서 미국산 점유율 하락, 한국산 점유율 상승

(4) 금년 1분기 중 중국의 한국, 베트남 등에 대한 제재품목 수입은 마이너스 증가율을 기록했으나, 비제재품목보다 선전하면서 반사이익이 일부 작용

- 중국의 대미 수입품 가격 상승에 따른 무역전환효과로 인해 호주, 브라질, 말레이시아, 캐나다, 스위스, 러시아 등에 대한 제재품목 수입은 증가
- 품목별로는 농수산물, 석유제품, 귀금속 등을 중심으로 호주, 브라질, 멕시코, 캐나다, 스위스 등 주요 수입상대국에서 반사이익을 봄

  (농수산물) 호주, 브라질, 말레이시아, 캐나다, 스위스, 러시아, 멕시코 등

  (석유제품) 호주, 말레이시아, 캐나다, 러시아, 멕시코 등

  (귀금속) 호주, 브라질, 말레이시아, 캐나다, 스위스, 러시아, 홍콩 등

  (화장품) 호주, 캐나다, 스위스, 홍콩 등

  (기계류) 캐나다, 멕시코 등

  (화학공업제품·자동차) 멕시코 등

주제 02 수입관세 부과

미국의 트럼프 대통령은 수입관세를 통해 자국 산업을 보호하고자 한다.

1. 수입관세는 매력적인 형태의 과세수단으로 볼 수도 있는데 이는 수입량을 제한하면서도 정부의 조세
   수입도 발생하고 조세 부담이 모두 외국인에게 귀착될 수 있다고 생각하기 때문이다. 이에 대해 비판
   적으로 논하시오.

2. 트럼프 대통령은 관세부과로 인해 자국의 고용을 증가시키고자 하나 실업이 산업간에 배분될 뿐이다.
   이에 대해 설명하시오.

해설

1 수입관세는 매력적인 형태의 과세수단으로 볼 수도 있는데 이는 수입량을 제한하면서도 정부의 조세수
입도 발생하고 조세 부담이 모두 외국인에게 귀착될 수 있다고 생각하기 때문이다. 이에 대해 비판적으로
논하시오.

1. 분석의 전제

    ① 수입관세란 수입재 산업의 보호를 위해 재화 수입에 대하여 부과하는 조세를 말한다.
    ② 대국의 경우 자국의 내생적 혹은 외생적 변화로 인해 국제가격이 변화할 수 있는 경제를 가지고, 소국의
        경우 국제가격을 변화시킬 수 없고 주어진 것으로 받아들인다.

2. 소국의 경우 관세부과 효과

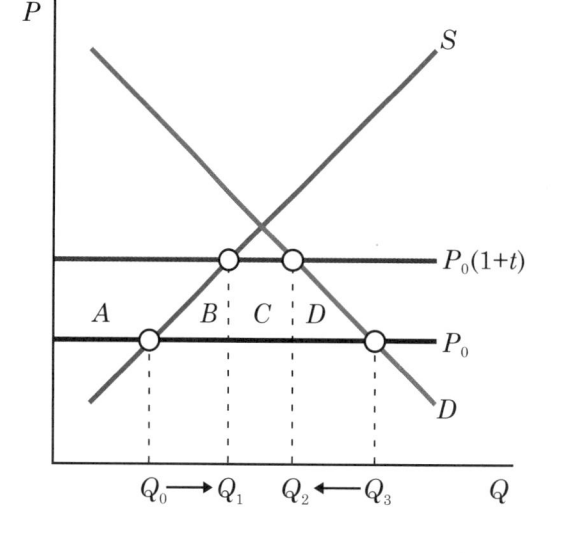

① 소국의 경우 수입재에 대한 관세의 부과는 세
    계가격에 영향을 주지 않는다.
② 따라서 수입관세가 부과되면 국내에서의 수
    입재 가격만 상승하게 된다. 결국 수입관세로
    인한 조세의 부담은 모두 국내 수입재를 구
    입하는 소비자에게 귀착된다.

3. 대국의 경우 관세부과 효과

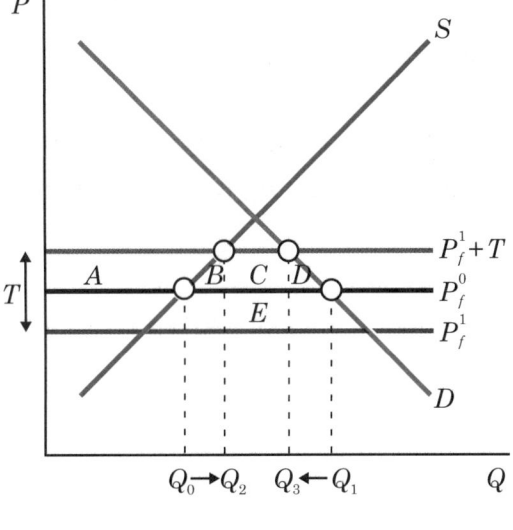

① 대국의 경우 수입재에 관세가 부과되면 수입재의 수요가 감소하면서 세계 수입재 가격을 하락시키게 된다.

② 따라서 국내에서의 수입재 가격은 소국에서의 가격 인상분 보다는 적게 인상된다. 즉, 대국에서 수입관세 부과 시 조세의 부담은 국내 수입재 소비자와 외국인 모두에게 귀착되는 것을 알 수 있다.

- 소비자잉여의 변화 : $-(A+B+C+D)$
- 생산자잉여의 변화 : A
- 관세수입 : $(C+E)$
- 사회적잉여의 변화 : $E-(B+D)$

4. 결론

수입관세 부과 시 소국의 경우 내국인에게, 대국의 경우 내국인과 외국인 모두에게 조세의 부담이 귀착되는 바 외국인에게만 부담이 귀착된다고 설명한 설문의 주장은 타당하지 않다.

2 트럼프 대통령은 관세부과로 인해 자국의 고용을 증가시키고자 하나 실업이 산업간에 배분될 뿐이다. 이에 대해 설명하시오.

1. 국내 가격의 상승

① 국내 물가는 국내 생산 재화의 가격과 해외 재화의 가격에 대한 평균으로 결정된다. 관세가 부과되면 국내에 유입된 재화의 가격이 상승하게 되므로 물가를 상승시키는 변수로 작용하게 된다.

② 이와 같은 물가의 상승은 재화에 대한 수요를 감소시키게 되므로 관세의 부과를 통해 수입재 산업의 보호(생산 증가 및 고용 증가)는 가능할 지라도 다른 산업이 위축되므로, 총고용량의 증가 효과는 그리 크지 않다.

2. 통상마찰로 인한 보복

① 자국에서 수입재 산업을 보호하기 위해서 관세를 부과할 경우, 무역 상대국이 이에 대해 다른 산업에 대한 무역 보복조치를 취할 수 있다.

② 이러한 무역 보복은 관세로 보호받은 산업 외의 산업의 침체를 유발하게 되는 바 국가 전체의 고용효과의 측면에서는 관세의 효과가 크지 않을 수 있다.

3. 자국 화폐가치의 절상

① 변동환율제도 하에서 관세가 부과되는 경우를 생각해 보자. 관세의 부과로 수입재에 대한 소비가 감소하게 되면 해외에서 유입되는 순해외자본의 양이 증가하게 된다.

② 이러한 순해외자본의 증가는 국내의 화폐가치를 절상시키는 원인이 된다. 화폐가치의 절상은 수출재화의 가격 상승과 수입재화의 가격 하락을 유발하게 되는데, 특히 수출재화의 가격 상승에 따른 이윤감소는 수출재 산업에 종사하는 노동자의 고용 불안을 유발할 가능성이 있다.

4. 결론

관세의 부과가 고용의 증가에 미치는 효과를 그리 크지 않을 것으로 예상된다.

자동차부품 수입쿼터제

미국의 보호무역주의로 자동차부품 수입 쿼터제 실시를 검토하고 있다. 이로 인한 미국의 경제효과를 각 경제주체의 후생의 관점에서 서술하고 관세부과와 비교하여 장·단점을 쓰시오.

해설

1 개념

관세란 해외로부터 수입하는 재화에 대한 조세부과를 의미하며, 수입할당제란 정부가 결정하는 일정수준 이상의 수입을 허용하지 않는 비가격적 수입제한정책이다.

2 관세와 수입할당제 실시 효과(소국의 경우)

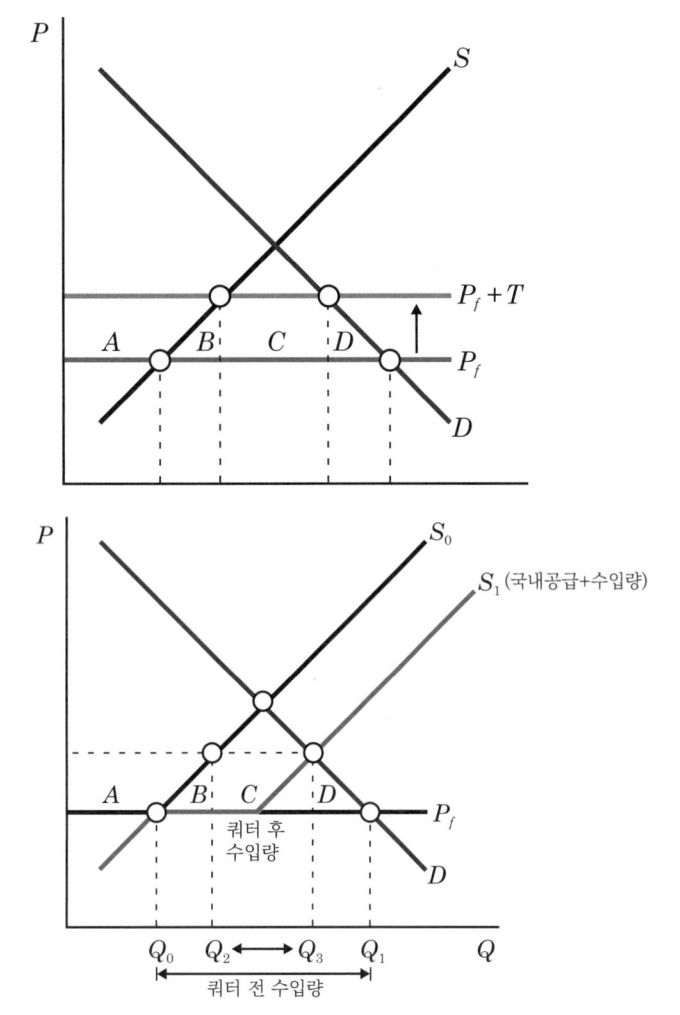

① 관세를 부과하는 경우에는 수입재의 가격이 상승하여 수입의 크기가 Q_2, Q_3로 감소하게 된다.

② 마찬가지로 수입할당의 경우, $\overline{Q_2Q_3}$로 수입량을 할당하게 된다면 초과수요가 발생하여 관세를 부과하는 경우의 크기와 같은 가격의 상승이 나타나게 되는 것이다.

③ 즉, 이 두 가지 정책 모두 동일하게 수입량을 감소시키고 국내 수입재 생산자의 생산을 증가시킴으로서 자국산업을 보호하는 효과를 가지는 것이다.

3 관세와 수입할당의 차이점 분석

① 관세의 경우 A의 생산자 잉여의 증가, $A+B+C+D$만큼의 소비자 잉여의 감소, C만큼의 조세수입이 나타나게 된다. 따라서 $B+D$의 후생손실이 나타나게 된다.

② 수입할당의 경우도 같은 크기의 후생손실이 나타나게 되지만 C영역에 있어서는 그 귀착의 여부가 달라질 수 있다.

③ 관세의 경우에는 그 크기가 완전히 정부의 관세수입이 되지만 수입할당의 경우에는 그렇다는 보장이 없다.

④ 정부의 직접무역이나 수입권 경매의 경우에는 소득을 마찬가지로 정부가 갖게 되지만, 수입업자에게 수입허가권을 무상으로 준다면 이는 수입업자에게 그만큼의 보조금을 주게 된다.

4 수입할당의 장단점

1. 장점 : 수입할당제의 보호효과가 확실

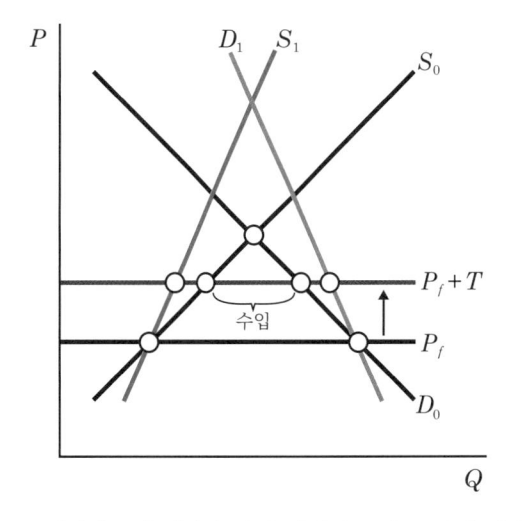

① 정책당국이 생각한 것과 달리 수요와 공급이 비탄력적일 경우에는, 적용한 관세율로는 목표하는 수입량을 달성하기 어렵다. 즉, 관세를 부과한다고 하더라도 수요와 공급의 기울기의 차이에 따라 실현되는 수입량은 달라질 수 있어서 관세의 효과는 불확실하다고 볼 수 있다.

② 또한, 메츨러 역설이 만약 발생하게 된다면 관세부과 전보다 국내가격이 오히려 하락하게 되어 국내수입재산업의 보호효과는 전혀 기대할 수가 없게 된다.

　→ 메츨러의 역설이란 관세부과후 수입재의 국제시장가격이 크게 떨어져서 관세를 더한 국내가격이 국제시장가격보다 오히려 낮아지는 것을 말한다($P_f^0 \to P_f^1$).

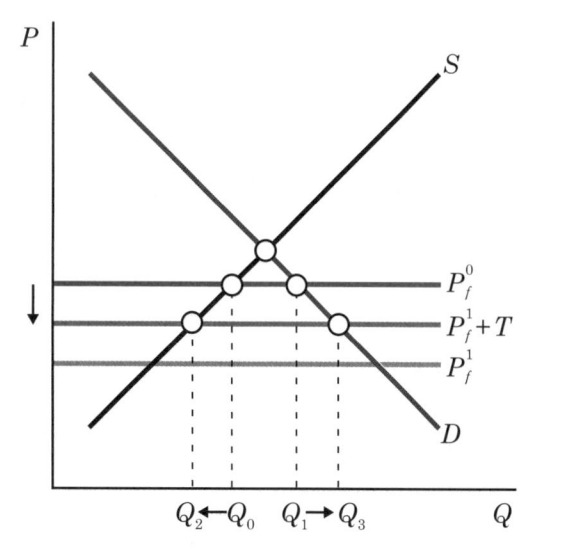

③ 반면 수량할당제의 경우에는 반드시 수입재의 국내 상대가격이 상승하게 되므로 확실한 보호효과가 기대된다.

④ 공급탄력성이 낮은 농업부문에 있어서 수량할당제가 주로 사용되는 것도 이와 같은 이유 때문이다.

2. 단점

(1) 수요 증가 시 수입할당제가 관세부과보다 사회후생손실이 더 큼

1) 관세부과 시

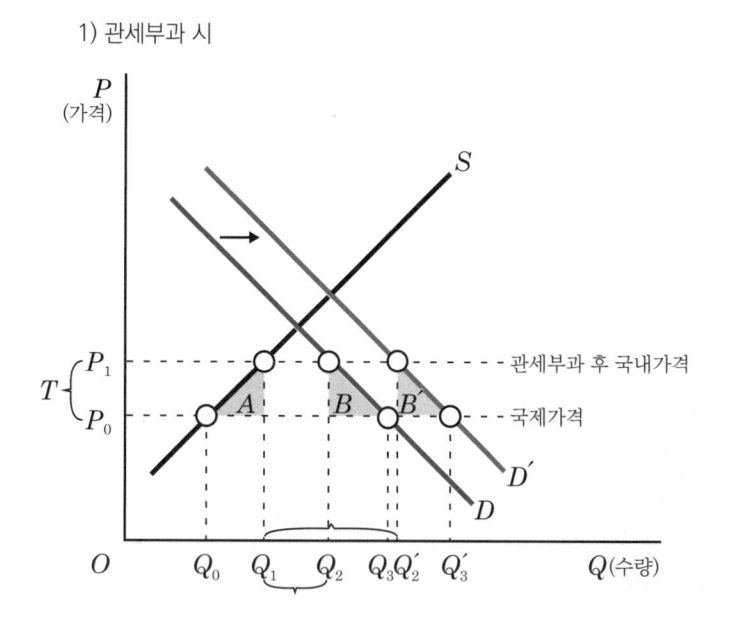

① 우선 T의 관세부과로 인해 $Q_2 - Q_1$로 수입이 제한된 경우에 후생상실분은 $A + B$의 면적이 된다.

② 관세는 가격에 대한 규제이므로 이때 수요가 증가하더라도 가격은 상승하지 않고 수요량과 수입량만 증가한다. 이때 후생상실분은 $A + B'$가 되는데 이는 원래의 후생상실분과 동일하다.

2) 수입할당 시

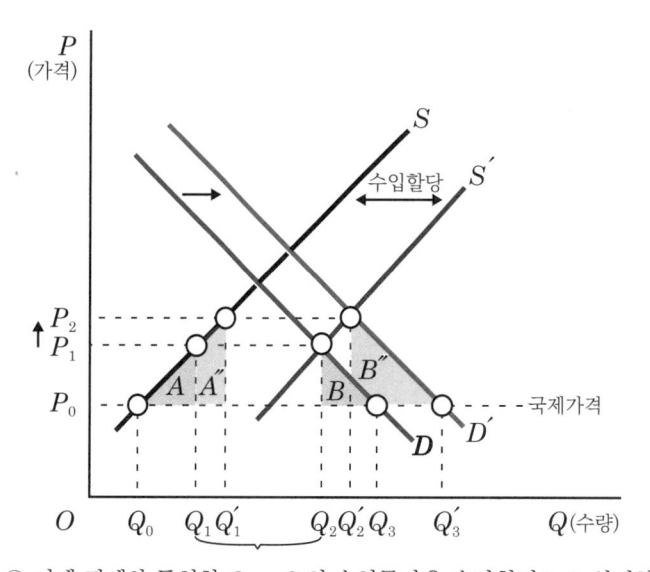

① 이제 관세와 동일한 $Q_2 - Q_1$의 수입물량을 수량할당으로 설정한 경우를 고려해 보자. 이때도 수요 증가 이전의 후생상실분은 $A+B$의 면적이 되며 이는 관세의 경우와 동일하다.

② 그러나 수량할당의 경우에는 수요가 증가하더라도 수입량은 증가하지 않고 가격이 상승한다. 그 결과 후생상실분은 $A'' + B''$가 되는데 이는 원래의 후생상실분보다 증가한 크기이다.

3) 한국의 경우

① 우리나라는 김현종 산업부 통상교섭본부장을 필두로 미국 워싱턴 D.C에 한 달여 체류하면서 막판 협상을 통해 국가 면제를 얻어냈다.

② 우리 정부는 국가 면제를 받는 대신 한국산 철강의 대미 수출에 대한 쿼터(수입할당)를 수용했다. 쿼터는 2015~2017년 대미 평균 수출량인 383만t의 70%인 268만t으로, 2017년 수출량의 74% 수준이다.

③ 미국 국내적으로 철강수요가 크게 증가한다면 수입쿼터에 따른 미국의 후생손실이 커질 가능성이 있다.

(2) 수입쿼터의 경우 가격상승폭 예측이 어려움

　국제시장가격과 국내가격의 차이로 보호의 정도를 측정하는데 관세와 달리 수입쿼터는 가격 상승폭의
예측이 어렵기 때문에 보호의 정도를 측정하기가 쉽지 않다.

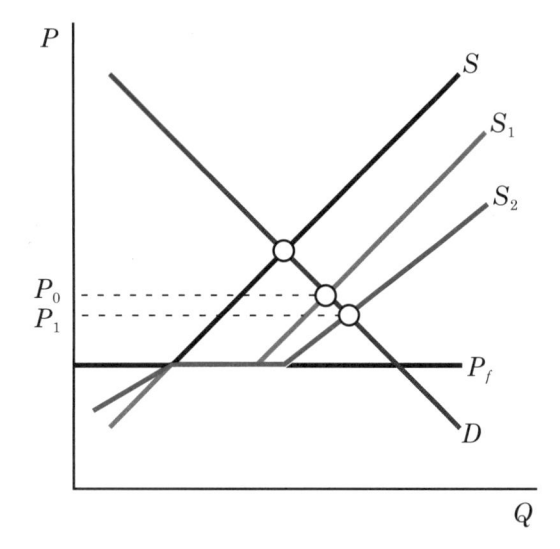

(3) 수입면허권의 배분문제

　① 수입면허를 받은 사람은 수입가격과 국내가격의 차익을 얻기 때문에 누구나 수입면허권을 받고자 한다.
　② 이러한 이득을 누구에게 배분할 것인가를 결정하기는 쉽지 않다.

주제 04 미국의 관세부과의 당위성과 국제무역기구

미국

미국과 중국 모두 관세를 10%에서 25%로 인상하였다.

1. 관세부과는 일국의 사회후생을 감소시키는 효과를 일으키기도 하는데 그럼에도 미국이 중국의 산업에 대해 25% 관세를 부과하는 이유는 무엇인지 논하시오. (단, 대국으로 가정하고 분석하시오)
2. 보복관세 부과에 의한 관세전쟁을 설명하고 자유무역 활성화를 위한 국제무역기구의 필요성을 논하시오.

해설

1 관세부과는 일국의 사회후생을 감소시키는 효과를 일으키기도 하는데 그럼에도 미국이 중국의 산업에 대해 25% 관세를 부과하는 이유는 무엇인지 논하시오. (단, 대국으로 가정하고 분석하시오)

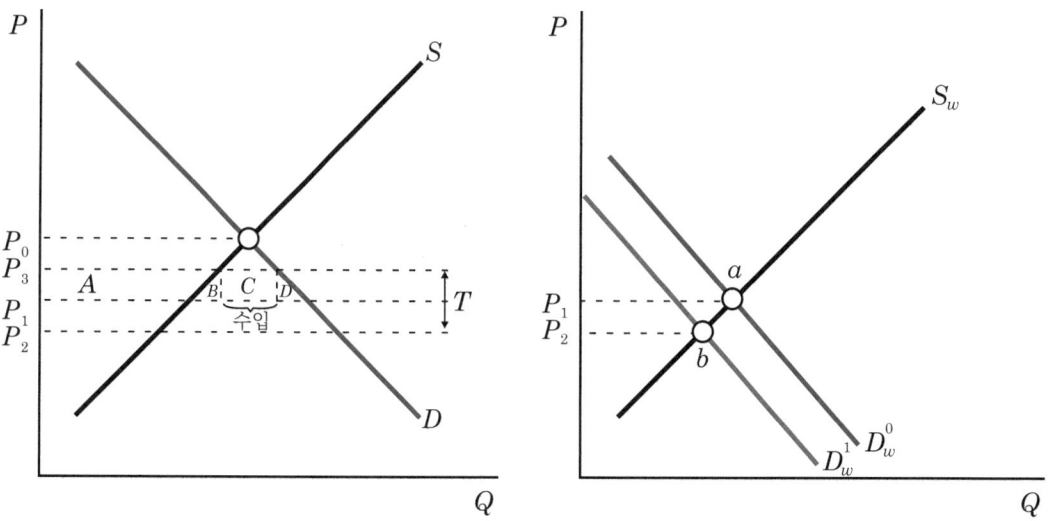

① 대국이 관세를 부과하면 수입량이 감소하므로 세계시장에서 수요가 감소한다.
② 수요의 감소는 수입재의 수입가격을 하락시키므로 대국의 교역조건이 개선된다.
③ 대국의 경우에는 총잉여가 증가할 수도 있고 감소할 수도 있다. 즉, 생산과 소비측면에서 비효율을 유발하여 사회후생을 감소시킬 수 있지만 자국의 교역조건이 개선되므로 후자가 전자를 능가한다면($E > B + D$) 자국의 후생은 증가할 수 있다.

	대국
소비자 잉여의 변화	$-(A + B + C + D)$
생산자 잉여의 변화	A
정부의 관세수입	$C + E$
총잉여의 변화	$E - (B + D)$

관세부과에 따른 국제시장효과

1. 소국

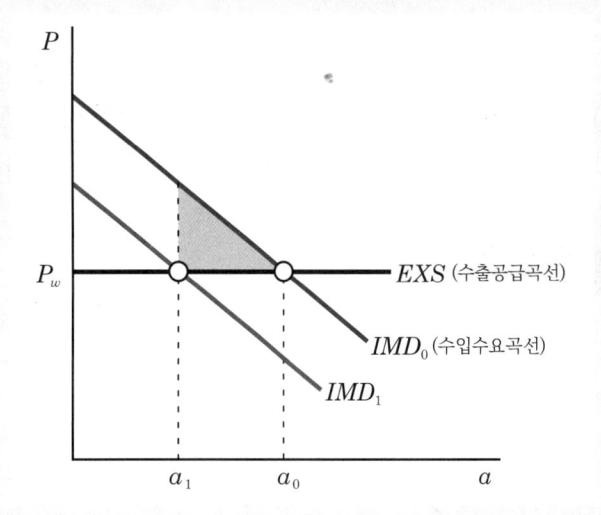

① 소국이 관세를 부과하면 수입수요곡선이 좌측 이동하므로 삼각형 음영부분 만큼의 사회후생손실이 발생한다.

② 수출공급곡선은 수평선이므로 수입가격에는 영향을 주지 않는다.

2. 대국

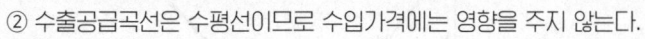

① 대국이 관세를 부과하면 수입수요곡선이 좌측 이동하므로 삼각형 음영 부분만큼의 사회후생손실이 발생한다.

② 수입가격이 P_w^0에서 P_w^1으로 하락한다.

2 보복관세 부과에 의한 관세전쟁을 설명하고 자유무역 활성화를 위한 국제무역기구의 필요성을 논하시오.

1. 보복관세란?

보복관세란 한 국가의 최적관세 부과에 대해 상대국가도 최적관세를 부과하여 각자 자국의 사회후생을 극대화하려는 경우를 나타낸다.

2. 관세전쟁 분석

(1) 오퍼곡선으로 설명

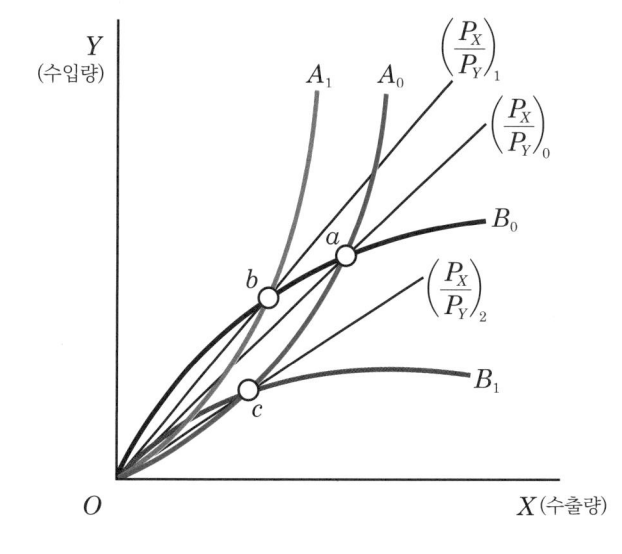

① 자유무역이 이루어지고 있다가, 본국이 최적관세를 부과하는 경우 오퍼곡선이 OA_0에서 OA_1으로 이동한다.

② 타국은 자국의 후생극대화를 위하여 마찬가지로 최적관세를 부과한다면 양국 간의 무역량이 감소하게 되고, 또한 사회후생도 점차 악화되는 양상을 보이게 된다.

③ 양국이 이와 같이 계속해서 관세보복을 되풀이 한다면 마지막에는 양국 모두 무역을 행하지 않는 폐쇄경제상태가 될 것이며 결국 양국의 사회후생도 악화될 것이다.

(2) 게임이론으로 분석

① 관세전쟁을 게임으로 나타내 보면 다음과 같다.

	관세	비관세
관세	5, 5	20, 2
비관세	2, 20	15, 15

② 보수행렬에서 내쉬균형은 (관세, 관세)가 되어 서로 비관세를 부과하는 경우보다 국제후생이 낮아지는 결과가 나타난다.

3. 국제무역기구의 필요성

(1) 국제무역재판과 벌칙 부과

① 만약 WTO와 같은 국제무역기구가 관세를 부과하는 국가에게 10만큼의 벌금을 부과한다면 위의 보수행렬은 아래와 같이 변화하게 된다.

	관세	비관세
관세	-5, -5	10, 2
비관세	2, 10	15, 15

② 이 경우에는 (비관세, 비관세)가 게임의 내쉬균형이 되어 자연스럽게 국제후생이 증가하는 결과를 가져오는 것이다.

③ 이는 국제무역기구의 실질적 제재조치가 일종의 신뢰할 수 있는 위협으로 작용하여 국제적인 후생극대화를 가져올 수 있음을 보여주는 것이다.

(2) 자유무역의 활성

① 자유무역이 하나의 기조로 자리 잡게 되면 각국은 "상대국이 자유무역을 하는 한 나도 자유무역을 하는 것이 최선"이 되므로 자연스럽게 자유무역의 분위기가 유지될 수 있다.

② 양자주의보다는 다자간 협상의 장을 마련하여 공통의 의제를 도출해 내는 것이 바람직한 결과를 가져올 수 있다.

문 대통령 '무역분쟁 죄수의 딜레마 벗고 자유무역 강화를'

미중 무역분쟁이 장기화되고 있는 가운데 문재인 대통령이 "무역분쟁으로 인한 죄수의 딜레마에서 벗어나야 한다"라고 쓴소리를 던졌다. 문 대통령은 2019년 6월 28일 낮 12시 38분부터 오후 2시 15분까지 일본 오사카에서 열린 G20 정상회의 1세션 '세계경제와 무역투자'에서 "무역분쟁으로 세계경제가 '축소 균형'을 향해 치닫는 '죄수의 딜레마(prisoner's dilemma)' 상황에서 벗어나야 한다"라고 말했다. 무역분쟁 중인 미국-중국이 각자의 이익만을 고려할 경우, 그것이 전세계 경제에 부정적 영향을 미친다는 점을 지적한 것이다. '죄수의 딜레마'란 자신만의 이익을 고려한 선택을 했다가 모두가 큰 손해를 보거나 공멸하는 사례를 가리킨다.

문재인 대통령은 이날 발언에서 "지금 세계는 새로운 도전과제에 직면해 있다"라며 "세계경제의 불확실성과 하방위험이 커지고 있다, 저성장이 고착화된 '뉴노멀(New Normal)' 시대를 넘어, '뉴애브노멀(New Abnormal)' 시대로 가면서 미래 예측조차 어려워졌다는 우려도 있다"라고 지적했다. 문 대통령은 "최근 IMF와 OECD는 세계경제 성장률 전망을 낮췄는데 그 주요 이유 중 하나로 무역분쟁과 보호무역주의 확산을 들고 있다"라며 "이러한 도전들은 개별국가 차원에서 해결할 수 없다, G20이 다시 리더십을 발휘해야 할 때다"라고 G20 국가들의 적극적 역할을 주문했다. 이어 그는 "무역분쟁으로 세계 경제가 '축소 균형'을 향해 치닫는 '죄수의 딜레마' 상황에서 벗어나야 한다"라며 "자유무역으로 모두가 이익을 얻는 '확대 균형'으로 다시 나아가야 한다"라고 강조했다.

"G20의 중심적 역할"을 거듭 강조한 문 대통령은 "또한 G20 국가들은 적극적인 재정·통화정책을 통해, 세계경제 하방위험에도 선제적으로 대응해야 한다"라며 "한국 정부도 확장적인 재정 운용을 위해 노력하고 있다"라고 말했다. 문 대통령은 "한편으로, 시장의 불확실성에 대비해 글로벌 금융안전망을 견고하게 만드는 것 역시 매우 중요한 일이다"라며 "우선 IMF가 대출 여력을 충분히 확보해 위기의 방파제가 되어주어야 하고, 각국도 외환시장 건전화 조치를 포함한 금융시장 안정화에 힘을 보태야 할 것이다"라고 주문했다. 그는 "공정 무역을 향한 WTO 개혁에도 함께 노력해야 한다"라며 "한국은 자유롭고 공정한 무역질서를 위한 WTO 개혁을 지지하고 G20의 논의에 적극 참여할 것이다"라고 말했다.

| 주제 05 | 미국금리 인하 | | 미국 |

미국 연방준비제도(Fed·연준)가 기준금리를 0~0.25%로 내렸다.

1. 미국금리 인하가 한국의 실질환율, 수출입, 경상수지에 미치는 효과를 논하시오.

2. 미국금리 인하가 변동환율제도를 사용하고 있는 한국에 어떤 영향을 주는지 논하시오.

3. 미국금리 인하, 미중 무역전쟁 등 향후 경기상황에 대한 불확실성이 높아지고 있다. 이는 한국에서 외국자본이 급격하게 유출될 수 있는데 이에 따른 효과를 논하시오.

해설

1 미국금리 인하가 한국의 실질환율, 수출입, 경상수지에 미치는 효과를 논하시오.

① 소규모 개방경제인 한국은 국제금리의 하락이 국내금리의 인하로 연결될 것이다.

② 국내금리의 인하는 국내저축의 감소를 가져오고 이는 $(NS-I)$곡선을 좌측으로 이동시킬 것이다.

　(NS : 국내총저축, I : 투자).

③ 따라서 균형실질환율(e)은 하락하고 순수출(NX)은 감소하게 된다.

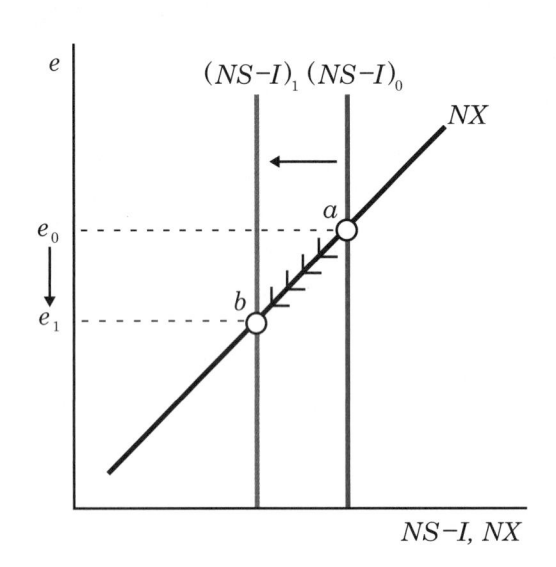

2 미국금리 인하가 변동환율제도를 사용하고 있는 한국에 어떤 영향을 주는지 논하시오.

① 미국금리 인하는 BP곡선을 하방 이동시키며 한국의 원화가치를 상승시킨다.

② 이는 순수출감소를 가져와 IS곡선과 총수요곡선 모두 좌측 이동시킨다.

③ 한국의 물가하락과 국민소득 감소를 가져오며 노동수요곡선의 좌측 이동에 따른 고용량 감소도 가져온다.

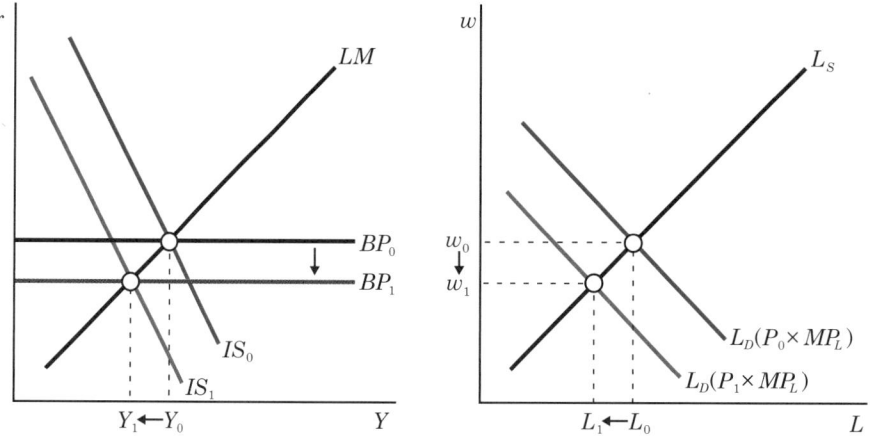

3 미국금리 인하, 미중 무역전쟁 등 향후 경기상황에 대한 불확실성이 높아지고 있다. 이는 한국에서 외국자본이 급격하게 유출될 수 있는데 이에 따른 효과를 논하시오.

① 미국금리 인하 등으로 불확실성이 커지면 위험프리미엄도 증가하기 때문에 BP곡선이 상방 이동한다. 즉, 급격한 자본유출은 국내 위험 프리미엄의 발생 및 증가로부터 비롯된 것으로 판단된다.

→ $BP : r = r^f + \theta$ (θ : 위험프리미엄)

② 이에 국내적으로 불확실성 증가에 따른 통화량 감소, 화폐수요 증가는 LM곡선을 좌측 이동시킨다.

③ 따라서 불확실성이 LM곡선에 영향을 끼치지 않을 때에 비해 LM곡선이 좌측 이동하면서 환율 하락에 따른 순수출의 감소를 유발시키고 IS곡선이 좌측으로 이동한다.

④ LM곡선이 이동하지 않을 때와 비교하면 국민소득은 감소한다.

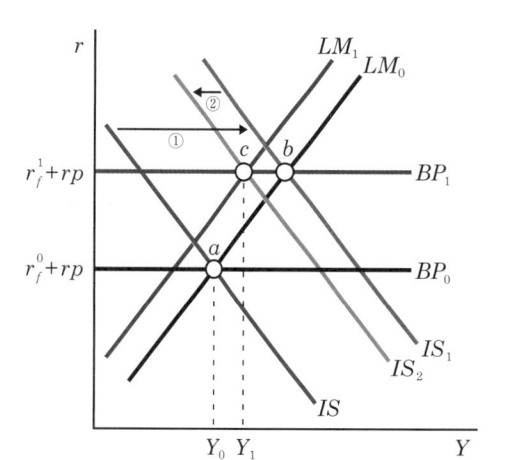

4 미국금리 인하에 대한 한국의 대응방안

① 정부와 민간이 협력하여 신흥국 불안에 따른 세계경제 불확실성 증대, 국내외 금융·외환시장 변동성 확대를 지속 모니터링하여 우리 수출에 미치는 영향에 선제 대응해야 한다.

② 미국 금리인하에 따른 잠재적 위험요인에 대해서 질적구조 개선 및 리스크를 완화해야 한다.

③ 환변동보험 등 환혜지 수단을 마련하여 외환시장 급변동으로 인한 환위험 피해를 대비해야 하며, 정부는 외환건전성 강화와 함께 기업이 직면한 수출감소 및 수출대금 미회수 등 애로 상황을 적극 해소해야 한다.

④ 신흥시장 개척을 통한 수출시장 다변화를 모색해야 한다.

⑤ 장기적으로는 지속적인 투자를 통한 고부가가치 제품 개발과 함께 구조개선, 규제완화 등의 노력을 병행하여 수출경쟁력을 확보해야 한다.

미국의 금리인하가 우리나라의 총생산, 물가, 이자율, 환율, 고용, 실질임금 등에 미치게 될 단기 효과를 설명하라.

1. 주어진 물가수준하의 분석

① 최초균형을 a점이라고 하자. 미국이 금리를 인하하면 BP곡선이 BP_1로 하방 이동하며 a점에서 국제수지흑자요인, 즉 외환시장의 초과공급이 유발되며 환율이 하락한다.

② 환율이 하락하면 순수출이 감소하며 IS곡선과 BP곡선이 IS_1 및 BP_2로 좌측 이동한다. 그 결과 총수요 측 균형점은 b점이 된다.

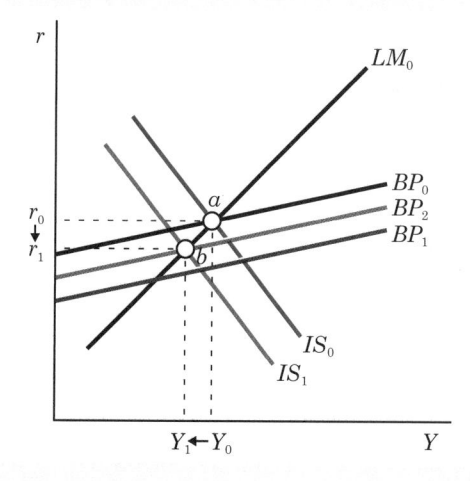

2. 물가변화의 효과

① 총수요곡선을 좌측으로 이동하고 주어진 물가수준에서 초과공급이 발생함에 따라 물가가 하락한다.

② 물가가 하락하면 명목임금 하락을 실질임금 하락으로 착각한 노동자들이 노동공급을 감소시킨다.

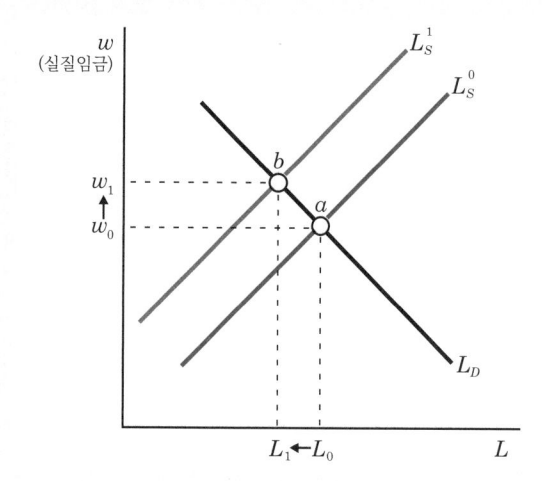

3. 주요 변수의 변화

미국의 금리 인상 결과 총생산은 감소, 물가는 하락, 이자율은 하락, 환율은 하락, 고용은 감소, 실질임금은 상승한다.

미국은 금리 인상을 할 가능성이 있다.

1. 미국금리 인상이 미국과 신흥국, 한국경제에 미치는 영향을 논하고 원화 가치의 변화를 전망해보시오.

2. 미국금리 인상에 따른 대책을 논하시오.

해설

■ 기준금리 인상이 미국과 신흥국, 한국경제에 미치는 영향

1. 미국

(1) 미국 채권투자 증가

기준금리 인상은 미국 채권 가격하락을 의미하기 때문에 금리 인상으로 미국 채권 투자자금 유입이 늘어날 가능성이 있다.

(2) 시중금리 인상

① 금리 인상을 앞둔 상황에서는 실제 인상 시점에 비해 시중금리 및 달러가치가 먼저 오르게 된다.

② 장기금리가 경기 및 물가 흐름에 따른 자금수급을 주로 반영한다면, 단기금리에는 통화정책 및 그에 대한 예상이 큰 영향을 미친다.

2. 신흥국에서 자금유출

금리 인상 초기에는 긴축의 강도가 세지 않아 위험 기피 경향이 여전히 낮은 수준일 수 있지만, 금리 인상이 진행될수록 위험기피 경향은 점차 확대될 가능성이 높다. 해외 취약 국가에서의 자금회수도 금리 인상 초기에 비해 더 늘어날 수 있으며, 이 과정에서 달러 강세 압력도 지속될 가능성이 있다.

3. 한국경제

(1) 금융시장

국내 채권시장은 각국 중앙은행 등 장기투자자의 보유비중이 높아져 안정성이 과거보다 높아졌지만 단기자금이 몰린 주식시장의 경우 충격 가능성이 높다.

(2) 경제성장

① 로메인 듀발 IMF 아시아 · 태평양 지역경제팀장에 따르면 "미국의 금리 인상으로 미 경제성장률이 하락하고 시장금리가 급등할 경우 한국 국내총생산(GDP)이 0.98% 포인트 하락할 것이다."라고 말했다.

② 자본유출을 막기 위해 금리를 인상하게 되면 기업의 투자와 가계의 소비가 감소할 수 있으며 부동산 가격 역시 하락하여 경제성장률을 저해할 수 있다.

③ 반면 미국이 시장 예상에 발맞춰 점진적으로 금리를 인상하게 되면 한국 경제성장률이 상당 부분 높아지는 것으로 나타났다. 이 같은 상황을 가정했을 때 한국은 경제성장률이 0.19% 포인트 증가하고, 아세안 5개국은 0.17% 포인트, 중국은 0.15% 포인트, 인도는 0.12% 포인트, 일본은 0.08% 포인트 오르는 것으로 분석됐다.

(3) 외환유출

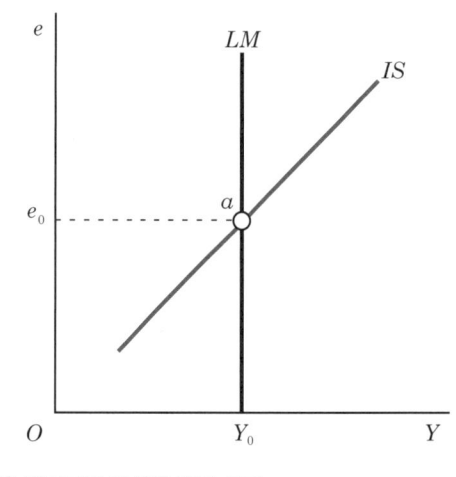

① 외환유출은 BP곡선을 상방으로 이동시키고 환율의 상승을 가져온다.

② 환율상승은 순수출을 증가시켜 IS곡선을 우측으로 이동시켜 단기적으로 국민소득의 증가를 가져올 수 있다.

(4) 환율과 실질국민소득의 변화

1) 먼델-플레밍 모형

① 환율상승으로 순수출이 증가하고 소득이 증가하므로 IS곡선은 우상향한다.

② 화폐수요는 환율과 무관하게 결정되므로 LM곡선은 수직이 된다.

③ 따라서 수요 측면의 거시경제 균형을 이루는 소득과 환율은 (Y_0, e_0)이다.

2) 미국금리 인상에 따른 효과

① 국내 금리 인상으로 투자감소가 발생하며 IS곡선은 좌측 이동한다.

② 국내 금리 인상은 화폐수요의 감소를 가져오므로 화폐시장의 균형을 달성하기 위해 국민소득이 증가해야 한다. 따라서 LM곡선은 우측 이동한다.

③ IS곡선은 좌측 이동하고 LM곡선은 우측 이동하므로 환율은 상승하고 실질국민소득은 증가한다.

2 원화가치 전망

1. 원화 약세

① 미국 금리 인상으로 달러가 강세가 되면 국내금융시장에서는 외국인 투자가 유출되며 원화가치가 하락할 수 있다.

② 글로벌 유동성이 줄면서 위험기피 경향이 확대될 경우 신흥국을 중심으로 자본유출이 확대될 수 있다.

→ 우리나라의 경우 외국인 채권투자가 금융위기 이후 크게 늘어난 데다, 외국인 채권투자가 증가한 상황에서 미국의 금리 인상을 경험한 적이 없어 불확실성이 큰 상태다.

③ 한국은행이 저금리 기조를 유지할 것으로 보이는 점도 자본유출을 부추기는 요인으로 꼽히고 있다.

2. 원화 강세

① 대규모 경상수지 흑자 지속 등 실물 측면에서는 원화가치가 상승할 수 있다.

② 최근 주식시장에서 외국인 자금이 빠져나가는 동안 채권시장을 통해서는 오히려 자금이 유입되는 모습을 보이고 있다. 왜냐하면 원화채권이 신흥국 채권으로 분류되고 있어 미국채권과의 대체관계가 낮은데다, 외국인투자가 집중되고 있는 만기 2~3년 전후의 채권의 경우 여전히 미국 채권과의 절대 금리차가 크기 때문이다.

③ 유로존과 일본의 추가 완화 가능성이 높아 글로벌 유동성은 내년 중에도 풍부한 상황을 유지할 전망이다.

④ 통화완화 유지를 통한 경기부양이 국내 투자 메리트를 높이는 효과를 가져와 원화가치가 상승할 수 있다.

3 대책

1. 기업의 비용부담 완화

① 통화완화 정책을 상당기간 지속하는 가운데 취약 부문에 대한 지원을 강화할 필요가 있다.

② 수출기업들의 어려움이 예상되는 상황에서 국내 자금시장의 우호적인 여건을 유지함으로써 기업의 비용부담을 낮춰주는 것이 중요하다.

③ 다소간의 자본유출이 발생하더라도 대외요인을 고려해 서둘러 금리를 올리기 보다는 오히려 저금리 기조를 유지함으로써 국내 금리 상승압력을 낮추는 것이 경기에 더 도움이 될 수 있다.

2. 취약부문에 대한 정책 지원

① 자동차 부품, 선박, 기계 등의 업종은 일본과 수출 경합도가 높은 동시에 우리 수출에서 차지하는 비중 또한 크다. 일본 기업들이 엔저 지속으로 회복한 수익성을 바탕으로 가격경쟁에 나설 가능성도 제기되는 점도 우려를 심화시키는 부분이다.

② 정책 금융을 통한 수출 중소기업 자금지원과 함께, 기업이 환위험 관리 체계를 수립할 수 있도록 도와주는 것이 필요하다.

3. 기업의 대책

① 앞으로 원/달러 환율 변화에 비해 실제 수출 여건이 더 악화될 수 있음을 인식하고 환율 여건에 대해 더욱 면밀하게 점검하는 것이 필요하다.

② 최근 외환시장이 안정세를 보이면서 기업의 환헷지가 크게 줄어들었으나, 향후에는 원화 절상 하에서 변동성도 커질 것으로 보이는 만큼 적극적으로 환위험관리에 나설 필요가 있다.

③ 중장기적으로는 전문인력을 확충하고 환 위험관리 전략을 수립하는 등 내부 시스템을 마련하는 한편, 수출시장 및 결제통화의 다변화를 점진적으로 모색하여 환율 변동의 위험을 구조적으로 줄여나가는 것도 중요할 것이다.

오바마 행정부 때 중국에 대한 환율 조작 비난이 있었고, 트럼프 행정부에서는 글로벌 환율전쟁이 본격 시동된 걸로 보인다.

1. 환율전쟁 또는 통화전쟁의 발생원인과 미국의 이러한 비판에 대한 문제점을 논하시오.

2. 중국, 일본, 독일 등이 어떻게 외환시장에 개입하였는지 예상해보고 이 방안의 영향에 대한 긍정적인 평가와 부정적인 평가를 쓰시오.

3. 환율전쟁은 '제로섬 게임'이고 '인근궁핍화 정책'이라고 한다. 이에 대하여 논하시오.

해설

1 환율전쟁 또는 통화전쟁의 발생원인과 미국의 이러한 비판에 대한 문제점을 논하시오.

1. 통화전쟁 또는 환율전쟁이란?

① 각국은 자국의 유리한 환율설정을 위하여 서로 정치적 압력을 넣어가면서까지 상대국의 통화가치정책에 개입하려고 하는데 이러한 통화문제를 둘러싼 과격한 외교적 행동을 통화전쟁 또는 환율전쟁이라고 한다.

② 1930년대 대공황 때 프랭클린 루스벨트 대통령에 의해 촉발된 1차 환율전쟁, 1970년 브레튼우즈 체제를 붕괴시킨 닉슨 쇼크로 촉발된 2차 환율전쟁, 1985년 플라자 합의로 촉발된 3차 환율전쟁, 2008년 글로벌 금융위기로 촉발된 4차 환율전쟁 등이 있다.

플라자 협정

　미국은 자금시장의 경색과 함께 혹독한 금융위기로 1985년 9월 21일, 뉴욕 플라자 호텔에서 선진 5개국인 미국·독일·일본·영국·프랑스가 상호 환율 조정을 위한 '플라자 협정'을 열게 된다. 뉴욕 플라자 호텔에서 열린 이 비밀회담에서 달러화의 가치를 떨어뜨리도록 협조 당부하여 엔화 및 마르크화의 평가절상이 이루어지게 된다. 일본의 경우 엔화가치가 40% 이상 상승하므로 대외수출이 감소하게 되었고 이를 해결하는 과정에서 장기침체에 빠지게 된다.

2. 환율전쟁의 발생원인

(1) 달러 약세

미국의 만성적인 쌍둥이 적자와 글로벌 금융위기 등의 요인으로 달러 약세가 대세로 자리 잡으면서 각 국은 달러 대비 강세로 돌아선 자국 통화의 가치를 안정시킬 필요가 있었다.

쌍둥이적자(Twin Deficits)

- 미국 대통령 레이건 정권의 경제정책 결과로 발생한 경제 현상
- 수출보다 수입이 많을 경우 '무역적자'가 발생하는데 미국에서는 재정적자와 무역적자를 합해 '쌍둥이 적자' 라고 부른다. 쌍둥이 적자는 보통 민간부문의 지출 증대를 제약함으로써 경제 성장에 부담으로 작용한다.

(2) 유동성 과잉 또는 양적완화

① 2008년에 시작된 미국발 글로벌 금융위기에 대처하기 위해 미국을 비롯한 거의 모든 국가가 금리를 대폭 낮추고 통화를 거의 무제한으로 공급했다.

② 과잉 유동성으로 인하여 글로벌 인플레이션이 유발할 수 있는 상태에서 각국이 금리 인상을 통한 유동성 흡수를 실시하였다.

③ 다른 국가들이 유동성을 흡수할 때 자기만 유동성을 확대하면 자국 화폐가치를 떨어뜨려 자국의 경기 침체를 다른 나라로 수출할 수 있다.

(3) 미국과 대미 경상수지 흑자국 간의 화폐가치 평가절상 논쟁

저평가된 대미 경상수지 흑자국의 화폐가치를 높여 미국의 무역수지를 개선함으로써 일자리를 창출하 겠다는 미국의 목표와 방어자세로 일관하고 있는 경상수지 흑자국의 태도가 충돌하고 있다.

(4) 유동성함정

① 정부가 유동성을 늘려도 금리가 매우 낮은 상태에서는 민간 주체들이 현금을 보유하려고만 하고 소비 나 투자를 하지 않는 현상을 '유동성 함정'이라고 한다.

② 현 경기에서는 소비나 투자가 살아나기 힘들고 재정확대로 인한 재정적자에서 확대 재정정책을 실시 하기도 어렵다.

③ 따라서 각국은 의도적인 평가절하 정책으로 순수출을 늘리기 위해 환율전쟁을 마다하지 않고 있다.

3. 미국 비판의 문제점

(1) 고착화된 구조

① 미국은 대미 경상수지 흑자국으로부터 수입을 지속적으로 하고 있는 과소비 국가이므로 미국 소비자 들이 저축을 늘리고 소비를 줄이기는 쉽지 않다.

② 즉, 미국의 경상수지 지속적인 적자를 해결하기 어렵다.

경상수지와 저축 및 투자

1. 국내총저축과 투자와의 관계

① $S_N - I = X - M$

② 국내총저축(S_N)이 투자(I)보다 크면 경상수지가 흑자(수출 X >수입 M), 국내총저축보다 투자가 크면 경상수지가 적자가 됨을 의미한다.

2. 민간저축, 정부저축, 투자와의 관계

① $(S_P - I) + (T - G) = (X - M)$

② 경상수지 적자요인으로는 과소비에 따른 민간저축(S_P) 감소, 재정적자(정부저축 $T - G$ 감소), 투자지출(I)의 증가를 들 수 있다.

(2) 미국 제조업의 취약

① 순수출은 가격변수에 의해서만 결정되는 것이 아니다.

② 미국의 경상수지 적자는 미국 제조업의 취약한 경쟁력이 하나의 요인이 될 수 있다.

③ 따라서 환율조정을 통한 해결보다는 미국 제조업의 생산성 증가로 해결할 필요성이 있다.

(3) 미국 기업의 오프쇼어링

자국의 제조업체들이 해외로 공장을 이전함에 따라 수많은 교역재들이 미국 국내로 수입되고 있으며 이는 미국의 경상수지 적자를 유발하고 있다.

(4) 트리핀의 딜레마

① 트럼프 정부의 재정지출 확대는 금리 상승으로 연결되어 달러 강세가 될 수밖에 없다.

② 반면 달러 약세로 인한 무역수지 개선을 추구하게 되면 글로벌 시장에서 기축 통화인 달러 공급 감소는 세계무역축소로 이어져 경기둔화를 초래할 가능성이 크다.

③ 이런 현상은 '기축통화국'이라는 미국의 특수한 지위에서 비롯되는 것이다.

④ 미국의 무역수지 흑자와 기축통화국이라는 지위의 양립은 불가능하다는 것이 '트리핀의 딜레마(Triffin dilemma)'이다.

2 중국, 일본, 독일 등이 어떻게 외환시장에 개입하였는지 예상해보고 이 방안의 영향에 대한 긍정적인 평가와 부정적인 평가를 쓰시오.

1. 이론적 분석

(1) 외환시장 – 외환 유입 시

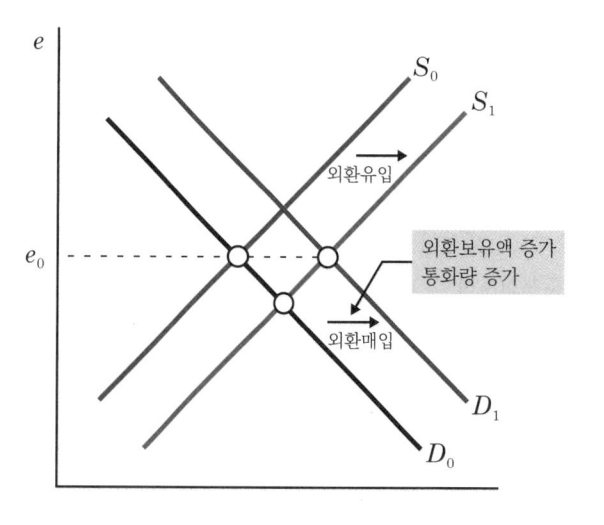

① 외환유입으로 외환공급곡선이 우측 이동하면$(S_0 \rightarrow S_1)$ 환율이 하락한다.

② 환율하락을 막기 위해서 외환을 매입하면 외환수요곡선이 우측 이동하므로$(D_0 \rightarrow D_1)$ 환율이 다시금 상승한다.

③ 외환매입은 외환보유액과 통화량이 증가하는 효과가 유발한다.

④ 또는 총수요확대정책으로 경기가 활성화 되면 수입에 대한 수요가 늘어나는 한편 국내 물가가 올라가 수출이 줄어들고 수입이 늘어난다. 이에 따라 외환의 초과공급이 점차 감소하게 될 것이다.

(2) $AA - DD$곡선

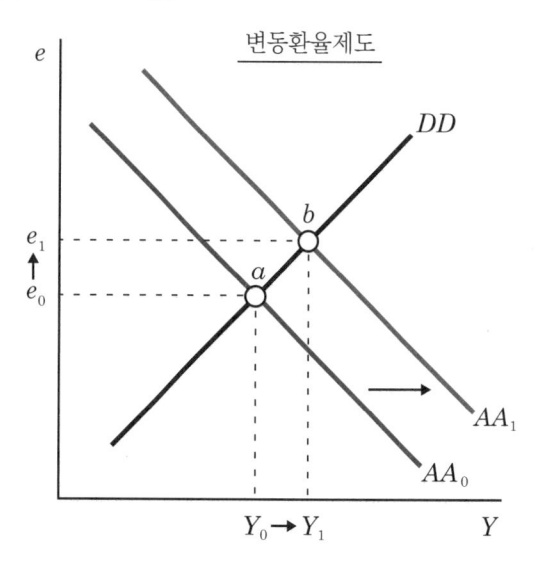

① 환율을 올리는 것을 평가절하라고 하는데 평가절하 이후 환율을 더 높은 수준으로 유지하기 위해 중앙은행은 외화자산을 매입한다.

② 그 결과 통화량이 증가하여 AA곡선이 우측 이동하고 국민소득은 증가한다.

2. 각국의 실제적 외환시장 개입방법

(1) 중국

1) 중국의 환율제도 – 관리변동환율제

① 관리변동환율제도란 정부가 환율을 정하는 고정환율제와 외국환 시장의 수요, 공급상황에 맡기는 자유변동환율제 사이에 있는 환율제도를 말한다.

② 중국인민은행은 매일 오전 9시 15분(현지시각) 미국 달러뿐 아니라 여러 나라 통화의 환율을 바구니(바스켓)에 담듯이 모아서 가중 평균해 위안화 환율로 고시한다(기준환율).

③ 어떤 식으로 가중 평균해 기준 환율을 산출하는지는 철저히 베일에 가려져 있으며 시장환율은 기준 환율의 2% 범위 안에서만 움직일 수 있다.

④ 위안화 환율변동폭은 2007년 0.3%에서 0.5%로, 5년 뒤인 2012년 1%로, 다시 2014년 3월 변동폭인 2%로 확대됐다.

2) 외환시장 개입방법

중국은 관리변동환율제도를 실시하고 있으므로 환율이 하락하여 위안화가 강세가 될 때 위안화를 시장에 풀어 유동성을 공급하는 중화정책을 통해 환율을 일정한 상태로 유지할 수 있다.

(2) 일본

① 일본은 막대한 일본 국채 발행 등을 통해 인위적으로 엔화를 약세로 만드는 방향으로 외환시장에 개입한다.

② 그러나 엔화는 보통 안전자산으로 간주되어 브렉시트 등의 사건이 터져 금융시장이 불안정해질 때 엔화에 대한 수요가 높아지게 된다.

③ 일례로 브렉시트 이후 아베 정권에서 인위적으로 낮추었던 엔화에 대한 수요가 급증하여 엔화가치가 높아져 일본 수출 기업은 타격을 입게 되었는데 이러한 이유에서도 외환시장에 적극 개입해 엔화가치를 낮추고자 함

(3) 독일

① 독일은 유럽중앙은행(ECB)에서 관리하는 통화정책의 지배를 받고 있는 상황이다.

② 불가능한 삼위일체설에 따르면 자유로운 자본이동과 환율의 안정을 위해서는 독립적인 통화정책은 포기하여야 한다. 즉, 독일 역시 유럽중앙은행 하의 고정환율제도를 채택하고 있음을 알 수 있다.

③ 유로화의 경우는 독일보다 상대적으로 화폐가치가 낮은 유럽연합 국가들인 남유럽 국가들 중 이탈리아, 그리스 등을 포함하므로 유럽의 화폐통합 이전보다 독일은 화폐가치가 낮아져서 수출부분에서 흑자를 기록하였다.

불가능한 삼위일체설 또는 삼자택일의 딜레마

일국은 환율의 안정성(confidence), 자본의 자유로운 이동(liquidity), 통화정책의 자율성(adjustment)라는 세 가지 목표를 동시에 달성할 수 없다.

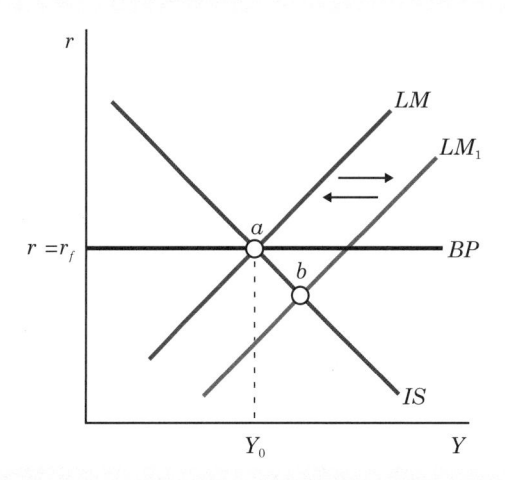

① 자본의 이동이 자유로운 가운데 환율의 안정성을 유지하기 위해서는 통화량은 고정되야 한다.
② 중앙은행이 통화량을 늘리면 LM곡선은 우측 이동하고 이자율 하락으로 환율상승 압력이 발생하게 된다.
③ 환율이 상승하면 환율의 불안정성이 발생하게 되므로 환율의 안정성을 위해 외환당국은 외환을 매각해야 하며 이는 통화량 감소를 유발하여 다시금 LM곡선을 좌측으로 이동하게 만든다.
④ 따라서 자본시장이 완전개방한 가운데 환율의 안정성을 유지하기 위해서는 금융정책은 더 이상 국내경기조절을 위한 정책으로 사용할 수 없다.

3. 외환시장 개입에 따른 긍정적인 효과와 부정적인 효과

(1) 해당국에 미치는 효과

1) 긍정적인 효과

① 수출재의 달러표시 가격이 하락하므로 수출이 증가한다.
② 수입재의 원화표시 가격이 상승하므로 수입이 감소한다.
③ 해외여행 감소로 서비스 수지가 개선된다.
④ 외환보유액이 증가하므로 외환위기의 가능성을 줄일 수 있다.

2) 부정적인 효과

① 수입원자재 가격 상승으로 인하여 국내물가가 상승하는 인플레이션의 위험이 있다.

② 많은 외채를 안고 있는 경우 평가절하는 자국통화로 표시된 이자와 원금의 상환비용이 늘어나서 외채부담을 악화시킨다.

③ 화폐의 구매력이 감소하므로 소비와 투자가 감소할 수 있다.

④ 평가절하에 따라 교역재의 상대가격이 상승하면 생산요소가 비교역재에서 교역재 산업으로 이동하여 장기적으로 교역재 산업에 집약적으로 사용되는 요소소득이 증가하는 소득분배의 형평성 문제가 발생할 수 있다. 또는 한계소비성향이 작은 수출업자의 소득이 증가하고 한계소비성향이 큰 일반소비자의 실질소득이 하락하면 총수요의 감소로 인한 경기후퇴를 가져올 수 있다.

⑤ 평가절하는 국산품을 값싸게 수출하고 외국상품을 비싸게 수입하게 됨을 의미하므로 교역조건의 악화에 따른 국민후생의 감소를 가져온다.

⑥ 수출재의 가격탄력성이 작다면 수출을 통한 통화량 증대보다 수입대금으로 지불한 통화량이 더 커서 결과적으로 통화량이 감소하고 이는 경기침체를 가져올 수 있다.

(2) 글로벌 시장에 미치는 효과

1) 실물자산의 가격폭등

① 환율전쟁은 유동성 증가를 가져올 수 있기 때문에 석유 · 곡물 · 금속류 등 다른 실물자산의 가격이 상승하여 글로벌 인플레이션을 가져올 수 있다.

② 글로벌 인플레이션은 한국과 같이 거의 모든 자원을 수입에 의존하는 경제에 경기침체와 물가상승을 동시에 겪는 스태그플레이션으로 나타날 수 있다.

2) 신흥국의 자산거품

선진국이 자국 경기침체를 막기 위해 풀어놓은 유동성이 신흥 경제국으로 흘러가면 신흥 경제국에 자산거품을 일으킬 수 있다.

3 환율전쟁은 '제로섬 게임'이고 '인근궁핍화 정책'이라고 한다. 이에 대하여 논하시오.

1. 제로섬 게임

① 제로섬 게임(zero - sum game)이란 국가들 이득의 합이 항상 0이 되는 게임을 말한다.

② 각 국가가 평가절하정책을 실시하면 평가절하정책을 실시한 국가는 이득을 보지만 다른 국가는 손해를 봐야 하기 때문에 제로섬 게임이라고 할 수 있다.

③ 근본적으로 평가절하는 총수요를 늘리는 것이 아닌 수요의 국가 간 배분에 지나지 않는다.

④ 대공황이나 오일파동, 동아시아 금융위기 때처럼 다수국가가 경기침체를 겪는 상황에서 일국의 평가절하는 상대국의 또 다른 평가절하를 유발할 수 있고 이는 세계 교역을 줄이면서 경기 침체를 가속화 시킬 것이다.

2. 인근궁핍화 정책

(1) 개념

① 자국 통화의 가치를 떨어뜨려 수출 확대를 유도해 세계 경제 침체의 충격을 줄여보자는 통화 전략을 일컫는 말이다. 다른 나라를 어렵게 만든다는 점에서 '인근 궁핍화 정책'으로 불린다. "이웃 나라를 거지로 만드는 정책"이라고 비난하는 사람들도 있다.

② 인근 궁핍화 정책은 트럼프에서 상대방 카드를 전부 빼앗아온다는 말에서 유래했는데, 영국의 경제학자 조앤 로빈슨이 1930년대 세계 대공황을 분석하면서 사용해 널리 알려졌다. 로빈슨은 각국의 '너 죽고 나 살자'라는 이기주의와 보호무역, 환율전쟁 등으로 인한 인근 궁핍화 정책 때문에 세계 대공황이 오랫동안 지속되었다고 했다.

③ 그는 인근궁핍화 정책이 경기 침체기에 나타나며 통화가치 절하, 관세부과, 수입할당제, 수출자율규제 조치가 쓰인다고 설명했다.

④ 상대 국가를 믿지 못해 발생하는 인근 궁핍화 정책은 모두를 파국으로 몰고 가는데, 죄수의 딜레마와 흡사하다.

(2) 게임이론으로 분석

1) 가정

① 세계경제에 미국과 외국 두 국가만 존재하고 이 두 국가들은 오직 평가절하정책과 무대책 두 가지만 취할 수 있다고 하자.

② 각 정부는 다른 국가의 정책이 주어져 있는 것으로 간주할 수 있다면 평가절하정책이 유리하며 이를 택한다.

③ 두 정부가 모두 무대책을 취할 때 두 국가의 후생이 증가한다.

미국 / 외국	평가절하정책	무대책
평가절하정책	(-5, -5)	(20, -10)
무대책	(-10, 20)	(10, 10)

2) 비협조의 경우

① 내쉬균형은 양국 모두 평가절하 정책을 실시하는 (-5, -5)에서 이루어진다.

② 자신들의 최선의 이득을 얻기 위하여 일방적으로 행동했지만 두 국가에게 모두 손해가 되는 이러한 상황을 '죄수의 딜레마'라고 한다.

3) 협조의 경우

① 서로 상대의 무역정책에 대해 합의하고 최대한 협조, 자유무역을 할 경우 이러한 용의자의 딜레마에서 벗어나 최적점인 (10, 10)으로 갈 수 있다.

② 즉, 협조게임이 비협조게임보다 우월하다.

(3) $IS-LM-BP$ 모형으로 분석

1) 경제회복의 원인

① 외국 정부의 팽창적 금융정책에 따른 해외투자, 소비증가에 따른 원인으로 해외경제가 활성화된다.

② 팽창적 금융정책의 금리인하로 인한 순수출을 촉진하는 정책을 실시한다.

2) 한국경제에의 영향

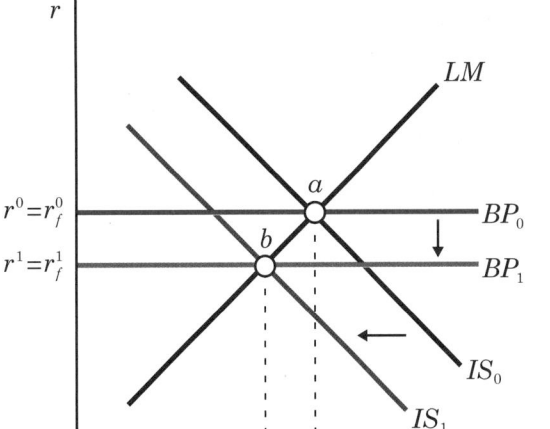

① 해외의 팽창적 금융정책은 이자율을 하락함으로 국내로 자본이 유입된다.

② 자본의 유입은 환율을 하락시켜 순수출을 감소시킨다.

③ 따라서 BP곡선이 하방 이동하고 IS곡선이 좌측 이동하여 한국의 국민소득을 감소시킨다.

3) 소결

① 자본의 완전이동은 일국경제의 국제경제와의 연관성을 증대시킨다.

② 따라서 국가 간 경제정책의 협력의 필요성이 증대된다.

미국달러의 가치가 상승하고 있다.

1. 달러 강세의 원인을 서술하시오.

2. 달러 강세가 미국경제에 미치는 영향을 논하시오.

3. 달러 강세가 한국경제에 미치는 영향을 금융시장과 실물시장으로 나누어 분석하시오.

해설

1 달러강세의 역사

1. 1차 달러 강세기(1978~85)

1970년대 오일쇼크로 발생한 1차 달러 강세기는 안전자산으로서 달러화가 부가되었으며, 한국은 스태그
플레이션 후 경기가 회복되었다.

2. 2차 달러 강세기(1995~2001)

역플라자 합의와 미국 금리 인상 가능성으로 아시아 외환위기를 촉발하였다.

2 달러강세 이유

1. 미국 금리 인상 가능성

① 2012년 9월부터 미국경기부양을 위해 시행해온 양적완화(QE) 조치를 종료하면 미국금리 인상 가능성
이 있다.

② 미국금리 인상은 미국의 투자수익률 상승을 가져오므로 투자자 입장에서 미국자산에 투자하는 것이 유
리하므로 달러수요가 증가하게 된다.

2. 미국경기 회복

EU와 일본은 경기가 여전히 침체이지만 미국의 경우 경제성장률이 증가하고 고용시장이 개선되면서 달러
가치가 상승하고 있다.

3. 유로존의 성장둔화

① 유로존(유로화 사용 19개국)의 성장둔화 및 물가 하락으로 달러가치가 상승하고 있다.

② 글로벌 경기둔화로 투자자들은 안전자산을 구입하고 있으며 이는 달러가치 상승과 미국 국채금리 하락
을 유발하고 있다.

3 달러 강세가 미국경제에 미치는 영향

1. 경상수지 적자

① 달러 강세는 미국의 대외수출을 감소시키므로 경상수지 적자를 가져올 수 있다.

② 유럽과 일본 · 중국의 성장부진이 미국의 대외수출을 줄이는 가운데 달러강세는 경상수지 적자를 심화시킬 수 있다.

2. 디플레이션 가능성

① 달러 강세는 수입재 가격을 하락시키며 미국의 디플레이션 가능성이 있다.

② 유럽의 디플레이션으로 유럽의 수입재 가격이 하락하는 가운데 달러강세는 미국 국내의 디플레이션 심화를 가져올 수 있다.

3. 자본수지 흑자

달러 강세는 미국 투자수익률을 상승시키므로 미국으로 자본유입이 발생하며 이는 미국의 자본수지 흑자를 가져온다.

4 달러 강세가 한국경제에 미치는 영향을 금융시장과 실물시장으로 나누어 분석하시오.

1. 일반적 영향

① 양적완화를 축소하면 국내 금융시장에서 주식, 원화, 채권가격이 하락할 가능성이 있다.

② 원화 강세를 기대하고 들어왔던 외국인은 순매도를 하면서 투자자금이 국내시장에서 유출될 수 있다.

2. 금융시장 분석

(1) 외환유출

① 미국금리는 0~0.25%이고 한국금리는 0.50%이다. 만약 미국이 정책금리를 인상하면 금리차가 축소되면서 한국에서 외환이 유출될 가능성이 있다.

② 외환유출은 BP곡선을 상방으로 이동시키고 환율의 상승을 가져온다.

③ 환율상승은 순수출을 증가시켜 IS곡선을 우측으로 이동시켜 국민소득의 증가를 가져온다.

(2) 주가 하락

외환유출은 주가하락을 가져올 수 있는데 주가하락은 투자 및 소비 감소를 가져올 수 있다.

(3) 채권가격 하락

외환유출은 채권가격의 하락을 가져오고 채권가격의 하락은 채권금리를 상승시켜 신규채권발행의 부담을 가져올 수 있다.

(4) 외환시장

① 외환시장에서 자본이 유출되면 환율이 상승하여 아베노믹스가 만들어낸 의도적인 엔저의 영향이 약화될 수 있다.

② 달러 강세를 예측하는 수출 기업들이 달러 수출 대금을 추후로 미룬다면 환율이 더욱 상승할 수 있다.

3. 실물시장 분석

(1) 소비감소

1) 역자산효과

주식이나 부동산 가격 하락은 자산가격의 하락을 가져와 소비 감소를 유발할 수 있다.

2) 이자율효과

국내금리 상승은 대체효과와 소득효과에 의해 소비 감소를 유발한다.

(2) 투자감소

1) 이자율효과

이자율 상승은 대출금리의 상승을 가져와 투자 감소를 가져올 수 있다.

2) 토빈의 q이론

주가가 하락하면 기업의 가치를 하락시켜 투자 감소를 가져온다.

3) 투자옵션모형

한국에서의 경기불안은 불확실성을 증가시키며 투자 감소를 가져올 수 있다.

(3) 순수출 증가 또는 감소

① 외환유출은 환율상승으로 순수출 증가를 유발할 수 있다.

② 또는 미국 금리 인상으로 미국경제가 다시금 침체에 빠진다면 순수출 감소를 유발할 수 있다.

5 신흥국 시장에 미치는 영향

① 달러화가 강세를 보이면 신흥국 금융시장에서 자금이 이탈할 가능성이 커진다. 파이낸셜타임스(FT)에 따르면 신흥국에 투자된 캐리트레이드 자금은 약 2조 달러(약 2120조 원)에 달한다. FT는 "미국 금리가 오르고 달러가 강해져 투자자들이 더는 신흥국에 투자할 매력이 없다고 판단하고 자금을 뺄 경우 신흥국 시장이 큰 충격에 빠질 수 있다."라고 보도했다.

② 글로벌 투자금이 신흥국에서 선진국으로 역류하는 조짐이 보이면서 신흥국 증시 위축, 통화 가치 급락 등의 현상이 나타나고 있다.

6 기타

① 달러강세는 미국산 상품 가격이 올라가 유로존과 일본의 물가를 끌어올려 디플레이션을 완화할 수 있다.

② 유로화와 엔화약세로 유럽과 일본기업들의 수출경쟁력이 높아질 수 있다.

③ 미국은 내수가 GDP의 70%를 차지하므로 미국경제에 미칠 악영향보다는 세계경제에 미칠 긍정적 효과가 클 수도 있다.

④ 달러강세는 원자재 수출의존도가 높은 브라질. 아르헨티나. 남아공 등 신흥국들에게는 불리할 수 있다.

1. 미국의 출구전략이 신흥국에 미치는 영향을 논하시오.

2. 신흥국의 위기가 한국경제로 전염이 될지 논하시오.

해설

1 미국의 출구전략이 신흥국에 미치는 영향을 논하시오.

1. 출구전략

① 원래 출구전략이라는 용어는 군사전략에서 쓰이던 용어로서 작전지역이나 전장에서 인명과 장비의 피해를 최소화하면서 철수하는 전략을 의미한다. 베트남전쟁 때 미군이 승산 없는 싸움에서 피해를 최소화하면서 군대를 철수할 방안을 모색하면서 제기된 전략 용어로 알려져 있다. 즉, 위기 상황 시 취하였던 조치들을 그 후유증을 최소화하면서 정상으로 되돌리는 것을 말한다.

2. 신흥국에 미치는 영향

(1) 주가 하락

신흥국에서 외환이 유출되면서 아시아 증시가 일제히 하락할 수 있다.

(2) 화폐가치 하락

신흥국에서 외환이 유출되면서 자국의 화폐가치가 하락한다.

3. 신흥국의 대응

신흥국은 무역적자 해소, 고용 및 투자 촉진 등을 위한 경제정책 패키지를 발표하면서 기준금리를 추가 인상하는 등 시장 불안을 진정시키기 위한 노력을 할 수 있다.

2 신흥국의 위기가 한국경제로 전염이 될지 논하시오.

1. 국공채의 외국인 투자비중이 낮음

① 한국의 국공채 중 외국인 비중은 10% 수준으로 인도나 인도네시아에 비해 3분의 1 수준이고 일본(9%)과 같은 수준이다.

② 한국경제가 다른 신흥시장과 다르게 핫머니 유입이 적은 편이다.

2. 외환보유고의 증가

① 2008년 글로벌 금융위기 때는 외환보유액이 2396억 달러에서 현재는 약 4천억 달러이다.

② 외환보유액이 1997년 위기 당시에는 GDP의 3.9%에 그쳤으나 현재는 약 30%에 이른다.

3. 단기외채 비중이 낮아짐

① 단기외채 비중이 2008년 52%에서 29%로 줄었다.

② 외화보유액 대비 단기 외채(만기 1년 미만) 비율도 당시는 312.7%였으나 이제는 37.1%로 크게 낮아졌다.

4. 경상수지 흑자

① 경상수지가 국내총생산 대비 0.3%(2008년) 수준에서 2.7%로 늘었고 특히 98개월 연속 경상수지 흑자 행진을 이어가고 있다.

② GDP 대비 경상수지 비율도 당시는 1.6% 적자였으나 현재는 5.1% 흑자이다.

5. 자본시장

① 주요 12개 신흥국의 주가, 금리, 환율을 우리나라와 비교한 결과 우리나라 원화 가치는 중국 위안화를 앞질러 가장 많이 올랐다.

② 또 금리(10년 만기 국채)는 0.54% 포인트 올라 채권 시장이 활성화된 국가 가운데 대만에 이어 가장 안정됐다. 주가가 다소 떨어지기는 했지만 다른 신흥 시장과 비교하면 다섯째로 적게 빠진 국가다.

③ 특히 외국인 자금 동향을 보면 자료가 공개되는 8개 신흥국(한국 · 대만 · 인도 · 인도네시아 · 태국 · 베트남 · 필리핀 · 브라질) 중 한국에 가장 많은 16억 달러가 순유입됐다.

6. 신용등급

① 신흥국에서 유동성 위기 조짐이 발생하는 가운데 글로벌 국가신용평가사인 S&P가 우리나라 신용등급을 유지하기로 결정했다.

② 우리나라가 다른 아시아 국가에 비해 비교적 경제 회복력이 안정세인 데다 아직까지 엄격한 재정규율을 유지했기 때문인 것으로 풀이된다.

3 대책

1. 경제 활성화 관련 법안 통과

외국인투자촉진법과 다주택자 양도세 중과 폐지, 분양가 상한제 신축 운영 조치를 담은 세법들이 국회를 통과해야 한다.

2. 구조조정

공기업과 가계 부채, 건설 · 해운 등 일부 업종의 구조조정 문제도 하루빨리 매듭지어야 한다

3. 재정건전성 유지

복지 포퓰리즘에 맞서 재정건전성을 지켜야 한다.

4. 제조업의 활성화

경상수지 적자가 커지고 있음에도 자국 내 제조업 기반을 확충하지 못한 산업구조와 정책실패가 인도의 경제위기를 더 심화시키고 있는 것을 볼 때 한국은 제조업의 활성화를 통해 제품수출을 늘려야 한다.

1. 양적완화 정책과 기준금리 조정정책을 비교하시오.

2. 양적완화 정책 실시로 인한 효과를 논하시오.

해설

▌1 양적완화 정책과 기준금리 조정정책을 비교하시오.

1. 양적완화 정책의 개념

① 양적완화 정책은 중앙은행이 통화를 시장에 직접 풀어 시장 통화량을 조절하는 금융정책으로 기준금리를 올리거나 내리는 금리정책을 통해 시중 통화량을 조절하는데 한계가 있는 극심한 경기침체 또는 경제위기 상황에서 예외적으로 시행한다.

② 주로 중앙은행에서 국채 등을 사들임으로써 시장에 돈을 푸는 방식으로 이루어지며 통화의 공급물량 완화라는 의미에서 'Quantitative Easing' 또는 약자로 QE라고 한다.

2. 사용근거

① 통화정책의 수단인 정책금리가 0에 근접할 경우 명목금리가 마이너스(-)가 될 수는 없기 때문에 금리 조정을 통한 통화량 조절이 곤란하다.

② 신용경색 등의 이유로 기준금리 변경에도 불구하고 시중금리가 반응하지 않을 때 전통적인 통화정책인 금리정책이 불가능하게 된다.

③ 이때 중앙은행은 통화량 증가 목표를 설정하여 직접 본원통화 증가를 통해 유동성을 공급하는 수단으로서 양적완화 정책을 사용하게 된다.

④ 양적완화 정책의 수행은 일반적으로 중앙은행의 국채 및 회사채 매입 또는 금융기관의 대출자산 인수 등의 방식으로 이루어진다.

3. 기준금리 조정정책과의 비교

① 기준금리 정책은 은행의 대출금리 등에 간접적으로 영향을 끼침으로써 통화량을 증가시키고자 하는 시도이다.

② 중앙은행의 직접적인 유동성 공급이라는 의미에서의 양적완화 정책은 은행 대출 증가를 통한 신용창조 기능에 의존하지 않고 중앙은행의 직접적인 시장 개입을 통해 유동성을 공급한다는 점에서 전통적인 통화정책과 구분된다.

③ 신용경색 하에서 금융기관은 대출을 기피하고 안전자산인 장기국채를 매입하게 되는데 양적완화 정책을 실시할 경우 금융기관의 국채 투자 유인이 감소할 뿐만 아니라 금융기관의 유동성 및 대출여력이 증가함으로써 금융기관의 대출기능회복도 기대할 수 있다.

④ 기준금리 정책은 단기금리에 영향을 주지만 양적완화 정책은 장기금리에 영향을 준다.

2 양적완화 정책 실시로 인한 효과를 논하시오.

1. 긍정적 효과

(1) 환율가치의 하락

① 자국 내 국채를 매입하면 통화량이 증가하므로 자국의 화폐가치가 하락하여 순수출이 증가할 수 있다.

② 따라서 미국제품의 수출경쟁력이 향상되어 공장가동률이 증가하며 실업률 하락에 도움이 된다.

③ 그러나 다른 나라도 달러가치 하락에 맞춰 자국통화 가치를 낮추기 위해 경쟁적으로 양적완화에 나설 가능성도 있다.

(2) 장기금리 하락에 따른 자산가격 상승

① 양적완화 정책을 실시하면 장기금리가 하락한다.

② 장기금리 하락은 위험자산과 주택 수요 증가를 가져올 수 있으며 부의 효과를 유발하여 소비증진에 도움이 된다.

(3) 실질금리 감소

① 통화량 증가는 인플레이션 기대심리를 가져오며 실질금리가 감소한다.

② 실질금리가 감소하면 투자증가를 가져올 수 있다.

(4) 그림

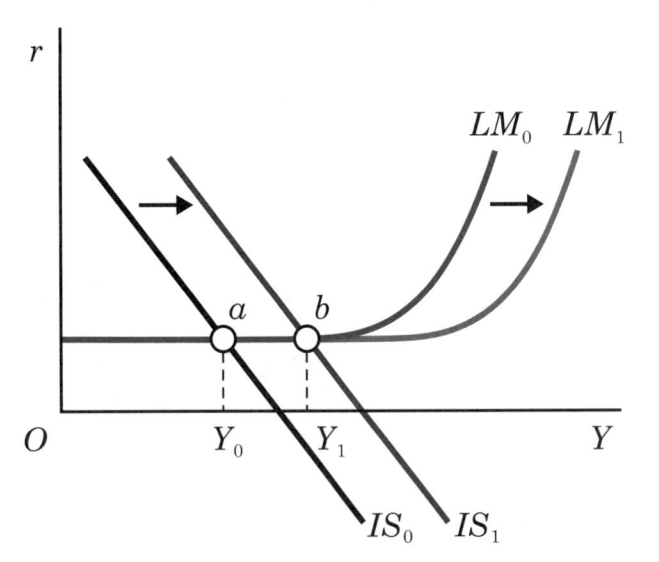

① 양적완화로 통화량이 증가하면 LM곡선이 우측으로 이동한다.($LM_0 \rightarrow LM_1$)

② 소비, 투자, 순수출의 증가로 IS곡선이 우측 이동한다.($IS_0 \rightarrow IS_1$)

③ 따라서 국민소득이 증가한다.($Y_0 \rightarrow Y_1$)

2. 부정적 효과

(1) 달러캐리트레이드

① 캐리트레이드란 저금리의 자산을 차입하여 고금리 자산에 투자하는 기법으로 양적완화 정책은 캐리 트레이드를 유발할 수 있다.

② 장기 이자율이 매우 낮고 금융 시스템이 여전히 취약한 상황에서 선진국에서 새로 풀린 자금이 고수 익을 찾아 신흥국으로 몰려 신흥국 시장의 자산거품을 일으킬 수 있다.

(2) 원유 및 원자재 가격 상승

① 달러가치 하락은 대체자산인 원유 및 원자재 수요를 증가시켜 가격상승을 유발할 수 있다.

② 따라서 인플레이션 압력을 가중시켜 경기 회복에 악영향을 준다.

3 양적완화정책 지속 여부

1. 양적완화 정책 중단 견해

① 시장에서 국채·주택담보부증권(MBS)을 사들이는 양적 완화 목표는 장기 금리 하향 안정화이다.

② 그러나 현재 미국 장기 금리가 사상 최저 수준에 머물고 있다는 점에서 양적 완화를 연장해야 할 이유가 없다는 견해가 존재한다.

③ 또한 미국경제지표가 좋아지고 있어 계속적인 양적완화 정책 시행은 인플레이션 우려가 있다.

2. 양적완화 정책 지속 견해

① 유로존 경기 침체 걱정 속에 재정 취약국 이탈리아, 스페인, 포르투갈 등 남유럽국 국채 금리는 모두 큰 폭으로 올라 시장 불안감을 키웠다.

② 안전자산에 대한 선호 심리가 강해지면서 독일 10년 만기 국채 금리는 사상 최저치를 기록했다.

③ 유럽경제 침체는 미국경제에 영향을 줄 수가 있으며 양적완화 정책을 중단하면서 기준금리를 인상하면 자본이 유출되면서 세계경제 침체를 유발할 수 있다.

||중국

| 주제 01 | 중국의 경제환경 변화 | 중국 |

1. 국내기업들이 중국으로 많이 진출하고 있는 가운데 중국의 투자환경이 급변하고 있다. 이에 대한 특징을 논하시오.

2. 중국에 진출한 기업이 다시 한국으로 유턴하고 있는 가운데 원인과 대책을 논하시오.

해설

1 국내기업들이 중국으로 많이 진출하고 있는 가운데 중국의 투자환경이 급변하고 있다. 이에 대한 특징을 논하시오.

1. 외국인 투자 정책 변화 : 양적 성장 투자 유치 → 질적 성장 투자 유치

(1) 배경

경상수지 흑자가 확대되고 국내 민간저축이 증가하여 투자재원이 풍부해지고 중국 내 투자가 과잉되는 양상까지 보임에 따라 외국인투자 유치를 위한 우대정책의 필요성이 감소하고 있다.

(2) 내용

① 각종 특혜 축소 및 감독, 투자 승인규정 강화 등 기존의 우대조치가 사라짐

② 중국의 신 기업소득세법이 2008년 1월부터 시행되어 중국기업 33%, 외자기업 15~24%이던 기업소득세율을 25%로 통일

③ 외국인투자업종을 장려 · 제한 · 금지 등 3단계로 분류하여 관리

→ 첨단기술산업, 서비스업, 신에너지, 친환경산업 등의 투자를 장려하고 있고 오염산업과 가공무역산업의 투자를 제한

→ 지역적으로는 연해지역보다 중 · 서부 내륙지역으로의 투자를 권장

④ 무역흑자 확대로 인한 무역마찰을 완화하기 위하여 수출 시 부가가치세 환급률 인하 및 가공무역에 대한 보증금 적립, 가공무역 금지 목록 등을 발표함으로써 수출이 큰 부분을 차지하는 외자 기업들의 구조조정을 촉진

2. 노동자 권익강화와 사회보장제도 완비

(1) 배경

① 단기고용 관행, 임금체납, 무단해고, 사회보장제도 미비 등 열악한 중국 노동환경에 대한 불만이 사회 안정을 위협하는 수준에 이르렀다고 판단하고 노동 관련 입법을 강화하여 고용창출과 노동자 권익보호를 동시에 중시하는 방향으로 나아가고 있음

② 사회보장체계가 확립될수록 미래에 대한 불안심리가 진정되어 저축이 줄어들고 소비가 진작되는 효과가 나타날 것으로 기대

(2) 내용

① 종신고용을 촉진하는 '노동계약법(2007년 6월)', 고용차별을 금지하는 '취업촉진법(2007년 8월)'에 이어 노동쟁의의 신속처리를 위한 '노동쟁의조정중재법'을 제정 공포하여 3대 노동자보호 입법을 완료

② 사회보험법이 시행되어 전문적 법률 없이 시행되어오던 각종 사회보험제도가 국가 최고 입법 기관인 전국인민대표 대회에서 입법화된 법률의 규율을 받게 됨

3. 임금의 가파른 상승

① 중국의 임금상승은 매우 빠른 속도로 전개되고 있어서 중국의 낮은 임금으로 인한 경쟁력은 오래지 않아 사라질 것으로 예상

② 2012년부터 베이징, 쓰촨, 상하이 등 23개 성시는 최저임금 인상

③ 중국 국무원은 향후 최저임금을 매년 13% 이상씩 상승시킬 계획이라고 발표

④ 이러한 임금수준의 급격한 상승과 예견된 높은 수준의 임금증가율은 중국에 투자한 많은 한국기업들에는 가장 직접적인 경영압박용으로 나타나고 있음

2 중국에 진출한 기업이 다시 한국으로 유턴하고 있는 가운데 원인과 대책을 논하시오.

1. 유턴의 원인

(1) 한국 기업의 노동집약적 업종

인건비 상승과 사회보장 관련 비용의 강화된 징수 등은 많은 노동집약적 업종에 투자한 한국 기업들에 경영상 압박으로 작용

(2) 중국의 경제발전 방식의 전환

① 중국은 경제발전 방식을 수출 중심에서 내수 중심으로 전환함으로써 외자 기업이 높은 비중을 차지하는 수출업체들에 대한 혜택은 축소

② 고오염·고에너지 소비 업종에 대한 환경규제의 강화

2. 대책

(1) 중국 중서부 지역으로 이전

① 중국 정부는 연해지역에 집중되어 있는 경제개발을 내륙으로 확대시키는 추세이며 이에 따라 중서부 지역에서는 외국자본에 대한 다양한 우대책을 제공하고 있음

② 그러나 중서부 지역의 물류환경이 열악하고 산업 이전의 부대 조치가 미흡한데다 행정 및 사업비용 기준이 불합리하거나 투자환경이 좋지 않아 산업 이전의 장애가 되고 있음

③ 또한 지금은 임금수준이 낮고 각종 혜택을 제공받아 몇 년 후에는 결국 임금도 오르고 외자유치를 위한 인센티브로 축소될 것이라고 예상

(2) 중국이 아닌 제3국으로의 이전 – 동남아

    ① 중국과 비교할 때 동남아 국가들의 임금과 토지 가격은 매우 싸다.

    ② 그러나 동남아 국가들은 여전히 생산을 위한 인프라와 물류 등 연관 산업이 열악하고 노동 숙련도가 떨어진다.

    ③ 또한 제도적 측면에서도 미비한 점이 많아서 단순히 요소가격이 낮다는 이유로 이전을 감행할 경우 예상외의 어려움을 겪을 수 있다.

(3) 한국의 지원대책

    ① 한국은 2013년부터 '해외 진출 기업의 국내 복귀 지원에 관한 법률'이 시행되고 있다.

    ② 유턴기업 법은 유턴기업의 정의를 확대해 지원대상의 범위를 넓혔다. 완전 철수뿐 아니라 부분 철수 기업까지 지원 대상에 포함시켰고, 국적 범위도 외국 국적을 가진 동포와 그 법인까지 확대했다.

    ③ 세제 지원에서는 법인세와 소득세 감면대상을 확대했다.

    ④ 유턴기업 전용의 산업단지를 조성하는 입지 지원도 확대되었는데 황해와 새만금 지역의 경제자유구역 내 유턴기업 전용 용지를 지정하고 각종 취득세와 재산세를 면제 혹은 경감해준다.

    ⑤ 유턴기업의 국내 정착에 초기 자금수요가 많은 점을 감안해 수출신용 보증한도 우대책을 시행한다.

    ⑥ 유턴기업을 '무역보험 고용창출 우수기업'으로 지정해 우대지원을 실시하고 수출기업에 대한 맞춤형 컨설팅을 제공하도록 규정했다.

중국경제의 구조적 문제와 전망 (현대경제연구원)

1. 중국경제의 구조적 문제

    ① 중국경제는 최근 6%대의 성장에 머물러 경착륙 우려가 제기

    ② 최근 소비둔화, 과잉투자, 금융 불안, 소득불균형 확대 등 경제·사회 전반에 구조적 문제에 봉착

    ③ 최근 그림자 금융 및 지방부채 확산 등 돌발 리스크 발생 우려가 확대되면서 경착륙 가능성 논쟁도 제기

    ④ 향후 성장 전환, 산업 재편, 금융 선진화, 경제의 버블제거, 경제 양극화 해소, 노동생산성 확대, 부패 방지 등 7대 분야에 대한 구조개혁 전망

2. 중국의 구조개혁 정책

(1) 수출에서 소비중심의 성장전환 지연

    ① 지난 30년 동안 중국 성장을 견인했던 수출부문이 미국, 유럽 등 글로벌 경제의 회복 지연에 따른 수요 감소 지속

    ② GDP 대비 소비비중이 50%대에서 40%대로 감소하고 있고 투자비중이 증가하고 있음

    ③ 중국정부는 고부가 서비스업확대, 최저임금 인상, 세금감면 등 소비 촉진 정책 추진 확대 전망

    ④ 하지만 지방별 철도, 고속도로, 물류 등 인프라 기초 투자와 도시화 건설로 오히려 투자가 더욱 확대될 가능성이 큼

(2) 산업고도화 지연

① 서비스 산업은 빠르게 증가하나 여전히 요식업, 도소매업 등 저부가 서비스업 중심으로 증가하고 있으며 고부가 전환은 지연되고 있음

② 이에 따라 중국정부는 2020년까지 산업구조를 친환경, 고부가가치형으로 재편을 계획하고 있으나 대다수 중장기적인 과제로 단기적 성과는 미약할 전망

(3) 금융시스템 선진화 미약

① 중국 금융시스템은 국유 은행 중심의 대출구조, 가격통제 등 자금조달 시스템 뿐 아니라 예금보험제도 등 금융안전망이 미약한 수준

② 향후 중국정부는 은행의 증권업무 제한, 금리·환율 자유화 등 금융 개혁뿐 아니라 예금보험제도 도입을 통한 금융 안전망 개선에는 일부 효과가 예상되나 금융 선진화는 시간이 필요할 것으로 평가됨

(4) 경제의 버블 형성

① 최근 2008년 이후 과잉 투자 현상이 지속될 뿐 아니라 부동산 버블 등 경제 버블 확산 지속

② 이에 따라 중국정부는 최근 조선업 등 과잉 투자 규제 조치를 단행하고 있고 부동산 시장 규제도 기존대로 유지할 것으로 예상되어 산업경기 둔화 우려도 상존

(5) 경제의 양극화 심화

① 도시와 농업간 소득격차는 지난 1980년 2.5배에서 지속 확대

② 지역별로는 동부와 중서부 및 동북간 지역격차가 축소되어 지난 30년간 동부지역 경제 편중 양상 지속

(6) 인구보너스 소멸

① 중국은 2015년을 기점으로 인구부양비가 반등하여 사실상 '인구보너스'가 소멸되는 루이스 터닝포인트에 도달

• 루이스 터닝포인트란 1979년 노벨 경제학상 수상자인 아더 루이스가 제기한 개념으로 개도국에서 농촌 잉여노동력 감소로 임금이 급등하고 성장이 둔화되는 현상을 말함

② 중국정부는 지난 1979년부터 도입된 '한 자녀 정책'을 2016년부터 산아제한 규제를 대폭 완화하였으나 향후 생산성 향상은 제한적인 전망

(7) 정계 및 사회 부패 만연

① 최근 고위급 부패 스캔들 발생 등 부패만연으로 국가 청렴도 하락 지속

② 중국의 부패지수는 지난 10년간 OECD 평균에 크게 밑도는 실정

3. 시사점

(1) 향후 중국 경제의 구조개혁이 실패할 경우 대중 교역비중이 높은 우리 경제의 실물 부문뿐 아니라 금융부문으로도 파급되어 경기 회복 지연이 우려됨

① 중국 경기 둔화 지속으로 대중 수출 감소로 수출 경기 악화는 물론 내수 경기도 동반 악화될 가능성이 큼

② 더욱이 국내로 유입되는 중국 관광객 감소로 내수 시장에서의 차이나 효과 감소 우려

③ 한편 중국의 돌발 리스크 출현 시 국내 증권시장에서 외국인 자본 이탈 우려

(2) 중국 경제의 구조개혁 실패에 대비해 상시적 중국발 리스크 요인 최소화 대책 마련 필요

  1) 대중 수출의존도가 높은 상품의 리스크 최소화와 해외 활로 개척 시급

    ① 전기기기, 자동차, 석유화학 등 대중 수출 감소로 타격이 불가피한 분야에 대한 해외진출 보험과 무역
      금융 대출제도 확대 고려

    ② 주요 수출품목의 대중 의존도를 낮추기 위해 중동, 러시아, 중앙아시아, 남미 등 다양한 수출 활로 개
      척 필요

  2) 중국의 구조개혁 실패에 따른 중국발 돌발리스크에 대비한 금융시장 안전판 강화

    ① 부동산 버블 붕괴 등 중국의 돌발 리스크 발생에 따른 국내 유입 차이나머니의 대규모 유출로 야기될
      외환 시장의 변동성 확대에 대비한 상시 모니터링 강화

    ② 외환보유고 등 외환 시장의 안전판을 더욱 강화하고 중국발 돌발 리스크에 대비해 시장의 유동성 공급
      상황 상시 모니터링 필요

  3) 기업들은 중국의 성장 둔화 지속에 대비한 컨틴전시 프로그램(비상경영 프로그램) 마련

    국가 · 지역별 맞춤형 전략 상품 개발, 현금경영강화 등의 위기 대응 전략을 마련해야 함

  4) 중국 현지 국내기업에 대한 중국내 자금조달 지원책 마련 필요

    중국 경제가 경착륙될 경우 중국 현지 국내기업의 자금경색으로 이어질 수 있는 만큼 돌발 사태에 대비
    해 사전적 지원책 마련 필요

중국의 신창타이(新常態)

1. 중국의 신창타이(新常態) 개념을 논하시오.

2. 중국의 신창타이(新常態)의 특징을 논하시오.

해설

1 개념

① 중국 경제의 '새로운 상태'를 나타내는 말로 시진핑 국가 주석이 2014년 5월 중국 경제가 개혁개방 이후 30여 년간 고도성장기를 끝내고 새로운 상태로 이행하고 있다고 말하면서 처음 사용했다.

② 중국의 신창타이는 개혁개방 이후 줄곧 두 자릿수의 고속 성장을 계속해온 중국 경제가 2012년부터 7%대로 성장세가 둔화되자 이를 새로운 정상의 상태로 인정하고 이를 안정적으로 유지해 나가는데 경제정책의 초점을 맞추겠다는 것이다.

2 미국의 뉴노멀과 중국의 신창타이 공통점

미국식 뉴노멀의 경우 장기적인 저성장을 뜻하는데 중국의 신창타이 역시 동일한 개념을 갖지만 저성장의 수준과 대응전략은 확연히 다르다.

3 차이점

1. 미국의 경우

① 미국의 뉴노멀은 글로벌 금융위기 이후 정부와 기업, 가계가 다투어 부채 축소에 나서면서 저성장, 저소득, 저수익률 등 3저 현상이 새로운 표준이 됐다는 것이다.

② 경기 침체가 구조적으로 고착화된 상황을 뉴노멀로 규정했다.

2. 중국의 경우

① 중국의 신창타이는 성장의 포기가 아니라 새로운 성장 방식으로의 전환을 의미한다.

② 신창타이는 성장률 목표는 낮추되 지속적인 성장을 담보할 수 있도록 성장의 패러다임을 바꾸겠다는 것이다.

③ 저임금에 기반한 밀어내기 식 수출의 성장방식을 접고 아시아 지역을 대규모 개발사업과 육·해상을 아우르는 새로운 물류 네트워크 건설에서 새로운 성장 동력을 찾겠다는 것이다.

④ 중국의 신창타이는 성장의 속도는 늦추되 성장의 질과 지속 가능성에 중점을 두겠다는 새로운 포석인 것이다.

고범석 경제학아카데미

뉴노멀과 신창타이 비교

	미국과 유럽의 뉴노멀	중국의 신창타이
주창자	무하마드 엘 애리언 PMCP CEO가 2008년에 제기	시진핑 중국 국가주석이 2014년에 제기
주요특징	저성장, 고실업, 고위험, 규제강화, 미국의 경제적 역할 축소 등이 동시에 출현	성장둔화 현상이 먼저 나타나고 구조 변화가 느리게 진행하는 가운데 리스크와 불확실성이 지속
지속기간	상대적으로 짧은 기간 지속 2009~2010년대 중반 (선진국 경제 회복기)	상대적으로 긴 기간 지속 2012~2010년대 말 '전면개혁' 추진기
성격	금융위기 이후 선진국 경제상황에 대한 묘사	금융위기 이후 중국 경제상황 + 중국 경제의 구조적 문제점 해결을 위한 개혁의 이미지

4 신창타이의 4대 특징

1. 중고속성장으로의 전환

과거 연 10% 내외에 달하던 중국의 경제성장률이 앞으로는 연 7~8%에 그친다는 것이다.

2. 경제구조의 변화

산업구조는 제조업 중시에서 서비스업 중심으로, 수요구조는 투자 중심에서 소비 중심으로 바뀔 것이다. 또한 도농간 격차 및 소득차이가 축소될 것으로 예상된다.

3. 성장동력 전환

중국 경제의 성장동력이 노동력이나 자본과 같은 생산요소에서 과학기술혁신 등으로 바뀐다는 것이다.

4. 불확실성 증대

중국경제의 불안 요인으로 꼽히는 부동산 버블, 지방정부 부채, 그림자 금융 등을 고려할 때 불확실성이 증대되는 것도 중국경제의 새로운 특징이 될 것이다.

중국 '신창타이'와 미국 '뉴노멀'의 차이와 우리의 대응전략
"한중 경제협력과 중국시장 진출 전략에 대한 근본적인 수정과 새로운 시각 절실"

2015년 중국 경제를 특징짓는 화두를 하나 들라면 단연 '신창타이(新常態)'가 첫손가락에 꼽힌다. 시진핑(習近平) 중국 국가주석은 지난 3월말 열린 보아오(博鰲)포럼 연차총회 개막식 기조연설에서 "신창타이에 들어선 중국 경제는 성장률에만 집착하지 않을 것"이라며 "경제의 구조 조정을 중요한 위치에 놓고 개혁·개방을 더욱 심화시켜 나갈 것"이라고 밝혔다. 보아오포럼에 앞서 열린 양회(兩會)의 전국인민대표대회(全人代)에서도 중국 정부 중국 경제가 신창타이에 들어섰음을 공식화했다. 올해 성장률 목표를 7%로 낮춰 잡고 중국의 모든 경제정책을 여기에 맞춰 추진키로 한 것이다. 중국의 공식적인 견해는 중국 경제가 신창타이라는 '약속된 땅'에 도달했다는 것이다. 사실 그것이 최근 막을 내린 중국 경제개발 포럼의 주제였다.

중국 정부는 지난 2000년 창설된 이 포럼을 자국 정책의 우선순위를 알리는 데 이용해 왔다. 이러한 전례로 볼 때 신창타이는 올해 중국 정부의 최우선 정책이 될 것이다. 하지만 신창타이가 정확히 무엇을 수반할지, 혹은 신창타이가 이미 완수된 것인지는 분명하지 않다. 스티븐 로치 미국 예일대 교수는 이 포럼에서 "중국은 서비스·소비중심 경제로 재정비하는 초기 단계에 있다"고 강조했다. 그의 견해에 따르면 중국이 신창타이에 안착하려면 더 시간이 필요하다는 것이다. 중국의 서비스 산업은 2014년 GDP(국내총생산) 대비 48%를 차지할 만큼 급성장 했지만 선진국들의 60~68%에 비해선 크게 낮은 수준이다. 중국이 경제구조 조정을 완수하려면 최소 10년을 걸릴 것이라는 견해이다. 서비스 산업이 주도하는 성장 모델로 변화해 가는 것은 여러 가지 이유에서 중요하다. 중국에서 서비스 산업은 제조업·건설업에 비해 단위생산당 고용효과가 30%나 높기 때문에, 서비스 산업이 커지면 중국의 경제성장률이 7%대로 낮아지더라도 사회 안정을 유지하는데 도움이 될 것이다. 게다가 서비스 부문은 원자재·에너지 소모가 적어 서비스 주도 경제로의 전환은 심각한 환경 문제 대처에도 도움이 된다는 것이 로치 교수의 견해이다.

중국의 '신창타이'와 미국의 '뉴노멀'은 크게 달라

신창타이는 원래 미국에서 나온 용어인 뉴노멀(New Normal)을 중국식 한자로 직역한 것이다. 창타이(常態)는 중국어로 '정상적인 상태(狀態)'를 일컫는 말이므로 신창타이는 말 그대로 '새로운 정상상태'를 뜻한다. 개혁·개방 이후 줄곧 두 자릿수의 고속 성장을 계속해 온 중국 경제가 2012년부터 7%대로 성장세가 둔화되자 이를 '새로운 정상 상태'로 인정하고, 이를 안정적으로 유지해 나가는 데 경제정책의 초점을 맞추겠다는 것이다. 이런 관점에서 중국의 신창타이는 장기적인 저성장을 뜻하는 미국식 뉴노멀의 개념과 궤를 같이한다. 그러나 저성장의 수준과 대응 전략을 자세히 뜯어보면 중국의 신창타이는 미국의 뉴노멀과는 확연히 다르다. '뉴 노멀'이란 용어는 IT(정보기술) 거품이 꺼진 2003년 미국의 경제 상황을 일컫는 말로, 벤처캐피털리스트 조저 맥나미가 처음 사용했고, 2008년 미국발(發) 글로벌 금융위기가 벌어진 이후 경제 상황을 세계 최대의 채권펀드인 핌코의 최고경영자 무함마드 엘 에리안이 뉴노멀로 지칭하면서 널리 퍼졌다(한국경제신문 경제용어사전).

글로벌 금융위기 이후 정부와 기업, 가계가 다투어 부채 축소에 나서면서 저성장·저소득·저수익률 등 3저(低) 현상이 새로운 표준이 됐다는 것이다. 그러다가 2013년말 로런스 서머스(전 미국재무장관) 하버드대 교수가 국제통화기금(IMF) 경제포럼에서 "세계 경제가 저성장·저물가·저금리·저고용의 구조적인 장기 정체(secular stagnation)에 빠졌을지 모른다"며 이처럼 경기 침체가 구조적으로 고착화된 상황을 '뉴노멀'로 규정하면서 뉴노멀이란 용어는 다시금 세계인의 주목을 받기 시작했다.

서머스가 말하는 뉴노멀은 저성장을 구조적으로 어쩔 수 없는 기정사실로 전제하고, 인위적인 성장 정책은 바람직하지 않다는 뉘앙스가 깔려 있다. 다분히 수동적이고 체념적인 성장회의론에 가깝다. 서머스는 장기 정체를 극복하기 위한 대안으로 확장적 재정정책을 제시하고는 있지만, 벤 버냉키 전 미국 연방준비제도이사회(FRB) 의장은 장기 침체 가설 자체를 부인하면서 영구적인 확장적 재정책은 불가능하다고 지적한다. 무엇보다 서머스의 뉴노멀은 미국과 같은 선진국에는 일면 타당할 수 있을지 몰라도 중국처럼 여전히 성장에 목마른 개발도상국과 저개발국에는 해당되지 않는다.

신창타이는 성장을 담보하는 패러다임의 전환에 있어

중국의 신창타이는 성장의 포기가 아니라 새로운 성장 방식으로의 전환을 의미한다는 점에서 미국식 뉴노멀과 다른 길을 걷는다. 즉 신창타이는 성장률 목표는 낮춰 잡되 지속적인 성장을 담보할 수 있도록 성장의 패러다임을 바꾸겠다는 것이다. '일대일로'(一帶一路 · 육상과 해상의 새로운 실크로드 건설) 전략과 아시아인프라 개발은행(AIIB) 설립으로 대변되는 중국의 신경제 구상은 신창타이 시대를 맞은 중국의 야심찬 미래 성장 전략이다. 저임금에 기반한 밀어내기 수출의 성장 방식을 접고, 아시아 지역을 포괄하는 대규모 개발사업과 육상과 해상을 아우르는 새로운 물류 네트워크 건설에서 새로운 성장동력을 찾겠다는 것이다. 즉 중국의 신창타이는 성장의 속도는 늦추되 성장의 질과 지속가능성에 중점을 두겠다는 새로운 포석인 셈이다. 무엇보다 두 자릿수 성장률에 대한 기대를 접었다고는 하지만 13억 인구가 앞으로도 계속 매년 7%씩 성장하겠다는 것은 여전히 경이적인 성장 전략이다.

최근 벌어진 AIIB 설립을 둘러싼 미 · 중(美中) 간의 갈등은 아시아 지역과 세계경제 주도권을 놓고 벌이는 양국의 패권다툼으로 볼 수도 있지만, 어쩌면 미국의뉴 노멀과 중국의 신창타이가 보여주는 성장에 대한 인식과 전략의 차이가 드러난 것일 수도 있다. 세계 각국이 (미국의 가장 가까운 동맹국들마저) 미국의 거부감에도 불구 하고 다투어 AIIB에 가입하기로 한 것은 수동적이고 체념적인 미국의 뉴노멀보다 진취적이고 전향적인 중국의 신창타이가 자국의 이익에 더 부합한다고 본 것은 아닐까. 미국이 적응해야 할 뉴노멀은 서머스가 상정한 저성장 구조가 아니라 중국이 주도하는 새로운 성장 방식에 세계 각국이 동참하는 중국식 신창타이일는지도 모른다. 장기간 저성장의 늪에 빠져 있는 한국 경제는 미국식 뉴노멀인지, 중국의 신창타이인지, 아니면 그 사이 어디쯤에 있는지 우리는 깊이 생각해 봐야 할 것이다.

시진핑 시대 우리의 對中전략 획기적 전환 시급해

중국 경제의 신창타이가 가속화함에 따라 한국의 대중(對中) 투자전략도 근본부터 다시 짜야하는 시대가 됐다. 전문가들은 '새술은 새 부대에 담으라'는 격언처럼 중국 현지 시장과 투자 환경이 180도 달라지고 있음에 유의, 대중 투자 진출 전략을 전면 재검토해야 성공 확률을 높일 수 있다고 충고한다. 실제 한중(韓中) 양국간 최근 경협 추이를 보면 무역과 투자규모의 급팽창속에 한국 위안화 직거래시장 개설과 한 · 중 자유무역협정(FTA) 발효, 중국의 '일대일로' 경기 부양 프로젝트 본격 추진, 한국의 AIIB 창립국 가입 등 양국간 경협의 외연이 빠르게 확장되고 있다. 이런 환경의 변화는 중국 비즈니스를 추진하는 한국기업들에게 서둘러 새로운 맞춤형 전략을 세우도록 요구하고 있다.

박한진 코트라 중국사업단장은 "한중경제협력과 중국 시장 진출 전략에 대한 근본적인 수정과 새로운 시각이 절실하다"고 밝혔다. 지금까지 한국 기업의 해외 진출이 '선택과 집중'의 원칙에 따라 우리가 잘하는 분야의 상품과 서비스 수출에 주력했지만 '신창타이' 경제 하의 중국 시장에서 이같은 전략이 지속적인 효과를 나타내기 힘들다는 것이 박 단장의 판단이다. 우선 우리 기업은 신창타이 경제의 특징을 제대로 이해할 필요가 있다고 박 단장은 강조했다.

외신 등 언론이 중국의 신창타이 경제를 성장률 둔화에 초점을 맞추고 있지만, 우리가 주목해야 할 부분은 중국 산업구조의 변화와 신흥산업 성장에 따른 새로운 시장 창출이라는 설명이다. 중국이 신창타이 경제를 제시하며 '뼈를 깎는 고통'을 수반하는 '변화'를 촉구하는 것은 과거 무분별한 성장에 대한 반성으로 볼 수 있다. 투자를 통한 고속성장 과정에서 생산과잉, 환경오염, 그림자 금융 등 각종 사회 경제 문제가 불거지자 이를 해결하고 지속 가능한 성장을 위해 산업구조 전환에 박차를 가하고 있다. 산업구조 전환과 함께 수출 의존형 경제구조를 내수 중심 경제로 바꾸려는 노력도 이어지고 있다. 이 과정에서 중국의 내수 시장에 질적인 변화가 나타날 것으로 예상된다. 커지는 중국 내수 시장에서 기회를 잡기 위해선 우리가 잘하는 부문에만 매달릴 것이 아니라 중국 소비자가 원하는 서비스를 제공해야 한다는 것이 박 단장의 설명이다. 이를 위해선 우리 기업이 중국 시장과 정책의 변화를 주시하고, 중국 소비 시장에서 필요한 상품과 서비스의 연구 개발에 노력해야 한다는 것이다. 즉, 중국 시장 진출을 바라보는 시각 자체의 변화가 시급하다는 지적이다. 한국의 AIIB 가입은 한중(韓中) 경제 협력의 전기를 마련할 수 있는 좋은 기회가 될 수 있다. 박 단장은 "일대일로 정책과 AIIB의 구체적인 운용 방안이 나오지 않은 상황이어서 세부적인 전략까지는 말할 수 없지만, 일대일로 정책 추진과 우리의 AIIB 가입은 한중 경제 협력의 범위를 인프라와 금융 등으로 넓히는 계기가 될 것"이라고 역설했다.

일대일로는 중국에서 출발, 중앙아시아를 거쳐 유럽까지 이어지는 육상 교통 인프라 건설과 동남아시아·북아프리카를 거쳐 유럽에 이르는 해상 경제벨트를 구축하는 초대형 해외투자 프로젝트다. 중국 정부는 일대일로 정책 추진을 위해 막대한 자금을 국내외에 투자할 계획이다. 이미 착공했거나 앞으로 건설 예정인 인프라 투자 규모는 1조 400만 위안(약 182조 원), 이 가운데 해외투자 규모만 542억 달러(약 58조 8000억 원)에 달한다. 일대일로 인프라 건설 주기를 2~4년으로 계산하면 일대일로는 올해에만 약 4000억 위안(약 70조 원)의 투자 효과를 낼 전망이다. 제3국의 인프라 건설에서 한국과 중국이 우수한 협력 모델을 만들어 낸다면, 향후 중국의 인프라와 금융 시장에서도 한국 기업의 역할이 확대될 수 있을 것이다.

일대일로가 창출할 경제적 효과에 한국 뿐만 아니라 세계 각국이 '군침'을 흘리고 있다. AIIB 창립국 멤버 모집에 50여 개국이 참가 의향을 밝힌 것은 일대일로의 경제효과에 대한 세계 각국의 기대감을 방증한다. 한·중 FTA 역시 협정문 자체보다는 중국의 정책변화와 시장변화의 궤를 맞춘 협력에 초점이 맞춰져야 한다. 중국 기업의 성장과 부상 역시 위협으로만 생각하지 말고 기회를 찾기 위해 노력해야 한다. 중국 기업이 성장하면 한국의 품질 좋은 부품·소재에 대한 중국의 수요가 더욱 늘어날 수밖에 없기 때문이다. 박 단장은 "중국이 본격적으로 신도시 건설을 추진하면서 지방 중소도시가 빠른 성장세를 보일 것이다. 중소도시의 시장 수요 발굴, 전자상거래 발전 등 새로운 트렌드에 관심을 가져야 한다"라고 밝혔다 최근 중국의 위안화가 평가절하되고 있다.

1. 위안화가 평가절하되고 있는 이유를 논하시오.
2. 위안화의 평가절하가 대외수출(중국 제외)에 미치는 영향을 논하시오.
3. 위안화의 평가절하가 대중 수출과 대중 수입에 미치는 영향을 논하시오.

해설

1 중국 위안화 환율 변동 현황

1. 상반기 위안화 환율 상승(위안화 가치 하락)

① 2005년 7월 '관리변동환율제'를 도입한 이후 하락을 지속한 위안화 환율은 상승세로 전환되면서 상승 배경과 원인에 대한 관심이 집중되고 있다.

→ '관리변동환율제'를 도입한 이후 2013년 말까지 위안화는 26.3% 절상되었음

② 중국 인민은행이 위안화 변동폭을 기존 ±1%에서 ±2%로 확대하면서 위안화 환율 상승세가 가속되고 있다.

→ 중국 인민은행은 2012년 4월 이후 1%로 유지해온 환율 변동폭을 2014년 3월 17일부터 종전 1%인 위안화 환율 1일 변동폭을 2%로 확대하였다.

2. 위안화 약세가 중국기업에 미치는 영향

위안화 약세는 중국기업들로 하여금 해외시장에서 가격경쟁력을 갖게 만들지만 해외채무 비중이 높은 기업들의 금융비용 상승을 초래해 일부 중국 기업들의 경우 실적악화로 이어지고 있다.

2 상반기 위안화 환율 상승 원인

1. 핫머니 투기세력에 대한 경고

① 위안화 절상 기대감으로 핫머니 유입이 줄어들지 않자 중국정부는 핫머니 투기세력에 대한 경고로 위안화 가치 절하를 유도하였다.

② 2005년 변동환율제 도입 이후 위안화는 매년 3%대 절상되어 왔다.

③ 인민은행에 따르면 외국환평형기금은 증가하고 있다.

→ 중국 외국환평형기금은 외국인이 중국에 달러화 등 외화를 가져와 투자하면 향후 투자금 유출에 대비해 쌓아두는 자금으로, 외국환평형기금이 늘었다는 것은 외화자금(핫머니)이 중국에 유입되었다는 것을 의미

④ 중국에 핫머니가 몰려들면서 부동산 등 자산거품, 무역통계 왜곡, 위안화 절상 압력으로 인한 수출경쟁력 약화 등 각종 부작용이 발생하고 있다.

2. 중국 수출 부진으로 인한 경기 부양을 위한 환율 상승 유도

중국의 수출증가율은 전년동기 대비 감소하여 큰 폭으로 하락하였다.

3. 미국의 양적완화 축소와 중국 경제 둔화에 따른 위안화에 대한 매력 감소

① 중국의 경제성장률이 6.0% 증가에 그치면서 정부목표치를 하회하고 있다.

② 특히 미국의 양적완화 축소에 따른 신흥국 금융불안, 그림자금융 리스크, 산업구조조정 등으로 대내외 수요가 감소하면서 경제성장률이 둔화되고 있다.

③ 뿐만 아니라 미국의 양적완화 축소와 함께 미국의 조기 금리 인상 가능성이 점쳐지면서 중국 내 달러 수요가 증가하고 있다.

❸ 우리 무역에 미치는 영향

1. 한국에 있어서 중국의 중요성

① 중국은 우리나라의 최대 수출대상국이자 수입대상국으로 위안화 환율 변화는 우리 대중국 수출과 수입 모두에 직접적으로 영향을 미치고 있다.

② 중국은 우리 수출의 약 1/4을 차지하는 최대 수출대상국이자 최대 수입대상국이다.

③ 뿐만 아니라 세계시장에서 중국과의 경합도가 높은 제품의 대외수출에도 간접적으로 영향을 미치고 있다.

2. 우리의 대외(중국 제외) 수출에 미치는 영향

① 위안화 환율 상승(위안화 가치 절하)으로 중국 제품의 가격경쟁력이 높아질 수 있으나 상승 폭이 적어 우리의 대외 수출(중국 제외) 감소 효과는 제한적이다.

② 그러나 한 · 중 간 경합의 정도 및 유형에 따라 품목별로 구체적인 수출 확대 효과는 상이할 수 있다.

③ 세계시장에서 한 · 중 간 경합도가 높은 조선, 무선통신기기, LCD 등 일부품목의 경우 부정적 영향이 발생할 수 있다.

3. 우리의 대중국 수출에 미치는 영향

① 위안화 환율 상승(위안화 가치 절하)으로 인한 우리 제품의 가격경쟁력 약화로 대중국 수출은 감소할 전망이다.

② 환율변동에 민감한 자동차, 철강, 전자, 석유화학 품목 등의 대중국 수출이 감소하고 대중국 수출기업의 채산성 또한 악화(달러거래 기준)될 수 있다.

4. 우리의 대중국 수입에 미치는 영향

① 위안화 환율 상승(위안화 가치 절하)으로 대중국 수입은 소폭 증가할 것으로 예상되나 영향력은 제한적이다.

② 대중국 수입품과 국내 제품 간 가격 및 품질 격차가 크기 때문에 위안화 환율 상승(위안화 절하)으로 수입가격이 다소 감소하더라도 중국 상품으로 대체되는 효과는 미미할 것으로 보인다.

경제시사주제점검

③ 철강판, 정밀화학 원료, 석탄, 비금속 광물, 컴퓨터 등 원자재 및 자본재의 경우에는 위안화 환율 상승으로 우리 기업의 원가부담이 감소할 수 있다.

④ 또한 수입가격 하락으로 가계지출 부담이 감소되고 물가안정에 기여할 수 있다.

→ 어류, 목재류, 곡물 등 1차 산품과 완구, 가방, 종이제품, 운동기구 등 경공업 소비제품의 수입 가격 하락으로 가계지출 부담이 축소될 수 있음

SDR(특별인출권)

1967년 제정된 SDR은 IMF 회원국이 국제 수지 악화로 어려움을 겪을 때 담보 없이 필요한 만큼의 외화를 인출할 수 있는 권리를 말한다. 현재 SDR은 4개의 자유 가용통화(미국달러와 유로, 영국 파운드와 일본 엔)로 구성돼 있다. 회원국은 IMF 출자비율에 따라 SDR을 배분받고 보유한 SDR 규모 내에서 자유가용통화로 교환할 수 있다.

SDR 바스켓 편입 기준은 해당 통화가 수출 결제에서 사용되는 비중이 커야 하고 국제금융시장에서 자유롭게 사용되는 화폐이어야 한다.

중국, 위안화 10년째 최대폭 절상(하루만에 0.54%)

중국 중앙은행인 런민은행은 위안화의 달러에 대한 기준치를 1달러=6.3154위안으로 고시했다고 관영 매체가 보도했다. 매체에 따르면 런민은행은 이날 위안화/달러 기준치를 지난달보다 0.54% 높게 책정해 사실상 평가절상했다. 하루 위안화 대달러 상승폭으로는 중국이 달러/위안화 페그제를 폐지하는 위안화 개혁에 착수한 2005년 이래 최대다. 전주말 상하이 외환시장에서 위안화/달러 종가치는 1달러=6.3175위안이었다. 당일 위안화가 큰 폭으로 오른 점에서 런민은행이 개입한 것으로 보인다. 런민은행은 지난 8월에는 5%에 달하는 위안화 평가절하를 단행한 바 있다. 중국 당국은 이달 내로 예정한 위안화의 국제통화기금(IMF) 특별인출권(SDR) 준비통화 편입을 의식해 시장 실제시세를 반영하고 있다는 위안화 정책을 강조할 의도로 이번 절상을 시행했다는 분석이다.

4 모형 분석

1. 가정

① 중국은 변동환율제도를 채택하고 있다.

② 자본이동이 불완전하다.

2. 위안화 평가절하 효과

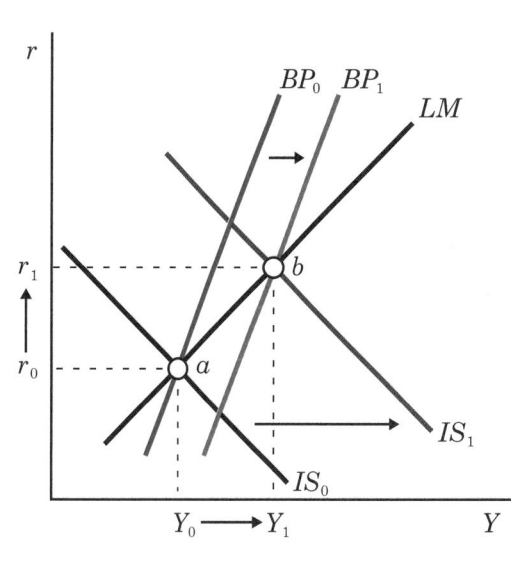

① 중국의 위안화 환율이 상승하면 환율상승으로 BP곡선과 IS곡선이 우측 이동한다.

② BP곡선과 IS곡선의 우측 이동으로 이자율은 상승하고 국민소득은 증가한다.

3. 경상수지에 미치는 효과

① 환율상승은 직접적으로 경상수지를 개선시킨다.

② 그러나 국민소득의 증가로 수입이 증가하면 경상수지 개선을 일부 상쇄시킬 수 있다.

5 중국에 미치는 영향

1. 위안화 약세를 통한 국민소득 증가는 실질국민소득(GNI)의 감소

환율의 상승으로 교역조건이 악화된다.

2. 원자재 투입 및 인적 물적 투자의 감소

환율이 상승하게 되면 수입 원자재의 국내 가격이 상승하게 되며, 순수출의 증가는 IS곡선의 우측 이동을 가져와 이자율의 상승을 가져오므로 투자의 감소를 초래할 가능성이 크다.

3. 물가 상승

순수출 증가는 국내 순해외자산의 증가로 나타나게 되고, 중앙은행 대차대조표를 참고하여 중화정책을 실시하지 않게 된다면 이는 본원 통화의 증가로 이어지게 된다.

4. 타국과의 무역마찰

위안화 약세를 유지하는 정책은 중국 국내의 수출 촉진을 위한 정책적 개입이므로 타국과의 무역 갈등을 초래할 소지가 있다.

6 시사점

1. 위안화 환율 변동성에 주목하고 항시 모니터링 강화

① 중국은 주요 무역 상대국으로 중국 위안화 환율 변동성 확대는 우리 대중국 수출입에 직접적 영향을 미친다.

② 향후 위안화 환율의 변동폭이 확대될 것으로 예상되어 대중 수출 기업은 위안화 환율 변동 위험에 직면할 가능성이 커졌다.

③ 특히 대기업보다 환율 변동성에 취약한 중소기업들이 환율 위험에 노출될 가능성이 크다.

④ 위안화 환율 상승 폭이 적어 우리 대중 수출에 미치는 영향은 제한적이나 환율 변동에 따른 불확실성이 존재하기 때문에 중국 위안화 환율에 대한 모니터링을 강화해야 한다.

2. 위안화 환율 상승(위안화 가치 하락)으로 대중 수출 중소기업들의 수출채산성이 악화될 것으로 보임

① 위안화 환율 상승으로 우리 대중수출이 소폭 줄어들 것으로 예상되며 특히 중국 현지기업과 경쟁하고 있는 중소기업들의 수출가격 경쟁력 하락과 수출 채산성이 악화될 것으로 예상된다.

② 엔화 가치하락의 영향으로 우리 수출 기업들이 어려움을 겪고 있는 상황에서 위안화 환율 상승(위안화 가치 하락)은 우리 대중 수출 기업의 어려움을 더욱 가중시킬 것으로 보인다.

7 위안화 환율 전망

① 소매판매, 고정자산투자, 산업생산 등 실물경제 부진이 지속되고 부동산 시장 침체, 주가하락 등은 위안화 환율을 상승시키는 요인으로 작용하고 있다.

② 특히 중국 국내총생산(GDP)의 약 15%를 차지하고 있는 부동산 시장 침체 등으로 하반기 중국경제 회복의 걸림돌로 작용할 전망하고 있다.

③ 선진국 경기침체에 따른 중국의 수출 감소가 하반기에도 지속되고 중국정부의 위안화 국제화 추진으로 위안화 환율은 장기적으로 상승세가 유지될 전망이다.

글로벌 가치사슬의 개념과 특징을 서술하시오.

해설

1 글로벌 가치사슬(Global Value Chain)의 개념

① 가치사슬이란 제품 또는 서비스의 구상에서부터 생산 및 소비자들에게 유통 또는 그 이상의 일련의 모든 과정으로 정의할 수 있으며 글로벌 가치사슬(GVC : Global ValueChain)이란 세계 여러 다른 지역의 다수기업들에 가치사슬의 모든 과정이 분배되어져 있는 일련의 연계된 활동을 의미한다.

② 즉, 글로벌 가치사슬이란 상품과 서비스의 설계, 생산, 유통, 사용, 폐기 등 전 범위에 이르는 활동이 운송 및 통신의 발달과 함께 세계화되는 것을 의미한다.

2 글로벌 가치사슬의 중요성

① 제품과 서비스 생산의 글로벌 분업화가 가속되면 수출입액이 각 국가의 생산활동을 직접적으로 반영하지 못하는 현상이 발생한다.

② 즉, 보다 생산 효율성이 높은 국외에서 생산된 많은 중간재들을 국내로 들여와 마지막 부가가치를 포함시킨 후 수출하기 때문에, 수출의 총량과 국내의 GDP에 기여하는 국내 부가가치 활동과의 격차가 계속 증가되는 현상이 발생하고 있다.

3 특징

① 기업들이 전 세계 언제 어디서나 생성되는 빅데이터를 확보할 수 있고 이를 분석해 적정 데이터를 비즈니스에 적용함으로써 새로운 부가가치를 창출할 수 있기 때문에 가치사슬의 글로벌화는 필연적인 현상으로 받아들여지고 있다.

② 글로벌 가치사슬에 따라 생산, 유통, 소비의 전 과정이 세계 곳곳에서 분업적으로 이루어지기 때문에 한 기업이 반드시 특정 제품의 제조 전 단계에서 경쟁력을 가져야 할 필요는 없게 된다.

③ 이러한 이유로 중소기업이 글로벌 가치사슬에 진입할 수 있는 기회가 발생하면서 중소기업들의 경쟁력 강화, 신시장 진출을 위한 글로벌 가치사슬 참여가 요구되고 있다.

중국의 글로벌 가치사슬 역할 변화

① 중국은 제조업 대국으로서의 입지를 바탕으로 최근에는 연구개발, 디자인 등 고부가가치 활동에 적극 참여하면서 세계무역에서의 위상을 높이고 있다. 중국의 부가가치 수출 규모는 미국 다음으로 큼

② 중국은 제조업 혁신역량 제고를 위해 제조업 혁신센터 건설, 소재 · 부품의 국산화 노력 등 산업기반 강화 정책도 실시하고 있다.

③ 중국은 기존의 부가가치가 낮은 생산과정에서의 가치사슬 참여에서 부가가치가 보다 높은 디자인, 구매 단계로의 발전을 꾀하고 있다.

④ 특히, 중국은 2025년까지 제조업 혁신역량 제고를 위한 연구기지 건설, 핵심소재 · 부품의 국산화 등 노력을 강구하고 있다.

Ⅲ 유럽

| 주제 01 | 그리스 디폴트 사태 | 유럽 |

그리스 정부가 국제통화기금(IMF)의 채무를 갚지 못해 채무불이행(디폴트) 상태에 빠졌다.

1. 한국은 1997년 외환위기가 발생하면서 모라토리엄을 선언하였다. 한국의 외환위기 발생 원인과 해결책에 대해 논하시오.
2. 그리스 디폴트 사태가 한국경제에 미치는 영향에 대해 논하시오.

해설

1 한국의 외환위기 발생 원인

1. 경상수지 적자 누적에 의한 외채 증가

① 한국은 1996년에 경상수지 적자가 231억 달러, 자본 유입으로 자본수지 흑자는 233억 달러에 이르렀다.

② 경상수지 적자가 자본 유입으로 보전됨에 따라 한국의 대외 채무는 급속히 증가하여 1997년 3분기 말에는 대외 채무가 1,774억 달러로 증가하였다.

③ 대외 채무의 증가는 기본적으로 경상수지 적자가 늘어난데 그 원인이 있지만 90년대 들어 추진된 자본자유화로 금융기관과 기업의 외자도입이 증가한 것도 주요 요인의 하나였다.

2. 기업의 과잉 투자와 과다 차입

① 1990년대 중반 활발하게 이루어진 기업의 다각화는 신기술에 기반을 둔 새로운 산업의 창출형태가 아니라 다른 기업이 이미 선점하여 높은 수익을 올리고 있는 분야로 진출하는 형태였다. 예컨대 석유화학, 전자, 자동차, 유통, 건설업 등을 대상으로 재벌기업 상호간에 중복적으로 사업을 확장하였다.

② 그 결과 과잉투자가 발생했고 결과적으로 기업들의 수익전망이 낮아져서 개별기업들의 부실 가능성이 높아졌을 뿐만 아니라 한국 경제 전체에도 부정적이었다.

③ 기업들은 신규 사업 확장으로 자금 수요가 컸지만 경기 위축으로 현금흐름이 나빠지자 주로 외부자금을 차입하였다.

④ 이와 같이 기업의 재무구조가 급격히 나빠진 것이 1997년 경제 위기를 초래한 중요한 원인 중의 하나이다.

3. 단기외채 비중의 증가

① 단기외채의 비중은 1993년 25.8%에서 점차 증가하여 1996년 57.5%에 이르렀다.

② 단기외채의 비중이 높아진 것은 경상수지 적자를 보전하기 위해 금융기관의 단기차입금과 단기무역신용이 증가하였기 때문이다. 외채 총액의 급속한 증가도 문제였지만 단기외채의 비중 증가가 더 큰 문제였다.

③ 왜냐하면 만기 불일치 문제가 발생하기 때문이다.

4. 경제운영 시스템의 취약성

① 1980년대 이후 꾸준히 개방정책을 추진함에 따라 우리나라 경제가 과거 통제 체제에서 시장경제체제로 전환되어 가고 있었다.

② 그러나 이런 자율적인 경제운영체제에 적절한 규율이 정비되지 못한 것이 외환위기의 원인이 되었다.

2 대응책

1. 거시적 안정화 정책

① 경상수지 적자를 해소하기 위해서 긴축재정정책과 긴축금융정책을 사용하였다.

② 긴축금융정책으로 금리를 대폭 인상하면 자본유입으로 경상수지 적자를 자본수지 흑자로 보전할 수 있으며 긴축재정정책으로 국민소득이 감소하면 수입 감소로 경상수지 적자폭이 감소할 수 있기 때문이다.

③ 또한 고정환율 제도에서 변동환율 제도로 전환함에 따라 환율을 시장 상황에 따라 올라가도록 했다.

2. 미시적 구조조정 정책

① 각 시장의 구조적 문제점을 해소하기 위한 여러 방안을 포함하고 있으며 기본 방향은 시장메커니즘이 작동할 수 있는 제도적 여건을 갖추는데 초점이 모아졌다.

② 금융감독기구의 통합, 예금보험 기능의 확충, 자산관리공사의 설립 등 구조조정에 필요한 기구를 정비하는 한편 파산 관련 법의 개정, 금융기관과 기업의 M&A를 지원하기 위한 법의 확충, 회계정보공개 등과 관련한 규칙 강화, 금융기관과 기업에 대한 지배 구조를 개선하기 위한 장치의 강구, 상호지급보증 금지와 같은 기업의 과다차입 방지 방안 등 다양한 대책을 마련하였다.

3. 모형

① 긴축재정은 경상수지 적자인 a점에서 대외균형으로 이동시킬 수 있다.

② 즉, $(NS-I)$곡선을 좌측으로 이동시켜 b점에서 대외균형을 이룰 수 있다.

③ 긴축 화폐금융정책은 국내 이자율을 상승시켜 자본수지 흑자를 유도한다.

3 그리스 디폴트 사태가 한국경제에 미치는 영향

1. 국내 금융기관 위기

① 금융감독원에 따르면 수출입은행과 KDB산업은행 등 국내 금융기관의 그리스에 대한 대출액은 2015년 3월 말 기준 11억 8000만 달러(약 1조 3250억 원)다.

고범석 경제학아카데미

② 선박금융을 통한 수출입은행의 대출액 규모가 10억 달러 안팎으로 가장 크다.

③ 따라서 그리스의 디폴트 선언은 한국이 그리스에 대출해주었거나 지급보증한 자금을 받지 못할 가능성이 있다.

2. 대유럽 교역 악화

① 그리스가 디폴트를 선언하고 이 문제가 유로존 탈퇴로 이어지면서 전체 유럽권이 경제위기에 빠질 가능성이 있다.

② 이 경우 유럽 국가들의 수요가 줄어들고 우리나라의 유럽 수출은 타격을 입게 된다. 유럽은 중국 미국에 이어 우리나라 3대 교역국가이므로 수출이 계속 위축되고 있는 우리 경제에 또 하나의 어려움을 가중시킬 수 있다.

3. 한국을 포함한 신흥국 자금 회수 압박으로 자금 유출

① 그리스 사태로 각국의 헤지펀드들이 신흥국에서 돈을 빼내 금융시장의 불안정성을 높일 수 있다.

② 헤지펀드들이 그리스 투자를 늘려온 가운데 그리스 사태가 악화되면 이 헤지펀드들이 대규모 손실로 유동성 문제를 해결하기 위해 여타 신흥국에서 돈을 빼내갈 가능성이 있다. 이 경우 신흥국을 중심으로 국제 금융시장은 요동칠 것으로 보인다.

4. 외환유출

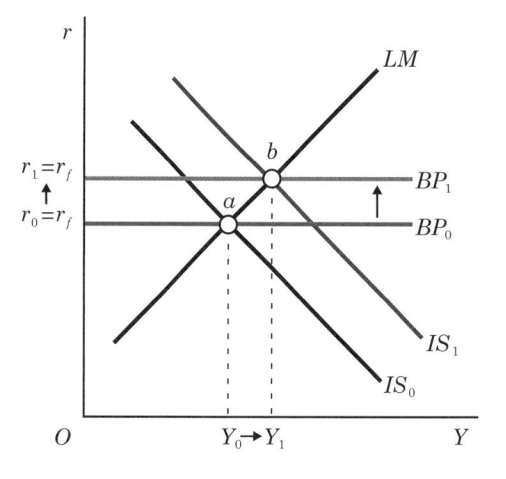

① 외환유출은 BP곡선을 상방으로 이동시키고 환율의 상승을 가져온다.

② 환율상승은 순수출을 증가시켜 IS곡선을 우측으로 이동시켜 단기적으로 국민소득의 증가를 가져올 수 있다.

5. 주가 하락

외환유출은 주가 하락을 가져올 수 있는데 주가 하락은 투자 및 소비 감소를 가져올 수 있다.

6. 채권 가격 하락

외환유출은 채권 가격의 하락을 가져오고 채권 가격의 하락은 채권금리를 상승시켜 신규 채권 발행의 부담을 가져올 수 있다.

유럽의 경우 재정위기가 발생하였다. (단, $IS-LM-BP$ 모형으로 분석하시오.)

1. 완전한 자본이동, 유로화로 인한 고정환율제도에서 재정위기가 발생할 수 밖에 없었던 이유를 쓰시오.

2. 자본이동이 제한되어 있을 경우 재정정책의 효과를 쓰시오.

3. 현 상황에서 유럽의 경기침체를 해결할 수 있는 방안을 제시하시오.

해설

1 완전한 자본이동, 유로화로 인한 고정환율제도에서 재정위기가 발생할 수 밖에 없었던 이유를 쓰시오.

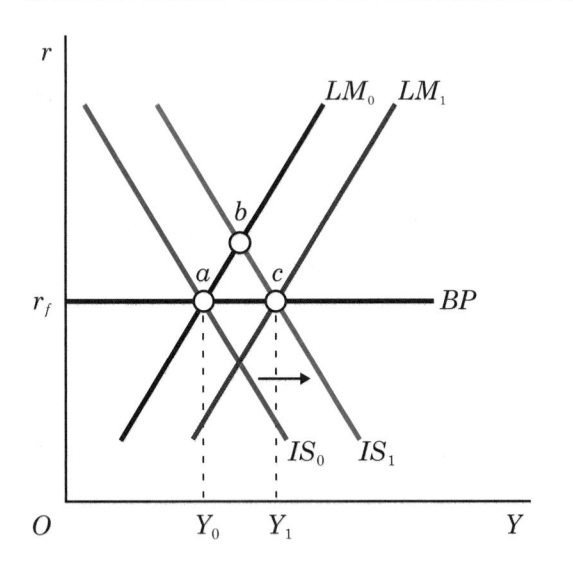

① 삼위일체의 불가능성 정리란 완전한 자본이동, 환율의 안정성, 독자적인 통화정책 모두 달성할 수 없다는 것으로 유로화를 공동통화로 쓰는 국가의 경우 환율의 안정성은 달성할 수 있으나 독자적인 통화정책을 통하여 경기회복을 달성할 수 없다.

② 따라서 확대재정정책을 실시하면 IS곡선이 우측 이동하고 외환유입으로 외환시장의 초과공급을 해소하기 위해 외환을 매입해야 한다.

③ 외환매입은 통화량 증가를 가져와 LM곡선을 우측 이동시키고 경기회복을 달성할 수 있다.

④ 이런 이유로 유로존 국가들은 국공채 발행을 통한 재정지출을 늘리려 했으며 이는 재정적자로 연결되어 재정위기가 발생한 것이다.

2 자본이동이 제한되어 있을 경우 재정정책의 효과를 쓰시오.

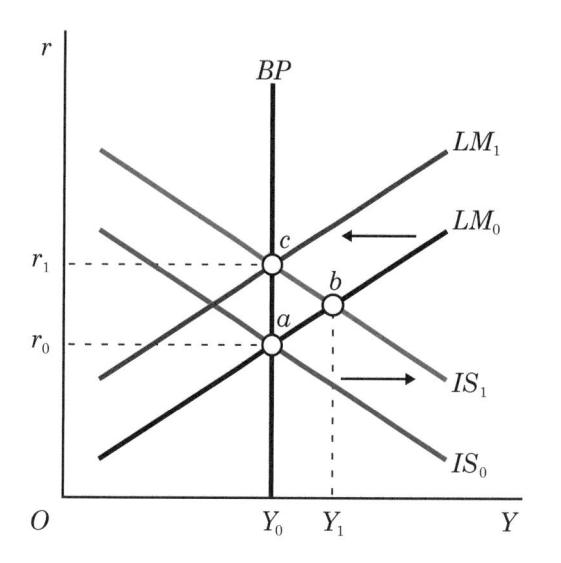

① 자본이동이 제한되어 있으면 BP곡선은 수직선의 형태를 갖는다.

② 확대재정정책을 실시하면 IS곡선이 우측 이동하고 국민소득 증가로 경상수지 적자가 발생한다.

③ 경상수지 적자로 환율이 상승해야 하나 정부의 외환시장 개입으로 외환을 매각해야 한다.

④ 외환매각은 통화량 감소를 가져오고 LM곡선이 좌측 이동해서 국민소득이 불변하나 이자율은 더욱 상승하게 된다.

3 현 상황에서 유럽의 경기침체를 해결할 수 있는 방안을 제시하시오.

① 자본이동이 자유로운 경우 IS곡선을 우측 이동하는 정책이 효과적이다.

② 대표적으로 양적완화 정책은 유로화의 가치를 하락시키므로 순수출 증진효과와 실질이자율 하락으로 투자 증진을 가져온다.

고범석 경제학아카데미

| 주제 03 | 2011년 유럽의 재정위기 | 유럽 |

2008년 금융위기와 2011년 경제위기를 비교하시오.

해설

1 2008년 금융위기와의 비교

1. 금융상품의 위험성 저하

금융위기 당시에는 위험성이 높은 파생금융상품이 위기 발생의 핵심요인이었던 반면, 2011년에 문제가 되고 있는 것은 상대적으로 위험성이 낮은 국채이다.

2. 위험관리체제 강화

금융기관의 고위험 거래 및 상품에 대한 위험관리가 강화

3. 글로벌 유동성 풍부

2008년 금융위기 이전에는 유동성 축소 국면이었으나 2011년에는 글로벌 유동성이 풍부해 신용경색 가능성을 억제

구분	2011년 글로벌 금융불안	2008년 글로벌 금융위기
원인	• 미국의 국가신용등급 강등	• 미국의 리먼브러더스 파산 보호 신청
상품 위험성	• 낮음 : 문제 금융상품은 상대적으로 위험성이 낮은 국채	• 높음 : 복잡한 파생금융상품이 위기발생의 주요 원인
위험관리	• 국제사회의 위험관리제제 강화	• 느슨한 위험관리 (금융기관의 고위험 추구)
유동성	• 풍부한 글로벌 유동성 • 선진국 초저금리 지속	• 유동성 축소과정 • 선진국, 신흥국 금리 인상
정책수단	• 재정 및 금융 정책 수단 제한적 • 각국의 입장 차로 실질적인 국제공조가 어려움	• 재정 및 금융 정책 확대 여력 존재 • G20 합의, 통화 스와프 등 실질적인 국제공조 추진

2 1997년 외환위기와의 비교

위기	1997년 외환위기	2008년 금융위기	2011년 재정위기
원인	• 외국인 투자자금 급격 유출 • 막대한 기업부채와 단기 외채	• 미국 부동산 버블 붕괴 • 파생상품 연쇄 부실화	• 유럽 등 정부부채 급증 • 세계경기 급격히 둔화
현상	• 원화값 급락 · 증시 붕괴 • 기업 연쇄도산 • 대규모 실업	• 금융 · 기업 신용경색 • 주식 · 외환시장 불안	• 수출경기 악화 • 저성장 고물가 • 가계부채 급증
처방	• IMF 구제금융 신청 • 고금리 정책 • 빅딜 등 구조조정	• G20 체제 등 글로벌 공조 • 감세정책 · 통화스왑 • 재정지출 확대	• 재정확대 불가능 • 통화정책 여력 부족 • 글로벌 공조 부진

3 공통점

① 코스피 지수 급락, 원화값 폭락, 신흥국에서 급속한 자본 유출, 달러 유동성 부족(2008년 단기 수급에 문제 발생)

② 정부의 낙관론 – 튼튼한 외환보유액, 양호한 기업 부채 현황, 금융회사의 건전성

③ 컨트롤타워의 실종(즉, 리더십 부재)

　→ 가계부채 문제의 경우만 봐도 기획재정부와 한국은행, 금융위원회가 제각각

4 시사점

① 금융위기는 실물경제로 파급되기 때문에 경제성장률 하락을 가져올 수 있다.

② 유럽과 미국의 경기침체로 한국의 수출 증가율이 급감하고 있고 중국에 대한 수출도 감소세를 가져오고 있기 때문에 중국의 정책 기조가 중요하다.

　→ 중국의 최대 수출시장이 유럽과 미국이기 때문에 중국 경기가 더 악화될 수 있음

③ 1997년 외환위기의 경우 경상수지 적자가 외환위기를 가져왔기 때문에 외환시장 불안, 신용경색에 이어 실물경제가 무너지면 대외의존도가 높은 한국경제는 큰 영향을 받게 된다.

IV 일본

주제 01   원·엔 환율의 하락   **일본**

엔/원 실질실효환율이 최고치를 경신했다고 하자. 일본과의 수출경쟁력이 더욱 악화되는 구조로 치달을 수 있다.

1. 원·엔 환율이 하락하는 이유를 설명하시오.

2. 원·엔 환율 하락이 미치는 영향과 대응책에 대하여 논하시오.

해설

1 원·엔 환율의 결정 원리

1. 재정환율(arbitrated rate)

① 재정환율이란 주어진 2개의 환율에서 간접적으로 산출된 환율로 패리티환율(parity quotation)이라고 도 한다.

② 재정환율은 국제통화 시장에서 중심이 되는 통화, 예를 들면 미 달러에 대한 시세가 결정되면 그 후에는 각 통화와 미 달러와의 시세를 이용해서 자동적으로 산출한다.

2. 원·엔 환율의 결정

① 만약 1$ = 1,000원이고 1$ = 100엔이라면 원·엔 환율은 100엔 = 1,000원이 된다.

② 따라서 원·엔 환율은 원화와 엔화의 직거래로 결정되는 것이 아니기 때문에 달러 및 엔화의 가치 변화 가 원·엔 환율에 영향을 주게 된다.

3. 원·엔 환율 개입의 문제점

① 원·엔 환율은 원·달러 환율과 달리 외환당국에서 직접 개입할 수단이 없다는 것이 문제다. 원·엔은 직접 교환되는 외환시장이 없기 때문이다.

② 원·엔 환율은 서울 외환시장의 원·달러 환율과 도쿄 외환시장의 엔·달러 환율을 가지고 간접적으로 계산할 뿐이다.

환율 안정 왜 힘든가?

　원·엔 환율은 미국 달러화에 연동되는 재정환율로 결정된다. 이 때문에 원화와 엔화의 직접적인 수요·공급에 따라 가치가 결정되지 않고, 중간에 달러가 가치를 결정하는 매개 역할을 담당한다. 예를 들어 원·달러 환율은 시장에서 직접 거래되는 만큼 실제 수요와 공급에 따라 가치가 결정된다. 만약 우리나라 수출기업들이 수출이 큰 폭으로 늘어나 해외에서 달러화를 벌어들이고, 벌어들인 달러를 원화로 바꾸기 위해 외환시장에 내놓으면 달러의 공급이 늘면서 원화가치가 상대적으로 상승한다. 반대로 외국인들이 국내 증시에 투자를 했다가 외부 변수로 인해 이를 다시 빼나가려 한다면, 달러에 대한 수요가 늘면서 원화가치가 떨어지게 된다. 이처럼 시장에서 직접적으로 맞교환되는 원·달러 환율과 달리 원·엔 환율은 간접적인 교환비율이 적용된다. 원·달러 환율, 그리고 엔·달러 환율을 바탕으로 가치가 결정되는 것이다.

　1990년대 일본과의 무역 비중이 컸던 우리나라는 1996년 원화와 엔화를 바로 거래할 수 있는 직거래시장을 개설했던 바 있다. 두 통화 간 가치가 달러화에 연동되면서 발생하는 문제점들을 개선하기 위해서였다. 하지만 수요가 거의 발생하지 않으면서 직거래 시장은 4개월 만에 폐지되고 말았다.

2 원·엔 환율이 하락하는 이유를 설명하시오.

1. 미국 달러 강세
　미국 경제의 반등세가 지속되고 미국 연방준비제도 이사회에서 조기 금리 인상 가능성이 높아지면 달러의 가치가 상승할 수 있다.

2. 일본은행의 양적완화
　① 엔화 약세와 주가 상승이 소비를 자극해 긍정적인 효과를 내고 있으므로 일본은행은 단기국채를 잇따라 '마이너스 금리'에 매입했다.
　② 일본은행의 국채매입은 통화량 증가를 가져와 엔화 약세를 유발하고 있다.

3. 일본 금융기관의 해외 투자 확대
　일본 내 공적 연금 등이 해외투자에 적극 나서면서 엔저 약세를 가속화 하고 있다.

4. 한국의 경상수지 흑자
　① 우리나라의 경상수지는 98개월 째 흑자행진을 이어가고 있다.
　② 경상수지 흑자는 외환유입을 가져와 원화 가치에 있어 강세 요인이 되고 있다.

3 원·엔 환율 하락이 미치는 영향에 대하여 논하시오.

1. 가격경쟁력 하락

원·엔 환율하락은 수출재 가격의 상승을 가져와 수출재 기업의 가격경쟁력 하락을 가져온다.

2. 수익성 악화

원·엔 환율이 하락하더라도 수출재 가격의 상승을 가져오지 못하면 이전보다 더 적은 금액을 원화로 수취하게 되므로 수출재 기업의 수익성은 악화된다.

3. 부품 소재 국산화 노력 차질

수입재 가격이 하락하면 일본산 부품 수입이 확대될 수 있으며 이는 국내 중소·중견기업들의 부품 소재 개발 노력이 감소할 수 있다.

4. 원가 절감 효과

일본산 핵심 부품의 가격하락은 원가 절감 효과를 가져오지만 해외에서 경쟁하는 일본 기업 제품이 역시 엔저로 가격경쟁력이 높아지면서 수출에는 별로 도움이 되지 않는다.

4 대응책을 논하시오.

1. 기업 대응

① 중소기업의 환율변동보험 가입, 결제통화 다변화 등을 통해 환헤지를 강화하는 차원의 미시적인 대책이 필요하다.

② 전기전자업종 자동차 등 환율 민감도가 높은 기업들은 공장을 해외로 이전하고 신규 공장은 해외에 건설할 수 있다. 즉, 원고를 이용해 대대적인 인수·합병(M&A)이 가능하다. 그러나 국내 산업공동화 심화를 유발해서 추후 원화가치가 하락하더라도 국내 중소하도급 업체들은 납품 물량은 늘지 않고 원료비만 증가해 오히려 순이익이 급감할 수 있다.

③ 생산효율화로 국내비용을 절감한다.

④ 부품 등 원재료의 해외조달을 확대한다.

2. 한국은행 대응

한국은행의 금리인하를 통해 외환시장에서 원화가치 절하를 유발함으로써 엔화당 원화값의 하락을 유도할 수 있다.

엔저에 따른 한 · 일 수출 비교 - 자동차 분야 타격 본격화

개요

일본은 중국, 독일, 미국을 제치고 한국과 수출경합도가 가장 높은 국가이기 때문에 엔저 현상 지속은 한국의 수출 경쟁력을 악화시킬 우려가 있다. 환율은 1차적으로 수출 가격에 영향을 미치며 수출 가격 변화에 따른 수출 물량변화에 따라 2차적으로 수출 금액에 영향을 미친다. 이에 따라 엔저 현상이 양국의 수출에 미치는 영향을 명확히 분석하기 위해서는 수출 금액을 수출 가격과 수출 물량으로 구분하여 분석할 필요가 있다.

엔저에 따른 한 · 일 수출 비교

1. 수출 가격

양국의 달러 표시 수출 가격 추세를 분석한 결과, 원화 강세 지속으로 한국보다 일본의 수출 가격이 더 크게 하락하고 있어 한국의 수출가격 경쟁력 하락이 현실화되고 있다.

이에 따라 수송 · 섬유 · 금속 · 기계 · 전자 등 대부분의 주력 산업에서 한국의 수출 가격 경쟁력이 일본보다 악화되고 있다.

2. 수출 물량

양국의 수출 물량 추세를 분석한 결과, 한국의 수출물량 증가세는 지속적으로 둔화되고 있으나, 일본은 수출 물량이 본격적인 회복세를 보이면서 한국의 증가세를 추월했다. 산업별로는 수송 · 섬유 · 금속 산업에서 한국 대비 일본의 수출 물량 증가세가 뚜렷하다.

3. 수출 금액

가격 및 물량 요인 분석 결과, 한국은 가격 하락에도 물량 증가세가 둔화되며 수출이 위축되고 있으나, 일본은 가격 하락에 힘입어 물량이 증가하기 시작하면서 수출이 개선되고 있다. 한국은 수출 가격 하락에도 물량 증가효과가 크지 않은 반면, 일본은 감소하던 수출 물량이 증가세로 선회했다. 이에 따라 한국은 일본 대비 수출 증가세를 지속해왔으나 일본보다 수출 감소 속도가 확대되었다. 특히 자동차 등 수송 산업에서 한국이 일본보다 수출이 위축되고 있다.

시사점

글로벌 수요 회복이 부진한 상황에서 일본의 수출 가격 경쟁력 향상 및 수출 물량 증가는 한국의 수출 물량을 잠식하여 수출 경기를 악화시킬 우려가 제기된다. 이에 대응하여 첫째, 외환 시장의 급격한 변동에 대한 안정화 대책, 국제 공조 강화 등을 통해 원/엔 환율의 변동성 축소 및 엔저 현상 장기화에 대비해야 한다. 둘째, 중소 · 중견 기업들의 환위험 피해에 대응해 무역보험 · 유동성 지원 · 외환 리스크 관리 등 지원을 강화해야 한다. 셋째, 우리 수출품의 고부가가치화를 촉진하고 새로운 수출시장을 개척해야 한다. 넷째, 장기적으로 일본의 산업 경쟁력 회복에 대응해 국내 산업의 경쟁력 강화가 필요하다.

1. 아베노믹스의 양적완화정책이 일본의 총수요에 미치는 경로를 설명하시오.

2. 엔화가치의 하락이 한국경제에 미치는 영향을 논하시오.

해설

1 양적완화 정책의 개념

① 양적완화 정책은 중앙은행이 통화를 시장에 직접 풀어 시장 통화량을 조절하는 금융정책

② 기준금리를 올리거나 내리는 금리정책을 통해 시중 통화량을 조절하는 데 한계가 있는 극심한 경기 침체 또는 경제 위기 상황에서 예외적으로 시행

③ 주로 중앙은행에서 국채 등을 사들임으로써 시장에 돈을 푸는 방식으로 이루어진다. 통화의 공급물량 완화라는 의미에서 'Quantitative Easing' 또는 약자로 QE라고 한다.

2 아베노믹스의 개념

① 아베노믹스(Abenomics)란, 일본의 새 총리인 아베 신조가 추진하는 경제 정책으로서 일본의 무제한 양적완화를 뜻한다. 디플레이션(물가의 지속적인 하락)과 엔고 탈출을 위해 윤전기를 돌려 화폐를 무제한 찍어내는 등 모든 정책 수단을 동원하겠다는 것이 주 내용이다.

② 이를 통해 일본 기업의 가격경쟁력 제고와 경제 부양을 달성하는 것을 주목적으로 한다.

3 아베노믹스의 대두 배경

① 일본의 디플레이션과 유로존의 금융위기, 엔고 현상, 여기에 초고령화 사회 진입으로 인해 생산 가능 인력이 감소하고 있다는 위기의식이 더해져 아베노믹스가 등장하였다.

② 외환시장에 무제한적으로 돈을 풀어 소비심리를 되살리겠다는 자민당의 의지와, 향후 2년 동안 엔화를 현재의 2배로 늘리겠다는 일본 중앙은행의 금융정책이 맞물려 아베노믹스가 현실화되었다.

4 아베노믹스가 일본의 총수요에 미치는 영향

1. 소비 변화

(1) 주가 변화에 따른 부의 효과

① 엔화 약세는 국내 수출 기업들의 실적 개선을 예측한 외국인 투자자들이 주식을 순매수해서 주가가 상승할 수 있다.

② 엔저 현상은 일본 증시의 하락 요인이 되기도 한다. 엔화 절하 속도가 빨라질 것이란 기대감에 일본의 주식과 채권에 대한 투자가 위축되는 측면도 있기 때문이다.

③ 따라서 주가 하락은 부의 효과를 유발하여 소비감소를 가져올 수 있다.

(2) 주택 가격 상승에 따른 부의 효과

　① 엔화 약세는 일본의 주택 가격을 상승시킬 수 있다.

　② 일본의 주택 가격 상승은 부의 효과를 통해 소비 증가를 가져올 수 있다.

2. 투자 변화

주가의 변화는 토빈의 q효과를 통해 투자에 영향을 줄 수 있다.

3. 순수출 변화

① 엔화 약세는 일본산 수출품의 가격경쟁력을 향상시킬 수 있다.

② 따라서 일본 경제에 긍정적인 영향을 미친다.

4. 기타

(1) 여행수지 개선

　엔화 약세는 일본을 찾은 외국인 관광객 수를 증가시켜 여행수지 개선을 가져올 수 있다.

(2) 외환 대출기업 환차손효과 - 기업투자심리 위축

　① 엔화 가치가 급락하면서 외환으로 돈을 빌린 대기업은 환차손 효과를 볼 수 있다.

　② 엔화 가치가 떨어질수록 엔화로 따진 부채 규모가 커지기 때문이다.

5 아베노믹스가 한국경제에 미치는 영향

1. 국내 증시 : 주가 하락폭 > 주가 상승폭

① 우리나라 증시는 하락할 수 있는데 그 이유는 국내 수출 기업들의 실적 부진을 예측한 외국인 투자자들이 주식을 순매도할 수 있기 때문이다.

② 엔저 현상은 원화의 상대적 강세를 불러와 국내 증시의 상승 요인이 되기도 한다. 원화절상 속도가 빨라질 것이란 기대감에 한국의 주식과 채권에 대한 투자가 활성화되는 측면도 있기 때문이다.

③ 하지만 아직까지는 원화절상의 국내 증시에 대한 기대 효과는 크지 않다.

2. 국내 기업 : 수출, 관광, 면세점 매출 하락

① 한국산 수출품의 가격경쟁력을 떨어뜨려 수출로 성장을 견인하는 한국경제에 부정적인 영향을 미친다.

② 삼성경제연구소는 엔 원 환율이 100엔당 1000원까지 떨어졌을 때 기계분야 -7.5%, 자동차 -6.4%, 전기전자 -3.8%, 화학 -3.3%, 철강 -3% 순으로 수출이 감소할 것이라고 전망하였고, 현대경제 연구소 또한 달러당 엔화값이 110엔을 돌파할 경우 우리나라의 수출이 현재 수준 대비 11% 이상 감소할 것이라는 전망을 내놓았다.

③ 엔화 가치가 하락함에 따라 한국을 찾은 일본인 관광객 수가 감소할 수 있다.

3. 일본산 부품 수입가격 하락 : 완제품 수출 가격경쟁력 제고

① 아베노믹스가 국내 경제에 부정적인 영향만 미치는 것은 아니다. 식품, 전자, 철강, 등 일부 업종은 일본산 부품 조달 비중이 높기 때문에 엔저로 인한 수혜 효과가 있다.

② 산업연구원이 분석한 주요 업종별 대일 수입 의존도를 보면, 자동차 산업은 전체 부품 소재와 장비의 23.3%를 일본에서 들여오고 있으며, 철강의 대일 부품 수입 의존도는 40.9%에 달하고 석유화학은 35.0%, 조선업 29.5%, 일반 기계 23.9%, 반도체 14.2%이다. 특히 공작기계 부문은 전체 부품 중 30~40%가량을 일본 수입에 의존하고 있으며, 세계시장에서 일본산 완제품과의 직접 경쟁은 미미하기 때문에 대표적인 수혜 업종으로 꼽힌다.

4. 엔화 대출기업 환차익 효과 : 기업 투자심리 확대

① 엔화 가치가 급락하면서 엔화로 돈을 빌린 대기업은 환차익 효과를 보고 있다. 엔화 가치가 떨어질수록 원화로 따진 부채 규모가 줄어들기 때문이다.

② 환차익만큼 투자여력이 상대적으로 늘어날 것으로 기대할 수 있다.

6 엔저에 대한 대응책

기업 대책 - 자유무역협정 활용한 신규 시장 개척, R&D 투자, 대중소 상생

① 가격보다 품질이 주된 구매 요인이 되는 기계, IT 부문의 R&D 투자를 늘리고, 자유무역협정(FTA), 투자보장협정, 이중과세방지협정 등을 적극적으로 활용함으로써 신흥시장의 유통망을 확보해나가야 한다.

② 대기업과 중소기업이 상생을 모색하면 엔저 현상은 또 다른 기회가 될 수도 있다.

V 신흥시장

주제 01　신흥시장 분석

유망 신흥시장 민트(MINTs)가 최근 부상하고 있다. 민트(MINTs)는 멕시코(Mexico), 인도네시아(Indonesia), 나이지리아(Nigeria), 터키(Turkey) 등 유망 신흥시장으로 부상하는 4개국을 의미한다.

1. 한국은 중국, 미국 등 특정국가에 대한 수출의존도가 높은 가운데 민트에 해당하는 4개국의 교역비중을 높이고자 한다. 4개국 중 어느 국가와 교역비중을 높여야 하는지 본인의 견해와 근거를 제시하시오.
2. 신흥국시장을 주도하는 트렌드를 설명하시오.

해설

1 민트(MINTs)

1. 개념

① 민트(MINTs)는 멕시코(Mexico), 인도네시아(Indonesia), 나이지리아(Nigeria), 터키(Turkey) 등 유망 신흥시장으로 부상하는 4개국을 의미한다.

② 브릭스(BRICs)라는 단어를 유행시킨 골드만삭스의 짐 오닐(Jim O'neill)이 주목할만한 신흥국가들로 언급한 바 있다.

2. 특징

① 민트 소속 국가들은 비교적 안정적인 정치·사회적 환경을 바탕으로 경제적 위상 강화를 시도하고 있다.

② 민트에 속하는 국가들은 정치·사회적 불안 요인을 가지고 있지만, 주변의 신흥국들에 비해서는 비교적 안정적인 경제 환경을 보유하고 있다고 평가되고 있다.

③ 중국 등 브릭스에 속하는 국가들에 비해서는 낮은 성장률을 기록하고 있지만 세계 평균을 상회하는 양호한 성장률을 유지하고 있다.

④ 이를 바탕으로 세계 경제에서 차지하는 위상을 강화하고 있으며, 세계 GDP에서 차지하는 비중은 2000년 3.5%에서 2013년 4.4% 수준으로 지속적으로 증가하고 있다.

2 민트(MINTs)가 부상하고 있는 이유

① 세계 경제의 성장을 이끌었던 중국 등 브릭스(BRICS)2)의 성장이 예전만 같지 못하면서 새로운 성장 동력으로 민트가 부상하고 있다.

② 브릭스에 속한 국가는 해당 지역에서 가장 큰 규모의 신흥국가이고, 민트에 속한 국가는 두 번째 규모의 신흥국가이다.

③ 예를 들어 아시아 지역에서 인도네시아는 중국, 인도에 이어 세 번째 큰 신흥국가이고, 중남미에서 멕시코는 브라질에 이어 두 번째로 큰 신흥국가이다.

④ 민트에 속한 국가들은 대규모 인구, 풍부한 천연자원 등 경제 성장을 위해 필요한 잠재력을 고루 갖추고 있다.

3 민트(MINTs) 4개국의 성장 잠재력

1. 멕시코(Mexico)

(1) 높은 제조업 생산성

① 풍부하고 저렴한 노동력을 바탕으로 높은 제조업 생산성을 보유하고 있으며 특히 최근에는 세계 자동차 제조 공장으로 부상 중이다.

② 멕시코의 월평균 실질임금(1,722달러, PPP기준)은 OECD 국가 평균 13,050 달러의 약 1/8에 불과한 최저 수준이며, 주변국에 비해서도 낮은 수준이다.

③ 이에 멕시코는 세계적인 제조 공장, 특히 자동차 생산기지로 각광받고 있다.

④ 멕시코는 TV와 핸드폰 등 전자산업 부문에서 중국에 이어 미국 시장 점유율 2위국이며, 특히 BMW, 닛산, 도요타, GM 등 글로벌 자동차 기업의 투자가 확대되고 있다.

→ 이에 따라 2000년부터 2013년까지 멕시코의 자동차 생산은 193만 대에서 305만대로 연평균 약 3.6%씩 증가

(2) 북미-중남미 시장 접근성

① 멕시코는 주변국에서 생산된 제품을 북미와 중남미 등 주변의 대규모 소비시장에 판매하기 위해 경유해야 하는 물류 요충지에 해당한다.

② 특히 미국 및 캐나다 시장으로의 접근성이 좋아 자동차 및 전자제품의 생산 및 유통 거점으로 각광을 받고 있다.

③ 멕시코 자국에서 생산된 제조업 제품과 자원뿐만 아니라 40여 개 국가와 맺은 FTA를 통해 수입되어 제3국으로 수출되는 물량이 증가하고 있다.

④ 멕시코의 성장 가능성이 높아지면서 외국인 직접투자액은 2013년 352억 달러로 사상 최고치를 기록했으며, 2000년 이후 연평균 5.2%씩 증가하고 있다.

(3) 대규모 소비시장

① 중남미에서 브라질 다음으로 큰 내수시장(인구 기준)을 보유하고 있으며, 15~64세 인구가 전체의 65%를 차지하는 젊은 인구구조 및 높은 인구증가율을 보이고 있어 내수시장은 당분간 지속적으로 확대될 전망이다.

② 2000년 11,000달러였던 멕시코의 일인당 GDP(구매력 기준)는 2013년 15,500달러로 연평균 2.7%씩 증가하고 있다.

→ 특히 향후에는 경제발전 속도가 빨라지면서 일인당 GDP는 2014~2019년에 연평균 4.5%씩 증가하여 20,237달러(2019년)에 이를 전망

③ 중산층 인구 비중이 중남미 국가들 중 가장 높다.

→ 일인당 1일 소득이 10달러~100달러에 해당하는 중산층의 비중이 2005년 60.1%에서 2030년 약 80%로 중남미 국가 중 가장 높은 수준

④ 특히 멕시코의 제조업이 부흥하면서 멕시코 노동자들의 임금 수준이 향상됨에 따라 중산층 비중이 확대되고 있다.

2. 인도네시아(Indonesia)

(1) 다양한 자연자원

① 주석(매장량 기준 세계 2위), 니켈(세계 6위), 금(세계 6위), 보크사이트(세계 6위), 구리(세계 8위) 등 다양한 광물자원은 인도네시아 경제 발전의 동력이다.

② 석유, 천연가스 등의 에너지 자원도 풍부하게 보유하고 있고, 특히 한국에서 소비되는 천연가스의 대부분은 인도네시아로부터 수입되고 있다.

③ 인도네시아의 팜오일 생산은 세계 1위이며, 유가상승으로 인해 팜오일에서 추출되는 바이오 디젤이 대체 가능 원료로 부상하면서 관심이 증가하고 있다.

④ 인도네시아는 브라질, 호주, 미국, 탄자니아, 중국에 이어 6번째로 우수한 자연 관광자원을 보유하고 있다. (2013년 기준)

→ 인도네시아는 4곳의 세계 자연문화유산(세계 10위), 2,600여종의 생물(세계 4위)을 보유하는 등 자연 관광자원이 풍부

(2) 대규모 자본 유입

산업구조 고도화를 위한 정부의 경제개발계획에 힘입어 외국인 직접투자 규모가 급증하는 추세이다.

(3) 중산층 확대와 도시화 진전

① 소득수준 향상에 따라 중산층 비중이 높아지고 도시화가 빠르게 진전됨에 따라 소비시장으로서의 매력도가 상승하고 있다.

② 인도네시아의 1인당 GDP는 연평균 7.6%(2013년~2018년)씩 증가하여 2018년에 5,570달러에 이를 것으로 예상된다.

③ 인도네시아의 도시화율은 현재 50% 수준에서 2050년 70% 수준까지 지속적으로 상승할 전망이다.

→ 인도네시아의 도시 거주 인구는 2011년 1억 2,289만 명에서 2050년 2억 1,152만 명으로 증가할 전망

3. 나이지리아(Nigeria)

(1) 에너지자원 강국

① 나이지리아는 원유 및 천연가스의 매장량이 각각 세계 10위와 9위를 차지할 정도로 세계적인 자원 부국이다.

② 아프리카 최대 원유 생산국인 나이지리아는 원유 및 천연가스 생산량을 지속적으로 늘려나갈 계획이다.

→ 나이지리아는 현재 세계 5위의 액화천연가스(LNG) 수출국이며, 연간 1,000만 톤의 LNG를 생산할 계획인 Brass LNG 프로젝트가 완공되면 향후 세계 2위의 LNG 수출국이 될 것으로 전망

4. 터키(Turkey)

(1) 지정학적 요충지

① 주변국에서 생산된 제품을 아시아, 유럽, 중동 지역으로 수출하기 위해 경유해야 하는 물류 요충지로 육상 및 해상 물동량이 지속적으로 증가하고 있다.

② 또한, 터키 인근의 중동 국가들과 CIS 소속 국가들은 원유와 천연가스의 주요 생산지이기 때문에 터키는 에너지 물류 허브로도 적합하다.

(2) 풍부한 문화자산

① 중앙아시아 국가들과 같은 문화와 언어를 공유하는 터키는 이슬람, 유럽과도 긴밀한 관계를 유지하며 역내 국가 간 협력을 주도하고 있다.

② 또한 터키는 빼어난 자연환경, 동로마제국 및 오스만제국의 문화적 유산 등 세계적인 관광자원을 보유하고 있어 서비스업·관광산업이 발전하고 있다.

→ 세계 각국의 외국인 관광객 유입 규모를 비교하면, 터키는 프랑스, 미국, 중국, 스페인, 이탈리아에 이어 세계 6위(2012년 기준)의 관광 대국에 해당

(3) 소비시장 확대

① 터키는 유럽에서 독일 다음으로 큰 인구 규모를 보유하고 있으며, 주요 도시인 이스탄불의 소비시장 규모는 불가리아 등 일부 동유럽 국가에 필적하는 수준이다.

② 2000년 8,000달러에 불과하던 터키의 구매력평가 기준 1인당 GDP는 2013년 15,400달러로 연평균 5.1%씩 증가하고 있다.

③ 구매력을 갖춘 중산층 및 고소득층 인구가 증가함에 따라 고급 상품의 소비시장이 빠르게 확대하고 있다.

→ 연평균 소득이 3,000달러 이상인 중산층과 고소득층 인구는 2011년 5,100만 명에서 2050년 9,000만 명으로 증가할 것으로 예상

4 시사점

1. 민트 소속 국가들을 각 지역 진출을 위한 전략적 거점으로 활용

① 민트에 속한 국가들은 각 지역을 대표하는 대표적인 신흥국으로서, 새로운 신흥시장으로 부상할 가능성이 매우 높다.

② 멕시코는 중남미 진출을 위한 교두보로, 인도네시아는 한-아세안 FTA의 전략적 거점으로, 나이지리아는 미개척 아프리카 대륙 진출의 전진기지로, 터키는 중동·EU·CIS 경제권 진출을 위한 요충지로 활용하는 전략 마련이 필요하다.

2. 민트가 생산기지 및 소비시장으로 성장할 가능성에 주목

① 대규모의 저렴한 노동력을 활용하기 위해 노동집약적 산업에 대한 진출을 우선적으로 검토해야 한다.

② 동남아, 중남미 등 전 세계로 확산되고 있는 한류 열풍을 활용하여 급증하고 있는 중산층 소비자들이 한국 기업 및 제품에 우호적인 태도를 가질 수 있도록 유도한다.

③ 글로벌 기업 진출의 확대로 인한 해외자본 유입 증가 및 경쟁 심화에 따른 대비책 마련도 필요하다.

3. 적극적인 진출 전략 모색을 통해 자원 개발 등 신사업 기회를 창출

① 제조업 중심 투자에서 벗어나 나이지리아의 자원개발, 인도네시아의 인프라 건설 등 새로운 사업 기회를 선점할 수 있는 전략이 필요하다.

② 다만 현지 기업이나 자금력 및 정보력이 우수한 글로벌 기업과의 합작이나 전략적 제휴를 통해 리스크를 최소화하려는 노력을 병행해야 한다.

4. 경제 및 문화 교류 확대를 위한 범정부 차원의 지원 강화

① 민트 소속 국가들의 중요성은 증대하고 있지만 정부의 관심 및 지원은 중국 등 브릭스 소속 국가들에 비해 미흡한 상황이다.

② 한국의 경제발전 과정은 민트 국가들의 롤 모델이기 때문에 우리의 성공 노하우를 전수해 주고 시장을 선점할 수 있는 범정부 차원의 노력이 필요하다.

③ 경제·문화적 협력 강화를 위해 멕시코, 인도네시아 등 개별 국가에 대한 전문가를 양성하고 문화 교류를 확대할 수 있는 체계적인 방안 마련이 시급하다.

5 신흥시장을 주도하는 트렌드

1. 소비의 핵으로 부상한 중산층

중산층 증가 현상은 가계소비 증가와 함께 제품 구매 시 가격보다는 디자인, 품질, 기능을 선호하도록 만들었다.

2. 고소득층 증가로 성장하는 명품시장

아직 전반적으로는 가격을 중시하는 시장이기는 하나 고소득층이 증가하고 있으므로 이들을 겨냥한 브랜드와 디자인 중심의 제품개발과 함께 관련 마케팅 활동이 필요하다.

3. 부상하는 여성의 소비력

신흥국에서는 여성의 사회활동 참여 확대와 정부의 여성 지원 정책에 힘입어 여성의 소비력이 빠르게 증가하고 있다. 이에 따라 새로운 수요층으로 등장하고 있는 여성 소비층을 겨냥한 제품 개발과 마케팅 활동이 주목받고 있다.

4. 블루오션으로 부상하는 지방 상권

대부분의 외국기업들이 주로 대도시를 중심으로 시장을 공략하기 때문에 대도시 지역은 경쟁이 치열한 반면 지방 거점 도시들은 상대적으로 경쟁력이 높지 않아 블루오션인 경우가 많다.

5. 기술제휴 수요 확대

① 신흥국들은 대부분 제조업이 취약하고 기술 수준도 낮지만 최근 경제성장으로 내수시장이 확대되면서 해외 수출의 필요성이 높아지자 한국 등 외국 기업들로부터 기술 제휴나 산업 협력을 통해 제조 능력을 확대하려는 노력이 증가하고 있다.

② 브라질, 러시아, 인도, 인도네시아 등 거대 신흥시장은 제조업 기반이 갖추어져 있으나 핵심기기 및 부품을 중심으로 제조 경쟁력이 취약해 핵심기기 및 부품을 주로 수입에 의존하고 있으며 한국산 제품에 대한 관심이 높다.

③ 이들 국가들은 범용제품은 자국에서 제조하고 핵심부품은 수입을 통해 조달해 현지에서 조립생산하는 구조를 갖고 있다.

④ 따라서 기술경쟁력을 갖춘 자동차 부품, 전자 부품, 기계류, 공구류 등이 유망 품목으로 부상할 것으로 전망하고 있다.

6. 한류 및 건강에 대한 관심 증가로 한국산 제품에 대한 수요 증가

① 고가 제품의 경우 유럽이나 미국, 일본산 브랜드가 시장을 장악하고 있었으나 한류 열풍으로 한국에 대한 이미지가 높아지고 한국산 제품에 대한 관심이 증가하면서 한국 제품이 선진국 제품들과 어깨를 나란히 하게 된 것이다.

② 한국 대기업들의 신흥시장 스포츠 마케팅 강화도 한국산 제품에 대한 브랜드 이미지 향상에 기여하고 있다.

③ 또한 신흥국의 지속적인 경제성장과 중산층 확대로 소비자들의 생활수준이 높아지고 건강에 대한 관심이 증가하면서 한국 제품에 대한 수요가 확대되고 있다.

④ 한국산은 품질이 우수하고 안전하다는 인식이 확대되면서 고품질 제품군으로 자리매김하고 있는 것이다.

7. 건설 인프라 투자 확대로 건설 기자재 수요 확대

① 신흥국 정부들은 인프라 확충을 위한 투자를 적극 추진하고 있다. 빈부격차 해소가 사회문제로 대두되고 저소득층을 위한 신흥국 정부들의 서민주택 건설 프로젝트가 구체화되면서 건축시장도 활기를 띠고 있다.

② 또한 거대한 자원을 보유하고 있는 브라질, 러시아, 인도네시아 등의 신흥국들이 자원 개발을 위한 각종 프로젝트 투자를 확대하면서 건설 기자재 수요 확대로 이어지고 있다.

③ 이에 따라 유압브레이커, 베어링, 공구 절삭기, 디지털 도어록, 에이치형강, 열교환기, 유성페인트, 아연도 강판, 조명기구, 건설장비, 밸브 등의 수출이 유망시 되고 있다.

8. 정부의 의료분야 투자 확대 및 고령화로 인한 의료기기 수요 확대

① 신흥국들의 경제성장과 중산층 확대, 고령화 현상은 의약품 및 의료기기에 대한 수요 확대로 이어지고 있다. 그동안 신흥시장에서 고소득층의 전유물로 여겨졌던 건강검진, 고급 의료 서비스는 중산층의 소득 증대와 건강에 대한 관심 확대로 시장이 점차 커지고 있다.

② 신흥국 정부들의 의료 분야에 대한 투자 확대도 의료 관련 분야에 대한 수요 확대 요인이 되고 있다.

신흥국의 외환보유액이 급증하고 있다.

1. 외환보유액이 증가하고 있는 이유를 쓰시오.

2. 외환보유액 증가에 따른 효과를 논하시오.

해설

1 외환보유액 증가 원인 – 통화가치 상승 방지

① 신흥국의 경상수지 흑자와 글로벌 투자 자금 유입은 통화가치 상승을 유발할 수 있다.

② 통화가치 상승을 방지하기 위하여 시장 개입성 달러 매수를 하게 되며 이는 신흥국의 외환보유액 증가로 연결된다.

2 외환보유액 증가 현황

① 외환보유액 증가를 이끌고 있는 것은 대부분 신흥국이다.

② 중국의 외환보유액은 2020년 3월 말 기준 3조 610억 달러이며 일본(1조 3천억 달러), 한국(4천억 달러), 대만(4190억 달러) 등으로 한국은 세계 9위 자리를 차지하고 있다.

3 외환보유액 증가에 따른 효과

1. 외환보유액의 개념

외환보유액이란 한 나라의 중앙은행과 정부가 일정 시점에 보유하고 있는 외화자산으로 언제든지 현금으로 전환해 사용할 수 있는 자산을 말한다.

2. 장점

(1) 외환위기 위험성 감소

충분한 외환을 보유하면 외환유출에 따른 외환위기를 사전에 억지할 수 있다.

(2) 국가신인도 상승

① 국가신인도는 한 나라의 신뢰성, 장래성 등을 나타내는 지표로 해외차입, 외국인 투자 등 경제 활동뿐 아니라 국가신용등급에도 직·간접적으로 영향을 미친다.

② 국제 신용평가기관은 국가위험도, 국가경쟁력, 외환보유액 등 다양한 기준을 통해 특정 국가의 신인도를 주기적으로 측정, 발표한다.

③ 따라서 충분한 외환보유액을 갖고 있으면 국가신인도가 상승할 수 있다.

3. 단점

(1) 물가 불안

달러를 매수하면 시중 통화량이 증가하므로 물가 상승의 위험성이 있다.

(2) 외환보유액 관리 비용 증가

외환매입을 위해 발행한 통화안정증권과 외국환 평형기금 예치에 따른 이자비용이 발생하므로 관리 비용이 증가할 수 있다.

(3) 선진국 장기금리 하락

① 증가한 외환보유액은 대부분 미국 등 선진국 국채에 투자되면서 선진국 장기금리를 끌어내린다.

② 선진국 금리가 하락하면 글로벌 투자 자금은 신흥국으로 더 많이 유입되고, 이로 인한 통화가치 상승을 막으려는 환율 개입으로 신흥국의 외환보유액은 또다시 증가할 수 있다.

(4) 환차손 발생 가능성

외환보유액은 대외지급준비 외화자산의 총액으로 대부분 달러를 보유하게 되는데 달러 가치가 급락하면 환차손이 발생할 수 있다.

(5) 불공정 무역정책

국제적으로 환율의 저평가를 통한 불공정 무역정책으로 비난받을 여지가 있다.

주제 01   한국은행의 기준금리 인하   한국

한국은행에서 기준금리를 0.50%로 내렸다.

1. 기준금리 인하의 배경을 서술하시오.
2. 금리인하에 따른 기대효과를 논하시오.
3. 금리인하는 확대통화정책을 의미한다. 통화정책의 전달경로를 논하시오.
4. 금리인하로 환율상승 또는 원화약세가 더 심해질 가능성이 있다. 환율에 영향을 미치는 다양한 변수를 장단기로 논하시오.

해설

1 기준금리 인하의 배경을 서술하시오.

① 미·중 무역 분쟁과 일본 수출 규제 등의 원인으로 2019년 성장률을 1년 전 예상치(2.8%)보다 0.6% 포인트나 낮은 2.2%에 머물 것으로 예상하여 금리인하를 단행하였다. 금리라도 빨리 낮춰 경기를 부양할 때라는 것이다.

② 민간소비, 수출, 설비투자와 건설투자 등이 감소할 것으로 예상했다.

한은은 내년 성장률을 예상보다 0.1% 포인트 낮춘 2.5%로 발표했지만, 전문가들은 이 역시 장담할 수 없는 숫자로 보고 있다. 늦어도 내년 1분기에는 반도체 경기가 회복되기 시작할 것을 전제로 한 전망치이기 때문이다. 우리 경제가 노동과 자본 등 생산 요소를 효율적으로 가동해 달성할 수 있는 최대 성장률인 '잠재성장률'도 2019~2020년 2.5~2.6% 수준으로 낮췄다. 당초 한은은 2016~2020년의 잠재성장률을 2.8~2.9% 수준으로 봤다. 이날 채권시장에서는 3년 만기 국고채 금리가 1.345%, 10년 만기 국고채 금리는 1.472%로 마감해 각각 2016년 10월 이후 2년 9개월여 만에 최저치를 나타냈다. 시장금리가 기준금리(1.50%)보다도 낮은 수준까지 떨어졌다는 것은 이미 시장 참가자들은 연내 추가 인하를 예상하고 있다는 뜻이다.

이주열 총재는 이날 금융통화위원회가 끝난 후, 기준금리 추가 인하 가능성을 묻는 기자들의 질문에 "한은이 어느 정도 정책 여력은 갖고 있다고 볼 수 있다"고 말했다. 연내 추가 금리 인하 여지가 있다는 뜻이다. 한은은 올해 8, 10, 11월 세 차례 금통위 회의를 남겨두고 있다. 다만 금리 인하가 최근의 집값 반등을 부추길 수 있다는 우려도 있는 만큼, 시장 상황을 종합적으로 지켜볼 것이라는 신중론도 많다. 이 총재는 정부도 적극적으로 나서라고 주문했다. 한은이 할 수 있는 수단을 쓴 만큼, 통화정책에 발맞춰 재정정책도 힘을 보태라는 것이다. 이 총재는 "지금 같은 상황에서 오로지 통화정책으로 대처하려면 금리를 대폭 내려야 하는데, 저금리 기조에 따라 정책 여력이 예전처럼 충분치 않은 게 현실"이라며 "이럴 땐 재정을 충분히 풀어야 한다. 여력도 있고 효과도 빠르다"고 했다. 그러면서 "생산성 향상을 위한 구조개혁도 필요하다"고 강조했다.

2 금리인하에 따른 기대효과를 논하시오.

1. 소비증가

(1) 자산효과

금리인하로 자산가격이 상승하면 소비의 증가를 기대할 수 있다.

(2) 저축 감소

① 금리가 하락하면 저축률이 감소하면서 저축이 소비로 연결되어 소비가 증가할 수 있다.

② 일본의 경우 2차 대전 이후 세계 최초로 제로금리를 실시했던 국가이며 자산 거품이 무너지자 금리를 공격적으로 낮췄다. 일본은 제로금리로 저축률이 크게 떨어지면서 저축을 소비로 연결시킬 수 있었다.

2. 투자증가 – 토빈의 q이론

금리가 인하하면 토빈의 q값이 1보다 커지기 때문에 투자가 증가할 수 있다.

3. 환율상승 효과에 따른 순수출 증가효과

금리가 인하하면 외환이 유출되므로 현 원화가치 상승을 해소할 수 있으며 환율 상승으로 순수출이 증가할 수 있다.

4. 모형

(1) $IS-LM-BP$ 모형 (완전한 자본이동 + 변동환율 제도)

- 확대금융정책

  LM곡선 우측 이동

  → 이자율 하락으로 외환 유출

  → 환율 상승으로 인한 순수출 증가

  → IS곡선 우측 이동

  → 균형국민소득 증가

(2) $AS - AD$ 모형

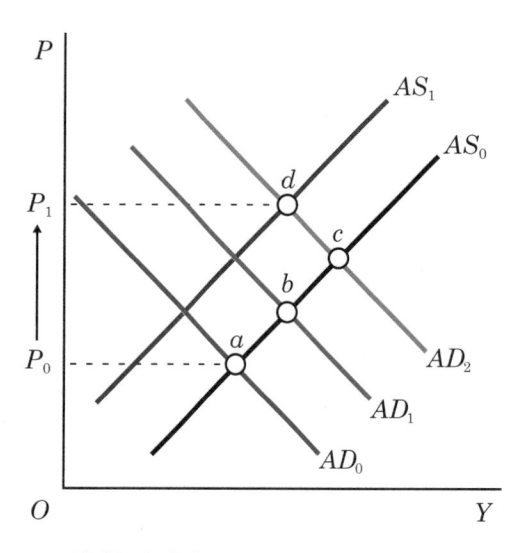

- 확대금융정책

  ① AD곡선 우측 이동

    → 이자율 하락으로 외환 유출 → 환율 상승으로 인한 순수출 증가

  ② 수입원자재 가격 상승으로 인한 기업의 비용 증가

    → AD곡선 우측 이동

  ③ AS곡선 좌측 이동

    → 물가 대폭 상승과 국민소득 소폭 증가

(3) $AA - DD$곡선 모형

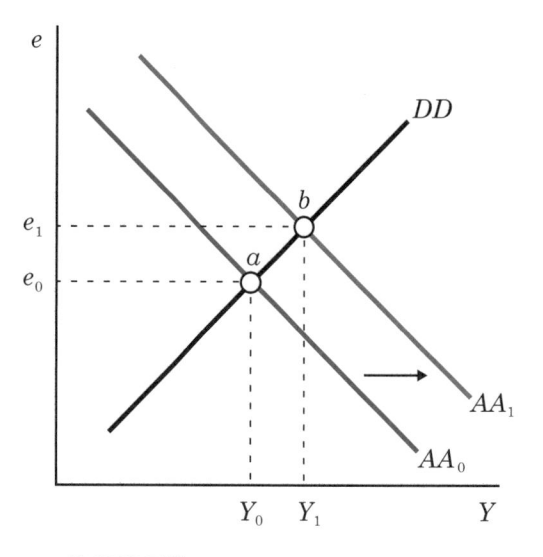

- 확대금융정책

  DD곡선 우측 이동 → 환율 상승, 국민소득 증가

❸ 금리인하는 확대통화정책을 의미한다. 통화정책의 전달경로를 논하시오.

1. 금리경로

(1) 개념

중앙은행이 공개시장조작 등으로 화폐공급을 확대하여 단기금리를 낮추면 장기금리와 은행금리도 함께 하락하여 기업투자와 가계소비가 늘어나고 이는 총생산의 증대로 이어진다.

(2) 한계

① 은행이 대출을 할 때 정보의 비대칭성으로 인해서 신용할당 현상이 나타날 수 있다.

② 새케인즈학파는 불완전한 금융시장에서의 가격경직성을 설명하면서 신용할당을 통해 투자가 이자율에 비탄력적일 수 있다는 주장을 한다. 즉, 금리가 하락한다 하더라도 기업으로의 신용 공급 증가가 나타나지 못한다면 투자는 증가하지 않을 수도 있다는 것이다.

2. 자산가격 경로

(1) 개념

① 화폐금융정책은 주식이나 부동산과 같은 자산의 가격을 변화시킴으로써 실물경제에 영향을 미칠 수 있다. 즉, 이는 가계의 주식이나 부동산 보유가 늘어나고 기업도 주식발행을 통한 자금조달에 더 많은 관심을 기울임에 따라 소비 및 투자가 주가와 부동산 가격의 영향을 많이 영향을 받게 되었기 때문이다.

② 이에 대해서는 토빈의 q이론과 부(富)의 효과를 통해서 설명될 수 있다.

(2) 한계

① 주가는 전반적인 경기상황이나 기업의 수익성, 건전성을 종합적으로 반영하는 지표인데, 다른 조건이 열악한 상태에서 금리가 변한다고 주식에 대한 수요에 영향을 줄 것이라는 점이다.

② 우리나라와 같이 해외여건의 영향을 많이 받는 소규모 개방경제에서는 주가가 국내화폐금융정책의 변화보다 미국 등 선진국의 주가 변화에 더 민감하게 반응하기도 한다.

③ 주가변동이 투자로 연결되는 과정에 있어서도 주가는 단기적 등락이 매우 심한 반면 투자는 투자결정에서 실행에 이르기까지 상당한 시간이 소요되므로, 실제 기업이 얼마만큼이나 주가변동을 고려하면서 투자행위를 할 것인지도 의문이다.

3. 환율경로

(1) 개념

① 국내금리의 변화에 따라 외환이 이동하면서 자국의 통화의 가치가 변화하게 되고, 이를 통해 나타나는 환율의 변화에 따라 경상수지가 변화하게 된다.

② 또한 환율의 변화는 수입품의 가격을 변화시키고 국내물가에 영향을 미친다.

(2) 한계

① 국내 경기의 진작을 위해 국내금리를 하락시키는 경우에 원화의 가치가 떨어지게 되고, 환율이 상승하게 된다.

WWW.KOECONOMICS.COM, 376, 고범석 경제학아카데미

② 이와 같은 환율변동은 기업이나 금융기관들의 외화자산과 부채가치를 변화시켜 재무구조에 중대한 영향을 미친다. 즉, 환율이 급등하면 해외부채가 많은 기업은 상환부담이 커져 오히려 수익성이 악화되고 이는 고용의 감소로 연결될 수 있는 것이다.

4. 신용경로

(1) 개념

① 신용경로는 화폐금융정책의 양적인 측면, 다시 말해 은행의 대출행위에 영향을 미쳐 실물경제에 파급되는 과정을 말한다.

② 중앙은행의 화폐공급의 변화에 따라 은행예금이 변화하게 되고, 이로 인해 은행의 대출이나 채권의 보유규모가 변동됨으로 소비 및 투자가 변한다.

(2) 한계

통화당국이 통화량을 변경하였을 때 이것이 기업이나 가계에 대한 신용 공급의 변화로 연결되지 않을 가능성이 있다.

4 금리인하로 환율상승 또는 원화약세가 더 심해질 가능성이 있다. 환율에 영향을 미치는 다양한 변수를 장단기로 논하시오.

1. 단기적 요인

(1) 시장참가자들의 기대

① 시장참가자들의 환율 예상이 변하면 실제로 환율이 변하게 된다.

② 시장참가자들이 모두 환율 변화를 같은 방향으로 예상하면, 환율이 급변동하는 동반효과 (bandwagon effect)가 나타난다. 이 경우 외환시장이 불안정해진다.

(2) 주변국 환율변동

① 수출시장에서 경쟁관계에 있는 나라의 화폐가치가 하락하면 그 나라의 수출경쟁력이 높아지면서 자국의 수출경쟁력이 상대적으로 낮아진다.

② 그 결과 자국의 수출이 감소할 것이라는 예상이 형성되면서 자국 통화 가치가 하락하게 된다.

(3) 은행의 외환포지션 변동

① 은행의 외환포지션 변동은 환율 변화에 영향을 미친다.

② 은행 외환포지션(= 외화자산-외화부채)의 매도초과 혹은 매입초과가 커지면 포지션 조정을 위해 거래가 일어나고 그 결과 환율이 변동하게 된다.

2. 중·장기적 요인

(1) 물가수준 변동

① 환율 변동의 장기적 요인 중 가장 중요한 것은 두 국가의 물가수준 변동이다.

② 환율은 양국 통화의 교환비율이므로 한 국가의 화폐가치가 변하면 환율도 변한다. 예를 들어, 물가상승률이 높은 국가는 화폐 가치가 낮아지므로 환율이 올라가고, 물가 상승률이 낮은 국가는 화폐가치가 상승하므로 환율은 내려간다.

(2) 국제수지

   ① 자본수지에서 외국으로부터의 자본이 유입되면 외환 공급량이 증가하므로 환율은 하락하고, 자본이
     유출하면 외환 수요가 증가하므로 환율이 상승한다.

   ② 또 경상수지에서 수출이 증가하면 외환 공급이 늘어서 환율이 하락하고, 수입이 증가하면 외환 수요
     가 증가하여 환율이 올라간다.

3) 거시경제정책

   ① 긴축적 통화정책을 시행하면 국내금리가 상승하므로 외국에서 자본이 유입된다. 이는 외환의 공급을
     증가시키므로 환율이 내려간다.

   ② 그런데 긴축적 통화정책으로 국내 금리가 상승하면 경기가 위축되어 외국인 투자자금이 유출될 수 있
     고, 이는 환율 상승 요인이 될 수 있다.

   ③ 일반적으로 국가 간 자본이동이 자유로운 경제일수록 금리 상승이 자본 유입에 더 많은 영향을 미쳐
     환율 하락 가능성이 커진다.

   ④ 확대 재정정책이 시행되면 경기가 회복되면서 수입이 증가한다. 이는 외환 수요를 증가시켜서 환율이
     올라간다.

   ⑤ 그런데 경기 회복으로 기업의 수익성이 개선되면 외국인 투자가 증가하여 자본 유입이 증가하고, 이
     는 환율 하락의 요인이 된다.

예상보다 빨리 움직인 이주열

한국은행이 18일 기준금리를 연 1.75%에서 1.50%로 낮춘 건 시장과 거시경제 전문가 예상보다 한발 앞선 움직임이었다. 대다수의 시장 전문가들이 그동안의 한국은행 행보 등을 근거로 7월보다는 8월 금융통화위원회에서 금리 인하를 단행할 것으로 내다봤다. 경제성장률 전망치를 하향 조정할 게 확실시되는 상황에서 같은 날 금리까지 동시에 내리기엔 부담이 클 것이고, 오는 30~31일 미국 연방준비제도(Fed · 연준)의 연방공개시장위원회(FOMC)가 예정된 만큼 이를 먼저 지켜본 뒤 결정할 가능성이 높다고 본 것이다. 하지만 한은은 망설이지 않았다. 이주열 한은 총재는 "미 · 중 무역협상 분위기가 반전됐고, 연준 통화정책 기조가 예상보다 큰 폭으로 바뀌었고, 일본 수출규제까지 최근 한두 달 동안 경제 여건이 빠르게 변화했다"며 "경기회복을 좀 더 뒷받침할 필요성이 종전보다 커졌다"고 밝혔다. 특히 최근에 불거진 일본 수출규제 변수는 한은이 종전 입장을 바꿔서 금리 인하를 앞당겨 단행하기 위한 좋은 환경을 만들어줬다는 분석이 나온다. 이 총재는 '통화정책 여력이 줄어든 게 아니냐'는 지적에 대해서도 "한 번의 금리 인하로 기준금리가 당장 실효(금리) 하한에 근접하게 된 것은 아니다"며 "경제 상황에 따라 대응할 수 있는 여력을 갖고 있다"고 설명했다.

실효금리 하한이란, 유동성함정이나 자본유출 위험 같은 측면에서 측정하는 일종의 금리 인하 임계치를 말한다. 이 같은 한은 움직임에 대해 조영무 LG경제연구원 연구위원은 "연준의 금리 인하가 이미 기정사실화된 만큼 굳이 결정을 기다리지 않은 것 같다"며 "대외 여건이 긴박하게 돌아가 현재 경기 상황에선 한 발이라도 빨리 움직이는 게 낫다고 판단했을 것"이라고 진단했다. 홍성일 한국경제연구원 경제정책팀장도 "한미 간 금리 차가 일시적으로 1.00% 포인트까지 벌어졌지만, 이달 말 다시 0.75% 포인트로 돌아올 것을 알기에 부담이 없었을 것"이라며 "수출 · 투자 등과 함께 올해 소비자물가 상승률도 기존 1.1%에서 0.7%로 낮아졌는데, 저물가로 인한 압박도 적지 않게 느끼고 있을 것"이라고 분석했다. 이날의 움직임과 "앞으로의 통화정책 방향도 실물경제 회복을 뒷받침하는 쪽으로 완화 기조를 유지하겠다"는 이 총재 발언이 합쳐지면서 시장에서는 연내 추가 금리 인하에 대한 기대감이 커지고 있다. 올해 남은 금리 인하 기회는 8월 30일, 10월 17일 그리고 11월 29일 세 차례다.

문홍철 DB금융투자 연구원은 "한은이 잠재성장률을 기존보다 낮춘 2.5~2.6%로 재추정한 건, 한은이 생각하는 중립금리 수준이 그만큼 낮아져야 함을 의미한다"며 "기준금리는 올해 말까지 추가 한 차례 인하, 내년 상반기 한 차례 인하 그리고 결국 내년 중순에는 금리가 1.0% 수준에 머물 것으로 예상한다"고 말했다. 김명실 KTB투자증권 연구원도 "7월 금리 인하를 시작으로 적어도 1년간 한은의 금리 인하 행보가 지속될 것"이라며 "2%대 성장률마저 고수하기 어려운 상황이 전개될 경우 금리 인하 사이클은 2020년까지 지속될 것"이라고 전망했다. 해외 금융기관 가운데 모건스탠리는 "8월 동결 후 4분기 중 0.25% 포인트 추가 인하"로 내다봤고, 노무라금융투자는 "10월에 또 한차례 0.25% 포인트 인하할 가능성을 70%로 8월(20%)이나 다른 시점(10%)보다 높게 본다"라고 밝혔다. 노무라는 "내년까지 한은이 기준금리를 더 인하할 가능성도 커졌다"라고 덧붙였다.

"추가 하락에 베팅" 채권금리 줄줄이 올해 최저

한국은행이 금리 인하를 단행하자 국고채 가격은 초강세를 나타냈다. 그러나 달러당 원화값은 금리 인하에도 불구하고 이달 말 미국 연방준비제도의 금리 인하 가능성을 반영해 상승세로 마감됐다. 시장에서는 당국의 외환시장 달러 매도 개입이 있었던 것으로 보는 시각도 있다.

18일 금융투자협회에 따르면, 이날 국고채 3년물 금리는 전일 대비 5.4bp(1bp=0.01% 포인트) 하락한 1.345%에 마감했다. 5년물 금리는 7.1bp하락한 1.383%, 10년물 금리는 7.4bp 내린 1.472%로 장을 마감했다. 초장기물인 20년물과 30년물 금리는 각각 7.2bp, 7.4bp 내린 1.495%, 1.486%에 마감했다. 장단기물을 막론하고, 모든 만기 구간에서 일제히 금리가 크게 하락(채권가격 상승)해 연저점을 경신했다. 국고채 가격은 하반기까지 상승세를 이어갈 가능성이 높다는 전망이 나온다. 한은이 4분기 내 추가로 금리를 내릴 가능성이 크게 점쳐지기 때문이다.

신동수 유진투자증권 연구원은 "대내외 불확실성으로 연내 추가 금리 인하 기대가 높아진 점을 고려하면 채권금리의 추가 하락이 예상된다"며 "과거 통화정책이 전환된 이후 금리 인하가 한 차례에 그친 적이 없고, 대내외 리스크로 추가 금리 인하가 예상된다는 점에서 채권값은 상승 여지가 남아 있다"고 말했다. 김상훈 KB증권 연구원은 "연내 금리 추가 인하가 점쳐지는 만큼 국고채 3년물 금리는 1.25% 수준까지 하락할 것"으로 내다봤다. 강승원 NH투자증권 연구원은 "국고채 3년물 금리는 1.2%, 10년물은 1.3%까지 내려갈 수 있다"고 전망했다.

한은의 금리 인하에 이날 달러당 원화값은 널뛰기를 했다. 18일 서울 외환시장에서 달러당 원화값은 전날 종가(1181.3원)보다 0.3원 오른 1181원으로 출발했다. 하지만 이날 오전 한은이 '깜짝' 금리 인하 결정을 하자 곧바로 하락 전환해 장중 한때 1184.5원까지 급락했다. 다만 오후 들어 달러당 원화값은 다시 오르기 시작해 이날 종가는 전날보다 2.5원 오른 1178.8원을 기록했다. 문홍철 DB금융투자 연구원은 "한은이 기준금리 인하를 갑자기 발표한 뒤 교과서처럼 달러당 원화값이 내렸지만 오후 들어 원화 강세로 바뀌었다"며 "미국이 당장 이달 금리를 내릴 예정이고 미국 제조업 경기도 올해 초부터 안 좋아지고 있어 상대적으로 원화 강세로 이어진 것"이라고 분석했다. 익명을 요구한 외환딜러는 "외환당국에서 달러당 원화값 1180원 선을 마지노선으로 보고 일정 부분 시장 개입에 나선 것으로 보인다"고 말했다.

최근 주요 언론이 한국경제가 디플레이션에 빠질 위험이 높다고 경고하고 있다.

1. 디플레이션의 정의를 쓰시오.

2. 2009년에 일본 정부는 1인당 1만 2000엔, 총 2조 엔(당시 환율 기준 30조 원) 규모의 현금을 국민들에게 직접 나눠줬다. 17조 9000억 엔 규모의 공공·재정사업, 6조 엔 규모의 감세정책 등을 총동원했지만 역시 민간소비가 살아나지 않았다. 그 이유를 논하시오.

3. 일본은 1990년대 내수진작책으로 15세 이하 자녀를 둔 저소득층 가구주 3500만 명에게 총 7000억 엔에 달하는 '지역 진흥권'(상품권)을 지급하였다. 6개월 이내에 상품권을 쓰도록 유효기간도 설정했다. 이러한 정책을 한국이 시행했을 때 정책 효과에 대하여 논하시오.

4. 가처분소득 대비 가계부채 비율이 2019년 기준 우리나라는 190.7%이다(2011년 기준 164%). 1600조 원에 달하는 가계부채 규모로 볼 때 한국 경제도 일본형 소비침체의 우려가 크다고 한다. 어떤 측면에서 가계부채 비율의 증가가 소비침체를 가져올 수 있는지 논하시오. 또한 현 상태에서 재정정책을 실시해야 할지 금융정책을 실시해야 할지도 논하시오.

해설

1 디플레이션의 정의를 쓰시오.

 ① 디플레이션(deflation)이란 물가수준이 지속적으로 하락하는 경우를 말한다.
 ② 비슷한 개념으로는 디스인플레이션(disinflation)이란 물가수준은 증가하나 물가상승률이 하락하는 경우를 말한다.

2 2009년에 일본 정부는 1인당 1만 2000엔, 총 2조 엔(당시 환율 기준 30조 원) 규모의 현금을 국민들에게 직접 나눠줬다. 17조 9000억 엔 규모의 공공·재정사업, 6조 엔 규모의 감세정책 등을 총동원했지만 역시 민간 소비가 살아나지 않았다. 그 이유를 논하시오.

 1. 현금지급

 ① 현금지급은 정부의 이전지출이기 때문에 정부소비지출 또는 정부투자지출에 속하지 않는다. 따라서 총수요 증대효과는 발생하지 않는다.
 ② 또는 현금지급이 이루어지더라도 경기침체시 한계소비성향이 작아지기 때문에 소비는 별로 증가하지 않는다.

2. 공공 재정사업

① 공공재정사업과 감세정책이 동시에 이루어졌다는 것은 공공재정사업을 국공채발행을 통해 진행했기 때문이다.

② 국공채 발행 시 이자율이 상승하기 때문에 공공재정사업의 효과가 반감된다. 즉, 공공재정사업으로 이자율이 상승하면 민간소비나 투자가 위축되기 때문에 효과가 생각보다 크지 않을 수 있다.

③ 일본중앙은행(BOJ)이 엄청난 양의 국공채를 계속 매입해주고 있기 때문에 국채수익률은 계속 낮은 수준을 유지하고 있으며 이 때문에 정부가 얼마나 많이 재정지출을 하든 고통은 느낄 수 없고 국가부채는 눈덩이처럼 불어나 복귀불능 지점까지 증가하고 있다

3. 감세정책

① 감세정책은 민간의 처분가능소득의 증가를 가져오며 경기불황으로 한계소비성향이 작다면 소비보다 저축이 증가할 가능성이 높다.

② 세금감면을 국공채발행으로 조달하더라도 국공채를 미래의 조세로 인식한다면 소비의 증가를 저축의 증가로 상쇄시키기 때문에 경기부양효과가 작아진다.(리카도의 등가정리)

3 일본은 1990년대 내수진작책으로 15세 이하 자녀를 둔 저소득층 가구주 3500만 명에게 총 7000억 엔에 달하는 '지역 진흥권'(상품권)을 지급하였다. 6개월 이내에 상품권을 쓰도록 유효기간도 설정했다. 이러한 정책을 한국이 시행했을 때 정책 효과에 대하여 논하시오.

1. 상품권 제공의 효과

① 일반적으로 상품권 제공은 정부의 이전지출로 경기부양효과가 적다.

② 그러나 상품권 지급은 타 용도 사용이 불가능하고 6개월 이내에 상품권을 쓰도록 유통기한을 설정했기 때문에 반드시 6개월 이내에 사용을 해야 한다.

③ 따라서 상품권 제공은 단기간의 경기부양을 가져올 수 있다. 즉, 정부의 직접구매와 같은 효과를 가져올 수 있다.

2. $IS-LM-BP$ 모형

(1) 가정

한국은 변동환율제도를 사용하고 자본의 이동이 완전하다고 하자.

(2) 설명

① 정부의 직접구매는 정부지출의 증가로 IS곡선을 우측으로 이동시킨다.

② IS곡선의 우측 이동은 국내이자율을 상승시켜 외환유입이 발생한다.

③ 외환유입은 환율하락을 가져와 순수출의 감소를 가져온다.

④ 따라서 순수출의 감소는 IS곡선을 좌측으로 이동시켜 국민소득의 변화를 가져오지 못한다.

4 가처분소득 대비 가계부채 비율이 2019년 기준 우리나라는 190.7%이다(2011년 기준 164%). 1600조 원에 달하는 가계부채 규모로 볼 때 한국 경제도 일본형 소비침체의 우려가 크다고 한다. 어떤 측면에서 가계부채 비율의 증가가 소비침체를 가져올 수 있는지 논하시오. 또한 현 상태에서 재정정책을 실시해야 할지 금융정책을 실시해야 할지도 논하시오.

1. 현재 한국의 가계부채 비율

① 가처분소득 대비 가계부채 비율이 우리나라는 190.7%로 일본(132%)뿐 아니라 미국(120%), 경제협력개발기구(OECD) 평균(136%)보다도 높다.

② 일본 역시 버블 붕괴 직전 4년(1986~89) 동안 연 평균 12.2%씩 가계부채가 증가하면서 국내총생산(GDP) 대비 가계부채 비중이 68.9%에서 84.1%까지 높아졌다.

2. 역자산효과

① 한국은 가계부채가 늘어나는 가운데 한국도 일본의 '잃어버린 20년'과 마찬가지로 보유 주식이나 부동산 가격이 떨어지면서 개인의 소비심리가 위축되는 '역(逆)자산 효과'가 나타나고 있다.

② 역자산효과란 자산가치의 하락이 소비감소를 가져오는 경우로 한국의 경우 부동산 담보대출이 큰 비중을 차지하고 있는 가운데 부동산 가격의 하락이 소비감소를 가져올 가능성이 높다.

3. 재정정책의 효과

① 가계채무비중이 높다면 소비의 이자율 탄력성이 크기 때문에 IS곡선이 완만한 형태를 갖게 된다.

② 따라서 확대재정정책의 효과가 감소하게 된다.

4. 금융정책의 효과

① 확대금융정책으로 금리가 인하한다면 대체효과로 현재소비가 증가한다. 또한 실질소득의 증가로 현재소비가 증가한다.

② 따라서 현재소비가 증가하며 확대금융정책의 효과가 재정정책의 효과보다 크게 된다.

한국은 일본화의 위험성이 있다고 한다. 과거 일본의 장기불황처럼 향후 경기불황을 장기화할 가능성이 있다.

1. 일본화의 개념을 설명하시오.

2. 한국경제의 일본화 근거를 설명하시오.

3. 한국경제의 일본화 해결책을 설명하시오.

해설

1 일본화

① 영국 파이낸셜타임스(FT)와 이코노미스트지(誌), 미국 월스트리트저널 등 세계 주요 언론은 최근 '저패니피케이션'(Japanification) 또는 '저패나이제이션'(Japanization)이라는 용어를 자주 사용한다.

② '일본화(日本化)'라고 번역되는 두 단어는 일본이 겪고 있는 장기 불황이 다른 나라로 전염되는 현상을 뜻한다. 일본의 장기 불황이 20년 이상 지속되면서 최근에는 '잃어버린 20년'이라는 말까지 나오고 있다.

2 일본화의 특징

1. 국채수익률

① FT는 미국 · 영국 · 독일의 10년물(物) 국채 수익률의 움직임이 1988~1996년 일본 국채와 상당히 비슷하게 움직인다고 지적한 적이 있다.

② 자산 거품이 붕괴되기 직전에 8%대에 육박하던 일본의 10년물 국채 수익률은 지난 1996년 2%대 밑으로 떨어진 이후 현재 1% 밑을 맴돈다.

③ 유럽 경제대국 독일의 10년 만기 국채(분트)금리가 한때 사상 처음으로 1% 아래로 떨어졌다.

④ 스페인 10년물 국채금리는 2.49%, 벨기에, 이탈리아 10년물 국채금리도 각각 1.4%, 2.66%로 떨어졌다. 이들 국채금리 모두 사상 최저 수준이다.

⑤ 미국 10년물 국채금리도 2.398%로 하락하며 가장 낮은 수준이다.

2. 예대율

① 유로존 은행 전체의 예대율(loan-to-debt ratio)이 120%대로 올라선 것도 1990년대 초반 일본의 상황과 비슷하다.

② 현재와 같은 금융 위기 상황이 계속된다면 은행들이 대출금의 일부를 상환받지 못할 가능성이 크다. 이에 따라 예대율이 지나치게 높은 은행은 부실화 가능성이 큰 것으로 평가받는다.

3. 유동성 함정

① 통상 금리가 떨어지면 기업과 가계 모두 싼 이자로 대출을 받아 투자와 소비를 늘릴 유인이 높아진다. 하지만 최근에는 가계나 기업 모두 '값어치가 떨어지는 돈'을 쓰지 않고 쌓아두고만 있는 실정이다.

② 그 이유는 기업과 가계 모두 시간이 지나도 경기가 회복되지 않을 수 있다는 생각을 하고 있어서다. 그럼 아무리 중앙은행이 금리를 내려도 돈이 돌지 못하고 경제가 얼어붙는 '유동성의 함정'에 빠지게 된다.

4. 디플레이션

저금리는 경제 주체들에게 경기 하락의 시그널을 주게 되어 디플레이션 우려를 낳게 되고, 물가 하락을 대비해 돈을 더 쓰지 않는 악순환에 빠진다.

5. 고령화

① 고령화 사회의 경우 고령자는 저축상품으로 소득을 얻고자 한다.

② 이때 낮은 금리는 소득 감소로 이어지는 경향이 뚜렷해져 민간소비는 큰 타격을 받게 되어 장기침체에 빠질 가능성이 있다.

6. 설비투자 감소

① 일본의 경우 1992년과 1993년에 10%가 넘는 설비투자 감소율을 나타냈다.

② 일본은 1999년에 기준금리가 0%까지 떨어졌지만 기업들은 경기침체에 대응, 설비투자를 줄이고 잉여 현금으로 차입금을 갚는데 사용했다.

3 한국경제의 일본화 해결책 – 정책금리 인하

1. 내수활성화

금리 인하는 소비와 투자 증가를 통해 침체에 빠진 내수경제를 활성화하고자 한다.

2. 원화가치 상승압력의 완화

① 한국은행은 기준금리를 인하해 0.75%의 정책금리를 발표하였다.

② 한국만 나 홀로 고금리를 유지할 경우, 외화 자금의 국내 유입이 가속화되고, 원화 가치가 가파르게 상승하면서 글로벌 경기 침체 상황에서 수출의 힘이 꺾일 수 있기 때문이다.

한국은 일본화의 위험성이 있다고 한다. 내수침체, 저출산 고령화 등이 일본의 장기불황처럼 향후 경기불황을 장기화할 가능성이 있다.

1. 한국은 2030년에 영국, 미국 등과 함께 초고령 사회에 진입할 것이며 각국의 이 같은 급속한 고령화가 세계경제 성장을 저해할 것이라고 신용평가회사 무디스가 지적했다. 저출산 고령화가 한국경제에 미치는 효과와 대책을 논하시오.

2. 저출산 고령화는 재정적자로 경상수지 적자를 유발할 수 있다. 그 이유를 설명하시오. 또한 재정적자를 줄인다고 경상수지가 반드시 개선되는 것은 아님을 설명하시오.

해설

1 저출산 고령화

1. 인구 고령화의 개념

UN은 전체 인구 중 65세이상 인구가 차지하는 비중에 따라 고령화사회(Aging Society, 7%-14%), 고령사회(Aged Society, 14%-20%), 초고령 사회(Super-aged Society, 20% 이상)로 분류하였다.

2. 세계 국가들의 현 상황

① 파이낸셜타임스에 따르면 무디스는 '인구 고령화가 향후 20년간 경제성장을 둔화시킬 것'이라는 보고서에서 2020년에 초고령 사회에 진입하는 국가로 네덜란드 프랑스 스웨덴 포르투갈 슬로베니아 크로아티아 등 13개국을 꼽았다.

② 2030년에는 여기에 한국과 미국 영국 뉴질랜드 등이 더해져 모두 34개국으로 늘어날 것으로 전망했다. 현재 초고령 국가는 일본 독일 이탈리아 3개국이다.

무디스는 전체 인구에서 생산 가능 인구 비율이 증가하면서 경제성장률이 높아지는 이른바 '인구배당효과'는 급속한 고령화로 '인구세(人口稅)'로 바뀌기 시작했다고 지적했다. 2015년부터 2030년까지 노동연령 인구증가율은 이전 15년간의 절반에 그칠 것이며 이 같은 급속한 인구 고령화가 향후 5년간 성장률을 0.4% 떨어뜨리고 2020~2025년에는 0.9% 낮출 것이라고 지적했다. 경제협력개발기구(OECD)도 지난달 인구 고령화가 연간 세계 경제 성장률을 3.6%에서 2050~2060년 2.4%로 하락시킬 것으로 전망했다.

무디스는 특히 아시아 일부 국가들에서 고령화가 빠르게 진행되고 있다며 중국의 경우 2020년이면 고령인구 1명당 노동연령 인구는 6명이지만 2030년에는 4.2명, 2050년에는 2.6명으로 감소할 것으로 예상했다. 한국과 홍콩의 2020년 고령인구 1명당 노동 연령 인구는 각각 4.6, 3.8명이지만 2030년에는 각각 2.7명과 2.3명으로 줄어들 것으로 전망했다. 보고서는 "중기적으로 노동참여율을 높이고 이민을 간소하고 재정흐름을 개선하는 정책 개혁이 고령화가 경제성장에 미치는 영향을 부분적으로 완화할 수 있다"며 "장기적으로는 혁신과 기술 발전이 급속한 인구 변화의 영향을 줄일 수 있을 것"이라고 덧붙였다.

3. 고령화의 원인

(1) 평균수명 증가(longevity)와 출산율(fertility rate) 감소

의료기술의 발달로 인한 평균수명 증가와 교육비부담, 청년실업률의 증가 등으로 인한 출산율 감소가 고령화의 원인

(2) 이민정책 미비

미국, 캐나다, 호주, 뉴질랜드 등은 이민정책 시행에 따른 신규인구 유입으로 고령화가 상대적으로 서서히 진행되고 있으나 한국은 이민정책이 적극적으로 시행되지 않고 있다.

4. 총수요에 미치는 영향

(1) 저축감소에 의한 투자 위축

① 총저축은 생산가능인구가 증가할수록 증가하는 반면, 고령자비율이 증가할수록 감소하는 경향이 있다.

② 생애소득가설(Life-cycle hypothesis)에 의하면 고령자의 평균소비성향이 근로계층보다 높으므로 노인부양비율 증가는 상대적 소비성향이 낮은 근로계층의 가용자산을 상대적 소비성향이 높은 고령자에게로 이전토록 하는 효과가 있어 전체 인구의 평균 소비는 증가하고 저축은 감소한다.

(2) 소비패턴의 변화

① 고령층은 주택, 에너지, 의료관련 지출을 늘리는 반면, 자동차, 교통, 교육, 오락, 의복 관련 지출은 상대적으로 줄이는 경향이 있다.

② 고령화가 진전되면 고령자 수요 품목에 대한 수요가 증가하므로, 국가 전체적으로는 동 산업의 성장률에 따라 경제성장률이 영향을 받을 수 있을 것으로 분석된다.

(3) 재정수지에 미치는 영향

① 고령화 진전에 따라 세원이 되는 생산가능인구의 비중은 줄어드는 반면 연금, 각종 사회 보장 및 의료비 지출이 늘어나 재정수지에 부담을 가중시킬 것으로 전망

② 정부의 노인복지예산 규모는 지속 증가하여 각국 정부에 부담이 될 것으로 전망

5. 총공급에 미치는 영향

(1) 직접적 효과

생산가능인구의 감소 → 노동공급의 축소 → 생산 감소 → 성장 둔화

(2) 간접적 효과

노인부양비율의 증가 → 저축(자본공급) 감소 → 투자 등 총수요 감소 → 성장 둔화

6. 외환시장과 경상수지에 미치는 영향

(1) 금리 상승과 환율하락

① 대부자금 시장에서 금리가 결정된다고 할 때 일국의 저축의 감소는 자금의 공급을 감소시켜 금리 상승의 압력으로 작용한다.

② 이처럼 금리가 상승하면 외환이 유입하여 환율이 하락한다.

(2) 경상수지(CA)와의 관계

① $S - I = X - M$ 균형식에서 볼 때, 경상수지는 생산 가능 인구가 증가할수록 개선되는 반면, 노인 부양비율이 증가할수록 악화되는 경향이 있다. 투자가 일정하다는 가정 하에 생산 가능인구가 늘면 저축이 증가하여 경상수지는 개선되고, 노인 부양비가 높아지면 저축이 감소하여 경상수지는 악화된다.

② 그러나, 실제 고령화의 진전에 따라 저축과 투자가 모두 감소할 경우에는 상대적 감소폭에 따라 경상수지의 적자, 균형, 흑자 모두 가능하다.

→ 경상수지 경로(path)가 불확실

7. 금융시장에 미치는 영향

① 노년층이 증가함에 따라 금융자산 매각이 증가하며 금융자산의 가격하락으로 연결된다.

② 자산가격 하락은 주식 등 위험도가 큰 자산부터 시작될 것으로 전망할 수 있다.

8. 정부 재정에 미치는 영향

(1) 사회복지부담금 증가

각종 사회보장 지원금 지출의 증가로 인하여 정부의 재정이 악화될 가능성이 높다.

(2) 재정정책의 활용 가능성 감소

재정적자가 누적되면 정부는 재정을 이용하여 경기에 대응하는 재정정책을 사용하는 데에 제한이 따르게 된다. 이는 정부가 재정적자를 감수하며 적극적인 재정정책을 펼칠 수 있는 가능성이 제약된다는 것을 의미한다.

9. 대응방안

① 고령화로 인한 성장둔화를 보완하기 위해서는 노동력의 양적 · 질적 개선을 위한 정책적 노력 필요하다.

② 즉, 기술혁신, 1인당 자본비율 증대, 노동의 질적 수준 향상 등 생산성 제고 노력을 통해 노동력 감소를 보완할 필요가 있는 동시에 다양한 계층(여성, 고령자, 이민자등)의 노동활동 참가를 활성화하는 정책 등을 통해 노동력을 확보하여야 한다.

③ 또한 이민정책을 다양하게 검토하여 외국의 노동력을 활용할 수도 있다.

2 재정적자와 경상수지 적자와의 관계

1. 국제수지 항등식

$$(S-I) + (T-G) = (X-M)$$

2. 재정적자와 경상수지 적자

① $(S-I)$가 일정한 상태에서 $(T-G)$가 음수가 되면 $(X-M)$도 음수가 될 수 있다.

② 즉, 재정적자가 경상수지 적자로 연결될 수 있다.

3. 재정적자가 경상수지 적자로 연결되지 않는 경우

① 경상수지인 $(X-M)$은 재정수지인 $(T-G)$만이 아니라 민간부문의 저축과 투자의 차인 $(S-I)$에 의해서도 영향을 받는다.

② 따라서 $(T-G)$가 양(+)이더라도 $(S-I)$가 음(-)이면 경상수지가 흑자로 전환된다는 보장이 없다.

잠재성장률 하락

잠재성장률이 하락하고 있다. 잠재성장률이 하락하고 있는 이유와 해결책을 제시하시오.

해설

1 현재 상황 - 가파르게 하락하고 있는 잠재성장률

① 우리나라 잠재성장률은 금융연구원 추정결과 외환위기 이전에는 생산인구가 지속적으로 증가하고 설비투자가 늘어난 데 힘입어, 7%대의 높은 수준을 유지한 것으로 나타났다.

② 그러나 외환위기를 계기로 2000년대 들어 잠재성장률이 크게 떨어진 것으로 분석됐다. 2000년대 전반에는 평균 5.2%, 2000년대 후반에는 글로벌 금융위기의 영향으로 3.4%까지 하락한 것으로 나왔다.

③ 외국의 경우 미국, 영국 등 주요 선진국들도 1990년대 후반 이후 잠재성장률이 지속적으로 떨어졌다.

④ 문제는 우리 경제가 과거 성장기의 선진국보다 잠재성장률 하락속도가 빠르다는 것이다. 이는 우리나라의 경우 대외개방이 확대되고 경제구조가 급격히 변화하는 과정에서 정부와 민간이 발 빠르게 대응하지 못했기 때문으로 풀이된다.

2 잠재성장률

한 나라 경제가 물가상승을 유발하지 않으면서 달성할 수 있는 성장률을 의미한다.

3 잠재성장률 하락 3대 요인

1. 노동공급 둔화

① 저출산, 고령화 등으로 생산가능인구(15~64세)의 증가세가 급격히 둔화하는 가운데 경제활동참가율도 외환위기 직전보다 낮은 수준을 유지하고 있다.

② 15세 이상 인구 중 경제활동인구(취업자와 실업자) 비중을 의미하는 경제활동참가율은 우리나라의 경우 주요국에 비해서는 상당히 낮은 수준이다. 특히 청년층의 경제활동참가율은 43.8%로 OECD 국가 평균 58.9%를 크게 밑돌고 있다.

2. 설비투자 위축

① 외환위기 이후 설비투자 증가율이 떨어졌는데, 투자가 부진해지면 GDP를 확대하기 힘들고 투자가 활발한 종전에 비해 잠재성장률 하락요인이 된다.

② 1970년부터 1998년까지 설비투자 증가율은 연평균 14.5%이었으나 외환위기 이후에는 연평균 6.5%로 위기 이전의 절반에도 미치지 못하고 있다.

3. 서비스산업 저(低)생산성

제조업에 이어 서비스산업이 발달하고 있으나, 서비스업 생산성이 제조업 노동생산성의 46.8% 수준에 불과한 점도 잠재성장률을 떨어뜨리는 요인으로 작용했다.

4 한국 성장 잠재력 향상방안

1. 생산성 주도형 성장 필요

① 성장잠재력을 높이려면 과거의 노동력 중심 성장모델에서 벗어나, 기술개발을 통한 고부가가치 산업을 키우고 생산성주도형 성장모델로 바꿔야 한다.

② 이를 위해 기술개발 및 차세대 성장동력 육성에 대한 투자를 늘리고 혁신형 중소·벤처기업에 대한 지원을 확대하는 등 연구개발 투자를 확대해야 한다. 또한 핵심 주력산업인 정보기술 산업 이외에 미래를 책임질 새 산업을 발굴해야 한다.

2. 투자활성화 정책

① 자본투입을 늘리기 위한 투자활성화 정책도 필요하다.

② 투자를 막는 규제를 정비하고, 외국인 투자 활성화를 위해 선진적인 노사 관행을 정착시키는 등 투자환경 인프라를 개선해야 한다.

3. 경제활동참가율 제고

① 고령자와 고학력 여성의 경제활동 참여 기회를 확대해야 한다.

② 이공계 인력 육성, 산학협력 강화, 외국전문인력 도입 등 산업수요에 부합하는 인력 양성에도 중점을 둬야 할 것이다.

4. 세계화 정책적극적인 개방정책과 해외진출을 통해 잠재성장률을 높이는 것도 필요하다.

5. 기타

일자리창출형 복지, 사회통합 등도 성장잠재력을 강화시킬 수 있다.

5 주의점

① 잠재성장률을 높이는 과정에서 정책목표 간 상충될 소지가 있음에 주의해야 한다.

② 예를 들어 생산성이 떨어지는 기업을 구조조정하는 과정에서 대규모 실업이 발생할 수 있기 때문에 정책목표 간의 우선순위에 대한 사회적 합의를 바탕으로 정책을 추진해야 한다.

잠재성장률 하락 국가 공통점

과거 고(高)성장하다 잠재성장률이 크게 떨어진 이후, 더 이상 회복하지 못하는 대표적인 나라로 일본, 스페인, 포르투갈, 이탈리아 등이 있다.일본은 1987~96년 중 평균 2.5%의 잠재성장률을 유지했지만, 이후 잠재성장률이 하락해 2009년에 0.5%로 떨어진 이후 계속 비슷한 수준에 머무르고 있다. 스페인, 포르투갈, 이탈리아도 1987~96년 중 각각 평균 2.5%, 2.7%, 1.7%의 잠재성장률을 보였으나 최근엔 각각 1.2%, 0.3%, 0.3%로 크게 하락했다. 이처럼 잠재성장률이 크게 떨어진 국가들은 몇 가지 특징을 보였다.

첫째, 급속한 인구 고령화를 경험했다. 일본의 경우 2010년 65세 이상 고령인구 비중이 1995년 대비 8.4% 포인트 상승했다. 소득창출 능력이 높지 않은 고령 인구의 증가는 가계의 실질구매력을 떨어뜨려 내수기반을 약화시킬 수밖에 없다.

둘째, 국내 제조업 기반시설이 해외로 빠져나가는 산업공동화 현상이 나타났다. 스페인과 포르투갈은 과거에 저(低)임금, 세제 혜택 등을 내걸어 해외직접투자를 적극 유치함으로써 고도성장을 이룩했다. 그러나 2000년대 들어 국내 고용을 유발하는 제조업 고부가가치화에 실패하고, 해외로 공장이 이전되면서 산업공동화가 발생했다. 일본도 지난해 동일본대지진 이후 기업의 해외생산 움직임이 가속화되면서 산업공동화에 대한 우려가 커지고 있다.

셋째, 연구개발 투자가 미흡하거나 줄어드는 현상이 나타났다. 2009년 기준 GDP(국내총생산)대비 연구개발 투자 비중은 이탈리아는 1.26%, 포르투갈은 1.64%, 스페인은 1.38%로 OECD 국가 평균인 2.4%를 밑돌고 있다. 연구개발 투자의 결실인 기술혁신은 경제성장의 원동력이다. 노동과 자본 투입을 확대해 성장하는 것은 한계에 봉착할 수밖에 없다. 지속가능한 성장을 위해서는 기술혁신을 통해 고부가가치 산업을 육성하는 생산성 주도형 성장 모형으로 바뀌어야 한다.

최근 4차 산업혁명이 이슈화되고 있다.

1. 4차 산업혁명이 무엇인지 설명하시오.

2. 4차 산업혁명이 가져다줄 파급효과를 논하시오.

3. 4차 산업혁명은 글로벌 가치사슬에도 큰 영향을 주게 되는데 중소기업의 입장에서 어떤 기회요인이 발생하는지 설명하시오.

해설

❶ 4차 산업혁명이란?

1. 등장배경
   ① 최근 4차 산업혁명이 미래 성장의 원동력으로 부각됨에 따라 주요국들은 이와 관련된 산업 경쟁력 강화 방안을 적극 추진하고 있다.
   ② 2016년 1월 개최한 제46회 다보스포럼은 '4차 산업혁명의 이해'를 주제로 각국 정상의 토의가 이뤄졌는 데 이는 4차 산업혁명을 글로벌 경제위기 극복의 대안으로 논의할 뿐만 아니라, 4차 산업혁명이 초래할 사회구조의 변화에 주목했다는 점에서 의미가 있다.

2. 개념
   ① 사물인터넷(IoT)과 인공지능(AI) 등 첨단 IT기술을 바탕으로 생산기기와 생산품 간 상호 소통체계 및 생 산과정의 최적화를 구축하는 것을 의미한다.
   ② 디지털, 물리적, 생물학적 영역의 경계가 없어지고, 기술이 융합되는 것을 목표로 한다.
   ③ 증기기관 발명(1차), 대량생산과 자동화(2차), 정보기술과 산업의 결합(3차)에 이어 네 번째 산업혁명을 일으킬 것이라는 의미에서 붙여진 용어이다.
   ④ 미국에서는 'AMI(Advanced Manufacturing Initiative)', 독일과 중국에서는 '인더스트리 4.0(Industry 4.0)'이라고 지칭한다.

3. 기존 산업혁명

(1) 제1차 (1760-1840)

철도 건설과 증기기관의 발명을 바탕으로 기계에 의한 생산이 주도하였다.

(2) 제2차 (19세기말-20세기초)

전기와 생산 조립 라인의 출현으로 대량생산을 가능케 하였다.

(3) 제3차(1960년대 시작)

반도체와 메인프레임 컴퓨팅, 인터넷이 발달을 주도. 컴퓨터 혁명 혹은 디지털 혁명이라고도 한다.

제1차 산업혁명	제2차 산업혁명	제3차 산업혁명	제4차 산업혁명
18세기	19~20세기	20세기 후반	2015년~
증기기관 기반의 기계화 혁명	전기 에너지 기반의 대량생산 혁명	컴퓨터와 인터넷기반의 지식정보 혁명	IoT/CPS/인공지능 기반의 만물초지능 혁명
증기기관을 활용하여 영국의 섬유공업이 거대산업화	공장에 전력이 보급되어 벨트 컨베이어를 사용한 대량생산보급	인터넷과 스마트혁명으로 미국주도의 글로벌 IT기업 부상	사람, 사물, 공간을 초연결 · 초지능화하여 산업구조 사회 시스템 혁신

4. 특징

① 4차 산업혁명은 정보통신기술을 바탕으로 한 3차 산업혁명의 연장선에 위치하면서도, 기존 산업혁명들과 차별화되는 특징을 갖고 있다.

② 기존의 1~3차 산업혁명은 기계가 사람이 하는 일을 대체해 자동화를 이루고, 연결성을 강화해온 과정이었다면, 4차 산업혁명은 인공지능의 출현으로 컴퓨터나 로봇이 사람의 두뇌를 대체해 가는 과정이라 볼 수 있다.

③ 혁신의 속도 뿐 아니라 그 규모수익 또한 놀라운 수준으로 성장하였으며, 규모수익은 성장에 영향을 미치고 전체 시스템을 변화시키고 있다.

④ 이는 정치, 경제, 사회, 문화 등 다방면에서의 대규모 변화를 초래할 것으로 전망되며, 많은 기대와 우려를 낳고 있다.

5. 장애요인

① 제4차 산업혁명에 대응하기 위해 정치·경제·사회 체제를 재고해볼 필요성이 큰 데 반해, 전 분야에 걸쳐 요구되는 리더십의 수준과 현재 진행 중인 이 급격한 변화에 대한 이해력이 현저히 낮다.

② 그 결과 국가적, 세계적으로 혁신의 전파를 관리하고 혼란을 완화시키는 데 필요한 제도적 체계가 부족하거나, 최악의 경우 아예 부재한다는 것이 현실이다.

❷ 4차 산업혁명이 가져다줄 파급효과

1. 파급효과

(1) 제조업 혁신, 만인이 생산자가 될 수 있는 사회

① 산업구조 지능화로 생산성이 대폭 향상될 것이며, 제조업의 진입장벽이 낮아짐에 따라, 공유경제 및 온디멘드(on-demand) 경제 응용 산업이 부상할 것으로 전망된다.

② 정보통신기술의 발달로 오픈소스 프로그램을 이용해 시제품을 디자인할 수 있으며, 3D프린터와 크라우드 펀딩 등을 통한 사업화도 용이해질 수 있다.

③ 이에 따라 맞춤형 소량생산이 즉시 가능해지고, 다양한 아이디어를 토대로 한 혁신제품들이 출현할 것으로 예상된다.

④ 소비자가 제품개발, 유통과정까지 직접 참여하는 프로슈머(prosumer)로 거듭남에 따라 자신의 제품을 직접 만드는 "1인 제조기업"의 출현 가능성 또한 높아진다.

공유경제

한 번 생산된 제품을 여럿이 공유해 쓰는 협업 소비를 기반으로 한 경제를 말한다. 활용도가 떨어지는 물건이나 부동산을 다른 사람들과 함께 공유함으로써 자원 활용을 극대화할 수 있다.

온디멘드

각종 서비스와 재화가 모바일 네트워크 또는 온라인 장터 등을 통해 수요자가 원하는 형태로 즉각 제공되는 경제 시스템을 말한다. 통신기술 발달에 따라 거래비용이 줄고, 가격 결정의 주도권을 수요자가 갖는 것이 특징이다.

(2) 일자리 감소에 따른 양극화 심화 우려

① 4차 산업혁명을 야기한, 인공지능과 첨단기술의 발달은 일자리를 위협하는 가장 큰 요인으로 지목된다. 향후 일부 전문 기술직을 제외한 대부분의 일자리는 로봇이나 컴퓨터가 대체함으로 인해 계속해서 줄어들 것으로 예상된다.

② 특히 안정적이며, 고임금 직종으로 꼽히는 금융업이 직격탄을 맞고 있다. 이는 금융에 정보기술을 결합한 '핀테크'가 확산되면서 은행 창구직원 등 금융업 근로자의 수요가 예전보다 감소했기 때문이다.

③ 2015년 세계경제포럼에서 발표한 '미래고용보고서'에 따르면, 향후 5년간 4차 산업혁명으로 인해 선진국 및 신흥시장 15개국에서 일자리 710만 개가 사라질 것으로 전망된다. 한편 창출 될 수 있는 일자리는 210만 개에 불과한 것으로 나타나, 수치상으로 500만 개의 일자리가 감소할 것으로 예상된다. 이는 노동자들 간에 빈부격차뿐만 아니라, 국가 간 빈부격차를 심화시킬 수도 있다.

핀테크(Fin Tech)

1. 개념

금융(Financial)과 정보기술(Technology)의 합성어로, 인터넷 · 모바일 공간에서 결제 · 송금 · 이체, 인터넷 전문 은행, 크라우드 펀딩, 디지털 화폐 등 각종 금융 서비스를 제공하는 산업을 뜻한다.

2. 핀테크 관련 사례

(1) 크라우드 펀딩

소셜 네트워크 서비스를 이용해 소규모 후원이나 투자 등의 목적으로 인터넷과 같은 플랫폼을 통해 다수의 개인들로부터 자금을 모으는 행위이다. '소셜 펀딩'이라고도 한다.

(2) 인터넷 전문은행

점포 없이 인터넷과 콜센터에서 예금 수신이나 대출 등의 업무를 하는 은행이다. 소규모 조직만 가지고 지점망 없이 운영되는 저비용 구조로 인해 기존 거대 은행에 비해서 예대마진과 각종 수수료를 최소화하면서도 수익을 낼 수 있도록 해준다. 따라서 고객에게 보다 높은 예금금리, 낮은 대출금리, 저렴한 수수료 등이 장점이라 할 수 있다. 미국과 유럽에선 이미 1990년대부터 인터넷은행이 다수 등장하였으며, 일본에서도 2000년대에 등장하여 운영되고 있다. 국내에서는 2001년 (주)브이뱅크컨설팅이 '브이뱅크'라는 인터넷은행 설립하려 했으나, 금융실명제법과 자금 확보 문제로 무산되었다.

(3) 비트코인

비트코인이란, 2009년 '나카모토 사토시'란 신원불명의 프로그래머가 개발한 일종의 '사이버 머니(cyber money)'다. 각국의 중앙은행이 화폐 발행을 독점하고 자의적인 통화정책을 펴는 것에 대한 반발로 탄생했다.

(3) 경제

① 지난 10년간, 전 세계 생산성은 기술의 기하급수적 진보와 혁신에 대한 투자가 폭발적으로 증가했음에도 불구하고 부진한 상태이다. 4차 산업혁명으로 기존의 정체된 생산성이 획기적으로 올라갈 것으로 기대된다.

② 자동화와 컴퓨터의 연산력의 성장에 따라 잠정적으로 변호사, 재무분석가, 의사, 기자, 회계사, 보험판매자나 사서와 같은 다양한 직업군이 사라질 전망이다. 또한 소위 중산층을 이루고 있는 계층의 단순 반복 업무 일자리는 큰 폭으로 감소할 것이다. 개발도상국에서는 4차 산업혁명으로 더 이상 저렴한 노력적인 기업의 경쟁력에 도움이 되지 않으므로 전 세계 제조업이 다시 선진국으로 회귀하는 '리쇼어링(re-shoring)' 현상이 발생할 것이다.

(4) 기업

① 제4차 산업혁명은 보다 새롭고 다양한 방식으로 기술이 결합된, 훨씬 더 복잡한 형태를 지향하는 거침없는 전환이므로 모든 기업이 자사의 운영 방식을 전면 재검토하거나, 기존 전략의 형태를 바꿀 수밖에 없다. 결국 지속적인 혁신 도모만이 기업 생존의 유일한 길이 될 것이다.

② 디지털화 추세는 현재 더 높은 투명성을 확보하는 방향으로 진행되고 있다. 더 높은 투명성의 의미는 공급망에 더 많은 데이터가 제공되고, 소비자 역시 많은 양의 데이터를 쉽게 확보할 수 있게 되어 제품 성능에 대해 더 많은 비교가 가능해지면서 결국 권력이 소비자에게로 이동될 것이다.

③ 전통적인 칸막이(Silo) 문화와 가치사슬이 해체되고 기업과 고객 사이 공급체인에 존재하던 중개자가 제거되면서 기업의 운영 모델도 변화할 수밖에 없다. 또한 로봇과 자동화, 물리학/디지털/생물학의 융합 등에 힘입어 다차원적 결합을 기반으로 한 비즈니스 모델이 탄생될 것이다.

(5) 국가와 세계

① 시민사회의 힘이 커지고 인구의 분열과 양극화가 심화됨에 따라 통치는 더 어려워지고 정부의 효율성마저 떨어지는 정치 체계가 나타날 수 있다. 정부는 국민과 더욱 효율적으로 소통해야 하고 배움과 적응을 위한 정책 실험을 집행해야 한다.

② 개발도상국을 중심으로 노동집약적 재화와 서비스 생산으로 경쟁 우위를 지킬 수 있었던 나라들의 경우, 자동화에 의해 경쟁 우위가 갑작스럽게 약화될 수 있다.

(6) 사회

① 전 세계적으로 연결된 디지털 플랫폼과 시장은 소수의 '스타'들에게 지나치게 큰 보상을 주게 될 것이다.

② 새로운 트렌드가 지속적으로 발생한다면, 저숙련 노동력이나 평범한 자본을 가진 사람이 아닌, 새로운 아이디어와 비즈니스 모델, 상품과 서비스를 제공하는 등 혁신이 주도하는 생태계에 완벽히 적응할 수 있는 능력을 갖춘 사람들이 승자가 될 것이다.

(7) 개인

① 인터넷과 상호연결성이 높아지면서 개인에게 발생하는 가장 큰 문제 중 하나가 바로 사생활 침해에 대한 우려이다.

② 인터넷은 무차별적이고 광범위하며 그 의도를 파악할 수 없는 거대 감시 도구로 탈바꿈할 수 있다.

2. 대응책

(1) 정부

① 노동자 재교육, 신산업 위주의 직업훈련 개편, 첨단 기술자격증 신설 등 일자리 감소에 대한 사전 대비가 필요하다.

② 또한 기업 친화적 방식으로 규제 및 세제 개혁을 추진해 기업 경쟁력을 강화하고 투자 효율성을 향상시켜야 한다.

(2) 기업

사물인터넷(IoT), 인공지능(AI) 등 4차 산업혁명을 주도할 기술시장 선점을 위해 적극적 R&D 투자, 기술협력 등이 요구되며, 공유경제 및 온디맨드 경제 등 기술 기반 플랫폼 사업에 대해 포괄적 시각과 장기적인 관점에서의 전력 마련이 필요하다.

(3) 개인

　　사물인터넷, 인공지능 등 핵심기술을 숙지하고, 향후 유망 직종에 대한 구체적인 직무적성 학습을 통해 미래 산업구조 및 노동시장 변화에 대비해야 한다.

❸ 4차 산업혁명은 글로벌 가치사슬에도 큰 영향을 주게 되는데 중소기업의 입장에서 어떤 기회요인이 발생하는지 설명하시오

1. 글로벌 가치사슬(Global Value Chain)의 개념

① 가치사슬이란 제품 또는 서비스의 구상에서부터 생산 및 소비자들에게 유통 또는 그 이상의 일련의 모든 과정으로 정의할 수 있으며 글로벌 가치사슬(GVC : Global Value Chain)이란 세계 여러 다른 지역의 다수기업들에 가치사슬의 모든 과정이 분배되어져 있는 일련의 연계된 활동을 의미한다.

② 즉, 글로벌 가치사슬이란 상품과 서비스의 설계, 생산, 유통, 사용, 폐기 등 전 범위에 이르는 활동이 운송 및 통신의 발달과 함께 세계화되는 것을 의미한다.

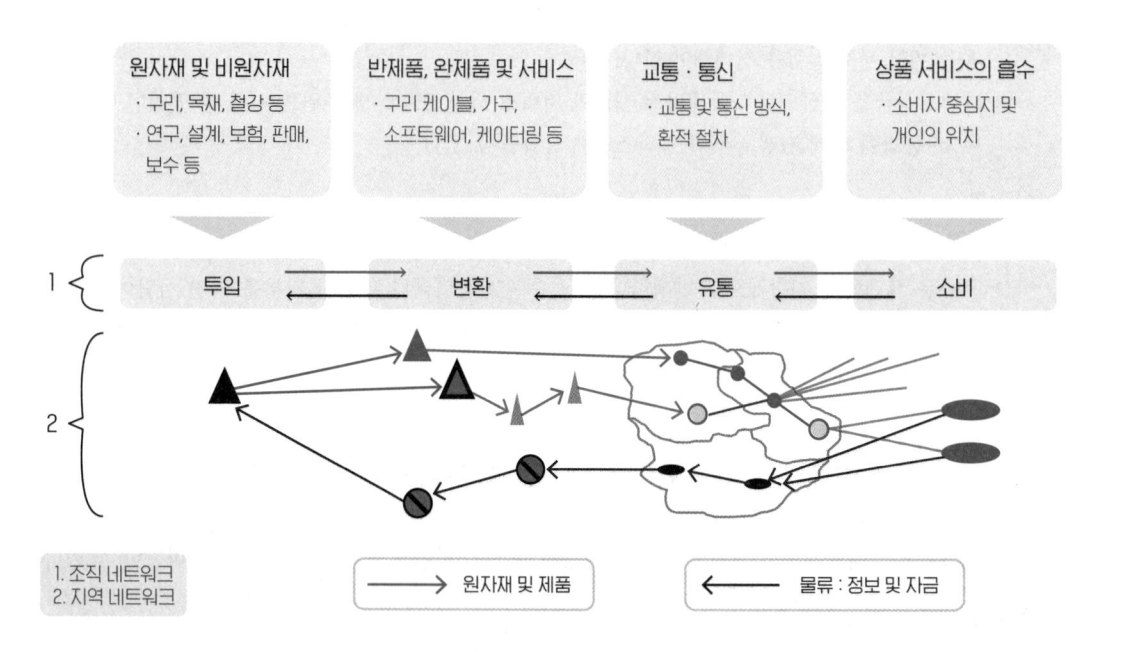

2. 글로벌 가치사슬의 중요성

① 제품과 서비스 생산의 글로벌 분업화가 가속되면 수출입액이 각 국가의 생산활동을 직접적으로 반영하지 못하는 현상이 발생한다.

② 즉, 보다 생산 효율성이 높은 국외에서 생산된 많은 중간재들을 국내로 들여와 마지막 부가가치를 포함시킨 후 수출하기 때문에, 수출의 총량과 국내의 GDP에 기여하는 국내 부가가치 활동과의 격차가 계속 증가되는 현상이 발생하고 있다.

3. 특징

① 기업들이 전 세계 언제 어디서나 생성되는 빅데이터를 확보할 수 있고 이를 분석해 적정 데이터를 비즈니스에 적용함으로써 새로운 부가가치를 창출할 수 있기 때문에 가치사슬의 글로벌화는 필연적인 현상으로 받아들여지고 있다.

② 글로벌 가치사슬에 따라 생산, 유통, 소비의 전 과정이 세계 곳곳에서 분업적으로 이루어지기 때문에 한 기업이 반드시 특정 제품의 제조 전 단계에서 경쟁력을 가져야 할 필요는 없게 된다.

③ 이러한 이유로 중소기업이 글로벌 가치사슬에 진입할 수 있는 기회가 발생하면서 중소기업들의 경쟁력 강화, 신시장 진출을 위한 글로벌 가치사슬 참여가 요구되고 있다.

4. 기회요인

(1) 신규시장 창출

① 고도 기술제품 생산과 R&D, 디자인, 유통 등 가치사슬의 상위 부분에서 신규 시장이 창출될 가능성이 높다.

② 이를 위해서 글로벌가치사슬에서 R&D, 디자인 등 전방(upstream)분야의 핵심역량인 차별화된 기술력과 창의성과 함께 마케팅, 브랜드 등 후방(downstream)분야의 핵심역량인 맞춤형 현지화, 네트워크 구축, 아이디어 실행역량을 높여나가야 한다.

③ 고부가가치 단계로 선택과 집중을 위해서는 비용절감 차원의 글로벌가치사슬 참여에 그치지 않고 'Korean Made*'로 산업 패러다임을 전환해야 한다.

*원산지 개념 뿐 아니라 한국의 기술, 문화적 감성, 전통과 한국인의 창의적 아이디어가 반영된 제품을 의미

(2) 제조업의 스마트(smart)화

① 바이오, 에너지, 항공우주, 신소재, 헬스케어 등 수익성 높은 스마트 지식기반 산업이 수출유망산업으로 미래산업을 선도할 가능성이 높다.

② 해당 관련 스타트업 기업들에게는 기회가 될 수 있다.

(3) 제조업과 서비스산업 시너지(Synergy)

① 제품에 입혀진 서비스는 유지 · 보수 · 관리 등 토털 솔루션의 형태가 많기 때문에 불황 속에서도 안정적인 이익을 기대할 수 있으며, 락인효과(Lock-in effect)로 수요자는 기존 제품 · 서비스 솔루션 서비스에 대한 친숙도가 높아질 수 있다.

② 제조업 기능이 '생산 자체'에서 '디자인, R&D, 비즈니스모델, 조직역량' 등 글로벌 가치사슬상 고부가 서비스 분야까지 확대되고 있다.

③ 제조업체는 생산공정에 ICT를 활용하거나 컨설팅, 사후관리까지 범위를 확장하여 제품에 기반한 통합형 비즈니스 모델을 제공하고 이를 통해 새로운 수익모델을 창출한다면 새로운 기회가 될 것이다.

각국의 4차 산업혁명 정책

1. 중국 - 중국제조 2025

중국 정부는 제조업을 육성하기 위해 '중국제조 2025'란 산업구조 고도화 3단계 전략을 세워 제조업과 IT를 융합해 제조업 경쟁력 강화를 적극 추진하고 있다.

단계	내용
1단계(2015~2025)	제조강국 반열 진입, 2020년까지 기본적인 공업화 실현, 2025년까지 제조업의 전반적인 수준 향상
2단계(2025~2035)	세계 제조업 강국 중간수준을 확립
3단계(2035~2049)	세계 제조업 선도국가로서의 자리매김

2. 한국 - 제조업 혁신 3.0

• 제조업 패러다임 변화에 따라 새로운 진화전략으로 수립된 정부의 과제이다.
• 선진국 추격형 전략에서 선도형 전략으로 우리 제조업만의 경쟁우위를 확보해나가는 것이 목적이다.

한국	독일
경공업 및 중화학공업으로 중심으로 발전하던 1, 2차 산업을 지나 제조업과 IT의 융합을 통한 신산업 중심이 제조업혁신이다.	전통적인 제조업과 정보통신기술(ICT)의 융합을 통한 생산성 증진 및 효율성 향상을 추구하는 4차 산업혁명

• 제조업과 정보통신기술의 융합으로 새로운 신산업을 창출하고 그로 인한 생산성 증진 및 효율성을 추구하는 공통점이 있다.
• 독일의 '인더스트리 4.0'은 정부의 지원하에 민관이 주를 이루어 이끌어 나가는 반면, 한국의 '제조업 혁신 3.0'은 정부 및 대기업의 주도하에 진행이 되고 있다.

3. 독일 - 하이테크 전략 2020

• 2006년 정부, 연구원, 산업계 전문가들의 참여 아래 범정부 차원에서 수립한 첨단기술전략을 2009년에 수정·보완한 국가 과학기술육성 전략이다.
• 하이테크 전략 2020은 정보통신기술 도입 및 활용을 통하여 산업 경제 프로세스 전 분야의 국가경쟁력 강화, 디지털 인프라 및 네트워크 확장을 통하여 미래 서비스 및 산업 요구사항에 적시 대처, 미래 인터넷에서 미디어 창작활동 지원 및 원저작자의 저작권 보호 강화, ICT(Information & Communication Technology) 분야 연구개발 지원 확장, 연구개발 결과물의 시장 진출을 위한 제품화 및 서비스화 지원, 뉴미디어 활용을 위한 교육기회 및 역량 강화 등을 통해 국민들의 삶의 질 향상을 목표로 한다.

경기침체와 해결책

최근 한국경제에 대해 우려의 목소리가 커지고 있다.

1. 소비심리의 위축과 유가상승으로 총수요와 총공급이 감소하였다. 소비심리의 위축과 유가상승에 따른 단기와 장기효과를 각각 설명하시오.

2. 이에 대해 적극적인 경기부양책을 실시할 필요가 없다는 주장과 경기부양을 해야 한다는 주장이 맞서고 있다. 이에 대해 논하시오.

해설

1 소비심리의 위축과 유가상승으로 총수요와 총공급이 감소하였다. 소비심리의 위축과 유가상승에 따른 단기와 장기 효과를 각각 설명하시오.

1. 소비심리의 위축

① 소비심리 위축으로 인한 총수요 감소는 총수요곡선을 좌측으로 이동시켜 의도치 않은 재고량 증가를 유발한다.

② 따라서 단기적으로는 생산량의 감소를 가져오고, 장기적으로는 생산물에 대한 초과공급이 발생하여 물가가 하락한다.

③ 물가가 하락하면 다시 총수요가 증가하므로 경제는 $a \to b \to c$로 이동한다.

2. 유가 상승

① 원유가격 상승은 일시적인 공급 충격으로, 생산비용의 증가를 가져와 단기 총공급곡선(SAS)이 상방이동 한다.

② 이는 단기적으로 물가가 상승하고 총생산이 감소할 수 있다.

③ 그러나 장기조정과정에서 물가가 하락하면 경제는 최초의 균형점을 회복한다.

④ 만약 정부가 정부지출을 늘리는 정책을 펼친다면($AD_0 \rightarrow AD_1$) 신속한 경기회복에 대한 대가로 물가의 영구적인 상승($a \rightarrow c$)을 유발할 수 있다.

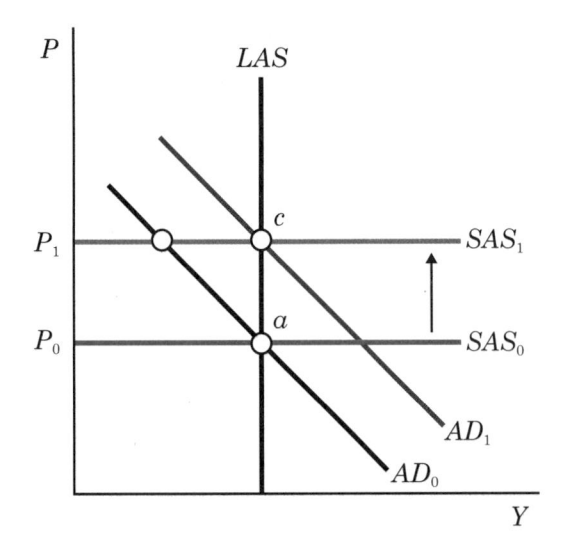

2 이에 대해 적극적인 경기부양책을 실시할 필요가 없다는 주장과 경기부양을 해야 한다는 주장이 맞서고 있다. 이에 대해 논하시오.

1. 단기

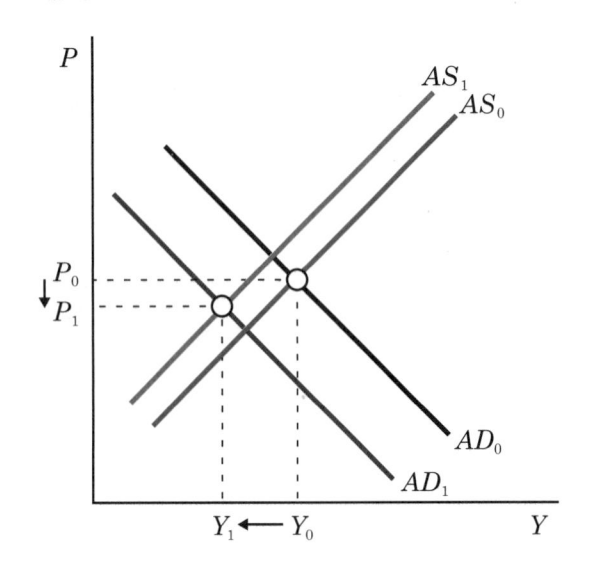

고범석 경제학아카데미

① 유가상승으로 AS곡선이 좌측 이동과 동시에 소비심리의 위축은 총수요곡선을 좌측으로 이동시킨다.

② AD곡선의 이동폭이 더 큰 이유는 소비심리의 위축, 기업의 투자 감소, 미중 무역전쟁에 따른 순수출 감소의 충격이 크기 때문이다.

2. 적극적 경기부양책을 지지하는 입장

① 적극적 경기부양책을 지지하는 입장에서는 국민소득의 감소로 인한 실업의 증가로 인해 겪는 국민의 고통이 크다고 보는 입장이다. 이는 확대 총수요정책을 통해서 국민소득을 증가시켜야 한다고 본다.

② 하지만 확대 총수요정책은 국민소득은 기존의 수준을 회복할 수 있지만 물가상승을 감수해야 한다.

③ 즉, 국민소득의 감소로 인한 국민의 고통이 물가수준의 상승으로 인한 국민의 고통보다 더 크다고 보는 것이다.

3. 적극적 경기부양책을 거부하는 입장

① 적극적 경기부양책을 거부하는 입장에서는 지금의 부정적 공급충격이 사라지고 민간의 물가에 대한 예측수준이 하락한다면 총공급곡선이 기존의 상태로 회복하여 물가수준이 하락하고, 국민소득이 증가할 것이라고 보는 입장이다.

② 또한 물가상승으로 인한 국민적 고통이 국민소득의 하락으로 인한 국민적 고통보다 더 크다고 보는 입장으로 해석할 수도 있다. 따라서 확대 총수요정책에 대해서 반대하는 것이다.

4. 해결책

① 첫째, 민간의 물가에 대한 기대수준이 하락하지 아니하거나 부정적 총공급 충격이 빠른 시간 내에 해소되지 않는 경우 경기 불황이 지속되어 우리나라의 경제에 대한 불확실성이 커질 우려가 있다. 이런 경우 소비의 측면에서는 예비적 저축 가설, 투자의 측면에서는 투자의 옵션 가설과 야성적 충동에 의해 모두 감소하여 총수요 곡선마저 큰 폭으로 하락할 우려가 있다. 이렇게 된다면 국가 경제적으로 감내하기 힘든 수준의 경기 침체로 돌아설 가능성이 크다.

② 둘째, 우리나라의 소규모 개방경제의 특성상 유가의 상승 또는 미중 무역전쟁 등에 따른 순수출의 감소 등의 외부의 충격이 크기 때문이라고 볼 수 있다. 우리나라 자체에서 제어하지 못하는 것으로서 이를 방치한다면 국민의 희생이 커질 것이기 때문이다.

③ 셋째, 현 한국의 경우 물가수준의 상승보다 생산의 감소와 실업의 문제가 더 크다고 볼 수 있다. 왜냐하면 6개월째 소비자물가 상승률이 0%이기 때문이다. 또한 물가수준의 상승은 모든 이들에게 피해를 입히지만 실업의 경우에는 국민소득계층에서 볼 때 빈곤층에게 더 큰 피해를 입힌다. 그렇기 때문에 공평성의 측면에서도 실업의 문제를 더 심각하게 받아들이는 것이 타당할 것이다.

④ 따라서 확대 총수요 정책을 실시하되 투자의 이중성을 생각하여 확대 재정정책은 사회간접자본의 생산이나 R&D에 대한 정책적 차원에서의 적극적 투자가 이루어지는 것이 타당하다. 이는 단기에는 총수요를 확장시키면서도 장기적으로는 생산성을 향상시켜 총공급을 확대시킬 수 있기 때문이다. 그렇다면 장기적으로도 안정된 물가수준과 동시에 국민소득의 증가를 가져올 수 있다.

V 대외이슈

세계적으로 FTA 체결이 확산되고 있다.

1. FTA 체결이 확산되고 있는 이유를 쓰시오.
2. FTA 체결을 했음에도 무역수지 흑자가 되지 않을 가능성이 있다. 이에 대한 원인을 논하시오.

해설

■ FTA의 개념

자유무역협정으로 EU나 NAFTA 등과 같이 인접 국가나 일정한 지역을 중심으로 이루어져 지역무역협정으로 불려진다.

② FTA 체결 확산 이유

1. FTA 체결에 따른 긍정적 효과

FTA가 보장하는 역내 회원국끼리의 호혜적인 특혜 관세와 각종 제도적 지원을 통해 안정적인 수출시장 확보, 해외직접투자 유치, 외교 및 안보 차원의 유대 강화 등이 가능하고, 궁극적으로는 경제 전반의 경쟁력과 효율성을 높여 성장 잠재력을 확충할 수 있다.

2. 경제성장 효과

(1) 무역 확대

① 무역은 각 나라마다 노동생산성, 부존자원, 경제제도 등의 생산 조건이 상이하기 때문에 발생하는데 양국 간 무역이 늘어날수록 두 나라의 생산요소는 점점 더 효율적으로 배분된다.

② 각국이 비교 우위를 가진 상품과 서비스 중심으로 생산이 늘어나면서 자본, 노동, 기술 등의 생산요소가 숙련이나 규모의 효과 등을 통해 더욱 집약적으로 활용될 수 있어서다.

③ 무역 확대를 통해 자본이나 노동의 쓰임새가 개선되면 해당 생산요소를 보유한 경제 주체들의 소득이 증가하고, 이는 곧 경제 성장으로 이어진다.

(2) 투자 촉진

① FTA로 무역이 늘어나면 생산 전문화에 따른 규모의 효과로 자본의 한계 생산성이 개선되어 투자의 기대 수익률이 높아지기 때문에 투자 확대를 가져온다.

② 그러나 기존 연구에 따르면 모든 FTA가 회원국들 간 직접투자를 확대 시키는 것은 아니다. 양국의 무역구조가 크게 다를 때는 분업을 통한 생산 전문화의 효과를 기대하기 어려워 투자가 크게 늘어나지 않는다.

(3) 생산성 제고 효과

① FTA가 체결되면 일차적으로 무역량 확대와 투자 촉진을 통해 생산성이 개선된다. 그뿐만 아니라 직접적으로 무역 증가를 초래하지 않는 제도 개선, 기술 협력 등의 비교역 요인들도 생산성 향상에 기여한다는 실증 분석들이 적지 않다.

② 즉, 무역 확대가 자본과 상품의 단순한 유입으로 끝나는 것이 아니라 무형자산인 인적자본의 증가, 기술 변화, 외국인 직접투자를 통한 기업 간, 혹은 산업 내 파급효과를 야기해 생산성을 높인다는 설명이다.

③ 외국인 직접투자가 경쟁을 촉진해 기술 혁신을 유도하거나, 자본재와 중간재 수입이 자본 축적의 효율성을 높이고, 경험에 의한 학습(learning by doing) 효과로 생산성 이 향상되는 경우 등이 좋은 예다.

3 FTA 체결이 무역수지 흑자를 유발하지 않는 이유

1. 해당 국가의 경제 침체

① 상대국의 수입 요인은 환율, 자국 소득 등 다양한 요인에 의해 결정된다.

② FTA 체결로 관세가 철폐되었다 하더라도 해당국이 경기 침체라면 수출이 증가하지 않을 수 있다.

2. 원화 강세

원화 강세는 한국의 수출재 가격을 상승시켜 관세 폐지에 따른 효과를 상쇄시킬 수 있다.

3. 수출 비가격 경쟁력 악화

① 수출경쟁력은 가격, 품질, 디자인 등 다양한 요인이 존재한다.

② 가격 이외의 비가격 경쟁력이 약하다면 수출이 별로 증가하지 않을 수 있다.

4. 한국 기업의 해외 진출

한국 기업이 해외로 진출하였다면 자국 내 기업으로 인정되지 않아 FTA로 인한 관세 효과가 크지 않다.

한국과 중국이 FTA를 체결하였다. 한국은 중국보다 상대적으로 자본풍부국이고 중국은 상대적으로 노동풍부국이라고 하자.

1. 한국은 중국과의 자유무역협정으로 어떠한 이득이 있는지 경제이론으로 설명하시오.

2. 자유무역에 따른 장단기에서의 소득분배효과를 논하시오.(단, 한국입장에서 노동과 자본간 실질보수로 판단하고 스톨퍼-사무엘슨 정리를 통해서 설명하시오.)

해설

1 한국은 중국과의 자유무역협정으로 어떠한 이득이 있는지 경제이론으로 설명하시오.

1. 관세폐지에 따른 경제적 효과

(1) 리카도의 비교우위론

구분	농산물	자동차
한국	4	1
중국	5	2

(단, 숫자는 노동투입량임)

① 한국은 농산물과 자동차 모두 절대우위에 있고 중국은 절대열위에 있다.

② 농산물 1단위를 생산하기 위한 기회비용은 한국은 자동차 4대이고, 중국은 1대이다. 따라서 중국은 농산물 생산에 비교우위에 있다.

③ 자동차 1단위를 생산하기 위한 기회비용은 한국은 농산물 1/4이고, 중국은 1이다. 따라서 한국은 자동차 생산에 비교우위가 있다.

④ 따라서 한국은 자동차를 완전특화해서 중국에 수출하고, 중국은 농산물을 완전특화해서 한국에 수출하면 양국 모두 교역의 이득이 발생한다.

(2) 부분균형분석

① 관세가 폐지되면 수입재 가격이 하락하여 수입이 증가한다.
② 관세가 폐지되면 소비량이 증가하고 국내생산량이 감소한다.
③ 관세가 폐지되면 사회적 잉여가 증가한다.

구분	
소비자 잉여	$A+B+C+D$
생산자 잉여	$-A$
관세 수입	$-C$
사회적 잉여	$B+D$

(3) 일반균형분석 – 생산가능곡선

① X재가 수출재이고 Y재가 수입재라고 하자. 수입재인 Y재에 관세가 부과되어 있는 상태에서 관세를 폐지하면 해당 국가의 사회무차별곡선이 원점에서 멀어진다. 즉 사회후생이 증가한다.
② 또한 국내에서 수출재인 X재 생산이 증가하고 수입재인 Y재 생산이 감소한다.

2 자유무역에 따른 장단기에서의 소득분배 효과를 논하시오.[단, 한국입장에서 노동과 자본간 실질보수로 판단하고 스톨퍼-사무엘슨 정리를 통해서 설명하시오.]

1. 단기에서의 소득분배효과

① 무역 후 자본풍부국인 한국은 비교우위재인 자본집약재의 가격이 상승하므로 이 재화의 생산을 늘리기 위해 노동과 자본에 대한 수요가 증가한다.

② 그런데 단기에서는 노동만이 이동가능하기 때문에 노동은 수입재부문에서 수출재부문으로 유입되지만 자본의 부문간 이동은 없다.

③ 수출재인 자본집약재 가격은 상승하고 수입재인 노동집약재 가격은 하락한다. 수출재부문에서 노동의 유입으로 자본의 한계생산성은 올라가고 반대로 수입재부문에서는 노동의 유출로 자본의 한계생산성이 감소한다.

④ 따라서 수출재에 사용된 자본의 실질보수는 올라가고 수입재에 사용된 자본의 실질보수는 감소한다.

⑤ 또한 무역 후 노동의 한계생산성은 수출재부문에서는 하락하고 수입재부문에서는 올라간다. 따라서 수출재의 실질임금은 상승하고 수입재의 실질임금은 감소한다.

2. 장기에서의 소득분배 효과

① 수출재 부문의 자본가격이 수입재 부문의 자본가격보다 높기 때문에 시간이 흐름에 따라 자본이 수입재 부문에서 수출재 부문으로 이동해간다.

② 노동과 자본의 이동이 모두 종료된 새로운 장기균형에서 요소가격의 변화는 스톨퍼 - 사무엘슨 정리를 따르게 된다.

③ 즉, 자본풍부국에서는 무역 후 장기균형에서 풍부요소인 자본의 실질임대료는 올라가고 희소요소인 노동의 실질보수는 감소한다.

최근 환태평양 경제동반자 협정이 체결되었다.

1. 메가 FTA의 개념과 종류를 설명하시오.

2. FTA는 경제자유무역의 일종이다. 발라사의 경제통합유형을 설명하고 경제자유무역과 관세동맹의 공통점과 차이점을 설명하시오.

3. 환태평양 경제동반자 협정에 한국이 참여할 때 한국경제에 미치는 영향에 대해 논하시오.

해설

1 메가 FTA

1. 개념

① TPP(환태평양경제동반자협정)나 FTAAP(아태자유무역지대)처럼 다수의 협상국이 참여해 통상 관련 규제를 완화하는 무역자유화협정을 가리킨다.

② FTA가 양자간이라면 메가FTA는 다자간 자유무역협정을 의미한다.

2. 종류

(1) TPP(Trans-Pacific Partnership)

① 환태평양경제동반자협정(캐나다, 멕시코, 호주 뉴질랜드, 싱가포르, 칠레, 브루나이, 베트남, 말레이시아, 칠레, 페루, 일본 등 11개국 참여 중), 아시아와 태평양 지역국 간에 진행 중인 자유무역협정(FTA) 양자간 자유무역협정의 발전형태인 다자간 자유무역협정임이다.

② 2006년 1월까지 회원국간 관세의 90%를 철폐하고, 2015년까지 모든 무역 장벽을 철폐하는 것을 목표로 함

③ 최근 무역 협상은 여러 국가가 협상에 참여하는 다자주의에서 두 국가만의 협상인 양자주의, 그리고 다시 다자주의로 변하고 있음

④ TPP 12개 국가의 국내총생산을 모두 합치면 전 세계 GDP의 38%에 달하는데 이는 EU 전체(23%)보다 훨씬 큰 규모이다.

(인구 7억 8470만 명 / 전 세계 비중 11.4%, 무역규모 9조 9357억 달러 / 전 세계 비중 25.8%)

(2) 역내포괄적 경제동반자협정(Regional Comprehensive Economic Partnership : RCEP)

① 한국, 중국, 일본, 아세안 인도 등 아태지역 16개국이 추진하는 다자간 FTA로 2013년 6월 협상을 시작해서 2015년 타결이 목표다.

② 개방수준이 상대적으로 낮은 FTA로 상품 및 서비스 시장개방에서 국가별 예외를 인정하고 있다.

③ 무역 및 투자규제 완화, 공정경쟁 확립에 동의하나 국가별 특수성을 감안하여 시간을 두고 점진적으로 개선하고자 한다.

④ 총인구는 34억 2100만 명으로 세계 인구 가운데 48.7%나 되는 비중을 차지한다. 국내총생산(GDP)을 기준으로 한 경제규모로는 TPP(27조 7000억 달러)가 RCEP(21조 6000억 달러)를 앞선다.

(3) 아시아 · 태평양자유무역지대 (Free Trade Area of the Asia-Pacific : FTAAP)

① 아시아 · 태평양 지역에 자유무역지대를 건설하는 것으로 세계 주요 21개국으로 구성된 APEC의 최종목표이다.

② 2006년 베트남 APEC 정상회의 때 지역경제통합 증진 방안의 하나로 처음 제시되었다.

③ FTAAP는 중국이 주도적으로 추진하고 있으며 미국이 주도하는 환태평양경제동반자협정(TPP)에 대항하는 성격이 강한 것으로 여겨진다.

④ 한국은 2014년 11월 11일 중국에서 개최된 APEC정상회의에서 박근혜 대통령이 아시아 · 태평양자유무역지대(FTAAP) 실현을 적극 지지한다는 뜻을 밝히기도 했다.

⑤ APEC 21개국이 모두 FTAAP를 타결지으면 전 세계 GDP 56%를 차지하는 가장 큰 무역망이 탄생하게 된다.

② 발라사의 경제통합유형

1. 자유무역지역

① 가맹국간에는 관세 및 여타 양적규제를 철폐하여 역내무역을 자유화하지만 비가맹국에 대해서는 각 가맹국이 종전대로 독립적인 관세 및 비관세 장벽을 유지하는 경제통합이다. 대표적인 예로 60년대 유럽자유무역지역(EFTA)와 최근의 북미자유무역지역(NAFTA)를 들 수 있다.

② 이렇게 역내에는 자유무역을 보장하지만 역외국가에 대해서는 독립적인 정책을 취하는 경우 무역의 굴절현상이 나타난다.

③ 이는 높은 관세부과국으로 수출하는 국가가 낮은 관세무역국을 거쳐 거래함으로써 높은 관세를 회피하는 방법인데 이를 해결하기 위하여 원산지 규정이란 것을 사용하기도 하였다.

2. 관세동맹

가맹국간 관세 및 여타 양적 규제를 철폐함은 물론 비가맹국에 대해 공동관세를 부과하는 형태의 경제통합이다. 역사적으로 가장 많이 찾아볼 수 있는 형태의 경제통합이다.

3. 공동시장

공동시장이란 관세동맹의 요건에 더하여 가맹국간 생산요소의 자유로운 이동을 보장하는 형태의 경제통합이다.

4. 경제동맹

가맹국간 관세의 철폐와 비가맹국에 대한 공동관세 및 생산요소의 자유로운 이동은 물론 가맹국간의 대내적인 재정, 금융정책에 있어서도 상호협조가 이루어지는 형태의 경제통합이다. 베네룩스 3국의 경우가 이에 해당한다.

5. 완전경제통합

경제통합의 최종단계로 단일한 중앙은행, 단일한 화폐를 사용하며 경제적으로뿐만 아니라 정치적으로 통합된 형태를 말한다. EU의 최종 목표는 완전경제통합이다.

통합형태	가맹국	비가맹국
자유무역지역	관세철폐	독자관세
관세동맹	관세철폐	공동관세
공동시장	관세철폐 + 생산요소이동	공동관세
경제동맹	관세철폐 + 생산요소이동 + 정책협조	공동관세
완전경제통합	경제측면에서 한 국가	공동관세

③ 경제자유무역과 관세동맹의 공통점과 차이점을 설명하시오.

1. 공통점

(1) 무역창출효과

관세동맹에 의하여 비효율적인 재화의 공급원이 효율적인 공급원으로 대체되는 효과를 말한다.

(2) 무역전환효과

효율적인 재화의 공급원이 비효율적인 공급원으로 대체되는 효과를 말한다.

(3) 무역창출과 무역전환의 예

1) 기본구조

국가	A	B	C
생산비	50원	40원	30원

2) 무역창출의 예

관세동맹이 결성되기 전에 A국은 100%의 무차별 관세를 부과하였으나 후에 B국과 관세동맹이 결성된다고 가정하자.

① 관세동맹이 결성되기 전

국가	A	B	C
생산비	50원	80원	60원

A국은 X를 수입하지 않고 자국에서 생산하게 된다.

② 관세동맹의 형성 후

국가	A	B	C
생산비	50원	40원	60원

A국과 B국간에 관세동맹이 형성된다면 B국으로부터 수입한 X재 가격은 40원인 반면 C국으로부터 수입한 X재 가격은 60원 그대로이다. 이 경우 A국은 B국으로부터 X재를 수입하게 되며 더 싼 가격으로 재화를 구입하므로 무역창출이 발생한다.

3) 무역전환의 예

A국이 최초에 모든 수입재에 대하여 50% 관세를 부과했으나 B국과 관세동맹을 결성한 경우를 가정하자.

① 관세동맹이 결성되기 전

국가	A	B	C
생산비	50원	60원	45원

A국은 C국에서 X를 수입하여 소비한다.

② 관세동맹의 형성 후

국가	A	B	C
생산비	50원	40원	45원

B국과 관세동맹이 형성되면 B국에서 40원의 가격으로 X재를 수입할 수 있게 되므로 A국은 X재를 B국에서 수입하여 소비하게 된다. 이 경우 효율적인 공급원 C국이 비효율적인 공급원 B국으로 대체되므로 무역전환이 발생된다.

2. 차이점 – 무역굴절

① 경제 자유무역은 역내국의 독자적인 역외 관세를 유지하므로 역외국은 저율의 역외 관세를 부과하는 국가를 통해 우회수출하고자 한다. 이를 무역 굴절이라고 한다.

② 무역 굴절은 경제 자유무역 고유의 경제적 효과이며 각국은 원산지 규정 마련을 통해 해결하고자 한다.

③ 원산지 규정이란 역내 국가의 부품을 어느 정도까지 사용하면 무관세 대상이 되는가를 정하는 것이다.

④ 환태평양 경제동반자 협정에 한국이 참여할 때 한국경제에 미치는 영향

1. 현황

① 한국의 TPP 참여시 한국의 농업분야와 제조업의 절반 이상이 피해를 볼 것으로 추정하고 있다.

② 제조업 전 분야에서 일본과의 적자는 커질 것으로 분석되고 있다. 제조업의 대일본 무역적자 규모는 5억~6억 달러가 될 것으로 예상된다. 따라서 일본에 대한 무역역조 심화를 예방하기 위한 대책 마련이 시급하다.

③ 미국 의회에서 TPP 체결의 핵심 요건인 '무역협상촉진권한(TPA)'과 '무역조정지원제도(TAA)'를 통과시킴으로써 TPP 협상 타결에 가속도가 붙었고 아베 신조 일본 총리가 일본 내의 농민 및 노동계 반발을 무릅쓰고 TPP에 '올인'한 것도 협상의 기폭제로 작용했다.

④ 미국의 트럼프 대통령은 불참하기로 결정하였다.

2. TPP 가입국의 영향

(1) 미국

미국산 쌀은 앞으로 13년에 걸쳐 연간 7만t까지 일본에 무관세 수출을 하게 되며 쇠고기에 대한 관세는 38.5%에서 9%까지 내려간다.

(2) 일본

① 미국으로 수출하는 차부품의 최대 82%에 대해 TPP 발효 즉시 관세(2.5%) 철폐 효과를 보게 됐다.

② 10년에 걸쳐 관세(대형차 기준 연 70%)를 없애게 되는 베트남과 캐나다(6%) 시장에선 자동차 산업이 득을 본다.

3. TPP 체결에 따른 한국경제에 미치는 영향

(1) 장점

① 장기적으로 무역흑자 2억 달러~4억 달러 증가가 예상된다.

② 소비자측면에서는 제품의 질적 향상 및 가격의 경쟁력 향상된다.

(2) 단점

① TPP 가입 시 한국 제조업 절반이상 피해

• 제품 및 소재 기술 격차로 인해 대일 무역적자가 심화되어 대일본 무역적자 규모는 5억~6억 달러 증가될 것이다.

② 농업 분야 전산업 타격
- 농업 분야에서 비교열위에 있는 산업이 비교우위에 있는 산업보다 많아 전 부분에 걸쳐 피해가 예상된다.
- 농수축산물 수입이 증가하는 반면 국내 농수축산물의 수요가 증가하지 않는다면 국내산 가격의 하락으로 농업계가 타격을 입을 수 있다.
③ 과거 미국 쇠고기 수입개방 과정에서 겪었던 사회적 갈등 우려
- 막대한 사회적 비용이 유발될 가능성이 있다.
④ 한국에 불리한 조항 요구
- TPP 신규 가입자는 기존에 협상된 내용을 변경할 수 없기에 한국이 가입 의사를 표명할 시 참여국들이 한국에 불리한 조항을 요구할 가능성이 크다.
⑤ 한미 FTA 효과 반감
- 2016년부터 한 · 미 FTA에 따라 자동차 관세가 철폐되는데 TPP 발효로 자동차 산업에서 누릴 수 있는 FTA 효과가 사라질 수 있다.

(3) 산업별 분석
① 자동차 산업
- 일본 자동차 부품 품목 80%에 부과되던 관세(2.5%)가 미국과 일본의 TPP 협상을 통해 사라지면서 한국 자동차 업계는 피해를 볼 수 있다.
② 섬유 산업
- 한국의 섬유기업들은 관세인하 효과를 고려해서 베트남에 원사공장을 설립할 수 있으며 산업공동화가 발생할 수 있다.
③ 철강업종
- 미국 시장에서 일본 제품과 직접적인 경쟁관계가 있지 않은데다 일본 제품의 가격대가 높아 관세 인하에 따른 영향이 크지 않을 것으로 전망된다.
④ 건설 · 기자재
- 중국기업들과 경쟁하고 있으므로 중국이 TPP에 참여하지 않고 있어 영향이 거의 없을 것으로 예상된다.

4. 대응방안

(1) 국가별 · 업종별 대책
① 시장을 선점하기 위한 기술개발 및 일본에 비해 열세인 일반기계의 생산성을 높이고 비교우위를 점하여 무역수지적자를 완화시켜야 한다.
② 또한 각 업종별 특성에 맞게 규제 완화 및 지원제도의 확대를 통해 투자를 확대해야 한다.

(2) 제도상의 대책
무역조정지원제도와 피해보전직불금제도 등의 지원을 확대해 피해를 최소화해야 한다.

5. 향후 전망

(1) TPP 가입 시

① 농민들의 거센 반발이 예상된다.

② 미국에서 쇠고기 추가 개방 및 쌀 시장 개방을 요구할 가능성이 크며 우리의 입장을 표명할 기회가 적어질 가능성이 있다.

③ 일본 자동차의 관세 폐지로 인해 가격경쟁력이 상승하여 국내 자동차 내수시장을 위협 할 가능성이 있다.

④ 세계 시장 확대와 2%대 GDP 성장 및 기업들의 수출 경쟁력이 강화된다.

⑤ 해외투자가 활발해지며 중간재 수출 비중이 높은 한국의 수출 확대가 전망된다.

⑥ 대외경제정책연구원은 한국이 TPP에 참여하면 협정 발효 10년 후 실질 국내총생산(GDP)이 1.7~1.8% 증가할 것으로 예상했다.

(2) TPP 미가입 시

① 무역전환효과로 인한 성장 감소 요인이 나타날 가능성이 있다.

② 일본의 TPP 참여로 인해 한 · 미 FTA 선점 효과가 감소될 것으로 예상된다.

③ 조기 참여를 통한 발언권 확대 기회 상실을 예방해야 한다.

④ 대외경제정책연구원은 한국이 TPP에 불참하면 GDP는 0.12% 감소하고 무역수지는 연간 1억 달러 이상 악화할 것으로 예상했다.

⑤ 한국 수출품의 70%, 일본 수출품의 60%가 중간재로 30~50% 수준인 다른 나라보다 중간재 수출 비중이 월등히 높기 때문에 참여국인 일본은 중간재 수출 확대가 꼽힌다. 즉, 수출품 중 중간재 비중이 높은 일본은 한국의 가장 강력한 중간재 수출 경쟁국이므로 한국의 피해가 클 것이다.

최근 국제 유가가 하락하고 있다.

1. 유가하락의 원인을 분석하시오.

2. 유가하락이 한국경제에 미치는 영향에 대하여 총수요-총공급 측면에서 분석하시오.

해설

1 유가 하락 원인

1. 미국의 셰일혁명

미국 원유 생산량은 셰일오일 생산증가에 힘입어 원유수입량을 줄이고 원유수출을 늘리고 있다.

2. 석유수출국기구(OPEC) 카르텔 균열

석유수출국기구 회원국 간 가격경쟁이 유가하락을 부추기고 있다.

3. 원유수요 감소

신종 코로나바이러스 감염증(코로나19)의 확산으로 항공편이 결항하고 공장 가동이 중단됐으며 사람들이 집에 머물러 운전을 하지 않아 수요가 줄면서 유가가 계속 하락하고 있다.

2 원유시장

원유시장에서 원유공급의 증가와 원유수요의 감소로 원유가격은 하락할 것이다.

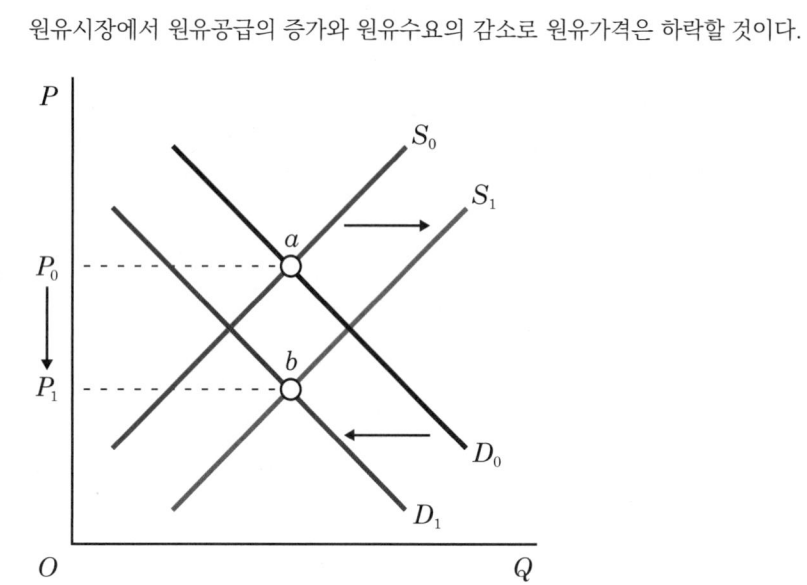

3 AD곡선의 기울기의 결정요인

1. 이자율효과 / 실질잔고효과 – 투자 증대효과

물가가 하락하면 실질잔고의 증가로 인해 LM곡선의 우측 이동이 발생한다. LM곡선의 우측 이동은 이자율을 하락하여 투자가 증가하고 총수요가 증대한다.

2. 실질부의 효과 / 소비 증대효과

물가가 하락하면 소비자의 실질부가 증가하고 소비지출이 늘어난다. 이는 IS곡선의 우측 이동과 총수요 증가를 유발한다.

3. 환율효과 / 순수출 효과

개방경제의 경우 자국 물가의 하락은 자국 상품의 국제가격 하락을 가져오기 때문에 순수출이 증가하고 이는 총수요 증대를 유발한다.

4. 한국의 경우

한국은 수출입 비중이 높고 원유 수입 의존도가 높으며 대내외 상대가격 변화에 민감한 소규모 개방경제이므로 총수요 곡선의 기울기 결정 요인 중 '순수출 효과'가 크다.

4 폐쇄경제와 개방경제의 총수요곡선

(AD_0 : 폐쇄경제하의 총수요곡선, AD_1 : 개방경제하의 총수요곡선)

개방경제하에서 자국의 물가수준 하락에 따라 순수출이 증가하는 효과가 추가적으로 나타날 수 있으므로 폐쇄경제하에서 보다 총수요곡선이 더욱 완만하다.

5 유가 하락 효과에 따른 총공급곡선의 우측 이동

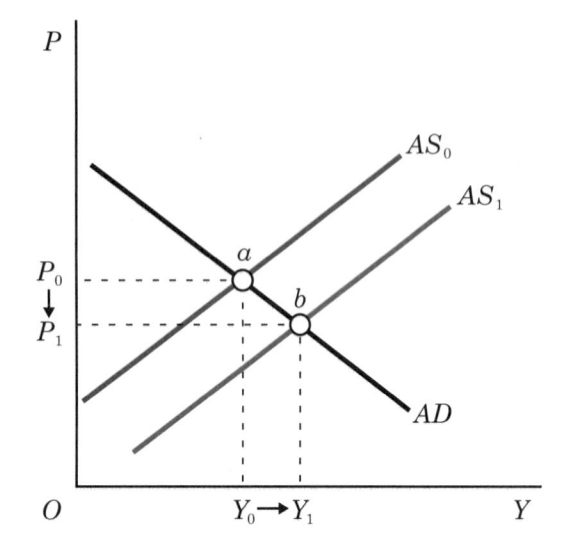

유가 하락은 총공급곡선의 증가를 유발하여 개방경제일 경우 물가 하락폭은 적고 소득의 증가폭이 크게 나타날 수 있다.

6 유가 하락에 따른 총수요의 증가

1. 이자율 하락에 따른 소비 증가

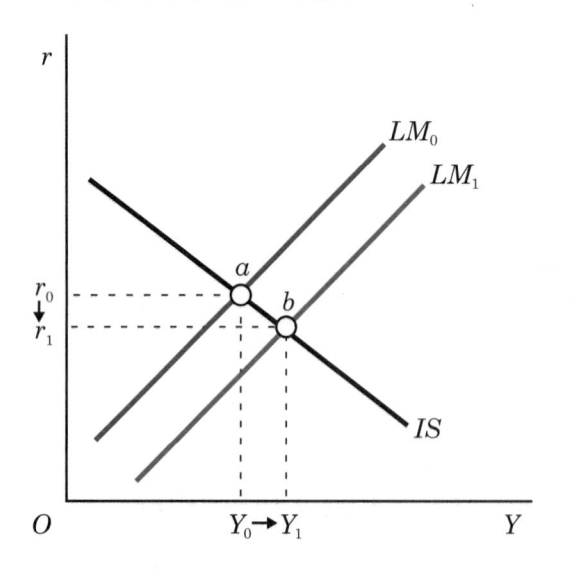

① 물가 하락은 LM곡선을 우측 이동시킨다. 이에 따라 이자율이 하락하여 현재소비가 증가한다.

② 이자율 하락은 대체효과와 소득효과에 의하여 현재소비가 증가한다.

 • 대체효과 : 이자율 하락 → 현재소비의 기회비용 감소 → 현재소비 증가

 • 소득효과(채무자의 경우) : 이자율 하락 → 실질소득 증가 → 현재소비 증가

2. 토빈의 q 상승을 통한 투자 증가

유가 하락이 기업의 미래이윤의 증가로 나타날 것이라고 예상된다면 기업의 미래에 대한 긍정적인 전망을 가지게 되어 주가가 상승하고 이에 따라 토빈의 q가 상승하여 투자가 증가한다.

3. 부의 효과

물가 하락은 실질부$\left(\dfrac{w}{p}\right)$를 증가시켜 소비증대와 총수요의 증가로 이어진다.

4. 순수출 증가

① 한국의 경우 원유에 대한 가격탄력성이 낮으므로 원유수입으로 인한 수입물가의 부담이 상당히 작아질 것이다.

② 이 경우 수입 규모가 작아지는 효과가 발생하므로 순수출이 증가하게 된다.

5. 경제의 불확실성 증가

경제의 불확실성이 커지면 위험자산보유에 따른 위험이 커지므로 화폐의 수요가 증가할 수도 있다.

7 총수요곡선과 총수요곡선의 이동

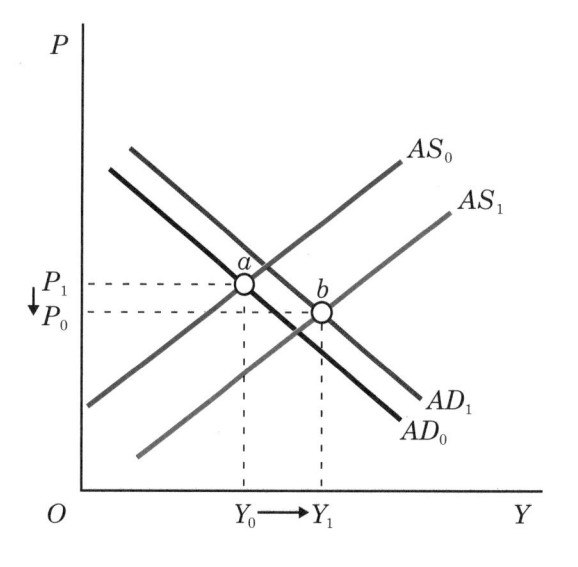

① AS곡선이 우측 이동한 상황에서 총수요 증가로 AD곡선도 우측 이동한다면 소득 증가폭이 커지므로 경기 침체가 해소된다.

② 즉, 물가하락보다 경기회복이 더 커질 가능성이 높다.

한국기업들이 해외로 진출하는 가운데 세계 각국은 리쇼어링 정책(Reshoring)을 추진하고 있다.

1. 국내 기업들이 해외로 진출한 이유를 논하시오.

2. 국내 기업들의 해외 진출로 인한 득과 실을 논하시오.

3. 해외로 진출한 기업들이 국내로 유턴하기 위한 국내 방안과 각국의 사례를 논하시오.

해설

1 국내 기업들이 해외로 진출한 이유를 논하시오.

1. 오프쇼어링

① 오프쇼어링이란 외주 용역업체를 통해 다른 나라에서 서비스 분야 인력을 고용하는 경영 기법을 말한다.

② 즉, IT 기업과 금융기업들이 인도, 중국, 러시아, 필리핀 등의 저임금 아시아 국가로 콜센터, 데이터 처리와 소프트웨어 개발 같은 단순 업무를 이전하는 방식이다.

2. 원인

(1) 노동, 자본의 높은 조달 비용

① 우리나라의 산업용지 가격은 m^2당 59만 원으로 중국의 2배 베트남의 4배에 달하며 제조업 시간당 근로자 보수는 18.9달러로 대만의 2배 필리핀의 9.4배에 이른다.

② 삼성전자의 경우 베트남 공장 직원에게 주는 평균 임금은 한 달에 350달러 정도로 국내 생산직의 10분의 1에 불과하다고 한다.

② '생산의 3요소' 중 노동과 자본을 적은 비용으로 조달할 수 있기 때문에 해외로 나갈 유인이 큰 것이다.

(2) 규제의 비효율성

① 2012년 세계경제포럼에 따르면 한국의 규제 관련 경쟁력은 142개국 중 114위에 머물 정도로 많은 규제를 가지고 있는 국가이다.

② 또한 초이노믹스를 통해 시행될 사내유보금 과세 제도는 기업이 적기에 투자하는 활동을 어렵게 하기 때문에 비효율성을 더 양산한다.

③ 뿐만 아니라 2015년부터 시행될 탄소배출권제 또한 기업의 비용을 증가시켜 오프쇼어링 현상을 부추기고 있다.

(3) 낮은 노동 생산성

① 우리나라 노동자들의 낮은 생산성 또한 큰 문제로 작용한다. 현대자동차의 한국 공장의 HPV(차 한대 만드는데 드는 총 시간)은 28.4시간인데 비해 베이징은 17.8시간, 미국은 14.4시간밖에 걸리지 않는다.

② 뿐만 아니라 우리나라의 연간 근로손실은 30.2일로 타국에 비해 매우 높은 편이며 노사협력 순위 또한 매우 낮은 수준에 머물러있다.

(4) 선진국 – 신시장 개척, 선진 기술 확보

선진국으로 진출하는 기업들은 주로 대기업이다. 국내 시장에서 어느 정도 시장점유율을 확보하였고, 과열된 경쟁으로 인해 신시장 개척의 필요성을 느끼고 해외로 진출하는 것이 일반적이다. 미국, 유럽 등의 선진국으로 진출하여 새로운 시장을 확보할 뿐 아니라, 현지에서 선진 기술을 확보하는데도 해외 진출이 필요하다.

(5) 개발도상국 – 생산 비용 절감

국내의 높은 인건비로 인해 생산 비용을 절감하고자 중소기업들은 인건비가 싼 중국, 베트남 등 개발 도상국으로 기업을 이전한다. 중소기업들은 해외 진출을 통해 생산 비용 절감뿐 아니라 해외 기업을 유치하려는 각국 정부의 다양한 세제혜택도 입을 수 있다. 개발도상국 진출의 가장 큰 이유가 인건비와 관련되어 있기 때문에 주로 노동집약적 산업의 중소기업들이 개발도상국으로 많이 진출해있다.

3. 이론적 분석

(1) 입지 이론

1) 개념

임금, 무역 장벽, 시장, 부존자원 등의 입지적 특성 때문에 다국적 기업이 형성된다.

2) 설명

① 자국보다 외국의 임금수준이 더 낮으면 더 낮은 임금을 이용하기 위해 외국에 기업을 설립한다. 따라서 의류와 같은 노동집약재를 생산하는 기업은 노동력이 풍부한 동남아시아나 중국 같은 지역에 자회사를 운영한다.

② 운송비를 절약하고 관세장벽을 회피하기 위해 다국적 기업이 형성된다. 한국 기업이 임금수준이 높은 미국이나 유럽 등에 자회사를 설립하는 것은 운송비와 관세 등 무역 장벽을 넘어 그 지역의 넓은 시장을 활용하기 위함이다.

③ 외국의 부존자원을 활용하기 위해 다국적 기업이 형성된다. 철강은 철광석이 풍부하거나 전력 등 에너지 비용이 낮은 곳에서 생산되고 반도체 설계는 고급 인력이 밀집된 캘리포니아 실리콘 밸리 같은 지역에서 이루어진다.

(2) 내부화 이론

1) 개념

① 원자재, 중간재, 기술 등을 시장 거래에 의존하지 않고 기업 내 거래로 통제하기 위해 외국에 자회사를 설립하는 것을 말한다.

② 내부화에는 기술의 내부화와 수직적 통합에 의한 내부화가 있다.

2) 설명

① 기술의 내부화란 기술을 라이선스(license) 등으로 다른 기업에 이전하지 않고 그 기술을 활용하는 자회사를 다른 국가에 직접 설립하는 것을 말한다.

② 수직적 통합에 의한 내부화는 원자재나 중간재를 안정적으로 확보하기 위하여 부품기업과 최종재 기업을 하나의 회사로 결합하는 것을 말한다. 현대자동차가 중국과 미국에 완성차 공장을 설립하고 다국적 기업 형태로 운영하는 것도 수직적 통합의 일종이다.

❷ 국내기업들의 해외 진출로 인한 득과 실을 논하시오.

1. 부정적인 효과

(1) 실업률의 증가

해외에 진출한 기업들은 생산 근로자들뿐만 아니라 장기적으로는 전문직 근로자들까지도 현지에서 고용을 하기 때문에 우리나라 고용 수준에 악영향을 미친다. 특히 한국은 전문적인 지식 기술 경험을 요구하는 IT나 증강현실 산업의 비중이 높아져 청년실업이 높아지고 있는 가운데 이러한 일자리 유출 현상은 청년실업을 더욱더 악화시키는 원인이 된다. 실제로 우리나라의 청년실업률은 2015년 4월 기준 10.2%로 전체 실업률의 두 배가 넘는다.

(2) 산업공동화 심화

자본, 연구개발, 제조 시설 등의 해외 이전은 우리나라의 국내생산 기반의 글로벌 경쟁력을 약화시키며 자본 및 기술의 경쟁적 우위가 잠식될 수도 있다.

(3) GDP 감소

$Y = C + I + G + NX$로 나타낼 수 있는데 실업률의 증가는 가계소비의 감소를 유발하고 기업의 해외투자는 국내 투자를 감소시키며 이에 따른 세수의 감소는 정부 지출의 감소로 이어지게 된다. 즉 C, I, G가 모두 감소하게 되어 국내총생산인 GDP가 감소하게 되는 것이다.

2. 긍정적인 효과

(1) 각국 정부 규제 및 특혜

세계 각국에서는 자국 산업 보호를 위해서 수입품에 대해서 엄격한 통관관리를 진행하고 있다. 생산기지가 해외에 있을 경우 통관절차에 대한 위험부담과 유통비용을 줄이고 각국 정부가 유치하는 생산기지 건설의 혜택을 누릴 수 있다.

(2) 해외경제 활성화를 통한 기업 이미지 상승효과

해외공장을 건설할 경우 해당 지역의 경제 활성화에 이바지할 수 있다. 고용을 창출하고 해당 지역의 투자를 촉진시켜 그 나라의 국민으로부터 기업의 이미지에 긍정적인 효과를 가져오고 이는 곧 그 기업 제품의 매출 증가로 나타날 수 있다.

(3) 산업의 구조조정으로 인한 일자리 창출과 효율성 증가

주로 국내의 저부가가치 산업들이 해외로 이전하는 것이기 때문에 국내 산업은 고부가가치 중심으로 구조조정된다. 자연히 고부가 가치 일자리 수요가 늘어날 수밖에 없고 이는 숙련직 노동 고용 증가로 이어진다.

(4) 수출 증가

현지에서 조달 불가능한 부분은 한국의 모기업이나 다른 기업들을 통해 조달 받기 때문에 한국의 수출 증가로까지 이어진다.

❸ 해외로 진출한 기업들이 국내로 유턴하기 위한 국내 방안과 각국의 사례를 논하시오.

1. 리쇼어링

(1) 개념

리쇼어링이란 해외로 생산기지를 옮기는 '오프쇼어링'의 반대 개념으로, 해외에 나가있는 자국 기업들을 각종 세제 혜택과 규제 완화 등을 통해 자국으로 불러들이는 정책이 나오고 있다.

(2) 원인

첫째, 중국의 경제 성장으로 인해 더 이상 중국의 인건비가 매력적이지 않아서이고,

둘째, 운송비 등 부대비용이 크게 늘어났으며, 마지막으로 자국의 고용 창출 효과를 위해서이다.

2. 유턴 효과

(1) 정부 – 고용 창출, 성장 잠재력 강화

유턴 기업들이 증가하면 세수기반이 확충될 뿐 아니라, 경제 악화로 인해 줄어진 일자리를 당장 늘릴 수 있다. 또한, 제조 기반이 강화되어 자국의 수출이 증가한다. 미국 정부가 브라질 등 남미에 진출해있는 자국 기업에게 각종 혜택을 부여하면서까지 유턴을 장려하는 것도 계속되는 무역 적자를 해결하기 위함이다.

(2) 기업 – 정부지원, 혁신 역량 강화

해외 진출을 하였지만, 큰 성과를 보지 못한 기업들은 국내 유턴을 통해 많은 이점을 얻을 수 있다. 정부의 정책적인 지원을 통해 각종 세제 혜택을 받을 수 있다. 또한, 한국 고객들의 수요에 이전보다 신속하게 대응하여 매출을 올릴 수 있다.

3. 각국의 사례

(1) 미국

① 리쇼어링에 적극적이었던 미국의 경우 설비투자에 대한 세제혜택, 공장 이전비용 20% 지원, 법인세를 28%로 낮추는 등(트럼프는 법인세율 21%로 인하) 적극적인 정부 중심의 공장 회귀 정책으로 인해 테슬라나 애플 등 25,000개의 제조업체가 미국으로 생산공장을 이전하였으며 아시아 진출 미국 제조기업의 61%가 미국으로 공장 이전을 검토하고 있다.

② 특히 전통적인 농업지대인 미국 남부에 글로벌 기업들의 공장이 집중적으로 세워지고 있다. 실업률이 한때 10%를 넘었던 미국 남부 지역에선 이제 일자리가 늘어나고, 소비자의 구매력이 확대되는 등 경제 회복의 선순환 구조를 만들어가고 있다.

(2) 일본

일본 또한 기업규제 법안을 폐지하고 법인세를 40.69%에서 23.4%로 인하하면서 소니 · 샤프 · 캐논 · 도요타 · 혼다 등 일본 대표 제조기업들이 해외로 나가는 대신 자국 내 생산시설 확충을 택했다.

(3) 독일 – 인더스트리 4.0

  ① 2007년 51.8%에 이르던 법인세를 15.8%로 떨어뜨렸다.

  ② 인더스트리 4.0이란 제조업에 ICT를 접목해 4차 산업혁명을 이루겠다는 제조업 혁신의 청사진을 말한다.

    → 제조기업의 '스마트 공장'을 구현

  ③ 폴크스바겐 · 보쉬 · BASF 등 수많은 대기업과 강소기업이 이 정책에 발맞춰 제조업 혁신에 나서고 있다.

  ④ 지멘스는 생산 공장을 공정 고도화로 '스마트 팩토리'로 탈바꿈시켰고, 폴크스바겐도 지능형 공장으로 생산성을 높이고 에너지 효율을 극대화

(4) 영국 – made in UK

  ① 영국 정부는 이미 선진국 최저 수준인 23%의 법인세를 20%로 더 낮추고 해외에서 발생한 매출에 대해선 세금을 매기지 않기로 하였다.

  ② 샤넬과 버버리 등 명품 업체들도 동유럽에서 영궁 노팅엄으로 돌아온 방직 공장에서 원단을 제공받기로 하였다.

	미국	일본	독일
조세유인 재정지원	• 법인세 인하(35% → 28%, 제조업 25%) 검토 • 설비투자 세제혜택 연장 (1년 → 2년) • 유턴 기업 최대 20% 이전비용 지원	• 법인세 단계적 인하 2012년 : 40.7% → 38% 2015년 : 38% → 35.6%	• 기업 조세부담 완화 2008년 : 38.7% → 29.8%
산업단지 조성	• 연방정부 20개 혁신 클러스터 조성 3,700만 달러 지원 (2011년)	• 지방정부, 클러스터 육성 • 대중소기업 연구개발 협력	• 중앙정부, 클러스터 지원 • 대학 개혁을 통한 연구기반 조성
규제완화	• 벤처기업 육성법 활용	• 입지제한 규제 완화 • 노동유연성 확보 (파견기간 1년 → 3년 연장)	• 해고 절차 간소화 • 노동시간 연장(주 48시간)

*자료: 국회 산업통상자원위원회 자료 일부 수정

4. 국내 방안

(1) 국내 리쇼어링 정책 방안

구분	내용
법인 · 소득세	해외 사업장 청산, 양도 시 5년간 100%, 2년간 50% 감면
관세	해외 사업장 청산, 양도 시 관세 100% 감면
입지 설비 보조금	분양가 · 지가 · 임대료의 35% 보조, 설비 투자금액의 10% 지원
고용 보조금	기업당 최대 20인까지 1인당 720만 원 지원
인력 지원	내국인 고용 인원의 5~5% 이내에서 현지 인력의 국내 고용 허가

① 2013년 유턴기업 지원법에서 2018년 유턴기업종합을 내놓으면서 기존 중소 및 중견기업에서 대기업에 대한 추가 인센티브를 제공하였다.

② 정부의 이러한 정책에도 불구하고 90%의 기업인들은 현지 해외공장을 다른 국가로 이전할 의향이 없다고 말했다.

→ 2014년부터 2020년 3월까지 리쇼어링 기업은 72곳에 그침

③ 국내 U턴을 어렵게 여기는 주요 요인으로는 인건비 부담과 경직적 노사관계(43%)로 그다음이 현지 철수 절차 및 국내 이전 부담(32.7%), 해외 현지 시장 점유율 감소 (19.0%), 국내 정부 규제(2.3%) 등이 꼽혔다.

(2) 정부의 방안

① 삼성전자의 인력은 2010년 이후 국내에서는 2만 1000명 늘어난 반면 해외에서는 11만여 명 증가했다. 현대자동차 역시 국내 인력은 6400명 증가한 반면 해외 인력은 1만 8000명 늘어났다.

② 국내 투자 기피 → 제조업 공동화 → 일자리 감소의 악순환이 일어나고 있다. 리쇼어링을 활성화하기 위해서는 무엇보다 국내 투자환경이 개선돼야 한다.

③ 정부는 리쇼어링의 한 방안으로 해외 진출 기업의 세제혜택을 줄이는 세법 개정안을 만들었다.

④ 그러나 미국과 일본의 리쇼어링 정책의 성공은 파격적인 혜택과 인센티브에 기인한다.

⑤ 기업의 자유로운 투자활동에 방해가 되는 전자금융거래법이나 기업소득 환류 세제 등은 최대한 축소하거나 제거해야 하며 법인세 인하나 공장 이전비용 지원 등 직접적인 혜택으로 적극적인 리쇼어링 정책을 보여야 할 것이다.

⑥ 뿐만 아니라 통상임금 문제와 구조조정에 대한 노조의 동의 문제 등을 해결하여 노동시장의 유연화에 기여하고 생산성 향상을 도모해야 할 것이다.

⑦ 해외 정책 변화로 유턴하게 된 기업의 경우는 국내에서 자생력을 갖고 성장할 수 있도록 연구소와 협업체를 구성하여 성장기반을 강화하도록 유도하여 고부가상품을 개발하도록 해야 하며 기술력이 있으나 인건비가 비싸 유턴한 기업의 경우에는 국가 차원에서 다양한 세제 (정규직 고용 시 세제 인센티브 등), 용지, 보조금 등에서 혜택을 주되 내수 중소기업과 연계시켜 국내 기술발전 및 고용 창출 효과를 극대화해야 한다.

⑧ 공통 인프라로는 설비 자동화 통하여 노동생산성을 향상시켜야 한다.

⑨ 또한 경제자유구역을 해외 진출 기업의 국내 유턴 특구로 활용할 수 있도록 관련 법령 개정, 해외 R&D 연구기관의 유치 등 검토가 필요하다.

(3) KOTRA의 방안

① KOTRA는 국내 기업들의 글로벌 비즈니스 활동을 지원하기 때문에 리쇼어링 정책에는 부적합하나 외국인 투자유치라는 점에서 우리나라의 외국인 투자 활성화와 일자리 창출에 기여할 수 있다.

② 전 세계 주요 금융 및 산업 중심지에 소재한 KOTRA 해외투자 거점 무역관을 통해 우리나라의 투자 환경과 정보를 제공하고 홍보함은 물론 투자 과정을 지원함으로써 투자처로서의 우리나라의 대외 인지도를 확보하는데 힘써야 할 것이다.

③ 또한 KOTRA에서 유턴 기업 선정 및 한국 정착 과정에 도움을 주고 있지만, 일회성에서 그쳐서는 안 될 것이다.

④ 유턴으로 인해 기업은 현지에서의 네트워크 상당수를 잃게 되고, 한국에서 새로운 네트워크를 형성하는 데 어려움을 겪는다.

⑤ KOTRA는 기업들이 새로운 네트워크를 조성하는 데 도움이 돼야 한다. 또한, 유턴기업에 선정되지 못한 유턴 기업들에게도 기업 맞춤 상담 등 한국 재정착을 위한 서비스를 제공해야 한다.

1. 한국에 대한 외국인 직접투자가 증가하고 있는 이유를 논하시오.

2. 외국인 직접투자 증가에 따른 효과를 논하시오.

해설

1 외국인 직접투자[FDI · Foreign Direct Investment]

① 외국인이 경영참여 등을 통해 국내 기업과 지속적인 경제관계를 수립하기 위해 하는 투자를 말한다.

② 외국인이 경영참가와 기술제휴 등 국내 기업과 지속적인 경제관계를 수립할 목적으로 투자를 하는 것을 말한다.

③ 경영에 실질적인 영향력을 행사하기 위한 것이라는 점에서 주식이나 채권등에 투자하는 '포트폴리오투자'와 대비된다.

2 주요 특징

1. 전략적 인수합병(M&A) 증가

① 한 · 중 자유무역협정(FTA) 체결 이후 문화콘텐츠(게임, 영화 등), 화장품, 정보기술(IT) 등 기술력을 가진 국내기업에 대한 해외기업의 투자가 증가하였다.

② 해외 자금력과 국내기술이 결합하여 중국 및 제3국 시장 진출 등 국내기업의 해외진출 촉진효과를 기대할 수 있다.

2. 중동투자 급증

① 대형 연구개발(M&A)투자 등 중동지역의 투자가 급증했다

② 중동의 자금을 국내 건설기업에 투자유치하여 우리는 기업 재무구조 개선 및 건설 수주 가능성 확대, 중동은 자국의 인프라 개발 및 산업구조 다양화에 기여할 것으로 전망된다.

3. 부품소재 투자지속

국내 글로벌기업의 밸류체인(Value-Chain)을 활용하기 위한 해외 부품 소재 기업의 투자가 지속되고 있다.

3 해외자본 도입의 긍정적 효과

1. 소득 · 고용효과

① 해외자본 도입은 투자를 증대시켜 소득과 고용을 늘려준다.

② 외국에서 들여온 자본재의 생산성이 높을수록 소득 · 고용효과는 커진다.

2. 개발효과

① 해외자본은 개도국의 경제개발을 촉진시킬 수 있는 개발효과를 가진다.

② 해외자본도입, 특히 자본재 형태로 들여오는 차관이나 외국인 직접투자에는 기술이 따라 들어온다. 도입되는 기술은 생산기술, 관리능력과 정보 등을 포괄한다.

③ 새로운 생산기술과 그에 따른 노동의 질의 향상은 경제개발을 착수하는 개도국에게 '성장의 엔진'으로 작용할 수 있다.

④ 해외자본이 사회간접자본에 투자되면 외부경제를 일으키면서 사회개발이 촉진되는 효과를 가진다.

3. 국제수지 효과

① 해외자본이 도입되면 당장 그 나라의 국제수지는 개선된다.

② 도입된 해외자본이 투자되어 생산에 활용됨으로써 수입대체효과와 수출효과가 두드러지게 나타나면 경상수지도 개선될 수 있다.

4 해외자본 도입의 부정적 효과

1. 경제의 대외 의존효과

① 해외자본도입은 해외자본 수출국에 대한 도입국의 의존도를 크게 한다.

② 차관의 경우에는 차관상환을 확실하게 하기 위하여, 직접투자의 경우에는 투자의 수익성과 안전성을 확보하기 위하여, 자본수출국이 도입국의 경제에 직접 · 간접으로 개입하는 경우가 많다.

③ 차관을 제공하는 주체나 직접투자기업이 다국적 기업인 경우에는 국제적인 네트워크와 막강한 경제력을 활용하여 도입국의 경제는 물론 정치에까지 부당한 영향력을 행사하는 경우도 있다.

2. 원리금 상환부담 효과

① 해외자본은 결국 원리금을 상환해야 한다.

② 외채 잔액이 크고 차입 금리와 환율이 높을수록, 그리고 상환 만기가 짧을수록 원리금 상환 부담은 커진다.

③ 상환 부담이 너무 크면 국가 부도가 날 수도 있다.

3. 국민저축 위축효과

① 해외자본은 때로 국민저축을 대체함으로써 국민저축을 적어도 단기에는 감소시키는 경향이 있다.

② 즉, 외국인 직접투자의 증가는 순해외투자(NFI)를 감소시키므로 국내 이자율을 하락시키며 민간저축을 감소시킬 수 있다.

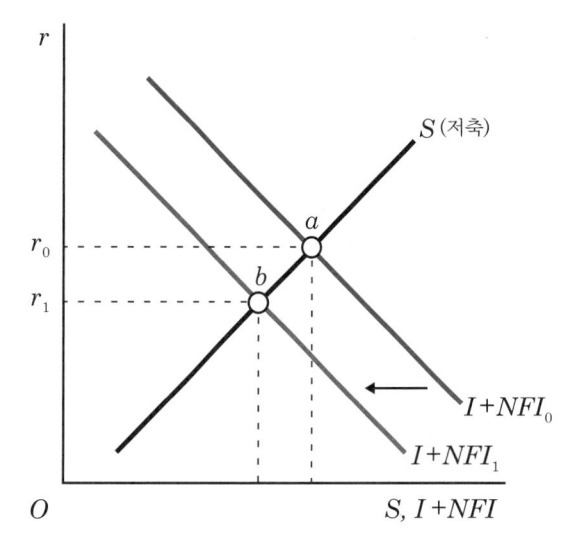

한국의 해외직접투자가 증가하고 있다.

1. 한국의 해외직접투자가 증가하고 있는 원인을 설명하시오.

2. 한국의 해외직접투자 증가로 인한 부작용과 해결책을 제시하시오.

해설

1 서론

① 국내 제조업에 대한 투자는 늘지 않고 있는 반면, 국내 기업의 해외직접투자는 빠르게 증가하고 있다.

② 국내 기업들의 해외직접투자는 2006년 이후 급증하고 있고 국내로 유입되는 외국인 직접투자는 큰 변화가 없어, 해외직접투자 순유출(국내 기업의 해외직접투자에서 외국인 직접투자를 뺀 것)도 증가하고 있다.

2 해외직접투자의 동기

1. 자원지향형 FDI

석유, 철강, 펄프(pulp) 등 국내생산활동에 필요한 천연자원을 안정적으로 확보하고자 하는 목적에서 자원 풍부국에 집중적으로 이루어지는 직접투자를 말한다.

2. 시장지향형 FDI

수출시장을 개척하기 위한 투자로 단순 판매 거점의 확보를 위한 대리점 설치에서 현지생산 판매까지 다양한 형태를 보이고 있다.

3. 요소지향형 FDI

노동집약적 산업에 속하는 기업이 저임금 국가에 투자하는 것이 대표적인 예가 된다.

4. 첨단기술 지향형 FDI

해외의 고급인력을 이용하여 첨단 기술 개발을 위한 연구소 설립이나 특허 보유기업을 합병 또는 인수하는 직접투자이다.

5. 공해회피형 해외직접투자

환경보호 기준 강화로 공장입지비용이 증가하게 되어 환경규제 수준이 낮고 허용치가 보다 높은 국가로 생산기지 등을 이전하는 과정에서 발생하는 직접투자 유형이다.

6. 무역장벽극복형 해외직접투자

현재 세계경제는 WTO 체제의 다자간 무역구조의 확대와 EU, NAFTA, APEC 등의 지역 블록화의 추세가 동시 진행되는 역동적인 모습을 보이고 있는데 지역 블록화의 전 세계적 확대 경향으로 인해 역외 국가에 대한 차별을 극복하기 위하여 블록 내 현지 국가들에 직접투자한다.

3 해외직접투자의 유형

1 수직적 통합

① 생산단계 또는 과정을 전후로 연결되는 일련의 생산과정을 형성하기 위한 투자를 말한다.
② 예컨대 자동차 회사가 조립생산을 위해 해외에 진출하는 경우가 그것이다.

2. 수평적 통합

① 동일 업종의 기업 활동을 지역적으로 확장시키기 위한 해외직접투자를 말한다.
② 이는 위험의 지역적 분산과 규모의 경제효과를 누리기 위한 것이다.

3. 다각적 통합

기존 분야와 다른 다양한 신분야를 확장하는 대규모 기업집단에서 볼 수 있는 해외직접투자를 말한다.

4 해외직접투자의 최근 현황

① 투자 목적별로 보면, 2007년 이후 현지 시장 진출, 저(低)임금 활용, 제3국 진출 등을 위한 해외직접투자가 늘어나고 있다.
② 국가별로 보면 1980년대까지 미국, 캐나다, 호주 중심이었으나 1990년 이후엔 중국, 베트남, 홍콩, 브라질 등으로 다변화되고 있다.
③ 업종별로는 IT · 자동차 · 화학 등 고부가가치 업종의 해외투자가 크게 늘고 있다.

5 원인

해외직접투자가 급증한 것은 원유를 비롯한 국제 원자재 가격이 크게 오르고 국내 단위노동비용이 크게 높아지는 등 국내 사업 환경이 악화되고 있기 때문이다.

6 부작용

① 국내 제조업의 공동화를 유발하고 있다.
② 국내 투자 대비 해외투자 비중이 높아짐에 따라 이는 제조업의 국내 투자 부진으로 이어지고 있으며, 부품 소재 수입 의존도를 높이는 원인으로 작용한다.
③ 일자리가 감소한다.
④ 성장잠재력이 약화된다. 투자 부진과 일자리 손실은 제조업의 공동화 가능성을 높여주며, 국내 경제의 성장 잠재력을 떨어뜨린다.

7 해결책

① 해외직접투자 순유출 현상을 반전시키기 위해서는 세제나 금융 등 국내 사업 환경의 개선을 통해 내외국 기업들의 국내 투자를 늘리고, 중국 등에 투자한 기업들이 국내로 투자선을 바꾸는 '투자 회귀(U-turn)'를 적극적으로 유도해야 한다. 특히 외국인 투자가 부진한 경제자유구역을 해외 진출 기업의 국내 '유턴 특구'로 활용할 수 있어야 한다.

② 해외 R&D(연구개발) 기관을 적극적으로 유치해 국내 고급인력의 고용 기회를 확대하고 이들과 연계된 해외 기업의 국내 유치 방안을 강구해야 한다. ② 예컨대 자동차 회사가 조립생산을 위해 해외에 진출하는 경우가 그것이다.

한국의 수출 경고등이 켜지고 있다.

1. 최근 한국수출의 문제점을 분석하고 대책을 논하시오.

2. 한국이 중국과 일본에 '샌드위치' 신세라고 한다. 이에 대한 의미와 중국기업이 급부상하고 있는 이유를 논하시오.

해설

■1 최근 한국수출의 문제점을 분석하고 대책을 논하시오.

1. 원화 강세

(1) 엔화 약세

① 미국 양적 완화 종료에 따른 '슈퍼 달러' 현상 속에 엔저가 심해지면서 대일본 수출액은 하락했다.

② 일본이 본격적으로 수출단가를 내릴 경우 한국 기업들이 직접 타격을 받을 수 있다

→ 수출입 관세가 8~10%를 차지하는 일본 제품이 30% 이상의 엔저 효과를 보이면 일본 수출은 한국 수출보다 가격경쟁력이 발생

(2) 위안화 평가절하

중국 위안화 약세도 대중 수출에 부정적 영향을 미치기 시작했다. 원화 가치 상승과 위안화 절하가 맞물리면서 원·위안 환율은 절상됐다.

2. 무역의존도 상승

① 우리나라 무역 의존도는 100%를 웃돌았다. 무역의존도는 수출과 수입의 합계가 한 국가의 GNI에서 차지하는 비중이 얼마나 되는지 나타내는 지표다. 100%가 넘는다는 것은 한국이 무역강국이 됐음을 의미한다.

② 하지만 수출입 의존도가 높다는 것은 세계 경제에 크게 영향을 받는다는 의미도 있다.

→ 일본은 수출 강국이지만 내수시장이 발달해 있어 무역의존도가 한국의 4분의 1 수준도 못 미친다.

3. 주력 수출품 경쟁력 악화 또는 대안 상품 부재

① 반도체 외에는 대안 상품이 없다는 점도 위기의 그림자를 짙게 한다.

② 주력 수출 산업인 전자, 자동차, 조선 업종의 대표 기업들이 동시에 부진에 빠지면서 위기가 장기화할 가능성이 높다.

→ 스마트폰, 자동차 등 주력 수출 업종이 중국산 저가 스마트폰 공세와 현대차 파업 등으로 원고의 장벽을 뛰어넘을 원동력을 잃고 있다.

③ 2000년대 들어 수출 증가율이 최고치에 달했을 때 수출로 인한 수익을 R&D(연구ㆍ개발) 분야 등에 제대로 투입되지 않아 경쟁력을 끌어올리지 못한 측면이 현재 나타나고 있다.

4. FTA 효과 반감

① 산업통상자원부, 한국무역협회에 따르면 한국이 발효시킨 자유무역협정(FTA) 가운데 한ㆍEU, 한ㆍEFTA, 한ㆍ칠레 3개 협정은 무역수지 적자를 유지할 것이 확실하다.

② EU에서 적자가 발생한 이유는 남유럽 국가 경제 상황이 악화되면서 한국의 수출이 줄었고 특히 선박 수출이 급감한 것이 주원인이다.

5. 중국의 무역 환경 변화

① 중국을 통한 중간재 수출에 주력해왔던 한국 입장에서는 중국 자체의 기술력이 높아지면서 향후 대중국 무역수지 흑자폭이 점차 감소할 것이다.

② 한국 대중 수출에서 가공무역 비중은 48%에 달해 수출 경쟁국인 일본(35%), 홍콩(36%)을 훨씬 웃돌며 미국(14.5%)보다는 3배 이상 높다.

③ 중국이 2000년대 들어 임금 상승, 환경오염 등에 대응해 가공무역을 억제하기 시작하면서 중국 전체 무역에서 가공무역 비중은 하락했다. 한국의 대중 가공무역 비중은 최근 7년간 50% 내외의 높은 수준을 유지하고 있다.

→ 가공무역이란 다른 나라에서 원재료나 반제품을 수입, 가공ㆍ제조해 만든 완제품을 수출하는 형태를 말한다.

④ 한국무역협회 자료에 따르면 2007년 중국의 수입 비중에서 4.7%를 차지했던 소비재는 8.0%로 늘었고, 자본재는 같은 기간 18.2%에서 14.0%로 축소됐다. 이런 변화로 중국의 수입에서 한국을 비롯한 아시아의 비중은 같은 기간 59.7%에서 48.7%로 감소했다.

6. 수출 증가율 감소

외형적으로는 98개월 연속 무역수지 흑자 행진을 이어가고 있지만, 기업의 수익성과 직결되는 원화로 환산한 수출 증가율은 마이너스로 떨어졌다.

7. 대책

① 이미 체결된 FTA만으로는 수출 성장이 점차 한계에 직면하였고 수출 강국인 한국으로서는 통상협정으로 새로운 시장을 개척해나가야 한다.

② 1990년대 중반 이후 수많은 양자간 FTA가 발효돼 '스파게티 볼' 효과가 나타나기 시작했는데 한국은 중국과의 FTA에 주력하면서 RCEP나 TPP 등 '메가 FTA'에 주력해야 한다.

2 한국이 중국과 일본에 '샌드위치' 신세라고 한다. 이에 대한 의미와 중국기업이 급부상하고 있는 이유를 논하시오.

1. 샌드위치론

① 2007년 초 이건희 삼성 회장이 샌드위치론을 들고 나왔다. "중국은 쫓아오고 일본은 앞서가는 상황에서 한국은 두 나라 사이에 낀 샌드위치 신세"라는 경고였다.

② 아베노믹스에 힘입어 부활하는 일본 기업과 축적된 기술력을 바탕으로 무섭게 성장한 중국 기업 사이에서 한국 간판 제조업체들이 끼여 있는 신세라는 것이다.

2. 주력산업에서 한국을 위협하는 중국

(1) 스마트폰

① 삼성전자 스마트폰의 세계 시장 점유율은 감소하였다.

② 이유는 중국 업체들의 거센 추격 때문으로 화웨이, 레노버, 샤오미 등 중국 휴대폰 업체들이 세계 스마트폰 시장에서 시장점유율을 높이고 있다.

(2) 가전 시장

① 삼성전자는 중국 스마트 TV시장에서 점유율 1위에 이름을 올렸으나 콩카, TCL, 하이센스, 스카이워스, 창홍 등 중국 업체들이 시장점유율을 높이고 있다.

② 에어컨은 중국 현지 브랜드 점유율이 84%에 달하고 냉장고 상위 10대 제품도 모두 중국 로컬 브랜드며 세탁기 역시 중국 브랜드가 대다수다.

→ 중국 하이얼은 세계 가전 시장에서 세탁기(19%), 냉장고(16%), 와인냉장고(15%) 등에서 모두 1위를 차지

(3) 소프트 웨어 산업

온라인 게임 세계 1위 텐센트, 중국의 아마존으로 불리는 알리바바, 중국의 구글이라 하는 검색엔진 전문 기업 바이두 등은 중국 내수 시장을 장악해 많게는 100조 원 이상 매출을 내고 있고 이제 글로벌 시장을 노리고 있다.

(4) 조선업

① 선발주자였던 일본은 건조능력이나 품질에서 상대적으로 뛰어났고 중국은 철강 생산능력과 가격 경쟁력을 바탕으로 시장 점유율을 잠식했다.

② 최근 들어서는 중국은 기술력을 키워 한국을 추월하고, 일본은 엔저(엔화 약세) 현상을 바탕으로 가격 경쟁력을 유지하는 역(逆) 넛크래커 현상이 일어나고 있다.

(5) 세계 수출시장 점유율 1위 품목수

① 한국의 경우 세계 수출시장 점유율 1위 품목수가 크게 줄었다.

② 중국의 세계 시장 1위 품목은 세계 1위다.

3. 중국의 기업이 급부상하고 있는 요인

(1) 막대한 내수시장 규모와 정부의 효과적인 산업 육성책

① 중국 기업들이 급속도로 큰 요인으론 막대한 자국 내 시장과 정부의 효과적인 산업 육성책을 꼽을 수 있다.

② 특히, 중국 IT 기업들의 성장은 탄탄한 내수 시장이 바탕이 된 데다 중국 정부가 IT 산업을 세계적으로 키우겠다는 정책 방향을 명확하게 제시했기 때문이다.

③ 중국 정부는 최근 2020년까지 반도체 산업을 세계 최고 수준으로 끌어올리겠다는 중장기 발전 계획을 발표하기도 했다.

(2) 중국 지도부의 확고한 개혁 · 개방 정책과 과학 중시 정책
  ① '중화부흥'과 '대국굴기'를 내세운 중국 지도부의 확고한 개혁 · 개방 정책과 과학 중시 정책은 기업의
     혁신 능력을 부추긴다.
  ② 중국 기업들의 연구개발(R&D) 인력 수와 특허출원 건수는 세계 정상을 다툰다.
  ③ 중국 정부는 매년 GDP 대비 2% 수준의 예산을 R&D에 할당하고 있다.

'한국 제조업 중국에 먹히는 중'

  2018년이 되면 한국이 중국에 비해 우위를 유지할 제조업 분야는 자동차, 일반 기계, 반도체 산업뿐일 것이라는
전망이 나왔다. 27일 서울 명동 은행회관에서 한국경제학회와 산업연구원, 한국경제연구원이 공동 개최한 '중국의
추격과 한국 제조업의 과제' 정책 세미나에서 전문가들은 "중국이 2년 안에 세계 스마트폰 시장 점유율 1위를 기
록할 전망"이라며 "중국과 비교해 한국이 차별적 경쟁력을 확보하지 못하면 세계 시장에서 입지가 축소될 수밖에
없다"라고 염려했다.

  '중국 제조업의 추격 현황과 한국의 경쟁력 전망'이란 주제로 발표를 맡은 서동혁 산업연구원 선임연구위원은
"중국 제조업 규모는 2005년 한국의 3.5배에서 2012년 5.3배로 격차가 확대됐다"라고 밝혔다. 서 선임연구위원
은 "작년에는 세계 제조업 수출시장에서 중국 점유율이 18.5%에 달했는데 한국 점유율은 4.3%에 불과했다"라고
덧붙였다. 그는 자동차와 일반 기계, 반도체는 당분간 경쟁력을 유지할 것으로 예상되지만 2018년에 이르면 다른
주력 산업은 위험할 것으로 우려했다. 서 선임연구위원은 "2018년이 되면 상위 산업 중에서도 메모리를 제외하고
는 모두 중국이 최대 경쟁국으로 떠오를 것"이라며 "향후 5년 사이에 경쟁력이 상승할 산업으로는 일반 기계가 유
일하다"라고 지적했다. 특히 조선, 석유화학, 섬유 · 의류 등은 중국에 밀려 1위 자리를 뺏길 것으로 전망됐다. 시장
70%를 차지하는 범용 선박의 핵심 경쟁력이 가격이라는 점에서 중국에 밀릴 수밖에 없다는 분석이다. 현재 4~5
위 수준인 석유화학산업도 2018년에는 5위 밖으로 밀려날 전망이다.

  이 같은 중국 도전에 대해 이근 서울대 교수는 삼성을 예로 들며 "중국 기업들과 비교한 삼성의 우위는 더 이상
기술력이 아니고 삼성이 가진 브랜드 파워"라며 "제품 판매에서 서비스 판매로 패러다임을 전환해야 한다"라고 조
언했다. 샤오미가 휴대폰 자체는 싼값에 넘기고 부가 소프트웨어나 응용 애플리케이션 등 부가서비스에서 매출을
창출하려고 하는 점을 배우라는 얘기다.

한국과 중국 간의 교역구조가 변화하고 있다.

1. 품목별 대중국 수출현황을 분석하시오.

2. 다음 표를 보고 대중국 수출 부진의 원인을 분석해보시오.

<한중 간 산업 간 및 산업 내 무역 비중 추이>

(%)

	2000	2005	2013
산업 간 무역	58.3	49.1	46.2
산업 내 무역	41.7	50.9	53.8

자료 : UN Comtrade 자료를 이용해 현대경제연구원 자체 계산

<한중 간 가공 단계별 산업 내 무역 비중 추이>

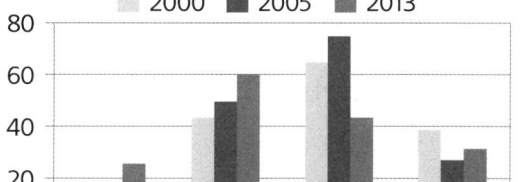

해설

1 한국 경제에 있어 대중국 수출의 중요성

① 중국의 급속한 경제성장은 지난 2000년 이후 대중국 수출을 통해 한국 경제에 있어 중요한 성장 요인으로 작용하고 있다.

→ 대중국 수출/총수출 비중은 2000년 10.7%에서 2013년 26.1%로 증가하며 중국에 대한 수출의존도가 급격히 상승

② 그러나 금융위기 이후 중국 경제성장률이 점진적으로 둔화되며 대중국 수출이 국내 총수출에 미치는 기여도가 축소하고 있다.

→ 대중국 수출은 금융위기 기간을 제외하고 총수출에 대한 기여도가 플러스를 기록하였으나 2014년에는 -0.4% p로 마이너스로 전환

③ 현대경제연구원의 기존 분석에 따르면 중국 경제성장률의 1% p 하락은 국내 총수출은 1.7% p, 경제성장률은 0.4% p 하락시키는 요인으로 작용

2 대중국 수출 현황

1. 대중국 수출과 주요 국가별 수출 비교

(1) 대중국 수출

금융위기 전 연평균 증가율이 22.1%에 달했던 대중국 수출은 금융위기 이후 13.9%로 증가세가 둔화되었으며 2014년에는 -1.5%로 오히려 감소세를 기록하고 있다.

(2) 대미 수출

대미 수출의 경우 금융위기 이후 수출 증가율이 연평균 13.3%로 증가세가 더욱 확대되었으며 2014년에도 높은 증가율을 기록하고 있다.

(3) 대 EU 수출

금융위기 이후 연평균 증가율이 1.2%에 불과하던 대EU 수출은 2014년 증가율이 10.3%로 수출이 빠른 회복세를 나타내고 있다.

2. 품목별 대중국 수출 현황

(1) 감소 품목

① 석유제품과 석유화학의 대중국 수출은 금융위기 이후 연평균 수출 증가율이 크게 하락하였으며, 2014년에는 지속적으로 마이너스를 기록하고 있다.

② 기계 역시 2014년 2분기부터 수출 증가율이 급락해 7월 -32.0%를 기록하고 있다.

③ 대중국 수출의 12.4%(2013년)를 차지하는 평판 디스플레이 패널 수출은 금융위기 이전 연평균 176.6%에 달했으나 최근 지속적으로 마이너스를 기록하고 있다.

(2) 증가 품목

① 철강, 자동차, 무선통신기기, 반도체 등은 수출 증가세를 유지하고 있다.

② 대중국 철강 수출은 2009~2013년 연평균 증가율이 -0.1%로 부진하였으나 자동차용 강판 수출 등의 증가로 2014년 들어 10% 이상의 증가세를 지속하고 있다.

③ 자동차 수출은 2014년 들어 수출 증가세가 더욱 확대되는 추세이며, 주력 품목인 무선통신기기 및 반도체 역시 견조한 증가세를 나타내고 있다.

3. 성질별 및 가공 단계별 대중국 수출 현황

(1) 성질별 대중국 수출 현황

① 대중국 수출의 33.6%를 차지하는 원자재 수출 증가율의 경우 2009~2013년 연평균 11.5%를 기록하였으나 2014년에는 -8.0%로 감소세를 기록하고 있다.

② 대중국 수출의 61.1%를 차지하는 자본재 수출 증가율은 금융위기 이후 15.8%로 비교적 양호한 수준이었으나 2014년 1.8%로 급격히 하락하고 있다.

(2) 가동 단계별 대중국 수출 현황

① 반도체 수출 증가 등의 영향으로 부품 수출이 9.8% 증가하였으나 반가공품 수출이 7.8% 감소해 2014년 1~7월 누적 대중국 중간재 수출은 전년동기간 대비 0.7% 증가에 그쳤다.

② 대중국 수출의 22.9%를 차지하는 자본재 수출의 경우 2014년 7월 누적 174억 달러로 전년동기간 대비 8.9% 감소하였다.

3 대중국 수출 부진의 구조적 원인

1. 한중 간 기술 격차 축소에 따른 분업구조의 변화

① 한중 간 분업구조를 보면 산업 간 무역 비중은 감소하는 반면 산업 내 무역 비중이 증가하고 있어 한국과 중국의 기술 격차가 축소되고 있는 것으로 판단되고 있다.

② 중국과의 교역에서 산업 내 무역 비중의 증가는 중국의 산업 기술 발전에 따른 동일 품목의 쌍방 무역 증가를 의미한다.

③ 가공 단계별 분업구조를 보면 중간재 교역에서의 산업 내 무역 비중이 빠르게 증가해 중국의 대한국 중간재 수입 수요 감소 요인으로 작용하고 있다.

→ 한 · 중 간 교역의 70%를 차지하는 중간재의 경우 산업내무역 비중이 2000년 42.0%에서 2013년 60.1% 증가

④ 중간재의 산업내무역 비중 축소는 한중 간 중간재 기술격차가 축소되면서 나타난 것으로 결국 중국의 대한국 중간재 수입 수요 감소 요인으로 작용하고 있다.

2. 중국의 성장 속도 둔화에 따른 수입 수요 감소

① 2000~2008년 연평균 10.6%로 성장했던 중국 경제는 금융위기 이후 8.8%로 성장 속도가 둔화되었으며 2014년에는 7.5% 성장에 그칠 것으로 전망하고 있다.

② 중국 투자 부문 부진에 따른 자본재 수입 수요 하락은 한국의 대중국 자본재 수출 역시 부진의 원인으로 작용하고 있다.

→ 중국의 투자 증가율은 2008년 이전 13.8%에서 이후 8.6%로 하락했으며 2014년에는 7.0에 그치면서 자본재 수입 수요가 크게 하락

③ 중국의 수출이 부진한 모습을 보임에 따라 한국의 대중국 중간재 수출 역시 증가율이 크게 하락하고 있다.

→ 중국의 총수출 증가율 역시 2014년 2.9% 수준으로 지속적으로 하락했으며 이에 따라 한국의 대중국 중간재 수출 증가율 또한 2009~2013년 14.2%에서 2014년 0.7%로 크게 하락

3. 중국의 생산 설비 확대에 따른 자급률 상승

① 석유제품, 석유화학 등 중화학 공업과 디스플레이 등 첨단 전자산업 부문에서 중국의 대규모 투자에 따른 자국 내 생산 확대로 수입 대체 효과가 발생하고 있다.

② 중국의 석유화학 설비 증설로 인해 생산능력이 크게 확대되며 자급률이 상승하고 있다.

③ 중국 정부는 중국 내 디스플레이 패널 생산 업체에 대한 법인세 인하, 패널 수입 관세 제정 및 세율 인상 등 강력한 육성 정책을 시행하여 중국의 디스플레이 부문 자급률이 급격히 상승하고 있다.

4. 중국의 교역구조 변화에 따른 가공무역 축소 및 부품 소재 수입 비중 하락

① 중국의 산업구조 고도화로 그동안 중국 교역의 대부분을 차지하던 가공무역 비중이 빠르게 하락하고 있다.

→ 중국 총 교역에서 가공무역이 차지하는 비중은 2000년 48.5%에서 2014년 31.5% 수준으로 감소

② 중국의 가공무역 축소에 따라 중국의 부품 소재 수입/총수입 비중이 빠르게 하락하고 있으나 한국의 대중국 수출은 아직까지 부품 소재 중심이다.

③ 중국의 부품 소재 수입/총수입 비중 역시 2000년 55.8%에서 2014년 36.3%로 하락한 반면 한국의 대중국 부품 소재 수출/대중국 수출 비중은 2000년 12.6%에서 2014년 33.8%로 증가하고 있다.

④ 중국의 부품 소재 수입 증가 둔화로 한국의 대중국 부품 소재 수출 증가율이 2014년 상반기 -0.1%를 기록하여 대중국 수출 부진의 원인으로 작용하고 있다.

4 향후 전망 및 시사점

1. 전망

① 최근 대중국 수출 부진은 중국의 경기둔화 및 산업구조 고도화에 따른 구조적 요인에 의한 것으로 과거 수준으로 회복되기 어려워 향후 대중국 수출 경로를 통한 차이나 리스크의 현실화 가능성이 높은 것으로 평가된다.

② 더욱이 원화 강세가 지속되고 있어 우리나라와 대중국 수출구조가 유사한 일본 제품과 중국 시장 내 경쟁에서 가격 측면에서 불리한 상황이다.

③ 더욱이 한중간 구조적 원인에 의한 부진은 단기간에 극복하기는 어려우며, 특히 대중국 수출 비중이 높고 중국의 자급률이 올라가고 있는 석유제품, 석유화학과 IT, 기계 부문 수출이 상대적으로 큰 타격을 입을 것으로 전망된다.

2. 대응 방안

(1) 신흥시장 진출

① 중국 이외의 신흥공업국에 대한 수출 활로 개척 노력이 요구되며 특히 새로운 신흥국으로 부상 중인 ASEAN 및 중동 국가들에 대한 진출 노력이 요구된다.

② 한편 선진국 시장에 대해서는 FTA 제도를 적극 활용할 수 있도록 민간 기업들에 대한 정부의 정보 제공 및 기업들 간 공조 체제가 활성화될 필요가 있다.

(2) 한·중간 경제협력 강화 및 중국의 내수시장 확대에 따른 기회 활용

① 향후 중국 경제의 성장 둔화 및 가공무역 축소 등으로 과거와 같이 중간재의 대중 수출을 통한 수출 증대는 한계가 있을 것으로 예상된다.

② 중간재 위주인 대중 무역을 중국의 경제구조 변화에 맞춰 소비재 및 자본재 등 최종재 위주로 전환해 향후 중국의 내수시장 확대에 대응할 필요가 있다.

③ 중국 소비 시장에 대한 분석과 현지 맞춤형 마케팅 및 제품 개발을 통해 중국 소비시장 선점을 위한 노력이 필요하며, 국내 서비스 업계의 중국 진출 등 새로운 사업 기회를 적극 활용해야 한다.

④ 또한 세계 최대 시장인 중국 시장에서의 경쟁력 확보를 위해 한-중 간 우호적 관계 증진 및 한중 FTA 등 중국과의 경제적 협력 관계를 강화할 필요가 있다.

(3) 주력 산업의 고기술·고부가가치화가 필요하며 중장기적으로 원천기술 선점을 위한 노력이 요구

① 중국 산업의 기술경쟁력 상승에 따라 우리 주력 산업은 향후 중국 시장 내에서 일본, 대만 등 경쟁국 뿐만 아니라 중국 기업과의 경쟁도 치열해질 것으로 전망된다.

② 따라서 범용제품보다는 고부가 · 고기술 제품 개발에 주력하여 중국 제품과의 차별성을 유지할 필요가 있다.

③ 특히 핵심 신소재 · 부품, 융복합 신기술 제품 등 신성장 제조업 육성을 통해 중국이 단기간에 추격하기 어려운 새로운 주력 산업을 확보해야 한다.

(4) 중국 경제의 경착륙에 대비한 시나리오별 대응 전략 마련

① 일부에서는 최근 중국 경제가 과도한 부채 및 금융시장 거품 등으로 경착륙할 가능성에 대해 문제를 제기하고 있다.

② 중국 경제가 경착륙할 가능성은 높지 않지만 이에 대한 컨틴전시 프로그램의 구축 및 실행 능력 점검 노력이 필요하다.

2011년 말 무역 1조 달러 시대 개막을 열었으며 2014년까지 4년 연속 달성하였다.

1. 무역규모가 성장함에 따라 주요 수출상품 및 수출 상대국 순위가 어떻게 변화하였는지 논하시오.

2. 한국 무역의 구조적인 문제점에 대하여 논하시오.

3. 구조적인 문제점을 통하여 한국의 대외무역의 개선책을 논하시오.

해설

1 한국의 무역 현황 및 성과

1. 현황

① 1947년 2.6억에 불과하던 무역규모가 1988년 1,125억 달러로 성장, 2005년 5,457억 달러로 확대되었다.

② 2005년 5천억 달러를 달성한 이후 6년 만에 무역 규모 1조 달러를 달성하였다.

2. 수출 상위 5대 품목의 변화

① 1961년 철광석, 중석, 무연탄 등 천연자원 중심에서 1970년 이후 경공업, 1980년 이후 중공업 제품으로, 2000년대에는 반도체, 자동차 등 첨단 제품으로 진화하였다.

② 천연자원 중심의 수출에서 경공업 제품으로 전환, 2000년대 들어서는 IT 제품이 주요 수출품목으로 되었다.

3. 수출 상대국 순위

수출 상위 1위 국가는 1954년 미국에서 1960년 일본으로 전환, 그 이후 2002년까지는 미국이었으나 2003년 중국으로 전환되며 대 개도국 무역 비중이 급증하였다.

2 한국 무역의 구조적 문제점

1. 수출 고부가가치화 지수 정체

① 2010년 기준으로 주요 수출 선진국의 고부가가치화 지수(114.7)는 2005년에 비해 상승세를 나타내며 고부가가치화가 진행되고 있는 반면에 한국의 고부가가치화 지수는 2010년(101.2) 기준 2005년 수준에 머물고 있다.

② 이에 따라 한국의 수출 구조는 주요 선진국에 비해 수출 고도화가 미흡하며 질적으로 고부가가치 수출품목이 결여되어 있다.

③ 한국은 수출의 양적 성장은 이루어진 반면에 수출의 질적 성장은 미흡하다.

2. 높은 수입 중간재 비율, 낮은 외화가득률

① 한국의 주요 수출품의 중간재 및 관련 주요 소재 부품의 국산화율이 매우 낮음에 따라 수출이 증가해도 수출에 필요한 원자재 및 중간재가 더 빨리 증가하여 수입 의존적 수출 구조가 심화되었다.

② 한국은 수출품 생산에 투입되는 수입 중간재 비율이 2000년 32.3%에서 37.4%로 증가하였다.

→ 수출품 생산에 투입되는 수입 중간재 비율이 미국(15.2), 일본(16.9), 독일(24.4), 중국(19.7)에 비교해 매우 높은 수준

③ 수입 중간재 비율의 증가에 따라 수출의 외화가득률이 하락세를 보이고 있다.

3. 수출지역의 다변화가 약함

① 수출상품 기준으로 수출지역 다변화를 나타내는 '수출지역 침투지수'가 한국의 경우 독일, 미국, 중국에 비해 낮다.

② 한국의 수출지역 침투지수는 56.9에 비해 미국은 118.5, 일본은 66.2, 독일은 113.1, 중국은 116.7이다.

4. 수출품목의 다양성 부족

① 수출품목의 집중도를 나타내는 허쉬만-허핀달 지수 추이를 살펴보면 한국이 수출 선진국과 비교해 매우 높아 수출의 다양성이 상대적으로 부족하다.

→ 허쉬만-허핀달 지수는 흔히 산업집중도 측정 방법의 하나이지만 전체 수출액 대비 수출품목의 비중을 이용해 수출품목의 집중도를 측정하는 지수로 활용되고 있다.

② 한국의 HHI는 2000년 0.044에서 2010년 0.043을 기록하여 지난 10년간 수출품목 다양성이 개선되지 않고 있다.

③ 소수 수출품목에 대한 의존도가 높아 수출품목 다양성이 결여된 한국은 세계 수출 경기의 위축으로 글로벌 수요가 감소할 경우 국내 경제에 대한 파급효과가 크게 나타난다.

5. 세계 수출 시장 1위 품목수 부족

① 세계 수출 경쟁력 1위 품목 수를 보면 한국은 주요 수출 국가에 비해 매우 저조한 수준에 머물고 있다.

② 수출액 기준으로 한국 수출은 세계 9위를 기록하고 있으나 세계 수출시장 점유율 1위 품목 수 기준으로는 세계 13위를 차지하고 있다.

6. 서비스 수출 경쟁력 하락

① 한국의 제조업 수출 세계 시장 점유율은 증가한 반면에 서비스 수출 세계 시장 점유율은 오히려 하락하며 저조한 수준에 머물고 있다.

→ 한국은 2009년 1.7%로 19위, 미국의 서비스 수출 세계 시장 점유율은 14.1%

② 한국의 서비스 수출 경쟁력 하락으로 서비스 수지는 2000년 이후 지속적으로 마이너스를 기록하며 규모도 확대되고 있다.

③ 세계 서비스 무역이 높은 성장세를 유지하고 있고 글로벌 금융위기 직후 서비스 수출시장은 상품 수출 시장보다 충격이 약하게 나타나고 있다.

④ 서비스 시장 규모는 2001년 19%에서 2009년 21%로 증가하여 우리나라의 서비스 산업 성장의 기회요인으로 작용하고 서비스 산업의 경쟁력은 고용 및 경제 성장에 중요한 역할을 한다.

3 시사점

1. 수출구조의 고부가가치화

성장잠재력이 있는 품목에 대한 집중적인 투자와 고부가가치 수출산업 육성을 통해 수출 신상품을 개발하고 미래의 신성장동력인 신재생에너지 관련 산업을 지속적으로 육성해야 한다.

2. 잠재력이 큰 새로운 수출 시장 개척

① 수출지역 다변화를 통해 세계 경기 침체 등 글로벌 경제 위기에 따른 수출실적의 급락이라는 리스크를 완화할 수 있다.

② 고성장 가능성이 잠재되어 있는 인도네시아, 아프리카, 중동, 남미, 인도 등 신흥시장에 대한 수출 마케팅을 강화하여 각국의 상황에 맞는 수출 진흥 대책을 수립하여 선진국과는 차별화된 수출 전략을 마련해야 한다.

3. 핵심 부품 · 소재 산업의 지속적인 투자

수입 의존적 수출구조의 개선을 위해 수출품 관련 주요 핵심 부품 소재 개발에 대한 투자를 확대하여, 국산화 비율을 높이고 수입 의존적 수출구조를 개선해야 한다.

4. 서비스 산업 확대를 통한 수출 경쟁력 제고

세계 서비스 수출 시장의 성장세가 세계 상품 수출 시장보다 더 높게 나타나고 있어 상품 수출뿐 아니라 서비스 수출 시장 개척을 위한 노력이 필요하다.

5. 동아시아 FTA 네트워크 구축

① 현재 우리나라는 유럽과 동아시아, 미국을 연결하는 동아시아 FTA 허브로 부상하고 더 나아가 동아시아 FTA 네트워크 구출을 위해 노력해야 한다.

② 한 · 중 · 일 FTA 산 · 관 · 학 공동연구를 통해 동아시아 FTA 네트워크 구축을 위해 노력해야 한다.

한국은 1960년대 이후 일본과의 무역에서 경상수지 흑자국이 된 적이 없다.

1. 변동환율 제도를 사용하는 일본의 경우 만성적인 경상수지 흑자가 가능한 이유는 무엇인지 설명하시오.

2. 외국인 투자자들이 한국의 만성적인 경상수지 적자로 원화 가치가 앞으로 크게 절하될 것으로 예상하는 경우 한국의 환율과 주가는 어떻게 변화할지 설명하시오.

3. 경제정책의 목표는 대내적으로는 완전고용을 달성하고 대외적으로는 국제수지 균형을 달성하는 것이다. 대내균형과 대외균형이 동시에 달성하는 경우를 종합 균형이라고 한다. 경상수지 적자와 경기침체가 발생되고 있는 한국의 경우 다양한 정책수단을 사용해서 종합 균형을 달성할 수 있다. 정부가 사용할 수 있는 정책수단으로 재정정책, 금융정책, 환율정책이 있는데 변동환율 제도를 사용하고 있는 한국은 어떠한 정책수단을 사용해야 하는지 '틴버겐의 법칙'과 연계해서 설명하시오.

해설

1 변동환율 제도를 사용하는 일본의 경우 만성적인 경상수지 흑자가 가능한 이유는 무엇인지 설명하시오.

1. 환율의 변화 요인

① 환율에 영향을 미치는 요인으로는 크게 무역거래 등 경상거래로 인한 요인과 국가 간 자산 거래를 의미하는 자본거래로 인한 요인으로 구분해 볼 수 있다.

② 대일 무역수지 적자폭이 확대된다면 불균형을 해소하기 위해서 원화의 약세, 즉 원/엔 환율의 상승이 나타나야 한다.

③ 양국 간 자본거래에 있어 경상거래의 적자를 넘어서는 더 큰 규모의 흑자가 발생하면 원/엔 환율이 지속적으로 하락하게 되고 만성적인 경상수지 흑자가 가능하다.

2. 자본 이동의 예상

① 일본은 장기 불황 이후 지속적으로 0%대의 낮은 정책금리를 유지하고 있다. 반면 최근 우리나라는 1.5%대의 정책금리를 유지하고 있다.

② 이 경우 유위험 이자율 평가설에서 자국 자산의 수익률이 외국 자산의 수익률보다 높아져서 일본으로부터 큰 규모의 자본 유입이 이루어질 수 있다.

③ 국내 이자율이 상승하고 해외 이자율이 하락하는 경우 원화의 강세가 나타날 수 있다.

④ 이처럼 최근에 일본은 저금리를 기반으로 우리나라를 비롯하여 여러 국가에 자금을 제공하는 역할을 했는데 이처럼 일본에서 낮은 금리로 조달되어 해외에 제공된 자본 거래를 엔 캐리 트레이드(yen carry trade)라고 한다.

2 외국인 투자자들이 한국의 만성적인 경상수지 적자로 원화 가치가 앞으로 크게 절하될 것으로 예상하는 경우 한국의 환율과 주가는 어떻게 변화할지 설명하시오.

1. 원화 가치 하락이 예상되는 경우

① 이자율 평형설에서 미래 예상 환율(e^e_{t+1})의 증가를 의미한다.

② 따라서 이자율 평형설 $r = r_f + \dfrac{e^e_{t+1} - e_t}{e_t}$ 에서 미래 환율의 상승이 예상되면 이 식에서 우변이 더 커지게 된다.

③ 아래의 그래프에서 해외자본의 수익의 우측 이동을 가져온다. 이 경우 자본이 유출되고 그 과정에서 환율이 상승하게 된다.

④ 해외로 자본이 유출됨에 따라 주식 투자에 대한 수요 또한 감소하여 주가는 하락할 것이다.

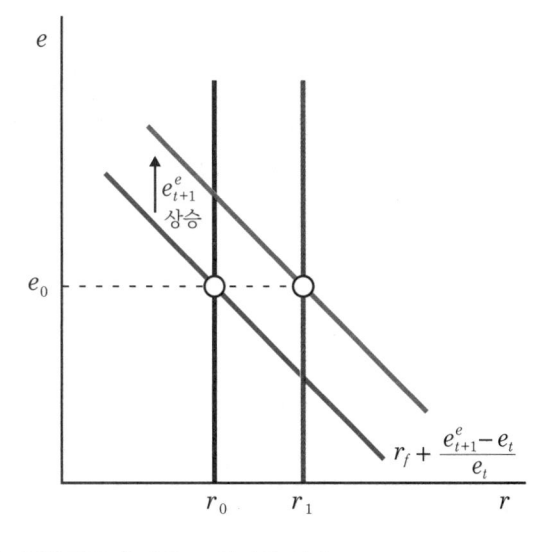

2. 통화당국의 대응 - 이자율 상승

① 국내 이자율이 상승하면 다시 이자율 평형 조건이 성립하여 자본의 유출이 나타나지 않는다. 이 경우 환율은 불변이다.

② 그러나 국내 이자율의 상승으로 주식투자에 따른 미래 기대배당수익이 감소하여 주가는 하락할 수 있다.

❸ 경제정책의 목표는 대내적으로는 완전고용을 달성하고 대외적으로는 국제수지 균형을 달성하는 것이다. 대내균형과 대외균형이 동시에 달성하는 경우를 종합 균형이라고 한다. 경상수지 적자와 경기 침체가 발생되고 있는 한국의 경우 다양한 정책수단을 사용해서 종합균형을 달성할 수 있다. 정부가 사용할 수 있는 정책수단으로 재정정책, 금융정책, 환율정책이 있는데 변동환율 제도를 사용하고 있는 한국은 어떠한 정책수단을 사용해야 하는지 '틴버겐의 법칙'과 연계해서 설명하시오.

1. 개요

① 일반적으로 n개의 정책목표를 달성하려면 n개의 정책수단이 필요한 것으로 알려져 있는데, 이를 틴버겐의 정리(Tinbergen's rule)라고 한다.

② 개방경제의 정책목표로는 대내균형(완전고용)과 대외균형(국제수지 균형)의 두 가지가 있으므로 정책수단도 두 가지가 필요하다.

재정정책과 금융정책이 주어질 때	• 재정정책 → 대내균형에 할당 • 금융정책 → 대외균형에 할당
지출변동정책과 지출전환정책이 주어질 때	• 지출변동정책 → 대내균형에 할당 • 지출전환정책 → 대외균형에 할당

2. 재정정책과 금융정책의 할당

① 경기가 침체 상태이면서 국제수지가 적자일 때는 확대 재정정책과 긴축 금융정책을 시행해야 한다.

② 확대 재정정책을 실시하면 총수요가 증가하여 국민소득이 증가하고, 긴축 금융정책을 실시하면 이자율 상승으로 자본 유입이 이루어져 국제수지가 개선된다.

③ 경기가 과열 상태이면서 국제수지가 흑자인 경우에는 긴축재정정책과 확대금융정책을 시행해야 한다.

3. 지출 변동 정책(재정정책)과 지출 전환 정책(환율정책)의 할당

① 경기가 침체 상태이면서 국제수지가 적자일 때는 확대 재정정책과 평가절하는 시행해야 한다.

② 확대 재정정책을 실시하면 총수요가 증가하여 국민소득이 증가하고, 평가절하를 실시하면 순수출이 증가하여 국제수지가 개선된다.

③ 경기가 과열 상태이면서 국제수지가 흑자인 경우에는 긴축재정정책과 평가절상을 시행해야 한다.

국제무역을 설명하는 헥셔-오린 모형과 관련하여 다음 물음에 답하시오.

1. 한국은 풍부한 노동력을 바탕으로 고도성장기에 높은 수출 증가율을 기록하였다. 수출지향적 성장 정책이 무엇인지 간략히 정의한 후, 이러한 수출지향적인 경제성장이 국내 임금과 이자율의 상대적 변화 및 요소집약도에 가져왔을 효과를 설명하라.
   (단, 한국은 노동풍부국, X재는 노동집약재, Y재는 자본집약재라 한다.)

2. 헥셔-오린 모형에서 나타나는 국가 간 비교우위의 원리가 현실 세계에서의 무역 현상을 잘 설명할 수 있는지 논하시오.

해설

1 한국은 풍부한 노동력을 바탕으로 고도성장기에 높은 수출 증가율을 기록하였다. 수출지향적 성장 정책이 무엇인지 간략히 정의한 후, 이러한 수출지향적인 경제성장이 국내 임금과 이자율의 상대적 변화 및 요소집약도에 가져왔을 효과를 설명하라.
[단, 한국은 노동풍부국, X재는 노동집약재, Y재는 자본집약재라 한다.]

1. 수출지향적 경제성장이란?

① 수출지향적 경제성장 정책은 수입 대체적 경제성장 정책과 상반되는 정책으로서, 국내시장의 대외 개방과 함께 자국의 수출을 적극 장려하고 지원함으로써 성장을 촉진하는 정책이다.

② 수출지향적 경제성장 정책은 국내시장의 개방을 통한 자유무역의 실시 및 확대를 그 특징으로 한다.

2. 헥셔-오린 모형의 의미

헥셔-오린 모형은 각국은 자국에 풍부하게 부존된 요소를 집약적으로 사용하는 재화에 비교우위를 가지게 됨을 설명하며, 자유무역시 자국에 풍부하게 부존된 요소에 돌아가는 소득분배 몫이 커짐을 시사한다. 이를 스톨퍼-사무엘슨 정리라고 한다.

3. 자유무역에 따른 자원배분의 변화

① 자유무역의 실시는 $\frac{P_X}{P_Y}$의 상승을 가져오고, 이에 따라 생산 패턴이 X재 생산 증가, Y재 생산 감소로 변화한다. 즉 수출재 생산은 증가하고 수입재 생산은 감소한다.

② 이로 인해 노동의 초과수요, 자본의 초과공급이 발생하고 그 결과 w 상승, r 하락에 따라 X, Y재의 생산이 이전보다 보다 자본집약적으로 생산하게 된다.

③ 양 산업에서 자본집약도가 모두 증가하므로 MP_L^X, MP_L^Y는 증가하고 MP_K^X, MP_K^Y는 감소하게 된다.

④ 따라서 $w = P_X \times MP_L^X$, $r = P_Y \times MP_K^Y$에서 w 상승, r 하락하게 됨을 알 수 있다.

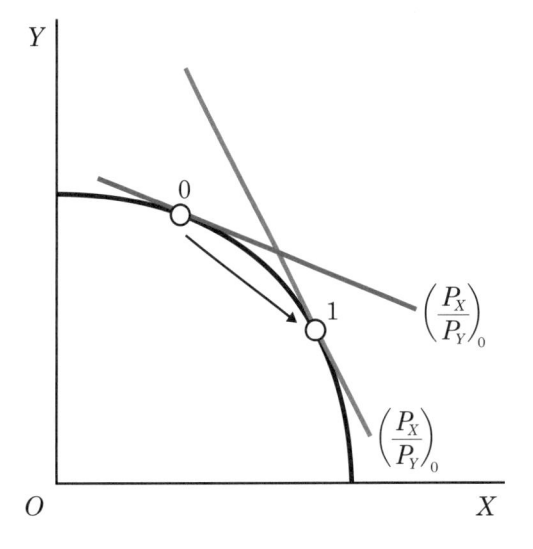

4. 결론

수출지향적 경제성장은 한국의 $\left(\frac{w}{r}\right)$을 상승시키고, 즉 노동의 분배 몫을 늘리고 자본의 분배 몫을 감소시키며 X재와 Y재 모두 자본집약적으로 요소집약도를 변화시킨다.

2 헥셔-오린 모형에서 나타나는 국가 간 비교우위의 원리가 현실 세계에서의 무역 현상을 잘 설명할 수 있는지 논하시오.

1. 헥셔-오린 모형의 의미

헥셔 올린의 비교우위 이론은 풍부하게 부존된 요소를 집약적으로 사용하는 재화에 비교우위를 가지고 수출을 하며 서로 다른 상품 간의 무역(산업 간 무역)이 이루어짐을 설명한다.

2. 헥셔-오린 모형의 현실설명력

(1) 풍부하게 부존된 요소를 집약적으로 사용하는 재화를 수출할 것이라는 예측

① 이러한 함의는 레온티에프 역설에 의해 반박되기도 한다.

② 즉, 세계 어떤 나라와 비교하더라도 대부분의 경우에 있어서 상대적으로 자본풍부국이라 생각되는 미국이 자본집약재를 수입하고 노동집약재를 수출하고 있는 실증 결과가 나타난 것이다.

③ 이를 설명하기 위해 생산요소의 이질성, 천연자원 문제, 요소집약도의 역전, 제품수명주기가설 등 여러 해석이 있으나, 완전하지 못하다는 비판이 있다.

④ 특히 무역의 발생 원인에 있어서 국가 간 재화 상대가격의 차이를 설명하는 과정에서 헥셔-오린 모형은 생산 측면에 있어서의 차이를 강조하는데, 만약 수요의 측면도 고려한다면 헥셔-오린 모형이 예측하는 것과는 다른 무역 양상이 나타날 수도 있다.

⑤ 즉, 노동이 상당히 풍부하게 부존되어 있는 나라일지라도 국내에서 노동집약재에 대한 수요가 집중되어 있다면 오히려 노동집약재를 수입하는 경우가 발생할 수 있다.

(2) 비교우위를 반영한 산업 간 무역이 이루어진다는 예측

① 이는 최근 산업 내 무역이 증대하는 현실에서 타당성을 잃고 있다.

② 즉, 더 이상 비교우위에 의한 무역이 아닌 동종의 제품이더라도 제품차별화, 규모의 경제 등에 의한 무역이 일어나고 있는 것이다.

3. 결론

레온티에프의 실증 검증과 함께 산업 내 무역이 무역의 대부분을 차지하는 현실에서 산업 간 무역의 대표 이론인 헥셔-오린의 비교우위 이론은 현실 설명력을 잃어가고 있다.

1960년대 이후 한국의 생산구조 변화를 살펴보면, 노동집약적인 섬유산업의 생산량은 상대적으로 감소하고, 반면에 자본집약적이고 기술집약적인 자동차 산업의 생산량은 증가하였다. 이러한 변화가 발생한 이유를 설명하라.

또 섬유와 자동차 생산에서 요소집약도는 과거와 비교해 어떤 변화가 있을지 논하시오.

해설

1 해설

　두 가지 요인을 생각해 볼 수 있다. 첫째는 한국의 자본량 증가이고, 둘째는 이자율에 비해 임금이 상승하였다는 점이다. 먼저 한국의 자본 축적으로 립진스키 정리에 따라 자본집약적인 재화의 생산량이 증가하고 노동집약적인 재화의 생산량이 감소하였다. 또 스톨퍼-사무엘슨 정리에 의해 노동집약재의 수출 증가가 임금을 상대적으로 높였고, 그 결과 모든 재화의 생산방법이 자본집약적으로 변해왔다.

자본풍부국인 한국이 노동풍부국인 중국과의 FTA 체결을 발표하자 한국에서 노동집약산업인 농산물 산업에 투하된 자본의 소유주와 노동자가 대규모 FTA 반대시위를 하였다.

1. 헥셔-오린 무역이론으로 양국간의 FTA 체결로 인한 소득분배를 분석하시오.

2. 헥셔-오린 무역이론의 예측에도 불구하고 위와 같은 현상이 나타나는 이유는 무엇일지 설명하시오.

해설

1 헥셔-오린 무역이론으로 양국간의 FTA 체결로 인한 소득분배를 분석하시오.

1. 가정

생산요소로는 노동과 자본이 존재하고, 국가는 한국(자본풍부국)과 중국(노동풍부국) 두 나라가 존재하며, 재화는 X재(노동집약재)와 Y재(자본집약재)가 존재한다.

2. FTA 체결의 효과

(1) FTA의 의의

가맹국 간의 무역에 대해서는 관세 및 여타 양적 규제를 철폐하지만, 비가맹국에 대해서는 각 가맹국이 독립적으로 관세 및 비관세장벽을 유지하는 경제 통합이다.

(2) FTA의 효과

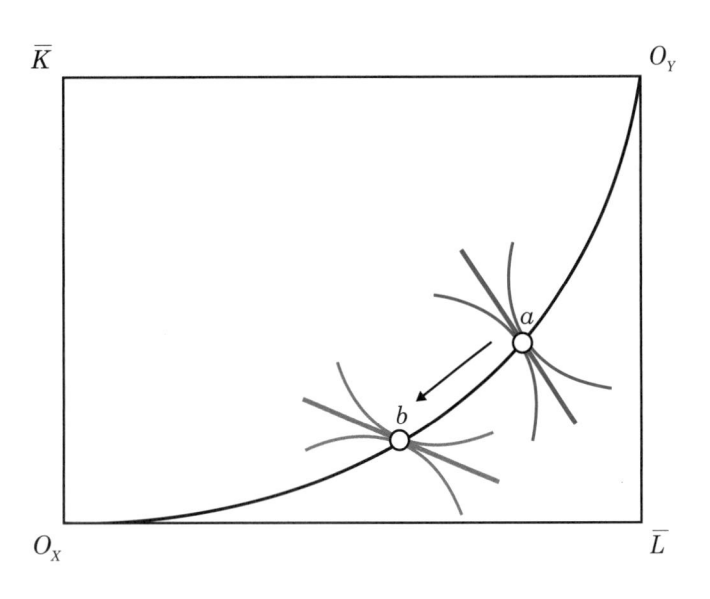

1) 헥셔-오린 모형에 의한 분석

① 한국의 경우 자본풍부국이므로 중국과 FTA 체결시 자본집약재인 Y재의 상대가격이 상승하고 이로 인해 Y재 생산이 증가한다.

② 이 때 생산요소인 노동과 자본이 노동집약재인 X재에서 자본집약재인 Y재로 이동한다. 이 과정에서 Y재의 추가적 생산에 필요한 노동의 양보다 상대적으로 많은 노동이 X재에서 방출되고, Y재의 추가적 생산에 필요로 되는 자본보다 상대적으로 적은 자본이 X재에서 방출되어 노동의 자본에 대한 상대가격$\left(\dfrac{w}{r}\right)$이 하락한다.

③ 한국은 FTA 체결 후 양 산업이 FTA 체결 전보다 노동집약적인 방식으로 생산을 한다.

2) 한계(Stolper-Samuelson 정리)

① 자유무역의 체결 결과 한국에서 노동자의 상대임금은 하락하고 자본가의 상대임대료는 상승한다. 그러나 이것은 어디까지 상대적 변화만을 나타낼 뿐 절대적인 변화까지 나타내지는 못한다. Stolper-Samuelson 정리는 이러한 한계점을 보완해 준다.

② 노동과 자본의 완전경쟁시장을 가정했을 경우 노동과 자본의 가격은 한계생산물가치(VMP)에 의해서 결정된다. 따라서 다음의 식이 성립한다.

$$w = P_X \times MP_L^X = P_Y \times MP_L^Y$$

$$r = P_X \times MP_K^X = P_Y \times MP_K^Y$$

$$\therefore \frac{w}{P_X} = MP_L^X = \frac{P_Y}{P_X} \times MP_L^Y$$

$$\frac{w}{P_Y} = \frac{P_X}{P_Y} \times MP_L^X = MP_L^Y$$

$$\frac{r}{P_X} = MP_K^X = \frac{P_Y}{P_X} \times MP_K^Y$$

$$\frac{r}{P_Y} = \frac{P_X}{P_Y} \times MP_K^X = MP_K^Y$$

③ 한계생산은 양 산업에서의 자본/노동 비율(K/L)에 의해서만 결정된다.

④ 한국의 경우 자본 풍부국이므로 자유무역 개시 후 양 산업이 모두 보다 노동집약적인 방식으로 생산을 하게 된다. 즉, 양 산업에서의 자본/노동 비율(K/L)은 하락한다. 따라서 MP_L^X, MP_L^Y는 하락하며 MP_K^X, MP_K^Y는 상승한다.

⑤ 그 결과 w는 X재, Y재 어느 재화를 기준으로 하여도 노동의 실질보수는 감소하고, r은 X재, Y재 어느 재화를 기준으로 하여도 자본의 실질보수는 상승한다.

3. 검토

① FTA 체결의 결과 한국 노동의 실질임금은 절대적으로 감소하고, 자본가의 실질 임대료는 절대적으로 증가한다.

② 따라서 헥셔-오린의 모형에 따르면 노동자 계층은 FTA 체결을 반대해야 하고, 자본가 계층은 FTA 체결을 찬성해야 한다.

③ 따라서 헥셔-오린 모형은 질문의 상황을 설명하지 못한다.

2 헥셔-오린 무역이론의 예측에도 불구하고 위와 같은 현상이 나타나는 이유는 무엇일지 설명하시오.

1. 가정

① 자본과 노동 두 생산요소를 사용하여 X재와 Y재를 생산한다.

② 자본의 경우 X재 생산에는 K_X만이, Y재 생산에는 K_Y만이 특정적으로 사용된다.

③ 한 국가 내의 노동은 X재와 Y재 생산에 모두 사용되며 그 총량은 고정되어 있으나 두 부문 간 이동은 자유롭다.

2. FTA 체결의 효과 분석

① 논의의 편의를 위해 FTA 체결의 결과 X재 가격은 그대로 있고 Y재 가격이 상승했다고 하자. 이때 P_Y의 상승으로 $VMPL_Y^0$가 $VMPL_Y^1$으로 이동하며 균형점이 E_0에서 E_1으로 이동한다.

② 그 결과 노동이 X재 생산에서 Y재 생산으로 노동이 이동한다. 따라서 X재 생산에서는 $\dfrac{K}{L}$ 비율이 상승하며 Y재 생산에는 $\dfrac{K}{L}$ 비율이 하락한다.

③ 노동집약재인 X재 산업에서는 $\dfrac{K}{L}$ 비율이 상승함에 따라 K_X의 생산성(MP_K^X)이 하락하고, 이는 K_X에 귀속되는 보수를 감소시킨다.

④ 이로 인하여 X재 산업의 자본 소유주는 무역을 반대하게 되는 것이다.

CHAPTER 07

경제영역별 주제점검

주요 경제영역 점검

경제 영역은 다양한 경제시사 주제하에서 어떤 분야를 다룰 건지를 파악할 수 있는 단원이다. 미중 무역 전쟁이라는 시사 주제하에서도 관세정책, 비관세 정책, 경제기구, 경제동맹, 환율, 협정 등 다양한 영역에서 어떤 영역을 주요 쟁점으로 출제될지는 알 수 없다. 출제자의 의도에 따라 중요하다고 판단되는 이슈가 출제되기도 하고 너무 대중적으로 이슈가 된 영역은 많은 준비가 되었을 것이라 판단하여 소외된 영역을 다루는 경우도 많기 때문에 어떠한 영역이라도 소홀히 해서는 안 된다. PART02 제5장 ~ 제7장까지 종합적인 분석을 통해 완벽한 논술 주제를 점검할 수 있도록 해야 한다.

1. 가격통제

2021년도 최저임금이 8,720원이다. 2022년 최저임금이 2021년보다 인상된다면 이에 따른 효과를 논하시오.

해설

1 최저임금의 목적

① 최저임금제도란 일정 금액 이상의 임금을 근로자에게 지불하도록 법적으로 강제하는 제도이다.

② 미숙련노동자의 최저노동소득을 보장하기 위한 목적을 갖고 있다.

2 장점

① 최저임금제는 노동자의 임금수입을 증대시키는 경제적 효과를 가질 수 있다.

② 임금 상승으로 노동의 질이 높아질 수 있다.

3 단점

1. 거래의 감소 및 자중손실의 발생

최저임금제가 실시되면 노동 고용량이 감소하고, 이로 인하여 자중손실(deadweight loss) 또는 사회적 후생손실이 발생한다.

2. 정실

수취용의 임금이 낮은 순으로 직장이 배분되기 때문에 문제가 발생한다.

3. 선착순

선착순에 따른 대기 비용(waiting cost)이 발생한다.

4. 암시장

① 거래량 수준에서 수취용의 임금이 최저임금보다 낮기 때문에 최저임금보다 훨씬 낮은 암시장 가격(black market price)이 형성되어 노동 공급자의 임금이 하락할 수 있다.

② 이러한 전가(shifting)가 발생하게 된다면 최저임금제를 통해 목표로 하였던 노동자에 대한 보호를 달성하기 어려워진다.

5. 노동조건의 악화

시간이 지남에 따라 임금을 제외한 부가급여나 노동환경을 열악하게 할 수 있다.

6. 노동자 간의 불공평성

① 취업자는 더 높은 임금의 혜택을 얻을 수 있지만 실직자는 어려움을 겪을 것이다.

② 최저임금제는 노동의 공급자와 수요자 간의 공평성의 문제를 해결하려 하였으나 노동자 간의 불공평성의 문제라는 새로운 문제를 유발한다.

7. 비자발적 실업 발생

노동의 초과공급으로 비자발적 실업이 발생하나 자발적 실업은 감소한다.

8. 노동자의 총노동소득 감소

노동수요의 임금 탄력성이 탄력적이라면 최저임금으로 노동자의 총노동소득이 감소할 수 있다.

4 최저임금이 적용되지 않는 시장에 영향

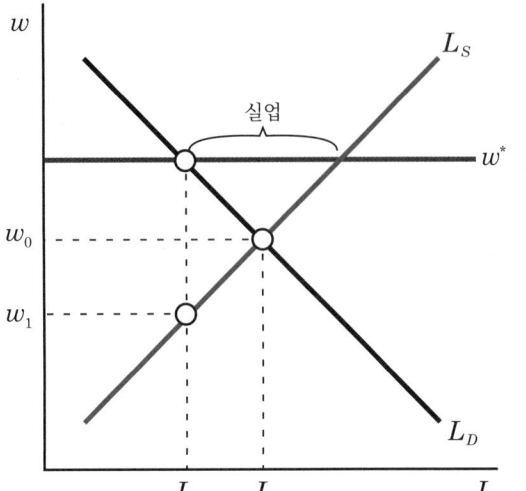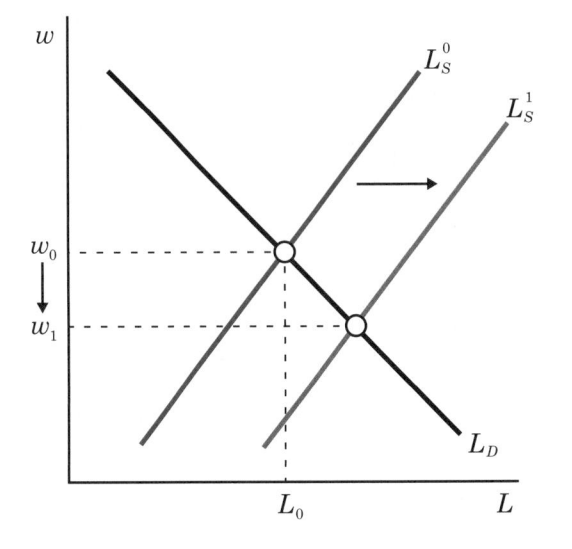

① 최저임금제가 적용되는 시장은 최저임금 인상으로 노동자는 높은 임금을 받아 이득을 보지만 일부 노동자는 실직하게 된다.

② 최저임금제 적용 시장의 최저임금 인상은 고용량을 감소시켜 최저임금제가 적용되지 않는 시장으로의 노동공급을 증가시킬 것이다.

③ 표면적으로 최저임금제 적용 시장의 명목임금은 상승하고 적용되지 않는 시장의 임금은 하락하게 보이지만 암시장을 고려한다면 모든 노동시장의 임금은 w_1으로 동일해진다. 즉 모든 노동시장이 완전경쟁시장이고 노동의 질이 동일하다면 임금은 같아진다.

민간택지 분양가 상한제가 다시 부활할 예정이다. 분양가 상한제는 가격상한제에 해당하는데 이에 따른 효과를 논하시오.

해설

1 제도의 개요

① 분양가 상한제는 아파트를 국토 교통부령이 정하는 기준에 따라 산정되는 분양가격 이하로 공급해야 하는 제도를 말한다.

② 2007년 9월 1일부터 정부가 조성하는 공공택지와 민간택지에 적용됐지만 2015년 4월 1일부터 민간택지 의 분양가 상한제가 없어지고 공공택지 분양가 상한제는 존재하고 있다.

③ 정부는 최근 집값 급등의 주범을 다주택자와 함께 서울 강남 재건축 시장으로 지목하면서 분양가상한제가 다시 현실화될 가능성이 크다.

2 효과

1. 긍정적 효과

① 분양가 상한제가 적용되면 주변 시세보다 20% 정도 싸게 분양받을 수 있기 때문에 폭등하는 아파트값을 진정시키고 나아가 주택시장을 안정시킬 수 있다.

② 이 주장대로라면 기존 아파트를 비싼 값에 사는 것보다는 분양가 상한제가 적용된 새 아파트를 분양받는 게 낫기 때문에 기존 아파트의 집값이 떨어져야 한다.

2. 부정적 효과

① 원하는 사람 누구나 분양가 상한제 적용 아파트를 분양받을 수 있는 것은 아니기 때문에 시세차익을 노리는 새로운 투기장이 될 수도 있다. 즉, 주변 시세만큼 가격이 오를 아파트를 20% 이상 싸게 구입할 수 있는 길을 열어준다는 것이다.

② 또한 부동산 시장이 침체된 가운데 분양가 상한제도의 도입은 부동산 거래를 위축시킬 수 있다.

3 경제적 분석

1. 단기와 장기

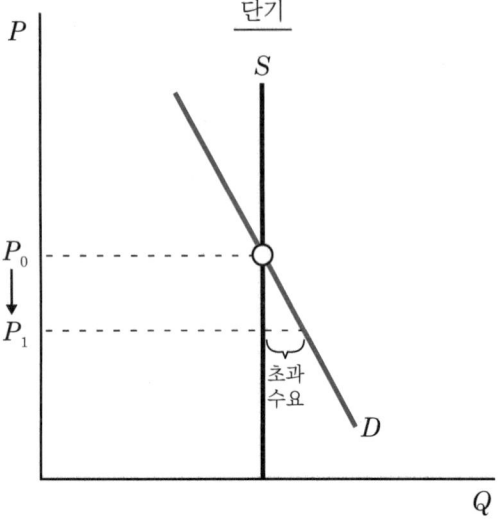
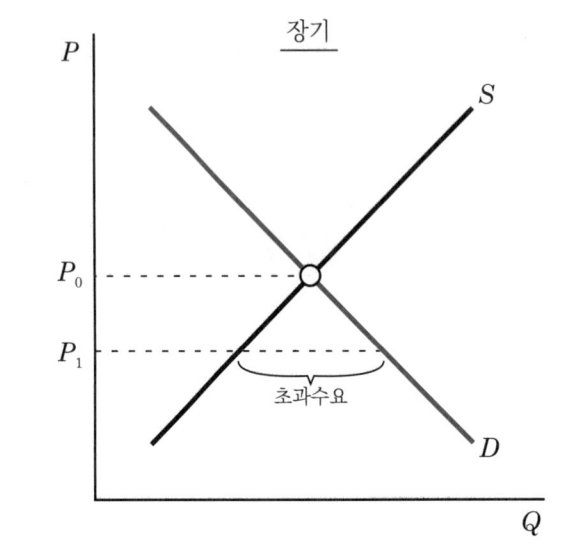

(1) 단기

① 단기에는 주택 공급이 고정되어 있어 주택 공급곡선이 수직선이며 임대주택 수요곡선은 매우 비탄력적이다.

② 균형임대료가 P_0 수준에서 P_1으로 임대료를 통제하더라고 초과수요가 크지 않아 심각한 주택난은 발생하지 않는다.

(2) 장기

① 분양가 규제로 가격이 하락하면 주택 건설 업체의 수익성이 악화되므로 신규 임대주택 건설은 위축된다. 따라서 임대주택 공급곡선의 탄력성이 커져서 우상향의 형태를 갖는다.

② 저렴한 임대료는 독립하려고 하는 사람들의 증가를 가져와 임대주택 수요곡선의 탄력성이 커져 완만한 기울기는 갖는다.

③ 따라서 임대료 통제는 초과수요의 크기가 커지며 심각한 주택난이 발생할 수 있다.

2. 기존 아파트와 신규 아파트

(1) 신규 아파트 시장

① 분양가규제를 P_0에서 할 경우 초과수요가 Q_0Q_1만큼 발생한다.

② 실수요자들은 아파트 분양받기가 더 어려워진다. 예를 들면 공급물량 OQ_0중에 실수요자들이 실제로 OQ_2만큼 분양받았다면 Q_2Q_0은 부동산 업자들이 분양받은 셈이 된다.

③ 부동산업자들은 분양권에 프리미엄(premium)을 붙여 실수요자에게 전매할 수 있다. 만약 OQ_0 전부가 부동산 업자에게 갔다면 이들의 전매차익은 P_1ABP_0가 된다.

(2) 기존 아파트 시장

① 신규 아파트와 기존 아파트가 대체관계라고 가정하면 신규 아파트 시장에서의 초과수요가 기존 아파트 시장에서의 수요 증가로 연결되어 기존 아파트 수요곡선이 우측으로 이동한다.

② 결국 신규 아파트 분양가 규제는 기존 아파트의 가격을 상승시키게 된다.

4 정부의 대책

① 분양가 상한제가 시세 차익을 노리는 새로운 투기 수단이 되지 못하도록 정부가 내놓은 보완책은 전매 제한이다. 분양가 상한제 아파트를 분양받게 되면 3년에서 10년간 제3자에게 팔지 못하도록 한데다 아파트를 분양받은 당첨자는 5년간 분양가 상한제 아파트에 청약할 수 없도록 규제한 것이다. 말하자면 실수요자만 분양가 상한제 아파트를 분양받으라는 취지이다.

② 더 바람직한 대책은 공공 물량이 꾸준히 뒷받침되어야 한다. 분양가를 규제하게 되면 수지 타산을 우려하는 민간 건설사들의 공급이 위축될 수 있기 때문이다.

민간택지 아파트에도 분양가 상한제… 사실상 부동산 추가 대책

정부가 조만간 공공택지뿐 아니라 민간택지에 짓는 아파트에도 '분양가 상한제'를 적용한다. 서울 강남 아파트를 중심으로 부동산시장이 다시 불안 조짐을 보이자 사실상 추가 대책의 하나로 분양가 상한제 카드를 꺼낸 것으로 해석된다. 김현미 국토교통부 장관은 2019년 7월 8일 국회 국토교통위원회 전체회의에 출석해 "민간택지 아파트에도 분양가 상한제 도입을 검토할 때가 됐다"라고 밝혔다. 분양가 상한제는 감정 평가된 토지비, 정부가 정해놓은 기본형 건축비에 가산비용(개별 아파트에 따라 추가된 비용)을 더해 분양가를 산정하는 방식이다. 현재 공공택지 아파트는 모두 분양가 상한제 대상이고, 각 지방자치단체의 분양가 심사위원회가 일일이 공공택지 아파트의 가산비를 포함한 분양가 적정성을 심사·승인하고 있다.

과거 참여정부 당시에는 민간택지 아파트에도 분양가 상한제가 적용됐으나, 주택 공급 위축이나 아파트 품질 저하 등의 부작용 탓에 2014년 분양가 상한제 민간택지 적용 요건이 강화됐다. 이에 따라 이후 민간택지 아파트에 분양가 상한제가 적용된 사례는 없다. 대신 현재 민간택지 아파트는 HUG(주택도시보증 공사)로부터 분양가를 심사 받는데, 주변 아파트 분양 가격과 준공 아파트 시세 등을 기준으로 분양가가 책정된다. 주변에 최근 1년 내 분양 아파트들이 있으면 그 평균 분양가 이하로, 분양 후 1년 이상 지난 아파트만 있는 경우 분양 당시 평균 분양가에 최대 5%의 시세 상승을 반영해 분양가가 정해진다. 주변에 이미 준공한 아파트들만 있다면 평균 매매가 이하의 분양가가 허용된다. 하지만 민간택지 아파트에도 앞으로 분양가 상한제가 적용되면 시세와 크게 관계없이 토지비, 기본형 건축비 등을 기반으로 분양가가 정해지는 만큼 분양가 수준이 현재보다 낮아질 가능성이 크다.

현행 주택법은 이미 민간택지 아파트에도 분양가 상한제를 적용할 수 있도록 규정하고 있다. 다만 특정 지역에서 '최근 1년 분양가 상승률이 물가 상승률의 2배를 넘는 경우', '최근 3개월 동안 주택 거래량이 전년 동기 대비 20% 이상 증가한 경우', '직전 2개월 청약 경쟁률이 5 대 1을 넘는 경우' 등과 같은 조건이 붙어 있고, 2014년 이후 지금까지 이 조건을 충족한 지역이 없었기 때문에 민간택지 아파트에 분양가 상한제가 적용되지 않았다. 따라서 이날 김현미 장관이 설명했듯이, 국토부는 앞으로 주택법 시행령을 고쳐 민간택지에 분양가 상한제를 적용할 수 있는 요건을 완화할 것으로 예상된다. 이처럼 정부가 2014년 이후 5년 만에 민간택지 분양가 상한제를 적극적으로 추진하는 것은, 지난해 9·13 대책 등에도 불구하고 다시 서울 강남 아파트를 중심으로 부동산 시장이 꿈틀거리기 때문이다.

양날의 칼 분양가 상한제

　　정부가 주택도시보증공사(HUG)의 분양보증 심사에서 한발 더 나아가 민간택지 분양가상한제 도입 가능성까지 거론하자 아파트 분양을 준비하던 사업자들의 고민이 깊어지고 있다. HUG 심사를 후 분양으로 피한다고 해도, 섣불리 후 분양을 선택했다가 분양가상한제를 적용받으면 진퇴양난에 빠지기 때문이다. 전문가들은 "분양가 상한제 때문에 사업주들이 분양을 미루면서 주택 공급이 늦어지고 집값이 오르는 '규제의 역설'이 나타날 수 있다"라고 전망한다. 30일 부동산 업계에 따르면 지난달 견본주택을 열고 분양을 시작하려던 '힐스테이트 세운'이 분양을 무기한 연기했다. 분양가를 두고 HUG와 의견 차를 좁히지 못했기 때문이다. 후분양도 검토했지만 지난 29일 김현미 국토교통부 장관이 "분양가 안정을 위해 민간택지 분양가상한제를 고민할 것"이라고 밝힌 뒤 논의가 원점으로 되돌아갔다. 앞서 후분양을 검토하던 강남 재건축 단지들도 비슷한 이유로 후분양 강행 여부를 놓고 고민 중인 것으로 알려졌다.

　　분양가 상한제는 분양 시점과 관계없이 모든 분양 아파트를 대상으로 한다. 사업자가 후 분양을 결정하더라도 공사 중 분양가상한제 대상으로 지정되면 당초 계획했던 분양가를 못 받게 된다. 김 장관의 발언에 대해, 건설업계 관계자는 "당장 분양가 상한제를 전면 시행하지 않더라도 후 분양의 리스크를 부각시켜 사업자들이 HUG 통제를 따르도록 하려는 의도가 있는 것으로 보인다"라고 했다.

　　분양가상한제에 대한 전문가 시각은 부정적이다. 김태섭 주택산업연구원 연구위원은 "서울에서는 **대다수 사업자가 정책 기조가 바뀔 때까지 분양을 미룰 것**"이라며 "**공급이 끊기면 기존 아파트의 희소성이 부각돼 서울 집값이 오를 수 있다**"라고 말했다. 2006년 말 정부가 민간택지 분양가상한제 도입을 예고하자 규제를 피하려는 사업자들이 몰리며 2007년 주택 인허가 신청은 전년 대비 18% 늘었다. 하지만 분양가상한제를 적용받는 2008년이 되자 다시 40% 급감했다. 심교언 건국대 교수는 "비슷한 입지에서 단기간에 대량의 주택이 분양되면 낮은 분양가가 주변 집값을 떨어뜨릴 수 있지만 지금 서울은 그럴 땅이 없다"라며 "지금도 강남에서 시세보다 2억~3억 원씩 저렴한 아파트가 분양되는데 더 낮추면 일부에게 로또만 쥐여주는 셈"이라고 말했다.

2. 시장실패

주제 01	온실가스 배출권 거래제		시장실패

2015년 온실가스 배출권 거래제가 도입되었다.

1. 시장실패의 개념과 발생 원인을 쓰시오.

2. 온실가스 배출권 거래 제도와 직접 규제를 비교하시오.

3. 온실가스 배출권 거래 제도와 공해세를 비교하시오.

해설

■1 온실가스 배출권 거래제도의 도입과 배경

1. 개요

① 정부는 2030년 우리나라의 온실가스 감축 목표를 배출 전망치(BAU) 대비 37%로 확정하고 유엔에 계획
안을 제출했다.

② 그런데 감축 목표치 가운데 3분의 1 정도인 11%를 해외에서 배출권을 사 올 것이라고 밝혀 논란이 됐다.

2. 배출권 거래제의 내용

① 정부가 개별 기업에 매년 배출 허용량을 할당하고, 할당량보다 더 많은 온실가스를 배출하는 기업은 온실
가스 거래 시장에서 배출권을 구매해야 한다. 만약 할당량을 넘어선 기업이 배출권을 살 수 없으면 과징
금을 물어야 한다.

② 2015년 1월부터 한국거래소에서 기업들이 배출권을 사고팔 수 있는 탄소배출권 거래 시장이 열렸다.

■2 시장실패의 개념과 발생원인을 쓰시오.

1. 시장실패란?

(1) 협의의 개념

① 시장실패란 시장기구가 자원을 비효율적으로 배분하는 상태를 말한다.

② 즉 시장경제가 파레토 최적의 자원배분을 달성하지 못하는 상태를 말한다.

(2) 광의의 개념

시장기구가 소득분배의 공평성 측면과 경제의 안정 측면에서 그 역할을 감당하지 못하는 상태를 말한다.

2. 시장실패의 원인

(1) 비효율적 측면

불완전경쟁시장, 공공재, 외부성, 정보의 비대칭성

(2) 불공평성 측면

시장이 효율적이라도 소득분배의 불공평성을 유발할 수 있다.

(3) 경제의 불안정 측면

인플레이션 발생이나 실업률 증가 등에 원인이 있다.

3. 외부성

(1) 개념

① 어떤 행위가 제3자에게 의도하지 않은 혜택이나 손해를 가져다주면서 이에 대한 대가를 받지도 지불하지도 않을 때 외부성이 창출된다.

② 사회적인 관점에서는 어떤 성격의 외부성이든 간에 모두 바람직하지 않은 결과를 초래한다.

(2) 유형

1) 외부경제와 외부불경제

① 외부경제란 상대방에게 혜택을 주는 외부성으로 고속도로, 개인에 의해 잘 가꾸어진 아름다운 공원을 들 수 있다.

② 외부불경제란 영향을 받는 상대방에게 해를 입히는 외부성으로 환경오염을 들 수 있다.

2) 생산의 외부성

(가) 개념

생산외부성은 재화의 생산과정에서 발생하는 외부성을 의미하며 SMC와 PMC의 괴리가 발생한다. $(SMC \neq PMC)$

(나) 생산의 외부경제

① 생산의 외부경제는 어떤 경제주체의 생산 활동이 다른 경제주체의 생산비용을 줄이는 것을 말한다.

　예　양봉업과 과수원

② 생산의 외부경제는 PMC가 SMC보다 커지며$(PMC > SMC)$, 과소 생산이 발생한다.

(다) 생산의 외부불경제

① 생산의 외부불경제는 어떤 경제주체의 생산 활동이 다른 경제주체의 생산 비용을 증가시키는 것을 말한다.

　예　연탄공장과 세탁소

② 생산의 외부불경제는 SMC가 PMC보다 커지며$(SMC > PMC)$, 과다 생산이 발생한다.

3) 소비의 외부성

　(가) 개념

　　　소비외부성은 재화의 소비 과정에서 발생하는 외부성을 의미하며 사회적한계편익(SMB)과 개인

　　　한계편익(PMB)의 괴리가 발생한다. ($SMB \neq PMB$)

　(나) 소비의 외부경제

　　　① 소비의 외부경제는 어떤 경제주체의 행위가 타인의 편익을 증가시키는 것을 말한다.

　　　② 소비의 외부경제는 SMB가 PMB보다 커지며($SMB > PMB$), 과소 소비가 발생한다.

　(다) 소비의 외부불경제

　　　① 소비의 외부불경제는 어떤 경제주체의 행위가 타인의 편익을 감소시키는 것을 말한다.

　　　② 소비의 외부불경제는 PMB가 SMB보다 커지며($PMB > SMB$), 과다 소비가 발생한다.

4. 외부성의 해결책

(1) 민간부문의 대응

　1) 합병(merger)

　　　① 가해자와 피해자가 하나의 경제단위가 됨으로써 외부비용을 자기비용으로 내부화시키는 방법을 말한다.

　　　② 합병의 경우 가해자와 피해자가 소수인 경우에만 효과적일 수 있다.

　2) 코즈정리(Coase theorem)

　　(가) 의의

　　　　① 정부 개입이 없어도 소유권의 설정이 이루어질 경우 당사자들의 자발적인 협상에 의해 외부성의

　　　　　문제가 해결될 수 있음을 보인다.

　　　　② 코즈정리는 외부성의 문제를 법적, 제도적 측면에서 접근하였다는 의미가 있다.

　　(나) 시사점

　　　　① 정부의 직접적인 개입보다 재산권 설정 등 정부의 최소한의 개입이 사회적 효율성을 증진시킨다.

　　　　② 즉 정부의 개입방식이 직접적 개입보다 민간 주체의 자율성 보장과 시장 기능을 강조하는 간접적

　　　　　방식을 전환되어야 함을 시사한다.

　　(다) 문제점

　　　　① 가해자와 피해자의 명확한 구분이 불가능할 수 있다.

　　　　② 가해자와 피해자가 무수히 많다면 협상비용이 많이 들 수 있다.

　　　　③ 일반적으로 가해자의 주도권이 크므로 가해자의 의도대로 협상결과가 나올 수 있다.

(2) 정부의 개입

　1) 공해세(피구세)의 부과

　　(가) 개념

　　　　① 피구세(pigouvian tax)란 외부비용을 가격체계에 내부화하기 위해 부과하는 조세를 말한다.

② 피구세 부과를 간접통제 또는 가격통제라고도 한다.

(나) 설명

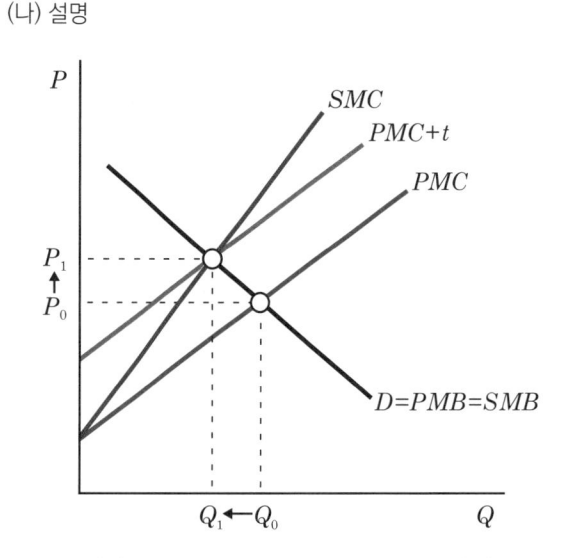

① 단위당 t원씩의 종량세를 부과하면 기업의 사적비용곡선이 PMC에서 $PMC+t$로 상향 이동한다.

② 따라서 기업의 최적생산량은 $PMC+t$와 PMB에서 만나는 점에서 결정되며 기업의 최적생산량과 사회적으로 바람직한 생산량과 일치하게 된다.

2) 보조금(pigouvian subsidy) 지급

(가) 가정

생산의 외부경제가 발생한다.($PMC>SMC$)

(나) 설명

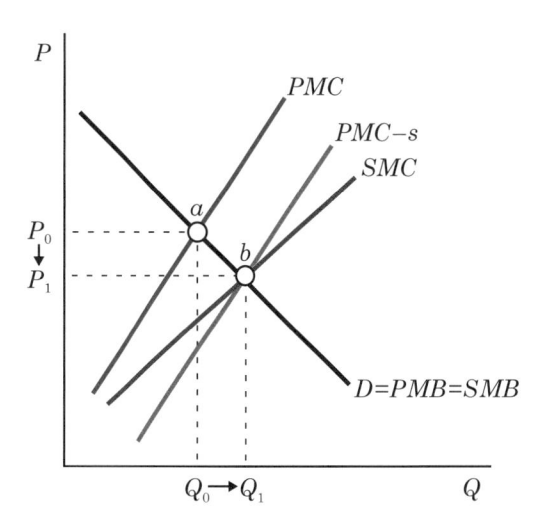

① 정부는 보조금 s를 지급하면 기업의 사적 한계비용이 하락한다.

② PMC곡선이 $PMC-s$로 하락하면 기업의 생산량이 사회적 적정생산량과 일치하게 된다.

3) 직접규제

① 직접규제란 환경기준을 설정하고 기준량 이상의 오염물질 배출을 규제하는 것을 말한다. 직접규제를 수량통제라고도 한다.

② 직접 통제 방식은 확실한 통제에 의한 방식이지만 상황 변화에 신속하게 대응할 수 없다는 문제가 있다.

③ 그래서 일반적으로 공해세 부과 등 간접 통제 방식이 직접 통제 방식보다 더 낫다고 평가 받는다.

4) 오염배출권 제도

(가) 개념

정부가 최적오염 배출량을 설정하고 각 기업이 오염을 배출할 때는 오염배출권을 구입하도록 하거나 각 기업들에게 무료로 오염배출권을 배부하고 오염배출권이 시장에서 자유롭게 거래되도록 하는 방법을 말한다.

(나) 설명

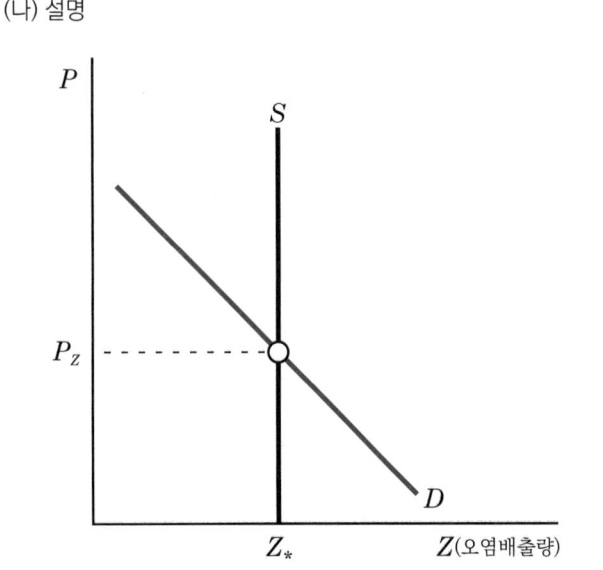

① 정부가 오염배출량을 Z_*로 결정하고 오염배출권을 배부하면 오염배출권의 공급곡선은 S가 된다.

② 오염배출권의 수요가 D라면 오염배출권의 가격은 P_Z가 된다.

3 온실가스 배출권 거래제도와 공해세를 비교하시오.

1. 온실가스 배출권 거래제도와 공해세의 비교

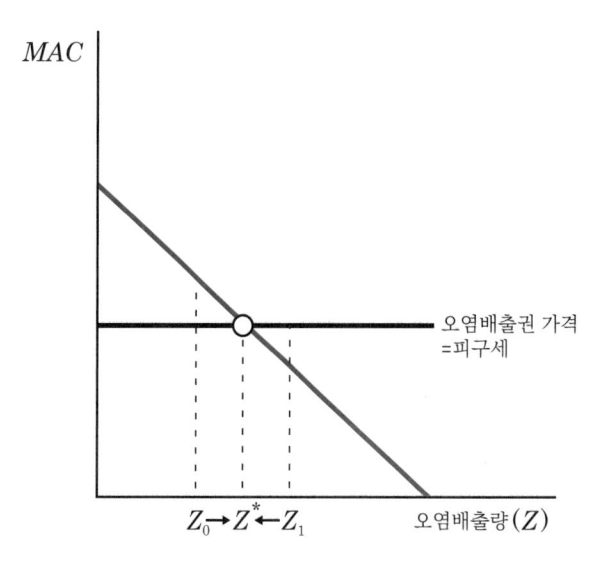

① 단위당 일정액의 피구세를 부과하면 각 기업은 한계정화비용과 피구세를 비교하여 오염감축량을 결정한다.
② 따라서 피구세를 적절하게 부과하면 오염배출권 거래제도와 동일하게 효율적인 방법으로 동일한 양의 오염을 줄일 수 있게 된다.

2. 공해 배출권 제도의 장점

① 공해배출권 제도는 기업으로 하여금 환경보존에 대한 진정한 선호를 표출하도록 유도한다.
② 환경보존과 관련된 비용을 절감할 수 있다. 왜냐하면 정부가 감독하지 않더라도 기업들이 자발적으로 시장에서 공해배출권을 거래할 수 있기 때문이다.
③ 공해배출권 제도에서는 정부가 공해배출 총량을 정해놓고 공해배출권을 발행하기 때문에 확실하게 환경기준을 달성할 수 있다.
④ 경제상황 변화에 신속하게 적응할 수 있다. 공해배출권 가격이 신축적으로 변하여 시장에서 자동적으로 조정이 가능하기 때문이다.

3. 공해 배출권 제도의 단점

① 제도 시행 초기에 어떤 기준에 의해 공해배출권을 분배해야 하는지의 문제가 발생할 수 있다.
② 공해배출권을 보유하여 기업들이 독점력 행사가 가능하다.
③ 공해배출권이 거래되는 시장에 참여하는 경제주체의 수가 매우 적을 수 있어 공해배출권의 거래 자체가 활발하지 않을 수 있다.

4 온실가스 배출권 거래제도와 직접규제를 비교하시오.

1. 온실가스 배출권 거래제도와 직접규제

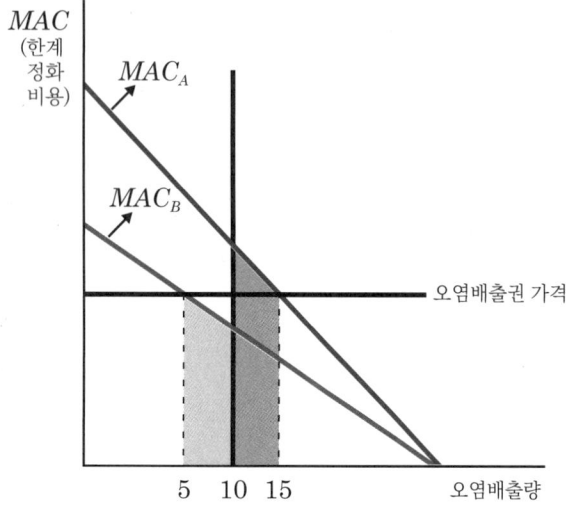

① 직접규제의 경우 A기업과 B기업에게 각각 오염배출량을 10톤으로 규제한다.

② 오염배출권 가격제도 하에서 A기업의 한계정화비용이 오염배출권 가격보다 크기 때문에 A기업은 오염배출권을 매입하여 오염배출량을 늘리고 B기업은 한계정화비용이 오염배출권 가격보다 작기 때문에 오염배출권을 매각하고 오염배출량을 줄인다.

③ 오염배출권을 실시하면 직접규제보다 사회적 비용이 절감된다는 장점이 있다.

3. 총수요관리정책

주제 01 재정정책과 금융정책의 비교

재정정책과 금융정책의 장단점을 서술하시오.

해설

1 재정정책

1. 장점

① 정부지출이나 조세규모 변화 시 즉각적으로 총수요에 영향을 주므로 전달경로가 간단하여 외부시차가 짧다는 장점이 있다. 즉, 통화정책에 비교했을 때 바로 총수요에 영향을 줄 수 있는 가능성이 큰 것이다.

② 개방경제인 경우에 있어 고정환율 제도를 채택하고 있었다면 통화정책에 비해 효과적인 국민소득 증가를 야기할 수 있다.

③ 경제가 유동성 함정에 빠져서 통화정책이 효과가 없는 경우에 효과적인 국민소득 증가를 가져올 수 있다.

④ 케인즈학파의 미세조정이 가능하다면 효과적인 경기안정화 정책으로 사용할 수 있다.

2. 단점

① 정부지출 변화 시 추가적인 예산편성이 필요하고, 조세 변화 시 국회의 동의가 필요하므로 내부적인 실행의 시차가 길다.

② 확대 재정정책을 사용하는 경우 정부지출의 증가에 따른 이자율 증가로 인해 민간투자가 감소하는 구축효과를 유발할 가능성이 크다. 그러나 케인즈학파는 구입효과를 주장하면서 선순환의 촉발자로서의 정부의 역할을 강조하고 있다.

③ 완전개방경제이면서 동시에 변동환율을 채택하고 있다면 무력할 수 있다.

④ 리카도 대등정리가 성립하는 경우에는 조세규모의 변화는 경제에 어떠한 변화도 가져오지 않을 가능성이 있다.

2 통화정책

1. 장점

① 중앙은행이 독립적으로 통화량을 변화시키는 것이 가능하므로 내부적인 시차가 짧은 장점이 있다.

② 확대 금융정책의 경우 이자율이 하락하므로 재정정책과 같은 구축효과가 발생하지 않는다.

③ 완전개방경제이면서 동시에 변동환율을 채택하고 있다면 효과적안 수단이 될 수 있다.

2. 단점

① 전달경로가 통화의 변화, 이자율의 변화, 투자의 변화, 총수요의 변화로 이어지는 관계로 여러 단계를 거쳐야만 효과를 발휘할 수 있다. 즉, 전달경로의 기간이 길다는 단점이 있다.

② 완전개방경제의 고정환율 제도에서 무력하고, 이는 삼원불가능성정리로 이어진다.

③ 경제가 유동성함정에 빠져 있을 때 그 효과가 무력하다. 하지만 폴크루그먼(p. Krugman)은 일본의 장기 불황을 분석하면서 먼델-토빈효과에 의해 그 효과가 나타날 수도 있음을 주장한 바 있다.

국가사업의 재원을 조세수입, 국공채 발생, 그리고 통화량 발행으로 하는 경우를 비교하시오.

해설

1 정부의 예산 제약식

정부지출(G) = 조세수입(T) + 국공채발행($\triangle B$) + 통화발행($\triangle M$) + 해외차입

2 조세수입으로 하는 경우

① 정부지출재원을 조세를 통하여 조달하는 경우, 정부지출승수 효과가 조세승수 효과에 의해 일부 상쇄되므로 정부지출의 총수요 확대효과가 약화된다.

② 정부지출 승수는 $\frac{1}{1-c}$ (c : 한계소비성향)이고, 조세승수는 $-\frac{c}{1-c}$이므로 균형재정승수는 1이 된다.

3 국공채발행으로 하는 경우

① 채권시장에서 국공채를 매각함으로 정부지출의 재원을 충당할 수 있다.

② 정부지출의 재원을 국공채 발행을 통하여 조달하는 경우, 민간주체의 소비가 감소하지 않으므로 정부지출승수효과만 발생하게 된다.

③ 그러나 이자율 상승으로 민간투자가 감소하는 구축효과가 발생할 수 있다.

4 통화발행으로 하는 경우

① 정부지출의 재원을 신규화폐의 발행으로 조달하게 되면 인플레이션을 유발함으로 조세를 징수하는 의미를 가지게 되며 이를 인플레이션 조세(inflation tax)라고 한다.

② 통화발행은 인플레이션을 유발하여 민간주체의 실질구매력의 감소를 가져올 수 있다.

③ 화폐를 발행하는 정부입장에서는 주조차익이 발생한다.

④ 통화발행으로 기대인플레이션이 상승한다면 총공급곡선이 좌측으로 이동하여 총수요 증가 효과가 반감될 수 있다.

5 해외자본시장에서 재원을 조달하는 경우

해외에서 자본이 유입되므로 환율이 하락하므로 경상수지가 악화될 수 있다.

정부는 경기침체를 해결하기 위하여 정책금리를 인하하고자 한다.

1. 시중금리가 하락하고 있는 이유에 대하여 논하시오.
2. 금리인하에 대한 기대효과를 쓰시오.
3. 금리인하 시 투자나 소비가 증가하지 않을 가능성에 대해 논하시오.

해설

1 시중금리 하락 이유

1. 경제성장률 하락

① 성장 여력이 떨어진 사회는 높은 수익률을 약속하는 투자 기회를 발견하기 어렵다.

② 따라서 시중 유동성은 풍부하지만 마땅한 투자처를 찾지 못한 유동자금이 넘치면서 금리가 더욱 떨어지게 된다.

2. 고령화

① 고령화 사회로 진입하면 연금과 보험 상품으로 자금이 몰리게 되는데 원금의 손실을 보면 안 되는 두 상품 성격상 주된 투자처는 채권이 된다.

② 채권에 투자하고자 하는 수요가 급증하면 채권가격은 상승하고 금리는 하락한다.

3. 글로벌 부채의 증가

① 글로벌 부채가 늘어난 것도 저금리를 심화시킨다.

② 금리가 오르면 이자 부담이 커지기 때문에 저금리를 유지해야 한다.

2 금리인하 효과

1. 소비 증가

(1) 자산효과

금리인하로 자산가격이 상승하면 소비의 증가를 기대할 수 있다.

(2) 저축 감소

① 금리가 하락하면 저축률이 감소하면서 저축이 소비로 연결되어 소비가 증가할 수 있다.

② 일본의 경우 2차 대전 이후 세계 최초로 제로금리를 실시했던 국가이며 자산 거품이 무너지자 역전시켜보려고 금리를 공격적으로 낮췄다. 일본은 제로금리로 저축률이 크게 떨어지면서 저축을 소비로 연결시킬 수 있었다.

2. 투자 증가 – 토빈의 q이론

금리가 인하하면 토빈의 q값이 1보다 커지기 때문에 투자가 증가할 수 있다.

3. 환율상승 효과에 따른 순수출 증가효과

금리가 인하하면 외환이 유출되므로 현 원화가치 상승을 해소할 수 있으며 환율상승으로 순수츨이 증가할 수 있다.

4. 금융권 수익악화

(1) 생명보험사

① 생명보험사들은 과거 팔았던 '고금리(7%대) 확정형 상품'을 보장해 줘야 하는 이른바 '역마진'에 시달리고 있다.

② 현재 생보사들의 자산운용수익률은 3~4%대에 그치고 있다.

(2) 은행

① 은행들은 2009년 이후 최저치로 떨어진 순이자마진(NIM)에 수익성이 악화되고 있다.

② NIM은 은행이 자산을 운용해 발생한 수익 중 조달비용을 차감하고, 이를 운용자산 총액으로 나눈 것으로 수익성을 보여주는 대표적 지표다.

③ 변동금리 비중이 높은 대출상품은 기준금리 인하에 따라 하락분이 빠르게 반영되지만 수신금리는 상대적으로 반영 속도가 느리기 때문에 금리 인하는 은행 수익성에 곧바로 악영향을 미치게 된다.

❸ 금리인하 시 투자나 소비가 증가하지 않을 가능성

1. 저축률이 매우 낮은 상황인 경우

① 저축률이 높다면 금리인하는 저축의 감소를 가져와 소비증가로 연결될 수 있다.

② 그러나 한국은 이미 저축률이 크게 낮아진 상황이어서(2013년 기준 3.4%) 금리하락이 소비로 연결될 수 있을지 상황을 지켜보아야 한다.

2. 투자함정

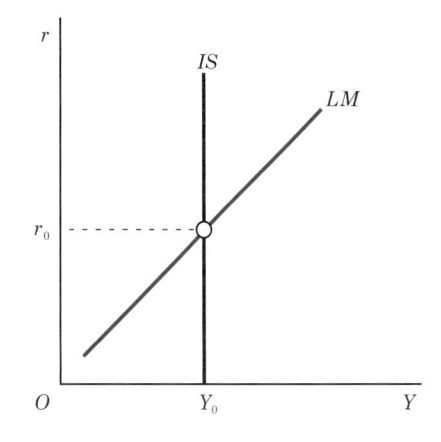

① 케인즈는 기업가의 야성적 충동을 강조하며 '심리적 요인'이 경제를 움직이는 원동력이라고 보았다.

② 따라서 투자는 이자율에 비탄력적이며 IS곡선이 수직선에 가깝게 나타난다.

③ 금리를 하락하더라도 투자는 증가하지 않기 때문에 국민소득 증가는 발생하지 않는다.

3. 주식 가격의 상승이 임시소득의 증가인 경우

금리 인하로 주식 가격이 상승한다면 저소득자의 경우 임시소득의 증가로 소비보다 저축 증가로 연결될 수 있다.

통화정책의 효과가 실물경제에 파급되는 경로를 통화정책의 파급경로 혹은 전달경로(transmission mechanism)라 한다. 실제로 통화정책의 파급경로가 제대로 작동되지 않을 수도 있다. 이에 대하여 논하시오.

해설

1 통화 정책의 파급경로의 문제점

통화정책의 유효성을 주장하는 전통적 견해에 의하면 통화 정책의 파급경로는 비교적 확실하나, 실증 분석에 의하면 파급경로는 길고 불확실한 과정이므로 그 과정에 유동성 함정이나 불확실성 등의 문제가 존재하면 의도한 효과를 발휘하지 못할 수 있다.

2 유동성 함정의 존재

① 화폐수요의 이자율 탄력성이 무한대가 되는 유동성 함정(liquidity trap)하에서는 확대 통화정책($M_0 \rightarrow M_1$)을 실시하더라도 금리가 r_0에서 하락하지 않는다.

② 따라서 투자도 증가하지 않고 국민소득도 증가하지 않는다.

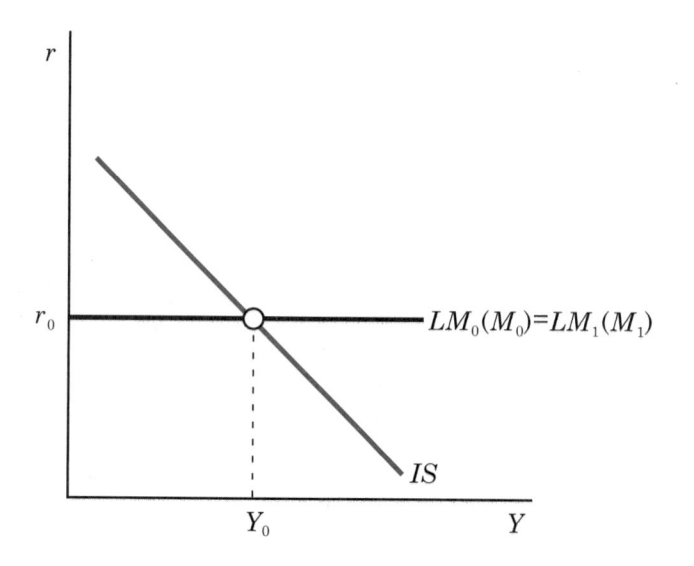

3 불확실성의 존재

1. 투자의 이자율 비탄력성

① 불확실성 하에서 기업의 투자는 이자율에 비탄력적이게 되고, 이로 인해 IS곡선은 수직에 가까워진다.

② 통화정책으로 LM곡선이 우측으로 이동해도 이자율만 하락하고($r_0 \rightarrow r_1$) 국민소득은 증가하지 않는다.

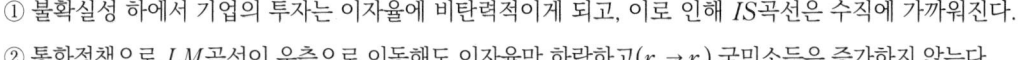

2. 신용경색의 존재

① 불확실성 하에서 경제 내에 신용경색(credit crunch)이 존재한다면 중앙은행이 통화량을 증가시키고 금리를 하락시키더라도 은행이 기업에 대한 대출을 증가시키지 않는다.

② 따라서 기업 투자 또는 소비가 증가하지 않는다.

4 결론

통화 정책의 파급경로상에 유동성 함정이나 불확실성의 존재 같은 문제가 존재한다면 통화 정책은 의도한 바를 달성하지 못할 수도 있다.

서울 강남 및 수도권 행정 지역을 중심으로 주택 및 부동산 가격이 폭등함에 따라 이에 대한 사회적인 논란이 가중되고 있다. 주택 가격이 폭등한 원인으로는 여러 가지 이유를 들 수 있겠지만 경제적인 측면에서 본다면 통화당국의 저금리 정책 기조가 가장 큰 원인이라는데 많은 경제학자가 동의를 하고 있다. 통화 정책이 어떤 전달 경로를 통해 주택 가격에 영향을 미치는지를 설명하라.

해설

1 임대소득의 현재가치(PV)변화

① 저금리 정책 기조로 인해 부동산 보유에 따른 임대소득의 현재가치가 증가하면 부동산 수요가 증가하여 부동산 가격이 상승한다.

② 부동산 가격은 부동산 임대수익의 현재가치로 계산된다.

$$부동산\ 가격 = \frac{R}{1+r} + \frac{R}{(1+r)^2} + \frac{R}{(1+r)^3} \cdots\cdots$$

(R : 부동산 임대수익, r : 이자율)

③ 이자율이 하락하면 부동산 가격이 상승한다.

2 대출금리의 하락

부동산 담보대출의 금리 하락은 부동산 수요를 증가시켜 부동산 가격이 상승한다.

3 금융자산의 메리트 감소

저금리 정책 기조는 은행 예금이나 채권 등 금융자산보다는 부동산 등의 실물 자산 선호도를 증가시킨다.

일반적으로 저금리는 경기를 부양시키는 효과를 가질 것으로 기대된다. 그럼에도 불구하고 저금리 정책 하에서 경기 침체를 경험할 수도 있다. 이에 대해 논하시오.

해설

1 저금리가 경기를 부양시킨다는 주장

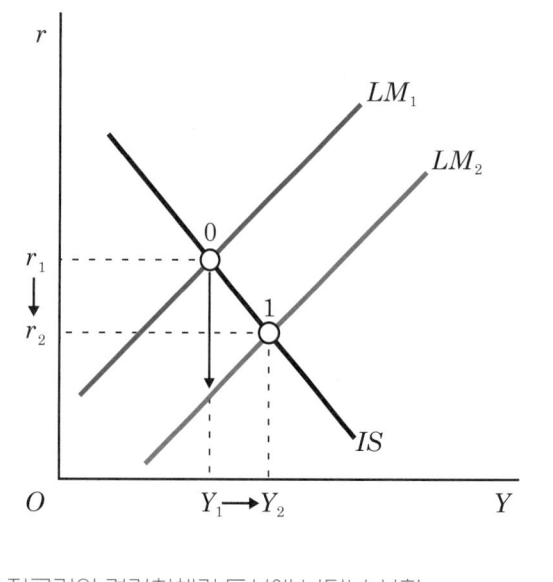

① 일반적으로 금리가 하락하면 투자가 증가하면서 경기를 회복시킨다.
② 이러한 효과는 IS곡선상의 이동으로 요약되며 통화정책을 통해 LM곡선이 이동할 때 발생한다.
③ 즉, 통화량의 증가로 LM곡선이 우측 이동하면 이자율이 하락하면서 IS곡선 선상에서 이동한다.
④ 하지만 이러한 경우는 저금리와 경기침체가 동시에 나타난 현상을 설명하지 못한다.

2 저금리와 경기침체가 동시에 나타난 상황

① 저금리와 경기침체가 동시에 나타난 경우는 경기침체의 결과로 저금리가 나타난 경우로 볼 수 있다.
② 이러한 경우는 IS곡선의 좌측 이동에 의해서 설명될 수 있다.
③ IS곡선이 좌측 이동하면 이자율이 하락하면서 국민소득이 감소한다.
④ 즉, 저금리와 경기침체가 동시에 발생한다.

1. 과도한 가계부채시 확대 재정정책이 경기회복에 악영향을 줄 수 있는 근거를 $IS-LM$곡선을 통해 제
   시하시오.

2. 가계대출의 감소가 소비에 미치는 효과와 시중금리에 미치는 효과를 분석하시오.

해설

■ 가계부채와 재정정책

1. 피셔의 시점 간 자원배분 모형

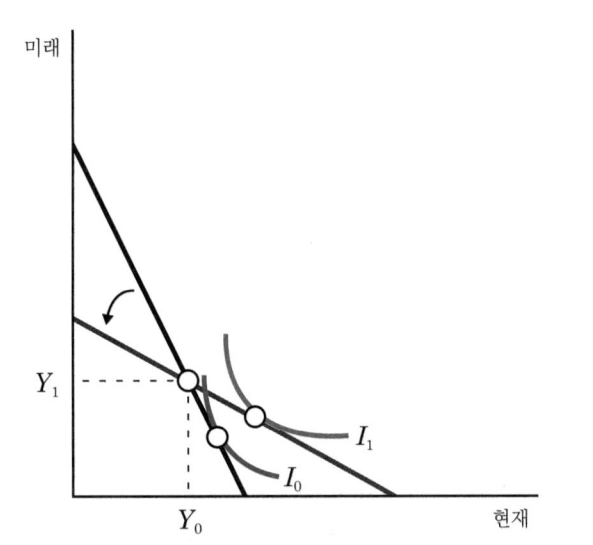

① 피셔의 시점 간 자원배분모형에 따르면 소비는 이자율의 감소함수이다.

② 차입자의 경우 소비의 이자율 탄력성이 크다.

③ 따라서 전체 가계 가운데 차입자의 비중이 증가할수록 소비의 이자율 탄력성이 커진다.

2. $IS-LM$ 곡선

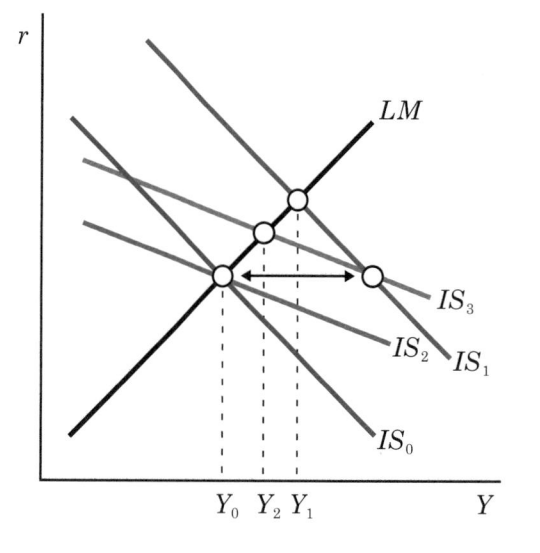

① 전체 가계 가운데 차입자의 비중이 증가할수록 소비의 이자율 탄력성이 커진다. 따라서 IS곡선은 완만한 기울기를 가진다.
② 확대 재정정책으로 IS곡선이 IS_2에서 IS_3로 우측 이동하면 균형국민소득이 Y_2까지 증가한다.
③ 즉, 가계부채가 많을 때 확대 재정정책의 사용에도 불구하고 경기회복 정도가 작다.

2 가계대출의 감소

1. 소비에 미치는 효과

(1) 차입자의 경우

가계대출이 감소하면 차입자의 소비는 감소하고 효용도 감소한다.

(2) 저축자의 경우

① 대출규제는 저축자의 소비에 영향을 주지 않는다.
② 따라서 정책의 시행에도 불구하고 변화가 없다.

(3) 결론

① 정부의 금융규제는 차입자에게 소비의 감소를 가져온다.
② 경기상황이 좋지 않아서 차입자가 많다면 차입자의 소비감소를 유발하여 경기를 보다 깊은 침체국면으로 유도할 가능성도 있다.

2. 금리에 미치는 영향

(1) 금리가 자원배분의 역할을 하는 경우

고전학파의 대부자금모형에 따르면 대출규제는 자금의 공급 감소로 이어져 금리가 상승하고 균형대출량도 감소하게 된다.

(2) 신용할당이 존재하는 경우

신용할당이 존재하는 경우 정부의 대출규제는 이자율은 변동하지 않고 자금에 대한 초과수요만 더 증가시킨다.

2020년 1분기 가계부채 1611조 '역대 최대'

가계 빚이 또 역대 최대치를 기록했다. 주택 담보대출은 늘었지만 부채로 잡히는 신용카드 사용액(판매신용)이 줄어 빚 증가율은 둔화됐다. 2020년 5월 20일 한국은행에 따르면 1분기(1~3월) 말 기준 가계부채는 1611조 3000억 원으로 관련 통계가 작성된 2002년 말 이후 가장 많았다. 전(前) 분기 대비 증가액은 11조 원(0.7%)으로 작년 1분기(0.2%) 이후 가장 적었다. 가계부채의 대부분을 차지하는 가계대출은 1521조 7000억 원이었다. 전 분기보다 17조 2000억 원 불어났다. 이 중 주택 담보대출이 15조 3000억 원 늘었다. 주택 담보대출 증가 폭은 2017년 3분기(7~9월, 15조 9247억 원) 이후 가장 큰 규모다. 작년 하반기 수도권 집값이 뛴 영향이 대출 증가로 나타난 것으로 보인다.

고범석 경제학아카데미

종합주가지수 상승이 경제에 미치는 영향에 대하여 논하시오.

해설

1 단기적 영향

1. 소비에 미치는 영향

① 종합주가지수 상승은 가계가 소유한 주식가격의 상승을 가져오므로 부(wealth)의 효과가 발생한다.

② 실질부의 상승은 소비지출을 증가시킨다.

2. 투자에 미치는 영향

(1) 토빈의 q이론

① 종합주가지수가 상승하면 기업의 시장가치가 증가한다.

② 따라서 토빈의 q가 증가하여 투자도 증가한다.

(2) 기업의 가용자금 측면

종합주가지수 상승은 기업의 자산 가치를 상승시키므로 대출가능성이 커지며 그에 따른 투자가 증가한다.

(3) 야성적 충동(animal spirit)

① 종합주가지수 상승은 경기에 대한 긍정적 신호 역할을 한다.

② 따라서 미래의 경제여건에 대한 낙관적 전망이 증가하여 투자는 증가한다.

3. 순수출에 미치는 영향(변동환율제 가정)

종합주가지수 상승으로 외국투자자금이 국내로 유입되면 환율이 하락하며 순수출은 감소한다.

4. 화폐시장에 미치는 영향

외국투자자금 유입으로 유동성이 증가하여 통화량이 늘어난다.

2 장기적 영향

① 투자가 증가함에 따라 자본축적이 증가하고 연구개발(R&D)에 대한 투자가 증가함으로써 총생산이 증가한다.

② 따라서 경제는 성장한다.

중앙은행의 금리인상 정책이 주식 가격에 미치는 영향

1. 주가의 결정

주가는 해당 기업의 예상되는 배당액의 현재가치로 나타낼 수 있다.

$$P = \frac{D}{1+r} + \frac{D}{(1+r)^2} + \cdots\cdots \ (D : \text{배당액}, \ P : \text{주가})$$

2. 이자율 상승과 주가 변화

① 중앙은행이 금리인상 정책을 실시하면 일반적으로 할인율 r이 상승할 것이므로 배당금의 현재가치인 주가는 하락하게 된다.

② 또한 이자율 상승 시 기업의 투자 감소로 미래 예상되는 배당금이 감소할 수도 있는데 이러한 배당금 감소의 효과까지 고려한다면 주가 하락의 폭은 더욱 클 것이다.

불확실성과 총수요와의 관계

불확실성의 증대가 *IS*곡선과 *LM*곡선에 미치는 요인들을 제시하고 이를 통해 국민소득과 이자율에 미치는 영향을 예상하라.

해설

1 *IS*곡선에 미치는 영향

1. 소비 측면

① 불확실성의 증대로 예비적 저축을 늘리고 소비를 줄이게 될 가능성이 있다.

② 또한 불확실성이 증대되면 은행은 대출을 줄이며 내구재에 대한 소비도 줄어들게 될 것이다. 즉, 불확실성이 커지면 은행의 대출이 위축되며 차입 제약의 발생에 따른 소비 감소를 유발한다.

③ 불확실성의 증가는 위험회피 심리를 확산시킴으로 주식 수요를 감소시킨다. 따라서 주가의 하락으로 소비가 감소하는 역자산 효과가 발생한다.

④ 랜덤워크 가설은 항상소득가설에 합리적 기대를 도입하여 소비행태를 설명하는 이론으로 불확실성이 커지면 소비의 정확한 예측이 불가능해진다.

2. 투자 측면

① 케인즈의 야성적 충동에 의할 경우 불확실성이 증대되면 투자자의 기대수익률이 감소하므로 투자가 감소하게 된다.

② 또한 토빈 q이론에 의할 경우에도 주가가 하락하므로 q값이 낮아져서 투자가 감소한다. 왜냐하면 불확실성의 증가는 위험회피 심리를 확산시킴으로 주식 수요를 감소시키기 때문이다.

③ 투자옵션(option theory of investment)이론에서는 call option의 가치가 상승하게 되고 투자의 비용이 증대되므로 투자의 관망심리를 부추겨 투자가 감소할 가능성이 있다.

→ 딕싯의 투자옵션 모형에 따르면 불확실성이 존재하는 상황에서 불확실성이 클수록 투자옵션(선택권)의 가치가 커지므로 투자가 감소하게 된다고 주장

2 *LM*곡선에 미치는 영향 (좌측 이동)

1. 화폐의 수요 측면

① 불확실성이 증가하면 예비적 화폐수요가 증가하고 토빈의 자산선택이론에 의할 경우에도 투기적 화폐의 수요는 증가하게 된다.

② 대체효과와 소득효과의 크기에 따라 최적점의 위치가 달라질 수 있으나, 위험도가 증가하는 경우 통상 채권비율이 줄어들고 화폐 비율이 늘어난다.

③ 즉, 안전자산인 화폐 수요의 증가를 가져온다.

2. 화폐의 공급 측면

① 화폐공급함수 $\left(M^s = \dfrac{k+1}{k+z}H\right)$에서 불확실성의 증가는 투자 감소, 대출 감소 등의 내생적 원인에 의해

본원통화(H)를 감소시키는 요인이 될 수 있으며, 민간의 현금예금비율(k)과 금융기관의 지급준비율(z) 을 상승시키게 되므로 통화승수는 감소하게 된다.

② 따라서 화폐의 공급은 감소하게 된다.

3 불확실성의 경제적 효과

① 불확실성의 증대로 소비와 투자가 감소하는 경우 IS곡선은 좌측 이동한다.

② 화폐 수요의 증가, 화폐공급의 감소는 LM곡선을 좌측으로 이동시킨다.

③ 따라서 국민소득은 큰 폭으로 감소하고 경기는 침체될 것이다.

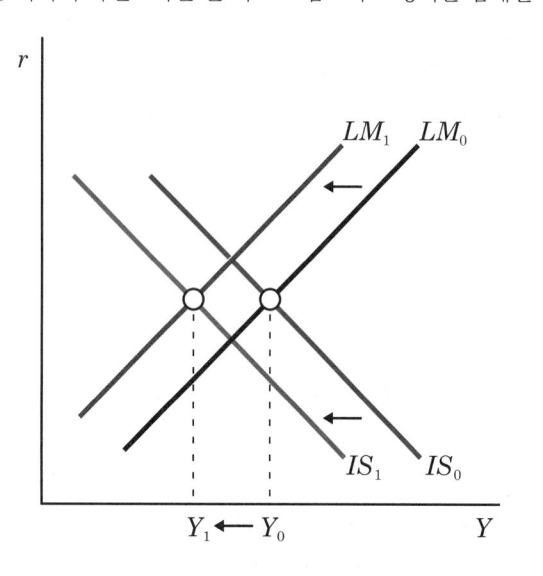

4 환율

① 불확실성의 증가는 외환의 유출을 가져와 환율을 상승시킬 수 있다.

② 환율의 상승은 수출 증가보다 수입 물가의 상승을 유발할 가능성이 있다.

5 금리

① 불확실성의 증가는 안전자산 선호와 불안전자산 기피로 대표적인 안전자산인 미국국채 금리 하락과 신흥국 금리를 큰 폭으로 상승시킬 수 있다.

② 한국의 경우 신흥국 중에서도 비교적 안전한 시장으로 인식되어 금리가 큰 폭으로 상승할 가능성은 낮다.

4. 경제발전과 경제성장

| 주제 01 | 대외지향형 발전전략과 대내지향형 발전전략 |

1. 대외지향적 발전전략과 대내지향적 발전전략의 개념을 서술하시오.

2. 대외지향적 발전전략을 사용하기 위해서는 해외자본을 적극 활용해야 하는데 해외자본의 유형과 효과를 논하시오.

해설

1 경제개방

1. 대외지향형 발전전략

(1) 개념

내수산업보다 수출산업을 중시하고 투자재원으로 국민저축 못지않게 해외자본을 적극 활용하는 발전전략을 말한다.

(2) 사례

제2차 세계대전 후 아시아의 네 마리 용이라 불리는 한국, 대만, 홍콩, 싱가포르는 대외지향형 발전전략을 채택하였다.

2. 대내지향형 발전전략

(1) 개념

수출산업보다 수입대체산업을 중시하고 국민저축을 투자재원으로 삼아 대외의존도를 낮추려는 발전전략을 말한다.

(2) 사례

남미의 많은 나라들과 북한, 쿠바 등은 대내지향형 발전전략을 채택하였다.

2 자본축적법

1. 방법

자발적인 저축증대, 농촌 잠재실업인구의 생산인구화, 해외자본 도입 등이 존재한다.

2. 잠재실업의 생산인구화를 통한 자본축적

(1) 잠재실업

노동의 한계생산물이 0이거나 0에 가까운 농촌인구로서 사실상 실업상태에 있지만 표면적으로는 실업자로 노출되지 않는 상태를 말한다.

(2) 잠재실업에 의한 자본 축적 경로

① 농촌에서 잠재실업자를 빼냄으로써 농가의 1인당 평균소득이 상승하여 농촌의 저축이 증가한다.

② 이농하는 잠재실업자가 공업부문에 고용됨으로써 공업부문의 저축을 증대시키는 것이다.

3 해외자본 도입에 의한 자본축적

1. 해외자본

① 다른 나라 사람이 소유하는 자본을 말한다.

② 해외자본 도입의 유형에는 외국인 투자, 기술 도입 및 차입이 있다.

2. 외국인투자

① 외국인투자는 직접투자와 간접투자(증권투자)로 구분된다.

② 직접투자는 외국인이 주식의 인수와 함께 회사의 경영에 직접 참여하는 형태이다.

③ 간접투자는 외국인이 직접적으로 경영에 참가하지 않고 배당이나 이자수입을 목적으로 주식이나 채권을 사고 예금을 하는 형태이다.

3. 기술도입

① 기술은 생산에 관련된 제품 기술과 공정기술 그리고 경영에 관련된 제반 지식을 포함한다.

② 기술도입에는 일정한 대가가 지급된다. 따라서 해외에서 도입된 기술은 광의로 해외자본의 한 형태라고 볼 수 있다.

4. 차입

① 차입에는 차관, 금융기관 차입 및 기타 민간차입이 있다.

② 차관은 상대국의 정부나 금융기관에서 자금을 조달하는 형태이다.

외채와 해외자본 도입과의 관계

외채는 원금 상환과 이자 지급의 의무가 따르는 채무성 해외자본 도입의 잔액을 말한다. 해외자본 도입이 유량임에 반하여 외채는 저량이다. 외채는 외국에 대하여 지고 있는 채무를 말하므로 외국인 직접투자와 이에 따른 외국인 주식취득 및 기술도입은 외채 규모 추계에서 제외된다.

한국경제의 성장률이 하락하고 있다. 이에 대하여 저출산 고령화, 저축률 하락, 기술혁신의 저하 등 다양한
원인을 제시하고 있는데 원인을 설명하고 대책을 경제성장이론을 활용하여 설명하시오.

해설

1 솔로우 모형

① 1인당 생산함수는 $y = f(k)$이므로 1인당 자본량인 k가 증가하면 1인당 생산은 지속적으로 증가할 수 있다.

② 1인당 자본량 증가율$\left(\dfrac{\Delta k}{k}\right)$은 자본량 증가율$\left(\dfrac{\Delta K}{K}\right)$에서 인구증가율 또는 노동증가율$\left(\dfrac{\Delta L}{L}\right)$을 차감하여 구

할 수 있다.

③ 자본량 증가율은 $\dfrac{sf(k)}{k}$이고 노동증가율은 n이기 때문에 1인당 자본량 증가율은 $\dfrac{sf(k)}{k} - n$이 된다.

④ 따라서 1인당 자본량의 변화분(Δk)은 $\Delta k = sf(k) - nk$이 되므로 $sf(k) = nk$가 되면 $\Delta k = 0$이 되고 1인당

생산인 1인당 GDP도 더 이상 변하지 않는다($\Delta y = 0$).

2 인구증가율의 하락

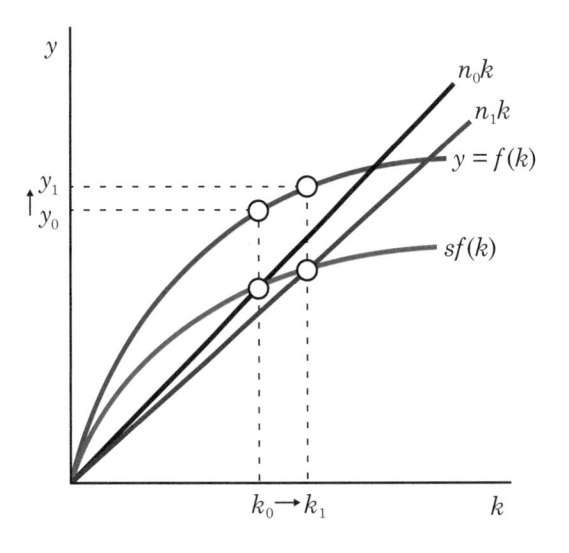

① 인구증가율 n이 하락하면 1인당 자본량과 1인당 소득이 증가한다.

② $sf(k) = nk$가 되면 1인당 자본량이 더 이상 증가하지 않기 때문에 1인당 경제성장률이 0%가 된다.

③ 출산율 저하는 미래의 노동인구의 감소를 가져오고 이는 미래 자본의 한계생산성을 하락시키므로 투자가
감소할 수 있다.

출산율 저하가 투자에 어떠한 영향을 미치는가?

1. 출산율 저하의 영향
　① 출산율 저하는 미래의 노동인구의 감소를 가져온다.
　② 미래 노동인구의 감소는 미래 자본의 한계생산성(MP_{K_2})을 하락시키고 이에 따라 투자의 변화가 발생한다.

2. 자본의 사용자 비용이론

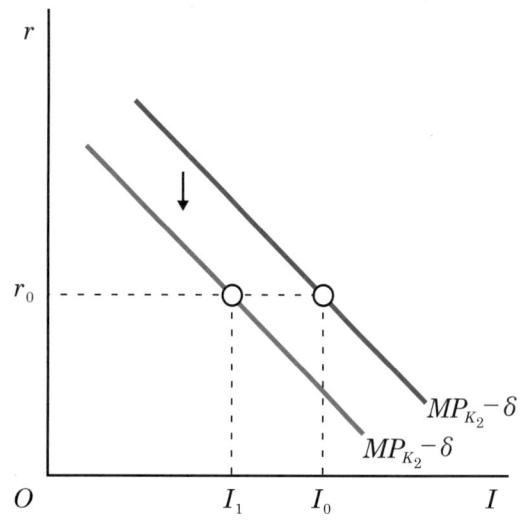

출산율 저하로 MP_{K_2}가 감소하면 순자본 한계생산성($MP_K - \delta$)이 하락하게 되어 투자가 I_1으로 감소한다.

2018년 합계출산율 1.0명 아래로 떨어질 듯

　　2018년 7월 5일 보건복지부와 통계청에 따르면 우리나라 인구구조는 격변을 겪고 있다. '아기 울음소리가 사라진다'는 표현이 이제는 진부하게 여겨질 정도로 출산율과 출생아 수가 떨어지고 있다. 급기야 2017년 합계출산율은 1.05명으로 역대 최저 기록을 세웠다. 이는 여성 1명이 평생 낳을 것으로 보이는 평균 출생아 수다. 2016년 1.17명보다 0.12명(10.3%) 급감했다. 합계출산율이 1.10명 이하로 떨어진 것은 2005년(1.08명) 이후 12년 만이다. 합계출산율은 1971년 4.54명을 정점으로 1987년 1.53명까지 떨어졌다. 1990년대 초반에는 1.7명 수준으로 잠시 늘었지만 이후 다시 감소세로 돌아섰다.

　　우리나라 합계출산율은 인구 유지를 위해 필요한 합계출산율 2.1명의 절반 수준이다. 경제협력개발기구 (OECD) 35개 회원국 평균 1.68명을 크게 밑도는 것은 물론, 압도적인 꼴찌다.

2017년 우리나라 출생아 수는 1970년대 통계 작성이래 처음으로 35만 명대로 내려앉았다. 통계청의 '2017년 출생 · 사망통계(잠정)'를 보면, 2017년 출생아 수는 35만 7700명으로 2016년 40만 6200명보다 4만 8500명 (11.9%) 감소했다. 감소 폭도 2001년(-12.5%) 이후 16년 만에 최대를 기록했다. 한해 출생하는 신생아 수는 세계에서 유례를 찾아보기 어려울 정도로 급격히 감소했다. 1970년대만 해도 100만 명대였던 출생아 수는 2002년에 49만 명으로 절반으로 줄면서 40만 명대로 떨어졌다. 이후 2015년 반짝 증가했다가 빠른 속도로 곤두박질해 1970년 통계 작성 이래 가장 적은 수준으로 내려갔다. <u>세계에서 한 세대 만에 출생아 수가 반 토막으로 줄어 인구 절벽에 직면한 나라는 한국밖에 없다.</u>

문제는 앞으로도 전망이 밝지 않다는 것이다. 정부는 올해 합계출산율은 1.0명 아래로 떨어지고, 출생아 수는 약 32만 명으로 더 줄어들 것으로 내다보고 있다. 더욱이 이런 추세가 지속할 경우 최악에는 2022년 이전에 출생아 수 30만 명대로 무너지고 20만 명대로 주저앉을 것으로 우려하고 있다. 출생아 수 30만 명 진입은 애초 통계청이 장래인구 추계를 통해 내다본 전망보다 18년이나 빠른 것이다.

3 저축률의 하락

① 2018년 1분기 총저축률 34.9%으로 전기에 비해 0.8%p 하락하였다.

② 저축률 s가 하락하면 1인당 자본량과 1인당 소득이 감소한다.

③ $sf(k) = nk$가 되면 1인당 자본량이 더 이상 증가하지 않기 때문에 1인당 경제성장률이 0%가 된다.

④ 즉, 저축률의 감소는 새로운 균제상태에서 1인당 소득을 감소시키는 수준효과를 발생시키나 경제성장률에는 영향을 주지 않는다.

→ AK 모형에서는 저축률의 감소는 1인당 소득의 증가율 자체를 감소시키게 된다.

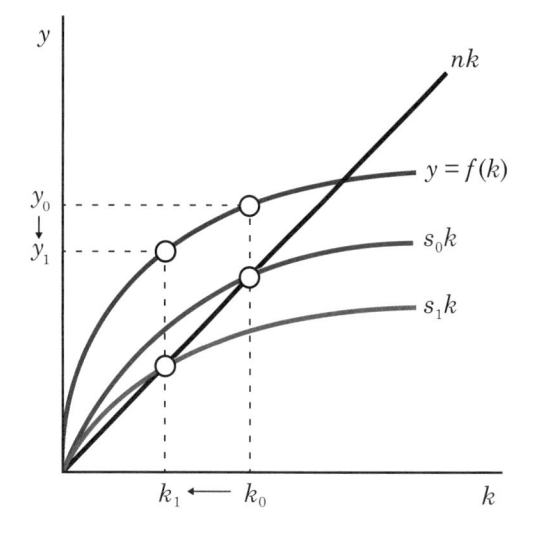

4 기술진보 저하에 따른 생산성 하락

① 기술진보 저하에 따른 생산성이 하락하면 생산함수 $f(k)$가 하방 이동하기 때문에 1인당 자본량과 1인당 소득이 감소한다.

② $sf(k) = nk$가 되면 1인당 자본량이 더 이상 증가하지 않기 때문에 1인당 경제성장률이 0%가 된다.

주제 03　저출산 고령화와 경제성장

사회전반적인 고령화로 인해 경제활동인구의 생산성을 떨어트려 궁극적으로 경제성장의 저해요인이 될 수 있다는 주장이 제기되고 있다. 이러한 주장의 논거를 단기, 장기로 구분하여 논술하시오.

해설

■ 고령화로 인해 국민저축에 미치는 효과

1. 평생소득가설의 의의

안도(A. Ando)와 모딜리아니(F Modigliani)의 평생소득가설에 의하면 개인의 일생에 걸친 소비패턴은 평생소득의 크기에 의해 결정되며, 평생소비의 안정화에 노력한다고 한다.

2. 일생소득과 소비의 결정과정

(1) 일생소득의 정의

소비는 평생소득의 함수이며, 평생소득은 임금소득과 자산소득의 현재가치의 합으로 결정된다.

(2) 소비의 결정

① 개인의 소득은 생애주기에 따라 아래의 그래프와 같이 체계적으로 변동한다.

② 소비는 생애에 걸쳐 안정적으로 유지하려 하므로(소비 곡선은 수직선) 완전 자본시장과 유동성제약이 없음을 가정하면, 청년기와 은퇴 이후의 노년기는 (-)의 저축, 장년기에는 (+)의 저축을 통해 이러한 소득과 소비 간의 불일치 해결한다.

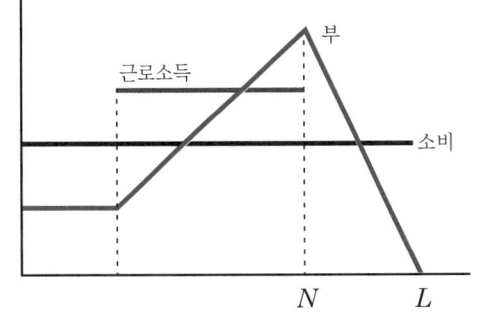

N : 은퇴시점
L : 생의 마감

(3) 소비함수의 도출과 그 특징

평생소득 가설에 따르면 소비는 평생소득의 함수이므로 소비결정으로부터 다음과 같은 소비함수를 도출할 수 있다.

$$C = \alpha W + \beta Y$$

(W : 자산소득, Y : 근로소득, α : 자산소득의 한계소비성향, β : 근로소득의 한계소비성향)

$$APC(\text{평균소비성향}) = \frac{C}{Y} = \frac{\alpha W}{Y} + \beta$$

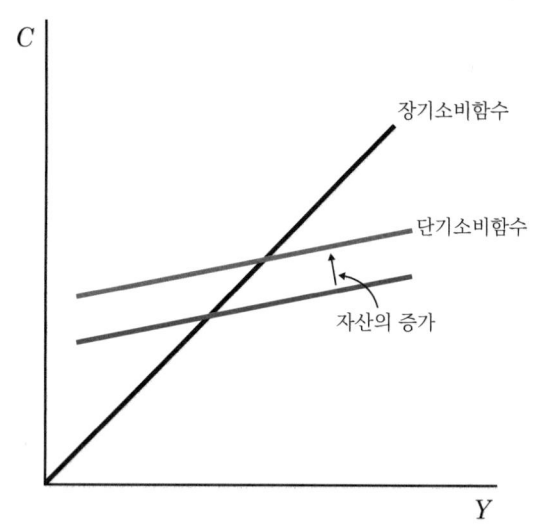

1) 횡단면 자료 분석

Y가 클수록 APC는 하락하므로 고소득자의 평균소비성향이 저소득자의 평균소비성향보다 작다.

2) 시계열 분석

단기에는 Y가 증가할수록 APC는 감소하고(APC > MPC), 장기에는 소득의 증가율과 자산의 증가율이 동일해지므로 APC는 일정해진다. (APC = MPC)

3. 고령화 사회가 국민저축에 미치는 영향

① 평생소득가설에 의하면 개인의 저축은 소득에 의해서 결정되지만, 국민저축은 소득이나 이자율보다는 연령별 인구분포에 영향을 받는다.

② 인구구조가 고령화되는 경우에는, 저축률이 높은 중년기 인구비율이 감소하고 (-)의 저축을 하는 노령 인구가 증가하므로 국민저축은 감소할 것이다.

4. 평생소득가설의 평가

① 평생소득가설과 프리드만의 항상소득가설은 소비가 현재의 소득보다는 생애소득이나 항상소득에 더 크게 의존한다고 본다.

② 그러나 프리드만의 항상 소득가설과는 다르게 평생소득가설에서는 평생소비가 평생소득의 범위 내에서 이루어진다는 평생소득제약조건을 전제하고 있다는 점에서 분석적 차이가 있다.

2 저축률 감소로 인한 경제성장 효과 분석

1. 솔로우 모형

저축률의 감소는 새로운 균제상태에서 1인당 소득을 감소시키는 수준효과를 발생시키나 경제성장률에는 영향을 주지 않는다.

2. AK 모형

저축률의 감소는 1인당 소득의 증가율 자체를 감소시키게 된다.

5. 완전경쟁시장과 국제무역이론

주제 01　　자유무역과 소득분배

한국은 1960-1970년대에는 노동집약적인 상품을 주로 수출하였으나 오늘날에는 자본 집약적인 상품을 주로 수출하고 있다.

1. 자유무역이 한국 노동자의 임금수준에 미치는 영향이 1960-1970년대와 오늘날에 어떻게 다르게 나타나는지를 설명하시오.

2. 1960-1970년대에 우리나라의 수출증대가 노동자들의 저임금이라는 희생위에서 이루어졌다는 주장에 대해 비판적으로 서술하시오.

해설

1 헥셔-오린 정리의 의의

① 각국의 요소부존도는 상이하며 각국의 요소부존도의 차이로 인해 무역이 발생한다.
② 리카도 이론이 분석하지 못한 무역이 유발하는 국내 계층 간 분배효과를 설명할 수 있다.

2 헥셔-오린 정리와 비교우위의 결정

각국은 풍부하게 부존된 요소를 집약적으로 사용하는 산업에 비교우위를 가진다.

3 헥셔-오린 정리의 개념

① 양국의 수요패턴은 동일하다고 했을 때 자국이 노동 풍부국이며 외국이 자본 풍부국이라고 한다면 자국은 노동집약적인 재화의 상대가격이 낮으며, 외국은 자본집약적인 재화의 상대가격이 낮게 된다.
② 따라서 자국은 노동집약재에 비교우위를 갖고 외국은 자본집약재에 비교우위를 갖는다.

4 헥셔-오린 정리의 분배적 의미(스톨퍼-사무엘슨 정리)

① 각국이 풍부하게 부존된 요소를 집약적으로 사용하는 산업에 특화하여 생산하게 되면 각국에 풍부하게 부존된 요소의 분배 몫은 증가하고 그렇지 않은 요소의 분배 몫은 감소한다.
② 스톨퍼-사무엘슨의 이론에 따르면 이와 같은 무역의 분배효과는 상대적인 분배비율에 대해서 뿐만 아니라 절대적인 분배 몫의 크기에 대해서도 성립한다고 한다.

5 1960~1970년대의 무역의 분배적 의미

① 당시 한국은 노동 풍부국으로서 노동집약적인 재화를 수출하였다.

② 따라서 노동집약적인 재화의 생산이 증가하고 자본집약적인 재화의 생산을 감소시킬 때, 상대적으로 노동에 대한 수요가 증가함에 따라 노동자들의 소득이 상대적으로나 절대적으로나 상승하는 효과를 유발시켰을 것으로 예상된다.

6 2000년대의 무역의 분배적 효과

① 현재 한국은 자본 풍부국으로서 대체로 자본집약적인 재화를 수출하고 있다.

② 따라서 자본집약적인 재화의 생산을 증가시키고 노동집약적인 재화의 생산을 감소시킬 때 상대적으로 노동에 대한 수요가 감소함에 따라 노동자들의 소득이 상대적으로나 절대적으로나 감소하는 효과를 유발했을 것으로 예상된다.

7 평가

① 위 분석에 따르면 1960~70년대의 수출 증가는 노동자들의 낮은 임금으로 인한 비교우위로 인해 가능했음을 알 수 있다.

② 그러나 이러한 과정에서 노동자들의 낮은 임금이 상승함으로써 노동자들은 후생의 증가를 얻게 되었다.

③ 따라서 이 당시의 수출은 노동자들의 낮은 임금에 기반하여 이루어진 것은 사실이지만, 노동자들을 일방적으로 희생시킴으로써 이루어졌다는 주장은 타당하지 못하다고 평가된다.

미국 노동자들 중에 중국의 저임금으로 인해 피해를 보았다고 주장하는 사람들이 있다. 이는 타당한지 근거를 들어 논술하라.

해설

1 헥셔-오린(Heckscher-Ohlin)의 정리

1. 무역발생의 원인

비교생산비 차이가 발생하는 이유를 상대적 요소 부존량과 요소가격의 차이에 있다고 한다.

2. 제1정리 - 요소 부존량 정리

각국은 상대적으로 풍부하게 부존된 생산요소를 집약적으로 사용하여 생산한 재화에 비교우위를 갖고, 이 재화를 서로 교역한다는 것을 말한다.

3. 제2정리 - 요소가격 균등화정리

자유무역은 국가 간 생산요소의 이동이 없더라도 생산요소의 상대가격은 물론 절대가격도 국가 간에 같아진다는 것이다.

2 국제무역과 소득분배

① 헥셔-오린 정리에 따를 때 미국은 자본 풍부국이고 중국은 노동 풍부국이라고 한다면 미국은 자본집약적인 재화를 수출하고 중국은 노동집약적인 재화를 수출하게 된다.

② 따라서 미국은 자본집약적인 재화의 가격이 상승하게 되고 상대적으로 노동집약적인 재화의 가격은 하락하게 된다.

③ 이러한 현상은 요소의 가격에도 영향을 미쳐서 자본의 분배 몫을 늘리고 노동의 분배 몫을 상대적으로 줄이게 된다.

④ 따라서 미국의 노동자들은 자유무역으로 인한 소득분배의 결과에 대해 불만을 가지게 된다.

3 정부 정책

① 만일 미국 정부에서 수입재인 노동집약적 재화에 대해 관세를 부과하게 된다면 이 재화의 국내가격은 상승하게 되고 이에 따라 노동자들의 분배 몫은 커지게 된다.

② 따라서 미국은 노동자들의 불만을 무마하기 위하여 관세정책을 취할 수 있다.

한국은 중국으로 자본집약재인 반도체를 수출하고 있고 중국은 한국으로 노동집약재인 농산물을 수출하고 있다. (단, 한국은 자본 풍부국이고 중국은 노동 풍부국이라고 하자.)

1. 한국 경제가 반도체 산업에 아주 심하게 편향된 성장을 실현하고 있고 세계시장에서 점유율이 매우 높다. 이러한 성장에 의해 한국의 교역조건과 후생은 어떻게 변할지를 논하시오.

2. 양국이 자유무역을 할 경우 사회후생, 요소가격으로 나누어 논하시오.

3. 양국이 자유무역을 할 경우 소득분배에 미치는 영향에 대해 장단기로 나누어 설명하시오.

해설

1 한국 경제가 반도체 산업에 아주 심하게 편향된 성장을 실현하고 있고 세계시장에서 점유율이 매우 높다. 이러한 성장에 의해 한국의 교역조건과 후생은 어떻게 변할지를 논하시오.

1. 가정

반도체를 X재라 하고, 한국의 다른 상품들을 Y재라 한다.

2. 편향된 성장에 따른 생산가능곡선 및 X재 생산의 변화

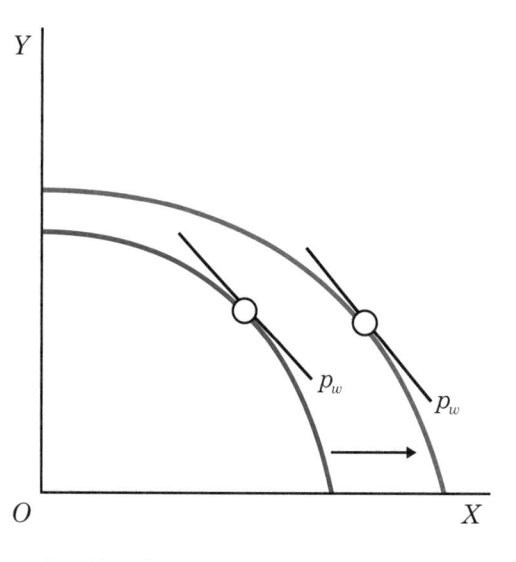

① 반도체(X재)에 편향된 경제성장 시, X재 쪽으로 생산가능곡선이 더 많이 확장된다.

② 점유율과 무관하게 X재 생산은 증가한다.

3. 시장점유율이 높은 경우

  (1) 교역조건의 변화

      ① 한국에서 반도체(X재) 생산이 늘어남에 따라 X재 공급이 늘어나 수출 공급곡선이 우측으로 이동하게 된다.

      ② 이러한 결과 X재의 상대가격 $\left(p_w = \dfrac{P_X}{P_Y} \right)$이 p_w^0에서 p_w^1으로 하락하고, 이에 따라 교역조건이 악화된다.

  (2) 후생의 변화

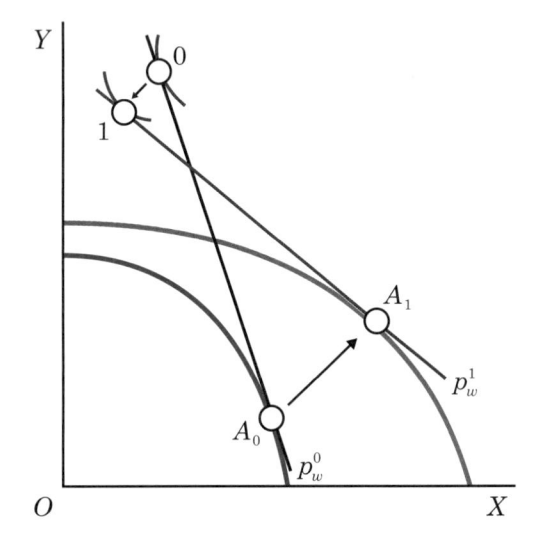

      ① 생산점은 A_0에서 A_1으로 바뀌고, 소비는 0에서 1로 바뀐다.

      ② 생산증가로 인해 상대가격이 P_w^0에서 P_w^1로 감소하면 이는 교역조건을 악화시켜 후생을 감소시킨다.

      ③ 성장에 의한 생산증가로 후생이 증가하고 교역조건 악화에 의해 후생이 감소하므로 후생은 양자의 크기에 따라 증감여부가 불분명하다. 그림에서는 후생이 감소된 경우를 나타냈다.

2 양국이 자유무역을 할 경우 사회후생, 요소가격으로 나누어 논하시오.

1. 무역자유화가 양국경제에 미치는 영향

  (1) 생산의 불완전특화

      ① 한국의 경우는 자유무역을 하게 되면 비교우위재인 반도체의 상대가격을 상승시키고, 그에 따라 반도체 산업은 확장되고 농산물 산업은 위축되는 생산의 대체과정을 겪는다.

      ② 반면, 중국은 비교우위재인 농산물의 상대가격이 상승하고, 그에 따라 농산물 산업은 확장되고 반도체 산업은 위축된다.

  (2) 사회후생의 증가

      양국은 자유무역으로 생산의 특화와 함께 새로운 국제 상대가격 하에서 소비함으로써 나타나는 교환의 이득을 경험하여, 양국의 사회후생은 증가한다.

(3) 국가 간 파레토 개선과 국가 내에서 계층간 소득의 비대칭분배

    ① 일국 내에서는 자유무역의 실시로 손해 보는 사람과 이득 보는 사람이 동시에 발생하므로 두 집단 간에 적절한 보상을 해주어야 사회후생 증가를 실현할 수 있다.

    ② 즉, 자유무역은 국가 간 파레토 개선을 가져오나, 일국 내에서는 계층 간 소득이 비대칭적으로 배분될 수 있다.

2. 한국과 중국의 요소가격에 미치는 효과

(1) 요소가격균등화 정리의 의의

    요소의 국가 간 이동이 불가능함에도 불구하고 재화의 국제적 이동이 자유롭다면 재화의 국가 간 교역이 요소이동을 대체하여 요소의 상대가격뿐만 아니라 절대가격도 같아진다.

(2) 양국의 요소가격의 균등화

    1) 상대적 균등화

        ① 우선, 중국은 농산물의 상대가격이 상승하면서, 생산의 대체과정을 통하여 요소시장에 불균형을 가져온다.

        ② 즉 노동집약재인 농산물의 생산증가를 위하여 상대적으로 더 많은 노동이 필요하나, 자본 집약재인 반도체산업이 위축되면서 방출되는 노동은 상대적으로 적다.

        ③ 따라서 노동에 대한 초과수요와 자본에 대한 초과공급이 발생하고 이는 노동의 상대가격의 상승을 가져온다.

        ④ 반면, 한국은 동일한 논리로 반도체의 상대가격이 상승하면서 노동의 상대가격의 하락을 가져온다.

    2) 절대적 균등화

        ① 자유무역에 의해 한국과 중국의 노동자들의 실질임금과 자본가들의 실질이자율이 일치한다.

        ② 무역을 통해 양국의 $\frac{w}{r}$가 같아지므로, 양국에서 X, Y재를 생산하는데 있어서의 요소집약도도 일치하게 된다. 따라서 양국의 노동의 한계생산성과 자본의 한계생산성이 같아진다.

        ③ 또한 무역의 개시로 재화의 가격이 양국에서 같아지므로 다음과 같은 관계가 성립한다.

$$w = P_X \cdot MPL_X = P_Y \cdot MPL_Y = P_Y \cdot MPL_Y^* = P_X \cdot MPL_X^* = w^*$$

$$r = P_X \cdot MPK_X = P_Y \cdot MPK_Y = P_Y \cdot MPK_Y^* = P_X \cdot MPK_X^* = r^*$$

        ④ 따라서 자유무역의 이루어지면, 생산요소의 상대가격뿐만 아니라 절대가격도 양국에서 같아지게 된다.

3 양국이 자유무역을 할 경우 소득분배에 미치는 영향에 대해 장단기로 나누어 설명하시오.

1. 단기적 효과 – 산업 간 요소의 이동성이 제약된 경우

    ① 노동은 산업간 이동이 자유로운 반면에 자본은 단기적으로 각 산업에 특정되어 있는 경우를 전제하자.

    ② 노동집약적 산업이 기술 및 자본집약적 산업으로 전환될 경우나 섬유산업의 생산설비와 자동차 산업의 생산설비 간의 자본의 이동의 경우를 예로 들 수 있다.

③ 한국의 경우는 반도체의 상대가격의 상승에 따라 반도체에 특정된 자본의 실질수익률이 가장 크게 증가,
농산품에 특정된 자본의 실질수익률이 가장 적게 증가한다.

④ 반면, 중국의 경우는 농산물의 상대가격의 상승에 따라 농산물에 특정된 자본의 실질수익률이 가장 크게
증가, 반도체에 특정된 자본의 실질수익률이 가장 적게 증가하며, 유동요소는 일률적으로 말할 수 없다.

2. 장기적 효과 – 스톨퍼-사무엘슨 정리

(1) 스톨퍼-사무엘슨 정리의 의의

자유무역은 자국에 풍부한 요소를 집약적으로 이용·생산하는 재화의 상대가격을 상승시키므로, 풍부한
생산요소의 실질소득을 증가시키고 희소한 생산요소의 실질소득을 감소시킨다.

(2) 양국에 미치는 효과

① 자본이 풍부한 한국은 자본의 실질보수는 상승하고, 실질임금은 감소한다.

② 노동이 풍부한 중국은 실질임금이 상승하고, 실질이자율은 감소한다.

특정요소모형과 헥셔-오린 정리　　

미국은 전 세계에서 숙련노동이 가장 풍부한 국가이다. 이제 숙련노동은 단기적으로 고정된 요소이지만 장기적으로는 부문 간 이동이 자유롭다고 하자. 이러한 특징을 고려할 때 숙련노동자들이 자유무역에 대해 취할 것으로 예상되는 단기와 장기의 정치적 입장은 무엇이겠는가? 이들 중 일부는 단기와 장기에 있어서의 이해관계가 상이할 수 있는가?

해설

1 가정

① X재와 Y재의 생산에는 숙련노동(H)과 비숙련노동(L)이 사용되며 X산업은 숙련 노동집약적이며 Y산업은 비숙련노동 집약적이라 하자.

② 이 경우 헥셔-오린 정리에 따르면 미국은 장기적으로 X재를 수출하고 Y재를 수입하게 된다.

③ 단기적으로 숙련노동은 각 산업에 특화되어 있으며(H_X, H_Y) 비숙련 노동은 두 산업을 자유롭게 이동할 수 있다고 하자.

④ 이 경우 단기적으로도 미국은 X재를 수출하고 Y재를 수입한다고 가정하자.

2 단기의 분배효과 – 특정요소 모형

특정요소 모형에서는 자유무역이 이루어지는 경우 수출재 산업의 특정요소(H_X)는 절대적으로 이익을 보고 다른 산업의 특정요소(H_Y)는 절대적으로 손해를 보게 된다.

3 장기의 분배효과 – 헥셔-오린 모형

헥셔-오린 모형에서는 자유무역이 이루어지는 경우 풍부하게 부존된 요소인 숙련노동(H)에 대한 분배 몫은 어느 산업에 고용되어 있는지와 무관히 절대적으로 증가하고 희소한 요소인 비숙련노동(L)에 대한 분배 몫은 절대적으로 감소한다.

4 평가

① 자유무역이 개시되는 경우 X재의 숙련노동(H_X)에 대한 분배 몫은 단기적으로나 장기적으로나 증가하기 때문에 이들은 단기와 장기 무관히 자유무역을 주장할 것이다.

② 그러나 Y재의 숙련노동(H_Y)의 경우에는 장기적으로는 분배 몫이 증가할 것이나 단기적으로 분배 몫이 크게 감소할 것이다.

③ 따라서 이들은 장기적으로는 자유무역에 찬성하겠으나 단기적으로는 자신이 속한 산업에 대해 보호무역조치를 실시해 줄 것을 요구할 것이다.

무역으로 인한 선진국의 피해

전통적 무역이론은 주로 선진국과 개발도상국 간의 무역을 설명하며 양국 모두 사회후생이 증가한다고 한다. 그러나 이에 대한 반론도 존재한다. 특히, 선진국과 개도국 간 무역이 오히려 선진국에게 피해를 발생시켰다고 주장하는 견해도 있는데, 선진국이 피해를 경험하게 된다는 주장의 근거를 제시하시오.

해설

1 스톨퍼-사무엘슨 정리

① 선진국은 주로 자본집약적인 재화를 수출하고 개도국은 주로 노동집약적인 재화를 수출한다.

② 선진국 입장에서 높은 기술을 가지고 있는 숙련근로자의 임금은 증가하는 반면 낮은 기술을 가지고 있는 미숙련근로자의 임금은 감소하게 된다.

③ 이러한 소득 불평등의 원인으로 선진국이 피해를 경험할 수 있다.

2 선진국의 교역조건 악화

① 선진국이 비교우위를 점하고 있는 부분에서 개도국의 성장이 두드러지게 되면 경쟁이 심화되어 세계시장에서 가격이 하락하게 된다.

② 이로 인해 선진국의 교역조건은 악화되며 교역조건의 악화로 인해 실질 국민소득(GNI)의 감소를 가져온다.

6. 불완전경쟁과 국제무역

주제 01	규모의 경제

알프레드 마샬(A. Marshall)은 규모의 경제를 크게 내부적 규모의 경제와 외부적 규모의 경제로 나누었다.

1. 외부적 규모의 경제를 정의하고, 외부적 규모의 경제가 발생하는 대표적인 이유를 설명하라.

2. 외부적 규모의 경제가 존재할 때, 무역의 제한을 통해 자국의 후생을 개선시킬 수 있음을 설명하시오.

3. 규모의 경제가 있는 경우에는 생산량이 많을수록 단위비용이 하락하기 때문에 큰 나라의 가격이 작은 나라의 가격보다 낮아질 수밖에 없다. 따라서 큰 나라가 무역의 이득을 전부 가져가게 될 것이다."에 대해 논평하시오.

해설

1 외부적 규모의 경제를 정의하고, 외부적 규모의 경제가 발생하는 대표적인 이유를 설명하라.

1. 규모의 경제의 유형과 외부적 규모의 경제의 정의

① 규모의 경제란 일반적으로 산출량이 증가할 때 (장기)평균비용이 하락하는 현상을 의미한다.

② 이러한 규모의 경제의 개념을 기업의 수준에 적용한 것이 내부적 규모의 경제(internal economies of scale)이다. 즉 개별기업이 생산을 증가시킬 때 (장기)평균비용이 하락하는 현상을 내부적 규모의 경제라고 한다.

③ 이에 반해 규모의 경제의 개념을 산업전체의 수준에서 적용한 것이 외부적 규모의 경제이다. 즉 여러 가지 이유로 인해 개별기업의 규모는 작지만 산업생산이 특정 지역에 집중되어 기업의 수가 증가할 때(장기)평균비용이 감소할 때 이를 외부적 규모의 경제(external economies of scale)이라고 한다.

2. 발생원인

(1) 전문화된 공급자들의 출현

① 전문화된 서비스의 제공은 많은 재화, 용역의 생산 및 신제품의 개발에 매우 중요한 역할을 한다.

② 유사한 기업들이 특정지역에 집중될 경우 전문화된 공급자들이 많이 출현할 수 있다.

(2) 공동노동시의 성립

기업의 집적은 고도의 전문화된 기술을 가진 노동자들을 위한 공동시장을 출현시킬 수 있는데, 이는 숙련노동자들이나 기업들에게 모두 유리한 조건이 된다.

(3) 지식창출 및 확산

기업들이 집적되면 고도의 혁신산업에서의 우위의 원천이 되는 정보의 교환 및 확산의 입장에서 유리한 조건을 제공한다.

2 외부적 규모의 경제가 존재할 때, 무역의 제한을 통해 자국의 후생을 개선시킬 수 있음을 설명하시오.

1. 가정

① 시계 산업에서는 외부적 규모의 경제가 존재하며 시계를 생산할 수 있는 국가로 스위스와 중국 2국이 있는 경우를 고려하자.

② 비용 상의 차이로 인해 중국은 스위스에 비해 더 낮은 비용으로 생산할 수 있다고 하자. 그러나 역사적으로 시계산업은 스위스에서 먼저 시작되었다고 가정한다.

③ 시계산업에서 규모의 경제는 전적으로 외부적 규모의 경제이므로 개별기업은 독점력을 가지지 못한다. 따라서 시장가격은 평균비용과 일치하는 수준에서 결정될 것이다.($P = AC$)

2. 외부적 규모의 경제하에서의 무역

(1) 그래프

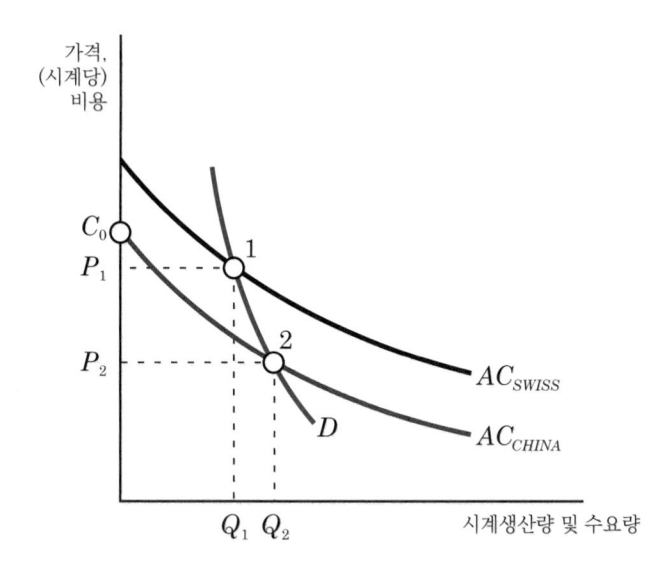

① 우선 스위스가 먼저 생산을 시작한 경우에 시장의 균형은 1점에서 나타날 것이다.

② 반면 중국이 시계시장을 석권할 수 있다면 중국은 2점에서 더 낮은 가격에 더 많은 수량을 시장에 공급할 것이다.

③ 그러나 일단 스위스가 1점에서 생산하고 있는 한 중국의 기업이 진입할 때는 P_1의 가격보다 비싼 C_0의 비용에 직면하기 때문에 섣불리 시장에 진입할 수 없어 스위스가 시계산업을 계속 유지할 수 있다.

(2) 평가

① 규모의 경제의 존재로 인해 역사적인 요인들이 중요한 역할을 하게 된다.

② 따라서 이러한 경우에는 특화유형이 비교우위를 역행하더라도 기존의 특화유형이 관철유지 될 수 있다.

3. 무역의 제한과 후생의 증가 가능성

(1) 그래프

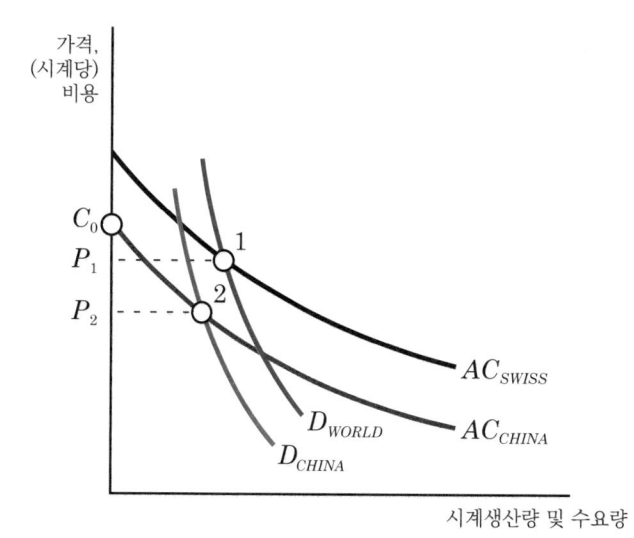

① 이 그래프에서 D_{WORLD}는 세계 전체의 시계에 대한 수요를 의미하며, D_{CHINA}는 중국의 시계에 대한 수요를 의미한다.

② 위 그래프에서 무역이 제한되면 중국의 기업들은 비록 C_0의 높은 비용에 직면하지만 공급을 시작할 것이며 이 경우의 최종 균형은 2점이 된다.

③ 결국 중국은 무역 개시 이전에 비해 더 낮은 가격 P_2로 더 많은 수량을 소비할 수 있게 된다.

(2) 소결

외부적 규모의 경제가 존재하는 경우에는 잠재적인 비교우위와 반대되는 특화유형이 결정될 수 있으며 이러한 경우에는 무역의 제한을 통해 자국의 잠재력 있는 산업에 대한 보호가 유익할 수 있다.

3 "규모의 경제가 있는 경우에는 생산량이 많을수록 단위비용이 하락하기 때문에 큰 나라의 가격이 작은 나라의 가격보다 낮아질 수밖에 없다. 따라서 큰 나라가 무역의 이득을 전부 가져가게 될 것이다."에 대해 논평하시오.

① 동질적 재화에서 내부적 규모의 경제가 있는 경우: 생산량이 많은 나라의 가격이 낮으므로 그 나라가 생산과 수출을 독점한다.

② 제품차별화가 있고 내부적 규모의 경제가 있는 경우 양국에서 모두 차별적 재화를 생산하여 서로 교환한다. 산업 내 무역이 이루어진다.

③ 외부적 규모의 경제가 있는 경우 생산량이 많은 국가의 가격이 절대적으로 낮기 때문에 그 국가가 생산과 수출을 독점하게 된다.

국가 간 무역에 있어 산업 내 무역이 지배적인 경우를 흔히 볼 수 있다. 국가 간 거래에 있어 산업 간 무역
과 산업 내 무역의 비율을 결정짓는 요인들은 무엇인가?

해설

1 산업 간 무역과 산업 내 무역의 의미

① 산업 간 무역(interindustry trade)이란 서로 상이한 상품들이 국가 간에 거래되는 현상을 의미한다. 대표
적인 예로서 남-북 무역 즉 개도국과 선진국 간의 무역을 들 수 있다.

② 산업 내 무역(intraindustry trade)이란 동종, 유사한 상품들이 국가 간에 거래되는 현상을 의미한다. 대표
적인 형태로 선진국간의 무역을 들 수 있다.

2 산업 내 무역과 산업 간 무역의 비교

1. 발생원인

산업 간 무역은 비교우위를 반영하고 산업 간 무역은 비교우위와 무관히 발생한다.

2. 무역의 패턴

① 산업 간 무역이론에서는 무역의 패턴을 명확히 설명할 수 있지만 산업 내 무역이론에서는 무역의 패턴을
정확히 예측할 수 없다.

② 극단적으로 산업 내 무역은 아주 우연적인 요소나 정책적인 지원에 의해서도 무역의 패턴이 결정될 수도
있다.

3. 무역의 의의

① 산업 간 무역은 비교우위로 인한 무역의 이득을 얻게 하지만, 산업 내 무역은 새로운 형태의 무역의 이익
을 설명할 수 있다.

② 즉 규모의 경제로 인해 좀 더 값싼 제품을 소비할 수 있게 되거나 좀 더 다양한 제품을 소비할 수 있는 이
득 등을 설명할 수 있다.

4. 소득분배의 문제

① 핵셔-오린 정리의 예측에 의하면 산업간 무역이론은 계층 간 소득분배효과로 인한 심각한 갈등의 문제를
유발한다.

② 이에 반해 대체로 규모의 경제에 기반해 있는 산업 내 무역은 크게 손해를 보는 계층이 발생하지 않는다.

5. 현실 설명력

① 산업 간 무역이론은 주로 선진국과 후진국간의 무역을 설명할 수 있다. 즉, 경제성장의 단계가 상이해서
산업구조가 상이한 국가들 간의 무역을 설명할 수 있다.

② 산업 내 무역이론은 국제무역의 가장 큰 부분을 차지하고 있는 선진국 간에 발생하고 있는 무역을 설명할 수 있다.

3 산업 내 무역과 산업 간 무역의 비중 – 국가 간 상대적 유사성
① 산업 내 무역과 산업 간 무역의 상대적 중요성은 국가들이 얼마나 유사한가에 달려있다.
② 만일 자국과 외국이 자본-노동비율이 비슷하다면, 산업 간 무역은 거의 없을 것이고, 궁극적으로 규모의 경제에 입각한 산업 내 무역이 지배적일 것이다.
③ 만일 자본-노동비율이 서로 아주 다르면 자국과 외국이 각각 다른 산업에 매우 강하게 특화할 것이며 규모의 경제에 의한 산업 내 무역은 매우 적을 것이다.

7. 노동과 자본의 이동

주제 01 자본시장의 자유화

자본시장의 자유화가 한국경제에 미치는 효과에 대하여 논하시오.

해설

1 먼델-플레밍 모형

① 한국이 자본자유화 이전에 국내이자율이 해외이자율보다 높다면 자본자유화 조치로 이자율 차이를 노린 해외자본이 국내에 유입하게 된다.

② 이는 환율이 하락하여 수출이 감소하고 IS곡선이 좌측 이동하여 국내이자율이 해외 이자율수준으로 하락하게 된다. 또한 국민소득이 감소한다.

2 긍정적 효과

1. 국내외 금융자원의 효율적 배분

① 금융자원의 대차와 효율적 배분을 통해 사회후생을 극대화할 수 있다.

② 자본유입으로 국내이자율이 하락하면 2기간 모형에서 새로운 예산선의 기울기는 $(1 + r)$이 된다.

③ 현재소비는 C_0이고 현재 국민소득은 Y_0이므로 해당 국가는 차입국이면서 이전보다 사회후생은 증가한다.

2. 이자율과 물가하락에 의한 경기안정화

① 해외자본의 유입은 국내금리를 하락하고 그로 인해 소비와 투자가 증가하게 되는 긍정적 효과가 있다.

② 또한 수입 원자재 가격이 하락하여 제품 생산비용 하락의 효과를 가져오며, 물가상승압력을 완화할 수 있다.

3. 국가신인도 회복

자본시장을 자유화하면 환율이 하락하여 원화가치가 상승하면서 한국의 대외신인도에 긍정적 효과를 가져올 수 있다.

4. 기업의 자금조달 다양화

주식, 채권시장이 활성화되면서 은행을 통한 대출과 직접금융시장을 통해 자금을 조달할 수 있게 된다.

3 부정적 효과

1. 물가상승에 따른 경상수지의 약화

① 고정환율제도하에서 해외자본유입은 통화량이 증가하고 물가가 상승하면서 부동산 투기 등 많은 부작용이 발생한다.

② 또한 환율하락이 수출 감소와 수입증가로 연결되어 경상수지가 악화될 수 있다.

2. 투기자금유입에 따른 금융시장의 교란

자본시장 개방에 따라 단기자본의 유출입이나 투기적 외국자본의 유입으로 금융시장의 교란을 가져와 불확실성을 증대한다.

3. 환율변화에 따른 불확실성 증대와 금융위기

① 국가 간 자본이동이 활발해지면서 환율의 변동성이 커진다. 이는 불확실성을 증대시켜 무역거래규모를 축소시킬 수 있다.

② 또한 금융위기의 가능성도 있다.

4 자본의 급격한 유출이 가져오는 효과

1. 총체적 생산함수에 영향

① 자본이 급격하게 유출되면 신용경색을 가져온다.

② 실물부문에서 기업의 유동성감소와 자금조달 비용의 증가로 투자가 감소하고 금융부문에서는 유동성 확보 노력 등이 나타난다.

③ 자본의 유출로 요소집약도$\left(\dfrac{K}{L}\right)$가 감소하며 노동의 한계생산성이 하락할 수 있다.

2. 노동시장에 영향

노동의 한계생산성의 감소는 노동시장에서 노동수요의 감소를 가져오고 이는 노동자의 명목, 실질임금 하락과 고용량 감소로 이어진다.

8. 관세정책과 비관세정책

주제 01   관세부과 효과

미국정부가 중국산 농산물, 첨단제품에 관세를 부과하였다. 이 결과 실질환율, 수출입과 경상수지에 미치는 효과는?

해설

1 해설

1. 관세를 부과하면 수입 감소로 순수출 증가를 가져온다.

2. 순수출(NX)곡선은 우측으로 이동하게 된다.

3. ($NS-I$)곡선은 이동하지 않으므로 실질환율은 e_0에서 e_1으로 하락하게 되며, 순수출은 그대로 유지하게 된다.

4. 따라서 수입 감소와 수출 감소가 동시에 발생하면서 순수출은 변함이 없고 교역량만 감소한다.

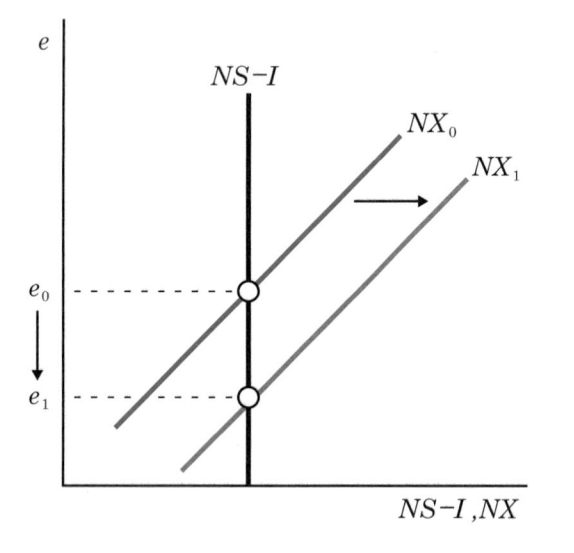

정부가 모든 수입재에 대하여 관세를 부과한다고 하자. 이와 같은 조치가 경제에 미치는 효과를 분석하기
위해 환율과 국민소득의 단기적 관계를 보여주는 모형을 사용하라. 단, 일시적 관세부과의 경우와 영구적
관세부과의 경우로 나누어 분석하라.

해설

1 $DD-AA$ 모형

① $DD-AA$ 모형은 생산물 시장의 균형인 DD곡선과 자산시장(=화폐시장+외환시장)의 균형인 AA곡선에
의해 이루어진다.

- 생산물시장의 균형 DD곡선 : $DD = C(Y-T) + I + G + NX\left(\dfrac{eP^f}{P}, Y, Y^f\right)$

- 자산시장의 균형 AA곡선

- 화폐시장의 균형 : $\dfrac{M}{P} = L(Y, i)$

- 외환시장의 균형 : $i = i^* + \dfrac{e^e_{t+1} - e_t}{e^t}$

2 관세부과의 일반적인 영향

관세부과는 수입의 감소를 통해 경상수지를 개선시키는 효과를 가지게 된다.

3 일시적 관세부과의 경우

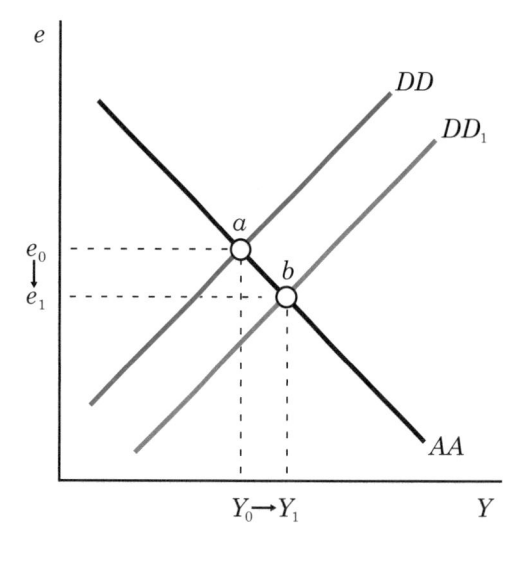

① 일시적 관세부과의 경우 경상수지의 증가를 통
한 총수요의 증가로 인해 DD곡선이 우측으로
이동한다.
② 이에 따라 균형점은 a에서 b로 변하게 된다.
③ 일시적 관세 부과의 결과 산출량(Y)은 증가하고
환율(e)은 하락하게 된다.

4 영구적 관세부과의 경우

① 관세부과를 하면 환율 하락이 발생한다.

② 관세 부과가 일회적이 아니라 영구적으로 지속된다면 환율 하락이 계속되므로 사람들의 예상환율이 변하게
된다. 예상환율 자체가 하락하면서 AA곡선도 동시에 하방으로 이동하게 된다.

③ 따라서 영구적 관세부과의 경우 최종 균형점이 c점에서 이루어진다.

④ 결국 환율의 하락폭은 일시적 관세부과에 비해 커지고, 환율의 하락에 따른 수출 감소는 관세부과로 인한
생산량 증가 효과를 구축한다.

⑤ 따라서 산출량은 변함이 없고 환율만 하락한다.

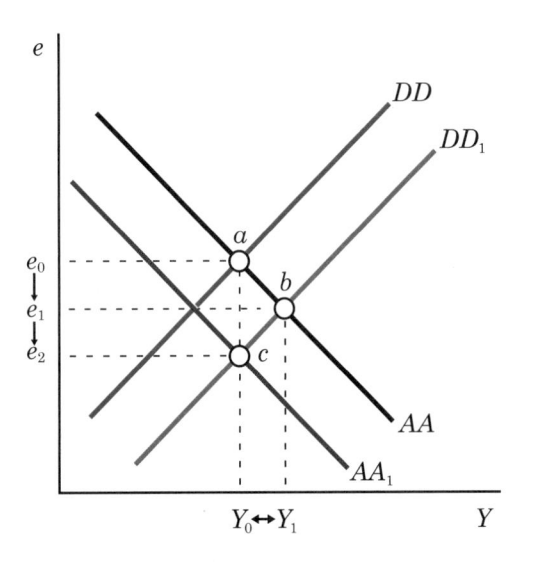

현실적으로 관세보다 수입할당이 선호되는 이유는 무엇인지 논하시오.

해설

1 확실한 보호효과

① 관세의 효과는 크게 교역조건 개선으로 인한 후생효과(대국인 경우)와 국내가격 상승으로 인한 보호효과로 구분할 수 있다.

② 이때 외국의 수출 공급탄력성이 낮으면 즉, 국제시장에서 수출 공급곡선의 기울기가 크다면 관세부과는 교역조건을 크게 개선시킬 수 있으나 국내시장가격상승을 통한 수입재 산업 보호효과를 거두기는 힘들다. 예외적으로 외국의 수출 공급탄력성이 매우 낮은 경우 관세부과에도 불구하고 국내가격이 하락하는 메츨러의 역설(Metzler's paradox)이 발생할 수도 있다.

③ 이와는 반대로 수입할 당시에는 반드시 수입재 상대가격이 상승하게 되므로 확실한 보호효과를 기대할 수 있다.

2 수입업자들의 로비

① 관세의 경우와 달리 수입할당의 경우에는 할당지대(quota rent)가 수입업자에게 귀속된다.

② 따라서 수입업자들은 독점수입권을 얻기 위해 로비를 하게 되고 정책결정자 역시 수입할당을 선호하게 된다.

3 국내 산업이 독점인 경우

① 시장이 경쟁적인 경우에는 관세와 수입할당이 동일한 효과를 가지지만, 시장이 독점인 경우에는 수입할당의 경우에 국내기업이 설정하는 가격이 더 높고 이윤도 더 크다.

② 따라서 해당산업 생산자들의 입장에서도 관세보다 수입할당을 선호하게 된다.

주제 04   수출자율규제

관세와 수출자율규제의 차이점을 설명하고 수출자율규제가 관세나 수입할당제보다 선호되는 이유를 논하시오.

해설

1 관세와 수출자율규제의 차이점

① c의 영역이 관세의 경우에는 정부의 관세수입이 되지만 수출자율규제의 경우에는 이 영역이 외국수출업자에게 귀속되는 차이점이 있다

② 즉, 이 부분이 수출국에게 귀속되는 이유 때문에 수출국이 스스로 이 지대를 얻기 위해서 수출자율규제가 나타날 수 있는 것이다.

2 수출자율규제의 선호 이유

① 세계무역기구(WTO)가 추진하는 무역자유화의 내용은 주로 관세장벽의 완화 및 제거이며, 수출자율규제(VER) 또는 시장질서유지협정(OMA) 등 비관세 무역장벽의 제한은 상대적으로 소홀한 측면이 있었다.

→ 시장질서유지협정이란 1974년 제정된 미 통상 법 201조에 의거, 미국이 수출 상대국과 체결하는 수입 수량의 규제에 관한 협정. 미국 내의 시장 질서를 유지키 위해 질서 있게 수입을 결정하는 것이 목적이다.

② 수출업자에게 지대가 발생하기 때문에 무역마찰이 나타날 가능성이 관세나 수량할당에 비해서 적다는 측면을 지적할 수도 있을 것이다.

③ 수입국이 일방적으로 수입을 제한하려 할 때 수출국이 스스로 수출량을 감축함으로써 수출국은 자신의 교역조건 악화를 방지할 수 있다.

주제 05   수입규제정책의 효과

정부가 수입할당이나 관세부과 등과 같은 수입규제정책을 펼친다고 하자. $IS-LM$모형을 환율과 소득 평면에 도해하고, 정책효과를 변동환율제도와 고정환율제도로 나누어 분석하시오.

해설

1 변동환율제도의 경우 수입규제정책의 분석

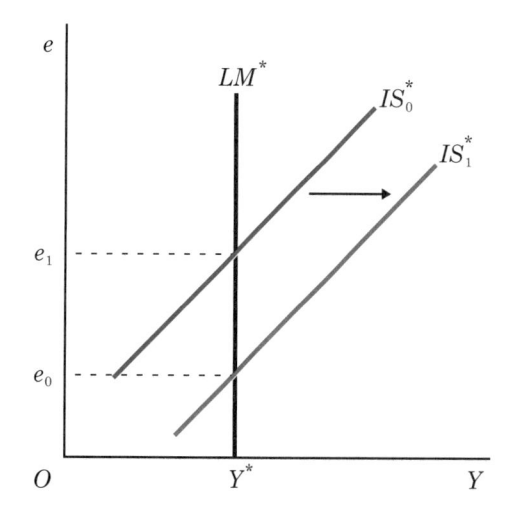

① 정부가 수입할당이나 관세부과 등 수입규제 정책을 사용하면 주어진 환율에서 수입이 감소하므로 순수출은 증가하게 되고 순수출이 증가하면 IS^*곡선은 오른쪽으로 이동한다.

② IS^*곡선이 오른쪽으로 이동하면 환율이 하락하여 순수출이 감소하고 국민소득은 변하지 않는다.

③ 결과적으로 순수출은 수입규제정책으로 인해 처음에는 증가하지만 환율이 하락함에 따라 원래의 상태로 돌아오게 된다.

2 고정환율제도의 경우

① 정부가 수입할당이나 관세부과 등 수입규제 정책을 사용하면 순수출이 증가하면 IS^*곡선이 우측으로 이동하게 될 것이다.

② IS^*곡선이 우측으로 이동하면 환율하락 압력이 존재하게 되고 환율절상 또는 하락 압력은 차익거래과정을 통해 화폐공급을 증가시키게 된다.

③ 그 결과 LM^*곡선이 오른쪽으로 이동하게 되면 화폐시장의 균형을 유지하기 위해 소득은 증가하게 된다. 소득이 증가하면 수입이 증가하게 되므로 결과적으로 순수출이 증가하게 될지는 애매해 보인다.

④ 그러나 순수출은 국민저축-국내총투자 라는 사실을 기억하면 소득의 증가가 저축은 증가시키지만 투자에는 영향을 미치지 않으므로 순수출은 결국 증가함을 알 수 있다.

주제 06   국내시장의 왜곡

농업을 관세로 보호하면 자유무역보다 사회적 후생이 증가할 수 있다고 주장하는 사람들이 있다. 이에 대한 당신의 견해를 서술하시오.

해설

1 가정

① 우리나라는 농업부문에서 소국(Small country)이며 농업부문은 경쟁적이고 생산에 긍정적 외부효과가 존재한다고 가정한다.

② 이 경우 사회적 한계비용(SMC)이 사적 한계비용(PMC)보다 낮은 특징을 갖게 된다.

2 긍정적 외부효과로 인한 자원 왜곡

① 〈그림1〉에서 소비자는 $D(=PMB=PMC)$와 국제가격이 만나는 Q_4의 생산량을 소비하고, 생산자는 $S(=PMC)$와 국제가격(P_i)이 만나는 Q_1을 선택한다.

② 그러나 이 경우 효율적인 생산량은 SMC와 국제가격이 만나는 Q_2에 해당한다. 즉, 긍정적 외부효과로 인해 시장에서 과소생산이 발생한다.

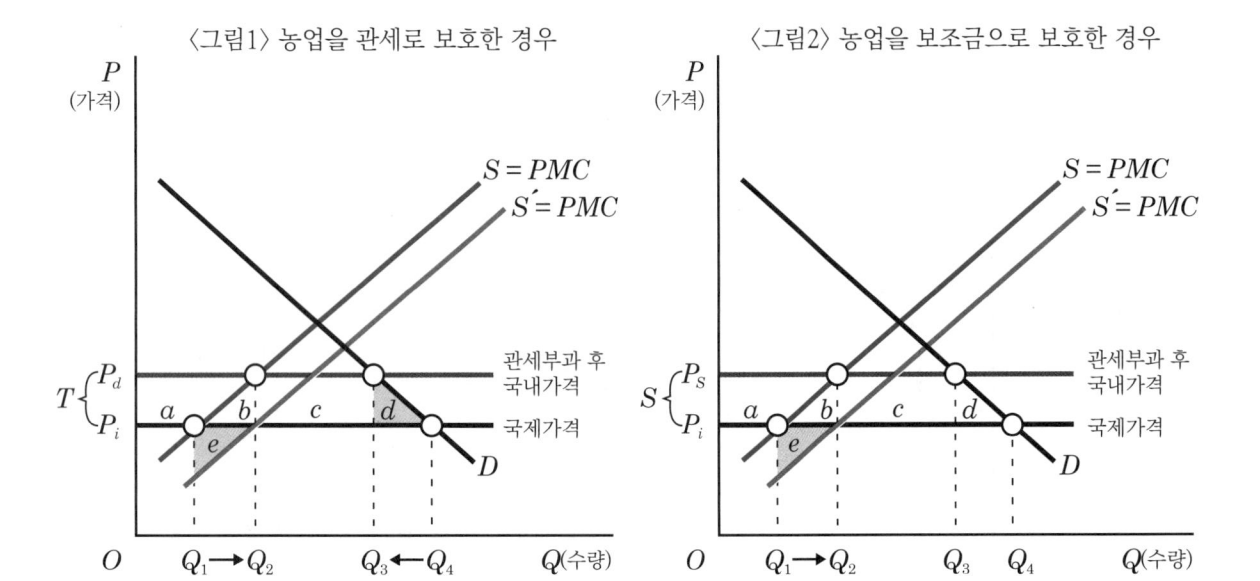

〈그림1〉 농업을 관세로 보호한 경우   〈그림2〉 농업을 보조금으로 보호한 경우

3 관세보호의 효과 : 차선의 개입방식

① 최적생산을 달성하기 위해 T의 관세를 부과한다면 국내 생산자 및 소비자 모두 관세만큼 비싸진 가격 ($P_d = P_i + T$)을 인식하게 된다.

② 이 경우 생산은 Q_2로 증가하지만 소비가 Q_3로 감소하는 부작용이 발생한다. 이 경우 후생변화는 다음과 같다.

소비자잉여 : $-a-b-c-d$
생산자잉여 : $+a$
관세(수입) : $+c$
외부효과 : $+b$ $+e$
_____
총효과 : $-d+e$

③ 즉, 관세부과는 과소생산의 문제를 해결하였으나 소비의 감소라는 새로운 문제를 유발한다. 이 경우 생산 증가로 인한 e의 후생 증가가 소비 감소로 인한 d의 후생 감소보다 크다면 후생은 증가하겠지만 e가 b보다 작다면 사회후생은 오히려 감소할 수도 있다.

4 생산보조금의 지금 : 최선의 개입방식

① 생산보조금이 지급된 경우에는 소비자들은 여전히 국제가격(P_i)을 인식하는 반면 생산자만 국제가격보다 보조금 S만큼 비싸진 가격($P_s = P_j + S$)을 인식하게 된다.

② 이 경우 생산은 Q_2로 증가하지만 소비는 Q_4로 불변이다. 이 경우 후생변화는 다음과 같다.

소비자잉여 : 불변
생산자잉여 : $+a$
보조금(손실) : $-a-b$
외부효과 : $+b$ $+e$
_____
총효과 : $+e$

③ 즉, 생산보조금의 지급 시 사회후생은 e만큼 반드시 증가하게 된다. 이는 생산보조금은 소비의 왜곡을 유발하지 않으면서 생산의 문제를 해결하기 때문에 관세에 비해 우월하다.

5 평가

① 농업이 환경보호 등 비교역적 관심사항을 포함하고 있다면 시장실패가 발생할 수 있기 때문에 정부의 개입이 인정될 수 있다.

② 그러나 비록 정부의 개입이 인정되더라도 설문과 같이 관세로 개입하는 것은 바람직하지 않고 문제를 직접적으로 해결하는 생산보조금 등의 방식으로 개입하는 것이 바람직할 것이다.

주제 07 　전략적 무역정책

수출보조금을 포함하여 이른바 전략적 무역정책의 일반적 효과와 문제점을 논하시오.

해설

1 개요

① 수출보조금은 해당 정책을 사용하는 수출국에게는 순손실을 가져오는 반면 수입국에게는 순이익을 가져다 주는 아이러니가 존재한다.

② 따라서 외국이 수출보조금을 지급하는데 대해 자국이 이에 대한 조치를 마련해야 할지 아니면 그냥 내버려 두어야 할지 일종의 딜레마에 빠질 수 있다.

③ 그럼에도 수출보조금은 현재 불공정경쟁행위로 간주되고 있어 WTO는 이에 대한 보복행위를 인정하고 있다.

④ 실제적으로 각국에서도 외국의 수출보조금으로 인해 피해를 입고 있는 국내산업들로부터의 강력한 압력이 발생하기 때문에 WTO 절차를 따라 보복을 가하는 경우가 많다.

2 불충분한 정보로 인한 한계

① 전략적 무역정책이 성공하기 위해서는 자국의 기업 및 외국의 기업의 비용구조를 정확히 알아야 할 뿐만 아니라 시장수요곡선의 형태도 알고 있어야 한다.

② 그러나 실제로는 비용함수 또는 수요의 특징에 따라서 정부의 지원이 전략적 우위로 인한 이익을 얻을 수 있는 경우와 그렇지 못한 경우가 있다.

③ 그러나 정부가 사전적으로 이를 알아내기 위해서는 상당한 정보가 필요하다.

3 외국의 정책보복 가능성

① 비록 전략적 무역정책이 성공할 수 있는 경우라 하더라도 이러한 정책은 인근궁핍화정책(beggar-thy-neighbor)으로서의 성격을 가진다.

② 따라서 이러한 경우 상대국의 강한 반대에 직면할 수 있으며 상대국 역시 유사한 지원정책을 사용할 경우 양국이 모두 손해를 보는 결과에 이를 수도 있다.

4 현실 사례의 제한

전략적 무역정책이 타당하기 위해서는 매우 강한 외부효과 또는 학습효과가 존재하거나 전 세계적으로 소수의 기업만 살아남을 수 있을 정도로 강한 규모수입체증이 존재해야 하는데 이러한 사례는 흔하지 않다.

5 타 산업에 미치는 부정적 영향

① 전략적 무역정책이란 각국의 자원이 희소하기 때문에 이를 파급효과가 큰 분야에 사용함으로써 경쟁력을 확보하려는 정책이므로 본질적으로 선별, 집중적인 지원일 경우에만 타당성이 인정될 수 있다.

② 일반적으로 한 국가의 생산가능성은 한정되어 있기 때문에 한 분야에 대한 전략적 지원은 다른 분야에 미치는 불리함을 감수하고 이루어지는 것이다. 예를 들어 조선분야를 지원한다면 다른 분야에서는 인력을 구하기 힘들어지고 임금이나 원자재 가격의 상승이라는 불리한 여건에 직면하게 될 것이다.

6 평가

① 이러한 이유들로 인해 전략적 무역정책이 타당할 수 있는 이론적 가능성이 있음에도 불구하고 현실적으로 이러한 정책이 바람직한 결과로 이어지기에는 상당한 제한이 있다.

② 현실적으로 대부분 전략적 무역정책을 주장하는 사람들이 해당산업에 있어서의 이해관계자라는 점을 고려한다면 이러한 주장을 접할 때 정부는 보다 신중하게 대응할 필요가 있을 것이다.

9. 경제통합과 WTO

주제 01	경제통합의 효과

경제통합에 따른 긍정적 효과와 부정적 효과를 논하시오.

해설

1 긍정적 효과

1. 무역창출 효과 – 관세폐지 효과

(1) 개념

무역창출 효과란 비효율적인 공급원에서 효율적인 공급원으로 대체됨을 의미한다.

(2) 효과

관세가 폐지되면 사회적 잉여가 증가되는데 그 이유는 국내생산이 수입으로 대체됨에 따른 비용 절감으로 인한 생산효과와 가격하락으로 수요증대 효과에서 발생한다.

2. 경쟁촉진과 경제성장의 가속화

① 경제통합에 따른 시장의 확대는 기업들 간의 경쟁을 촉진시킨다. 가격경쟁으로 재화가격의 인하, 각종 서비스 측면에서의 질적 향상, 신제품과 효율적인 생산기법 등을 개발하려는 기업들 간의 R&D 경쟁, 신기술의 개발, 기술의 축적 및 파급 등의 효과가 있다.

② 이러한 일련의 긍정적 효과들은 역내 상품교역과 기술교류 등을 통하여 역내 경제 전반에 걸쳐 파급되고 경제성장의 가속화를 가져온다.

3. 시장규모 확대에 따른 규모의 경제효과

① 규모의 경제에 따라 제품생산의 비용절감을 가져와 가격 경쟁력을 제고할 수 있다.

② 또한 시장규모의 확대에 따라 시장점유율을 높이기 위한 기업 간 경쟁이 촉진됨으로써 효율적인 자원배분을 요구하는 힘이 역내경제에 동태적으로 작용하게 된다.

4. 역내 해외직접투자의 활성화 또는 촉진

① 역내 무역장벽의 철폐는 기업의 역내 경제활동비용을 낮추고 역내 경제활동에 대한 안정성을 제공하여 역외 기업들이 역내에 생산거점을 마련하도록 하는 유인을 제공한다.

② 역내 기업은 원자재 및 중간재 조달에서 역외 기업보다 유리하며, 판매 과정에서 운송 · 정보비용 절감 및 무관세 혜택 등으로 제반 비용을 절감할 수 있다.

③ 따라서 경제통합은 역외 기업의 역내로의 직접투자를 증가시키게 된다. 특히, 역외 국가에게는 역내에 생산거점을 확보할 경우 지역무역협정에 참여하지 않으면서도 실질적인 역내 무관세 혜택을 누릴 수 있다.

5. 불확실성의 감소와 역내국의 기술혁신

① 경제통합의 노력은 학습효과와 정의 외부경제효과를 발생시킨다.

② 즉 관세동맹으로 인한 특정 산업의 발전은 그 제품을 투입물로 사용하는 동맹 지역 내 관련 산업의 생산비용을 절감하는 긍정적인 외부경제효과를 발생시킨다.

③ 또한 역내 개도국의 입장에 볼 때, 선진국의 자본과 기술을 유치할 수 있다면, 이는 긍정적인 기술이전효과를 동반할 뿐만 아니라 역내 유휴자원의 활용도를 높임으로써 새로운 고용을 창출하고 경제전반의 효율성을 증대시키는 효과를 갖게 된다.

2 부정적 효과

1. 무역전환 효과

(1) 개념

관세동맹에 의해서 효율적인 재화의 공급원이 비효율적인 공급원으로 바뀌는 것을 말한다.

(2) 설명

① 무역전환 효과로 말미암아 자원의 비효율적인 배분과 소비자 후생의 감소가 초래될 수 있다.

② 역외국에 부과하는 고관세는 역외국 비교우위상품의 역내 수입을 막아 역내국 소비자의 후생을 악화시키는 것으로 작용함으로써 무역자유화의 이익을 일부 상쇄할 수 있다.

(3) 그림

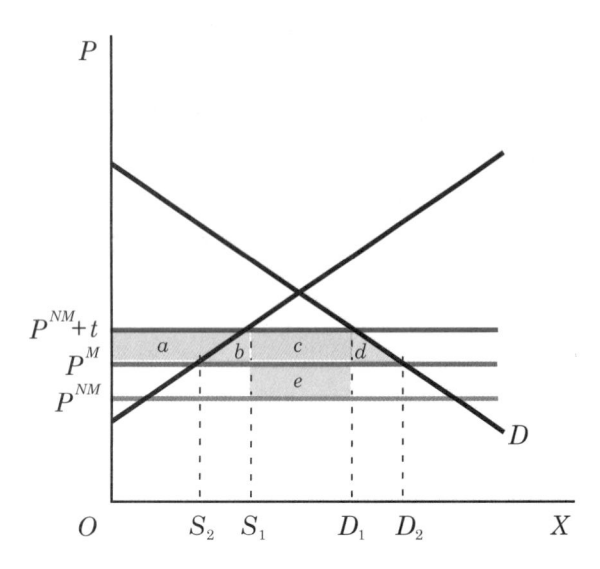

① P^M은 가맹국(member)의 가격, P^{NM}은 비가맹국(non-member)의 가격이다.

② 비가맹국(NM)이 보다 효율적이어서 그 가격이 가맹국(M) 가격보다 낮다고 하자.

③ 관세동맹 이전에는 두 나라 제품 모두에 관세(t)가 부과되므로 더 효율적인 비가맹국 제품이 ($P^{NM}+t$)의 가격으로 수입된다.

④ 그런데 관세동맹 이후에는 가맹국 제품 가격이 P^M이 되어 비가맹국 제품 가격 ($P^{NM}+t$)보다 낮아지므로, 소비자들은 가맹국 제품으로 소비를 전환한다. 즉, 무역전환효과가 나타난다.

⑤ 소비자 가격은 하락하였으므로 소비자잉여는 ($a+b+c+d$)만큼 늘어난다. 그리고 생산자잉여는 a 만큼 줄어들고, 또 비가맹국 제품을 수입할 때 얻었던 관세 수입 ($c+e$)이 없어진다. 따라서 무역전환으로 인한 후생효과는 다음과 같이 정리된다.

$$무역전환에서 후생효과 = (a+b+c+d) - (a) - (c+e)$$
$$= (b+d) - e$$

⑥ ($b+d$)는 가격 하락으로 인한 후생증가 효과이고, e는 효율적인 제3국 제품에서 비효율적인 가맹국 제품으로 수입이 바뀜에 따른 후생손실을 나타낸다.

⑦ 만일 ($b+d$)가 e보다 크면 무역 전환이 발생하더라도 후생수준은 높아진다. 즉, 무역전환 효과가 있더라도 소비측면의 이익이 더 크면 후생수준이 증가할 수 있다.

2. 조정비용의 발생

경제내의 생산요소들의 산업 간의 이동이 순조롭지 못할 경우 경제 내에 대량실업 등 경제구조의 심각한 조정비용이 발생할 수 있다.

3. 범세계적 다자체제와의 상충가능성

① 지역무역협정 체결로부터 새로운 수출기회를 얻게 되는 수출업자들이 배타적 무역블록을 옹호하는 세력으로 등장하게 되고 수출기회의 상실을 우려하여 지역주의의 다자주의로의 확대발전을 저해할 수 있다.

② 따라서 지역무역협정은 다자주의를 지향하는 디딤돌이 되기보다는 지역주의를 공고화하고 다자주의를 방해하는 걸림돌이 될 가능성이 크다.

4. spoke(바퀴살)

경제규모가 작은 소국이 지역무역협정을 맺을 경우 경제적 대국의 spoke의 형태로 남을 가능성이 있다.

최근 무역통합의 경향은 다자주의와 지역주의가 공존하고 있다.

1. 세계무역기구인 WTO는 다자주의를 표방하고 있으나 각국은 지역적 협력인 FTA를 추진하고 있다. 지역주의에 대한 평가를 서술하시오.

2. 자유무역지역과 관세동맹의 특징을 논하시오.

3. 자유무역협정이 회원국의 후생을 증가시키기 위한 조건을 설명하시오.

해설

１ 세계무역기구인 WTO는 다자주의를 표방하고 있으나 각국은 지역적 협력인 FTA를 추진하고 있다. 지역주의에 대한 평가를 서술하시오.

1. 최근 무역통합의 경향 – 다자주의와 지역주의의 공존

① 많은 국가들은 세계 자유무역인 다자주의를 우선하면서도 지역무역협정에도 적극적으로 참여하고 있다.

② 즉, WTO 등을 중심으로 한 전 세계적인 무역통합의 노력과 함께 지역을 중심으로 한 각국의 지역적 협력노력이 다양한 FTA형태로 나타나고 있다.

2. 지역주의에 대한 견해

(1) 양자는 상호보완적이라는 견해

지역주의는 세계화 시대의 다자주의로 가기 위한 징검다리로서 다수간의 이해관계가 조정되어야만 성립될 수 있는 다자주의로서는 합의하기 힘든 문제들을 지역별로 해결해 나가는 자율적인 노력과정으로 지역주의를 파악한다.

(2) 양자는 서로 상충한다는 견해

지역주의는 세계화 현상에 대한 방어수단으로 세계화로부터의 도전인 무역전쟁, 금융자유화, 탈규제 등으로부터 대처하기 위해 지역적인 차원에서 경제적 위협을 해결하기 위한 협력으로서 지역주의가 나타나는 것으로 파악한다.

3. 지역주의에 대한 평가

(1) 긍정적인 측면

① 다자주의는 지역주의에 비해 이해관계의 조정이 어려워 가입국들에게 높은 수준의 의무를 부과하기 힘들다.

② 이에 비해 지역주의는 소수 가입국들에게 상대적으로 높은 수준의 의무를 요구할 수 있으므로 결과적으로는 좀 더 진전된 형태의 다자체제가 구축될 수 있다.

③ 또한 많은 FTA가 설립되게 되면 이들의 이해관계를 조정하기 위해 보다 강력한 힘을 가진 범세계적 기구의 필요성이 증대하게 될 것이다.

(2) 부정적인 측면

① 이에 비해 역내 국가들이 FTA의 가입으로 충분한 정도의 규모의 경제를 누리게 된다면 더 이상의 무역의 이익을 얻을 여지가 없다고 판단하여 범세계적 자유주의에 대해 소극적인 입장을 보일 수 있다.

② 또한 지역주의에 지나치게 관심을 기울이다 보면 범세계적 통합 노력을 거추장스러운 것으로 생각할 수도 있다.

2 자유무역지역과 관세동맹의 특징을 논하시오.

1. 자유무역협정

(1) 개념

① 인접국가나 일정한 지역을 중심으로 이루어져 지역무역협정으로 불려진다.

② 자유무역협정(FTA)은 협정을 체결한 국가 간에 상품/서비스 교역에 대한 관세 및 무역장벽을 철폐함으로써 배타적인 무역특혜를 서로 부여하는 협정을 말한다.

◆ 자유무역 협정의 종류와 포괄 범위

역내 관세철폐	역외 공동 관세부과	역내 생산요소 자유이동 보장	역내 공동 경제 정책 수행	초국가적 기구 설치·운영
1. 자유무역협정(FTA) 역내 관세철폐				
2. 관내동맹(Customs Union) 공동관세 부과				
3. 공동시장(Common Market) 생산요소 이동 자유화				
4. 경제동맹(Economic Union) 재정·금융정책 상호조정				
5. 완전경제통합(Complete Economic Union) 경제주권 포기, 경제정책 통합				

(B. Balassa의 분류에 의한 발전단계별 경제 통합)

(2) 현황

1) 발효국가

칠레, 싱가포르, EFTA(스위스, 노르웨이, 아이슬란드, 리히텐슈타인), 아세안(브루나이, 캄보디아, 인도네시아, 라오스, 말레이시아, 미얀마, 필리핀, 싱가포르, 베트남, 태국), 인도, EU 27개국 (영국 탈퇴), 페루, 미국, 터키, 캐나다, 호주, 콜롬비아, 중국, 뉴질랜드, 베트남, 중미 5개국(파나마, 코스타리카, 온두라스, 엘살바도르, 니카라과)

2) 서명 및 타결국가

영국(서명), 이스라엘, 인도네시아 CEPA

3) 협상진행

RCEP, 한 · 중 · 일, MERCOSUR, 필리핀, 러시아, 말레이시아 등

2. 관세동맹

자유무역지역보다 한 단계 더 밀착된 형태로 비가맹국에 대해서 공동관세를 부과한다.

3. 자유무역지역과 관세동맹의 차이점과 공통점

(1) 공통점

1) 관세폐지에 따른 부분균형분석

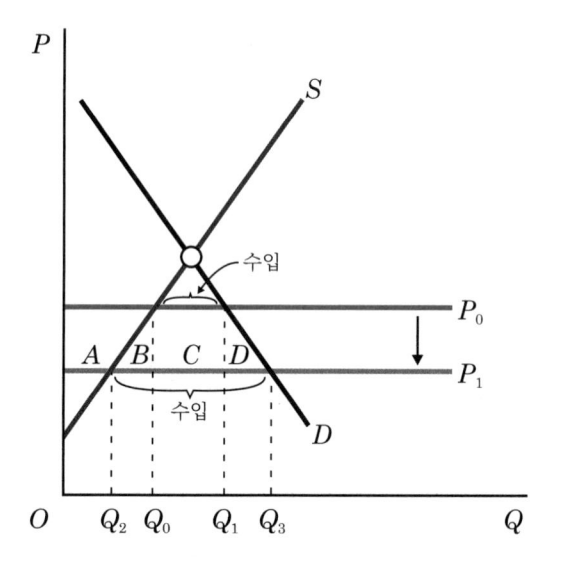

① 관세가 폐지되면 수입재 가격이 하락하여 수입이 증가한다.

② 관세가 폐지되면 소비량이 증가하고 국내생산량이 감소한다.

③ 관세가 폐지되면 사회적 잉여가 증가한다.

구분	변화
소비자 잉여	$A + B + C + D$
생산자 잉여	$-A$
관세 수입	$-C$
사회적 잉여	$B + D$

WWW.KOECONOMICS.COM

고범석 경제학아카데미

2) 관세폐지에 따른 일반균형분석 – 생산가능곡선

① X재가 수출재이고 Y재가 수입재라고 하자. 수입재인 Y재에 관세가 부과되어 있는 상태에서 관세를 폐지하면 해당국가의 사회무차별곡선이 원점에서 멀어진다. 즉 사회후생이 증가한다.

② 또한 국내에서 수출재인 X재 생산이 증가하고 수입재인 Y재 생산이 감소한다.

3) 무역창출 효과

자국에서 생산하던 제품을 관세폐지 이후 보다 효율적인 가맹국 제품으로 대체하는 현상을 말한다.

4) 무역전환 효과

효율적인 제3국 제품을 관세폐지 이후 비효율적인 가맹국 제품으로 대체하는 현상을 말한다.

(2) 차이점 – 무역굴절현상

① 자유무역지역에서는 역외 국가에 대한 관세율이 가맹국마다 서로 다르기 때문에 비가맹국이 관세율이 낮은 국가로 수출한 후 이를 무관세인 다른 역내 국가로 재수출하는 부작용, 즉 우회수출 또는 무역굴절현상이 발생한다.

② 무관세 대상이 되기 위해서는 역내 국가 부품의 사용 비율이 일정 수준 이상이어야 한다. 역내 국가 부품의 사용 비율에 대한 규정을 원산지 규정이라고 한다.

3 자유무역협정이 회원국의 후생을 증가시키기 위한 조건을 설명하시오.

① 가맹국 간의 산업구조가 서로 경쟁적인 경우 효과가 크다. 산업구조가 서로 유사한 국가들 간의 경제통합에서 후생수준 증가 가능성이 크다. 즉, 통합이전에 가맹국들의 특정 산업에 대한 특화가 뚜렷하여 비경쟁적이라면 경제통합으로 얻는 효과는 작아지게 된다.

② 가맹국들의 규모가 크거나 수가 많아서 시장 규모가 클 경우 무역창출의 기회가 많아지는 반면 무역전환의 비용은 적어진다.

③ 통합 이전 가맹국 간 관세장벽이 높고 비가맹국에 대한 관세율이 낮을 경우 통합의 효과도 커진다.

④ 서로 인접되어 유통비용이 작고 산업 구조조정의 유연성이 높을 때 효과가 크게 나타난다.

⑤ 한국은 미국이나 중국과의 무역 규모가 매우 큰 상황이기 때문에 FTA 형성에 따라 사회후생이 증가할 가능성이 높다고 판단할 수 있다. 즉, 미국, 중국과의 FTA 체결로 인해 다른 역외 국가와의 무역을 희생하게 될 가능성이 그리 크지 않기 때문에 무역전환효과는 우려할만한 수준이 아니라는 것이다.

메가 FTA

1. 개념

① TPP(환태평양경제동반자협정)나 FTAAP(아태자유무역지대)처럼 다수의 협상국이 참여해 통상 관련 규제를 완화하는 무역자유화협정을 가리킨다.

② FTA가 양자간이라면 메가FTA는 다자간 자유무역협정을 의미한다.

2. 종류

(1) TPP(Trans-Pacific Partnership)

① 환태평양경제동반자협정(현재 미국, 캐나다, 멕시코, 호주 뉴질랜드, 싱가포르, 칠레, 브루나이, 베트남, 말레이시아, 칠레, 페루, 일본 등 12개국 참여 중), 아시아와 태평양 지역국 간에 진행 중인 자유무역협정(FTA) 양자 간 자유무역협정의 발전형태인 다자간 자유무역협정임이다.

② 2006년 1월까지 회원국 간 관세의 90%를 철폐하고, 2015년까지 모든 무역 장벽을 철폐하는 것을 목표로 함

③ 최근 무역 협상은 여러 국가가 협상에 참여하는 다자주의에서 두 국가만의 협상인 양자주의, 그리고 다시 다자주의로 변하고 있음

④ TPP 12개 국가의 국내총생산을 모두 합치면 전 세계 GDP의 38%에 달하는데 이는 EU 전체(23%)보다 훨씬 큰 규모이다.

(인구 7억 8470만 명 / 전 세계 비중 11.4%, 무역규모 9조 9357억 달러 / 전 세계 비중 25.8%)

(2) 역내포괄적 경제동반자협정(Regional Comprehensive Economic Partnership : RCEP)

① 한국, 중국, 일본, 아세안 인도 등 아태지역 16개국이 추진하는 다자간 FTA로 2013년 6월 협상을 시작해서 2015년 타결이 목표다.

② 개방수준이 상대적으로 낮은 FTA로 상품 및 서비스 시장개방에서 국가별 예외를 인정하고 있다.

③ 무역 및 투자규제 완화, 공정경쟁 확립에 동의하나 국가별 특수성을 감안하여 시간을 두고 점진적으로 개선하고자 한다.

④ 총인구는 34억 2100만 명으로 세계 인구 가운데 48.7%나 되는 비중을 차지한다. 국내총생산(GDP)을 기준으로 한 경제규모로는 TPP(27조 7000억 달러)가 RCEP(21조 6000억 달러)를 앞선다.

(3) 아시아·태평양자유무역지대 (Free Trade Area of the Asia-Pacific : FTAAP)

① 아시아·태평양 지역에 자유무역지대를 건설하는 것으로 세계 주요 21개국으로 구성된 APEC의 최종목표이다.

② 2006년 베트남 APEC 정상회의 때 지역경제통합 증진 방안의 하나로 처음 제시되었다.

③ FTAAP는 중국이 주도적으로 추진하고 있으며 미국이 주도하는 환태평양경제동반자협정(TPP)에 대항하는 성격이 강한 것으로 여겨진다.

④ 한국은 2014년 11월 11일 중국에서 개최된 APEC정상회의에서 박근혜 대통령이 아시아·태평양자유무역지대(FTAAP) 실현을 적극 지지한다는 뜻을 밝히기도 했다.

⑤ APEC 21개국이 모두 FTAAP를 타결 지으면 전 세계 GDP 56%를 차지하는 가장 큰 무역망이 탄생하게 된다.

GATT(관세와 무역에 관한 일반협정) 이후 WTO(세계무역기구)가 등장하였다. GATT의 한계점 때문에
WTO가 등장하게 되었는데 그 이유를 설명하시오.

해설

1 GATT(General Agreement on Tariffs and Trade)

1. 성립 배경

1930년대의 대공황과 제2차 세계대전을 거치면서 보호무역주의가 나타나게 되자 미국과 영국을 비롯한 연합국들은 전후 세계경제질서의 재편을 위한 방법을 모색하게 되었고, 그 결과로 나타나게 된 것이 1944년에 설립된 국제금융측면의 IMF(국제통화기금)와 1948년에 발효된 국제무역 측면의 GATT(관세와 무역에 관한 일반협정)이다.

2. GATT의 한계점

① 미국의 경상수지 적자를 중심으로 세계경제의 불균형이 심화되었다.

② 농산물 부문과 섬유부문 등 GATT 체계 밖에서의 무역조치가 확대되었다.

③ 관세와 비관세 장벽 등을 수입제한 목적으로 남용하는 문제 등 신보호주의 경향이 심화되었다.

2 우루과이 라운드(UR)와 세계무역기구(WTO)

1. 등장 배경

① 서비스 무역이 과거보다 훨씬 중요해졌음에도 서비스무역을 다룰 국제적인 다자간 규범이 부재하였다.

② GATT를 실질적으로 주도해 온 미국의 제조업이 비교우위를 잃어 상대적으로 비교우위를 확보하고 있는 서비스 무역의 확대를 통해 만성적인 무역적자를 보전하고자 의도하였다.

③ 이에 따라 새로운 국제무역질서를 정립하기 위한 본격적인 협상이 개시되었으며 이때부터 시작된 제8차 GATT 다자간 협상을 우루과이 라운드라 부르게 되었다.

2. 특징

① 우루과이 라운드는 세계경제가 다극화되는 과정에서 개최되었다.

② 변화하는 국제경제 현실을 반영하여 새로운 분야를 포함하였다.

③ 과거의 다자간 무역협상은 세계무역이 빠르고 안정적으로 확대되는 가운데 개최되었던 반면 우루과이 라운드는 세계경제가 저 성장기로 접어들면서 보호주의의 만연으로 세계무역환경이 악화일로에 있는 시점에서 출범하였다.

3. WTO의 성립

세계무역기구(World Trade Organization : WTO)는 GATT의 제8차 협정인 우루과이 라운드의 결과 마리케쉬 각료회의에서 의결된 WTO협정에 의해 1995년 1월에 설립되었다.

3 최근 무역통합의 경향 : 다자주의와 지역주의의 공존

① 많은 국가들은 세계 자유무역인 다자주의를 우선하면서도 지역무역협정에도 적극적으로 참여하고 있다.

② 즉, WTO 등을 중심으로 한 전 세계적인 무역 통합의 노력과 함께 지역을 중심으로 한 각국의 지역적 협력 노력이 다양한 FTA 형태로 나타나고 있다.

10. 환율과 외환시장

주제 01　　환율상승과 경상수지 개선효과

환율상승은 한국의 경상수지에 도움이 될 수 있다.

1. 환율상승의 효과를 논하시오.

2. 환율이 상승함에도 불구하고 경상수지 개선이 발생되지 않는 이유를 3가지 이상 서술하시오.

해설

1 환율상승의 효과를 논하시오.

1. 환율의 상승 (원화의 평가절하 / 달러의 평가절상)

$1 = 500원 → $1 = 1,000원

효　　　과
• 수출재의 달러표시 가격 하락 → 수출 증가
• 수입재의 원화표시 가격 상승 → 수입 감소
• 수입원자재 가격 상승으로 인한 국내물가 상승
• 외화부채의 부담 증가
• 교역조건의 악화
• 해외여행 감소로 서비스 수지 개선

2. 환율의 하락 (원화의 평가절상 / 달러의 평가절하)

$1 =1,000원 → $1 =500원

효　　　과
• 수출재의 달러표시 가격 상승 → 수입 감소
• 수입재의 원화표시 가격 하락 → 수입 증가
• 수입원자재 가격하락으로 인한 국내물가 하락
• 외화부채의 부담 감소
• 교역조건의 개선
• 해외여행 증가로 인한 서비스 수지 악화

2 환율이 상승함에도 불구하고 경상수지 개선이 발생되지 않는 이유를 3가지 이상 서술하시오.

1. 마샬-러너 조건

(1) 개념

마샬-러너 조건이란 환율 상승 시 경상수지가 개선되기 위한 조건을 말한다.

(2) 조건

마샬-러너 조건은 다음과 같다.

- 자국의 수입수요의 가격탄력성 + 외국의 수입수요의 가격탄력성 〉 1

(3) 설명

환율 상승 시 경상수지 개선이 되지 않는 경우는 마샬-러너 조건이 성립하지 않을 때이다.

2. *J*-curve 효과

(1) 개념

환율을 인상시키면 일시적으로 경상수지가 악화되었다가 상당기간이 경과하여야 경상수지가 개선되는 효과를 말한다.

(2) 발생 원인

① 단기적으로 가격효과가 수량효과보다 크고(가격효과 > 수량효과), 장기적으로 수량효과가 가격효과보다 클 때(수량효과 > 가격효과) 발생한다.

② 이는 단기적으로 마샬-러너조건이 성립하지 않음을 의미한다.

- 경상수지 흑자
- 마샬-러너조건 성립O
- 수량효과>가격효과

- 경상수지 적자
- 마샬-러너조건 성립X
- 가격효과>수량효과

(3) 설명

J-커브에서 단기인 경우에는 환율이 상승하더라도 경상수지가 적자일 수 있다.

3. 환율의 불완전한 가격 전가

(1) 개념

① 환율 전가란 환율변화가 수입재의 국내가격 또는 수출재의 외화표시 가격에 미치는 영향을 말한다.

② 실제로는 환율이 변할 때 재화가격은 환율변화분보다 더 적게 변동하는 것을 '환율의 불완전한 가격 전가'라고 한다.

(2) 이유

① 환율상승 시 수출재 가격을 인하할 수 있으나 다른 경쟁제품과 비교해서 경쟁력이 있다면 해당 기업은 가격을 그대로 유지할 수도 있다.

② 또한 환율 상승으로 수입재 가격을 인상하게 되면 고객의 이탈이 발생할 수 있기 때문에 수입재 가격을 변화시키지 않을 수 있다.

③ 어떤 경우든지 기업은 환율의 변화에 따라 수출재 가격을 즉각적으로 변화시키지 않고 단기적으로는 이윤의 감소나 증가로 흡수하고자 하는 경향이 있다.

4. 교두보 효과

(1) 개념

① J-커브 효과 및 환율전가 등이 단기적으로 평가절하의 효과가 나타나지 않을 수 있는 이유를 제시한 반면, 다소 장기적으로도 평가절하의 효과가 나타나지 않을 수 있는 이유로 들 수 있는 것이 교두보 효과이다.

② 외국에 교두보를 확보한 기업들은 환율이 변한다고 하더라도 이에 쉽게 반응하지 않을 것이므로 환율이 경상수지에 미치는 효과는 제약될 수밖에 없다.

(2) 설명

① 환율이 큰 폭으로 내린 후 상당 기간 지속되었다고 하자. 국내통화가치가 고평가됨에 따라 국내 수출 기업들은 국제경쟁에서 상당한 어려움을 겪게 되고 따라서 이를 극복하기 위해 생산 공장을 외국으로 이전시키고자 할 것이므로 국내 수출은 더욱 위축된다.

② 이런 경우 일정 기간 후 환율이 다시 상승한다고 하더라도 외국으로 이전한 수출 기업들이 쉽게 국내로 복귀하지는 않을 것이다. 우선 공장을 이전하는 비용이 상당히 클 것이고 또한 외국에 진출해 나름대로 구축해 놓은 시장을 포기하는 비용도 클 것이기 때문이다.

원화가치 상승이 한국경제에 미치는 효과에 대하여 논하시오.

해설

1 긍정적 효과

1. 역 J-curve 효과

① 역 J-curve 효과란 수출입수요의 가격
　탄력성이 단기적으로는 작지만 장기적
　으로는 커서 환율하락이 단기적으로는
　경상수지를 개선시키고 장기적으로는
　경상수지를 악화시키는 현상을 말한다.

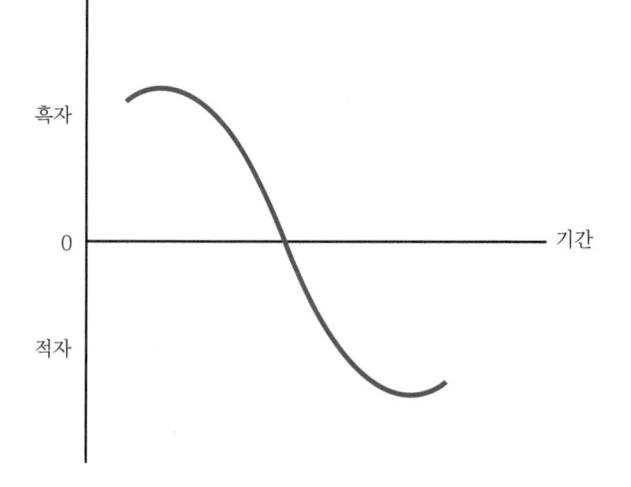

② 따라서 원화환율 하락으로 한국의 경상
　수지가 개선되므로 IS곡선이 우측 이동
　하여 국민소득이 증가하게 된다.

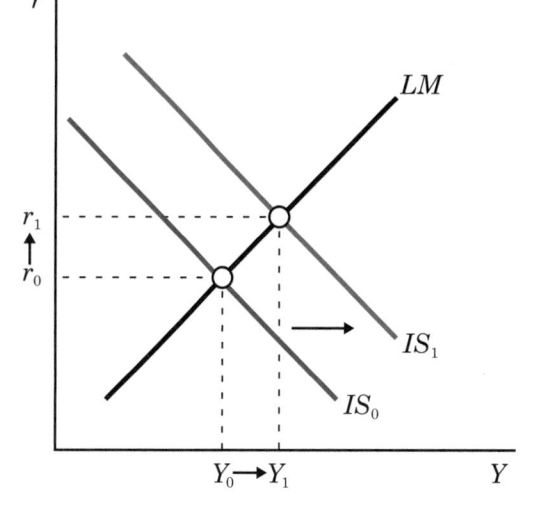

2. 원화의 대외구매력 제고와 수입원가 절감 효과

한국은 원유 및 중간재 수입 비중이 매우 높으므로 원화 가치 상승은 수입가격을 낮추어 기업들의 생산비를 하락시켜 한국 상품의 경쟁력 제고로 나타날 수 있다.

2 부정적 효과

① 원화 환율하락은 원화가치 상승으로 이어져 한국의 수출이 감소하고 수입이 증가하여 IS곡선을 좌측 이동시킨다.

② 이에 따라 경상수지와 자본수지 모두 적자를 유발하고 국민소득이 감소한다. 단, 환율하락이 경상수지를 악화시킬 수 있는 경우는 마샬-러너 조건이 충족되는 경우이다.

주제 03   평가절하로 인한 경기침체 가능성

평가절하 후 경기 활성화 보다 경기후퇴 가능성이 높은 이유를 논하시오.

해설

1 환율의 평가절하 시 고려할 효과

1. 교역조건 악화 효과

평가절하는 국산품을 값싸게 수출하고 외국상품을 비싸게 수입하게 되므로 교역조건의 악화에 따른 국민후생의 감소를 가져온다.

2. 잦은 인플레이션 위험

수입비중이 상대적으로 높은 국가는 평가절하 후 국내가격의 인상폭이 커서 인플레이션의 위험이 있다.

3. 환투기 현상

① 민간이 달러화에 대한 원화의 평가절하를 예상한다면 원화를 매각하고 달러화를 매입하는 환투기 행태를 보일 것이므로 달러화에 대한 수요급증으로 정부는 평가절하를 실시하지 않으면 안 되는 곤경에 빠지게 된다.

② 이런 일이 잦을 경우 평가절하의 예상과 실현의 악순환이 반복될 수 있다.

4. 경쟁적 평가절하의 가능성

① 근본적으로 평가절하는 총수요를 늘리는 것이 아닌 수요의 국가 간 배분에 지나지 않는다.

② 대공황이나 오일파동, 동아시아 금융위기 때처럼 다수국가가 경기침체를 겪는 상황에서 일국의 평가절하는 상대국의 또 다른 평가절하를 유발할 수 있고 이는 세계교역을 줄이면서 경기침체를 가속화 시킬 것이다.

5. 외채부담 가중

많은 외채를 안고 있는 경우 평가절하는 자국통화로 표시된 이자와 원금의 상환비용이 늘어나서 외채부담을 악화시킨다.

6. 소득재분배 문제

① 평가절하에 따라 교역재의 상대가격이 상승하면 생산요소가 비교역재 산업에서 교역재 산업으로 이동하게 되고 이 과정에서 교역재 산업의 요소공급자에게 소득 재분배가 나타난다.

② 이와 같이 소득분배에 따른 형평성 문제가 제기될 가능성이 있다.

❷ 평가절하 후 경기활성화 보다 경기후퇴 가능성이 높은 이유

1. 투기적 효과

평가절하 예견 시 투기적 수요가 늘어서 정작 평가절하 후 재화수요가 감소할 수 있다.

2. 소득분배 효과

한계소비 성향이 작은 수출업자의 소득이 증가하고 한계소비 성향이 큰 일반소비자의 실질소득이 하락하면 결국 총수요의 감소로 인한 경기후퇴를 가져온다.

3. 외채부담 증가

외채가 많은 국가는 자국 통화 표시 이자와 원금의 상환 비용이 증가하게 되므로 경기 침체를 유발할 가능성이 커진다.

4. 실질통화량 감소

① 수출입 재화의 가격탄력성이 작다면 수출을 통한 시중의 통화량 증대보다 수입대금으로 지불한 통화량이 더욱 커서 결과적으로 통화량이 감소한다.

② 수입재 가격의 인상을 통한 물가 상승으로 실질통화량은 더욱더 감소한다. 이는 경기 침체를 가져온다.

주제 04   외환시장개입

외환시장개입이 환율에 미치는 효과의 경로를 설명하시오.

해설

1 외환시장효과

외환시장효과는 외환당국이 외환을 매매함에 따라 외환의 수급에 직접적인 영향을 줌으로써 발생하는 개입효과를 의미한다.

2 통화효과

① 통화효과는 시장개입의 방향에 따라 통화량의 변동을 수반하고, 이것은 국내이자율에 영향을 준다.

② 그 결과 자본의 유입이나 유출이 발생하여 환율에 영향을 주는 효과를 의미한다.

3 기대효과

태화 외환시장개입의 결과 통화량 변화가 발생했을 때, 정부 당국의 향후 통화정책에 대해 민간부문의 기대가 달라지게 되며 이에 따라 나타나는 효과가 기대효과이다.

4 신호효과

① 신호효과는 불태화 개입이든 태화 개입이든 상관없이 적용된다.

② 이 효과는 외환당국의 외환시장개입이 현행환율의 결정과정에서 민간이 보유하고 있지 않거나 불완전하게 보유하고 있던 정보를 제공하는 역할을 수행함으로써, 민간의 환율에 대한 기대를 변화시켜 궁극적으로 현행환율에 영향을 주는 것이다.

11. 환율결정이론

주제 01   환율결정이론

많은 국가들이 자국의 경상수지 개선을 위해 평가절하를 단행하거나 외환시장에 개입하여 환율을 상승시키는 경우가 있다. 평가절하 또는 환율 상승이 경상수지 개선을 가져온다는 주장에 대해 단기적 효과는 탄력성 접근법을 통해서, 중기적 효과는 소득(흡수) 접근법을 통해서, 장기적 효과는 통화론적 접근법으로 나누어 논해 보시오. (단, 소규모 개방경제를 상정하시오.)

해설

1 단기의 경우 : 탄력성 접근법

1. 탄력성 접근의 의의

① 탄력성 접근법이란 국제수지 불균형을 가격기구에 의해 조정하는 가장 전통적인 국제수지에 대한 접근방법이다.

② 이는 부분균형분석을 이용하여 환율의 변화가 수출입재의 상대가격을 변화시켜 무역수지에 미치는 효과를 분석하고자 하는데, 경상수지의 변화 방향은 수출입재의 상대가격의 변화에 따라 수출입량이 변하는 정도가 가장 중요한 역할을 한다.

③ 특히, 무역수지에 영향을 줄 수 있는 또 다른 변수인 국민소득을 주어진 것으로 간주하고 있어서 가장 단기적인 접근으로 인식되기도 한다.

2. 단기에서의 평가절하의 효과

소규모 개방경제에서 환율이 상승되면 무역수지를 증가시키기 위한 조건인 마샬-러너 조건을 충족한다. 왜냐하면 소국의 수출수요탄력성과 수입수요탄력성이 무한대가 되기 때문이다.

2 중기의 경우 : 소득접근방법

1. 소득접근방법의 의의

① 소득접근방법은 국내균형과 대외균형을 연결하여 소득을 중심으로 국제수지 불균형의 조정과정을 분석하고자 하는 접근방법이다.

② 이러한 분석에 따르면 국내경제에서 총소득(Y)과 총지출(A)이 불일치하면 국제수지 불균형을 초래하게 되는 것이다.

2. 중기에서의 평가절하의 효과

① 일국경제의 균형국민소득은 다음과 같다.

$$Y = C + I + G + X - M$$

② 총지출(A: Absorption)은 일정기간동안 국내 국민경제에서 소비한 자원 총사용량을 의미하고 다음과 같다.

$$A = C + I + G$$

③ 위의 두 식을 변화시키면 다음과 같이 나타난다.

$$Y - A(Y) = X - M(Y)$$

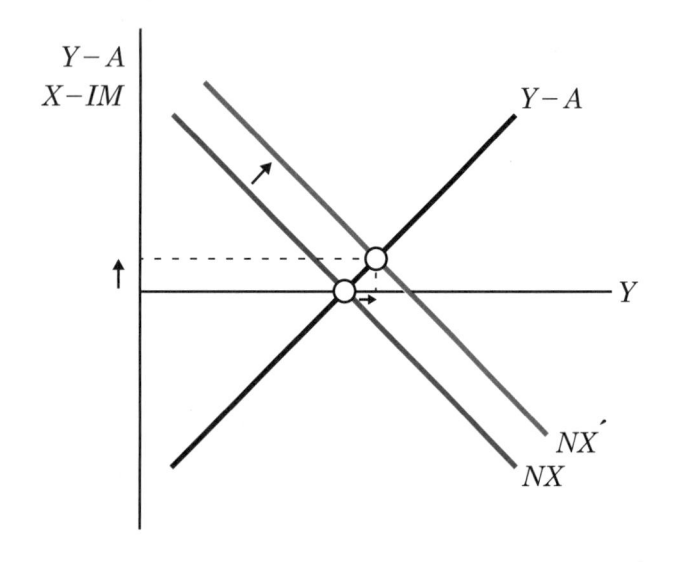

④ 이 접근법에 따르면 평가절하는 일차적으로 순수출의 증가를 가져와 NX곡선을 상방으로 이동시킨다.

⑤ 따라서 평가절하는 일차적으로는 국제수지를 개선시키고 국민소득을 증가시킨다.

⑥ 그러나 국민소득의 증가에 따라 총지출(A)도 증가하면서 최초의 경상수지 흑자 폭이 줄어들게 된다.

⑦ 즉, 결과적으로 경상수지가 원래수준보다 개선되기 위해서는 평가절하가 유발하는 Y의 증가가 A의 증가보다 커야 하는데 이를 위해서는 역시 탄력성 접근법에서 언급한 마샬-러너 조건이 충족되어야 한다.

⑧ 소규모 개방경제에서는 자국이 직면하는 외국의 수입수요 탄력성이 ∞이므로 마샬-러너 조건이 충족된다. 따라서 총지출 접근법에 의할 경우 소규모 개방경제의 평가절하는 자국의 경상수지를 개선시킨다.

3 장기의 경우 : 통화론적 접근

1. 통화론적 접근의 의의

통화론적 접근이란 물가의 신축성을 가정하고, 국제수지 불균형을 화폐에 대한 수요와 공급의 불균형으로 설명하는 접근법이다.

2. 소결

평가절하는 단기적으로는 국제수지 개선효과가 있지만 장기적으로는 물가수준만을 상승시킬 뿐이다.

환율에 대한 자산접근모형

한국의 금리 인하로 한·미간 정책 금리차가 벌어졌다.

1. 다른 요인이 일정할 때 이러한 양국 금리차이는 국가 간 자본이동에 어떤 영향을 미칠 것인지를 자산시장 균형조건에 근거해 설명해 보아라.

2. 한국금리가 미국금리보다 낮아짐에도 환율 하락이 발생했다면 어떤 요인들이 존재하는가?

3. 환율의 하락 현상은 내수와 수출산업 간의 양극화에 대해 어떤 영향을 미치겠는가?

해설

■ 다른 요인이 일정할 때 이러한 양국 금리차이는 국가 간 자본이동에 어떤 영향을 미칠 것인지를 자산시장 균형조건에 근거해 설명해 보아라.

1. 유위험 이자평형의 정리의 의미

$$i = i^* + \frac{e_{t+1}^e - e_t}{e_t}$$

① 이 식에서 좌변은 자국자산에 투자했을 때의 수익률, 우변은 외국자산에 투자했을 때의 수익률을 자국 화폐단위를 기준으로 측정한 것을 의미한다.

② 이 식은 국가 간 자본이동이 자유로운 경우 자국자산에 투자했을 경우와 외국자산에 투자했을 경우의 예상수익률이 동일해야 한다는 조건을 나타내고 있다.

2. 금리차 확대의 효과

① 미국의 금리가 우리나라보다 높아지는 경우 다른 조건이 일정하다면 양국의 자산 중 미국자산의 수익률이 더 높게 측정된다.

$$i < i^* + \frac{e_{t+1}^e - e_t}{e_t}$$

② 이러한 이유로 금리차 확대가 국내에 유입되었던 자본들의 급격한 해외 유출을 유발할 가능성에 대한 우려가 제기되고 있다.

2 한국금리가 미국금리보다 낮아짐에도 환율 하락이 발생했다면 어떤 요인들이 존재하는가?

1. 금리역전의 효과

금리역전 현상은 상대적으로 외국 자산의 수익률을 상승시키며, 이는 환율을 상승시키는 요인으로 작용한다. 즉, 금리역전으로는 최근에 급격히 나타난 환율하락 현상을 설명하기 힘들다.

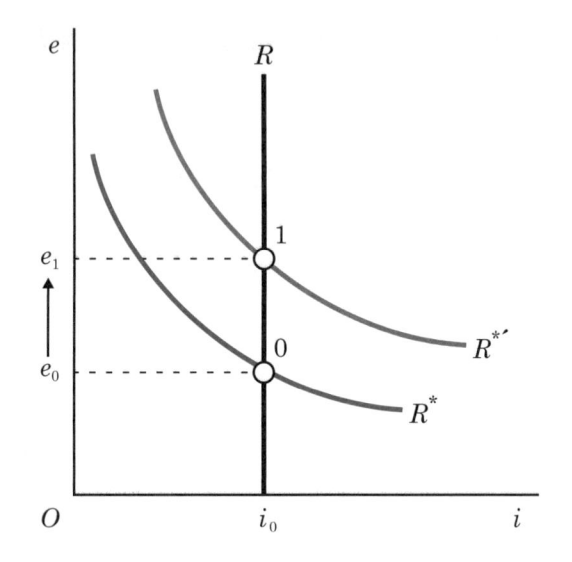

2. 환율하락의 원인 – 미국 측 요인

① 환율하락은 달러화 대외가치가 전반적으로 하락한 것이 주된 원인일 수 있다.

② 즉, 미국의 누적된 경상수지적자로 인해 평가하락(depreciation)의 압력이 유발되었으며, 재정적자가 단기적으로 이러한 하락압력을 상쇄해 왔으나, 재정적자로 인한 화폐의 강세는 장기적으로 지속될 수 없으므로 결국 대외신인도 하락을 통해 평가의 하락을 유발할 것이란 기대를 유발할 수 있다.

③ 금리인하가 실시할 것이라는 예측도 달러가치 하락을 예상하게 하는 요인들이 될 수 있다.

3. 종합적 평가

여러 가지 환경적 요인들로 인해 달러가치하락과 원화의 가치상승에 대한 기대가 형성됨에 따라 실제로 금리역전에도 불구하고 환율상승 압력을 상쇄하거나 오히려 환율을 하락시키는 결과를 유발할 수도 있다.

3 환율의 하락 현상은 내수와 수출산업 간의 양극화에 대해 어떤 영향을 미치겠는가?

1. 수출산업에 미치는 효과 – 실질환율 효과

① 실질환율(real exchange rate)을 $\varepsilon = \dfrac{eP^f}{P}$로 정의하면 자국화폐로 평가한 외국상품과 자국 상품의 가격비율이 된다.

② 단기에 주어진 물가수준 하에서 명목환율 e의 하락은 상대적으로 자국 상품이 비싸져서 수출의 가격경쟁력이 약화됨을 의미한다.

③ 따라서 환율하락은 수출부문의 호황을 완화시키는 역할을 할 것으로 예상된다.

2. 내수산업에 미치는 효과

① 환율의 하락은 자국 화폐의 상대적 구매력을 증대시키며, 기업과 은행의 대외 채무의 원화표시 가치를 하락시킨다.

② 이러한 변화로 인해 소비자들이 전반적으로 소비를 증대시키고, 기업과 은행이 투자를 증대시키는 반응을 보인다면 내수산업에는 긍정적인 효과로 작용할 수 있다.

③ 또한 환율의 하락이 수입원자재들의 가격을 하락시킨다면 이를 사용하는 내수기업들에게도 유리하게 작용할 수 있다.

④ 그러한 이러한 주장에 대해서는 환율하락에 의해 증대된 구매력과 투자여력이 상대적으로 값싸진 외국의 상품의 구매로 이어진다면 양극화의 해소에 큰 도움이 되지 않을 것이라는 비판이 있다.

미국의 경제성장률이 다른 선진국들에 비해 비교적 견실한 수준을 이어가고 있는 상황에서 미국의 막대한 경상수지 적자 누적이 문제가 되고 있다. 경상수지의 적자 누적은 달러화 가치를 하락시킬 수 있다.

1. 미국 달러화 가치의 하락이 한국경제에 미치는 영향에 대하여 논하시오.

2. 개방경제에서 각국의 이자율 차이가 발생하는 이유를 설명하시오.

해설

1 미국 달러화 가치의 하락이 한국경제에 미치는 영향에 대하여 논하시오.

① 단기적으로는 원화가치의 상승으로 한국은 수출경쟁력이 낮아져 대미수출이 감소할 것으로 예상된다. 따라서 IS곡선이 좌측 이동하여 균형점이 a에서 b로 이동한다.

② 그러나 장기적으로 물가하락으로 인하여 LM곡선이 우측 이동하고 경상수지 적자로 인한 환율 상승으로 우리나라의 경기침체 효과는 일부 상쇄될 것이다.(c점)

③ 단기적인 경기침체를 빠르게 회복하고 그 회복 속도를 빠르게 폭을 크게 하기 위한 대책이 요구된다.

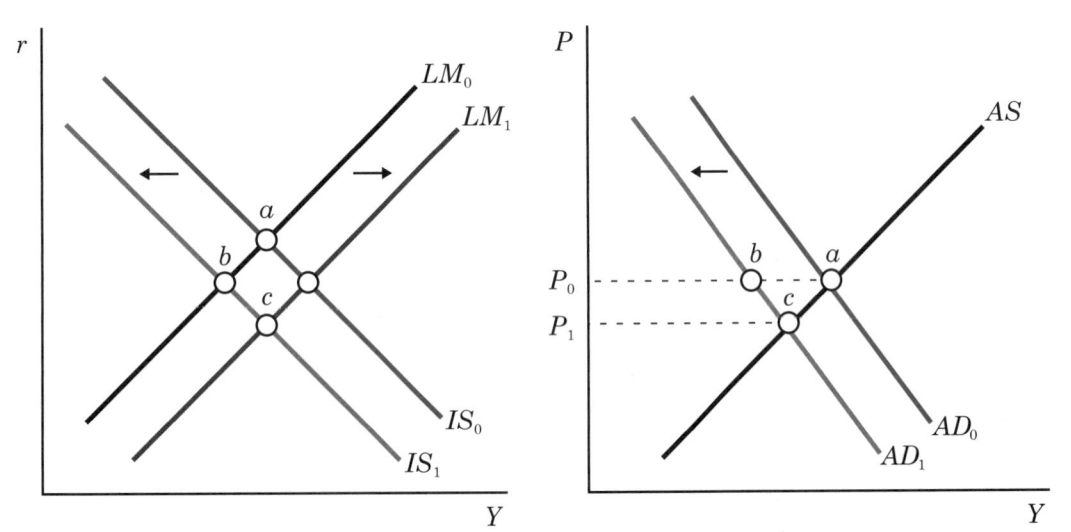

2 개방경제에서 각국의 이자율 차이가 발생하는 이유를 설명하시오.

1. 이자율평형설(IRP)의 가정

① 금융자산이 완전히 동질적이다. 즉, 완전히 대체적이다.

② 국가 간 이동이 완전히 자유로울 경우 양국의 투자수익률은 동일해진다.

$$i = i^f + \frac{e^e_{t+1} - e_t}{e_t}$$

③ 투자자는 위험중립자이다.

2. 이자율평형설이 성립되지 않는 이유

① 만약, 금융자산이 완전한 대체재가 아니라면 국가 간 자본이동이 완전히 자유롭다 하더라도 $i \neq i^f$이 된다.

② $e^e_{t+1} = e_t$인 경우에도 국가 간 위험도의 차이가 존재한다면 양국의 이자율은 위험 프리미엄만큼 괴리된다.

③ 국가 간 자본이동이 조세정책 또는 정치적 위험 등의 요인으로 인해 제한될 경우 $i \neq i^f$이 될 수 있다.

④ 실제 환율(e_t)이 안정적인 상황이라 하더라도 e^e_{t+1}이 지속적으로 상승하고 있는 상황이라면 국가 간 자본이동의 균형은 $i > i^f$인 상황에서 나타날 수 있다. 즉, 국내에서 해외로 자본이 이동할 수 있다.

⑤ 투자자가 위험기피자라면 기대효용에 따라 의사결정을 하므로 $i \neq i^f$가 될 수 있다.

외국인 투자자들이 한국 원화 가치가 앞으로 크게 절하될 것으로 예상하는 경우 한국의 환율과 주가는 어떻게 변화하는지 설명하시오. 이때 통화당국이 이자율을 상승시키면 어떤 효과가 있는가?

해설

1 원화가치 하락이 예상되는 경우

① 외국인 투자자들이 한국의 원화 가치가 앞으로 크게 절하될 것으로 예상하면 이자율 평형정리에서 e_{t+1}^e값이 증가한다.

② 이자율 평형정리 $r = r_f + \dfrac{e_{t+1}^e - e_t}{e_t}$ 에서 미래 예상 환율이 상승하면 우변이 더 커지게 된다.

③ 아래의 그림에서 해외자본의 수익률 곡선이 우측으로 이동한다. 이 경우 자본이 유출되고 그 과정에서 실제 환율이 상승하게 된다.

④ 해외로 자본이 유출됨에 따라 주식 투자에 대한 수요도 감소하여 주가는 하락할 것이다.

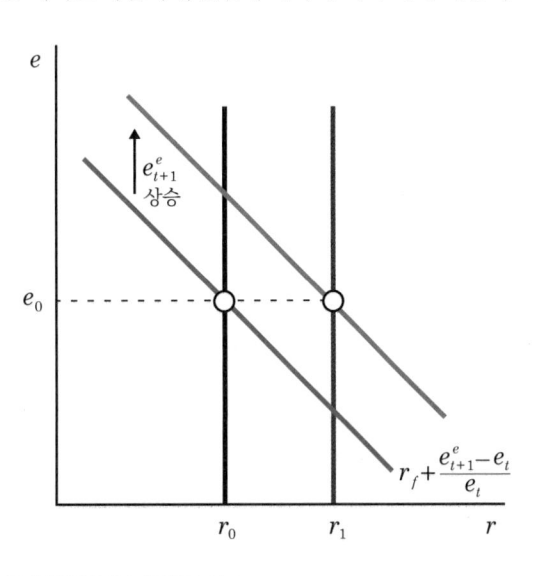

2 통화당국의 이자율 상승

① 국내 이자율이 상승하면 다시 이자율 평형조건이 성립하여 자본의 유출이 나타나지 않는다. 이 경우 환율은 e_0에서 변하지 않는다.

② 국내 이자율의 상승으로 주식투자에 따른 미래 기대배당수익이 감소하여 주가는 하락할 수 있다.

12. 환율제도

주제 01   환율제도와 총수요관리정책   환율제도

$IS-LM-BP$ 모형을 이용해서 A국의 재정정책이 유효한지 통화정책이 유효한지 설명하시오.

해설

1 완전한 자본이동과 고정환율 제도의 경우

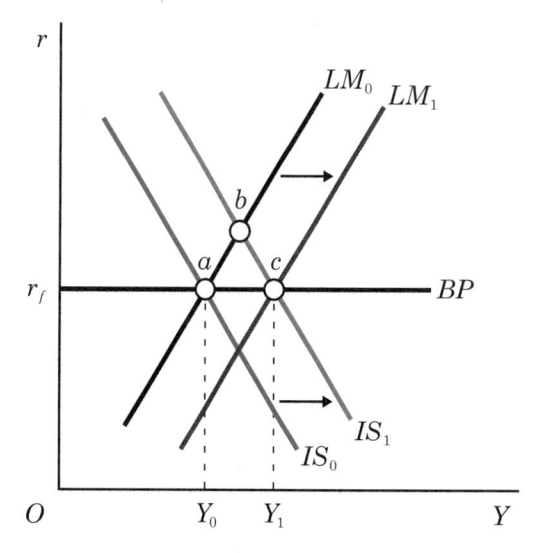

① 확대재정정책을 실시하면 IS곡선이 우측 이동하고 이자율이 상승한다.

② 이자율이 상승하면 외환유입으로 외환시장의 초과공급을 해소하기 위해 외환을 매입해야 한다.

③ 외환매입은 통화량 증가를 가져와 LM곡선을 우측 이동시키고 국민소득은 Y_0에서 Y_1으로 증가한다.

2 완전한 자본이동과 변동환율 제도의 경우

① 확대재정정책을 실시하면 IS곡선이 우측 이동하고 외환유입으로 환율이 하락하면 순수출이 감소한다.

② 순수출의 감소는 IS곡선을 다시금 좌측으로 이동시키므로 국민소득에는 영향을 주지 않는다.

고정환율제도하에서 재정정책의 효과를 자본이동의 정도와 관련하여 설명하라.

유로존에 가입한 국가들이 금융정책을 포기하는 데 따른 비용이 크지 않다고 보는 이유는 무엇인가?

즉, 유럽 국가들이 통화동맹에 가입하면서 독자적인 금융정책을 과감히 포기하고 금융정책(주로 금리 결정)의 주권을 ECB에 전격적으로 이양할 수 있었던 이유를 먼델-플레밍 모형을 활용하여 설명하시오. 단, 완전한 자본이동과 불완전한 자본이동의 경우(BP곡선이 LM곡선의 기울기보다 크다고 가정)로 나눌 것

해설

1 유럽통화연맹[European Monetary Union]의 의의

유럽공동체의 통화통합을 위한 동맹으로 유럽중앙은행을 창설하고 각국 통화의 환율을 고정시켜 최종적으로는 동일한 통화를 발행하는 것을 목표로 하고 있다.

2 분석의 전제

① 자본이동의 정도에 따라 BP곡선의 기울기가 달라진다.

② 유럽통화동맹에 속한국가들은 단일 통화에 대해 고정된 환율을 취한다.

→ 고정환율제도 가정

3 확장적 재정정책의 시행 결과

1. 자본이동이 완전한 경우

① 자본이동이 완전한 경우 $i = i^*$수준에서 국제이자율을 주어진 것으로 받아들이므로 BP곡선은 수평의 형태를 보인다.

② 일국이 재정정책을 사용하는 경우 IS곡선이 IS_0에서 IS_1으로 이동하면서 균형이 1점으로 변화하는데 이 점은 국제수지 흑자영역이므로 환율하락압력이 발생한다.

③ 고정환율 제도를 채택하고 있기 때문에 환율하락압력을 막기 위해서 중앙은행은 자국 화폐를 매도하고 외환을 매입하는 바, 통화 공급이 증가하여 균형은 2점에서 형성된다.

④ 즉, 재정정책의 시행 결과 국민 소득이 큰 폭으로 증가하는 효과가 발생한다.

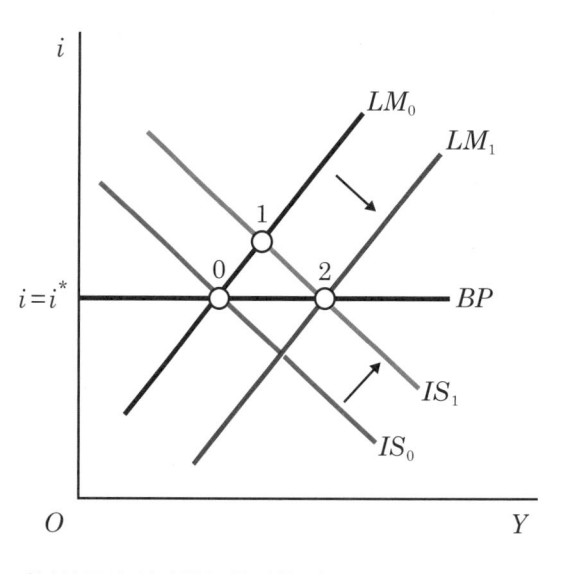

2. 자본이동이 상당히 불완전한 경우

① 자본이동이 상당히 불완전한 경우 BP곡선이 LM곡선의 기울기보다 가팔라진다.

② 이때 확장적 재정정책을 사용하는 경우 경제는 일시적으로 1점에 머무르는데, 이 점은 국제수지 적자 영역으로 환율의 상승 압력이 발생한다.

③ 따라서 고정환율 제도를 채택한 경우 환율 상승 압력을 막기 위해 자국 화폐를 매입하고 외환을 매도하므로 이는 LM곡선을 좌측 이동시키는 요인으로 작용한다.

④ 결국 경제의 균형은 2점에서 달성되고 확장적 재정정책의 효과는 상당히 구축되어 소폭의 소득 증가만이 가능하다.

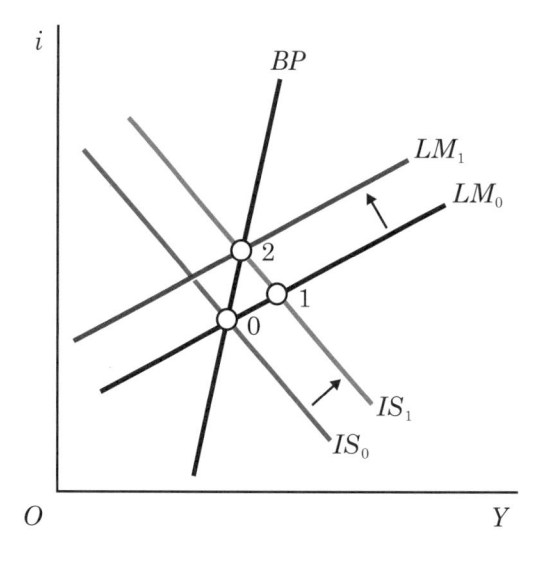

4 결론

고정환율 제도를 택하고 있는 가운데 자본의 이동성이 매우 높다면, 국내 경기조정을 위한 통화정책을 포기하더라도 재정정책이 충분한 기능을 발휘할 수 있다.

세계경제가 침체에 빠질 때 어떤 영향을 주는지 변동환율제도와 고정환율 제도로 나누어 검토하시오.

해설

1 변동환율 제도의 경우

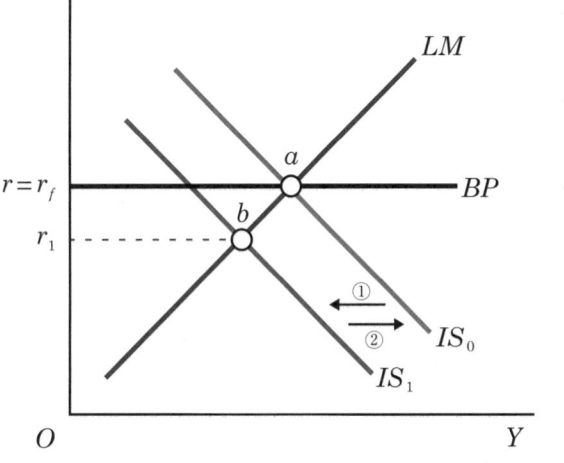

① 한국의 수출이 감소하므로 IS곡선이 좌측 이동한다.

② IS곡선이 좌측이동하면 국내 이자율이 감소하고 자본이 유출된다.

③ 외환수요가 증가하면서 환율이 상승하면 다시금 수출이 증가해서 IS곡선이 다시 원위치로 이동한다.

④ 따라서 생산물시장에 미치는 해외충격은 국내소득에 영향을 미치지 못한다.

2 고정환율 제도의 경우

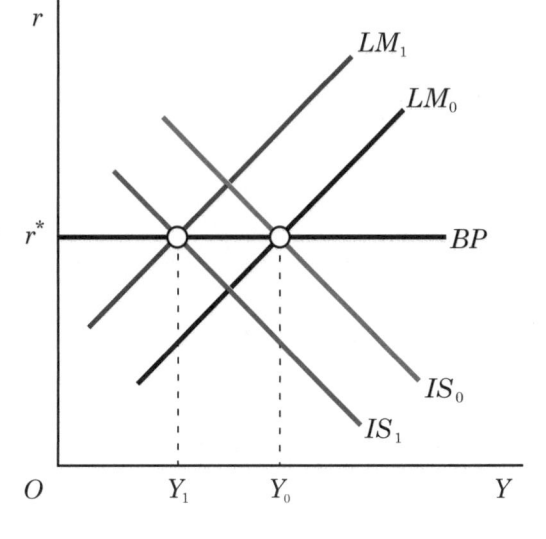

① 한국의 수출이 감소하므로 IS곡선이 좌측 이동한다.

② IS곡선이 좌측 이동하면 국내 이자율이 감소하고 자본이 유출된다.

③ 중앙은행이 외환의 초과수요를 해소하기 위하여 외환시장에 외환을 매각하면 국내통화량이 감소한다.

④ 국내통화량의 감소로 LM곡선이 좌측으로 이동하면 한국의 국민소득이 감소한다.

최근 중국이 경기침체를 우려하여 확대기조를 유지할 경우, 우리나라 국내소득에 미칠 영향을 설명하고, 정책적 시사점을 말하라. 만일, 고정환율제도의 경우라면 이 경우 우리나라의 국민소득에 미치는 영향을 논하시오.(단, 중국은 우리나라 제일의 수출대상국가임)

해설

1 변동환율 제도의 경우

1. 경제적 효과

① 중국의 확대정책은 중국의 소득 증가를 초래하고 한국 대중 수출 증가를 유발한다.

② 이는 IS곡선을 우측 이동시키고 동시에 국내이자율 상승으로 자본이 유입된다.

③ 자본유입은 환율 하락을 가져오고 순수출감소로 다시금 IS곡선이 원상태로 돌아온다. 즉, 소득 증가 효과는 없다.

2. 정책적 시사점

① 생산물 시장에 영향을 미치는 해외충격은 변동환율 제도 하에서는 국내 소득에 영향을 미치지 못한다. 즉, 해외 호경기의 효과도 국내 소득에는 영향을 끼치지 못한다.

② 완전자본이동, 변동환율 제도, 소규모 개방경제를 가정하는 경우 해외의 경기변동은 국내에 영향을 미치지 못한다는 차단 효과(insulation effect)가 나타나게 된다.

2 고정환율 제도의 경우

① IS곡선이 우측 이동하면 이자율이 상승하고 외환유입으로 환율하락 압력이 존재한다.

② 그러나 고정환율 제도이므로 중앙은행의 개입이 필요하다. 외환 매입과 국내통화 매각을 통한 중앙은행의 개입은 국내통화량 증가를 가져와 LM곡선이 우측으로 이동하고, 국내소득은 증가한다.

고정환율제도 하에서 국제수지의 불균형이 통화량의 변동으로 해소되는 과정을 구체적으로 서술하고 변동환율제도 하에서의 불균형 해소 방법과 비교하시오.

해설

1 국제수지 흑자가 발생하는 경우

1. 고정환율제도의 경우

① 국제수지의 흑자가 발생하면 평가절상 압력 또는 환율 하락이 예상된다.

② 환율하락 예상($e^e \downarrow$)에 따라 외국채권 수익률 곡선($UIRP$)이 하방 이동한다.

③ 중앙은행이 e_0의 고정 환율을 유지하기 위해서는 통화 공급을 증가시켜야 한다. 즉, 국제수지 흑자 발생에 따라 평가절상 압력 발생 시 중앙은행은 환율의 안정을 위해 국내통화를 매각하고 외환을 매입해야 한다. 이에 따라 통화 공급이 증가($M_0^s \rightarrow M_1^s$)한다.

④ 고정환율제도 하에서 국제수지 흑자 발생에 따른 국제수지 불균형은 통화량의 증가로 해소된다.

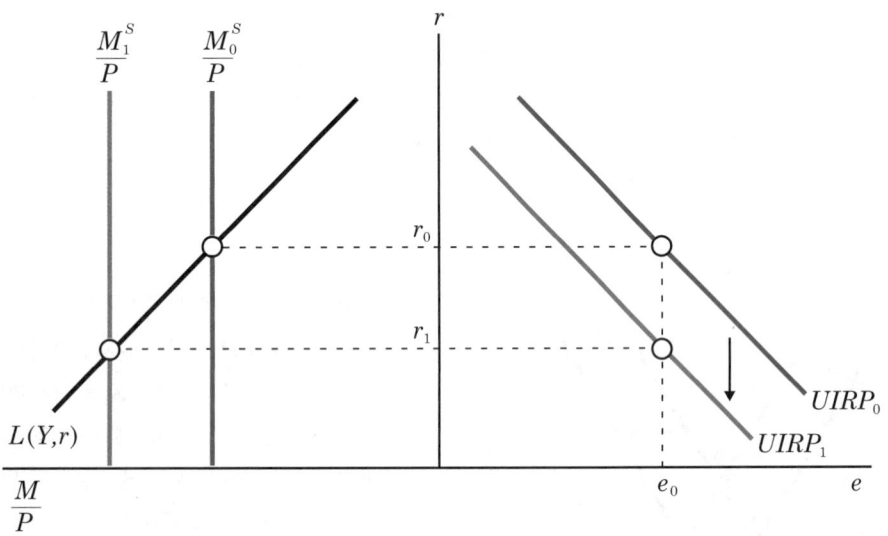

2. 변동환율 제도의 경우

① 변동환율제 하에서는 국제수지 흑자 발생 시 환율이 하락하여, 순수출이 감소하고, 이에 따라 국제수지 균형이 회복된다.

② 통화량의 변화는 없다.

1. 고정환율제도의 경우

① 국제수지 적자가 발생하면 평가절상압력 또는 환율상승이 예상된다.

② 환율상승예상($e^e\uparrow$)에 따라 외국채권 수익률 곡선($UIRP$)이 상방 이동한다.

③ 중앙은행이 e_0의 고정 환율을 유지하기 위해서는 통화 공급을 감소시켜야 한다. 즉, 국제수지 적자 발생에 따라 평가절하 압력 발생 시 중앙은행은 환율의 안정을 위해 외화를 매각하고 국내통화를 매입해야한다.

④ 이에 따라, 통화 공급이 감소$\left(M_0^s \rightarrow M_1^s\right)$한다.

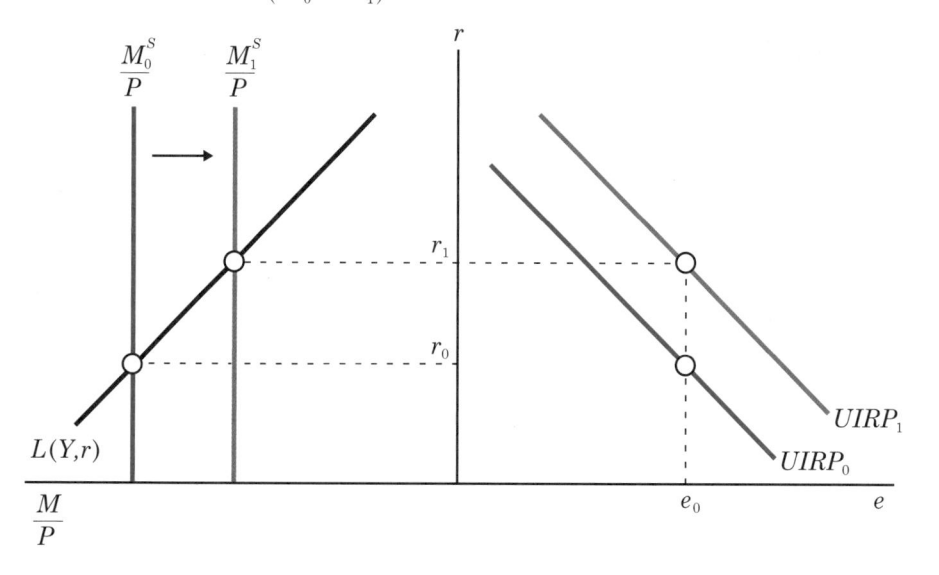

2. 변동환율제도와 비교

② 변동환율제도 하에서는 국제수지 적자 발생 시 환율이 상승하여, 순수출이 증가하고, 이에 따라 국제수지 균형이 회복된다.

③ 통화량의 변화는 없다.

주제 01 통화정책의 효과

통화 공급량 증가가 환율, 이자율 및 국민소득에 미치는 영향을 $AA-DD$ 모형과 $IS-LM$ 모형으로 설명하라. 그리고 두 모형의 차이점을 설명하라.

해설

1 해설

① 통화량이 증가하면 $AA-DD$ 모형에서는 AA곡선이 위로 이동하여 환율이 올라가고 생산량이 증가함을 알 수 있고, $IS-LM$ 모형에서는 LM곡선이 우측으로 이동하여 이자율이 내려가고 생산량이 증가함을 알 수 있다.

② 그런데 $AA-DD$ 모형에서는 투자가 이자율의 영향을 받지 않음을 가정함에 비해, $IS-LM$ 모형에서는 투자가 이자율의 감소함수임을 가정하고 있다.

③ 따라서 통화 공급이 증가할 때 환율이 올라가고 이자율이 내려가는데, $AA-DD$ 모형에서는 환율상승으로 수출이 증가하여 총수요가 증가하는데 비해, $IS-LM$ 모형에서는 여기에 더해서 이자율 하락이 투자를 늘려서 총수요를 증가시키는 또 다른 경로를 고려하고 있다.

해외 경제를 회복하기 위한 정책으로 경기 견인 정책과 인근궁핍화 정책이 있다.

1. 경기 견인 정책과 인근궁핍화 정책의 개념에 대하여 실물적 요인과 화폐적 요인으로 비교하시오.

2. 경기 견인 정책과 인근궁핍화 정책이 한국 경제에 가져다주는 효과를 비교하시오.

해설

1 실물요인에 따른 해외경제 회복 – 견인효과

1. 경제회복의 원인

소비성향의 증가, 미래기대변화에 따른 투자증대, 정부지출 증가 등의 원인으로 해외경제의 활성화가 이루
어진다.

2. 한국경제의 영향

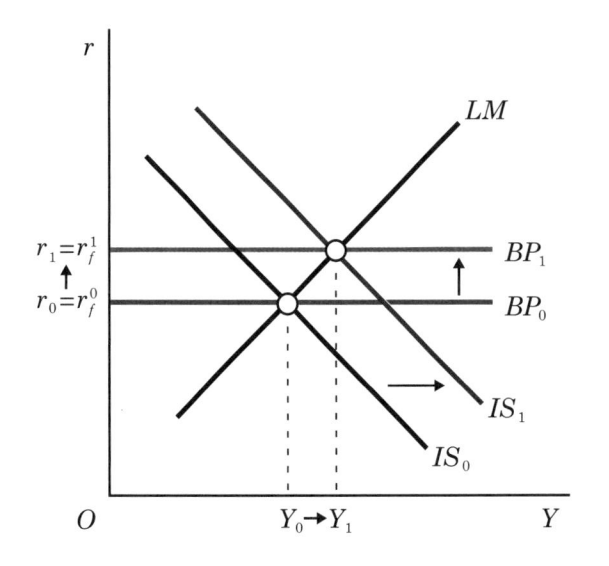

① 실물적 요인에 따른 세계경제의 활성화는 자본유출과 순수출의 증가가 발생하여 IS곡선이 우측 이동하
고($IS_0 \rightarrow IS_1$), BP곡선은 상향 이동한다.($BP_0 \rightarrow BP_1$)

② 따라서 세계경제의 활성화는 자국의 국민소득도 증가시키는 견인효과($Y_0 \rightarrow Y_1$)가 있다.

2 화폐적 요인에 따른 해외경제의 회복 – 인근궁핍화

1. 경제회복의 원인

　① 외국 정부의 팽창적 금융정책에 따른 해외투자, 소비증가에 따른 원인으로 해외경제가 활성화된다.

　② 팽창적 금융정책의 금리인하는 국제금리를 하락시킨다.

2. 한국경제의 영향

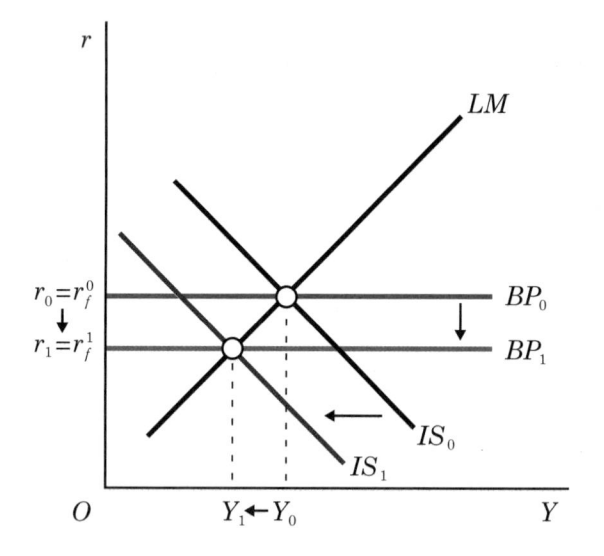

　① 해외의 팽창적 금융정책은 이자율을 하락함으로 국내로 자본이 유입된다.

　② 자본의 유입은 환율을 하락시켜 순수출을 감소시킨다.

　③ 따라서 BP곡선이 하방 이동하고 IS곡선이 좌측 이동하여 한국의 국민소득을 감소시킨다.

3 결론

　① 자본의 완전이동은 일국경제의 국제경제와의 연관성을 증대시킨다.

　② 따라서 국가 간 경제정책의 협력의 필요성이 증대된다.

중국이 긴축기조를 실시하고 국제이자율은 일정하게 주어져 있다고 가정할 때, 중앙은행이 환율을 표적화(targeting)하고 있다면 우리나라의 국민소득에 미치는 영향은 어떠한가?

해설

1 해설

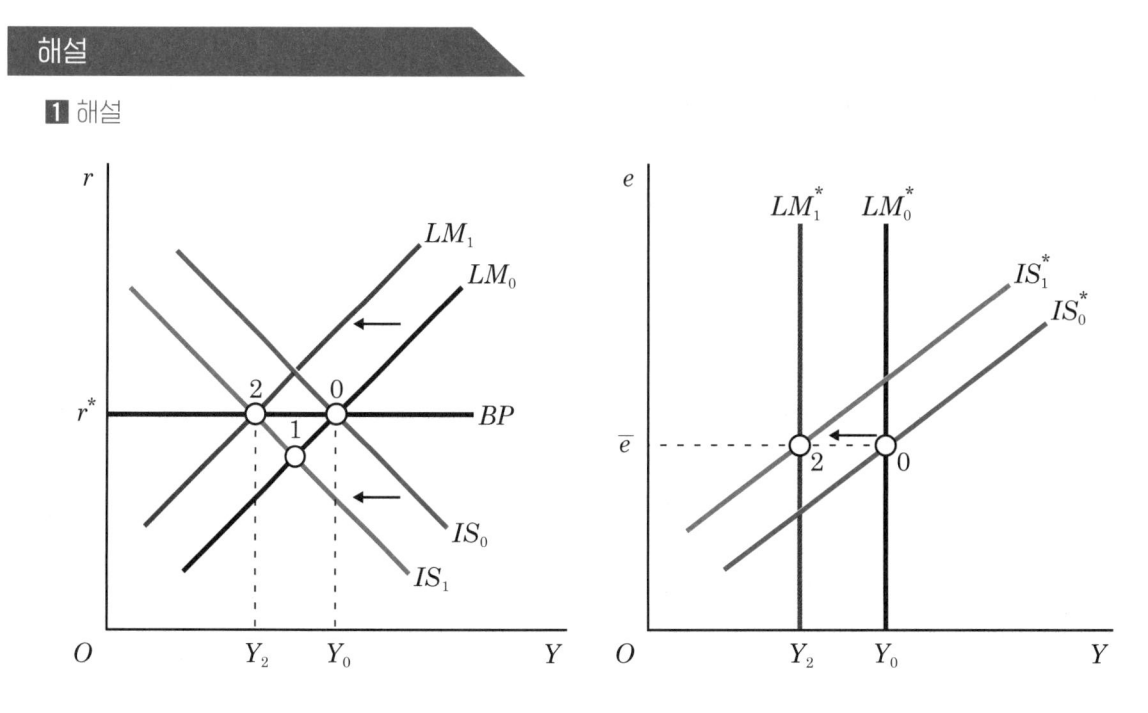

① 순수출수요의 감소는 IS곡선을 좌측으로 이동시킨다.

② $IS-LM-BP$ 모형에서 IS_0에서 IS_1으로 이동하고 환율-국민소득 평면에서는 IS_0^*에서 IS_1^*으로 이동한다.

③ 이러한 변화는 환율의 상승을 유발하는데, 중앙은행은 환율 목표를 $\overline{e}$로 유지하기 위해 통화량을 감소시켜야 한다. 이는 LM과 LM^*를 좌측으로 이동시킨다.

④ 결국 순수출수요의 감소가 승수효과를 통해 총수요를 급격하게 감소시킨다.

⑤ 따라서 국민소득을 Y_0에서 Y_2로 감소시킨다.

14. 국제수지

고범석 경제학아카데미

주제 01 경상수지 적자의 해결책

국제수지

경상수지 적자의 해결방안을 논하시오.

해설

1 일반적인 방안

1. 민간저축과 투자, 정부재정수지 및 경상수지와의 관계를 수식으로 표현하면 다음과 같다.

$$NX = (S-I) + (T-G)$$

2. 위 식에서 알 수 있듯이 경상수지 적자는 민간부문의 저축 감소(민간의 과소비)와 기업의 과잉투자 그리고 정부의 세수를 초과한 방만한 재정운용에서 그 원인을 찾을 수 있다.

① 민간저축의 증대가 필요하다. 저축의 증대를 위해서는 소비를 감축하는 것이 필요하다. 구체적 방법으로는 정부가 이자소득에 대한 세율인하 등 저축 증대를 위한 유인책을 마련하고, 소비 감축을 위한 특별소비세율을 인상하는 조세정책을 실시한다든지, 가계대출을 억제하도록 금융기관에 대한 도의적 설득(moral persuasion)을 하거나 창구규제 또는 가계 대출금리의 인상(금리규제가 가능한 경우)을 통한 가계대출의 억제를 유도할 필요가 있다.

② 민간기업이 투자활동을 자제하게 하는 방법이 있다. 전망이 불투명하고 생산성이 낮은 사업에 대한 투자를 지양하고 중복 투자를 감소시킨다.

③ 정부가 재정흑자를 실현하거나 재정적자를 감축시키는 방안이다. 정부지출 감소 또는 세율인상 정책을 실시함으로써 방만한 재정운용을 억제한다.

④ 가장 확실한 방법은 수출을 증대시키고 수입을 감축하는 방법이다. 이는 민간의 수입 수요의 억제 또는 수출산업의 경쟁력 제고를 통하여 달성할 수 있다.

⑤ 이와 같은 논의는 외환 위기국들에 대한 IMF의 공통적인 처방을 통해서도 확인되고 있다. IMF 정책 처방의 골자는 저성장 정책, 물가안정 정책을 통한 가격경쟁력 회복, 긴축재정 정책 그리고 긴축금융 정책(고금리 정책)을 통한 소비 억제와 저축 유도 그리고 투자 감축 등으로 요약할 수 있다.

⑥ 경상수지 적자는 기본적으로 우리의 상품이나 서비스의 가격이 상대적으로 비싸기 때문에 나타나는 취약한 가격경쟁력에서 그 원인을 찾을 수 있다. 그리고 취약한 가격경쟁력은 고비용 구조 때문이며, 이는 고지가, 고임금, 고금리라는 '3고 현상'에 기인하는 바, 경상적자 해소의 첩경은 이러한 고비용 구조의 해소라 할 수 있다.

2 구체적인 정책대응 방안

1. 지출전환 정책

(1) 의의

① 지출전환 정책은 지출수준의 변화 없이 지출대상을 국산품에서 수입품으로 혹은 그 반대로 전환시키는 정책이다.

② 환율정책이 대표적이며, 그 밖에 각종 관세 및 비관세장벽을 이용한 무역정책과 수입담보금제도와 이중환율제도를 들 수 있다.

(2) 내용

① 지출 전환 정책의 핵심은 재화 간의 상대가격을 변화시키는 데 있다.

② 명목환율을 e라 하면, 실질환율은 $\dfrac{eP^f}{P}$로 표시된다. 명목환율이 두 나라의 통화의 교환비율이듯이, 실질환율은 두 나라 재화바구니의 교환비율이며, 가격 면에서 본 자국 상품의 가격경쟁력이라 할 수 있다.

③ 평가절하 정책은 자국의 국제가격경쟁력을 상승시키는데, 즉 국산품이 상대적으로 싸지고 외국상품이 상대적으로 비싸지므로 지출을 외국상품에서 국산품으로 전환하게 된다.

④ 관세는 수입품 가격을 올림으로써, 그리고 수출보조금은 수출품 가격을 낮춤으로써 각각 소비자가 당면하는 실질환율에 영향을 미치게 된다.

(3) 경상수지 적자의 해소방안

경상수지 적자를 해소하기 위해서는 지출 전환 정책 가운데 평가절하 정책을 사용할 수 있으며, 수입재에 대한 관세를 부과함으로써 수입량을 감소시키거나 수출보조금이나 수출보험 등 수출진흥 정책을 사용함으로써 경상수지의 개선을 도모할 수 있다.

2. 지출 조정 정책

(1) 의의

① 지출 조정 정책은 국내총지출의 전체적인 규모를 변화시키는 정책이다.

② 정부지출의 조정이 대표적인 정책이며, 그밖에도 소비와 투자수준에 영향을 주는 각종 세제정책과 통화정책을 들 수 있다.

(2) 경상수지 적자의 해소방안

① 경상수지 적자는 총수요를 구성하는 소비와 투자수준을 감소시키는 방안을 제시할 수 있다.

② 총지출을 감소시키는 긴축통화 정책과 긴축재정 정책을 통하여 경상수지를 개선시킬 수 있다.

경상적자는 항상 바람직하지 않은가? 경상수지 적자가 바람직할 수 있다면 어떤 의미에서 그러한가?

해설

1 경상수지 적자가 투자증가에서 비롯한 경우

① 투자의 증가는 미래 생산가능성을 증가시킬 수 있다.

② 만약 미래 생산가능성의 증가가 차입으로 인한 이자비용 등을 매울 수 있을 만큼 크다면 현재 경상수지 적자에도 불구하고 전반적 후생은 증가할 수 있다.

2 경상수지 적자가 민간저축감소에서 비롯한 경우

① 민간저축의 감소는 가처분소득보다 소비가 더 클 때 발생한다.

② 예를 들어 〈그림〉에서 일시적 경기후퇴로 인해 현재 가처분소득이 낮은 수준인 Y_1이며 미래 가처분 소득은 상대적으로 높은 Y_2라고 하자.

③ 이때 매 기간 가처분소득만큼을 소비한다면 민간저축은 불변이며 이때 효용은 I_0가 된다.

④ 그러나 이러한 소득변동에도 불구하고 e점을 소비한다면 현재 민간저축은 감소하고 경상수지는 악화되겠지만 효용은 I_1으로 증가한다.

⑤ 이는 경상수지의 적자 및 흑자를 번갈아 겪는 경우 소득의 변동에도 불구하고 소비를 안정하게 유지하는 소비평준화(Consumption smoothing)의 이익이라고 한다.

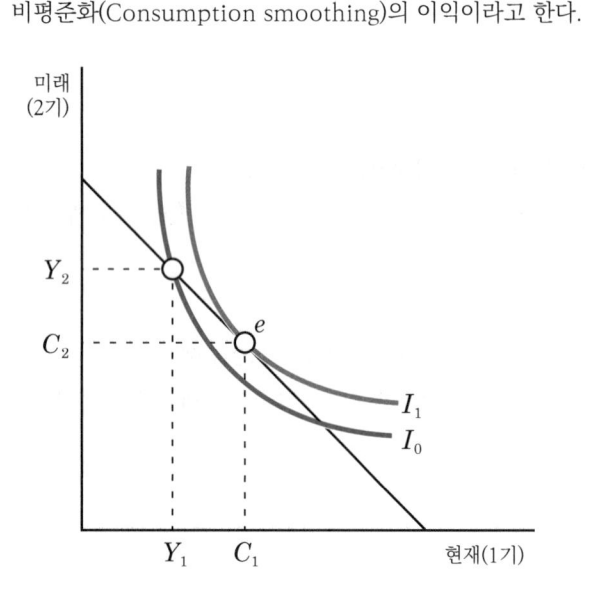

3 경상수지 적자가 정부저축 감소에서 비롯한 경우

① 정부저축의 감소는 정부구매의 증가 또는 조세의 감소에서 비롯한다.

② 정부저축을 일정하게 유지하기 위해서는 정부가 재정지출의 수요가 있을 때마다 동일한 규모의 조세를 거두어야 한다.

③ 그러나 경기불황의 경우 조세수입은 감소에 대응하기 위해 세율을 인상하거나 정부지출을 축소한다면 경기불황을 더욱 심화시킬 수 있다.

④ 따라서 경기불황에는 억지로 정부저축을 일정하게 유지하기 보다는 정부저축의 감소를 허용하는 것이 경제 안정화를 위해 바람직하다.

⑤ 뿐만 아니라 정부구매에 대한 수요는 경제성장의 단계 및 경기순환의 단계에 따라 달라지는데 이에 따라 세금을 증감시키는 것보다는 조세수입을 일정하게 유지하는 편이 조세로 인한 초과부담(excess burden)을 줄일 수 있다. 이러한 이익을 조세평준화(tax smoothing)의 이익이라고 한다.

4 평가

이상의 분석에서는 만약 장기적으로 경상수지의 흑자와 적자가 균형을 이룰 수 있다면 단기적인 경상수지의 불균형을 반드시 나쁜 것으로 볼 필요는 없으며 오히려 바람직한 측면이 있음을 알 수 있다.

경상수지 흑자의 단점과 경상수지 적자의 장점

일반적으로 경상적자를 우려하고, 경상흑자를 바람직한 것으로 전하는 뉴스를 많이 접할 수 있다. 그러나 반드시 그렇지만은 않은데, 경상수지 적자의 장점과 경상수지 흑자의 단점을 두 가지 이상씩 언급하시오.

해설

■ 경상수지의 의의

① 경상수지는 상품수지, 서비스 수지 및 본원소득수지, 이전소득수지 등으로 구성되며 자본수지와 함께 경제수지를 구성한다.

② 경상거래는 이면에 같은 크기의 반대 부호의 자본거래를 수반하게 되고, 따라서 장기적으로 경상수지와 자본수지의 합이 $0(CA + CF = 0)$일 때 대외균형을 이루게 된다.

■ 경상수지 적자의 긍정적 효과 분석

1. 경상수지 적자의 발생

경상수지 적자는 상품수지 적자와 서비스수지 적자의 누적 등으로 인해 발생한다.

2. 경상수지 적자의 긍정적 측면

(1) 기간 교역 이득에 의한 후생 증대

한 국가의 경제는 경상수지 적자와 경상수지 흑자를 번갈아 경험함으로써 기간 간 교역의 이득(inter-temporal trade gain)을 통해 소비 평준화(consumption smoothing)를 달성할 수 있으며 이는 전체 사회 후생을 증대시킨다(by I. Fisher의 시점 간 자원배분 모형).

(2) 환율 상승과 향후 수출 증대 유도

① 경상수지 적자는 외화에 대한 수요 증대로 환율을 상승시킨다.

② 환율의 상승은 국제가격경쟁력 제고로 마샬-러너 조건 충족 시 수출을 증대시킴으로써 미래 시점에 경상흑자를 가져온다.

(3) 인적자본의 축적과 장기적 경제성장 잠재력

① 해외 연수나 유학에 대한 수요 증대는 단기적으로 서비스수지를 악화시킴으로써 경상수지 적자를 유발한다.

② 그러나, 장기적으로 해당 인력이 국내에 돌아왔을 때는 인적자본의 축적이 이루어질 수 있고, 이는 미래 한국경제의 성장잠재력 제고로 이어질 수 있다.

(4) 투자지출의 증가

① 투자지출의 증가로 인하여 경상수지 적자가 발생했다면 이는 경제성장의 긍정적인 영향을 가져다줄 수 있다.

② 또한 투자에 충당될 자금이 해외로부터 유입되었다는 것은 외국 사람들이 우리 경제의 미래를 낙관적으로 평가했다는 뜻이 된다.

3 경상수지 흑자의 부정적 효과

1. 경상수지 흑자의 발생

수출 증대와 국내 서비스에 대한 해외 수요 증대는 경상흑자를 유발하고 국민소득을 증대시킨다.

2. 경상수지 흑자의 부정적 측면

(1) 외환보유고의 과잉 누적

① 경상흑자의 지나친 누적은 과잉 외환 보유로 이어질 수 있다.

② 과도한 외환 보유는 중국 경제의 예에서도 볼 수 있듯이

ⅰ) 국내 유동성 증대로 물가 상승 압력을 유발하고

ⅱ) 막대한 통화안정증권의 발행 등에 따른 중앙은행의 이자 부담을 증대시키며

ⅲ) 한 가지의 외화의 비중이 클 경우(예 미국 $) 환율 변동에 의한 환차손을 볼 수 있다.

(2) 통상마찰 및 환율하락 유발

① 경상흑자의 과다한 누적은 국가 간 통상마찰을 일으킬 소지가 있으며, 자유변동환율제 하에서 환율하락을 유발하고 자국 화폐를 강세로 전환시킴으로써 수출이 감소하고, 수입 수요 및 해외 서비스 수요가 증대함으로 인해 향후 시점에서 경상적자로의 전환을 유발한다.

4 경상수지 적자의 해소 방안

1. 의의

① 경상수지 적자는 민간부문의 저축 감소(과소비)와 기업의 과잉투자 그리고 정부의 방만한 재정운용에 원인이 있다.

② 따라서 그에 대한 처방도 소비자, 기업 및 정부의 세 경제주체에서 찾는 것이 바람직하다.

2. 방안

(1) 민간 저축의 증대와 소비 감축

정부가 이자소득에 대한 세율 인하 등 저축증대를 위한 유인책을 마련하고, 소비 감축을 위한 특별소비세율을 인상하는 조세정책을 실시한다든지 가계대출을 억제하도록 금융기관에 대한 도의적 설득을 하거나 창구규제 또는 가계대출금리의 인상을 통한 가계대출의 억제를 유도할 필요가 있다.

(2) 민간기업의 투자활동의 억제

불투명하고 생산성이 낮은 사업에 대한 투자를 지양하고 중복 투자를 억제해야 한다.

(3) 재정흑자 실현 또는 재정적자의 감축

정부 지출 감소 또는 세율 인상 정책을 실시함으로써 방만한 재정운용을 억제한다.

(4) 수출 증대와 수입 감축 방안 실시

수입관세 부과, 수출보조금 지급, 생산자 보조금 지급 등 민간의 수입 수요의 억제 또는 수출산업의 경쟁력 제고를 통하여 달성할 수 있다.

(5) 외환 위기국들에 대한 IMF의 처방을 통한 함의

　　IMF 정책 처방의 골자는 저성장 정책, 물가안정 정책을 통한 가격경쟁력 회복, 긴축 재정정책 그리고 긴축 금융정책(고금리정책)을 통한 소비 억제와 저축 유도 그리고 투자 감축 등으로 요약할 수 있다.

(6) 고비용 구조의 해소

　　① 경상수지 적자는 기본적으로 우리의 상품이나 서비스의 가격이 상대적으로 비싸기 때문에 나타나는 취약한 가격경쟁력이 원인이다.

　　② 결국 고지가, 고임금, 고금리라는 '3고 현상'에 기인하는 고비용 구조 때문이며 경상수지 적자 해소의 첩경은 고비용 구조의 해소이다.

5 경상수지 적자와 국가 간 협력의 필요성

1. 인근 궁핍화 정책

　　경상수지 적자로 경기 침체가 심화된 상황에서 한 나라가 지출을 국내 재화에 집중하고 수입재에 대한 지출을 억제하고 수출촉진 정책만을 고수한 결과 교역상대국인 외국의 수출재 산업을 불황에 빠지게 하고 종국적으로 국내 경기도 침체를 가져온다.

2. 경기 견인 정책

　　경상수지 불균형에 대한 처방으로 경제력이 큰 나라가 내수 진작 정책을 통하여 경기를 활성화시킴으로써 인근 국가들의 수출 증대에 기여하여야 한다는 이론이다.

15. 국제통화제도와 금융의 세계화

주제 01 플라자 협정

역사적으로 뉴욕의 플라자 호텔에서 미국, 일본, 독일, 프랑스, 영구 등 선진 5개국의 재무관장들이 1985년 9월에 체결한 플라자 협정과 최근 미국의 중국에 대한 환율 조정 논의는 경상수지 문제와 재정수지 문제 해결과 밀접한 관계가 있다.

상기 주장에 대한 근거를 폐쇄 경제와 개방 경제에서 민간부분 저축, 정부부문 저축 및 기타 거시경제 변수들 간의 상호 관계를 이용하여 논의하라.

해설

1 폐쇄 경제에서 생산물 시장 균형 조건

① 생산물 시장의 균형은 공급량과 수요량이 일치할 때 달성되며 그 조건은 다음과 같다.

$$\cdot\, Y = C + I + G$$
$$\cdot\, S + (T - G) = I$$
$$\cdot\, S_P + S_G = I$$

② 즉, 폐쇄경제에서는 일국의 민간부문 저축과 정부부문 저축의 합이 투자수요와 일치할 때 생산물 시장의 균형이 달성된다.

2 개방경제에서의 생산물 시장 균형 조건

① 생산물시장이 균형을 이루기 위해서는 총수요와 총공급이 같아져야 하므로 개방경제에서의 생산물시장 균형조건은 다음과 같다.

$$Y = C + I + G + X - M$$

② 위의 균형 조건은 다음과 같이 쓸 수도 있다.

$$(Y - C - G) - I = X - M$$

③ 위 식의 좌변에서 괄호 안의 표현, 즉 국민소득에서 소비지출과 정부구매를 뺀 값을 국민저축(national saving)이라고 부른다.

④ 따라서 생산물시장의 균형 조건은 순수출($NX = X - M$)이 국민저축과 국내투자 간의 차이가 같아져야 한다는 조건으로 대체할 수 있다.

$$S_P + S_G - I = S - I = X - M$$

❸ 주장의 타당성 검토

1. 저축과 경상수지

① 위에서 도출한 개방경제의 균형조건을 살펴보면, 일국의 총저축이 투자수요를 초과할 때 경상수지는 흑자가 되고 그에 따라 대외순자산이 발생한다.

② 반대로 일국의 총저축이 투자수요를 충당하지 못할 때 경상수지는 적자가 되고 그에 따라 대외순자산이 감소하거나 대외순채무가 발생한다.

③ 특히, 민간의 저축과 투자수요에 큰 변화가 없을 때 경상수지의 악화는 곧 재정수지(정부저축)의 악화로 연결될 수 있음을 보여준다.

④ 일국의 경상수지 악화는 대외순채무 증가 또는 대외순자산의 감소로 나타나는데, 이것이 민간의 저축 감소로 충당되지 못할 경우에는 정부의 재정악화로 연결됨을 시사한다.

⑤ 또는 자국의 수출이 감소하거나 수입이 증가하여 경상수지가 악화(자국의 재화나 서비스에 대한 순수요가 감소)될 때, 국민소득이 안정적으로 유지되기 위해서는 정부지출(G)이 증가해 주어야 함을 의미하기도 한다.

⑥ 정부의 재정적자(정부저축 감소)는 경상수지 적자를 초래할 수 있으며 이를 가리켜 쌍둥이 적자(twin deficits)라고도 한다.

2. 환율의 변화

① 미국이 자국의 재정적자 및 경상적자 해소를 위해 기타통화 대비 달러화 가치를 인하하기를 원하는 상황이다.

② 만약 마샬-러너 조건이 충족되는 상황이라면 미국 달러화 가치의 하락이 미국의 경상수지개선을 가져올 수 있고, 이는 위에서 살펴본 균형조건에 따라 (다른 조건이 안정적인 이상) 정부의 재정수지를 개선시킨다.

③ 따라서 미국의 입장에서 볼 때 달러가치의 하락은 경상수지와 재정수지 개선에 도움을 줄 수 있는 중요한 수단이 되는 것이다.

1. 글로벌 불균형의 개념과 발생원인에 대해 논하시오.

2. 글로벌 불균형이 가져다주는 영향에 대해 논하시오.

해설

1 글로벌 불균형의 개념과 발생 원인에 대해 논하시오.

1. 세계 경제 불균형이란?

미국 등 선진국들은 지속적인 경상수지 적자가 발생하고 중국 및 산유국 등 개발도상국들은 지속적인 경상수지 흑자가 발생하는 경우를 말한다.

2. 최근의 경향

1996년까지 개발도상국들은 경상수지 적자가 발생하였지만 2008년부터 경상수지 흑자가 발생하고 있다.

3. 세계 경제 불균형이 발생하는 이유 – 환율조작

① 중국의 경우 자국의 화폐인 위안화를 의도적으로 평가절하하고 있다고 각국이 판단하고 있는데 평가절하를 하는 이유는 중국 제품의 가격경쟁력을 향상시키기 위함이다.

② 중국 정부가 개입을 하지 않는다면 중국의 경상수지 흑자는 위안화가 평가절상 되어야 한다.

2 글로벌 불균형이 가져다주는 영향에 대해 논하시오.

1. 개발도상국으로부터 선진국으로 자금의 유출

① 개발도상국의 경상수지 흑자는 저축이 투자보다 초과하게 되며 선진국의 경상수지 적자는 투자가 저축보다 초과하게 되어 투자 자금을 위하여 해외로부터 자금을 차입하여야 한다.

② 미국의 경우 달러의 유입으로 과소비가 가능하게 되었으며 이는 다시금 경상수지 적자를 계속적으로 가져오게 된 이유이기도 하다.

2. 미국 달러화의 절상

개발도상국은 넘쳐나는 자금으로 안전 자산인 미국 국채를 매입하게 되었고 이는 달러화의 절상을 가져와 다시금 미국 경상수지 적자를 가져오게 된다.

3. 미국 이자율 하락

① 미국 국채 수요의 증가는 국채 가격 상승을 가져오고 국채 가격 상승은 다시금 이자율 하락을 가져오게 된다.

② 이는 저금리로 신용 불량자의 주택 수요를 가져오게 된 계기가 되었다.

4. 서브 프라임(sub-prime) 모기지론(mortgage loan) 사태 발생

미국 금융기관의 경우 해외에서 유입되는 자금으로 신용불량자에게 주택 담보대출을 하였으며 미국 주택 가격의 하락으로 서브프라임 모기지론 사태를 가져오게 된 계기가 되었다.

5. 해결책

① 경상수지 흑자국은 화폐가치를 높이고 적자국은 화폐가치를 낮춰야 한다.

② 그러나 이러지 못한다면 흑자국은 내수 확대에 실패하고 적자국은 내수가 감소하므로 전 세계적으로 생산능력 과잉과 총수요 부족 상황에 직면하게 될 것이다.

한국의 외환위기와 대응 정책

한국 경제는 외환위기 당시 대규모 자본유출을 경험했다. 대규모 자본유출의 경제적 효과를 분석하고, 정부가 외환위기 이전의 환율과 소득수준을 회복하기 위해서 사용해야 할 재정, 통화정책의 조합에 대해서 논하시오.

해설

1 대규모 자본유출의 효과

① 외환위기 당시 대규모의 자본의 유출은 국내 위험프리미엄(θ)의 증가로부터 비롯된 것으로 판단된다.

② 자본의 이동이 완전한 경우 $i = i^* + \theta$가 성립한다.

③ 이러한 상황에서 한국의 외환위기는 한국의 위험프리미엄을 증가시키고 그로 인해 국내로부터 국외로의 대규모의 자본유출이 발생한다.

④ 위험프리미엄이 증가할 경우 BP곡선이 상방 이동한다. 이 상태에서 외환유출로 환율이 상승한다.

⑤ 마샬-러너 조건이 충족될 경우 환율 상승은 순수출을 증가시켜 IS곡선을 우측으로 이동시켜 국민소득은 증가한다.

⑥ 환율(e)-국민소득(Y)평면에서 이자율의 상승은 투자를 감소시켜 IS곡선을 좌측으로 이동시키고, 이자율의 상승은 LM균형을 위해 국민소득이 증가해야 하므로 LM곡선을 우측으로 이동시킨다.

2 외환위기 이전의 환율과 소득 회복을 위한 정부의 정책조합

① 완전자본이동 하의 변동환율제에서 통화정책의 효과는 강력하지만, 재정정책은 소득에 영향을 미치지 못한다.

② 따라서 증가한 소득을 회복시키기 위해서는 긴축적 통화정책을 시행해야 한다.

③ 그러나 긴축적 통화정책의 시행만으로는 환율을 외환위기 이전의 수준으로 회복시킬 수 없다. 이때 환율을 외환위기 이전의 수준으로 회복시키기 위해서는 확대 재정정책을 수행해야 한다.

④ 따라서 외환위기 이전의 소득과 환율을 회복하기 위해서는 긴축 통화정책과 확대 재정정책을 수행해야 한다.

CHAPTER 08

경제논술 연습문제

최종 연습문제

수험생들은 논술 연습문제는 3회 작성을 목표로 하였으면 한다. 최초 1회 모의논술처럼 시간을 정해놓고 작성해보고, 2번째로는 해설 자료와 오픈북, 관련기사 검색, 관련자료 검색을 통해 다시 한번 취합된 자료로 작성, 3번째는 취합된 자료를 60분 분량으로 정리하고 목차 구성을 다시 정리하여 써보는 3번째 작성 연습이다. 주어진 연습문제를 이렇게 3번씩 써보고 5번씩 읽어본다면 관련 주제에 어느 정도 능통해질 수 있다고 판단된다. 논술시험은 많이 써본 수험생이 유리하고 합격하는 경우가 많다. 많이 써볼수록 합격한다면 안 써볼 이유가 없을 것이다. 짧게는 2~3개월에서 길게는 1년 정도 시험을 준비하는 동안 다루는 많은 주제를 3번씩만 써본다면 경제논술 시험은 고득점을 확신할 수 있다.

I 경제논술 연습문제 작성방법

1 목차 작성해보기

논술의 전개를 어떻게 할 것인지를 목차작성을 통해 미리 설계하는 방법이다. 크게 서론, 본론, 결론의 큰 맥락을 먼저 구성한다.

서론에는 주어진 주제의 시사적, 경제적, 상황적, 역사적 배경지식이나 배경상황, 시사적 상식을 기재함으로써 본론에 기술할 내용의 문제가 되는 키워드를 제시하게 된다.

본론에는 서론에서 제시한 문제점(즉, 문제에서 제시한 내용)을 토대로 분석하고 경제이론이나 모형을 통해 증명하게 된다. 여기서 증명하는데 이용한 모형이나 이론을 토대로 해결책의 이론적 배경을 제시하게 된다. 제시된 이론적 논거를 시사적, 현실적 상황을 대입하여 문제의 해결방법을 제시하거나 평가(또는 비판)할 수 있다.

결론에는 본론에 제시한 내용을 다시 한번 개략적으로 정리하고 문제에 따라 해결책, 대응방안 등을 구체적으로 기술하고 마무리로 논술자의 주장을 가미할 수 있다.

> **Q** 사회전반적인 고령화로 인해 경제활동인구의 생산성을 떨어트려 궁극적으로 경제성장의 저해요인이 될 수 있다는 주장이 제기되고 있다. 이러한 주장의 논거를 단기, 장기로 구분하여 논술하고 고령화에 대한 대책에 대해 서술하시오. (배점50점 - 작성시간 30분)

I. 현황

평균수명 증가, 출산률 감소, 이민정책 미비, 2018년 고령사회, 2026년 초고령사회

II. 단기적 경제성장의 저해요인

1. 투자 감소 및 재정정책의 한계로 인한 총수요의 감소

   1) 저축률 감소로 인한 투자 감소

   2) 재정정책의 한계

2. 설비투자제약과 생산가능인구 감소로 인한 총공급의 감소

   1) 생산가능인구의 감소

   2) 저축률 감소로 설비투자 제약

III. 장기적 경제성장 저해요인 – 경제성장모형

1. 솔로우모형: 인구증가율과 경제성장률과의 관계

   인구증가율 감소 → 경제성장 둔화

2. AK모형: 저축률과 경제성장률과의 관계

   저축률의 갭이 클수록 경제성장률도 비례

IV. 결론-대책

노동인구 감소 완화정책 및 아이디어:

여성인력 활용, 정년 연장, 이민정책, 솔로우모형에서 또 다른 경제성장동력 - 기술혁신, 노동의 질적 향상

서론

I. 현황

평균수명증가, 출산률 감소, 이민정책 미비,
2018년 고령사회, 2026년 초고령사회

주어진 주제가 고령화로 인한 경제성장 저해요인
이므로 고령화의 원인, 현황 그리고 경제성장 저해
요인에 될 수 있는 근거를 제시하면 된다.

본론

II. 단기적 경제성장의 저해요인

1. 투자감소 및 재정정책의 한계로 인한 총수요의 감소

   1) 저축률 감소로 인한 투자 감소

   2) 재정정책의 한계

2. 설비투자제약과 생산가능인구 감소로 인한 총공급의 감소

   1) 생산가능인구의 감소

   2) 저축률감소로 설비투자 제약

본론 목차의 제목은 "수식어 + 키워드" 형태로 작성한다.

설비투자제약과 생산가능인구 감소로 인한 | 총공급의 감소
수식어(조건, 이유) | 키워드

III. 장기적 경제성장 저해요인 – 경제성장모형

1. 솔로우모형: 인구증가율과 경제성장률과의 관계

   인구증가율 감소 → 경제성장 둔화

2. AK모형: 저축률과 경제성장률과의 관계

   저축률의 갭이 클수록 경제성장률도 비례

본론에는 문제에서 논술하라고 주어진 항목을 빠짐없이
목차로 구성하여야 한다. 논술하라는 내용은 문제에서 직
접적으로 주어질 수도 있고 그렇지 않을 수도 있다. 질문
하는 항목이 직접적으로 주어지지 않았을 경우 그 내용의
전개가 원활하게 전개될 수 있는 목차를 구성해야 한다.
이 문제의 경우 논술할 내용을 직접적으로 묻고 있다. 경
제성장의 저해요인을 장단기로 나누어 목차를 구성하면
된다.

결론

IV. 결론 – 대책

노동인구 감소 완화정책 및 아이디어:
여성인력 활용, 정년 연장, 이민정책,
솔로우모형에서 또 다른 경제성장동력
- 기술혁신, 노동의 질적 향상

결론에는 본론에서 분석한 내용을 토대로 이론적 해결 방
법을 찾았다면 이제는 현실적인 대책을 제시하여야 한다.
현실적 대책에는 정부, 기업, 코트라(또는 해당 공기업)가
해야 할 일 등으로 나눌 수도 있다. 현실적인 대응책이나
해결방안을 제시할 때는 그 내용이 너무 포괄적인 수준에
서 머물러서는 안 된다. 간략하게라도 구체적인(즉, 그 문
제를 고민해 본 흔적) 내용을 제시할 때 좋은 평가를 받을
수 있다.

8장

577

경제 논술 연습문제

☑ 목차를 토대로 내용 작성하기 [시간 체크]

목차를 작성하는데 문제의 분량에 따라 다르겠지만 위와 같은 연습문제의 경우 배점이 50점으로 높은 편이다. 60분-100점 중에 50점이라면 논술 작성 시간도 30분이 할애되어야 한다. 이런 경우 목차작성에 5분 정도 시간을 구성하여도 좋다. 오히려 이 목차가 잘 작성이 되면 본론과 결론을 작성하는데 전개의 방향, 분량 등에 오류가 없어 수정 없이 작성이 가능하다. 즉, 시간과 논술의 전개를 모두 고려할 때 목차작성 시간을 할애하는 것은 아주 중요하다. 하지만 실전에서 답안 작성을 하지 않고 목차를 구성하고 있는 것은 그리 쉬운 일은 아니다. 주변 수험생들이 답안 작성을 하는 분위기 속에서 혼자 답안 작성이 진행되지 않는 중압감이 생기기 때문이다. 하지만 목차를 작성하고 목차를 토대로 아래와 같이 본문내용을 작성하는 연습을 반복적인 연습을 하다 보면 이 방법이 오히려 시간을 단축하고 오류(수정)없이 논술을 작성할 수 있는 좋은 방법임을 알게 된다.

I. 현황

평균수명의 증가와 출산율의 감소, 이민정책의 미비로 한국이 고령화사회(총인구 대비 65세 이상 노인인구 비율 114%)의 문턱에 있다. 2020년에는 고령화사회, 2026년이면 초고령화사회(20%)가 될 것으로 전망된다.

II. 단기적 경제성장의 저해요인

1. 투자 감소 및 재정정책의 한계로 인한 총수요의 감소

    1) 저축률 감소로 인한 투자 감소

    상대소득가설에 의하면 고령자의 평균소비성향이 근로계층보다 높기 때문에 노인 부양비율 증가는 상대적으로 소비성향이 낮은 근로계층의 가용자산을 상대적으로 소비성향이 높은 고령자에게로 이전하도록 하는 효과가 있어 전체 인구의 평균 소비는 증가하고 저축은 감소한다.

    케인즈의 절대소득가설에 의하면 소득이 증가함에 따라 평균소비성향이 체감하는데 고령자는 반대로 소득이 근로 계층에 비해 적어 평균소비성향이 높다. 평균소비성향이 한계소비성향보다 크므로 평균 소비성향도 마찬가지이다. 따라서 고령자가 많을수록 전체 인구의 평균소비는 증가하고 저축은 감소한다. 결국 저축률 감소는 투자 감소로 이어진다.

    2) 재정정책의 한계

    고령화로 각종 사회보장 지원금 지출의 증가로 재정 악화 및 재정적자가 누적될 수 있다. 이는 정부가 재정정책을 적극적으로 펼칠 가능성을 제약하게 된다.

2. 설비투자제약과 생산가능인구 감소로 인한 총공급의 감소

    1) 생산가능인구의 감소로 인한 생산 감소

    생산가능인구의 감소로 생산이 감소할 수 있다.

    2) 저축률 감소, 설비투자 제약으로 인한 생산 감소

    저출률 감소로 설비투자 등 투자에 제약이 생겨 생산이 감소할 수 있다.

III. 장기적 경제성장 저해요인 – 경제성장모형

1. 솔로우모형: 인구증가율과 경제성장률과의 관계

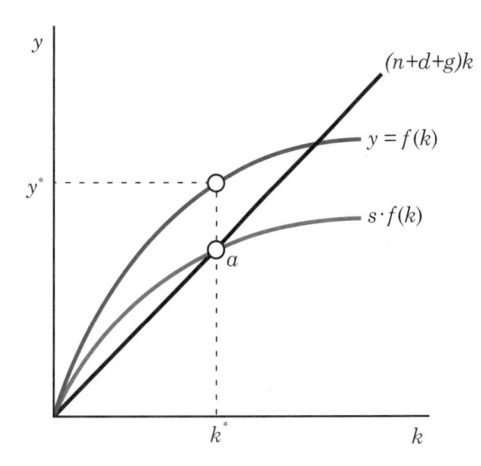

a점에서 '경제성장률 = 인구증가율 + 기술진보율' 이다.

$$\frac{\Delta Y}{Y} = \frac{\Delta L}{L} + g$$

따라서 고령화로 인구증가율이 감소하면 경제성장률도 둔화될 수 있다.

2. AK모형: 저축률과 경제성장률과의 관계

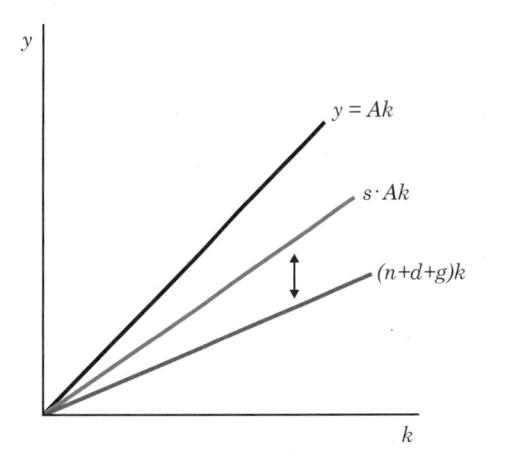

AK모형에서는 직선간의 갭(Gap)이 경제성장률을 결정하는데 저축률 s가 클수록 갭이 커져 경제성장률도 커진다. 그런데 고령화가 되면 앞서 말했듯 저축률이 감소하여 경제성장이 둔화될 수 있다.

IV. 결론-대책

대책으로 노동인구감소를 완화시키고 기술혁신 및 노동의 질적 향상을 도모해야 한다.

노동인구 감소의 완화를 위해 시간제 근무, 경력단절 여성인력활용방안, 정년 연장을 통한 노동인구의 증가, 이민정책을 통한 해외 노동인력 유입 등의 방법이 있다.

솔로우모형에서 경제성장의 또 다른 동력인 기술혁신과 노동의 질적 향상이 이루어져야 한다. 우선 기술혁신을 위해서는 제품(서비스)과 공정(프로세스)을 개발함으로써, 그 산출물을 고도화하고, 그에 따른 부가가치를 향상시키려는 노력이 필요할 것이다. 기술혁신이 중요한 이유는 짧아지는 제품, 서비스 상품의 수명주기를 고려, 신제품 개발에 소요되는 연구개발(R&D) 투자 규모와 타이밍의 결정이 경제성장에 중요하게 작용하기 때문입니다. 노동의 질적 향상을 위해서는 장기적인 교육수준의 향상을 통한 노동의 질적 수준 향상은 실질적인 의미에서 노동투입의 증대와 동일한 효과를 가져와 경제성장을 촉진시킬 수 있기 때문이다.

II 경제이론형

유동성 함정과 먼델-토빈 효과를 이용하여 양적완화의 효과를 설명하라.

아래 빈칸에 목차와 간략한 개요를 작성해본 후 해설을 참고하세요.

1 환율 가치의 하락

① 자국 내 국채를 매입하면 통화량이 증가하므로 자국의 화폐가치가 하락하여 순수출이 증가할 수 있다.

② 따라서 자국 제품의 수출경쟁력이 향상되어 공장가동률이 증가하며 실업률 하락에 도움이 된다.

③ 그러나 다른 나라도 자국의 화폐가치 하락에 맞춰 통화 가치를 낮추기 위해 경쟁적으로 양적완화에 나설 가능성도 있다.

2 장기금리 하락에 따른 자산 가격 상승

① 양적완화 정책을 실시하면 장기금리가 하락한다.

② 장기금리 하락은 위험자산과 주택 수요 증가를 가져올 수 있으며 부의 효과를 유발하여 소비 증진에 도움이 된다.

3 실질금리 감소 → 먼델-토빈 효과

① 통화량 증가는 인플레이션 기대심리를 가져오며 실질금리가 감소한다.

② 실질금리가 감소하면 투자 증가를 가져올 수 있다.

4 그림

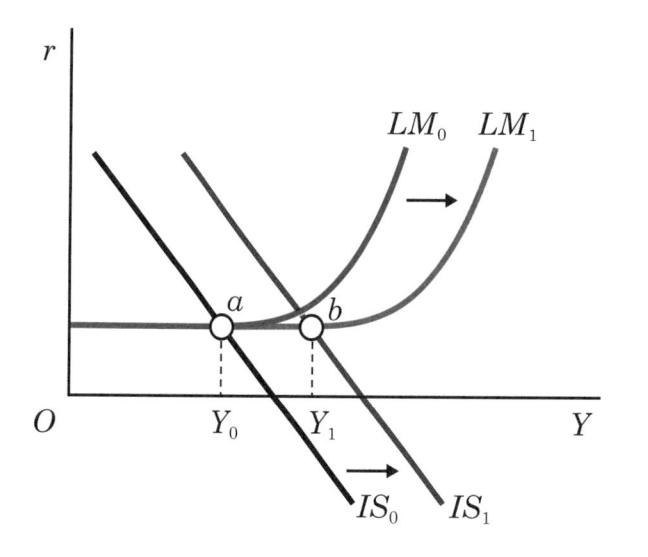

① 양적완화로 통화량이 증가하면 LM곡선이 우측으로 이동한다.($LM_0 \rightarrow LM_1$)

② 소비, 투자, 순수출의 증가로 IS곡선이 우측 이동한다.($IS_0 \rightarrow IS_1$)

③ 따라서 국민소득이 증가한다.($Y_0 \rightarrow Y_1$)

헥셔-오린 정리를 설명하고 노동 풍부국에서 임금과 이자율이 어떻게 될지 설명하라.

아래 빈칸에 목차와 간략한 개요를 작성해본 후 해설을 참고하세요.

🔳 헥셔-오린 정리란?

1. 무역발생의 원인

비교 생산비 차이가 발생하는 이유를 상대적 요소 부존량과 요소가격의 차이에 있다고 주장한다.

2. 제1정리 – 요소 부존도의 정리

각국은 상대적으로 풍부하게 부존된 생산요소를 집약적으로 사용하여 생산한 재화에 비교우위를 갖고, 이 재화를 서로 교역한다는 것을 말한다.

3. 제2정리 – 요소가격 균등화 정리

자유무역은 국가 간 생산요소의 이동이 없더라도 생산요소의 상대가격은 물론 절대가격도 국가 간에 같아진다.

🔳 노동풍부국의 경우

노동수요의 증가로 임금은 상승하고 자본수요의 감소로 이자율은 하락한다.

세계경제 위기가 한국경제에 미치는 영향을 분석해보자.

국가 할증이 존재할 때 먼델 플레밍 모형을 통해 분석하시오. 단, 한국은 자유변동 환율제로 가정한다.

아래 빈칸에 목차와 간략한 개요를 작성해본 후 해설을 참고하세요.

1 해설

① 세계경제 위기로 국가할증이 발생하면 BP곡선이 상방 움직인다.($BP_0 \rightarrow BP_1$)

② 국내이자율이 국제금리보다 작기 때문에 외환유출이 발생한다.

③ 외환유출로 환율이 상승하면 순수출이 증가한다.

④ 순수출의 증가는 IS곡선을 우측으로 이동시킨다.

⑤ 따라서 국민소득이 증가한다.

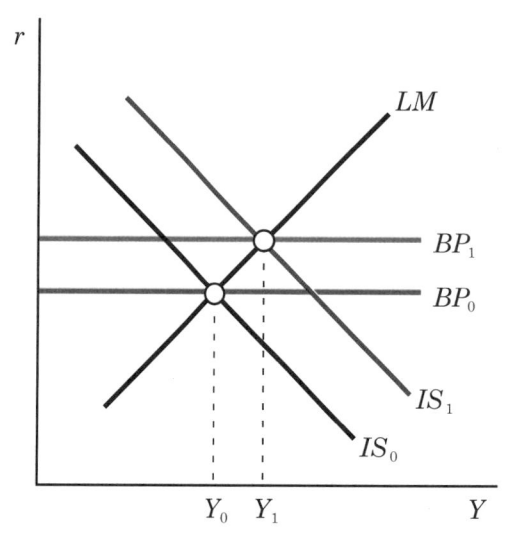

$IS-LM-BP$ 모형을 이용하여 변동환율제에서 재정정책과 금융정책 사용 시 경제변수들의 변화를 설명하시오.(완전한 자본이동을 가정하자.)

아래 빈칸에 목차와 간략한 개요를 작성해본 후 해설을 참고하세요.

1 확대재정정책

1. 설명

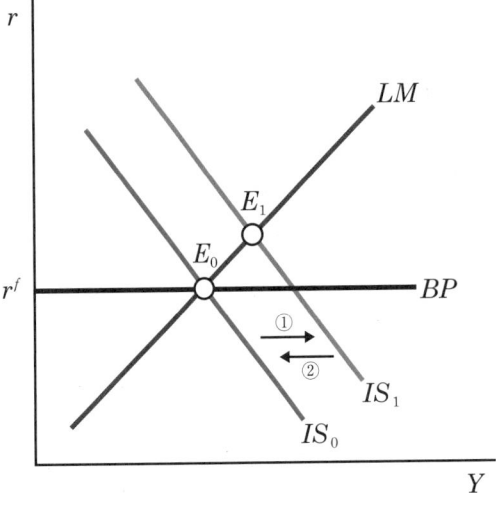

① 정부가 확대재정정책을 실시하면 정부 지출 증가로 IS곡선이 우측 이동한다.

② 새로운 대내균형점 E_1에서 국내 이자율이 국제금리보다 높기 때문에 외국으로부터 자본이 급속히 유입된다.

③ 외환 유입으로 환율이 하락하므로 경상수지가 악화되고 IS곡선은 다시 좌측으로 이동한다.

④ 결국 최종 균형은 원래의 균형점 E_0에서 이루어진다.

2. 결론

① 재정정책은 정부 지출 증가에 따른 총수요 증가분만큼 순수출을 감소시키므로 결국 총수요에 아무 영향을 미치지 못한다.

② 따라서 재정정책은 총수요를 증대시키지 못하고 경상수지만 악화시킨다.

2 확대금융정책

1. 설명

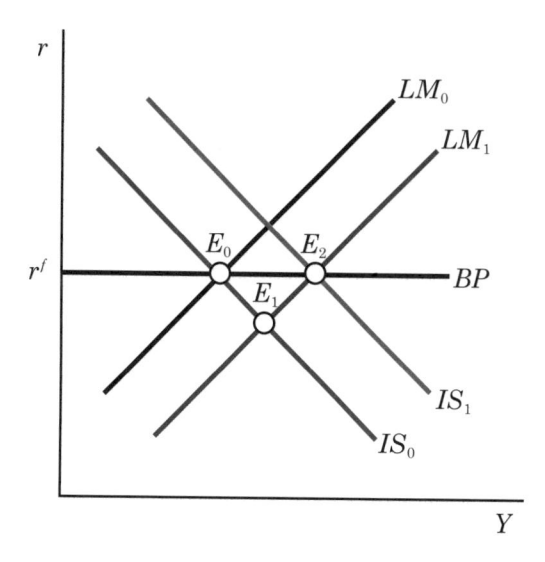

① 중앙은행이 통화량을 증가시키면 LM곡선은 우측 이동한다.

② 새로운 대내균형점 E_1에서 국내 이자율이 국제 이자율보다 낮으므로 자본유출이 발생한다.

③ 외환수요 증가는 환율을 상승시키고 경상수지가 호전되므로 IS곡선이 우측 이동한다.

④ 최종균형은 E_2에서 이루어지고, 국제수지 균형과 환율 변화는 더 이상 없다.

2. 결론

① 변동환율 제도에서 화폐금융정책은 총수요 증대에 매우 효과적이다.

② 이는 변동환율 제도에서는 화폐금융당국이 국내 통화량을 변화시킬 수 있는 반면 고정 환율 제도에서는 화폐금융당국이 통화량을 조정할 수 없기 때문이다.

통화공급량 증가가 환율, 이자율 및 국민소득에 미치는 영향을 $AA-DD$ 모형과 $IS-LM$ 모형으로 설명하라.

아래 빈칸에 목차와 간략한 개요를 작성해본 후 해설을 참고하세요.

1 해설

① 통화량이 증가하면 $AA - DD$ 모형에서는 AA곡선이 위로 이동하여 환율이 상승하고 국민소득이 증가한다.

② $IS - LM$ 모형에서는 LM곡선이 우측으로 이동하여 이자율이 내려가고 국민소득이 증가한다.

③ $AA - DD$ 모형에서는 투자가 이자율의 영향을 받지 않음에 비해, $IS - LM$ 모형에서는 투자가 이자율의 감소함수이다.

④ 따라서 통화공급량이 증가할 때 환율이 상승하고 이자율이 내려가는데, $AA - DD$ 모형에서는 환율상승으로 수출이 증가하여 총수요가 증가하는 데 비해, $IS - LM$ 모형에서는 이자율 하락이 투자를 늘려서 총수요를 증가시킨다.

외국이 투자에는 '외국인 직접투자'와 외국자본에 의한 '포트폴리오 투자'가 있다.

1. 각 투자가 국내 고용에 미치는 효과를 설명하시오.

2. 각 투자가 무역수지에 미치는 효과를 설명하시오.

아래 빈칸에 목차와 간략한 개요를 작성해본 후 해설을 참고하세요.

1 고용효과

① 투자유치국의 입장에서 다국적 기업이 투자유치국에 생산시설이나 판매망을 설립하게 하여 내국인에게 고용기회를 줄 수 있다는 견해가 있다.

② 그러나 대부분의 경우 다국적 기업은 기업의 신규 설립보다 인수·합병을 하는 경우가 많으며, 경영진이나 간부 직원을 본국에서 유치하는 경우가 많으므로 오히려 투자유치국의 고용기회를 줄일 수 있다.

③ 따라서 많은 국가가 다국적기업에 대해 일정 수준 이상의 내국인 고용을 의무화하는 규정을 두고 있다.

④ 반면 투자국의 입장에서는 생산 기반의 해외 이전으로 국내 고용을 감소시킨다는 주장과 외국의 소득을 증가시켜 결국 자국의 수입 수요를 증대시키므로 투자국의 고용에 큰 영향이 없다는 주장이 있다.

2 기술의 이전

① 다국적 기업은 뛰어난 생산기술 또는 영업·관리 기술을 투자유치국에 전파하는 역할을 하게 된다.

② 이를 통해 투자 유치국의 생산 및 경영의 효율성이 증대하게 된다.

3 국제수지 효과

① 직접투자는 그 자체로서 투자국의 자본수지를 악화시키고, 투자유치국의 자본수지를 개선하는 효과가 있다.

② 또 투자국의 수출 공급능력 약화 역시 국제수지를 악화시킨다.

③ 반면 투자유치국의 자회사는 자국으로부터 자본재 등을 수입하며, 투자국에 배당금, 이자, 특허 사용료 등을 지불하게 되므로 국제수지를 개선하는 측면도 있다.

4 자주권의 문제

다국적 기업이 투자유치국의 정책과 상충되는 목표를 갖게 될 때 국적 기업이 산업에 대한 지배력을 바탕으로 산업을 지배하고 경제를 대외적으로 종속시킬 가능성이 높아진다.

Ⅲ 시사주제형

미국의 금리 인하가 우리나라의 총생산, 물가, 이자율, 환율, 고용, 실질임금 등에 미치게 될 단기 효과를 설명하라.

아래 빈칸에 목차와 간략한 개요를 작성해본 후 해설을 참고하세요.

1 주어진 물가수준 하의 분석

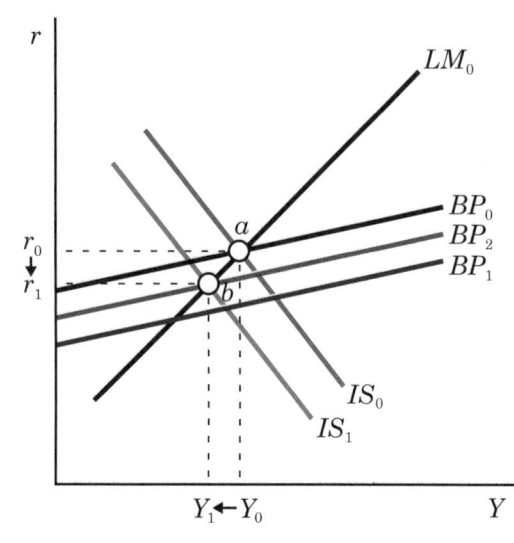

① 최초 균형을 a점이라고 하자. 미국이 금리를 인하하면 BP곡선이 BP_1로 하방 이동하며 a점에서 국제수지흑자요인, 즉 외환시장의 초과공급이 유발되며 환율이 하락한다.

② 환율이 하락하면 순수출이 감소하며 IS곡선과 BP곡선이 IS_1 및 BP_2로 좌측 이동한다. 그 결과 총수요측 균형점은 b점이 된다.

2 물가변화의 효과

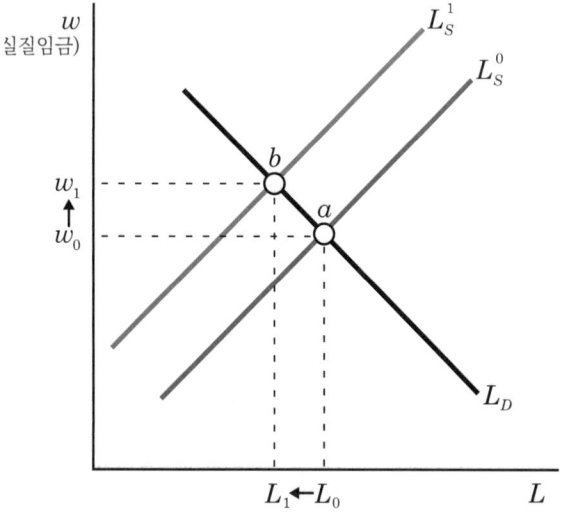

① 총수요곡선을 좌측으로 이동하고 주어진 물가수준에서 초과공급이 발생함에 따라 물가가 하락한다.

② 물가가 하락하면 명목임금 하락을 실질임금 하락으로 착각한 노동자들이 노동공급을 감소시킨다.

3 주요 변수의 변화

미국의 금리 인상 결과 총생산은 감소, 물가는 하락, 이자율은 하락, 환율은 하락, 고용은 감소, 실질임금은 상승한다.

고령화 현상의 원인을 논리적으로 분석하고 노동시장과 금융시장에 어떠한 영향을 가져다줄지 서술하시오.

아래 빈칸에 목차와 간략한 개요를 작성해본 후 해설을 참고하세요.

1 인구 고령화의 개념

UN은 전체 인구 중 65세이상 인구가 차지하는 비중에 따라 고령화사회(Aging Society, 7%-14%), 고령사회(Aged Society, 14%-20%), 초고령사회(Super-aged Society, 20% 이상)로 분류하고 있다.

2 고령화의 원인

1. 평균수명 증가(longevity)와 출산율(fertility rate) 감소

의료기술의 발달로 인한 평균수명 증가와 교육비 부담, 청년실업률의 증가 등으로 인한 출산율 감소가 고령화의 원인이 되고 있다.

2. 이민정책 미비

미국, 캐나다, 호주, 뉴질랜드 등은 이민정책 시행에 따른 신규 인구 유입으로 고령화가 상대적으로 서서히 진행되고 있으나 한국은 이민정책이 적극적으로 시행되지 않고 있다.

3 노동시장에 미치는 영향

① 고령화는 정부의 정책 변화가 없을 경우 노동공급을 현 수준보다 감소토록 하여 직·간접적으로 성장 둔화를 초래한다.
② 직접적인 효과는 다음과 같다.

생산 가능인구의 감소 → 노동 공급의 축소 → 생산 감소 → 성장 둔화

③ 간접적인 효과는 다음과 같다.

노인 부양비율의 증가 → 저축(자본공급) 감소 → 투자 등 총수요 감소 → 성장 둔화

4 금융시장에 미치는 영향

1. 금리 상승과 환율 하락

① 대부자금 시장에서 금리가 결정된다고 할 때 일국의 저축의 감소는 자금의 공급을 감소시켜 금리 상승의 압력으로 작용한다.
② 이처럼 금리가 상승하면 외환이 유입하여 환율이 하락한다.

2. 금융시장의 위축

① 노년층이 증가함에 따라 금융자산 매각이 증가하며 금융자산의 가격 하락으로 연결된다.
② 자산 가격 하락은 주식 등 위험도가 큰 자산부터 시작될 것으로 전망할 수 있다.

1990년대 발생한 남미의 외환위기, 유럽 국가들의 외환위기, 한국의 외환위기의 발생원인을 서로 비교하
시오.

아래 빈칸에 목차와 간략한 개요를 작성해본 후 해설을 참고하세요.

1 남미의 외환위기

① 남미의 외환위기는 과도한 재정적자와 고정환율제라는 국내 정책 간의 기본적인 불일치에 의해 위기가 발생하였다.

② 즉, 남미 국가들의 경우 고질적인 재정적자의 누적으로 인해 더 이상 재정 부담이 불가능해지면 사람들은 향후 통화증발(printing money)과 환율상승을 합리적으로 예측하게 되는데 특히 공식적 외환보유고가 환투기를 막기에 부족하다고 생각될 때 외환위기가 발생하게 된다.

2 유럽의 외환위기

① 유럽의 외환위기가 남미의 외환위기와 기본적으로 다른 점은 남미의 외환위기는 외환보유고의 부족이 외환위기의 직접적인 원인이 되었지만 유럽의 외환위기는 국제 유동성 부족이 외환위기의 직접적 원인이 되었다고 보지는 않는다.

② 즉, 고정환율제는 환율 안정을 통해 국제무역과 투자 촉진을 하는 이득이 있는 반면 대내, 대외요인의 변화로 인해 실업이나 인플레이션이 크게 문제 되는 경우에는 평가 조정을 통해 이득을 얻을 수 있게 되는데 이때 고정환율제를 유지하는 거시경제적 비용이 포기하는 비용보다 더 커질 경우 정부는 투기적 공격이 없이도 고정환율제를 포기할 것이다.

③ 이때 사람들이 정부가 고정환율제를 포기할 것이라고 합리적으로 예측한다면 투기적 공격이 발생하여 평가 조정시기를 앞당기고 필요 조정폭을 증가시킨다.

3 아시아 외환위기

1. 크루그먼(krugman)의 견해 : 대내적 요인 강조

정부의 암묵적 지급보증과 은행, 기업들의 도덕적 해이로 인해 초기 위험을 낮게 평가하고 대출하였던 금융기관들이 해외자금을 사용한 경우 암묵적 지급보증의 유효성이 상실되는 순간 은행 부실이 발생하고 이를 정부가 통화 공급으로 해결할 것이라고 예상하면 자기실현적 위기가 발생한다.

2. 삭스(J. Sachs)의 견해 : 대외적 요인 강조

① 금융공황은 단기로 자금을 빌려와 장기로 대출하는 금융기관의 기능에서 비롯할 수 있다.

② 즉, 동아시아에 자금을 제공했던 해외투자가들이 일시에 자금을 회수해 가는 과정에서 장기적 투자를 했던 동아시아 기업과 은행들이 위기를 맞게 되었다는 것이다.

3. 자본자유화와 붐 : 버스트 cycle 모형

환율이 단기에는 금리 격차에 의한 자본 이동에 의해 결정되고 장기적으로는 가격경쟁력의 영향을 받는 경상수지에 의해 결정된다면 자본자유화의 초기에 급격한 자금 유입과 이로 인한 자국 화폐의 강세가 장기적으로는 경상수지 적자를 유발하여 자국 화폐를 하락시킬 것이지만 이러한 위험을 과소평가하는 경우 과도한 차입이 발생하고 결국 급격한 거품의 붕괴와 함께 외환위기가 발생하게 된다.

4. 1997~1998년 아시아 외환위기 일지

1997년 5월 15일	태국 바트화 투매 발생, 태국, 홍콩, 말레이시아 공동 개입
1997년 8월 14일	인도네시아 루피아화 폭락으로 환율 변동 제한폭 폐지
1997년 9월 4일	필리핀 페소화, 말레이시아 링깃화 폭락
1997년 10월 17일	대만 환율 방어 포기로 대만달러 폭락
1997년 10월 23일	홍콩 항셍지수 10.4% 폭락
1997년 11월 21일	IMF 구제금융 신청
1997년 12월 26일	한국 일일 환율 변동폭 폐지, 완전 자유변동환율제 전환
1997년 8월 28일	홍콩 당국 조지 소로스 등 환투기 세력 격퇴

4 외채/GDP 비율의 변화

$$\frac{d\left(\dfrac{D}{Y}\right)}{dt} = (r-g)\left(\frac{D}{Y}\right) - \left(\frac{TB}{Y}\right)$$

(D : 외채, Y : GDP, r : 외채이자율, g : 경제성장률, TB : 무역수지)

① 외채/GDP 비율은 이자율, 경제성장률, 무역수지 등 복합적인 요인에 의해 결정된다.

② 이자율이 높을수록, 경제성장률이 낮을수록, 그리고 무역수지 적자가 클수록 외채/GDP 비율은 증가한다.

한국의 원화가치가 상승하고 있다.

1. 원화가치 상승의 이유를 설명하시오.

2. 원화가치 상승에 따른 산업별 명암을 분석하시오.

아래 빈칸에 목차와 간략한 개요를 작성해본 후 해설을 참고하세요.

1 원화가치 상승 원인

1. 외국인들의 국내 증시 투자 확대

외국인들이 국내 증시 투자를 늘리면서 달러를 들여오고 있는데 달러가 서울 외환시장에 달러 공급량 확대로 이어지고 있다.

2. 달러 약세

뉴욕 외환시장에서 미국 달러가 약세인데 고용지표가 부진한 것으로 드러난 이후 달러화가 약세를 보이고 있다.

3. 미국금리 인상

미국 중앙은행은 금리 인상을 예고하고 있었으나 지금은 아니라는 전망이 확산되면서 달러 가치가 하락하고 있다.

2 산업별 명암

1. 자동차 산업

수출 가격이 높아져 가장 불리하며 현대 및 기아자동차의 경우 원·달러 환율 10원 하락 시 수출이 3318억 원 감소할 것으로 전망된다.

2. 전자 산업

글로벌 생산 및 판매구조 정착으로 영향이 적다.

3. 유화 산업

수출 비중 70%로 높지만 원재료인 원유 수입부담은 감소할 수 있다.

4. 조선 산업

환혜지로 큰 영향이 없으나 수주 경쟁력은 더 악화될 수 있다.

5. 철강 산업

① 가격 경쟁력은 낮아지지만 철광석 등 원재료 수입 비용 감소로 피해가 감소할 수 있다.
② 포스코의 수출 비중은 40%가량이지만 원재료인 철광석 수입 비중은 100%에 달한다.

6. 항공 산업

기름값과 항공료 리스 등 비용이 감소해 긍정적인 영향을 줄 수 있다.

FTA 협상이 '양자주의'에서 '다자주의'로 전환되고 있다. 다자간 FTA인 '메가 FTA'에 대한 전망을 논하시오.

아래 빈칸에 목차와 간략한 개요를 작성해본 후 해설을 참고하세요.

1 도입 취지

1. 선진국의 입장 - 수출 확대와 통상 주도권

① 미국 등 선진국은 위기 이후 수출 증개를 통한 경제난 타개, 글로벌 통상 주도권 강화, 중국 견제 등을 목표로 대규모 블록화를 추진하고자 한다.

② 미국은 TPP를 통해 아태지역에서 급부상하는 중국을 견제하고 수출 증대 및 글로벌 통상규범 제정자 역할을 하고자 한다. 또한 통상 정책이 재편되며 실리적 기조로 전환되고 있다.

③ EU와 일본은 각각 수출 확대, 대미 관계 개선 등 정치 경제적 이유로 미국의 전략에 동참하고 있다.

2. 중국 - 역내 헤게모니

① 중국은 선진국 주도 블록화와 목표가 중국의 고립과 외부 압박을 통한 시장 개방에 있다고 인식하여 RCEP 등 역내 경제협력 강화로 대응하고 있다.

② 규모에 비해 경제가 고도화되지 않은 중국은 역내 국가를 중심으로 양자간 FTA 전략을 구사해 왔는데 최근 RCEP과 같은 다자간 FTA로 범위를 확대하고 있다.

2 다자간 FTA 체결 증가에 따른 효과

1. 세계 경제 활성화와 무역 확대

① 거대 경제블록 내 무역 및 투자 자유화가 이루어질 경우 글로벌 경제 위기 극복에 필요한 수요 확대가 가능하다.

② 관세 철폐 및 비관세장벽 인하로 무역이 촉진되고 투자 및 서비스 시장 개방 등으로 투자가 활성화될 수 있다.

2. 선진국의 국제규범 주도로 신흥국 견제 심화

① 다자간 FTA를 주도하고 있는 미국과 EU가 각종 기술규정과 표준까지 통일할 경우 세계시장에서 구미국가의 기술 주도권이 더욱 강화될 전망이다.

② 수출국은 최대 시장을 보유한 미국과 EU가 정한 각종 기준과 표준을 준수할 수밖에 없어 미국과 EU가 표준 및 규범 경쟁에서 우위를 차지할 전망이다.

③ 미국과 EU는 중국 등 신흥국을 대상으로 국유기업에 대한 특혜 취소와 지식 재산권, 환경, 노동, 경쟁 등과 관련된 정책 개선을 요구할 수도 있다.

3. 국제통상질서의 변화

① 다자간 FTA 체결의 증가는 비참여 국가들의 독자적인 자유무역협정 추진도 가속화될 전망이다.

② 통합 수준이 낮을 것으로 예상되는 RCEP에는 참여가 비교적 용이해 신흥국이 동참할 가능성이 높다.

③ 세계경제의 핵심 국가들이 다자간 FTA를 주도함에 따라 WTO 체제하의 DDA 추진동력이 더욱 약화될 전망이다.

PART

03

PART GUIDE

PART03에서는 코트라 시험에서 일반 계열의 선택과목으로 치러지는 직무역량평가 논술시험의 기출문제와 분석방법, 연습문제로 구성되어 있다. 직무역량평가는 실무적인 상황의 문제를 주고 이를 해결하는 기획, 분석, 판단력을 평가하는 직무능력 평가형 문제로 주로 상황 판단 문제가 주어진다. 시장분석, 상황판단, 수출전략 등 다양한 형태의 직무 문제가 주어진다. 대부분의 문제는 제시문이 주어진다. 주어진 제시문을 어떻게 활용하느냐가 직무역량평가 논술의 관건이 된다.

본 단원은 기출문제와 연습문제 그리고 전략분석에 필요한 다양한 분석 기법 등을 공부할 수 있다. 실제 시험에서는 이런 분석 기법을 알고 제시문을 빠르게 분석하는 순발력에 대한 연습이 되면 생소한 문제가 주어지더라도 고득점할 수 있는 과목이다.

4P 전략 SWOT 분석 등 다양한 경영전략 및 분석방법을 통해 상품, 시장, 상황에 대한 판단, 수출전략, 문제에 대한 합리적 해결책을 제시하는 문제를 해결할 수 있는 능력을 시험하는 과목

CHAPTER 09   **직무역량평가**

직무역량평가

코트라 직무역량평가 논술

직무역량평가 논술시험은 코트라에 국한된 출제 문제이다. 비즈니스 레터, 수출 적합성 판단, 경영 기획분석, 마케팅 분석 등 다양한 주제가 출제된다. 다만, 제시문에 주어지기 때문에 당황할 필요는 없다. 주어진 제시문을 잘 파악하면 그 안에 답이 있는 경우가 대부분이다. 제시문을 잘 활용하고 다양한-**하지만 그리 많지 않은**- 분석기법을 통해 논술, 보고서 작성, 자료해석, 상황판단 등의 문제를 풀어 볼 수 있다.

Ⅰ 코트라 직무역량평가 시험 소개 및 분석

01 코트라 직무역량평가 시험의 개요

① 시험 시간

직무(문제)해결능력평가는 90분의 시간이 주어진다. 답안 작성은 보통 6페이지 내로 작성하라는 조건이 주어진다. (매 시험마다 약간 다른 기준이 적용될 수 있으며 시험 전 감독관이 자세한 내용을 설명한다.)

② 직무역량평가 논술 시험문제의 문제 구성의 변화

1. 2012년 : 직무능력 논술시험 최초 시행

국내 의료기기 산업의 특징(국내 의료기기 시장의 특징과 산업 규모, 현황, 영업적 특징(리베이트문제 등))을 세세하게 7페이지 정도 분량의 제시문으로 주고 이메일에 대한 답변과 시장분석 보고서를 작성하는 문제.

> 문1. 독일의 의료기기 회사가 국내에 진출하려고 한다는 비즈니 스레터가 왔다. 코트라맨으로써 제시문의 내용을 파악한 후 이메일에 답하시오.
>
> 문2. 코트라맨인 당신은 상사로부터 국내 의료기기 시장에 대한 분석 보고서를 작성하라는 지시를 받았다. 제시문의 내용이 사실이라고 가정하고[현실 상황을 개입하지 말고 제시문의 상황만으로] 국내 의료기기 시장분석 보고서를 제출하시오.

2. 2013년 기준

① 총 세 가지 문제로 구성되어 있다.
② 첫 번째 문제는 주어진 자료를 분석하고 가장 적합한 방안을 도출하는 과제이다.
③ 두 번째 문제는 주어진 조사 보고서 자료를 읽고 논리적 오류를 분석하는 과제이다.
④ 세 번째 문제는 주어진 자료를 바탕으로 특정 제품의 수출 적합성 여부를 판단하는 보고서를 작성하는 과제이다.

3. 2014년 기준

경제신문기사를 보여주고 해당 내용을 요약하고 정리하는 것으로 경제논술의 축약형으로 출제되었다.

4. 2015년, 2016년, 2017 기준

• 제시문 3개를 주고 제시문을 통해 묻는 내용에 서술하는 형식이다.
• 주로 신문기사의 내용과 당시 이슈가 되는 기술적, 마케팅적 상황(웨어러블 기기와 스마트워치를 결합한 상품을 SNS 등을 통해 마케팅하는 방법 등) 제시된다.
• 이공계열은 합리적인 업무 선택 방법(포니자동차를 재조립하는 공정을 제시문으로 주고 공정을 정리하는 내용 등)이 출제되었다.

5. 2018년

제시문 1

문1. 나 살고, 너 죽고/ 나 살고, 너 살고/ 나 죽고, 너 살고/ 나 죽고, 너 죽고 전략이 있다. 이와 같은 형태로 위 4가지 전략의 형태를 설명한 후, 최근에 기업 갑질, 부정부패가 만연하다. 그러한 기업 상황과 그에 대한 기업의 운영적 대응 방안을 쓰시오.

*나 살고, 너 죽고 : 대기업이 하청업체에 단가 부담을 넘겨 자신들의 수익률을 높이는 행위이다.

제시문 2

18세기 초 숙련공이 생산하던 시대, 산업혁명으로 기계화되던 시대, 인공지능에 대한 낙관론과 부정론에 대한 신문기사 내용 제시

문2. 이 당시에 노동자, 자본가는 위의 전략 중에 어느 전략에 해당하며, 해당 전략에 따라 각자의 입장을 서술하라.

문3. 위의 전략과 관련지어 인공지능과 인간의 공존, 상생을 위한 방안을 쓰시오.

제시문 3

하이힐의 유래와 신발의 특징(세분화, 패션에 대한 가치 변화 등) 내용 제시

문4. 신발 시장을 Segmentation하고 글로벌 시장 진출 전략을 제시하여라.
조건 : 가격, 제품, 품질, 프로세스, AS 등의 요소를 포함하여 서술하라.

문5. 기술적/상황적/사회적 가치에 따른 하이힐의 유행(이유)를 설명하라.

3 점수배점

1. 연도별 배점

제시된 문제 수와 난이도 등에 따라 문제의 배점이 달라진다. 1문제로 출제되는 경우도 있었고 2~3문제로 배점이 달리 출제되는 경우도 있다.

	2013년	2014년	2015년 · 2016년
1문	30점		40점
2문	30점	100점	30점
3문	40점		30점

2. 유의사항

① 작성 후 문제지는 반드시 감독관에게 제출해야 한다.

② 자료가 제시되는데 제시된 자료는 현실 상황을 각색하여, 평가 목적에 맞게 가상 상황 및 임의로 재구성된 것이다. 따라서 평가를 수행할 때는 제시된 상황 및 자료 등이 모두 사실이라고 가정하고 문제를 풀어야 한다. 즉, 본인 임의대로 해석하여 과제를 수행해서는 안 된다. 대신, 제시문을 바탕으로 배경지식도 활용하도록 허용하는 경우도 있다.

③ 보고서를 작성하는 내용일 때는 제목에 따른 보고서 형식을 갖추어 압축 요약적으로 작성해야 한다.

④ 서술 용지 장수를 제한하는 경우 그에 맞추어 서술해야 한다.

---

02 | 문제 해결 능력 일반

■ 문제 해결 능력

문제 해결 능력이란 직장 생활에서 업무 수행 중에 발생되는 여러 가지 문제를 창조적, 논리적, 비판적 사고를 통해 그 문제를 올바르게 인식하고 적절히 해결하는 능력을 말한다. 최근의 문제들은 더욱 복합적이고 다양한 형태로 나타나고 있다. 그러므로, 문제 해결 능력은 모든 직업인들에게 직면한 문제를 바르게 인식하고 바람직한 문제 해결을 위해 요구되는 가장 중요한 요소이다.

1. 문제의 정의

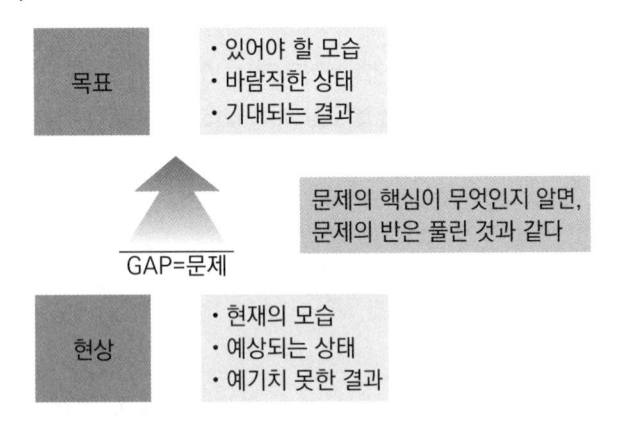

2. 문제의 의미

문제란 원활한 업무 수행을 위해 해결되어야 하는 질문이나 의논 대상을 의미한다. 즉 해결하기를 원하지만 실제로 해결해야 하는 방법을 모르고 있는 상태나 얻고자 하는 해답이 있지만 그 해답을 얻는데 필요한 일련의 행동을 알지 못한 상태이다. 이러한 문제는 흔히 문제점과 구분하지 않고 사용하는데, 문제점이란 문제의 근본 원인이 되는 사항으로 문제 해결에 필요한 열쇠인 핵심 사항을 말한다. 예컨대 난폭 운전으로 전복사고가 일어났을 때, 사고의 발생이 문제이며, 난폭운전은 문제점이다. 이렇게 문제점은 개선해야 할 사항이나 손을 써야 할 사항, 그에 의해서 문제가 해결될 수 있고 문제의 발생을 미리 방지할 수 있는 사항을 말한다.

3. 문제의 분류

일반적으로 문제는 창의적 문제와 분석적 문제로 나뉜다. 이 두 가지 문제는 문제제시방법, 해결방법, 해답 수, 주요 특징에 의해 다음과 같이 구분된다.

구분	창의적 문제	분석적 문제
문제제시 방법	현재 문제가 없더라도 보다 나은 방법을 찾기 위한 문제 탐구로 문제 자체가 명확하지 않음	현재의 문제점이나 미래의 문제로 예견될 것에 대한 문제 탐구로, 문제 자체가 명확함
해결 방법	창의력에 의한 많은 아이디어의 작성을 통해 해결	분석, 논리, 귀납과 같은 논리적 방법을 통해 해결
해답 수	해답의 수가 많으며, 많은 답 가운데 보다 나은 것을 선택	답의 수가 적으며, 한정되어 있음
주요 특징	주관적, 직관적, 감각적, 정성적, 개별적, 특수성	객관적, 논리적, 정량적, 이성적, 일반적, 공통성

직무역량평가논술

4. 문제 해결을 위한 실천 의지

업무를 추진하는 동안에 문제를 인식한다 하더라도 문제를 해결하려는 의지가 없다면 문제의 자체는 아무런 의미가 없다. 업무 상황에서 발생하는 문제를 인식하고 문제를 방치하지 않고 도전하여 해결하는 노력이 동반될 때 문제 해결의 단초가 되고 개인과 조직도 발전이 있을 수 있다. 문제가 있고, 문제를 해결하는 속에 조직은 발전하게 되는데, 문제 제기를 두려워하고 숨기거나 없다고 한다면, 그 조직의 발전은 멈출 것이다. 즉, 문제를 방치하지 않고 도전하여 해결하는 속에서 발전이 이루어지는 것이다. 이렇게 생각할 때 문제를 해결하려는 실천적 의지가 중요함을 알 수 있다.

5. 문제의 유형

문제를 효과적으로 해결하기 위해 문제의 유형을 파악하는 것이 우선시 되어야 한다. 문제의 유형은 그 기준에 따라 아래와 같이 구분될 수 있다.
• 기능에 따른 문제 유형 : 제조 문제, 판매 문제, 자금 문제, 인사 문제, 경리 문제, 기술상 문제
• 해결 방법에 따른 문제 유형 : 논리적 문제와 창의적 문제
• 시간에 따른 문제 유형 : 과거 문제, 현재 문제, 미래 문제
• 업무 수행 과정 중 발생한 문제 유형 : 발생형 문제(보이는 문제), 탐색형 문제(찾는 문제),
설정형 문제(미래 문제)

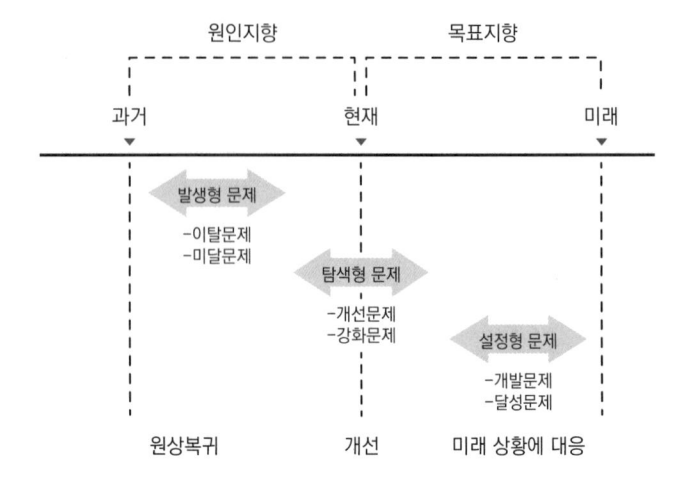

① 발생형 문제(보이는 문제) : 우리 눈앞에 발생되어 당장 걱정하고 해결하기 위해 고민하는 문제를 의미한다. 발생형 문제는 눈에 보이는 이미 일어난 문제로, 어떤 기준을 일탈함으로써 생기는 일탈 문제와 기준에 미달하여 생기는 미달문제로 대변되며 원상복귀가 필요하다. 또한 문제의 원인이 내재되어 있기 때문에 원인지향적인 문제라고도 한다.

② 탐색형 문제(찾는 문제) : 더 잘해야 하는 문제로 현재의 상황을 개선하거나 효율을 높이기 위한 문제를 의미한다. 탐색형 문제는 눈에 보이지 않는 문제로, 문제를 방치하면 뒤에 큰 손실이 따르거나 결국 해결할 수 없는 문제로 나타나게 된다. 이러한 탐색형 문제는 잠재문제, 예측문제, 발견문제의 세 가지 형태로 구분된다. 잠재문제는 문제가 잠재되어 있어 보지 못하고 인식하지 못하다가 결국은 문제가 확대되어 해결이 어려운 문제를 의미한다. 이와 같은 문제는 존재하나 숨어있기 때문에 조사 및 분석을 통해서 찾아야 할 필요가 있다. 예측문제는 지금 현재로는 문제가 없으나 현 상태의 진행 상황을 예측이라는 방법을 사용하여 찾아야 앞으로 일어날 수 있는 문제가 보이는 문제를 의미한다. 발견문제는 현재로서는 담당 업무에 아무런 문제가 없으나 유사 타 기업의 업무방식이나 선진기업의 업무 방법 등의 정보를 얻음으로써 보다 좋은 제도나 기법, 기술을 발견하여 개선, 향상시킬 수 있는 문제를 말한다.

③ 설정형 문제(미래 문제) : 미래상황에 대응하는 장래의 경영전략의 문제로 앞으로 어떻게 할 것인가 하는 문제를 의미한다. 설정형 문제는 지금까지 해오던 것과 전혀 관계없이 미래 지향적으로 새로운 과제 또는 목표를 설정함에 따라 일어나는 문제로서, 목표 지향적 문제라고 할 수 있다. 따라서 이러한 과제나 목표를 달성하는데 따른 문제해결에는 지금까지 경험한 바가 없기 때문에 많은 창조적인 노력이 요구되는 문제이므로, 설정형 문제를 창조적 문제라고 하기도 한다.다음에 제시된 각 상황들이 보이는 문제, 찾는 문제, 미래 문제 중 해당되는 문제에 "O"표시를 해 보고, 그 이유를 적어보자

상황 A 제조부서의 부장 K에게 제품 불량에 대한 고객들의 클레임이 발생했다.

상황 B 생산부서의 L에게 생산성을 15% 높이라는 임무가 떨어졌다.

상황 C 기획부서의 J에게 자동차 생산 분야로 진출하는 데 있어서 발생 가능한 문제를 파악하라는 지시가 내려왔다.

상황 D 생산부서의 M은 중국에 생산라인을 설치할 때 고려해야 하는 문제들이 무엇인지를 판단해야 하는 상황에 처해 있다.

	보이는 문제	찾는 문제	미래 문제
상황 A			
상황 B			
상황 C			
상황 D			
상황 E			
상황 F			

활동 해설

    제시된 활동은 학습자들이 직접 상황을 읽고, 각 상황이 보이는 문제, 찾는 문제, 미래 문제 중 어떤 문제에 해당하는지를 작성해 봄으로써 문제의 유형을 구분해 보는 활동이다. 활동을 통해서 현재 직면하고 있는 상황만이 문제가 아니며, 현재 업무를 개선하기 위한 찾는 문제와 앞으로 발생할 수도 있는 미래의 문제도 있음으로, 문제의 유형이 보이는 문제, 찾는 문제, 미래 문제의 3가지로 구분됨을 보여준다. 활동에 제시된 각 상황에 해당하는 문제의 유형과 그 이유는 다음과 같다.

    상황 A 보이는 문제   상황 B 찾는 문제   상황 C 미래 문제
    상황 D 보이는 문제   상황 E 찾는 문제   상황 F 미래 문제

- 상황 A, D는 현재 직면하고 있으면서 바로 해결해야 되는 문제이므로, 보이는 문제에 해당한다.
- 상황 B, E는 현재 상황은 문제가 아니지만 상황 개선을 통해서 더욱 효과적인 수행을 할 수 있으므로 찾는 문제에 해당한다.
- 상황 C, F는 환경변화에 따라 앞으로 발생할 수 있는 문제로 미래 문제에 해당한다.

6. 문제 해결의 정의 및 의의

① 정의 : 문제 해결이란 목표와 현상을 분석하고, 이 분석 결과를 토대로 주요 과제를 도출 바람직한 상태나 기대되는 결과가 나타나도록 최적의 해결안을 찾아 실행, 평가해 가는 활동을 의미한다.

② 의의 : 문제 해결은 조직, 고객, 자신의 세 가지 측면에서 도움을 줄 수 있다.
  • 조직 측면에서는 자신의 속한 조직의 관련 분야에서 세계 일류 수준을 지향하며, 경쟁사와 대비하여 탁월하게 우위를 확보하기 위해서 끊임없는 문제 해결이 요구된다.
  • 고객 측면에서는 고객이 불편하게 느끼는 부분을 찾아 개선과 고객감동을 통한 고객 만족을 높이는 측면에서 문제 해결이 요구된다.
  • 자기 자신 측면에서는 불필요한 업무를 제거하거나 단순화하여 업무를 효율적으로 처리하게 됨으로써 자신을 경쟁력 있는 사람으로 만들어 나가는데 문제 해결이 요구된다.

7. 문제 해결을 위한 기본적 사고

문제 해결을 잘하기 위해서는 4가지 기본적 사고가 필요한데, 전략적 사고, 분석적 사고, 발상의 전환, 내외부 자원의 활용이 필요하다.

① 전략적 사고를 해야 한다.

현재 당면하고 있는 문제와 그 해결 방법에만 집착하지 말고, 그 문제와 해결방안이상위 시스템 또는 다른 문제와 어떻게 연결되어 있는지를 생각하는 것이 필요하다.

② 분석적 사고를 해야 한다.

전체를 각각의 요소로 나누어 그 요소의 의미를 도출한 다음 우선순위를 부여하고 구체적인 문제해결방법을 실행하는 것이 요구된다. 또한 분석적 사고는 문제가 성과 지향, 가설 지향, 사실 지향의 세 가지 경우에 따라 다음과 같은 사고가 요구된다.
  • 성과 지향의 문제 : 기대하는 결과를 명시하고 효과적으로 달성하는 방법을 사전에 구상하고 실행에 옮겨라.
  • 가설 지향의 문제 : 현상 및 원인 분석 전에 지식과 경험을 바탕으로 일의 과정이나 결과, 결론을 가정한 다음 검증 후 사실일 경우 다음 단계의 일을 수행하라.
  • 사실 지향의 문제 : 일상 업무에서 일어나는 상식, 편견을 타파하여 객관적 사실로부터 사고와 행동을 출발하라.

③ 발상의 전환을 하라

기존에 가지고 있는 사물과 세상을 바라보는 인식의 틀을 전환하여 새로운 관점에서 바로 보는 사고를 지향하라.

④ 내 · 외부 자원을 효과적으로 활용하라

문제 해결 시 기술, 재료, 방법, 사람 등 필요한 자원 확보 계획을 수립하고 내 · 외부 자원을 효과적으로 활용도록 해야 한다.

8. 문제 해결의 장애요인

문제를 해결하는 데 장애가 되는 요소들은 조직이 직면한 상황과 맡고 있는 업무의 특성에 따라서 굉장히 다양하게 나타날 수 있다. 이러한 장애요소들 중 가장 대표적인 경우는 다음과 같다.

① 문제를 철저하게 분석하지 않는 경우

문제를 접한 다음 문제가 무엇인지 문제의 구도를 심도있게 분석하지 않으면 문제 해결이 어려워진다. 즉 어떤 문제가 발생하면 직관에 의해 성급하게 판단하여 문제의 본질을 명확하게 분석하지 않고 대책안을 수립하여 실행함으로써 근본적인 문제 해결을 하지 못하거나 새로운 문제를 야기하는 결과를 초래할 수 있다.

② 고정관념에 얽매이는 경우

상황이 무엇인지를 분석하기 전에 개인적인 편견이나 경험, 습관으로 증거와 논리에도 불구하고 정해진 규정과 틀에 얽매여서 새로운 아이디어와 가능성을 무시해 버릴 수 있다.

③ 쉽게 떠오르는 단순한 정보에 의지하는 경우

문제 해결에 있어 종종 우리가 알고 있는 단순한 정보들에 의존하는 경향이 있다. 단순한 정보에 의지하면 문제를 해결하지 못하거나 오류를 범하게 된다.

④ 너무 많은 자료를 수집하려고 노력하는 경우

자료를 수집하는 데 있어 구체적인 절차를 무시하고 많은 자료를 얻으려는 노력에만 온 정열을 쏟는 경우가 있다. 무계획적인 자료 수집은 무엇이 제대로 된 자료인지를 알지 못하는 우를 범할 우려가 많다.

9. 문제 해결 방법

문제 해결을 위한 방법은 크게 소프트 어프로치, 하드 어프로치, 퍼실리테이션의 세 가지로 구분된다.

① 소프트 어프로치에 의한 문제 해결

소프트 어프로치에 의한 문제 해결 방법은 대부분의 기업에서 볼 수 있는 전형적인 스타일로 조직 구성원들은 같은 문화적 토양을 가지고 이심전심으로 서로를 이해하는 상황을 가정한다. 소프트 어프로치에서는 문제 해결을 위해서 직접적인 표현이 바람직하지 않다고 여기며, 무언가를 시사하거나 암시를 통하여 의사를 전달하고 기분을 서로 통하게 함으로써 문제 해결을 도모하려고 한다. 코디네이터 역할을 하는 제3자는 결론으로 끌고 갈 지점을 미리 머릿속에 그려가면서 권위나 공감에 의지하여 의견을 중재하고, 타협과 조정을 통하여 해결을 도모한다. 결론이 애매하게 끝나는 경우가 적지 않으나, 그것은 그것대로 이심전심을 유도하여 파악하면 된다. 이러한 방법을 소프트 어프로치에 의한 문제 해결 방법이라고 한다.

② 하드 어프로치에 의한 문제 해결

하드 어프로치에 의한 문제 해결 방법은 상이한 문화적 토양을 가지고 있는 구성원을 가정하고, 서로의 생각을 직설적으로 주장하고 논쟁이나 협상을 통해 서로의 의견을 조정해 가는 방법이다. 이때 중심적 역할을 하는 것이 논리, 즉 사실과 원칙에 근거한 토론이다. 제3자는 이것을 기반으로 구성원에게 지도와 설득을 하고 전원이 합의하는 일치점을 찾아내려고 한다. 이러한 방법은 합리적이긴 하지만, 잘못하면 단순한 이해관계의 조정에 그치고 말아서 그것만으로는 창조적인 아이디어나 높은 만족감을 이끌어내기 어렵다.

2 사고력

사고력은 직장 생활에서 발생하는 문제를 해결하기 위하여 요구되는 기본 요소로서, 창의적, 논리적, 비판적으로 생각하는 능력이다. 직업인들은 각종 정보의 홍수 속에서 다양한 가치관의 입장에 있는 사람들과 살고 있다. 이런 상황에서 우리는 정보의 적절한 선택과 다른 사람과의 의견을 공유하기 위해서는 창의적, 논리적, 비판적 사고가 필수적이며, 이러한 사고력은 다양한 형태의 문제에 대처하고 자신들의 의견 및 행동을 피력하는데 중요한 역할을 한다.

1. 창의적 사고의 의미

문제를 빠르게 해결했다고 해서 그 사람을 창의적이라고 할 수는 없다. 안 풀리는 문제, 해답이 많은 문제, 때로는 정답이 없는 문제를 해결하는 사람이야말로 창의적인 사람이라고 할 수 있다. 이렇듯 창의적인 사고란 당면한 문제를 해결하기 위해 이미 알고 있는 경험과 지식을 해체하여 다시 새로운 정보로 결합함으로써 가치 있고 참신한 아이디어를 산출하는 사고로서, 다음과 같은 의미를 포함하고 있다.

- 창의적인 사고는 발산적(확산적) 사고로서, 아이디어가 많고, 다양하고, 독특한 것을 의미한다.
- 창의적인 사고는 새롭고 유용한 아이디어를 생산해 내는 정신적인 과정이다.
- 창의적인 사고는 통상적인 것이 아니라 기발하거나, 신기하며 독창적인 것이다.
- 창의적인 사고는 유용하고 적절하며, 가치가 있어야 한다.
- 창의적인 사고는 기존의 정보(지식, 상상, 개념 등)들을 특정한 요구 조건에 맞거나 유용하도록 새롭게 조합시킨 것이다.

2. 창의적 사고의 특징

창의적 사고는 다음과 같은 세 가지 특징을 보인다.

첫째, 창의적 사고란 정보와 정보의 조합이다. 여기에서 말하는 정보에는 주변에서 발견할 수 있는 지식(내적 정보)과 책이나 밖에서 본 현상(외부정보)의 두 종류가 있다. 이러한 정보를 조합하고 그 조합을 최종적인 해답으로 통합해야 하는 것이 창의적 사고의 첫걸음이다.

둘째, 창의적 사고는 사회나 개인에게 새로운 가치를 창출한다. 창의적 사고는 개인이 갖춘 창의적 사고와 사회적으로 새로운 가치를 가지는 창의적 사고의 두 가지로 구분된다. 아이들의 창의적 사고는 어른들이 보기에는 보잘것없어 보일 수도 있다. 하지만 아이들에게는 새로운 가치가 될 수 있는 것이다. 그리고 개인이 갖춘 창의력은 계발을 통해서 그 능력을 키울 수 있다. 따라서 단순히 사회에 대한 영향력이라고 하는 것 외에도 개인이 창의적 사고를 얼마나 발전시킬 수 있는가 하는 점도 생각할 필요가 있다.

셋째, 창의적 사고는 창조적인 가능성이다. 이는 "문제를 사전에 찾아내는 힘", "문제 해결에 있어서 다각도로 힌트를 찾아내는 힘", 그리고 "문제 해결을 위해 끈기 있게 도전하는 태도"등이 포함된다. 다시 말해서 "창의적 사고"에는 사고력을 비롯해서 성격, 태도에 걸친 전인격적인 가능성까지도 포함된다. 이러한 창의적인 사고는 창의력 교육훈련을 통해서 개발할 수 있으며, 모험심, 호기심, 적극적, 예술적, 집념과 끈기, 자유분방적일수록 높은 창의력을 보인다.

창의력이란 무엇인가

- 당신이 만약 쇳덩어리 하나를 있는 그대로 그냥 팔면 5달러 정도 받을 것이다.
- 만약 당신이 그 쇳덩어리를 가지고 말발굽을 만들어 판다면 10달러 50센트까지 가치를 높여 팔 수 있을 것이다.
- 그런데 말발굽 대신 바늘을 만들어 팔면 3,285달러를 받을 수 있을 것이고,
- 혹은 시계의 부속품인 스프링을 만들어 판다면 25만 달러 정도까지 그 값어치를 높일 수 있을 것이다.
- 5달러와 25만 달러와의 차이, 이것이 바로 창의력인 것이다.

3. 창의적 사고 개발 방법

창의적인 사고는 문제에 대해서 다양한 사실을 찾거나 다채로운 아이디어를 창출하는 발산적 사고가 요구된다. 이러한 발산적 사고를 개발하기 위한 방법으로는 자유 연상법, 강제 연상법, 비교 발상법 등이 있으며, 이는 다음 그림과 같다.

① 자유 연상법

자유 연상법은 어떤 생각에서 다른 생각을 계속해서 떠올리는 작용을 통해 어떤 주제에서 생각나는 것을 계속해서 열거해 나가는 발산적 사고 방법이다. 예를 들어 "신차 출시"라는 주제에 대해서 "홍보를 통해 판매량을 늘린다.", "회사 내 직원들의 반응을 살핀다.", "경쟁사의 자동차와 비교한다" 등 자유롭게 아이디어를 창출하는 것으로 이는 다음 그림과 같다.

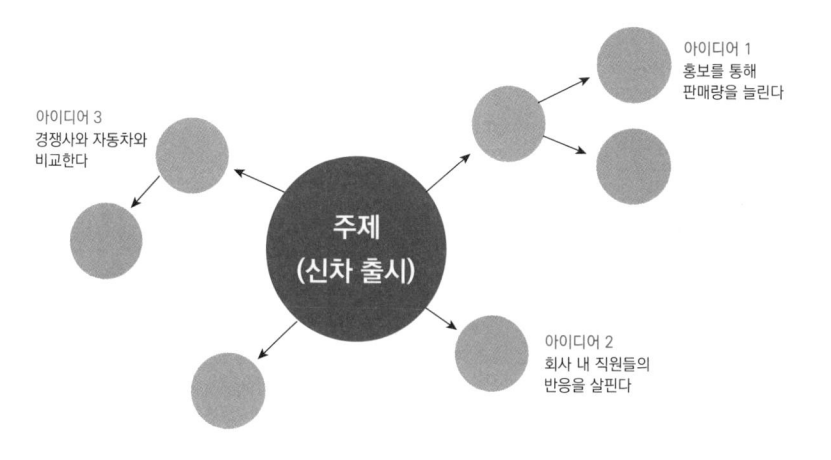

② 강제 연상법

강제 연상법은 각종 힌트에서 강제적으로 연결 지어서 발상하는 방법이다. 예를 들어 "신차 출시"라는 같은 주제에 대해서 판매방법, 판매 대상 등의 힌트를 통해 사고 방향을 미리 정해서 발상을 하는 방법이다. 이때 판매방법이라는 힌트에 대해서는 "신규 해외 수출 지역을 물색한다."라는 아이디어를 떠 올릴 수 있을 것이다. 이러한 강제 연상법은 다음 그림과 같다.

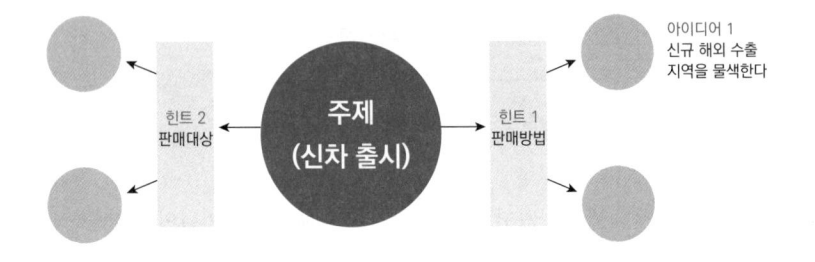

③ 비교 발상법

비교 발상법은 주제와 본질적으로 닮은 것을 힌트로 하여 새로운 아이디어를 얻는 방법이다. 이때 본질적으로 닮은 것은 단순히 겉만 닮은 것이 아니고 힌트와 주제가 본질적으로 닮았다는 의미이다. 예를 들어 "신차 출시"라는 같은 주제에 대해서 생각해보면 신차는 회사에서 새롭게 생산해 낸 제품을 의미한다. 따라서 새롭게 생산해 낸 제품이 무엇인지에 대한 힌트를 먼저 찾고, 만약 지난달에 히트를 친 비누라는 신상품이 있었다고 한다면, "지난달 신상품인 비누의 판매 전략을 토대로 신차의 판매 전략을 어떻게 수립할 수 있을까"하는 아이디어를 도출할 수 있을 것이다. 이러한 비교 발상법은 다음 그림과 같다.

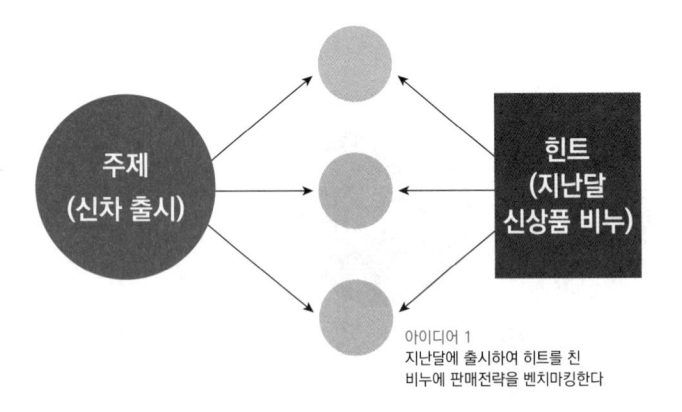

④ 브레인스토밍(Brain Storming)

브레인스토밍(Brain Storming)은 미국의 알렉스 오즈번이 고안한 그룹 발산 기법으로, 창의적인 사고를 위한 발산 방법 중 가장 흔히 사용되는 방법이다. 브레인스토밍은 집단의 효과를 살려서 아이디어의 연쇄반응을 일으켜 자유분방한 아이디어를 내고자 하는 것으로, 진행 방법은 다음과 같다.

4. 진행방법

① 주제를 구체적이고 명확하게 정한다. 논의하고자 하는 주제는 구체적이고 명확하게 주어질수록 많은 아이디어가 도출될 수 있다. 예를 들어 "현장 사고를 줄이기 위해서는"이라는 주제보다는 "구성원 전원에게 안전헬멧을 착용하는 방법"이라는 주제가 주어졌을 때 좋은 아이디어가 나오기 쉽다.

② 구성원의 얼굴을 볼 수 있는 자석 배치와 큰 용지를 준비한다. 구성원들의 얼굴을 볼 수 있도록 사각형이나 타원형으로 책상을 배치해야 하고, 칠판에 모조지를 붙이거나, 책상 위에 큰 용지를 붙여서 아이디어가 떠오를 때마다 적을 수 있도록 하는 것이 바람직하다.

③ 구성원들의 다양한 의견을 도출할 수 있는 사람을 리더로 선출한다. 브레인스토밍 시에는 구성원들이 다양한 의견을 제시할 수 있는 편안한 분위기를 만드는 리더를 선출해야 한다. 직급이나 근무경력에 따라서 리더를 선출하는 것은 딱딱한 분위기를 만들 수 있기 때문에 분위기를 잘 조성할 수 있는 사람을 직급에 관계없이 리더로 선출해야 한다. 특히 리더는 사전에 주제를 잘 분석하고 다양한 아이디어를 산출할 수 있도록 하는 방법들을 연구해야 한다.

④ 구성원은 다양한 분야의 사람들로 5 - 8명 정도로 구성한다. 브레인스토밍을 위한 적정한 인원은 5 - 8명 정도가 적당하며, 주제에 대한 전문가를 절반 이하로 구성하고, 그 밖에 다양한 분야의 사람들을 참석시키는 것이 다양한 의견을 도출하는 지름길이다.

⑤ 발언은 누구나 자유롭게 할 수 있도록 하며, 모든 발언 내용을 기록한다. 브레인스토밍 시에는 누구나 무슨 말이라도 할 수 있도록 해야 하며, 발언하는 내용은 요약해서 잘 기록함으로써 내용을 구조화할 수 있어야 한다.

⑥ 아이디어에 대한 평가는 비판해서는 안 된다. 제시된 아이디어는 비판해서는 안 되며, 다양한 아이디어 중 독자성과 실현 가능성을 고려해서 아이디어를 결합해서 최적의 방안을 찾아야 한다.

5. 4대 원칙

① 비판 엄금(Support)

브레인스토밍의 특징은 개방에 있다. 비판은 커뮤니케이션의 폐쇄와 연결된다. 평가단계 이전에 결코 비판이나 판단을 해서는 안 되며 평가는 나중까지 유보한다.

② 자유분방(Silly)

무엇이든 자유롭게 말한다. 이런 바보 같은 소리를 해서는 안 된다는 등의 생각은 하지 않아야 한다.

③ 질보다 양(Speed)

질에는 관계없이 가능한 많은 아이디어들을 생성해내도록 격려한다. 양(量)이 질(質)을 낳는다는 원리는 많은 아이디어를 생성해 낼 때 유용한 아이디어가 들어있을 가능성이 더 커진다는 것을 전제로 한다. 브레인스토밍 활동을 할 때는 시간을 정해주거나 아이디어의 개수를 정해주기도 한다. 이는 두뇌를 긴장시켜 빠른 시간에 많은 아이디어를 생성하도록 유도하는 것이다.

④ 결합과 개선(Synergy)

다른 사람의 아이디어에 자극되어 보다 좋은 생각이 떠오른다. 서로 조합하면 재미있는 아이디어가 될 것 같은 생각이 떠오른다. 서로 조합하면 재미있는 아이디어가 될 것 같은 생각이 들면 즉시 조합시킨다. 얻은 힌트를 헛되게 해서는 안 된다.

6. 논리적 사고의 개념

논리적 사고는 직장 생활 중에서 지속적으로 요구되는 능력이다. 논리적인 사고력이 없다면 아무리 많은 지식을 가지고 있더라도 자신이 만든 계획이나 주장을 주위 사람에게 이해시켜 실현시키기 어려울 것이며, 이때 다른 사람들을 설득하여야 하는 과정에 필요로 하는 것이 논리적 사고이다. 사례에서 제시되는 상황은 직장 생활에서 흔히 겪게 되는 상황으로, 논리적인 사고의 중요성을 일깨워준다. 논리적 사고는 사고의 전개에 있어서 전후의 관계가 일치하고 있는가를 살피고, 아이디어를 평가하는 능력을 의미한다. 이러한 논리적 사고는 다른 사람을 공감시켜 움직일 수 있게 하며, 짧은 시간에 헤매지 않고 사고할 수 있게 한다. 또한 행동을 하기 전에 생각을 먼저 하게 하며, 주위를 설득하는 일이 훨씬 쉬워진다.

7. 논리적 사고의 구성요소

논리적인 사고를 하기 위해서는 다음 그림과 같이 생각하는 습관, 상대 논리의 구조화, 구체적인 생각, 타인에 대한 이해, 설득의 5가지 요소가 필요하다.

① 생각하는 습관

논리적 사고에 있어서 가장 기본이 되는 것은 늘 생각하는 습관을 들이는 것이다. 생각할 문제는 우리 주변에 쉽게 찾아볼 수 있으며, 특정한 문제에 대해서만 생각하는 것이 아니라 일상적인 대화, 회사의 문서, 신문의 사설 등 어디서 어떤 것을 접하든지 늘 생각하는 습관을 들이는 것이 중요하다. "이것은 조금 이상하다", "이것은 재미있지만, 왜 재미있는지 알 수 없다"라는 의문이 들었다면, 계속해서 왜 그런지에 대해서 생각해보아야 한다. 특히 이런 생각은 출퇴근길, 화장실, 잠자리에 들기 전 등 언제 어디에서나 의문을 가지고 생각하는 습관을 들여야 한다.

② 상대 논리의 구조화

상사에게 제출한 기획안이 거부되었을 때, 자신이 추진하고 있는 프로젝트를 거부당했을 때 왜 그럴까, 왜 자신이 생각한 것처럼 되지 않을까, 만약 된다고 한다면 무엇이 부족한 것일까 하고 생각하기 쉽다. 그러나 이때 자신의 논리로만 생각하면 독선에 빠지기 쉽다. 이때에는 상대의 논리를 구조화하는 것이 필요하다. 상대의 논리에서 약점을 찾고, 자신의 생각을 재구축한다면 분명히 다른 메시지를 전달할 수 있다. 자신의 주장이 받아들여지지 않는 원인 중에 상대 주장에 대한 이해가 부족하다고 하는 것이 있을 수 있다.

③ 구체적인 생각

상대가 말하는 것을 잘 알 수 없을 때에는 구체적으로 생각해 보아야 한다. 업무 결과에 대한 구체적인 이미지를 떠올려 본다던가, 숫자를 적용하여 표현을 한다든가 하는 방법을 활용하여 구체적인 이미지를 활용하는 것은 단숨에 논리를 이해할 수 있는 경우도 많다.

④ 타인에 대한 이해

상대의 주장에 반론을 제시할 때에는 상대 주장의 전부를 부정하지 않는 것이 좋다. 동시에 상대의 인격을 부정해서는 안 된다. 예를 들어 "당신이 말하고 있는 것의 이 부분은 이유가 되지 못한다."라고 하는 것은 주장의 부정이지만, "이런 이유를 설정한다면 애당초 비즈니스맨으로서는 불합격이다"라고 말하는 것은 바람직하지 못하다. 반론을 하든 찬성을 하든 논의를 함으로써 이해가 깊어지거나 논점이 명확해지고 새로운 지식이 생기는 등 플러스 요인이 생기는 것이 바람직하다.

⑤ 설득

논리적인 사고는 고정된 견해를 낳는 것이 아니며, 더구나 자신의 사상을 강요하는 것도 아니다. 자신이 함께 일을 진행하는 상대와 의논하기도 하고 설득해 나가는 가운데 자신이 깨닫지 못했던 새로운 가치를 발견하고 생각해 낼 수가 있다. 또한 반대로 상대에게 반론을 하는 가운데 상대가 미처 깨닫지 못했던 중요한 포인트를 발견할 수 있다. 설득은 공감을 필요로 한다. 설득은 논쟁을 통하여 이루어지는 것이 아니라 논증을 통해 더욱 정교해진다. 이러한 설득의 과정은 나의 주장을 다른 사람에게 이해시켜 납득 시키고 그 사람이 내가 원하는 행동을 하게 만드는 것이며 이해는 머리로 하고 납득은 머리와 가슴이 동시에 공감 되는 것을 말하고 이 공감은 논리적 사고가 기본이 된다.

8. 논리적 사고 개발 방법

논리적 사고를 개발하기 위한 방법은 여러 가지가 있으나, 그중 가장 흔히 사용되는 방법은 피라미드 구조를 이용하는 방법과 so what 기법의 두 가지가 있다. 피라미드 구조는 하위의 사실이나 현상부터 사고함으로써 상위의 주장을 만들어가는 방법으로, 다음 그림과 같이 표현할 수 있다.

① 피라미드 구조화 방법

② so what 방법

"so what"기법은 "그래서 무엇이지"하고 자문자답하는 의미로, 눈앞에 있는 정보로부터 의미를 찾아내어, 가치 있는 정보를 이끌어 내는 사고이다. 예를 들어 다음과 같은 상황이 발생하였을 때 어떻게 "so what"을 사용하여 논리적인 사고를 하는지를 알아보자.

상황

① 우리 회사의 자동차 판매 대수가 사상 처음으로 전년 대비 마이너스를 기록했다.

② 우리나라의 자동차 업계 전체는 일제히 적자 결산을 발표했다.

③ 주식 시장은 몇 주간 조금씩 하락하는 상황에 있다.

so what?을 사용한 논리적 사고의 예

ⓐ 자동차 판매의 부진

ⓑ 자동차 산업의 미래

ⓒ 자동차 산업과 주식시장의 상황

ⓓ 자동차 관련 기업의 주식을 사서는 안 된다

ⓔ 지금이야말로 자동차 관련 기업의 주식을 사야 한다.

- a - e는 세 가지 상황으로부터 그 의미나 내용을 사고한 예이다. 이 중 a는 자동차 판매가 부진하다고 말하는데 그치고 있다. 그러나 상황의 ②, ③에 제시된 자동차 판매 대수가 줄어들고, 자동차 업계 전체적인 실적이 악화되고 있으며, 이로 인해 주식 시장도 악화되고 있다는 점은 a의 메시지에 포함되어 있지 않다. 즉 a는 상황의 ①만 고려하고 있는 것으로 세 가지의 정보를 빠짐없이 고려하고, 또 모순이 없는 정보를 이끌어 내는 "so what"의 사고가 되지 않는다.
- b의 자동차 산업의 미래는 상황 ③의 주식시장에 대해서는 고려하고 있지 못하다.
- c는 주식 시장에 대해서도 포함하고 있으며, 세 가지의 상황 모두 자동차 산업의 가까운 미래를 예측하는데 사용될 수 있는 정보이기 때문에 모순은 없다. 그러나 자동차 산업과 주식시장이 어떻게 된다고 말하고 싶은 것이 전달되지 않는다. "so what"의 사고에서 중요한 점은 "그래서 도대체 무엇이 어떻다는 것인가"라는 것처럼, 무엇인가 의미 있는 메시지를 이끌어 내는 것이다.
- d나 e는 "주식을 사지 말라" 혹은 "주식을 사라"라는 메시지가 있어 주장이 명확하며, 상황을 모두 망라하고 있으므로, "so what"을 사용하였다고 말할 수 있다.
- 이상에서 살펴본 바와 같이 "so what"은 단어나 체언만으로 표현하는 것이 아니라, 주어와 술어가 있는 글로 표현함으로써 "어떻게 될 것인가", "어떻게 해야 한다"라는 내용이 포함되어야 한다.

9. 비판적 사고의 의미

비판적 사고는 어떤 주제나 주장 등에 대해서 적극적으로 분석하고 종합하며 평가하는 능동적인 사고이다. 이러한 비판적 사고는 어떤 논증, 추론, 증거, 가치를 표현한 사례를 타당한 것으로 수용할 것인가 아니면 불합리한 것으로 거절할 것인가에 대한 결정을 내릴 때 요구되는 사고력이다. 비판적 사고는 지엽적이고 시시콜콜한 문제를 트집 잡고 물고 늘어지는 것이 아니라 문제의 핵심을 중요한 대상으로 한다. 비판적 사고는 제기된 주장에 어떤 오류나 잘못이 있는가를 찾아내기 위하여 지엽적인 부분을 확대하여 문제로 삼는 것이 아니라, 지식, 정보를 바탕으로 한 합당한 근거에 기초를 두고 현상을 분석하고 평가하는 사고이다.

10. 비판적 사고 개발 태도

비판적 사고를 개발하기 위해서는 지적 호기심, 객관성, 개방성, 융통성, 지적 회의성, 지적 정직성, 체계성, 지속성, 결단성, 다른 관점에 대한 존중과 같은 태도가 요구된다.

① 지적 호기심

여러 가지 다양한 질문이나 문제에 대한 해답을 탐색하고 사건의 원인과 설명을 구하기 위하여 왜, 언제, 누가, 어디서, 어떻게, 무엇을 등에 관한 질문을 제기한다.

② 객관성

결론에 도달하는 데 있어서 감정적, 주관적 요소를 배제하고 경험적 증거나 타당한 논증을 근거로 한다.

③ 개방성

다양한 여러 신념들이 진실일 수 있다는 것을 받아들인다. 편견이나 선입견에 의하여 결정을 내리지 않는다.

④ 융통성

개인의 신념이나 탐구방법을 변경할 수 있다. 특정한 신념의 지배를 받는 고정성, 독단적 태도, 경직성을 배격한다. 우리는 모든 해답을 알고 있지는 못하다는 것을 이해하는 것이다.

⑤ 지적 회의성

모든 신념은 의심스러운 것으로 개방하는 것이다. 적절한 결론이 제시되지 않는 한 결론이 참이라고 받아들이지 않는다.

⑥ 지적 정직성

비록 어떤 진술이 우리가 바라는 신념과 대치되는 것이라 할지라도 충분한 증거가 있으면 그것을 진실로 받아들인다.

⑦ 체계성

결론에 이르기까지 논리적 일관성을 유지한다. 논의하고 있는 문제의 핵심에서 벗어나지 않도록 한다.

⑧ 지속성

쟁점의 해답을 얻을 때까지 끈질기게 탐색하는 인내심을 갖도록 한다. 증거, 논증의 추구를 포기함이 없이 특정 관점을 지지한다.

⑨ 결단성

증거가 타당할 땐 결론을 맺는다. 모든 필요한 정보가 획득될 때까지 불필요한 논증, 속단을 피하고 모든 결정을 유보한다.

⑩ 다른 관점에 대한 존중

내가 틀릴 수 있으며 내가 거절한 아이디어가 옳을 수 있다는 것을 기꺼이 받아들이는 태도이다. 타인의 관점을 경청하고 들은 것에 대하여 정확하게 반응한다.

11. 비판적 사고를 위한 태도

비판적인 사고를 하기 위해서는 어떤 현상에 대해서 문제의식을 가지고, 고정관념을 버려야 한다.

① 문제의식

비판적인 사고를 위해서 가장 먼저 필요한 것은 바로 문제의식이다. 문제의식이 왜 비판적인 사고에서 중요한지 다음 예를 통해 알아보자.

> 2002년 노벨상을 수상한 다나카 코이치 씨는 평범한 샐러리맨이라는 점에서 큰 화제를 불러일으킨 적이 있었다. 다나카 씨의 수상은 아세톤에 금속 분말을 녹여야 하지만 글리세린에 녹여버린 실수로부터 시작되었다. 다나카 씨는 잘못 녹인 금속 분말이 아까워서 그대로 레이저에 대고 측정치를 계속해서 관찰하는 활동을 하였고, 그 결과 고분자의 질량분석이 가능한 현상을 발견하였다. 이런 면에서 볼 때 다나카 씨의 발견은 우연일지 모르지만, 글리세린에 녹인 금속 분말은 어떻게 될까라는 끊임없는 문제의식을 통해서 가능한 일이었다.

다나카씨의 예에서 볼 수 있는 것처럼 문제의식을 가지고 있다면 주변에서 발생하는 사소한 일에서도 정보를 수집할 수 있으며, 이러한 정보를 통해서 새로운 아이디어를 끊임없이 생산해 낼 수 있다. 문제의식은 당장 눈앞의 문제를 자신의 문제로 여기고 진지하게 다룰 생각이 없는 한 절대로 답을 얻을 수 없다. 따라서 자신이 지니고 있는 문제와 목적을 확실하고 정확하게 파악하는 것이 비판적인 사고의 시작이다.

② 고정관념 타파

비판적인 사고를 하기 위한 문제의식을 가지고 있다면 다음으로 필요한 것이 지각의 폭을 넓히는 일이다. 지각의 폭을 넓히는 일은 정보에 대한 개방성을 가지고 편견을 갖지 않는 것으로, 고정관념을 타파하는 일이 중요하다. 고정관념은 사물을 바로 보는 시각에 영향을 줄 수 있으며, 일방적인 평가를 내리기 쉽다. 다음의 사례는 우리 주변에서 흔히 볼 수 있는 물건을 통해 고정관념을 탈피한 사례들이다.

상품	본래 용도	새로운 용도
스테이플러	서류 정리	벽에 종이를 고정
드라이어	머리를 말린다.	온풍을 이용해서 어깨 결림을 완화시킨다.
칫솔	양치질을 한다.	빗의 이물질을 제거한다.
스카치테이프	종이를 붙인다.	지문 채취

12. 문제 처리능력

문제 처리능력은 문제를 해결해 나가는 실천과정에서 실제적으로 요구되는 능력이다. 문제 처리능력은 업무 수행 중에 발생한 문제의 원인 및 특성을 파악하고, 적절한 해결안을 선택, 적용하고 그 결과를 평가하여 피드백 하는 능력을 말한다. 문제를 어떻게 합리적이고 효율적으로 해결할 것인가 하는 능력은 기업의 성패를 결정하는 중요한 요소로서, 문제 처리능력을 배양함으로써 합리적인 문제 해결이 가능하게 될 것이다. 즉, 목표와 현상을 분석하고 이 분석 결과를 토대로 문제를 도출하여 최적의 해결책을 찾아 실행, 평가 처리해 나가는 일련의 활동을 수행하는 능력이라 할 수 있다. 이러한 문제 처리능력은 문제 해결 절차를 의미하는 것으로, 일반적인 문제 해결 절차는 다음 그림과 같이 문제 인식, 문제 도출, 원인 분석, 해결안 개발, 실행 및 평가의 5단계를 따른다.

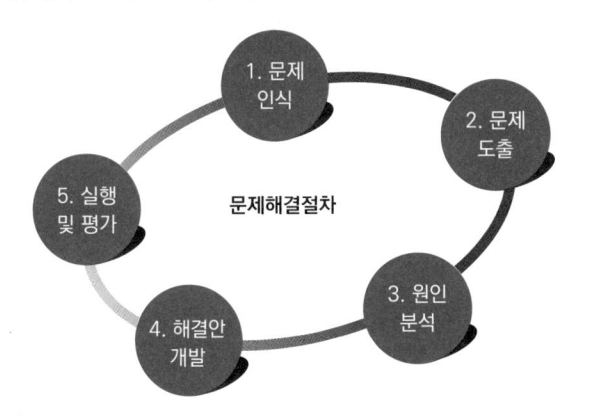

① 문제 인식

해결해야 할 전체 문제를 파악하여 우선순위를 정하고, 선정 문제에 대한 목표를 명확히 하는 단계

② 문제 도출

선정된 문제를 분석하여 해결해야 할 것이 무엇인지를 명확히 하는 단계

③ 원인 분석

파악된 핵심 문제에 대한 분석을 통해 근본 원인을 도출하는 단계

④ 해결안 개발

문제로부터 도출된 근본 원인을 효과적으로 해결할 수 있는 최적의 해결방안을 수립하는 단계

⑤ 실행 및 평가

해결안 개발을 통해 만들어진 실행계획을 실제 상황에 적용하는 활동으로 당초 장애가 되는 문제의 원인들을 해결안을 사용하여 제거하는 단계

13. 문제 인식의 의미와 절차

문제 인식은 문제 해결 과정 중 "what"을 결정하는 단계로, 해결해야 할 전체 문제를 파악하여 우선순위를 정하고, 선정 문제에 대한 목표를 명확히 하는 절차를 거치며, 환경 분석, 주요 과제 도출, 과제 선정의 절차를 통해 수행된다.

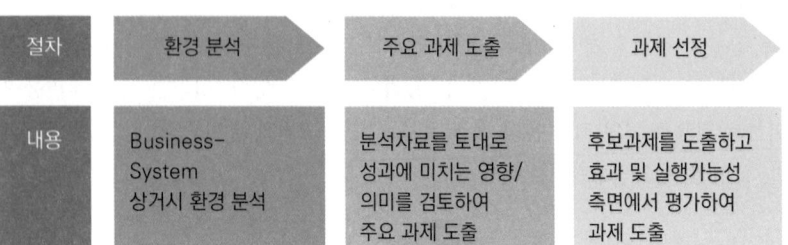

절차	환경 분석	주요 과제 도출	과제 선정
내용	Business-System 상거시 환경 분석	분석자료를 토대로 성과에 미치는 영향/의미를 검토하여 주요 과제 도출	후보과제를 도출하고 효과 및 실행가능성 측면에서 평가하여 과제 도출

14. 환경 분석

문제가 발생하였을 때, 가장 먼저 고려해야 하는 점은 환경을 분석하는 일이다. 예를 들어 "A 상품의 판매 이익이 감소하고 있다"라는 현상이 발견되었다고 한다면, "A 상품의 판매 이익을 개선하는 것이 가능할까"라는 것이 주요 과제가 된다. 이때 주요 과제를 해결하는 데 있어서 가장 먼저 실시되는 것이 환경 분석이 된다. 환경 분석을 위해서 주요 사용되는 기법으로는 3C 분석, SWOT 분석방법이 있을 수 있다.

(1) 3C 분석

사업 환경을 구성하고 있는 요소인 자사, 경쟁사, 고객을 3C라고 하며, 3C에 대한 체계적인 분석을 통해서 환경 분석을 수행할 수 있다.

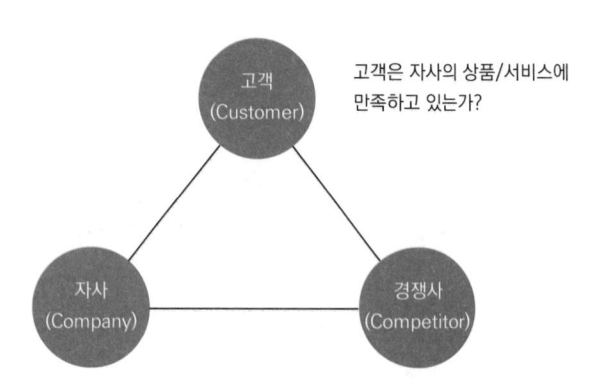

3C 분석에서 고객 분석에서는 "고객은 자사의 상품/서비스에 만족하고 있는지"를, 자사 분석에서는 "자사가 세운 달성 목표와 현상 간에 차이가 없는지"를 경쟁사 분석에서는 "경쟁기업의 우수한 점과 자사의 현상과 차이가 없는지"에 대한 질문을 통해서 환경을 분석하게 된다.

(2) SWOT 분석

SWOT 분석은 기업 내부의 강점, 약점과 외부환경의 기회, 위협요인을 분석 평가하고 이들을 서로 연관 지어 전략을 개발하고 문제 해결 방안을 개발하는 방법이다.

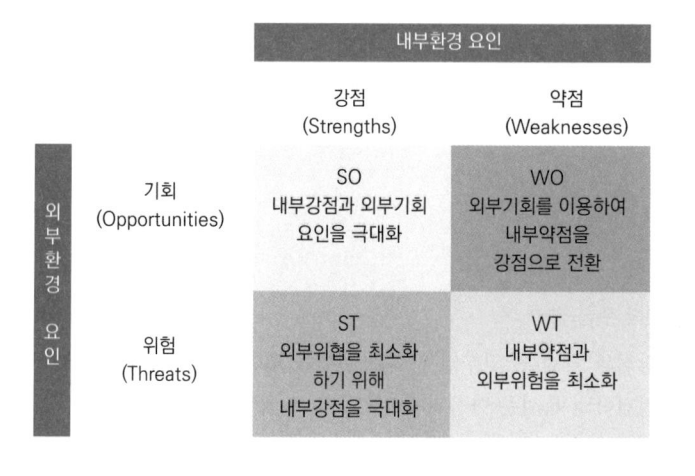

SWOT 분석은 내부환경 요인과 외부환경 요인의 2개의 축으로 구성되어 있다. 내부환경 요인은 자사 내부의 환경을 분석하는 것으로 분석은 다시 자사의 강점과 약점으로 분석된다. 외부환경 요인은 자사 외부의 환경을 분석하는 것으로 분석은 다시 기회와 위협으로 구분된다. 내부환경 요인과 외부환경 요인에 대한 분석이 끝난 후에 매트릭스가 겹치는 SO, WO, ST, WT에 해당되는 최종 분석을 실시하게 된다.

1) SWOT 분석방법

① 외부환경 요인 분석(Opportunities, Threats)

ⓐ 자신을 제외한 모든 것(정보)을 기술한다.

좋은 쪽으로 작용하는 것은 기회, 나쁜 쪽으로 작용하는 것은 위협으로 분류한다.

ⓑ 언론매체, 개인 정보망 등을 통하여 입수한 상식적인 세상의 변화 내용을 시작으로 당사자에게 미치는 영향을 순서대로, 점차 구체화한다.

ⓒ 인과관계가 있는 경우 화살표로 연결한다.

ⓓ 동일한 data라도 자신에게 긍정적으로 전개되면 기회로, 부정적으로 전개되면 위협으로 나뉘어진다.

ⓔ 외부환경 분석에는 SCEPTIC 체크리스트를 활용하면 편리하다.

① social [사회]
② competition [경쟁]
③ economic [경제]
④ politic [정치]
⑤ technology [기술]
⑥ information [정보]
⑦ client [고객]

② 내부환경 분석(Strength, Weakness)

    ⓐ 경쟁자와 비교하여 나의 강점과 약점을 분석한다.

    ⓑ 강점과 약점의 내용 : 보유하거나, 동원 가능하거나, 활용 가능한 자원(resources)

    ⓒ 내부환경 분석에는 MMMITI 체크리스트를 활용할 수도 있지만, 반드시 적용해서 분석할 필요는 없다.

① Man (사람)	④ Information (정보)
② Material (물자)	⑤ Time(시간)
③ Money (돈)	⑥ Image (이미지)

2) SWOT 전략 수립 방법

내부의 강점과 약점을, 외부의 기회와 위협을 대응시켜 기업의 목표를 달성하려는 SWOT 분석에 의한 발전전략의 특성은 다음과 같다.

① SO 전략 : 외부 환경의 기회를 활용하기 위해 강점을 사용하는 전략 선택

② ST 전략 : 외부 환경의 위협을 회피하기 위해 강점을 사용하는 전략 선택

③ WO 전략 : 자신의 약점을 극복함으로써 외부 환경의 기회를 활용하는 전략 선택

④ WT 전략 : 외부 환경의 위협을 회피하고 자신의 약점을 최소화하는 전략 선택

15. 주요 과제 도출

환경 분석을 통해 현상을 파악한 후에는 분석 결과를 검토하여 주요 과제를 도출해야 한다. 과제 도출을 위해서는 한 가지 안이 아닌 다양한 과제 후보안을 도출해내는 일이 선행되어야 한다. 주요 과제 도출은 다음 그림과 같은 sheet를 이용해서 하는 것이 체계적이며 바람직하다.

구분	요소 1	요소 2	요소 3
환경			
고객			
경쟁사			
자사			

과제안	1. 2. 3. 4.

주요 과제 도출에 있어서 과제 안을 작성할 때는 과제안 간의 수준은 동일한지, 표현은 구체적인지, 주어진 기간 내에 해결 가능한 안들인지를 확인해야 한다.

16. 과제 선정

과제 선정은 과제안 중 효과 및 실행 가능성 측면을 평가하여 우선순위를 부여한 후 가장 우선순위가 높은 안을 선정하며, 우선순위 평가 시에는 과제의 목적, 목표, 자원 현황 등을 종합적으로 고려하여 평가한다. 과제 선정은 다음 그림과 같은 sheet를 활용함으로써 효과적으로 이루어질 수 있다.

과제안	평가기준1	평가기준2	평가기준3	종합점수	우선순위
과제안1					
과제안2					
과제안3					
과제안4					

특히 과제안에 대한 평가 기준은 과제해결의 중요성, 과제 착수의 긴급성, 과제해결의 용이성을 고려하여 여러 개의 평가 기준을 동시에 설정하는 것이 바람직하다. 또한 과제해결의 중요성에 대한 평가 기준은 매출/이익 기여도, 지속성/파급성, 고객만족도 향상, 경쟁사와의 차별화, 자사 내부적 문제 해결 등이 있으며, 과제 착수의 긴급성에 대한 평가 기준으로는 달성의 긴급도와 달성에 필요한 시간 등이 이용될 수 있다. 과제 해결의 용이성에 대한 평가 기준은 실시 상의 난이도, 필요 자원 적정성 등이 있다.

17. 문제 도출의 의미와 절차

문제 도출은 선정된 문제를 분석하여 해결해야 할 것이 무엇인지를 명확히 하는 단계로 현상에 대하여 문제를 분해하여 인과관계 및 구조를 파악하는 단계이다. 이러한 문제 도출은 문제 구조 파악, 핵심 문제 선정의 절차를 거쳐 수행된다.

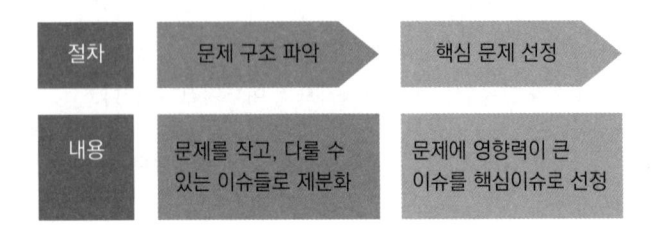

18. 문제 구조 파악

전체 문제를 개별화된 세부 문제로 쪼개는 과정으로 문제의 내용 및 미치고 있는 영향 등을 파악하여 문제의 구조를 도출해내는 것이다. 문제 구조 파악에서 중요한 것은 본래 문제가 발생한 배경이나 문제를 일으키는 메커니즘을 분명히 해야 한다. 또한 문제 구조 파악을 위해서는 현상에 얽매이지 말고 문제의 본질과 실제를 봐야 하며, 한쪽만 보지 말고 다면적으로 보며, 눈앞의 결과만 보지 말고 넓은 시야로 문제를 바라봐야 한다.

19. Logic Tree

이러한 문제 구조 파악을 위해서는 그림과 같은 Logic Tree 방법이 사용된다.

Logic Tree 방법은 문제의 원인을 깊이 파고든다든지 해결책을 구체화할 때 제한된 시간 속에 넓이와 깊이를 추구하는데 도움이 되는 기술로, 주요 과제를 나무모양으로 분해, 정리하는 기술이다. 이러한 Logic Tree를 작성할 때에는 다음과 같은 점을 주의해야 한다.

• 전체 과제를 명확히 해야 한다.
• 분해해가는 가지의 수준을 맞춰야 한다.
• 원인이 중복되거나 누락되지 않고 각각의 합이 전체를 포함해야 한다.

20. 원인 분석의 의미와 절차

원인 분석은 파악된 핵심 문제에 대한 분석을 통해 근본 원인을 도출해 내는 단계이다. 원인 분석은 Issue 분석, Data 분석, 원인 파악의 절차로 진행되며, 핵심 이슈에 대한 가설을 설정한 후, 가설 검증을 위해 필요한 데이터를 수집, 분석하여 문제의 근본 원인을 도출해 나가는 것이다.

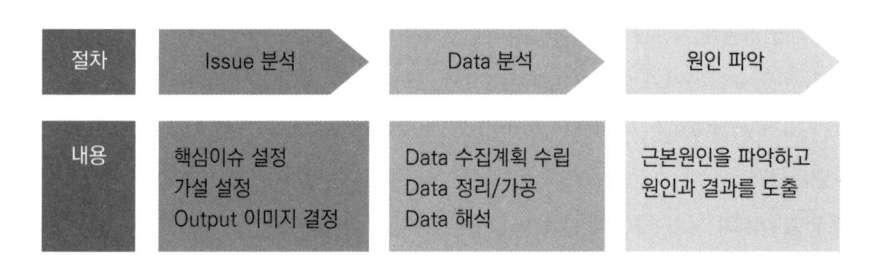

21. Issue 분석

이슈 분석은 핵심 이슈 설정, 가설 설정, output 이미지 결정의 절차를 거쳐 수행된다.

① 핵심 이슈 설정

현재 수행하고 있는 업무에 가장 크게 영향을 미치는 문제로 선정하며, 사내외 고객 인터뷰 및 설문 조사, 관련 자료 등을 활용하여 본질적인 문제점을 파악하는 방법으로 수행된다.

② 가설 설정

핵심 이슈가 설정된 후에는 이슈에 대해 자신의 직관, 경험, 지식, 정보 등에 의존하여 일시적인 결론을 예측해보는 가설을 설정한다. 가설 설정은 관련 자료, 인터뷰 등을 통해 검증할 수 있어야 하며, 간단명료하게 표현하고, 논리적이며 객관적이어야 한다.

③ Output 이미지 결정

가설 설정 후에는 가설검증 계획에 의거하여 분석 결과를 미리 이미지화한다.

22. Data 분석

데이터 분석은 데이터 수집 계획 수립, 데이터 수집, 데이터 분석의 절차를 거쳐 수행된다. 데이터 수집 시에는 목적에 따라 데이터 수집 범위를 정하고, 일부를 전체로 해석할 수 있는 자료는 제외해야 한다. 또한 정량적이고 객관적인 사실을 수집하고, 자료의 정보원을 명확히 해야 한다. 데이터 수집 후에는 목적에 따라 수집된 정보를 항목별로 분류 정리한 후 "what", "why", "how"측면에서 의미를 해석해야 한다.

23. 원인 파악

원인 파악은 이슈와 데이터 분석을 통해서 얻은 결과를 바탕으로 최종 원인을 확인하는 단계이다. 원인 파악 시에는 원인과 결과 사이에 패턴이 있는지를 확인하는 것이 필요하며, 이러한 원인의 패턴은 다음과 같다.

① 단순한 인과관계

원인과 결과를 분명하게 구분할 수 있는 경우로, 어떤 원인이 앞에 있어 여기에서 결과가 생기는 인과관계를 의미하며, 소매점에서 할인율을 자꾸 내려서 매출 share가 내려가기 시작하는 경우가 이에 해당한다.

② 닭과 계란의 인과관계

원인과 결과를 구분하기가 어려운 경우로, 브랜드의 향상이 매출 확대로 이어지고, 매출 확대가 다시 브랜드의 인지도 향상으로 이어지는 경우가 이에 해당한다.

③ 복잡한 인과관계

단순한 인과관계와 닭과 계란의 인과관계의 두 가지 유형이 복잡하게 서로 얽혀 있는 경우로, 대부분의 경영상 과제가 이에 해당한다.

24. 해결안 개발의 의미와 절차

해결안 개발은 문제로부터 도출된 근본 원인을 효과적으로 해결할 수 있는 최적의 해결방안을 수립하는 단계이다. 해결안 개발은 해결안 도출, 해결안 평가 및 최적안 선정의 절차로 진행되며, 이러한 해결안 개발 단계의 절차는 다음 그림과 같다.

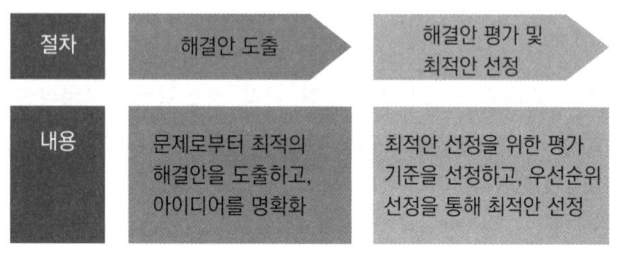

절차	해결안 도출	해결안 평가 및 최적안 선정
내용	문제로부터 최적의 해결안을 도출하고, 아이디어를 명확화	최적안 선정을 위한 평가 기준을 선정하고, 우선순위 선정을 통해 최적안 선정

25. 해결안 도출

해결안 도출은 열거된 근본 원인을 어떠한 시각과 방법으로 제거할 것인지에 대한 독창적이고 혁신적인 아이디어를 도출하고, 같은 해결안은 그룹핑하는 과정을 통해서 해결안을 정리하는 과정으로, 다음과 같은 절차를 거쳐 수행된다.

- 근본 원인으로 열거된 내용을 어떠한 방법으로 제거할 것인지를 명확히 한다.
- 독창적이고 혁신적인 방안을 도출한다.
- 전체적인 관점에서 보아 해결의 방향과 방법이 같은 것을 그룹핑한다.
- 최종 해결안을 정리한다.

26. 해결안 평가 및 최적안 선정

해결안 평가 및 최적안 선정은 문제(what), 원인(why), 방법(how)을 고려해서 해결안을 평가하고 가장 효과적인 해결안을 선정해야 한다. 해결안 선정을 위해서는 중요도와 실현 가능성 등을 고려해서 종합적인 평가를 내리고, 채택 여부를 결정하는 과정으로 다음과 같은 sheet를 이용할 수 있다.

해결책	중요도		실현 가능성			종합평가	채택여부
	고객만족도	문제해결	개발기간	개발능력	적용가능성		
해결책 1							
해결책 2							
해결책 3							
해결책 4							

27. 실행 및 평가 단계의 의미와 절차

실행 및 평가는 해결안 개발을 통해 만들어진 실행계획을 실제 상황에 적용하는 활동으로 당초 장애가 되는 문제의 원인들을 해결안을 사용하여 제거해 나가는 단계이다. 실행은 실행계획 수립, 실행, Follow-up의 절차로 진행되며, 이러한 실행 단계의 절차는 다음 그림과 같다.

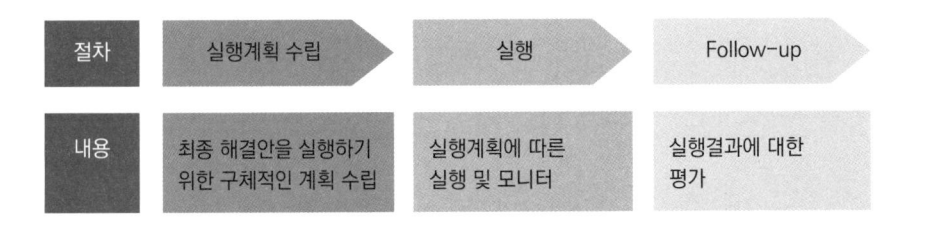

28. 실행계획 수립

실행계획 수립은 무엇을(what), 어떤 목적으로(why), 언제(when), 어디서(where), 누가(who), 어떤 방법으로(how)의 물음에 대한 답을 가지고 계획하는 단계로, 자원(인적, 물적, 예산, 시간)을 고려하여 수립해야 한다. 실행계획 수립 시에는 세부 실행 내용의 난이도를 고려하여 가급적 구체적으로 세우는 것이 좋으며, 각 해결안별 구체 실행계획서를 작성함으로써 실행의 목적과 과정별 진행 내용을 일목요연하게 파악하도록 하는 것이 필요하다.

29. 실행 및 Follow - up

실행 및 Follow - up 단계는 가능한 사항부터 실행하며, 그 과정에서 나온 문제점을 해결해 가면서 해결안의 완성도를 높이고 일정한 수준에 도달하면 전면적으로 전개해 나가는 것이 필요하다. 즉 pilot test를 통해 문제점을 발견하고, 해결안을 보안한 후 대상 범위를 넓혀서 전면적으로 실시해야 한다. 특히 실행상의 문제점 및 장애요인을 신속히 해결하기 위해서 monitoring 체제를 구축하는 것이 바람직하며, 모니터 시에는 다음과 같은 사항을 고려해야 한다.

- 바람직한 상태가 달성되었는가
- 문제가 재발하지 않을 것을 확신할 수 있는가
- 사전에 목표한 기간 및 비용은 계획대로 지켜졌는가
- 혹시 또 다른 문제를 발생시키지 않았는가
- 해결책이 주는 영향은 무엇인가

II 직무역량평가 논술 기출유형

1 이메일 답변

기본 정보

　　한국의 의료기기 시장에 관한 7~8가지 정보 제공

　　① 등급별 (1~5등급) 주사기

　　② 붕대부터 MRI 등 첨단 장비 등이 어느 등급에 해당하는지 정보제공

　　③ 한국의료기기 시장의 수출입 동향

　　④ 의료기기 등급별 수요 및 공급 현황

　　⑤ 한국 의료기기 시장의 영업적 특성 (ex. 리베이트 문화 등)

　　독일의 한 업체로부터 한국 의료기기 시장에 진출하기 위한 정보 요청 이메일을 받았다. 이에 코트라 직원인 당신은 해당 기업이 한국에 진출할 수 있도록 도움을 주기 위한 답변 이메일을 보내야 한다. 답변 이메일을 작성하시오. (답변 이메일에 개인 이름을 사용하면 안 됨)

2 기획 | 전략 보고서 작성

기본 정보

　　한국의 의료기기 시장에 관한 7~8가지 정보 제공

　　① 등급별 (1~5등급) 주사기

　　② 붕대부터 MRI 등 첨단 장비 등이 어느 등급에 해당하는지 정보제공

　　③ 한국의료기기 시장의 수출입 동향

　　④ 의료기기 등급별 수요 및 공급 현황

　　⑤ 한국 의료기기 시장의 영업적 특성 (ex. 리베이트 문화 등)

　　상사로부터 우리나라의 의료기기 시장에 대한 전반적인 정리를 하라는 지시를 받았다. 이에 주어진 기본 정보를 토대로 보고서를 작성하시오. (보고서에 개인 이름을 사용하면 안 됨)

LK 화학은 콩고 시장에 인삼 샴푸로 진출하려고 준비 중이다. 본인이 LK 화학의 직원 입장에서 보고서가 오류가 있는지 검토한 후 상사에게 제출할 요약 보고서를 작성하시오.

LK 산업은 우크라이나 내비게이션 시장에 진출하려고 하고 있다. 수출 적합성을 판단 분석하는 보고서를 작성하시오.

3 자료 분석

기본 정보

    A, B, C, D 4개 국가에 대한 설명

    C 국가는 반한류 정서가 팽배해 있다.

    1. D 국가의 매출 수익이 저조한 이유를 설명하시오.

    2. A, B, C, D 시장에 대한 분석을 하고 진출 전략을 설명하시오.

    3. 문화콘텐츠를 각 국가에 판매하기 위하여 어떤 요인이 있는지 위협요인과 기회요인으로 나누어 분석하시오.

4 상황 판단

LK 전자의 6개 브랜드가 공장 해외 이전을 계획하고 있다. 후보국은 태국, 인도네시아, 필리핀인데 6개 브랜드의 전략적 특징과 이들의 국가 상황에 맞게 진출국에 맞는 브랜드를 제시하시오.

5 경제신문기사 요약

중국 성장률이 1% 포인트 떨어지면 한국의 성장률을 0.14% 포인트 떨어지는 것으로 분석됐다. 한국은행은 11일 '중국 경제 최근 동향 및 주요 이슈 점검' 보고서에서 한은 글로벌 모형(BOKGM)으로 시뮬레이션을 해 이런 추정치를 얻었다고 밝혔다. 보고서는 "지난해 세계경제에서 중국이 차지한 비중이 15.4%, 한국의 수출에서는 26.1%에 달한 만큼 향후 중국의 성장률 급락이나 금융불안 가능성 등에 대한 모니터링을 지속할 필요가 있다"라고 덧붙였다.

그러나 "선진국의 경기회복 등으로 중국의 수출이 양호한 모습을 보이면 중국의 일시적인 성장세 둔화가 한국의 대중 수출에 미칠 영향은 제한적일 것"이라고 전망했다. 이는 한국의 대중 수출에서 중간재 비중이 지난해 73.3%에 달할 만큼 대중 수출이 중국의 내수보다는 수출과 더 연관성이 높기 때문이다. 다만, 이 보고서는 최근 일각에서 제기되는 중국의 성장률 급락이나 금융위기 발생 가능성 크지 않다고 평가했다. 중국 정부가 충분한 정책대응 능력을 보유하고 있다는 이유에서다.

해당 기사의 내용을 요약하고 한국의 대응 방안을 서술하시오.

기본 정보

  A, B, C, D 4개 국가에 대한 설명

  C 국가는 반한류 정서가 팽배해 있다.

1. D 국가의 매출 수익이 저조한 이유를 설명하시오.

2. A, B, C, D 시장에 대한 분석을 하고 진출 전략을 설명하시오.

3. 문화콘텐츠를 각 국가에 판매하기 위하여 어떤 요인이 있는지 위협요인과 기회요인으로 나누어 분석하시오.

기본 정보

  한국의 의료기기 시장에 관한 7~8가지 정보 제공

  ① 등급별 (1~5등급) 주사기

  ② 붕대부터 MRI 등 첨단 장비 등이 어느 등급에 해당하는지 정보제공

  ③ 한국의료기기 시장의 수출입 동향

  ④ 의료기기 등급별 수요 및 공급 현황

  ⑤ 한국 의료기기 시장의 영업적 특성 (ex. 리베이트 문화 등)

상사로부터 우리나라의 의료기기 시장에 대한 전반적인 정리를 하라는 지시를 받았다. 이에 주어진 기본 정보를 토대로 보고서를 작성하시오. (보고서에 개인 이름을 사용하면 안 됨)

*인문, 이공 동일 문제이며 가상의 회사명, 제품 등만 다르게 한 문제 지문으로 출제됨

1. LK 전자의 6개 브랜드가 공장 해외 이전을 계획하고 있다. 후보국은 태국, 인도네시아, 필리핀인데 이들의 국가 상황에 맞는 브랜드를 제시하시오.

2. LK 화학은 콩고 시장에 인삼 샴푸로 진출하려고 준비 중이다. 본인이 LK 화학의 직원 입장에서 보고서가 오류가 있는지 검토한 후 상사에게 제출할 요약 보고서를 작성하시오.

3. LK 산업은 우크라이나 내비게이션 시장에 진출하려고 하고 있다. 수출 적합성 여부 판단 분석 보고서를 작성하시오. 수출 적합 판단의 근거와 문제점 해결방안을 제시하시오.

기본 정보
최근 대중 수출 부진과 중국의 구조적 변화, 경기 침체 등에 대한 기사자료

1. 한국 기업의 대중 수출 부진을 기업 내적 요인과 외적 요인으로 나누어 분석하시오.

2. 위에서 언급된 중국 경제의 구조적 변화는 오히려 한국 기업에게 기회요인으로 작용할 수 있다. 가능한 기회요인을 모두 분석하시오.

3. 한국 기업에게 필요한 수출전략의 변화를 쓰시오.

4. 어떤 전문가들은 한국 기업이 중국이 아닌 인도, 베트남 등의 신규 시장 개척에 눈을 돌려야 한다고 한다. 이에 대해 논하시오.

기본 정보

· 신발가게를 온라인으로 열기로 하였다. 소비자들은 사이트에서 재료, 디자인, 색상 등을 선택할 수 있다. 계약을 맺은 대리점들은 컴퓨터를 사용하여 데이터베이스를 구축하고 소비자의 구두에 맞는 옷을 구매할 수 있도록 도울 예정이다. 제품이 맘에 안 들면 즉시 환불 가능하다. 배송에 걸리는 기간은 일주일이다. 온라인으로 주문을 받다보니 외국인 소비자도 이용할 수 있다.

· 아디다스에서 3D프린터 기술을 개발하고 있다. 이 기술은 발에 맞춤형으로 신발을 제작할 수 있도록 가능하게 한다. 코카콜라의 SWOT 전략은 다음과 같다.

· 3D 프린터 개발 완료, 모든 소비자들이 3D프린터를 집에 갖고 있음, 모든 스마트폰에 자체적으로 3D 스캔이 가능한 기능이 장착

1. 〈제시문 1〉에서 언급된 신발가게 사업은 망하였다. SWOT 전략을 이용해서 분석한 후 왜 망하게 되었는지 원인을 설명하시오. (40점)

2. 〈제시문 2〉의 기술진보가 실현될 경우 〈제시문 1〉의 문제점이 어떻게 해결될 수 있는지 설명하시오. (30점)

3. 새로운 신발 비즈니스 모델을 구상하여 SWOT 전략으로 분석하고 설명하시오. (30점)

기본 정보

이케아의 성공적인 한국 진출과 한국 가구 시장 현황

1. 한국 가구 시장을 분석하시오. (20점)
2. 현지화는 어느 정도 범위까지 추진해야 하는가? (20점)

기본 정보

중국 스마트폰 시장에 대한 다국적 기업의 해외시장 진출과 기업의 사회적 책임 (ISO 표준화)

1. 해외시장 진출 시 사회적 책임을 지는 것에 대한 본인의 생각을 논리적으로 쓰시오. (40점)
2. 해외 기업이 국내로 진출할 때 장단점을 쓰시오. (40점)

기본 정보

· 우리나라 수출 부진에 대한 기사
· 중국 제조 2025에 대한 기사
· 제4차 산업혁명에 대한 설명 및 기사

1. 제시문과 배경지식을 사용해서 중국 시장 변화, 브렉시트 및 EU의 시장 변화, 제4차 산업혁명에 관련한 우리나라의 수출 부진과 국제경쟁력 상실의 원인 및 대응 방안을 제시하는 보고서를 작성하시오. (2페이지 내에 서술할 것, 배점 40점)

2. 제시문과 배경지식을 사용해서 우리나라의 거시경제와 기업 활동에 있을 위험요인과 기회요인을 분석하고 시사점을 제시하는 보고서를 작성하시오. (1페이지 내에 서술할 것, 배점 30점)

3. 제4차 산업혁명의 동인과 효과에 대한 내용을 제시문과 배경지식을 사용해서 제4차 산업혁명이 산업구조와 기업 경영활동에 미칠 영향을 분석하는 보고서를 작성하시오. (1페이지 내에 서술할 것, 배점 30점)

기본 정보
- 4가지 태도를 바탕으로 한 제시문
- 영국 러다이트 운동
- 4차 산업혁명

1. 해당 제시문을 분석하시오.
2. 무역분쟁과 관련하여 4가지 태도에 대한 적절한 예시를 서술하시오.

기본 정보

　패션을 중요시하는 젊은 세대층, 건강을 중요시하는 운동-러버(lover)족, 등산을 취미로 하는 기성 세대층 등 운동화 시장에 대한 제시문 제공

3. 운동화 판매전략을 보고서 양식으로 서술하시오.
4. 하이힐을 선호하는 계층에게 어떠한 운동화를 판매할지 설명하시오.

기본 정보
- 한국반도체 전자사업과 관련하여 일본의 수출규제
- 한국 전자산업의 현황 - 글로벌 가치사슬, 수출 및 수입의 부가가치
- VRIO 모형
- 마이클 포터의 5 Force model

1. 자료 1과 2를 통해 한국 반도체 및 전자산업이 처한 어려움을 쓰시오. (1장 이내, 40점)

2. Five force model을 참고하여, 한국 반도체 및 전자산업의 산업분석(경쟁력 분석)을 하시오.
   (1장 이내, 40점)

3. 화이트리스트 및 미·중 무역 전쟁 가운데, 자료 3(VRIO)과 자료 4(FFM)를 참고하여 한국 반도체 및 전자산업의 해결책을 제시하시오. (2장 이내, 40점)

기본 정보

    제시문 1. 코로나로 인한 세계 경기 침체 관련 내용

    제시문 1-1. 코로나로 인한 GVC 붕괴

    제시문 2. 독일 자동차 기업 중국 제조공장 정지 사례

    제시문 3. 경영전략 방법 기술

    제시문 4 ~ 제시문 5. 미국의 Reshoring 정책 관련 내용

1. GVC 붕괴에 대한 제시문, 제시문을 토대로 GVC 붕괴로 인해 자동차 제조업이 직면한 문제상황 제시

2. 기업 경영전략 이론에 관한 제시문, 한국의 자동차 기업 상정하고 외부요인(기회, 위협, 불확실성 단 고객, 경쟁사, 트렌드 변화를 중심으로) 내부요인(강점, 약점, 제한사항, 불확실성 단 생산구조, 기업 의사결정, 이미지, 기술 등을 중심으로) 분석

3. 리쇼어링에 관한 제시문, 한국 리쇼어링의 문제점과 해결방안 제시

01 고양이 사료시장 진출

1 필요한 정보를 수집한다.

　① 정보를 수집할 때에는 시장, 경쟁, 고객, 선택 기준이라는 네 가지 정보만 수집하면 충분하다.

　② 고양이 사료 시장을 예로 들어 어떤 정보를 수집하고 어떻게 정리하면 되는지 확인해보자.

1. 정보를 수집한다.

　먼저 데이터를 수집해야 한다.

그림 1. 시장 규모의 추이 (단위 : 만 원)

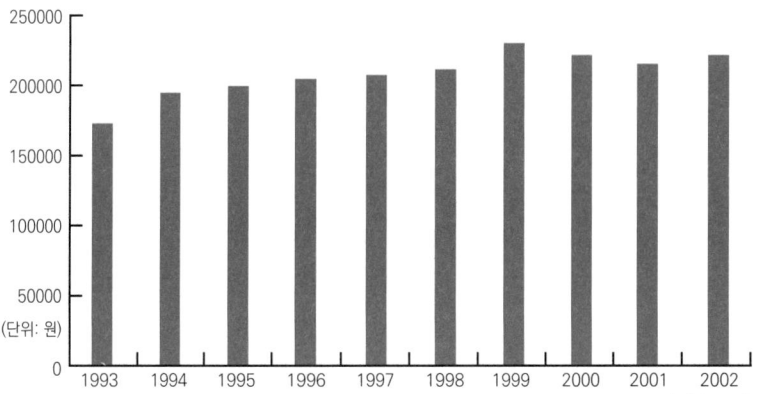

그림 2. 수입품과 국산품의 비율

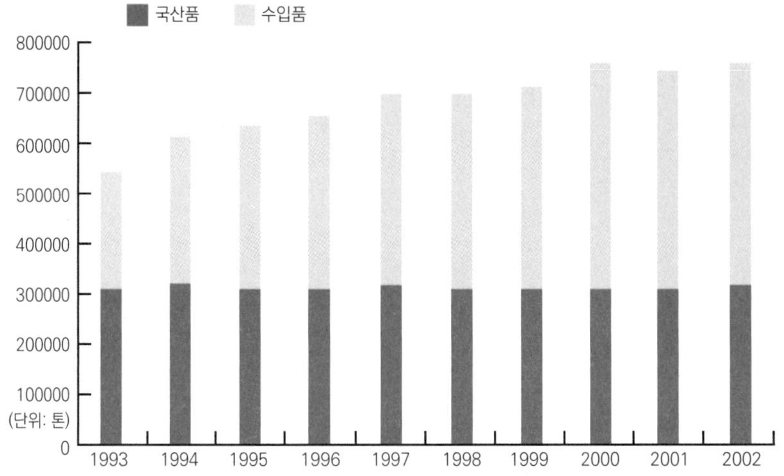

그림 3. 강아지 사료와 고양이 사료의 비율

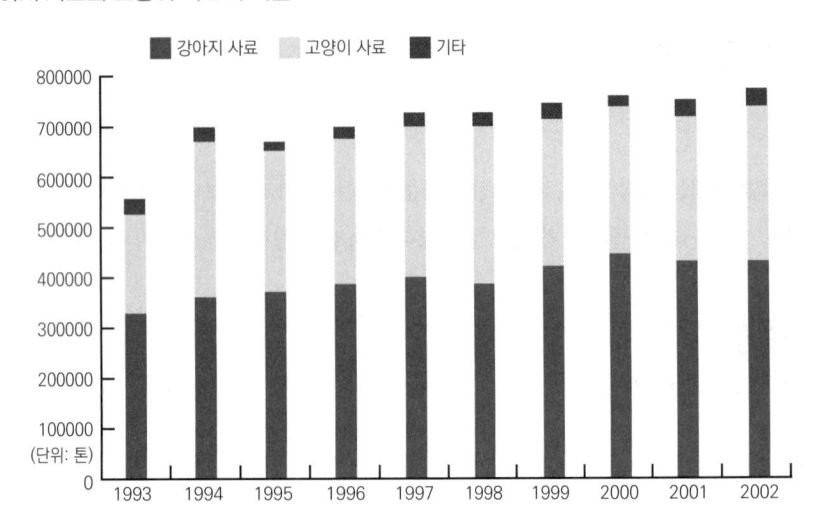

자료 1.

• 국내 브랜드가 저가화를 추진하고 있음

• 강아지 사육수와 고양이 사육수는 비슷함

위의 그림 및 자료를 통해 다음을 알 수 있다. 내용을 적으시오.

2. 어떤 경쟁 업체가 있는지 조사한다.

① 경쟁에 관한 정보를 조사해본다.

② 시장을 선도하는 기업은 네슬레이며 시장점유율은 23%이다. 그 뒤를 이어서 마스터푸드가 17.7%, M팻푸드가 13.5%를 점유하고 있다.

③ 또한 이들 브랜드가 어떤 상품을 판매하고 있으며 그 상품들은 어떤 장점들이 있는지를 조사해야 한다.

④ 예를 들어 어떤 종류의 상품이 있는지, 상품에 따라 어떤 차이점이 있고 구성 성분은 무엇인지 등에 관심을 갖고 살펴보면 된다. 이렇게 자료를 분석하다 보면 각 브랜드 별 상품의 장점이나 제조법, 고객 상황 등을 자연스럽게 파악할 수 있게 된다.

고양이 사료 시장점유율

기업명	02년 매출 (백만 원)	02년 점유율 (%)	03년 매출 (백만 원)	03년 점유율 (%)
네슬레 퓨리나 팻케어	21,900	22.5	23,200	23.0
마스터푸드 리미티드	17,150	17.6	17,850	17.7
M팻푸드	13,400	13.8	13,620	13.5
팻라인	7,700	7.9	7,550	7.5
J힐스 Cologate	6,730	6.9	7,050	7.0
기타	30,360	31.2	31,600	31.3
합계	97,240	100.0	100,870	100.0

2 연습 수집한 정보를 이용하여 분석하기 [시장을 분석하는 세 가지 관점]

1. 개요

① 이렇게 시장 상황을 정리해 둔 것이 그림 4이다.

② 시장 상황을 다시 시장 규모, 성장성, 점유율이라는 세 가지 관점으로 나누어 보았다.

그림 4. 시장 상황

시장규모	• 시장규모 [ ] • 수입품과 국산품의 비율은 [:]이다. • 수입품의 비율이 증가하는 이유는 [ ]이다. • 강아지 사료와 고양이 사료의 비율은 약 [:]이다.
성장성	
점유율	• 네슬레 _____ % • 마스터푸드 _____ % • M팻푸드 _____ % • J힐스 _____ %

2. 경쟁 업체들이 조성하는 경쟁 상황을 파악한다.

① 그림 5는 경쟁 상황을 나타낸 것이다.

② 여기서는 네슬레의 몬푸치는 '고품질', 마스터푸드의 칼칸은 '맛이 좋고 영양이 풍부함', M팻푸드의 루키는 '맛이 좋음', J힐스의 사이언스다이어트는 '미국 수의사 협회 권장품'이라는 식으로 상품의 장점과 시장 점유율에 근거하여 기입했다.

그림 5. 경쟁 상황

몬푸치(네슬레)
점유율 23%
고품질

선도 기업
도전 기업
틈새 기업
추종 기업
기타 31.1%

칼칸(마스터푸드)
점유율 17.7%
맛이 좋고 영양이
풍부함

루키(M팻푸드)
점유율 13.5%
맛이 좋음

사이언스다이어트(J힐스)
점유율 7%
미국 수의사 협회 권장품

고양이 사료 시장으로 진출하려는 해당 기업은 어떠한 차별화 전략을 실시하면 좋은가?

3. 현재 누가 이용하고 있으며 앞으로 어떤 변화가 있을지 분석한다.

 ① 고객 상황에 대하여 살펴보자. (그림 6)

 ② 여기서는 고객을 다시 현재의 고객과 미래의 고객이라는 관점에서 정리하였다.

   현재의 고객과 미래의 고객을 그림에 기입해보고 이유를 쓰시오.

그림 6. 고객 상황

이용자의 상황 / 현재의 고객
이용 의향자의 상황 / 미래 고객

4. 잘 팔리는 제품이 소비자에게 선택되는 이유를 찾아본다.

 ① 마지막으로 선택 기준에 대하여 알아보자. (그림 7)

 ② 여기서는 다시 이용하는 이유, 용도, 이미지, 선택 기준의 네 가지 관점에서 정리해 보았다.

   • **이용하는 이유 부분에는 소비자들이 어떤 이유로 상품을 선택하는지를 기입한다.**

   • '주식' 이외에 다양한 용도가 있다.

 ③ 목표로서 공략해야 할 부분이 될 수도 있을 것이다.

 ④ 또한 연령에 맞는 것에서는 나이가 많은 애완동물에게 먹일 수 있는 사료가 별도로 있다고 한다. 건강이
   라는 관점에서 공략할 생각이라면 이것도 목표가 될 만하다.

   • **사료의 이미지를 써보자.**

 ⑤ 선택 기준에는 '맛이 좋은 것'과 '브랜드'가 있다. 시장점유율이 높은 브랜드는 맛으로 소비자들의 구매 욕
   구를 불러일으킨다. 또한 소비자들에게 브랜드의 인지도가 높은 기업, 상품으로 인식되고 있다.

그림 7. 선택 기준

이용하는 이유	용도
• •	• 주식 •

이미지	선택 기준
• 고품질 • 영양가 •	• 맛이 좋음 • 브랜드

4. 잘 팔리는 제품이 소비자에게 선택되는 이유를 찾아본다.

① 마지막으로 선택 기준에 대하여 알아보자. (그림 7)

② 여기서는 다시 이용하는 이유, 용도, 이미지, 선택 기준의 네 가지 관점에서 정리해 보았다.

 • 이용하는 이유 부분에는 소비자들이 어떤 이유로 상품을 선택하는지를 기입한다.

 • '주식' 이외에 다양한 용도가 있다.

③ 목표로서 공략해야 할 부분이 될 수도 있을 것이다.

④ 또한 연령에 맞는 것에서는 나이가 많은 애완동물에게 먹일 수 있는 사료가 별도로 있다고 한다. 건강이라는 관점에서 공략할 생각이라면 이것도 목표가 될 만하다.

 • 사료의 이미지를 써보자.

⑤ 선택 기준에는 '맛이 좋은 것'과 '브랜드'가 있다. 시장점유율이 높은 브랜드는 맛으로 소비자들의 구매 욕구를 불러일으킨다. 또한 소비자들에게 브랜드의 인지도가 높은 기업, 상품으로 인식되고 있다.

고봉석 경제학이야기테마

V 전략경영 수립 방법

1 개념

① 경영전략 또는 전략경영이란 날로 치열해지는 다른 기업들과의 경쟁에서 이기고, 자신이 설정한 경영목표를 달성하기 위해 기업에 영향을 주는 환경요인들의 변화를 고려하고, 그에 대한 대응책을 강구하려는 활동이다.

② 전략경영이란 조직의 장기적인 성과를 결정하는 일련의 경영의사결정과 행동을 말한다.

2 전략경영의 필요성

1. 기업의 규모확대

기업규모가 확대되면서 사전 약속 없이 손발을 맞추기가 불가능해졌기 때문에 근본지침이 되는 계획, 즉 전략의 수립이 없이는 기업경영이 어렵게 되었다.

2. 불확실성의 증가

환경의 급속한 변화는 미래 예측을 더욱 힘들게 하고 따라서 기업들은 미리 환경대응적 계획을 준비할 필요성이 더욱 높아지게 되었다.

3. 복잡성

경쟁상대나 고객관계가 더욱 복잡해졌다. 하루 한 가지 일을 할 때보다 하루 수십가지 일 처리를 해야 할 때일수록 자원의 배분과 통제와 조정과 관련하여 미리 짜놓는 것이 필요하다.

3 전략경영의 수립 과정

··

기업의 비전과 전략목표의 설정
→ 전략적 환경분석 (외부환경분석, 내부환경분석)
→ 전략수립 (기업전략, 사업전략, 기능별 전략)
→ 전략실행
→ 전략의 평가와 통제

··

1. 기업의 비전 설정

기업의 비전이란 '앞으로 우리 회사는 어떤 기업이 될 수 있는가'를 결정하는 것으로 눈에 보이지 않는 먼 미래를 상상하고 예측하는 것을 말한다.

2. 전략적 환경분석 – SWOT 분석 (외부환경과 내부역량 분석)

(1) 개념

강점을 토대로 주어진 기회를 기업에 유리하게 이용하고 위협에는 적절히 대처하게 하거나 기업의 약점을 적절히 보완할 수 있는 전략을 수립

(2) 외부환경 분석

① 기업의 외부환경에는 경쟁자, 공급자, 소비자 등의 산업환경(미시환경, 과업환경)과 경제적, 정치적, 기술적 환경 등의 기업환경(거시환경, 사회적 환경)이 있다.

② 기업이 처한 외부환경을 분석함으로써 기업에 주어지는 기회와 위협요소, 그리고 주어진 사업분야에서 요구하는 핵심성공요인을 알 수 있게 된다.

→ 경쟁자를 중심으로 한 산업환경과 경제적, 정치적, 기술적, 사회적 환경 등 기업 운영에 직 · 간접으로 영향을 주는 제반 기업환경

→ 기회(opportunity)와 위협(threat) 요소들을 알게 됨

(3) 내부환경 분석

① 기업의 내부환경은 크게 기업 구조, 기업문화, 기업 내부 자원으로 나눌 수 있다.

② 기업의 내부환경의 분석을 통하여 기업의 강점(strength)과 약점(weakness), 그리고 자원과 역량을 파악할 수 있게 된다.

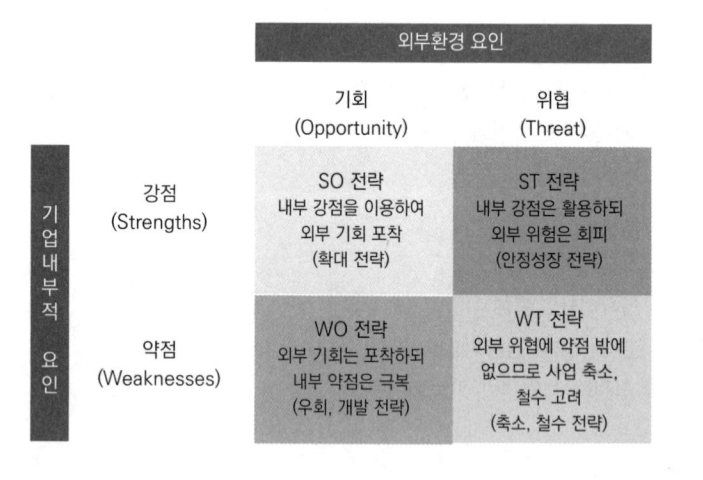

(4) 설명

내부요인 / 외부요인	기회	위협
강점	기회 활용 위해 강점 사용 예 인수합병, 내부개발	위협 극복 위해 강점 사용
약점	기회 활용 위해 약점 보완 예 조인트벤처, 수직계열화, 비관련다각화	위협 극복 위해 약점 보완

SWOT 분석은 강점을 이용하여 주어진 기회를 기업에 유리하게 만들거나, 위협에는 적절히 대처하고, 약점을 최대한 보완하는 전략을 수립할 수 있게 한다.

3. 기업의 외부환경 분석 기법

(1) SCP 모형

① 구조(structure) - 행동(conduct) - 성과(performance) 모형은 산업조직론에 바탕을 둔 환경위협 분석 틀이다.

② 산업구조의 속성은 기업이 직면하게 될 선택대안과 제약요인의 범위를 결정한다.

    예 완전경쟁 산업, 덜 경쟁적인 산업, 진입장벽 등

산업구조	→ 기업 행동	→ 성과
• 구매자 / 판매자 수	• 가격 행동	• 기업 수준
• 진입장벽	• 제품 및 광고전략	[평균 성과, 평균 이하 성과, 평균 이상 성과]
• 비용구조	• 연구개발·설비투자	• 사회 수준
		[생산 / 분배 효율성, 고용수준, 사회 발전]

(2) 산업구조 분석 : Michael Porter

1) 개요

① 마이클 포터는 1980년 경제학의 산업조분석기법을 기업에 적용하기 쉽도록 변형시킨 분석틀을 제시하였다. 산업구조분석은 특정기업의 과업환경(미시환경)에서 중요한 요인들을 이해하고자 하는 기법이다.

② 사업구조분석틀(5 - force 모델)에 의하면 다섯 가지 요인에 의해 산업 내의 경쟁정도나 산업의 수익률이 결정된다. 즉 다섯 요소의 힘이 강하면 그 기업에 위협이 되고 요소의 힘이 약하면 기회가 된다.

2) 수평적인 경쟁요인

　대체재, 잠재적 진입자, 기존 사업

3) 수직적인 경쟁요인

　공급자와 구매자

4) 구체적 설명

　a. 진입자 위협

　① 산업구조분석의 첫 번째 환경 위협은 신규 진입자로부터의 위협이다.

　② 신규 진입자(new entrants)는 최근에 산업 내에서 활동을 시작한 기업이나 곧 활동을 시작할 것이라고 위협하는 기업이다.

　③ SCP 모델에 따르면 신규 진입자는 어떤 산업 내에 존재하는 기업들이 높은 이익을 내고 있을 때 그 산업에 진입할 의도를 갖게 된다.

　④ 신규 진입자들이 이 산업에 진입함으로써 경쟁의 강도가 높아지게 되고 따라서 기존 기업들의 성과는 낮아지게 된다. 즉 진입장벽(entry barriers)이 없다면 어느 산업 내에서 높은 이익을 내는 기업이 하나도 없을 때까지 신규 진입은 계속될 것이고, 결국 모든 기업들이 경쟁 등위를 가질 때 신규진입은 끝이 나게 된다.

　⑤ 신규 진입자들이 기존 기업들에 주는 위협의 크기는 진입에 필요한 원가(cost of entry)가 얼마나 큰가에 달려있다. 진입 원가가 진입 후 얻을 수 있는 이익보다 크다면 신규진입은 일어나지 않을 것이고, 따라서 잠재적 신규 진입자는 기존 기업들에 위협이 되지 않을 것이다. 그러나 진입 원가가 낮다면 진입 후 이익이 같아질 때까지 신규 진입은 일어나지 않을 것이다.

　⑥ 이처럼 진입자 위협은 진입 원가에 달려있는데, 진입 원가는 진입장벽의 높이에 달려있다. 진입장벽은 진입 원가를 높이는 산업의 구조적 특성을 말한다. 진입장벽이 높으면 잠재적 진입자들은 설사 산업 내 기존 기업들이 경쟁우위를 누리고 있더라도 그 산업에 진입하지 않을 것이다. 4가지 중요한 진입장벽들이 SCP 모델과 기타 전략분야의 연구에서 밝혀졌는데 이 장벽은 ㉠ 규모의 경제 ㉡ 제품 차별화 ㉢ 규모와 무관한 원가 우위 ㉣ 진입을 막는 정부 규제 등이다.

────────────────────────────────────

　㉠ 규모의 경제

　　규모의 경제(economy of scale)는 기업의 생산량이 많아지면 기업의 원가가 감소할 때 존재한다.

　㉡ 제품 차별화

　　제품 차별화(product differentiation)는 어느 기업이 다른 기업에 비해 높은 상표 인지도(brand identification)나 고객 충성도(customer loyalty)를 가지는 것을 뜻한다. 상표 인지도나 고객 충성도가 진입장벽의 역할을 하는데, 왜냐하면 신규 진입자들은 기존 기업들이 가지고 있는 일상적인 원가를 지불할 뿐 아니라 기존 기업의 차별화 우위를 극복하기 위한 원가까지 부담해야 하기 때문이다.

────────────────────────────────────

© 규모와 무관한 원가 우위

산업 내 기업들이 누릴 수 있는 규모와 무관한 원가우위는 [1] 독점적 기술, [2] 경영상의 노하우, [3] 원재료에의 접근의 우월성, [4] 학습곡선 원가우위 등이다.

② 정부의 규제

정부는 그 정책 목표에 따라 특정 산업의 진입장벽을 높이는 결정을 내릴 수 있다. 이 현상은 특히 정부가 독점적으로 어떤 사업을 운영할 때 나타나는데, 특정 제품이나 서비스에 대한

b. 경쟁자 위협

① 경쟁자는 어느 기업의 경제적 성과를 감소시킴으로써 위협을 가한다.
② 높은 수준의 경쟁자 위협은 잦은 가격 하락, 잦은 신제품 출현, 높은 광고 지출 그리고 긴박한 경쟁적 조치들을 통해 나타난다.
③ 높은 수준의 경쟁자 위협을 가지고 있는 산업의 특성은 다음과 같다.

- 다수의 경쟁자들로 구성되며, 경쟁자들의 규모가 비슷한 산업
- 성장률이 낮은 산업
- 제품 차별화 정도가 낮은 산업
- 규모의 경제를 얻기 위해 한번 추가되는 생산량의 단위가 큰 산업

c. 대체재 위협

① 직접적인 경쟁자가 제공하는 제품이나 서비스는 고객이 가진 동일한 욕구를 동일한 방법으로 충족시킨다.
② 그러나 대체재(substitutes)는 고객이 가진 동일한 욕구를 다른 방법으로 충족시킨다.
③ 대체재는 어느 기업이 산업 내에서 가질 수 있는 가격과 이익의 상한선을 결정한다.
④ 극단적인 경우 대체재는 문자 그대로 어느 산업 내의 제품이나 서비스를 대체할 수도 있는데, 이는 대체재가 기존 제품보다 명백하게 우월할 때 나타날 수도 있다. 예를 들어 플라스틱은 철강제품의 대체재이며, 비닐제품은 가죽제품의 대체재가 될 수 있다. 이러한 대체재의 존재는 강한 위협이 된다. 따라서 기업의 가격 책정에 영향을 미치며 그 결과 수익성에도 영향을 준다.

d. 공급자의 교섭력

① 공급자(suppliers)는 기업이 필요한 원재료, 노동력 그리고 기타 자산들을 공급한다.
② 어느 산업의 공급자들은 이러한 공급 요소들의 가격을 높이거나 그 품질을 저하시킴으로써 그 산업에 존재하는 기업들의 성과에 위협적일 수 있다.
③ 즉, 그 산업의 기업들이 창출하는 이익은 상승된 공급 가격이나 저하된 품질(공급자의 원가가 하락하기 때문에)을 통해 공급자들에게 전이될 수 있다.
④ 공급자의 교섭력이 높은 조건은 다음과 같다.

- 공급자들의 산업을 소수의 기업이 주도할 때
- 공급자들이 특이하거나 고도로 차별화된 제품을 판매할 때
- 공급자들이 대체재에 의해 위협받지 않을 때
- 공급자들이 전방 통합(forward integration)을 할 것이라고 위협할 때
- 기업들이 공급자들에 대해 중요한 구매자가 아닐 때

e. 구매자의 교섭력

① 구매자(buyer)는 기업의 제품이나 서비스를 구매한다.

② 공급자가 구매 기업의 원가를 높이는 위협을 주는 반면, 구매자는 판매 기업의 수익을 낮추는 위협을 준다.

③ 구매자의 교섭력이 수준이 높은 조건은 다음과 같다.

- 구매자들이 소수일 때
- 구매되는 제품들이 차별화되어 있지 않고 규격품일 때
- 구매자되는 제품들이 구매자의 최종 원가에서 큰 부분을 차지할 때
- 구매자들이 높은 수준의 경제적 이익을 얻지 못하고 있을 때
- 구매자들이 후방 통합(backward integration)을 할 것이라고 위협할 때

다섯 요소	영향을 주는 요인	결과
경쟁정도	경쟁자의 수 ↑ 산업의 성장률 ↓ 혁신의 정도 ↓ 고정비 비율 ↑	경쟁정도 ↑ (위협)
잠재적 진입자	규모의 경제 ↑ 제품차별화 ↑ 구매자의 제품전환비용 ↑ 기존 유통경로 확보 ↑	진입장벽 ↑ (기회)
구매자	구매자의 대량구매 ↑ 제품표준화 ↑ 차별화 ↓	구매자의 협상력 ↑ (위협)
공급자	공급자의 수 ↓ 공급자 교체전환비용 ↑ 대체재 ↓	구매자의 협상력 ↑ (위협)
대체재	대체재로의 전환비용 ↓	대체재의 영향력 ↑ (위협)

(3) 전략군 분석

① 전략군이란 산업분석의 범위가 너무 넓어 경쟁상대를 확실하게 파악할 필요가 있을 때 사용하는 개념이다.

② 전략군은 한 산업 내에서 유사한 자원을 이용하여 유사한 전략을 사용하는 기업들의 집단을 나타내며, 대개 전략군 지도를 그려서 파악한다.

③ 이때 같은 전략군에 속한 회사들은 자사의 가장 직접적인 경쟁자가 되며, 전략군을 하나의 산업처럼 가정하고 포터의 산업분석을 적용할 수 있다.

④ 전략군 사이를 옮겨갈 때 나타나는 장벽을 이동장벽이라 한다.

4. 기업의 내부환경 분석 기법

(1) 조직구조

① 명령 전달 체계나 의사소통 경로로서의 조직구조는 기업의 중요한 내부환경요소가 된다.

② 기업의 성장 방향과 적합한 조직구조는 강점으로 작용되나, 그렇지 못한 조직구조는 약점으로 작용한다.

(2) 조직문화

① 조직의 구성원들은 그 기업의 문화에 영향을 받아 행동하게 된다.

② 기업문화는 대개 설립자나 최고경영자의 영향을 받아 형성되며, 그 기업을 독특하게 하고, 종업원들이 긍지와 소속감을 갖고 일하게 하는 역할을 한다.

③ 그러므로 기업 전략은 기업문화에 맞게 설정되어야 한다.

(3) 기업내부자원

① 기업의 자원은 크게 물적자원, 재무적자원, 인적자원으로 나눌 수 있다.

② 내부환경 분석을 위해서는 이러한 회사 내의 각 기능별로 강점과 약점을 분석해야 한다.

③ VRIO : 자원 기반 관점의 두 가정 (희소성, 자원의 비이동성)에 기초하여 자원 / 능력의 가치(value), 희소성(rareness), 모방 가능성(imitability), 조직화(organization)의 수준에 따라 강점 및 약점을 파악하는 것을 VRIO 분석틀이라 한다.

5. 기업의 전략 수립

(1) 기업 전략 또는 전사적 수준의 전략

1) 개념

① 기업 전략은 어떤 사업분야에 들어가서 경쟁할 것인가를 결정하는 것이다. 즉, 자사가 경쟁할 시장을 결정하거나 산업의 범위를 결정하고자 하는 것이다.

② 전사적 수준의 전략은 한 기업이 여러 시장이나 산업에 걸쳐 있을 때 경쟁우위를 얻기 위해 전사적으로 활용할 수 있는 전략을 말한다.

2) 수직적 통합

① 기업이 제품이나 서비스를 구매자에게 판매하기 위해 원재료의 상태에서 최종 단계까지 실행해야

하는 일련의 기업 활동 중 그 기업의 영역안에서 실행되는 것을 의미한다.

② 기업은 원재료 쪽의 방향의 활동들을 그 영역 안으로 끌어들일 때 후방 통합이라고 하고 최종 구매
자 쪽의 방향의 활동들을 기업의 영역 내로 끌어들일 때 전방통합을 한다고 한다.

3) 수평적 통합

경쟁력을 강화하려는 목적이거나 혹은 경쟁의 정도를 줄이기 위해 같은 산업 내의 기업을 통합하는
것을 말한다.

4) 다각화

① 관련형 다각화란 기존의 기업 활동과 새로이 진출하려는 사업 사이에 공통적인 가치사슬의 구성
성분이 하나 이상 존재하는 것을 말한다.

② 비관련 다각화란 기존의 기업 활동과 전혀 관련이 없는 새로운 분야로 진출하는 경우를 말한다.

③ 다각화를 추구하는 이유는 성장 추구, 위험분산, 범위의 경제성, 시장 지배력 등이 있다.

5) 전략적 제휴

둘 이상의 독립적 조직이 제품이나 서비스의 개발, 제조 또는 판매 과정에서 협력할 때 성립한다.

(2) 사업부 수준의 전략

1) 개념

① 사업부 수준의 전략은 기업이 특정한 시장이나 산업에서 경쟁우위를 얻기 위해 활용할 수 있는 전
략을 말하며 각 사업분야에서 어떻게 경쟁할 것인가를 결정하는 것이다.

② Porter에 의하면 경쟁우위를 확보하기 위한 전략으로 원가우위전략, 차별화전략, 집중화전략 등을
들고 있다.

2) 원가우위 전략

① 원가우위 전략(cost leadership strategy)의 목표는 경쟁기업보다 더 낮은 원가로 재화 또는 서비
스를 생산함으로써 경쟁자들을 능가하는 것이다. 즉, 원가우위 전략은 원가를 낮추기 위한 일련의
기능별 정책을 동원하여 산업 내에서 원가상의 우위를 달하는 것을 말한다.

② 이 전략은 다음의 이점을 갖는다.

첫째, 저원가로 인해 원가선도 기업은 경쟁기업보다 동일한 제품을 더 낮은 가격에 공급할 수 있다.
둘째, 산업이 성숙기가 되어 가격경쟁이 시작되면 원가선도 기업은 그렇지 않은 기업보다 치열한
경쟁에서도 잘 견디게 된다.

3) 차별화 전략

① 차별화 전략(differentiation strategy)의 목표는 기업이 제공하는 제품이나 서비스를 차별화함으
로써 산업 전반에 걸쳐서 그 기업이 독특하다고 인식될 수 있는 그 무엇을 창조하여 경쟁우위를 달
성하는 것이다.

② 기업은 이를 통해서 소비자에게 차별화에 대한 대가로 프리미엄 가격(premium price)을 요구한다.

③ 프리미엄 가격은 통상 원가선도 기업이 부과하는 가격보다 높다. 그러나 소비자들은 차별화된 제
품이 가치가 있다고 믿기 때문에 프리미엄 가격을 지불하고서도 제품을 구입하게 된다.

④ 그렇다고 차별화 전략을 추구하는 기업이 원가를 무시해서는 안 된다. 명백한 원가 열위가 차별화의 이점을 상쇄시킬 수 있기 때문이다.

4) 집중화 전략

① 집중화 전략(focus strategy)은 특정 시장, 즉 특정 소비자 집단, 일부 제품 종류, 특정 지역 등을 집중적으로 공략하는 것을 말한다.

② 원가우위 전략과 차별화 전략이 전체의 시장을 대상으로 한 전략임에 반하여 집중화 전략은 특정 시장에만 집중하는 전략이다.

③ 일반적으로 집중화 전략을 추구하는 기업은 특화된 영역 안에서 원가우위나 차별화 중 하나를 선택한다. 왜냐하면 집중화 전략을 추구 기업이 선택한 시장은 보통 규모가 작기 때문에 원가우위 전략을 수행하기가 어렵기 때문이다.

5) 어정쩡한 상황

① 포터는 사업부 수준의 전략을 채택함에 있어서 최악의 경우는 이것도 저것도 아닌 어정쩡한 상황(stuck in the middle), 즉 둘 이상의 전략을 동시에 추구하는 것이라고 하였다.

② 이것은 전략의 부재와 그로 인한 낮은 성과를 낳게 되는데, 그 이유는 여러 가지 전략을 한꺼번에 추구하게 되면 그들 상호 간의 타고난 모순으로 인하여 어느 하나도 제대로 달성하지 못하게 되기 때문이다.

③ 즉, 차별화 전략은 일반적으로 높은 비용을 수반하기 마련이며, 반대로 원가우위 전략은 제품 표준화나 영업비용 삭감 등으로 차별화를 어렵게 만든다. 따라서 기업은 상기 사업부 전략 가운데 단지 하나만을 선택하여야 성공할 수 있다.

(3) 기능별 전략

① 기능별 전략은 주어진 자원을 효율적으로 사용하고자 하는 방법을 찾는 단계이다.

② 사업부 내에 있는 생산, 회계, R&D 등의 분야에서 생산성 증대 또는 비용 절감 등을 추구한다.

6. 기업의 내부역량 평가와 경쟁우위

(1) 개요

① 기업의 내부적 강점과 약점을 분석하는 것은 기업의 자원기반관점(resource-based view : RBV)에 기반을 둔다.

② 자원기반관점은 기업이 통제하는 자원과 능력을 경쟁우위의 원천으로서 초점을 맞추는 기업의 성과에 대한 모델이다.

(2) 자원과 능력

① 자원기반관점에서의 자원(resource)은 기업이 전략을 고안하고 실행하는 데에 이용하는 기업 통제하의 유·무형 자산으로 정의된다.

② 능력(capability)은 기업 자원의 한 부분이며 기업의 통제 하에 있는 다른 자원들을 최대한 이용하게 하는 무형 자산으로 정의된다. 즉, 기업은 능력만 가지고는 전략을 고안하거나 실행하지 못하지만, 대

9장
657
직무역량평가논술

신 기업의 능력은 기업으로 하여금 다른 자원들을 이용하여 전략을 고안하거나 실행하게 할 수 있다. 능력의 예로서 기업의 마케팅 기술과 경영자 사이의 팀워크와 협력 등을 들 수 있다.

③ 기업의 자원과 능력은 다음과 같이 4가지로 구분할 수 있다.

1) 재무자원

재무자원(financial resource)은 기업이 전략을 고안하고 실행하기 위해 이용하는 모든 형태의 자금을 뜻하는데, 기업가, 주주, 채권자 그리고 은행으로부터의 현금을 포함한다.

2) 물적자원

물적자원(physical resource)은 기업의 모든 물적 기술(physical technology)과 공장과 설비, 지리적 입지 그리고 원재료에의 접근 등을 포함하는 개념이다.

3) 인적자원

① 인적자원(human resource)은 개개의 경영자들과 종업원들의 교육, 경험, 판단, 지능, 관계 그리고 직관을 포괄한다.

② 마이크로소프트의 빌 게이츠나 애플의 스티브 잡스 등 잘 알려진 기업가들을 통해 인적자원의 중요성은 널리 인정되고 있다.

③ 그러나 가치 있는 인적자원은 고위 경영자들에게만 국한되지는 않는다. 사우스웨스트 항공 (Southwest Airlines) 같은 기업의 종업원들은 그 기업의 전반적인 성공에 필수적인 요소로 간주된다. 곤경에 처한 여행자에게 농담 한 마디를 건넬 수 있는 공항 직원이나, 열심히 승객의 가방을 나르는 운반 직원, 또는 연료를 아끼기 위해 애쓰는 조종사 등은 사우스웨스트가 경쟁이 매우 심한 미국의 항공 운수산업에서 경쟁우위를 획득하게 된 이유가 된다.

4) 조직자원

① 인적자원이 개개인의 특성을 나타내는 반면, 조직자원(organizational resource)은 집단의 특성을 나타낸다.

② 조직자원은 기업의 공식적인 보고 체계, 공식적이거나 비공식적인 계획, 통제, 조정 시스템, 기업 문화와 평판 그리고 기업 내외의 비공식 관계들을 포괄한다.

③ 사우스웨스트 항공(Southwest Airlines)에서 개인들 사이의 관계는 중요한 조직자원을 만들어 내고 있다. 예를 들어 사우스웨스트에서는 조종사들이 정시 출발을 위해 승객의 짐을 비행기에 싣는 것을 흔히 볼 수 있다. 이 같은 협력과 봉사는 사우스웨스트가 종업원과 기업 간의 유대관계를 잘 보여 주는데, 사우스웨스트 종업원의 80%가 노조원임에도 불구하고 이 유대관계를 바탕으로 낮은 이직률과 높은 생산성을 보여주고 있는 것이다.

(3) 가치 활동과 경쟁우위

1) 개요

① 어느 기업 내에서 잠재적으로 가치 있는 자원과 능력을 발견하는 방법 중 하나는 그 기업의 가치사슬(value chain)을 연구하는 것이다.

② 기업의 가치사슬은 그 기업이 가치사슬의 각 단계에서 각각 상이한 자원과 능력을 적용하고 통합

고범석 경제학아카데미

해야 한다.

③ 기업들은 저마다 상이한 가치사슬을 선택할 수 있기 때문에 그 가치사슬에 필요한 자원과 능력을 개발하게 된다. 심지어 그 기업들이 동일한 산업에 속하더라도 마찬가지이다.

④ 가치사슬 모형은 기업의 자원과 능력을 아주 세세히 해부하도록 요구한다. 즉 기업이 이행하고 있는 가치 활동들이 그 기업의 재무자원, 물적자원, 인적자원 그리고 조직자원에 어떻게 영향을 주는가를 파악하는 데에 도움을 준다.

⑤ 이러한 세부적인 분석을 토대로 그 기업이 가진 잠재적인 경쟁 우위의 원천을 발견할 수 있을 것이다.

2) 포터의 가치사슬 모형

① 개요

포터의 가치사슬 모형은 기업의 가치창출 활동을 본원적 활동과 보조 활동(지원활동)의 두 가지 범주로 나눈다.

② 본원적 활동

내부 유통(원자재 및 재고 보관), 제조, 외부 유통(완제품 보관, 완제품 유통), 판매와 마케팅 그리고 서비스(소매점 지원 및 구매자 서비스)를 포함한다.

③ 보조 활동(지원활동)

하부구조(기획, 재무, MIS, 법적 자문), 기술 개발(연구개발, 제품 디자인), 조달 활동(원자재와 비품의 획득 활동) 그리고 인적자원 경영과 개발을 포함한다.

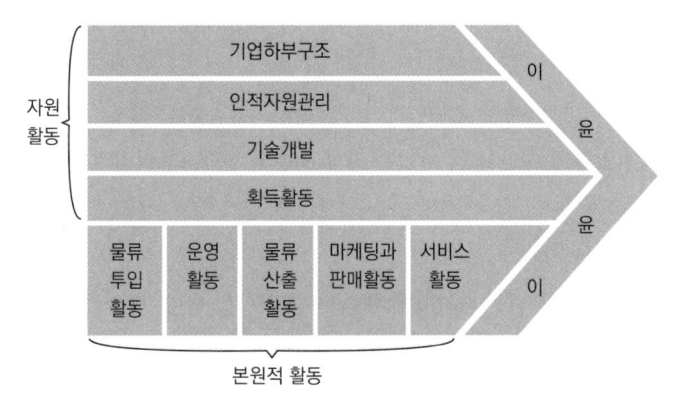

④ 주요내용

① 경쟁우위는 각각의 가치활동에서 발생하기도 하지만 가치활동간의 연계 (즉, 가치사슬)로부터 발생하기도 한다.

② 그러므로 기업들은 개별가치활동과 가치활동 간의 연결관계에 의해 창출되는 시너지 효과를 파악하여 기업의 사회활동들에 높은 부가가치를 제공하면서 동시에 활동들간의 공유정도가 높은 것이 무엇인지를 밝혀냄으로써 기업의 경쟁우위와 핵심역량을 규명할 수 있게 된다.

(4) 핵심역량

1) 개요

① 핵심역량(core competence)이라는 말은 1990년 프라할라드(C. K. Prahalad)와 해멀 (Gary Hamel)이 Harvard Business Review에 기고한 "The Core Competence of the Corporation"이라는 논문에서 처음 사용되기 시작하였다.

② 프라할라드와 해멀은 핵심역량(core competence)을 "고객에게 가치를 높이거나 그 가치가 전달되는 과정을 더 효율적으로 할 수 있는 특정한 능력을 나타내며 또한 이러한 능력은 기업이 신규 산업으로 진출할 수 있는 능력이 된다."라고 정의하였다.

③ 핵심역량이란 개념은 항상 경쟁기업에 비해 더 잘할 수 있는 상대적인 경쟁능력을 의미한다. 따라서 핵심역량이란 기업의 여러 가지 경영자원 중 기업에 경쟁우위를 가져다줄 수 있는 자원 혹은 능력으로 이해되어야 한다.

2) 핵심역량 보유의 이점

① 신규 산업에 진출

핵심역량은 매우 다양한 시장으로 진출할 수 있는 가능성을 제공하여 준다.

② 모방의 어려움

핵심역량은 경쟁자들이 흉내 내기를 어렵게 만든다. 특히 핵심역량이 기업 내에 존재하는 여러 가지 개별 기술과 생산능력을 복합적으로 재구성하는 조직상의 능력이라면 훨씬 경쟁자가 모방하기 어렵다. 즉 경쟁 기업들은 핵심역량을 구성하는 몇몇 개별 기술은 획득할 수 있지만 이러한 개별 기술을 조합하여 새로운 제품을 개발하는 조직상의 능력을 모방하기는 훨씬 더 힘들다.

3) 핵심역량 접근 방법

기업의 핵심역량에 대한 접근 방법은 기업 수준의 전략, 즉 기업의 다각화, 수직적 통합, 해외 진출 등에 큰 도움을 준다.

① 다각화의 지침

핵심역량 접근 방법은 다각화에 대한 지침 역할을 한다. 다각화를 할 때 흔히 기업들은 자기의 사업분야와 무관한 비관련 부문으로 진출하려는 충동을 느낀다. 기존 사업분야로부터 핵심역량을 발휘할 수 없는 분야로 진출할 때의 성공 가능성은 자신의 핵심역량을 활용할 수 있는 분야로 진출할 때에 비해 현저하게 떨어진다.

② 수직적 통합과 아웃소싱의 지침

기업의 핵심역량을 파악하는 것은 수직적 통합과 아웃소싱의 주요 판단 근거가 된다.

③ 기업의 글로벌화 촉진

핵심역량 접근방법은 기업의 글로벌화를 촉진시켜 주는 역할을 한다. 기업이 글로벌화되려면 자신의 핵심역량을 여러 가지 다른 분야로 분산시키기보다는 글로벌 산업에서 경쟁력이 강한 소수의 사업부를 키워야 할 필요성이 있다. 이렇게 핵심역량적 사고방식은 단순히 내수시장에서 경쟁우위가 있는 사업분야를 발견하여 투자를 하기보다는, 글로벌 산업에서 경쟁하기 위해서 어느 사업 부문에서 핵심역량이 필요하고 이를 위해서는 어떻게 핵심역량을 개발할 것인가 하는 것에 대해 구체적인 분석을 가능하게 하여 준다.

④ 전략적 제휴의 지침

핵심역량 접근 방법은 전략적 제휴(strategic alliance)를 효과적으로 운용할 수 있게 한다.

7. 경쟁우위의 원천 관리

① 경쟁우위를 창출하기 위한 원천을 구체적인 용어로 표현하면 가치 활동과 핵심역량을 들 수 있다.

② 핵심역량은 기업의 자원이라 할 수 있고 가치활동은 기업 활동이라 할 수 있는데 이 둘은 서로 밀접하게 관련되어 있다.

③ 기술적 우위와 같은 기업의 자원인 핵심역량은 연구개발 활동과 같은 가치 활동을 통해 획득되며, 기업의 활동은 자원을 기초로 이루어진다.

8. 각 사업부의 평가 또는 사업 포트폴리오 관리

(1) 개요

① 기업들은 다각화 전략의 수행으로 인하여 많은 사업에 진출한 이후에는 이와 같이 다양한 사업분야를 어떻게 관리할 것인가의 문제가 대두된다.

② 즉, 효율적으로 기업의 사업 포트폴리오를 관리하는 방법과 이러한 다양한 사업부들이 경영자원과 핵심 역량을 공유하고 축적하는 활동을 체계적으로 조직화하는 방법이 중요하다.

③ 이를 위해 고안된 기법이 BCG 매트릭스와 GE/McKinsey 매트릭스이다.

④ 기업의 각 사업부에 대한 평가를 하게 되면 기업이 보유하고 있는 사업부의 포트폴리오가 바람직한 형태인지, 바람직하지 못한 형태인지가 파악된다.

(2) BCG 매트릭스(BCG Growth-Share Matrix)

1) 개념

① Boston Consulting Group에서 고안한 것으로 상대적 시장점유율과 시장성장률을 기초로 하여 만들어진다.

② BCG 매트릭스 기법을 이용할 경우, 현금흐름 관점에서 균형 포트폴리오를 만들 수 있다. 원의 크기는 각 사업부의 매출액 규모를 나타낸다.

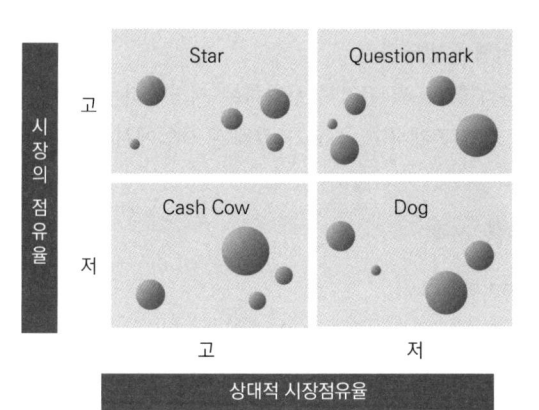

2) 상대적 시장점유율

① 상대적 시장점유율(relative market share)은 산업 내에서 가장 큰 경쟁회사가 가지는 시장점유율과 자사(自社)가 갖는 시장점유율 간의 비율을 말한다.

② 상대적 시장점유율은 전략사업단위(SBU)가 경쟁사에 비해 시장에서 어느 정도의 위치를 차지하는지를 평가할 수 있게 한다.

③ 상대적 시장점유율은 다음의 공식으로 구한다.

상대적 시장점유율이 1 이상일 경우, 이는 자사가 시장에서 시장점유율이 1위라는 것을 의미하고, 반대로 상대적 시장점유율이 1 이하일 경우, 이는 자사의 시장점유율이 시장 내에서 1위가 아니라는 것을 의미한다. 이것이 상대적 시장점유율의 기준을 '1'로 설정하는 이유이다.

$$상대적 시장점유율 = \frac{자사의 시장점유율}{시장 내 1위 기업의 시장점유율(자사제외)} \times 100$$

④ BCG 매트릭스에서 실제 시장점유율(actual market share) 대신 사용하는 상대적 시장점유율(relative market share)의 개념은 시장에서 경쟁적 위치를 알게 해준다는 장점과 더불어 대규모 생산의 경제성과 생산의 경험이 비용이 미치는 영향을 파악할 수 있게 해준다는 장점이 있다.

⑤ 대규모 기업이 갖는 경제적 이익을 규모의 경제(economies of scale)라고 하는데 이는 작은 규모의 기업에 비하여 규모가 큰 기업이 갖는 기술상의 이점과 효율성 측면의 이점을 설명해 준다.

⑥ 이와는 별도로 보스턴 컨설팅 그룹(Boston Consulting Group)은 누적 생산량이 증가함에 따라 제품 단위당 생산비가 떨어지는 현상을 발견하였는데, 이를 경험곡선 효과(experience curve effect)라고 한다.

⑦ 이는 생산 경험의 축적이 제품의 제조와 관련된 노하우나 지식을 확대하고, 다시 이들이 제품을 좀 더 성공적이고 효율적으로 제조하는 방법을 알게 하기 때문이다. 실제로 반도체 산업에서는 누적 생산량이 2배 증가할 때마다 생산비가 약 30% 정도 떨어지는 것이 확인된 바 있다.

⑧ 따라서 높은 상대적 시장점유율은 경쟁자보다 좀 더 빨리 생산의 경험을 축적하게 만들기 때문에 높은 상대적 시장점유율은 경험곡선 효과 측면에서도 매우 유리한 위치를 점하게 한다.

3) 시장성장률

① 시장성장률(industry growth rate)은 균형 포트폴리오를 수립하는데 고려해야 할 외부 환경으로부터의 기회와 위협을 반영한다.

② 시장성장률을 분석함으로써 급격히 성장하는 시장에서는 기업이 생산을 높임으로써 높은 이윤을 얻을 수 있는 기회가 존재하고, 수요가 정체된 산업에서는 유휴설비의 존재로 수익률이 하락하게 되는 등의 기회와 위협을 평가할 수 있다.

4) 각 셀의 수익, 현금흐름, 전략

(가) 물음표(question mark)

① 고성장 사업이지만 상대적 점유율이 낮다.

② 이런 범주의 사업은 대부분 현금유입액보다 더 많은 투자를 필요로 한다.

③ 만약 투자를 계속하지 않으면 다른 기업에 열외에 서게 되어 결국 시장에서 도태될 수 있다.

④ 그리고 투자를 하는 경우에도 단지 현재의 시장점유율을 유지하는 정도에만 그칠 경우 시장 성장이 멈추게 되면 개(dog)로 바뀌게 된다.

⑤ 따라서 공격적인 투자(aggressive investment) 전략을 취하거나 아니면 철수(divestiture) 전략을 취하는 것이 적절하다.

(나) 별(star)

① 고성장 분야이면서 동시에 시장점유율도 높은 사업이다.

② 스타(star) 사업부의 경우 현금의 유입량도 많고 성장을 위한 자금 소요량도 많이 요구되어 반드시 현금을 창출한다고 보기 어렵다.

③ 그러나 시장경쟁에서 우위를 유지하는 한 성장이 둔화되었을 때에는 재투자의 필요성은 줄어들어 현금창출의 원동력이 될 수 있다.

(다) 현금젖소(cash cow)

① 시장점유율이 높은 반면, 시장의 성장률이 낮은 사업을 일컫는다.

② 이러한 사업부의 특징은 시장점유율을 유지하기 위한 재투자를 훨씬 넘는 현금유입이 가능하여 다각화된 기업에서 '돈줄' 역할을 담당한다.

(라) 개(dog)

① 성장률도 시장점유율도 낮은 사업을 가리킨다.

② 이런 경우 현금의 유입량은 적고 경기변동 등 외부의 요인에 의해 이익률이 크게 좌우되는 사업으로 수확(harvest)이나, 철수(divestiture) 혹은 청산(liquidation) 등의 대안을 고려하는 것이 좋다.

5) 바람직한 자금의 이동

① 별(star)은 현금유입이나 유출도 많기 때문에 결국 유입이나 유출도 동시에 적은 개와 마찬가지로 많은 현금 유출은 기대할 수 없다.

② 또한 물음표(question mark)는 일반적으로 막대한 투자를 필요로 한다. 이렇게 보면 다각화를 하였다 하더라도 호황이나 불황에 관계없이 실제로 현금을 창출할 수 있는 사업은 현금젖소(cash cow) 뿐이다.

③ 현금젖소는 자금 수요가 큰 다른 사업 부문에 현금을 제공하는 역할을 하고 있다.

④ 이와 같이 기업은 현금젖소를 많이 확보하고 여기에서 발생한 자금을 사용하여 다음 세대의 현금젖소를 키우는 것이 성공의 관건이 된다.

⑤ 이를 위해서는 '현금젖소'에서 나온 자금을 '물음표'에 투자하여 성장성이 높을 때에 이것을 '별'로 만들거나 또는 연구개발에 투자하여 직접 '별'을 만드는 두 가지 방법밖에 없다.

⑥ 별(star) 사업에서는 시장점유율의 유지(또는 확대)가 지상과제이다. 시장의 성장성이 둔화되었을 때 이것은 '현금젖소'가 되어야 한다. 여기서는 시장 성장률과 비슷한 정도로 성장이 가능할 수 있을 만큼의 자금 배분이 이루어져야 한다.

6) 바람직한 포트폴리오 상의 이동

현금젖소(cash cow)의 자금을 이용하여 물음표(question mark) 사업을 별(star) 사업으로 육성하고, 별(star)로 오랜 기간 머물다가 시장의 성장률 감소와 더불어 현금젖소(cash cow)로 이동하는 것이 가장 이상적인 포트폴리오 상의 이동이다.

(3) GE/맥킨지 매트릭스(GE/McKinsey Matrix)

1) 개요

① 맥킨지 매트릭스는 산업의 장기매력도와 사업단위의 경쟁력이라는 두 가지 차원에서 전략산업단위를 평가한다.

② 그리고 이 두 가지 차원은 여러 요인들을 고려하여 결정되기 때문에 BCG 매트릭스보다 발전된 기법이라고 할 수 있다.

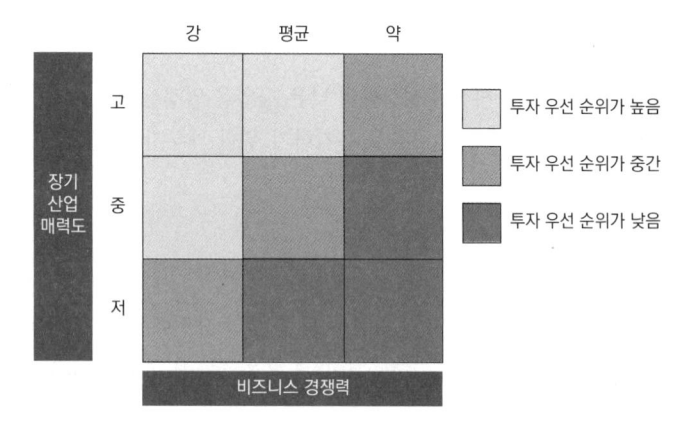

2) 산업의 장기 매력도

① 산업의 장기 매력도(long-term industry attractiveness)는 시장규모, 시장성장률, 시장의 수익성, 자본집약도, 기술적 안정성, 경쟁도, 순환적 변동성 등을 종합적으로 고려하며 평가한다.

② 각 지표에 대한 가중치는 기업마다 다를 수 있다. 그러나 가중치의 합은 1이 되어야 한다.

3) 사업 단위의 경쟁력

사업 단위의 경쟁력(business strength/competitive position) 평가는 사업 단위에 관한 것으로 시장점유율, 기술적 노하우, 품질, 애프터 서비스, 가격 경쟁력, 낮은 영업비용, 생산성 등을 종합적으로 고려하여 평가한다.

4) 사업 단위의 비교

① GE/맥킨지 매트릭스의 수평축은 여러 요인들을 고려하여 도출한 사업 단위들의 경쟁력을 나타낸다. 그리고 수직축은 산업의 장기 매력도를 나타낸다.

② 승리자 유형의 전략사업 단위는 가장 바람직한 사업 단위로 상대적으로 높은 산업 매력도와 강한 경쟁력을 갖는다.

③ 패배자 유형의 사업 단위는 바람직하지 못한 전략사업 단위로 평가되는데, 이것은 상대적으로 낮은 산업 매력도와 약한 경쟁력을 갖는다.

④ 의문표 영역의 전략사업단위는 약한 경쟁력을 가지나 높은 산업 매력도를 갖는 전략사업단위이다. 즉, 패배자 사업 단위로 전락할 위험과 선택적 육성에 의해 승리자 사업 단위가 될 수 있는 잠재력을 동시에 가진다.

⑤ 이익창출자 사업 단위는 강한 경쟁력과 낮은 매력도를 갖는 사업단위로 BCG 매트릭스의 현금젖소(cash cow)처럼 승리자 사업과 의문표 사업에 자금 원천이 되는 사업이라 할 수 있다.

⑥ 그리고 평균 사업으로 정의되는 사업 단위는 특별한 강점도 약점도 없는 평균 산업이라 할 수 있다.

9. 블루오션 전략

(1) 개요

① 기존의 전략은 기존의 한정된 수요시장을 대상으로 차별화나 비용 절감 등의 경쟁을 통해 이윤을 극대화하는 전통적 경쟁 전략(차별화 vs 원가 우위)에 관한 것이었다.

② 하지만 '블루오션 전략'은 가치 혁신을 통해 경쟁이 치열한 기존 시장이 아닌 새로운 시장을 창출하는 전략이다.

(2) 블루오션과 레드오션의 차이

① '레드오션'은 경쟁에서 이겨야 하는 부담감을 안고 가치와 비용 가운데 하나를 선택해야 하는 시장이다. 차별화나 저비용 가운데 하나를 택해서 회사 전체 활동 체계를 정렬해야 한다는 것이다.

② 반면 '블루오션'은 경쟁이 없는 시장을 의미하며, 블루오션 전략의 핵심은 블루오션을 창출함으로써 경쟁을 무의미하게 만드는 것이라고 할 수 있다. 즉, 수요의 새로운 창출과 장악으로 가치와 비용을 동시에 추구한다는 것에 의의가 있다. 곧 차별화나 저비용을 동시에 추구하도록 회사 전체 활동을 전개한다는 것이다.

레드오션 vs 블루오션

레드오션(Red Ocean) 전략	블루오션(Blue Ocean) 전략
기존 시장 공간 안에서 경쟁	경쟁자 없는 새 시장 공간 창출
경쟁에서 이겨야 한다.	경쟁을 무의미하게 만든다.
기존 수요시장 공략	새 수요창출 및 장악
가치-비용 가운데 택일	가치-비용 동시 추구
차별화나 저비용 가운데 하나를 택해 회사 전체 활동 체계를 정렬	차별화와 저비용을 동시에 추구하도록 회사 전체 활동 체계를 정렬

(3) 블루오션 구축전략

① 블루오션 전략을 수립하면서 전략 캠퍼스 상의 새로운 가치곡선을 창출하기 위해 반드시 수행해야 할 4가지 액션 프레임워크가 있다.

② 이를 통해 다음에 있는 ERRC 구성표를 작성해야 한다.

10. 분석보고서 작성사례

....

수출현황 파악 보고서

1. 시장현황

■ 시장규모

독일 하드디스크 드라이브 제품 시장규모는 2013년 기준 6억 8000만 달러로 전년 대비 2.2% 성장

최근 3년 독일 하드디스크 드라이브 시장규모 및 성장률

(단위: US$ 백만, %)

구분	2011		2012		2013	
	시장규모	증감률	시장규모	증감률	시장규모	증감률
시장규모 및 성장률	726.2	–	674.5	-7.1	689.5	2.2

자료원: www.statista.de

■ 시장전망

○ 수요 증대 예상 요인

- 2012년 기준 독일 하드디스크 시장의 약 90%를 기존 마그네틱 기반의 하드디스크가 차지하나 International Data Corporation(IDC)의 조사 결과로는 2016년까지 SSDs(Solid state Drives)의 시장 가격 하락으로 하이브리드 하드디스크와 Dual Drive(SSD와 HDD 혼합)의 가격이 약 52%까지 하락할 것으로 분석됨.

- 앞으로 하이브리드 하드디스크와 Dual Drive 제품이 기존 마그네틱 기반의 하드디스크가 점유한 데스크톱 컴퓨터시장의 하드디스크 제품시장을 대체해 나갈 것으로 전망됨.

2011~2016년 하드디스크 종류별 예상 시장 점유율

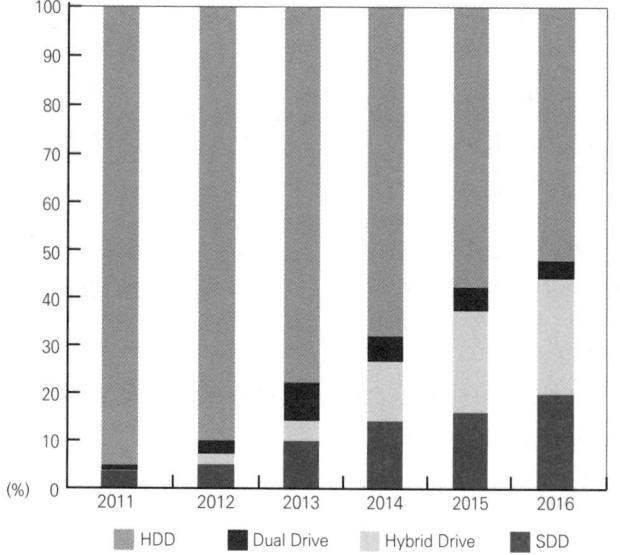

○ 수요 감소 예상 요인
  • 스마트폰, 태블릿 PC 사용자 증가로 기존 미디어 저장 장치인 하드디스크 수요 축소
○ 무역관 전망
  • 스마트폰, 태블릿 PC 등의 사용자 증가로 하드디스크 수요는 점차 줄어들 것으로 예상됨.
  • 마그네틱 기반의 하드디스크시장을 하이브리드 디스크나 듀얼 드라이브 등이 대체해 앞으로 하드 디스크시장의 구조 변화가 예상됨.

■ 주요 소비자 및 구매 패턴
  ○ 주요 소비자 계층 : PC 보유 소비자, PC 제조사 등
  ○ 소비자 구매 동기 : 신제품 출시, 기존 보유 하드디스크 변경 등

■ 수입동향
  ○ 개관
    • 독일의 하드디스크 제품 수입은 2013년 기준 41억 8300만 달러로 전년 대비 7.9% 감소
    • 2013년 기준 주요 수입국 중 네덜란드, 헝가리, 싱가포르를 제외한 중국, 필리핀, 태국 등 대부분의 국가로부터 수입이 감소함.

■ 최근 3년간 수입 규모 및 상위 10개국의 수입 동향

최근 3년 독일 하드디스크 수입 현황

[단위: US$ 백만, %]

순위	국명	금액			점유율			증감률
		2011	2012	2013	2011	2012	2013	13/12
	총계	4,543	4,543	4,183	100	100	100	-7.93
1	중국	1,099	1,257	1,154	24.2	27.6	27	-8.1
2	필리핀	458	649	580	10	14.2	13.8	-10.5
3	태국	501	560	494	11	12	11	-11
4	네덜란드	327	333	383	7.2	7.3	9.1	15
5	말레이시아	253	278	244	5.5	6.1	5.8	-12.1
6	미국	282	243	229	6.2	5.3	5.4	-5.8
7	헝가리	157	114	203	3.4	2.5	4.8	77
8	영국	363	303	193	7.9	6.6	4.6	-36.2
9	싱가포르	181	124	130	3.9	2.7	3.1	4.9
10	대만	183	208	100	4	4.5	2.3	-52
11	한국	180	24	91	3.9	0.5	2.2	274

2. 수입제도, 관세율 및 유통구조

■ 수입규제제도

○ 규제 내용 : 특이사항 없음

■ 관세율

○ 관세율 : 0% (HS Code 847170 기준)

■ 주요 유통채널(온라인시장, 현지 딜러망, 대형유통업체 등)

• 독일의 경우 하드디스크 제품은 수입업체(벤더 사)를 통해 수입돼 전자제품 대형 유통망을 통해 최종 소비자에게 판매되는 구조임.

• 하드디스크 제품의 경우 최근 대형 유통망을 통한 오프라인 매장 판매 외에도 온라인을 통한 거래가 느는 추세임.

3. 경쟁동향

■ 경쟁제품 (현지업체 및 해외업체, 시장점유율 등)

제조업체명	브랜드명	가격 (소비자가격/달러)	원산지 (수출국)
Seagate	Seagate SSHD ST2000DX001(1TB)	136	중국
Western Digital	WD RE Enterprise WD1001(1TB)	142	미국
Hitachi	Ultrastar™(1TB)	96	중국

■ 한국 제품에 대한 인지도 및 선호브랜드

○ 한국 제품 현지인지도 : 높음

• 2011년 삼성전자 하드디스크 부분이 Seagate에 인수됐음에도 독일 소비자에게는 Samsung 브랜드에 대한 선호도가 높음

○ 선호 브랜드

• Seagate, WD(western digital), Samsung 등

4. 마케팅 활동 참고사항

■ 전문 전시회 정보

○ 전시회명(현지어명)

전시회명(현지어명)	IFA – Consumer Electronics Unlimited
전시회명(한국어)	베를린 국제 가전 박람회
전시품목	Consumer Electronics, Multimedia
개최국가/도시/개최주기	독일 / 베를린 / 매년

규모(참가업체 수)	1493개 사
개최기간(2014년)	9월 5~10일
웹사이트	www.ifa-berlin.com

■ 현지 바이어 특성 및 구매 시 고려사항
  ○ 바이어 특성
   • 독일 유통 기업의 경우 하드디스크 제품에 대한 제조사의 독일 또는 유럽 내 AS 가능 여부가 제품 구매의 필수 요소임.
   • 제품의 품질 및 가격과 함께 제품 브랜드의 인지도가 높은 제품 선호

■ 마케팅 방안 및 타깃 고객층
  • 하드디스크 제품은 단일 판매 상품과 IT 제품의 부분품 두 가지로 나눠 판매 전략을 구분해야 함.
  • 셋톱박스, Media player와 같이 하드디스크가 장착되는 신제품의 경우 각 제품의 제조사를, 하드디스크 단일상품일 경우에는 독일 전자제품 유통망과 온라인 판매망을 공략할 필요가 있음.
  • 소비자가 제품 브랜드나 인지도에 대한 관심이 높다는 점을 고려, 주요 전시회 참가와 IT 관련 전문 잡지의 광고 및 제품 소개를 통한 브랜드 인지도 제고가 필요함.

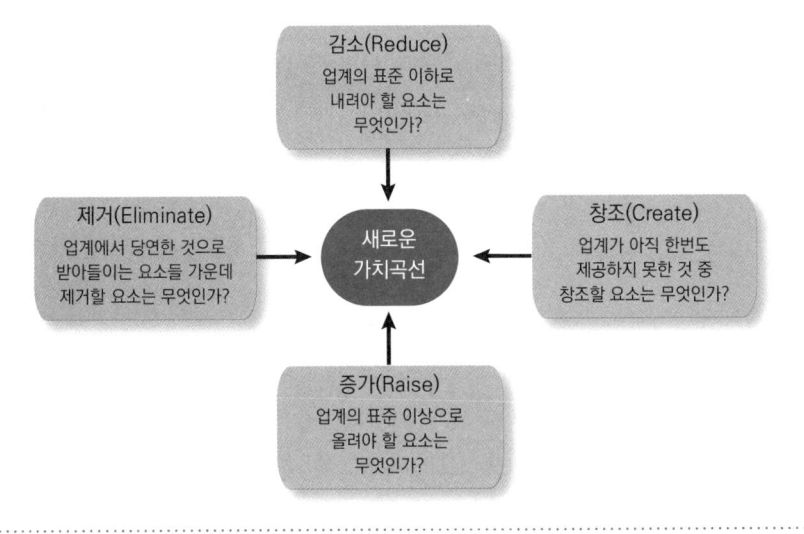

VI 직무역량평가 연습문제

연습문제 1

아래 주어진 제시문을 읽고 문제 1~3에 답하시오.

1. 현재 인도의 경우 2010년에는 GDP 순위는 5위이지만 향후 2050년에는 1위가 될 예정이다. 인도가 2050년에 세계 1위의 경제대국이 될 수 있는 이유를 제시하시오.

2. 한국과 인도와의 수출품목과 수입품목을 통해 유추해볼 수 있는 것을 논하시오.

3. 기사를 요약하고 시사점을 서술하시오.

제시문 1

■ 일반사항

국 명	인도 (India)
위 치	서남아시아
면 적	한반도의 15배/ 남한 면적의 33배
기 후	열대 몬순, 온대 기후
수 도	뉴델리
인 구	12억 5970만 명 [30세 미만 인구 비중 53%]
언 어	힌디어, 영어 외 21개 공용어
종 교	힌두교 [80.5%]
낙후지역	BIMARU 지역(비하르, 마디아프라데시(MP), 라자스탄, 우타르프라데시(UP)] - 전체 인구의 30%, 19세 미만 인구의 40%가 몰려 있으며, GDP의 23%를 차지하고 있음
총 리	대통령 : 프라납 무커지 총리 : 나렌드라 모디 - 모디노믹스

■ 경제지표

GDP	4,672억 달러
실질경제성장률	5.4%
1인당 GDP	1,492 달러

CPI	7.97%
화폐단위	Rupee, Paise
환율	1$= 60.80
외채	4,259억 달러
외환보유고	3,126억 달러
산업구조	농업 및 어업(13.9%), 광업(1.9%), 제조업(14.9%), 전기에너지(1.9%), 건설(7.4%), 금융, 부동산 및 기타(20.6%), 무역,호텔,교통,통신(26.4%) 등등
교역규모	• 2014년도 1-6월 기준 　US$ 3,135억 (수출), US$ 4.505억(수입) = 무역적자 US$ 1,370억 *한-인도 교역 규모 • 2019년 　113억 7579만 달러(한국 수출) 　61억 8017만 달러(수입) : 무역흑자 51억 9508만 • 2019년 1-5월 　51억 9702만 달러(한국 수출) 　21억 8206만 달러(수입) : 무역흑자 30억 1496만
한-인도 교역품	■ 주요 수출품 　• 자동차 부품, 합성수지, 윤활유, 철강판 등 　• 기타 석유화학 제품, 건설중장비, 석유화학 합성원료 ■ 주요 수입품 　• 석유제품, 나프타, 합금철, 면사, 기타 정밀화학 원료, 철광, 기타 금속 광물 등
산업구조 (2013~2014)	• 1차 산업 13.9% • 2차 산업 26.1% • 3차 산업 54.4%

제시문 2

　　그리스 사태로 스위스와 스웨덴 중앙은행이 환율 방어에 나섰다. 금융시장 불안으로 유로화 가치가 떨어지면서 상대적으로 자국 통화 가치가 절상되자 수출경쟁력 확보 등을 위해 외환시장 개입에 나선 것이다. 스위스 중앙은행(SNB)이 지난달 29일(현지시간) 그리스 위기로 스위스프랑화가 평가절상되지 않도록 외환시장에 개입했던 것으로 드러났다. 토마스 요르단 SNB 총재는 최근 스위스 베른에서 열린 국제금융포럼에서 스위스프랑화가 시장에서 안정될 수 있도록 외환시장에 개입했다고 밝혔다.

요르단 총재는 "스위스 프랑화에 대한 수요가 빠른 속도로 증가하고 있다"면서 "이는 스위스 프랑화 평가절상으로 나타나 수출 주도형 스위스 경제를 해친다"라며 시장 개입의 이유를 설명했다. 향후에도 계속 시장에 개입할 수 있음도 시사했다. 그는 구체적인 개입 규모는 밝히지 않으면서 "SNB는 필요하면 언제든지 개입할 준비가 돼 있다"라고 말했다. 이는 1월 15일 1유로당 1.2스위스프랑을 유지해오던 최저 환율제(페그제)를 폐지한 이후 첫 개입이다. 요르단 총재는 유럽중앙은행(ECB)의 양적 완화 가능성이 높아지자 전격적으로 페그제를 폐지했다.

스웨덴 중앙은행은 기준금리로 환율에 대응했다. 스웨덴 중앙은행인 릭스은행은 2일(현지시간) 기준금리를 현행 -0.25%에서 -0.35%로 내리겠다고 밝혔다. 올해 3월 0.15% 포인트 낮춘데 이어 석 달 만에 또 0.10% 포인트 낮춘 것이다.

국채 매입 규모도 기존 300억 크로나에서 450억 크로나로 늘리기로 했다. 릭스은행은 "그리스 사태의 불확실성이 여전한 가운데 지난 3월 기준금리 인하 이후 크로나 가치가 예상보다 강세를 보이고 있다"라며 금리 인하 목적이 환율 때문임을 시사했다. 이처럼 환율 문제는 유로존에 속해 있지 않은 유럽 지역 국가들의 공통적인 고민거리다.

....

아래 빈칸에 답안을 작성해보세요.

1 현재 인도의 경우 2010년에는 GDP 순위는 5위이지만 향후 2050년에는 1위가 될 예정이다. 인도가 2050년에 세계 1위의 경제대국이 될 수 있는 이유를 제시하시오.

인도의 경우 높은 인구증가율, 저축률과 투자율, 국민교육 확대로 양성될 저임금의 풍부한 젊은 노동력을 바탕으로 하고 있다. 따라서 2050년경에는 인도가 중국을 제치고 세계 1위의 경제대국이 될 것으로 전망되고 있다.

2 한국과 인도와의 수출품목과 수입품목을 통해 유추해볼 수 있는 것을 논하시오.

1. 수출

주요 수출 품목은 철강판, 자동차 부품, 합성수지 등
- 현대차의 활발한 현지 영업과 현지 자동차 수요 급증에 따라 최근 몇 년간 자동차 부품이 대인도 수출을 주도
- 인도의 산업화와 인프라 시설 확충 및 건설시장의 활성화로 합성수지 등 석유화학제품의 수요도 전반적인 증가 추세

2. 수입

주요 수입품목은 석유제품, 식물성 물질, 합금철 선철 및 고철, 알루미늄
- 경기 침체로 인해 2012년부터 대인도 수입이 감소하고 있지만, 2010년 한-인도 CEPA가 발표되면서 인도와의 경제협력관계가 점차 긴밀해져 대인도 수입은 중장기적으로 늘어날 전망이다. 주요 수입품이 기초 원자재 쪽에 집중되어 있음을 감안할 때 자원 및 원자재 확보 차원에서도 인도의 중요성이 커지고 있다.

3 기사를 요약하고 시사점을 서술하시오.

1. 기사 요약

- 세계 경제 침체로 안전자산에 대한 수요가 증가하면서 스위스 프랑과 스웨덴 크로나 화폐가치 상승
- 화폐가치 상승으로 수출경쟁력 악화가 발생하면서 스위스와 스웨덴 중앙은행은 외환시장에 개입

2. 시사점

- 세계경제 침체는 안전자산에 대한 수요를 증가시키면서 달러화, 엔화, 스위스 프랑 등에 대한 수요를 증가시킬 가능성이 존재
- 해당 국가의 경우 자국 내 화폐가치가 상승하면서 수출경쟁력이 악화
- 한국의 경우 세계시장의 변화를 주시하면서 이에 대한 대응책을 마련해야 함.

아래 기사의 내용을 요약하고 한국의 대응방안을 서술하시오.

기사 내용

중국 성장률이 1% 포인트 떨어지면 한국의 성장률을 0.14% 포인트 떨어지는 것으로 분석됐다. 한국은행은 11일 '중국 경제 최근 동향 및 주요 이슈 점검' 보고서에서 한은 글로벌 모형(BOKGM)으로 시뮬레이션을 해 이런 추정치를 얻었다고 밝혔다. 보고서는 "지난해 세계경제에서 중국이 차지한 비중이 15.4%, 한국의 수출에서는 26.1%에 달한 만큼 향후 중국의 성장률 급락이나 금융불안 가능성 등에 대한 모니터링을 지속할 필요가 있다"라고 덧붙였다.

그러나 "선진국의 경기회복 등으로 중국의 수출이 양호한 모습을 보이면 중국의 일시적인 성장세 둔화가 한국의 대중 수출에 미칠 영향은 제한적일 것"이라고 전망했다. 이는 한국의 대중 수출에서 중간재 비중이 지난해 73.3%에 달할 만큼 대중 수출이 중국의 내수보다는 수출과 더 연관성이 높기 때문이다. 다만, 이 보고서는 최근 일각에서 제기되는 중국의 성장률 급락이나 금융위기 발생 가능성 크지 않다고 평가했다. 중국 정부가 충분한 정책대응 능력을 보유하고 있다는 이유에서다.

아래 빈칸에 답안을 작성해보세요.

한국은 대중 수출 의존도가 26.1%로 매우 높은 편이다. 그중에서 중간재가 73.3%로 큰 비중에 속하기 때문에 중국의 내수보다는 수출의 변화가 한국경제에 큰 영향을 줄 것이다. 따라서 한국은 중국과의 무역 비중이 높은 국가들에 대한 모니터링이 필요하며 궁극적으로 중간재 위주의 수출에서 최종재 수출로 전환할 필요성이 있다.

SK푸드는 불고기, 비빔밥 등 한식 메뉴에서 양식 분야에 이르기까지 다양한 외식메뉴 체인점을 운영 중인 종합외식 서비스기업입니다. SK푸드는 현재 6개 브랜드의 해외 지점 개설을 고려하고 있으며, 후보 도시는 미국의 뉴욕, 호주의 브리즈번, 중국의 상해입니다. 해당 도시를 비교하기 위하여 소득수준, 경쟁업체의 수, 임대료 등 3개 기준을 조사하였습니다. 또한 각 브랜드 별로도 3가지 기준의 중요도 차이를 조사하였습니다. 당신은 SK그룹의 사원으로서, 조사된 자료를 바탕으로 각 브랜드별로 해외 지점개설에 가장 적합한 지역을 분석하여 제출해야합니다.

조건문

....

각 브랜드 및 해외지점 후보도시의 비교에 있어 3가지 기준에 적용되는 전제는

1. 해당도시의 평균 소득수준이 높을수록 유리하다.
2. 해당도시내 동종 경쟁업체가 적을수록 유리하다
3. 해당도시의 평균 임대료가 낮을수록 유리하다. 입니다.

반면 3가지 기준의 중요도는 각 브랜드에 따라 달라집니다.

6개 브랜드가 모두 진출할 예정이므로, 각 브랜드에 가장 적합한 도시를 하나씩 정해야 합니다. 하지만, 한 도시에 2개 브랜드를 초과하여 지점 개설을 할 수 없습니다. 즉, 동일 브랜드가 두 도시에 동시에 진출할 수 없고, 한 도시에 2개를 초과하는 브랜드가 진출할 수도 없습니다.

....

상황개요 1

브랜드		주요기준별 현황		
		평균 소득수준	동종 경제업체 수	평균 임대료 수준
나뚜루	아이스크림전문점	매우 중요	보통	중요하지 않다
빕스	스테이크전문점	중요하지 않다	보통	매우 중요
킹버거	햄버거전문점	보통	매우 중요	중요하지 않다
용수산	우동전문점	매우 중요	중요하지 않다	보통
미스터피자	피자전문점	중요하지 않다	매우 중요	보통
호아빈	쌀국수전문점	중요하지 않다	보통	매우 중요

진출 대상 후보도시 및 특성

도시명	주요기준별 현황		
	평균 소득수준	동종 경제업체 수	평균 임대료 수준
미국 뉴욕	높음	많음	보통
호주 브리즈번	낮음	보통	낮음
중국 상해	보통	적음	높음

아래 빈칸에 답안을 작성해보세요.

해설

도시명	브랜드명
미국 뉴욕	나뚜루
	용수산
호주 브리즈번	빕스
	호아빈
중국 상해	미스터피자
	킹버거

MEMO